이것이 C#이다

3판

이것이 C#이다(3판)

단계별 학습으로 탄탄한 기본기를 다져줄 C# 입문서

초판 1쇄 발행 2018년 7월 1일
3판 1쇄 발행 2023년 5월 4일
3판 2쇄 발행 2023년 12월 21일

지은이 박상현 / **펴낸이** 전태호
펴낸곳 한빛미디어(주) / **주소** 서울시 서대문구 연희로2길 62 한빛미디어(주) IT출판1부
전화 02-325-5544 / **팩스** 02-336-7124
등록 1999년 6월 24일 제25100-2017-000058호 / **ISBN** 979-11-6921-092-8 93000

총괄 배윤미 / **책임편집·기획** 이미향 / **교정** 이미연 / **진행** 최승헌
디자인 최연희 / **표지일러스트** 안희원 / **전산편집** 김현미
영업 김형진, 장경환, 조유미 / **마케팅** 박상용, 한종진, 이행은, 김선아, 고광일, 성화정, 김한솔 / **제작** 박성우, 김정우

이 책에 대한 의견이나 오탈자 및 잘못된 내용에 대한 수정 정보는 한빛미디어(주)의 홈페이지나 아래 이메일로
알려주십시오. 잘못된 책은 구입하신 서점에서 교환해 드립니다. 책값은 뒤표지에 표시되어 있습니다.

한빛미디어 홈페이지 www.hanbit.co.kr / 이메일 ask@hanbit.co.kr
동영상 강의 youtube.com/user/HanbitMedia93
독자 Q&A cafe.naver.com/thisiscsharp
자료실 www.hanbit.co.kr/src/11092

지금 하지 않으면 할 수 없는 일이 있습니다.
책으로 펴내고 싶은 아이디어나 원고를 메일(writer@hanbit.co.kr)로 보내주세요.
한빛미디어(주)는 여러분의 소중한 경험과 지식을 기다리고 있습니다.

이것이 C#이다

3판

기초·고급 문법은 물론,
클래스 라이브러리까지
한 권으로 학습한다!

단계별 학습으로 탄탄한 기본기를 다져줄 C# 입문서

박상현 지음

한빛미디어
Hanbit Media, Inc.

『이것이 C#이다』가 2년 만에 3판으로 돌아왔습니다!

C#은 그사이 10.0과 11.0으로 두 번 판 올림을 했어요. 저에게도 몇 가지 변화가 있었습니다. 흰머리와 체중이 조금 더 늘었고, 11년간 해온 무기 체계용 소프트웨어 개발을 뒤로하고 사람들의 삶에 조금 더 직접적인 영향을 줄 수 있는 스타트업으로 적을 옮겼습니다.

제 이야기는 이 정도로 하고 C# 이야기로 돌아와볼까요? C#은 꾸준히 여러 문법을 추가해왔습니다. 엔지니어의 생산성과 표현력을 향상시키는 방향을 유지하면서 말이죠. 그래서 여전히 익히기 쉬운 언어로 남아 있어요.

언어의 발전과 더불어 .NET 생태계도 긍정적인 확장을 이뤘습니다. 기계 제어부터 웹, 클라우드, 게이밍, AI에 이르기까지 다양한 산업에서 사용하고, 윈도우뿐 아니라 맥OS와 리눅스에서도 개발과 배포가 가능해진 지 꽤 오랜 시간이 지났습니다. C#을 사용하는 전 세계의 개발자도 계속 늘었고요.

이렇게 멋진 C#을 이 책을 통해 소개할 수 있어 감사합니다. 『이것이 C#이다(3판)』은 C#의 기본·고급 문법과 더불어 기초 클래스 라이브러리를 설명하는 22개 장으로 이루어져 있습니다.

1장부터 10장까지는 기본 문법을 다루고 있어 쉽게 소화할 수 있는 내용입니다. 11장부터 17장까지는 앞에서 축적한 지식을 이용해 익힐 수 있는 고급 문법을 다루며, 18장부터 22장까지는 .NET 클래스 라이브러리의 활용을 다룹니다. 그래서 1장부터 17장까지는 차례대로 공부하고, 18장부터 22장까지는 마음에 드는 부분부터 하나씩 골라 읽으면 좋습니다. 물론 처음부터 끝까지 순서대로 읽는 것도 좋은 방법입니다.

여러분에게 친절한 가이드가 되기를 바라는 마음으로 이 책을 준비했습니다. 『이것이 C#이다 (3판)』과 함께 프로그래밍의 세계로 떠나는 여러분의 여정을 진심으로 응원합니다.

끝으로, 세심하게 편집 전반을 챙겨주신 이미향 팀장님, 제 집필 활동을 늘 응원해주는 독자 분들, 함께 많은 시간을 보내지 못하는 저를 이해해주는 가족에게 감사의 말을 전합니다.

저자 박상현

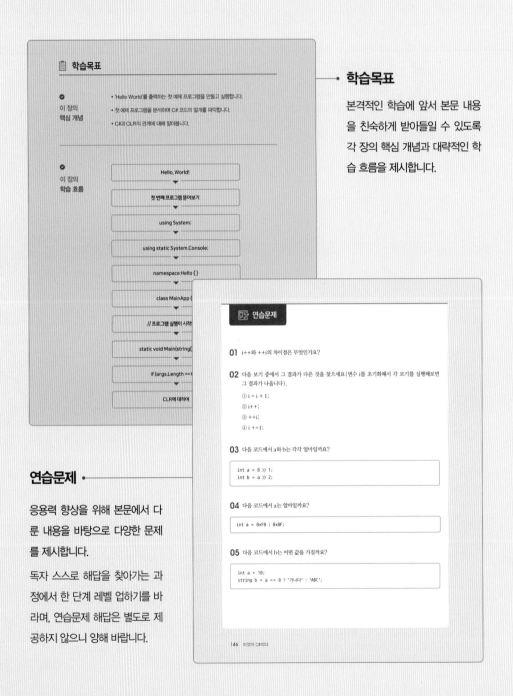

▶ 이 책의 구성

📋 학습목표

이 장의 핵심 개념

- 'Hello World'를 출력하는 첫 예제 프로그램을 만들고 실행합니다.
- 첫 예제 프로그램을 분석하며 C# 코드의 얼개를 파악합니다.
- C#과 CLR의 관계에 대해 알아봅니다.

이 장의 학습 흐름

```
Hello, World!
   ▼
첫 번째 프로그램 뜯어보기
   ▼
using System;
   ▼
using static System.Console;
   ▼
namespace Hello { }
   ▼
class MainApp {
   ▼
// 프로그램 실행이 시작
   ▼
static void Main(string[
   ▼
if (args.Length ==
   ▼
CLR에 대하여
```

학습목표

본격적인 학습에 앞서 본문 내용을 친숙하게 받아들일 수 있도록 각 장의 핵심 개념과 대략적인 학습 흐름을 제시합니다.

📝 연습문제

01 i++와 ++i의 차이점은 무엇인가요?

02 다음 보기 중에서 그 결과가 다른 것을 찾으세요(변수 i를 초기화해서 각 보기를 실행해보면 그 결과가 나옵니다).

① i = i + 1;
② i++;
③ ++i;
④ i +=1;

03 다음 코드에서 a와 b는 각각 얼마일까요?

```
int a = 8 >> 1;
int b = a >> 2;
```

04 다음 코드에서 a는 얼마일까요?

```
int a = 0xF0 | 0x0F;
```

05 다음 코드에서 b는 어떤 값을 가질까요?

```
int a = 10;
string b = a == 0 ? "가나다" : "ABC";
```

146 이것이 C#이다

연습문제

응용력 향상을 위해 본문에서 다룬 내용을 바탕으로 다양한 문제를 제시합니다.

독자 스스로 해답을 찾아가는 과정에서 한 단계 레벨 업하기를 바라며, 연습문제 해답은 별도로 제공하지 않으니 양해 바랍니다.

```
while(true)
    // 반복 실행할 코드 블록
```

실습 예제

짧은 코드 박스에서 코드의 원리와 구조를 익힌 후 예제 코드로 실습을 진행합니다.

>>> 05장/InfiniteFor/MainApp.cs

```
01    using System;
02
03    namespace InfiniteFor
04    {
05        class MainApp
06        {
07            static void Main(string[] args)
08            {
09                int i=0;
10                for (; ;)
11                    Console.WriteLine(i++);
12            }
13        }
14    }
```

! 여기서 잠깐   **[오류 목록] 창의 오류 메시지**

입력한 코드에 문제가 있다면 화면 하단의 [오류 목록] 창에 컴파일 에러를 띄울 것입니다. 가령, 앞의 코드에서 첫 번째 줄의 using을 첫 글자만 대문자로 바꿔 Using으로 입력했다면 컴파일러는 다음과 같이 에러 메시지를 출력할 것입니다.

여기서 잠깐

보충 설명, 참고 사항, 관련 용어 등을 본문과 분리하여 설명합니다.

? VITAMIN QUIZ 3-1

앞의 예제 코드에서 9행은 다음과 같습니다.

```
sbyte a = -10;
```

다음 코드로 수정해서 컴파일하면 어떤 일이 벌어질까요? 직접 테스트해보세요.

```
sbyte a = -5000_0000_0000; // 0이 11개
```

비타민 퀴즈

학습한 내용을 곧바로 점검할 수 있도록 간단한 퀴즈를 제시합니다.

동영상 강의

⬀ https://www.youtube.com/HanbitMedia93

한빛미디어 유튜브 채널에서 『이것이 C#이다(3판)』의 저자 직강 동영상을 만나보세요! 채널 내부 검색 창에 '이것이 C#이다'를 검색하면 쉽고 빠르게 동영상 강의를 찾을 수 있습니다.

예제 소스

⬀ https://www.hanbit.co.kr/src/11092

Q&A 사이트

https://cafe.naver.com/thisiscsharp

Q&A 사이트에서 이 책을 학습하는 데 필요한 소스 코드와 Q&A를 제공합니다. 또한, C# 관련 최신 기술을 비롯한 다양한 자료를 접할 수 있습니다. 저자와 함께 하는 책 밖의 또 다른 공간에서 다른 독자의 고민과 궁금증도 확인해보세요!

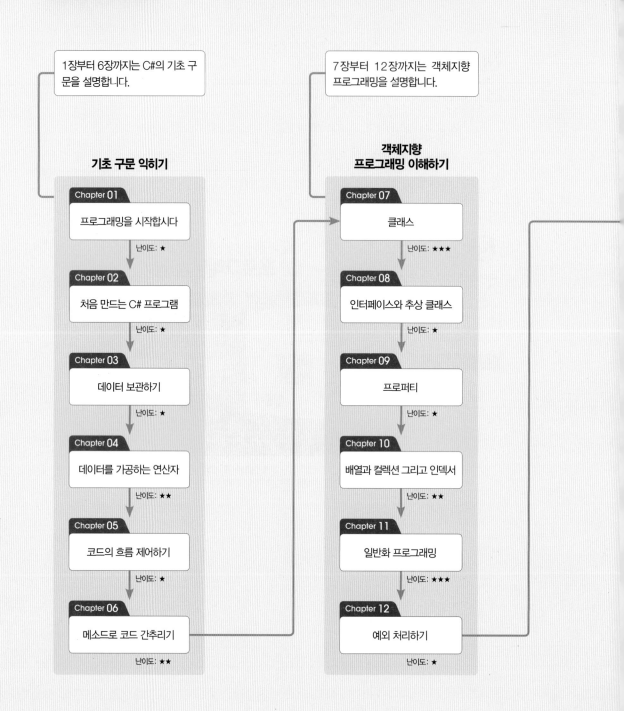

1장부터 6장까지는 C#의 기초 구문을 설명합니다.

7장부터 12장까지는 객체지향 프로그래밍을 설명합니다.

기초 구문 익히기

객체지향 프로그래밍 이해하기

Chapter 01
프로그래밍을 시작합시다
난이도: ★

Chapter 02
처음 만드는 C# 프로그램
난이도: ★

Chapter 03
데이터 보관하기
난이도: ★

Chapter 04
데이터를 가공하는 연산자
난이도: ★★

Chapter 05
코드의 흐름 제어하기
난이도: ★

Chapter 06
메소드로 코드 간추리기
난이도: ★★

Chapter 07
클래스
난이도: ★★★

Chapter 08
인터페이스와 추상 클래스
난이도: ★

Chapter 09
프로퍼티
난이도: ★

Chapter 10
배열과 컬렉션 그리고 인덱서
난이도: ★★

Chapter 11
일반화 프로그래밍
난이도: ★★★

Chapter 12
예외 처리하기
난이도: ★

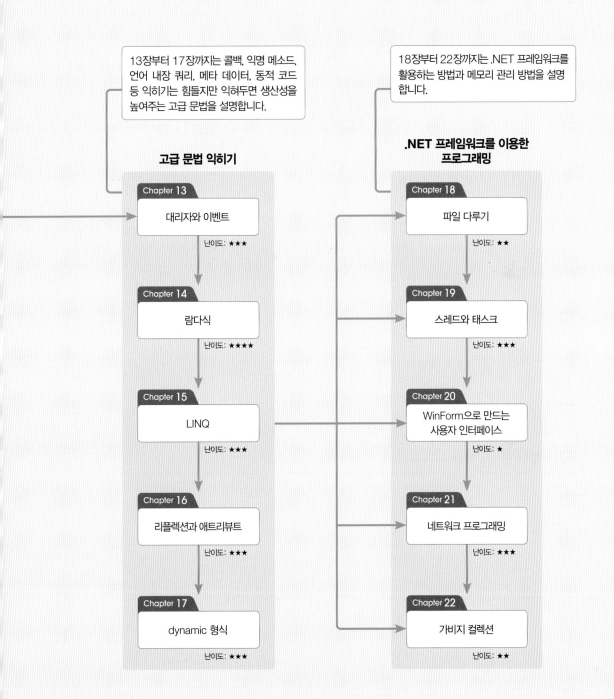

13장부터 17장까지는 콜백, 익명 메소드, 언어 내장 쿼리, 메타 데이터, 동적 코드 등 익히기는 힘들지만 익혀두면 생산성을 높여주는 고급 문법을 설명합니다.

18장부터 22장까지는 .NET 프레임워크를 활용하는 방법과 메모리 관리 방법을 설명합니다.

고급 문법 익히기

.NET 프레임워크를 이용한 프로그래밍

Chapter 13
대리자와 이벤트
난이도: ★★★

Chapter 14
람다식
난이도: ★★★★

Chapter 15
LINQ
난이도: ★★★

Chapter 16
리플렉션과 애트리뷰트
난이도: ★★★

Chapter 17
dynamic 형식
난이도: ★★★

Chapter 18
파일 다루기
난이도: ★★

Chapter 19
스레드와 태스크
난이도: ★★★

Chapter 20
WinForm으로 만드는 사용자 인터페이스
난이도: ★

Chapter 21
네트워크 프로그래밍
난이도: ★★★

Chapter 22
가비지 컬렉션
난이도: ★★

Chapter 01 | 프로그래밍을 시작합시다

Chapter 02 | 처음 만드는 C# 프로그램

Chapter 03 | 데이터 보관하기

Chapter 04 | 데이터를 가공하는 연산자

Chapter 05 | 코드의 흐름 제어하기

Chapter 06 | 메소드로 코드 간추리기

Chapter 07 | 클래스

Chapter 08 | 인터페이스와 추상 클래스

Chapter 09 | 프로퍼티

Chapter 10 | 배열과 컬렉션 그리고 인덱서

Chapter 11 | 일반화 프로그래밍

Chapter 12 | 예외 처리하기

Chapter 13 | 대리자와 이벤트

Chapter 14 | 람다식

Chapter 15 | LINQ

Chapter 16 | 리플렉션과 애트리뷰트

Chapter 17 | dynamic 형식

Chapter 18 | 파일 다루기

Chapter 19 | 스레드와 태스크

Chapter 20 | WinForm으로 만드는 사용자 인터페이스

01

프로그래밍을
시작합시다

가슴이 두근거리는 첫 장입니다. 이 두꺼운 책을 용감하게 구입해서 첫 페이지를 열어젖힌 여러분 모두를 환영합니다. 여러분과 저는 앞으로 많은 시간을 함께해야 합니다. 보통의 경우 꾸준히 공부한다면 이 책을 마치는 데 두 달 정도가 걸릴 것이고, 약간 게으르다면 세 달, 아주 게으르다면 어쩌면 우린 평생을 함께할지도 모릅니다. 하여튼, 긴 시간을 함께할 텐데 처음부터 딱딱한 기술 이야기로 시작할 필요는 없겠죠? 저는 여러분이 프로그래밍이 무엇인지, 또 프로그래밍 언어가 무엇인지를 먼저 알았으면 합니다. 그래서 이번 장에서는 프로그래밍 언어의 역사를 시작으로 이러한 개념들을 설명합니다. 가벼운 마음으로 읽어 보기 바랍니다.

그럼 시작할까요?

학습목표

✔
**이 장의
핵심 개념**

• C#의 등장 배경을 알아봅니다.

• 비주얼 스튜디오 실습 환경을 준비합니다.

✔
**이 장의
학습 흐름**

컴퓨터의 시작, 프로그래밍의 시작

▼

포트란의 시작

▼

초등학생도 프로그래밍할 수 있게 한 베이직

▼

유닉스의, 유닉스에 의한, 유닉스를 위한 C

▼

C+1 == C++

▼

더 나은 세상을 위한 C#

▼

비주얼 스튜디오 설치하기

1.1 프로그래밍 언어의 역사

1.1.1 컴퓨터의 시작, 프로그래밍의 시작

> 섭씨 50도의 열과 소음이 가득 찬 커다란 방에서 한 연구원이 노트를 들고 30미터에 이르는 방 한 면을 가득 메운 상자들에 꽂힌 전기 케이블의 배선을 바꾸고 있다. 노트에는 대포의 탄도 계산에 필요한 방정식이 기록되어 있으며, 연구원은 그 내용을 따라 꼼꼼하게 케이블을 점검해 나간다. 6,000개에 이르는 전기 케이블의 점검을 모두 마치자, 계산에 사용할 실험 수치가 기록된 카드를 기계에 밀어 넣고 스위치를 올린다. 기계는 잠시 후 한쪽에 설치된 천공기Punching Machine를 통해 계산 결과를 카드에 출력한다.

이 광경은 1946년 최초의 컴퓨터 에니악ENIAC을 운용하던 모습입니다. 한쪽 벽면을 가득 메운 상자들은 에니악이고, 전기 배선은 에니악이 계산할 때 사용하는 회로로 현대 컴퓨터로 치자면 '프로그램Program'이었습니다. '프로그래밍Programming'이 프로그램을 제작하는 일을 뜻하므로 그 당시 연구원이 하던 에니악의 전기 배선 작업은 일종의 프로그래밍이었다고 할 수 있습니다.

에니악은 당시에는 뛰어난 계산 능력을 갖고 있었지만, 이 기계가 갖고 있던 문제도 컸습니다. 뜨거운 진공관을 식히기 위해 거의 매일 반나절은 운영을 멈춰야 했고, 무엇보다 프로그램을 변경하려면 6,000개에 이르는 배선을 교체해야 했습니다. 이 괴물은 1951년 천재 과학자 존 폰 노이만John von Neumann의 손을 거쳐 개선된 구조와 향상된 신뢰성을 갖춘 에드박EDVAC으로 다시 태어납니다. 에드박은 중앙처리장치, 기억장치, 프로그램, 데이터로 이루어진 슈퍼 컴퓨터부터 스마트폰에 이르기까지 현존하는 모든 현대 컴퓨터의 조상이 됐습니다.

하지만 에드박 이후에도 1950년대 전까지 컴퓨터는 한동안 하드웨어를 중심으로 발전했고, 프로그래밍 방식은 여전히 0과 1의 비트Bit로 구성되는 기계어를 조합하여 프로그램을 작성하는 수준에 머물러 있었습니다. 진전이라고는 전선을 바꿔 끼우는 대신 카드에 구멍을 뚫어 비트를 기록하는 방식으로 바뀐 정도였습니다(하긴, 이것만 해도 큰 진전이죠).

> "허리를 바로 세우고 왼팔을 앞으로 내저으며 오른팔을 뒤로 내저어라. 동시에 몸의 중심을 앞으로 옮기며 왼발을 받침으로 삼고 오른발을 앞으로 내밀어라. 그리고 별도의 지시가 있기 전까지 이 행동을 계속하라."

그냥 '앞으로 가'라고 하면 되는데 이런 식으로 사람에게 지시를 내리는 경우는 거의 없을 것입니다. 사람은 말 한마디를 듣고도 그 한마디에 포함된 모든 행동을 알아서 잘 수행하지만, 컴퓨터는 어떤 일이든 이렇게 세세하게 지시해주지 않으면 아무것도 하지 못합니다. 이런 점을 역으로 이용하여 개발된 프로그래밍 언어가 바로 어셈블리어Assembly語입니다.

어셈블리어는 복잡한 기계어 명령을 사람이 이해할 수 있는 기호나 단어로 바꿔 만들었습니다. 예를 들면 '01001100 00001000 10000001 10010000' 같은 기계어 명령어를 어셈블리어에서는 'MOV'라고 하면 됩니다. 훨씬 간결하고 이해하기도 쉬워졌죠? 물론, 컴퓨터는 'MOV'라는 명령어를 전혀 이해하지 못합니다. 컴퓨터는 0과 1만 알아듣기 때문입니다. 그래서 이 어셈블리어는 일종의 번역 과정을 거쳐 컴퓨터가 이해하는 기계어 코드로 변환되는데, 이것을 컴파일^{Compile}이라고 합니다. 프로그래머가 어셈블리어로 프로그램 코드를 작성한 후에는 컴파일러^{Compiler}라는 소프트웨어를 이용하여 실행 파일을 만들어내는데, 이 실행 파일이 바로 프로그램입니다. 어셈블리어처럼 프로그램을 작성하기 위해 만들어진 인공 언어 체계를 '프로그래밍 언어^{Programming Language}'라고 합니다.

❗ 여기서 잠깐　　**컴파일러와 인터프리터**

앞에서 설명한 것처럼, 컴파일러(Compiler)는 소스 코드를 컴파일하여 실행 파일로 만듭니다. 프로그램을 실행하기 위해서는 '실행 파일'만 있으면 되며, 소스 코드는 전혀 필요하지 않습니다. 반면에 인터프리터(Interpreter)는 소스 코드를 미리 실행 파일로 만드는 작업이 필요하지 않습니다. 소스 코드를 실시간으로 기계어로 해석해서 실행해주기 때문입니다.

컴파일 방식에서 오류가 발견되어 이를 수정하고 확인하려면 무조건 컴파일 과정을 거쳐야 합니다. 그러나 인터프리터 방식에서 오류를 발견했을 때 코드를 수정하면 바로 실행이 가능하므로 컴파일 방식에 비해 개발 속도가 빠른 편입니다. 최근 프로그래머에게 많은 사랑을 받고 있는 인터프리터 방식의 프로그래밍 언어로는 PHP, 파이썬(Python), 루비(Ruby) 등이 있으며 펄(Perl) 같은 언어도 여전히 사용자가 많은 편입니다.

1.1.2 포트란의 탄생

1948년, 컴퓨터는 기술적으로 그 발명에 비견할 만한 도약을 하게 됩니다. 트랜지스터가 등장하며 진공관의 종말을 고했고 곧이어 수천, 수만 개의 트랜지스터를 하나의 칩에 집적한 마이크로 칩이 발명되면서 컴퓨터는 급속도로 발전해 나갔습니다. 성능은 빠른 속도로 향상됐고 가격은 빠른 속도로 하락했습니다. 컴퓨터의 보급 속도가 빨라진 것은 말할 것도 없습니다. 컴퓨터 시장이 확대되면서 많은 돈이 컴퓨터 산업계에 유입됐고, 이 돈은 다시 더 향상된 컴퓨터를 개발하기 위한 연구에 투입됐습니다.

컴퓨터가 널리 보급되면서(하지만 이때만 해도 가정에 컴퓨터가 보급되는 일은 누구도 상상하지 못했습니다. 단 몇 사람을 제외하면 말입니다) 사람들은 더 많은 업무를 컴퓨터로 해결하고 싶어졌습니다. 그런데 문제가 생겼습니다. 사람들에게 필요한 프로그램은 빠르게 늘어가는데, 아무리 똑똑한 프로그래머라 해도 기호와 다름없는 어셈블리어(기계어보다는 분명 나은 것이었지만)로는 그 프로그램들을 빠르게 만들 수 없었던 것입니다.

어셈블리어가 얼마나 어렵냐고요? 예를 들어 어셈블리어로 5+1 식을 계산하는 코드는 다음과 같습니다.

```
Data
var1 DWORD 1
var2 DWORD 5
.code
mov eax, var1
add eax, var2
```

프로그래밍 언어가 이렇게 어렵게 생겼으니, 프로그래밍이 전문 과학자나 아주 똑똑한 사람들의 전유물인 것은 당연한 일이었습니다. 하지만 존 배커스John Backus가 이 상황을 상당 부분 바꿔놓았습니다. 그는 IBM에 입사하자마자 당시 한창 개발 진행 중이던 일종의 어셈블리어 번역기인 스피드 코딩Speed Coding 프로젝트에 참여했습니다. 그리고 1957년, 스피드 코딩 프로젝트 경험을 기반으로 사람의 언어에 가까운 최초의 프로그래밍 언어, 포트란Fortran과 컴파일러를 개발했습니다. 포트란은 연구소와 과학 기술자를 중심으로 엄청난 인기를 얻어나갔습니다. 그 인기 요인은 무엇이었을까요? 포트란 언어의 덧셈 코드는 다음과 같습니다.

```
a = 5 + 1
```

앞의 어셈블리 코드와 비교해보세요. 더 단순해질 수 없을 정도로 단순해졌죠? 기계어와는 감히 비교조차 할 수 없을 정도로 훌륭합니다. 프로그래밍 코드답게 생긴 것은 앞에서 선보인 어셈블리어 쪽이지만, 이해하기에는 포트란 쪽이 어셈블리어보다 100배는 더 낫습니다. 포트란은 수학 시간에 배운 덧셈과 등가 기호만으로 덧셈 연산이 가능하거든요. 이러한 포트란의 성공은 다른 컴퓨터 과학자들을 자극했고, 이후 이들에 의해 1천여 가지가 넘는 프로그래밍 언어들이 탄생하고 또 사라져 갔습니다.

1.1.3 초등학생도 프로그래밍할 수 있게 한 베이직

1964년, 베이직BASIC, Beginner's All – Purpose Symbolic Instruction Code 언어가 미국 다트머스 대학의 존 케머니John Kemeny와 토마스 커츠Thomas Kurtz 교수에 의해 탄생했습니다. 이들은 컴퓨터 프로그래밍이 더 이상 과학자나 엔지니어의 전유물로 남지 않기를 바랐습니다. 그래서 누구라도 배워 사용할 수 있는 언어를 고안했는데, 이것이 바로 베이직입니다. 베이직 언어는 너무 사용하기 쉬웠기 때문에 수많은 컴퓨터광을 프로그래밍의 세계로 끌어들였습니다.

레이크사이드 스쿨에 다니던 초등학생 빌 게이츠Bill Gates와 폴 앨런Paul Allen도 프로그래밍에 이끌린 컴퓨터광 중 한 명이었습니다. 당시 컴퓨터는 엄청나게 비싼 기계였지만 레이크사이드 스쿨은 재정적으로 풍부한 사립 학교였고, 어머니회의 후원으로 컴퓨터와 터미널을 보유할 수 있었습니다. 빌 게이츠와 그의 친구들은 하루 종일 베이직 프로그래밍에 빠져들었습니다. 빌 게이츠는 학교를 졸업하고 하버드에 진학했지만, 얼마 가지 않아 학업을 중단하고 폴 앨런과 함께 1975년에 마이크로소프트를 창업했습니다(많은 사람이 빌 게이츠가 공부에 염증을 느꼈다고 생각하지만, 그것은 사실이 아닙니다. 빌 게이츠는 학업을 계속하기를 몹시 원했지만, 앞으로 도래할 미래가 뻔히 보이는 상황에서 기회를 놓치고 싶지 않았기 때문에 학교를 포기했던 것뿐입니다. 그리고 그는 자퇴한 것이 아니라 '휴학'했습니다. 휴학 기간이 다소 길지만 말입니다). 그렇게 탄생한 마이크로소프트의 첫 번째 제품이 바로 베이직 인터프리터BASIC Interpreter입니다.

마이크로소프트의 베이직은 IBM이 개발한 PC에 이식됐고, 많은 프로그래머의 손에 의해 PC에서 사용되는 수많은 응용 프로그램을 탄생시켰습니다. 또한 1990년대 들어 마이크로소프트가 윈도우를 출시했을 때 비주얼 베이직Visual Basic으로 새롭게 거듭나면서 윈도우 응용 프로그램을 보급하는 일등 공신이 됐으며, ASPActive Server Pages라는 웹 응용 프로그래밍 언어로 사용되면서 인터넷 시대의 발전을 촉발한 스타로 자리매김했습니다. 현재 마이크로소프트 베이직 언어의 최신 버전은 비주얼 베이직 2019Visual Basic 2019이며, 탄생한 지 50여 년이 지났음에도 여전히 많은 프로그래머에게 사랑받고 있습니다. 하지만 아쉽게도 2020년 3월에 마이크로소프트는 비주얼 베이직의 언어적 진화는 지원하지 않을 것이라고 공식 발표했습니다.

1.1.4 유닉스의, 유닉스에 의한, 유닉스를 위한 C

1964년, MIT 공대와 AT&T 벨 연구소, 그리고 GE는 멀틱스Multics라는 운영체제 개발을 시작했습니다. 멀틱스는 GE의 메인 프레임 컴퓨터를 위한 운영체제로서 획기적인 성능과 기능을 목표로 했습니다. 우수한 연구진과 막대한 비용을 투입했음에도, 멀틱스는 결국 실패하고 말았습니다. 비록 프로젝트는 실패했지만, 이 프로젝트에 참여했던 벨 연구소의 데니스 리치Dennis Ritchie와 켄 톰슨Ken Thompson은 운영체제 개발이라는 소중한 경험을 안고 회사로 돌아왔습니다.

벨 연구소로 돌아온 켄 톰슨은 어느 날 연구소의 한쪽 구석에서 놀고 있는 미니 컴퓨터 PDP-7을 발견했습니다. 어마어마했던 멀틱스 프로젝트에 질린 켄 톰슨은 PDP-7을 가지고 작지만 쓸모 있는 프로그램을 만들어보고 싶어 어셈블리어로 〈우주 여행〉이라는 게임을 작성했습니다. PDP-7에서 프로그램을 하나 완성하자 켄 톰슨은 다시 한번 운영체제 개발에 도전해보고자 데니스 리치와 함께 유닉스UNIX를 만들기로 합니다. 그렇게 PDP-7에서 유닉스의 첫 버전이 만들어졌습니다.

이후 리치와 톰슨은 PDP-11 버전을 만들면서 새로운 언어도 만들기로 결심합니다. 어셈블리어는 코드 생산성이 너무 낮았고, 당시 사용하던 B 언어(켄 톰슨이 개발)는 PDP-11의 새로운 기능을 활용하는 데 역부족이었기 때문입니다. 그래서 데니스 리치는 B 언어의 특징을 물려받은 새로운 프로그래밍 언어를 개발했고, B 언어를 계승한다 하여 'C 언어'라 이름 붙였습니다.

> **❗ 여기서 잠깐 PDP-7 같은 미니 컴퓨터는 얼마나 작았나요?**
>
> 사실 미니 컴퓨터(Mini Computer)의 크기는 지금의 커다란 냉장고 정도였습니다. 그런데 왜 이름이 '미니(Mini)'냐고요? 그 당시 '컴퓨터'라고 하면 최소한 방 하나를 가득 채우는 크기가 보통이었습니다. 이에 비하면 냉장고 크기의 컴퓨터는 '미니'라고 부를 만하죠. 다시 말해, 미니 컴퓨터는 절대적인 의미가 아닌 상대적인 의미에서 붙여진 이름입니다.

C 언어를 개발한 뒤 리치와 톰슨은 유닉스를 통째로 C 언어로 재작성했습니다. CPU마다 명령어가 달라지는 어셈블리어로는 다양한 컴퓨터에 유닉스와 응용 프로그램들을 이식하는 것이 매우 어려웠기 때문입니다. AT&T 벨 연구소는 소스 코드를 비롯한 유닉스의 모든 것을 공개하며 미국 내 대학과 기업에 공급했습니다. 유닉스는 미니 컴퓨터에 쓸 만한 운영체제를 찾던 사람들에게 큰 환영을 받았으며, C 언어로 만들어졌기 때문에 다른 컴퓨터로의 이식이 용이했습니다. 각 대학과 기업은 소유하고 있던 미니 컴퓨터에 유닉스를 이식하여 사용했으며, 이 과정에서 C 언어도 자연스럽게 함께 보급됐습니다. 그리고 유닉스가 주류 운영체제로 자리잡으면서 C 언어도 '유닉스의 언어'에서 '프로그래머의 언어'로 자리잡게 됐습니다.

1.1.5 C+1 == C++

C++('씨 플러스 플러스'라고 읽습니다)는 AT&T 벨 연구소(C와 출신이 같습니다)의 비야네 스트롭스트룹Bjarne Stroustrup 교수가 객체지향 프로그래밍Object Oriented Programming(이에 대해서는 나중에 다시 설명할 것이므로 지금은 이런 것이 있구나 하고 지나치면 됩니다)이 가능하도록 C를 개선시킨 프로그래밍 언어입니다. 'C++'에서 ++는 자기 자신을 1만큼 증가시킨다는 뜻으로, C 언어에서 사용되는 연산자입니다. 즉, C++는 C를 향상시킨 프로그래밍 언어라는 의미를 가지고 있습니다.

C 언어는 B 언어의 다음 알파벳을 사용했는데, C++는 왜 D가 아니고 C++일까요? 그것은 C++ 언어가 C 언어를 거의 계승하고 필요한 만큼만 향상시켰기 때문입니다. 1979년에 만들어진 C++는 기존 C 언어 코드를 대부분 그대로 사용할 수 있으며, 객체지향 프로그래밍을 지원해 프로그래머가 거대하고 복잡한 소프트웨어를 이전보다 쉽게 만들 수 있도록 했습니다. 이러한 매력 때문에 C++는 많은 프로그래머(그리고 이들이 소속한 회사)에게 지금도 사랑받고 있습니다. 포토샵, 윈도우, 마이크로소프트 오피스를 비롯한 많은 상용 소프트웨어가 바로 이 언어로 작성됐습니다.

1.1.6 더 나은 세상을 위한 C#

++ 밑에 ++를 더 붙이면 #이 됩니다. C#이라는 이름은 C++를 계승한다는 의미로 붙여진 것이죠. 하지만 C#은 C나 C++와는 여러 면에서 차이가 있습니다. 우선 C와 C++가 AT&T 벨 연구소에서 출생한 반면, C#은 마이크로소프트의 앤더스 헤일스버그Anders Hejlsberg가 만들었습니다. C 언어로 작성된 소스 코드는 C++ 컴파일러가 컴파일할 수 있지만, C나 C++로 작성된 소스 코드는 C#에서 컴파일되지 않습니다. 이름은 비슷하지만 실제로는 완전히 다른 언어라는 것이죠(여담이지만, C++의 창시자인 스트롭스트룹 교수는 C#을 그리 탐탁지 않게 여기는 것으로 보입니다).

1990년대 말, 마이크로소프트는 .NET('닷넷'이라고 읽습니다) 비전을 발표했습니다. 이 비전을 요약하자면 앞으로의 인터넷 서비스는 모든 종류의 기기에서 사용할 수 있어야 하며, 마이크로소프트의 .NET은 이를 위한 플랫폼이라는 것이었습니다. 하지만 마이크로소프트가 .NET을 위해 준비한 것 중 대부분은 사람들의 별다른 관심을 끌지 못했습니다. 엄청난 투자를 생각하면 사업적인 면에서는 실패했다고 평해도 틀린 말은 아닐 것입니다.

하지만 .NET은 프로그래머들에게 소중한 선물을 안겨줬는데, 바로 .NET 클래스 라이브러리와 C# 프로그래밍 언어입니다. .NET 클래스 라이브러리는 콘솔, 데스크톱, 웹, 모바일 등에서 동작하는 애플리케이션을 손쉽게 개발할 수 있는 API를 제공합니다. C# 프로그래밍 언어는 .NET에 최적화된 언어로서 프로그래머의 생산성을 보다 높은 수준으로 끌어올렸습니다. 이후에 자세히 설명하겠지만 .NET 클래스 라이브러리는 C# 외에도 다양한 언어를 통해 사용할 수 있습니다. 베이직, 포트란, 코볼, 파이썬 등은 물론이고 C++도 예외는 아닙니다. 그런데 C++ 같이 훌륭한 언어로 .NET 클래스 라이브러리를 활용할 수 있는데 왜 C#을 새로 만들어야 했을까요?

굳이 십자 드라이버를 쓰지 않고도 일자 드라이버로 십자 나사를 조일 수는 있습니다. 하지만 십자 드라이버를 쓰는 것과 일자 드라이버를 쓰는 것은 나사를 조일 때 필요한 힘의 크기에서 차이가 납니다. 십자 드라이버는 나사를 조이는 데 필요한 힘을 네 방향으로 분산해주지만, 일자 드라이버는 두 방향으로밖에 분산하지 못해 잘못하면 나사의 홈을 파먹거나 공구 자체가 망가질 수 있습니다. C#을 만든 이유도 마찬가지입니다. C++로도 얼마든지 .NET 클래스 라이브러리를 사용해 소프트웨어를 작성할 수 있지만, C#을 이용하면 훨씬 수월하게 할 수 있기 때문입니다.

비록 .NET 비전은 성공하지 못했지만 C#과 .NET은 진화를 거듭하며 프로그래머들 사이에서 자리를 잡았습니다. 그동안 많은 기능 개선과 성능 향상이 있었으며, 앞으로도 발전의 여지를 많이 남겨두고 있습니다. 게다가 C#은 파이썬을 제외하면 앞에서 소개한 어떤 언어보다 배우기가 쉽습니다(소개하지 않았던 자바^{java}를 포함한다고 해도 말입니다).

이제 다음 장부터 본격적으로 C# 프로그래밍에 대해 알아보겠습니다.

1.2 C#의 기본 파일과 환경 설정

1.2.1 프로그램을 이루는 소스 파일과 프로젝트

컴파일러는 프로그램 논리가 담겨 있는 소스 파일을 입력받아서 프로그램, 즉 실행 파일을 만듭니다. C 컴파일러는 확장자가 .c인 소스 파일(예: Hello.c)을 입력받고, 자바 컴파일러는 확장자가 .java인 소스 파일(예: Hello.java)을 입력받습니다. 마찬가지로, C# 컴파일러는 확장자가 .cs인 소스 파일(예: Hello.cs)을 이용해서 실행 파일을 만듭니다.

소스 파일 → 컴파일러 → 실행 파일

Hello.cs   Hello.exe

이번 장을 시작으로, 여러분은 당분간 예제 프로그램을 만들 때 하나의 소스 파일만 사용할 것입니다. 후반부로 넘어가면 프로그램 하나를 위해 여러 개의 소스 파일을 작성할 텐데, 소스 파일이 늘어나면 관리하기가 조금 복잡할 수 있습니다. 다행히 비주얼 스튜디오는 복수의 소스 파일과 기타 부속 정보를 함께 묶어 관리할 수 있는 '프로젝트Project'라는 개념이 있습니다. 프로젝트를 C# 프로그램 개발을 위한 기본 단위라고 생각해도 좋습니다. 다음 그림에서 보는 것처럼, C# 프로젝트 파일의 확장자는 .csproj입니다.

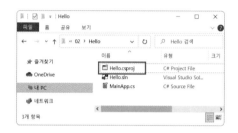

이 그림을 보고 여러분은 다음과 같은 질문을 떠올릴 수도 있습니다.

> "흠, 이 그림에서 MainApp.cs 파일은 C# 소스 코드일 테고, Hello.csproj는 프로젝트 파일이라는 건 알겠어요. 확장자가 .sln인 파일도 보이는데 이 파일도 C# 프로그래밍과 관련이 있나요?"

네, 관련 있습니다. C# 소프트웨어 개발 도구인 비주얼 스튜디오는 한 걸음 더 나아가 관련 프로젝트 여러 개를 함께 관리할 수 있는 단위도 고안했습니다. 이것을 '솔루션Solution'이라고 합니다. 여러분도 21장에서 네트워크 프로그래밍을 공부할 때 여러 프로젝트를 하나의 솔루션에 묶어 예제 프로그램을 만드는 실습을 할 것입니다. 이 책에서는 비주얼 스튜디오로 코딩 실습을 진행합니다. 잠시 후에 설치 방법을 설명하겠습니다.

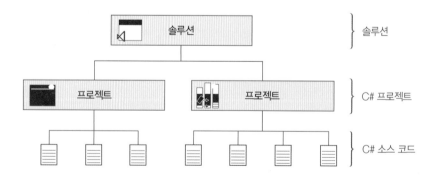

1.2.2 비주얼 스튜디오 환경 설정

지금부터는 C#으로 프로그래밍하기 위한 준비 작업을 하겠습니다. 회사나 학교에서 제공하는 비주얼 스튜디오가 있다면 바로 2장으로 넘어가도 좋습니다. 하지만 비주얼 스튜디오가 처음이라면 지금부터 설명하는 내용을 잘 따라서 실습 환경을 구축하기 바랍니다.

> **! 여기서 잠깐 이 책을 공부하기 위해 준비해야 할 소프트웨어**
>
> 이 책은 C# 1.0부터 11.0까지의 내용을 다루므로 본문의 예제를 실습해보기 위해서는 C# 11.0 이상을 지원하는 컴파일러가 필요합니다. C# 컴파일러는 .NET SDK 또는 비주얼 스튜디오를 설치하면 함께 설치됩니다. 비주얼 스튜디오의 가격은 에디션에 따라 수십만 원에서 수백만 원에 이르지만, 비주얼 스튜디오 커뮤니티 에디션은 학생 또는 취미 프로그래머를 위한 IDE(Integrated Development Environment)로서 마이크로소프트 홈페이지에서 무료로 제공됩니다.

`Step 1`

비주얼 스튜디오 커뮤니티는 마이크로소프트 공식 사이트에서 무료로 다운로드할 수 있습니다. 웹 브라우저로 https://visualstudio.microsoft.com에 접속한 후, [Visual Studio]에서 [Visual Studio 다운로드] – [Community 2022]를 선택하세요.

Step 2

'VisualStudioSetup.exe'라는 이름의 설치 파일을 자동
으로 다운로드할 것입니다. 이 파일을 디스크에 저장한
후 실행하세요. 설치 프로그램이 다음과 같이 안내 메시
지를 띄우면 사용 조건을 읽어보고 [계속] 버튼을 클릭
합니다.

Step 3

설치 프로그램이 여러분에게 다음과 같이 설치 옵션을 물어볼 것입니다. 이 책을 공부하면서 우리에게 필요한
옵션은 '.NET 데스크톱 개발'뿐입니다. [설치] 대화상자에서 다음 그림과 같이 해당 항목을 체크하고 [설치]
버튼을 클릭하세요.

이제 비주얼 스튜디오를 설치하기 시작합니다. 지금부터는 특별한 문제가 발생하지 않는 한 설치가 끝날 때까지 모든 것을 맡겨놓으면 됩니다.

설치가 끝나면 다음과 같이 비주얼 스튜디오 설치 정보가 나타납니다. 이제 설치 프로그램을 종료하세요.

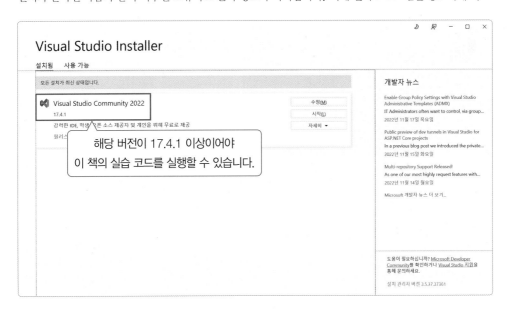

Step 6

Windows의 시작 메뉴에서 'Visual Studio 2022'를 찾아 실행하세요.

Step 7

비주얼 스튜디오 2022를 처음 시작하면 다음과 같이 테마를 선택하는 화면이 나타납니다. 여러분 취향에 맞는 테마를 고르고 [Visual Studio 시작] 버튼을 클릭하면 비주얼 스튜디오를 시작합니다. 여기서는 [색 테마 선택]에서 '광원'을 선택했습니다.

자, 이렇게 해서 C# 프로그래밍을 공부할 준비가 모두 끝났습니다. 그럼 이제 2장으로 가서 C#으로 쓰인 프로그램이 어떤 과정을 거쳐 실행되는지 알아보겠습니다.

02

처음 만드는
C# 프로그램

이번 장에서는 여러분에게 "C# 프로그래밍은 이런 것이다."라는 것을 간단하게 맛보여드리려고 합니다. C# 프로그램 소스 코드의 기본 구조, 소스 코드를 실행 파일로 만드는 방법, 실행 파일이 컴퓨터에서 동작하는 과정을 살펴볼 거예요. 이번 장을 마쳤을 때 'C# 프로그래밍, 이거 해볼 만하겠는데?' 하는 생각이 든다면 제 목표는 이뤄진 것입니다.

학습목표

☑

이 장의
핵심 개념

- 'Hello World'를 출력하는 첫 예제 프로그램을 만들고 실행합니다.

- 첫 예제 프로그램을 분석하며 C# 코드의 얼개를 파악합니다.

- C#과 CLR의 관계에 대해 알아봅니다.

☑

이 장의
학습 흐름

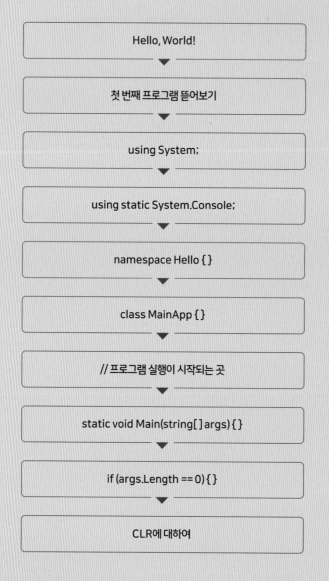

Hello, World!

▼

첫 번째 프로그램 뜯어보기

▼

using System;

▼

using static System.Console;

▼

namespace Hello { }

▼

class MainApp { }

▼

// 프로그램 실행이 시작되는 곳

▼

static void Main(string[ ] args) { }

▼

if (args.Length == 0) { }

▼

CLR에 대하여

2.1 Hello, World!

지금부터 간단한 프로그램을 하나 만들어보겠습니다. 이 프로그램이 하는 일은 'Hello, ⬚'라는 메시지를 출력하는 것이 전부이지만, 이 프로그램을 통해 우리는 C# 코드의 주요 골격과 문법 요소를 배울 수 있습니다. 지금부터 설명하는 내용을 차근차근 따라 해보길 바랍니다.

Step 1

먼저, 비주얼 스튜디오를 실행하세요. Windows의 시작 메뉴에서 'Visual Studio 2022'를 입력하면 비주얼 스튜디오 아이콘을 쉽게 찾을 수 있습니다.

Step 2

비주얼 스튜디오를 실행했습니까? 그럼 다음과 같이 [새 프로젝트 만들기] 버튼을 클릭합니다.

[새 프로젝트 만들기]에서 오른쪽에 있는 여러 템플릿 중 [콘솔 앱]을 선택하고 [다음] 버튼을 클릭합니다.

[새 프로젝트 구성]에서 [프로젝트 이름]에 'Hello'를 입력하고 [위치]의 ⬚ 버튼을 클릭하여 [프로젝트 위치] 대화상자에서 위치를 지정한 후 [다음] 버튼을 클릭합니다. [솔루션 및 프로젝트를 같은 디렉터리에 배치]를 체크하면 솔루션과 프로젝트를 같은 폴더에서 관리할 수 있습니다.

Step 5

[추가 정보]에서 [프레임워크]를 '.NET 7.0 (표준 용어 지원)'으로 지정하고, [최상위 문 사용 안 함]을 체크한 후 [만들기] 버튼을 클릭합니다.

Step 6

여기까지 진행했다면 다음과 같이 프로젝트가 생성되며 코드 편집기와 [솔루션 탐색기] 창이 나타날 것입니다.

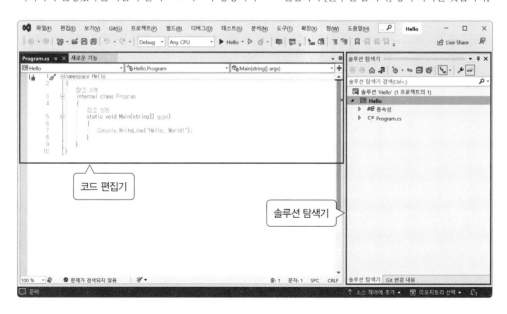

이번에는 Hello 프로젝트가 전역 using을 암시적으로 사용하지 않도록 설정하겠습니다. 이 기능을 활성화하면 C# 10.0에 도입된 global using을 이용해서 코드가 참조할 네임스페이스(잠시 후에 설명합니다)를 비주얼 스튜디오가 자동으로 관리해주지만, 이는 C#을 공부하는 데 도움이 되지 않으므로 이 책의 예제 코드에서는 사용하지 않겠습니다.

비주얼 스튜디오의 [프로젝트] − [Hello 속성] 메뉴를 선택하고 [전역 using] 항목에서 [암시적 전체 사용]을 체크 해제하세요.

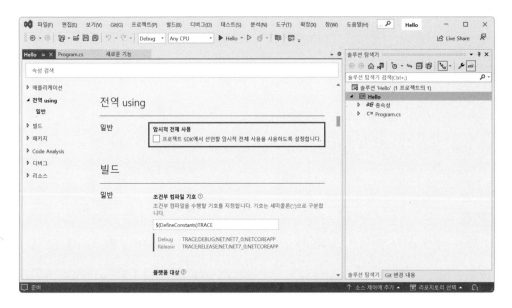

[솔루션 탐색기] 창에서 'Program.cs'를 선택한 후, F2 키를 누르세요. 그럼 파일 이름을 변경할 수 있도록 커서가 표시됩니다. 여기에서 'Program.cs'를 'MainApp.cs'로 수정하세요.

이제부터는 소스 코드를 작성할 차례입니다. 코드 편집기를 이용하여 다음 코드를 대소문자를 주의 깊게 관찰하면서 입력하세요. 그렇지 않으면 컴파일러가 잘못 입력한 부분을 두고 여러분을 구박할 수도 있습니다. 코드에서 첫 칸에 있는 번호 01, 02, …, 20은 여러분이 코드를 읽기 편하도록 넣은 행 번호입니다. 이 번호는 빼고 입력하세요.

>>> **02장/Hello/MainApp.cs**

```
01  using System;
02  using static System.Console;
03
04  namespace Hello
05  {
06      class MainApp
07      {
08          // 프로그램 실행이 시작되는 곳
09          static void Main(string[] args)
10          {
11              if (args.Length == 0)
12              {
13                  Console.WriteLine("사용법 : Hello.exe <이름>");
14                  return;
15              }
16
17              WriteLine("Hello, {0}!", args[0]);
18          }
19      }
20  }
```

소스 코드를 모두 입력했습니까? 그럼 이젠 이 코드를 컴파일해야겠군요. 키보드에서 Ctrl + Shift + B 키를 동시에 입력하거나 비주얼 스튜디오의 [빌드] – [솔루션 빌드] 메뉴를 선택하여 컴파일을 수행합니다. 여러분이 대소문자와 기호를 포함하여 모든 코드를 정확하게 입력했다면 비주얼 스튜디오는 프로젝트 디렉터리 안의 bin\Debug에 Hello.exe 실행 파일을 생성할 것입니다. 모든 코드가 정상적으로 입력됐다면 다음과 같이 조용히 컴파일이 종료됩니다.

❗ 여기서 잠깐 [오류 목록] 창의 오류 메시지

입력한 코드에 문제가 있다면 화면 하단의 [오류 목록] 창에 컴파일 에러를 띄울 것입니다. 가령, 앞의 코드에서 첫 번째 줄의 using을 첫 글자만 대문자로 바꿔 Using으로 입력했다면 컴파일러는 다음과 같이 에러 메시지를 출력할 것입니다.

	코드	설명	프로젝트	파일	줄	비표시 오류(Suppr...
❌	CS1529	extern 별칭 선언을 제외하고 using 절은 네임스페이스에 정의된 다른 모든 요소보다 앞에 와야 합니다.	Hello	MainApp.cs	2	활성
❌	CS0246	'Using' 형식 또는 네임스페이스 이름을 찾을 수 없습니다. using 지시문 또는 어셈블리 참조가 있는지 확인하세요.	Hello	MainApp.cs	1	활성
❌	CS0103	'Console' 이름이 현재 컨텍스트에 없습니다.	Hello	MainApp.cs	13	활성
❌	CS0103	'WriteLine' 이름이 현재 컨텍스트에 없습니다.	Hello	MainApp.cs	17	활성
⚠️	CS0168	'System' 변수가 선언되었지만 사용되지 않았습니다.	Hello	MainApp.cs	1	활성

Step 11

이제 Windows의 파일 탐색기를 실행해서 실행 파일이 제대로 생성됐는지 확인해보겠습니다. 실행 파일이 있는 경로까지 쉽게 찾아가는 방법이 있습니다. [솔루션 탐색기] 창의 [Hello] 솔루션 항목이나 프로젝트 항목 위에서 마우스 오른쪽 버튼을 클릭하고 [파일 탐색기에서 폴더 열기]를 선택하면 프로젝트 디렉터리로 바로 이동할 수 있습니다.

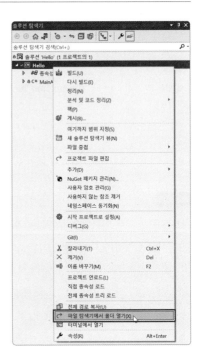

어떤가요? 다음과 같이 bin\Debug\net7.0 디렉터리 안에 Hello.exe가 만들어졌습니까? 확인한 뒤 아직
파일 탐색기를 끄지 마세요.

Hello.exe를 확인했다면 이제 프로그램을 시험해볼 차례입니다. 우리가 Hello 프로젝트의 유형을 '콘솔 앱'
으로 선택했던 것을 기억하시나요? 콘솔 앱은 명령 프롬프트에서 실행할 수 있습니다. 이제 명령 프롬프트
를 열어야 합니다. 키보드에서 Windows + R 키를 눌러 [실행] 창을 띄우고, 'cmd'를 입력한 후 [확인] 버튼
을 클릭하세요.

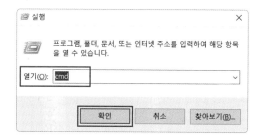

다음과 같은 명령 프롬프트 창이 나타날 것입니다. 실행 파일이 있는 곳으로 이동해보겠습니다. 조금 전에
열었던 파일 탐색기에서 주소창을 선택하고, Ctrl + C 키를 눌러 실행 파일이 있는 경로를 클립보드에 복
사하세요. 그 다음 명령 프롬프트 창에 'cd'를 입력하고 Space bar 키를 한 번 누른 후 마우스 오른쪽 버튼을
클릭하면 클립보드에 복사했던 경로가 붙여 넣어집니다. Enter 키를 누르면 실행 파일이 있는 곳으로 이동
합니다.

실행 파일이 위치한 폴더로 이동했으면 이제 Hello.exe 프로그램을 실행해보겠습니다. Hello.exe와 같이
실행 파일 이름을 모두 입력해도 되고, 확장자 exe를 뺀 Hello만 입력해도 됩니다. 프로그램을 실행할 때는
실행 파일의 이름 뒤에 여러분의 이름을 입력해보세요. 전 C#과 제 이름을 입력했습니다.

Hello C# + Enter 키 또는
Hello.exe C# + Enter 키를
실행해도 같은 결과가 나옵니다.

Hello 박상현 + Enter 키 또는
Hello.exe 박상현 + Enter 키를
실행해도 같은 결과가 나옵니다.

기분이 어떠세요? 설명하긴 어렵지만 제가 생애 처음으로 컴파일을 성공시켰을 때 느꼈던 그 기분
을 아마 여러분도 느꼈으리라 생각합니다. 자, 그럼 다음 절로 가서 우리가 작성한 코드가 도대체 어
떤 녀석들인지, 각각 어떤 역할을 하는지 살펴보겠습니다.

> **! 여기서 잠깐   Hello, World! 이거 어디서 많이 봤어요!**
>
> 제가 알고 있는 바로는, 1978년에 출판된 브라이언 커니핸(Brian W. Kernighan)과 데니스 리치(Dennis M.
> Ritchie)의 『The C Programming Language』가 이런 예를 사용하기 시작한 첫 번째 책입니다. 이후 저를
> 포함한 대부분의 프로그래밍 책 저자들이 'Hello, World!'라는 메시지를 출력하는 프로그램을 첫 번째 실습
> 으로 소개합니다.
>
> 어떤 프로그래머는 새 언어를 익힐 때마다 'Hello, World!' 메시지를 찍는 프로그램을 보면 대강 그 언어의
> 문법 구조가 어떻게 생겼는지 감을 잡고 곧장 프로그램을 만든다고 합니다. 다소 허풍이 들어가 있는 것 같지
> 만, 그만큼 이 간단한 프로그램이 우리에게 알려주는 것이 많다는 뜻으로 받아들이면 될 것 같습니다.

2.2 첫 번째 프로그램 뜯어보기

지금부터는 우리가 만들었던 조그마한 프로그램을 차근차근 파악해보겠습니다. 이 부분을 다 공부하고 나면 여러분도 C# 프로그램의 골격을 이해할 수 있을 것입니다. 그럼 'Hello' 프로그램 첫 줄의 using System;부터 시작하겠습니다.

> **! 여기서 잠깐**   **좌절 금지**
>
> 소스 코드는 말 그대로 코드(Code) 덩어리입니다. 코드는 '해석'이 필요한 부호라는 뜻이잖아요. 따라서 C# 소스 코드를 처음 접하는 여러분에게 앞으로 나올 내용들이 수월하지는 않을 것입니다. 저는 여러분이 지금 여기에서 설명하는 모든 것을 이해해야 한다고 생각하지 않습니다. 어차피 일부 내용들은 이 책 전반에 걸쳐 자세하게, 그리고 차근차근 다시 설명할 것이기 때문입니다.
>
> 하지만 내용이 어렵다고 해서 저조차 설명을 건너뛰어서는 안 되겠죠. 여러분이 나중에 2장을 다시 들춰보면서 설명을 찾아볼 때 아무 내용도 남아 있지 않다면 얼마나 허탈하겠습니까?
>
> 정리하자면, 저는 FM대로 설명하겠으니 앞으로 나올 내용이 어렵다고 좌절하지 말고 부디 마음을 편안히 가지라는 이야기입니다.

>>> **02장/Hello/MainApp.cs**

```
01   using System;
02   using static System.Console;
03
04   namespace Hello
05   {
06       class MainApp
07       {
08           // 프로그램 실행이 시작되는 곳
09           static void Main(string[] args)
10           {
11               if (args.Length == 0)
12               {
13                   Console.WriteLine("사용법 : Hello.exe <이름>");
14                   return;
15               }
16
```

```
17              WriteLine("Hello, {0}!", args[0]);
18          }
19      }
20  }
```

2.2.1 using System;

```
01  using System;
02  using static System.Console;
... (중략)
13              Console.WriteLine("사용법 : Hello.exe <이름>");
```

using System;은 그냥 보면 한 덩어리 같지만 실은 세 가지 요소로 이루어져 있습니다. using, System, 그리고 ;(세미콜론)이 각각 개별적인 요소거든요. 이들이 결합해 한 문장을 이루면서 비로소 의미를 만들어내는 것입니다.

첫 단어 using은 C#의 키워드Keyword 중 하나입니다. 아차, 우리에겐 키워드가 생소한 낱말이죠? C#(또 대부분의 프로그래밍 언어)에서 키워드란, C#의 규격에 미리 정의되어 있는 특별한 단어를 말합니다. 만약 프로그래머가 코드를 작성하면서 어느 코드 요소에 'using'이라고 이름 붙이면 컴파일러는 C#의 키워드가 사용됐음을 알아보고 실행 파일 대신 에러 메시지를 내뱉을 것입니다. 아무튼 using이라고 하니 뭔가를 사용하는 것 같지 않습니까? 네, 그 뒤에 따라오는 System을 사용하겠다는 것입니다.

그럼 System은 또 무엇일까요? 이것은 C# 코드에 기본적으로 필요한 클래스(처음 보는 낱말이군요. 잠시 후에 다시 설명하겠습니다)를 담고 있는 네임스페이스Namespace(이 친구도 잠시 후에 다시 설명합니다)입니다. 따라서 using System은 System 네임스페이스 안에 있는 클래스를 사용하겠다고 컴파일러에 알리는 역할을 합니다. 만약 우리가 이 문장을 생략했다면 예제 코드 13행의 Console.WriteLine(…); 코드는 System.Console.WriteLine(…);으로 글자 수가 늘어났을 것입니다. 앞에서 System 네임스페이스를 사용하겠다고 선언한 덕에 코드의 양을 줄일 수 있게 됐죠.

아직 첫 문장의 설명이 끝나지 않았습니다. 세미콜론(;)을 빠뜨렸잖아요. 세미콜론은 컴파일러에 문장의 끝을 알리는 기호입니다. 여기에서 의문이 하나 생깁니다.

"코드의 문장 끝 정도는 세미콜론 없이도 알아차려야 하는 것 아닌가요? 너무 귀찮아요."

앤더스 헤일스버그는 C#을 설계할 때 세미콜론을 없앨 수도 있었습니다. 하지만 세미콜론으로 인해 얻는 장점이 더 많다고 판단했기에 C, C++에서 사용하던 세미콜론을 그대로 사용하기로 결정했습니다. 예를 들어, 줄 바꿈을 문장의 끝으로 인식하는 언어인 비주얼 베이직은 긴 문장을 작성할 때 다음과 같이 언더스코어(_)로 이어줘야 합니다.

```
Text = "나는 자랑스러운 태극기 앞에 " _
    + "자유롭고 정의로운 대한민국의 무궁한 영광을 위하여 " _
    + "충성을 다할 것을 " _
    + "굳게 다짐합니다."
```

하지만 C#에서는 그냥 줄을 바꿔 쓰고 문장의 끝 부분에 세미콜론을 붙여주면 됩니다.

```
Text = "나는 자랑스러운 태극기 앞에 "
    + "자유롭고 정의로운 대한민국의 무궁한 영광을 위하여 "
    + "충성을 다할 것을 "
    + "굳게 다짐합니다." ;
```

이와는 반대의 경우로, 세미콜론은 다음과 같이 극히 짧은 문장을 한 줄 안에 몰아넣을 때도 유용합니다.

```
alpha = 1.2; beta = 4.0; gamma = 7.22;
```

세미콜론의 존재 이유, 이제 이해되시죠?

2.2.2 using static System.Console;

앞서 첫 번째 행의 코드를 설명하면서 제가 using System이 System.Console.WriteLine(…)을 Console.WriteLine(…)으로 줄여준다고 했죠? using static System.Console은 Console.WriteLine(…)을 WriteLine(…)으로 줄여줄 것입니다. 예제 코드의 17행에 있는 WriteLine(…);이 바로 이 문장의 덕을 본 사례입니다(사실은 13행도 똑같이 줄일 수 있었지만 using System을 설명하기 위해 줄이지 않았습니다).

using 키워드만 사용하면 네임스페이스 전체를 사용한다는 의미지만 using static은 어떤 데이터 형식(예: 클래스)의 정적 멤버를 데이터 형식의 이름을 명시하지 않고 참조하겠다고 선언하는 기능을 합니다(정적 멤버에 대해서는 7장에서 자세히 설명하겠습니다. 지금 당장은 System.Console이 이러한 정적 멤버를 여럿 가지고 있다는 것만 알아두면 됩니다). 콘솔에 데이터를 출력하는 Write(), WriteLine() 메소드(지금은 메소드Method를 '일련의 기능을 수행하는 명령어'라고 알아두세요. 6장에서 자세히 다루겠습니다)와 콘솔로부터 데이터를 입력받는 Read(), ReadLine() 메소드가 Console 클래스의 대표적인 정적 멤버입니다.

```
02  using static System.Console;
...
17              WriteLine("Hello, {0}!", args[0]);
```

2.2.3 namespace Hello { }

네임스페이스는 성격이나 하는 일이 비슷한 클래스, 구조체, 인터페이스, 대리자, 열거 형식 등을 하나의 이름 아래 묶는 일을 합니다. 예를 들어 System.IO 네임스페이스에는 파일 입출력을 다루는 각종 클래스, 구조체, 대리자, 열거 형식 등이 있고, System.Printing 네임스페이스에는 출력에 관련한 일을 하는 클래스 등이 소속되어 있습니다. .NET 클래스 라이브러리에 1만 개가 훨씬 넘는 클래스가 있어도 프로그래머가 전혀 혼돈을 느끼지 않고 이 클래스를 사용할 수 있는 비결은 바로 이렇게 각 용도별/분야별로 정리되어 있는 네임스페이스에 있습니다. 마치 대형 마트에 수만 가지 상품이 있어도 내가 사려는 물건을 손쉽게 찾을 수 있는 것과 같은 이치입니다.

네임스페이스를 만들 때는 다음과 같이 namespace 키워드를 이용하며, 네임스페이스_이름 뒤에 따라오는 중괄호 {와 } 사이에는 이 네임스페이스에 소속되는 클래스 등이 들어갑니다.

```
namespace 네임스페이스_이름
{
    // 클래스
    // 구조체
    // 인터페이스 등…
}
```

이제 우리의 코드로 돌아와서 이야기를 계속해보겠습니다. namespace Hello는 Hello라는 네임스페이스를 만들고, 그 뒤에 따라오는 중괄호 {와 }는 Hello 네임스페이스에 MainApp 클래스를 담습니다.

```
04  namespace Hello
05  {
06      class MainApp
07      {

...

19      }
20  }
```

다른 네임스페이스에서 MainApp 클래스를 사용하려면 using Hello; 문장을 이용해서 Hello 네임스페이스를 참조하거나 Hello.MainApp처럼 클래스가 소속되어 있는 네임스페이스와 클래스의 이름을 붙여줘야 합니다.

한 개의 C# 소스 파일(.cs)은 여러 개의 네임스페이스를 가질 수 있습니다. 다음은 그 예시입니다.

```
namespace Devices
{
    // …
}

namespace Softwares
{
    // …
}
```

그런데 프로그래머가 약 20년간 C#을 사용하면서 깨달은 사실이 하나 있습니다. 대부분의 경우 파일 하나에 네임스페이스가 하나씩만 선언된다는 점입니다. 이 부분에 착안해서 C# 10에서는 파일 범위 네임스페이스(File Scoped Namespace)라는 새 기능이 도입됐습니다.

파일 범위 네임스페이스는 다음과 같이 namespace 선언 뒤에 { } 대신 세미콜론(;)을 붙이면 그 파일의 모든 코드는 해당 네임스페이스 소속으로 들어가게 만듭니다.

```
namespace Devices;
```

2.2.4 class MainApp { }

class MainApp 구문은 MainApp이라는 이름의 클래스를 만듭니다. 그럼 클래스는 무엇일까요? 학창 시절에 배우기로는 클래스가 '학급', '교실' 뭐 대강 이런 뜻이었는데, 여기서는 영 다른 뜻으로 사용되는 것 같으니 말입니다. 이전에 외웠던 클래스의 뜻은 프로그래밍을 공부하는 동안에는 잊는 편이 좋겠습니다.

클래스는 C# 프로그램(C#으로 만드는 프로그램)을 구성하는 기본 단위로서 데이터와 데이터를 처리하는 기능(이것을 메소드라고 부릅니다)으로 이루어집니다. C# 프로그램은 최소한 하나 이상의 클래스로 이루어지며 수백, 수천 개의 클래스들로 구성되기도 합니다.

우리의 코드를 볼까요? MainApp 클래스는 앞에서 봤던 Hello 네임스페이스처럼 중괄호 {와 }로 코드 블록을 형성하고 있습니다(C# 프로그램에서 중괄호 {와 }는 다른 코드를 담는 코드 블록으로 사용됩니다). 그리고 이 코드 블록 안에는 Main() 메소드가 담겨 있습니다(데이터를 담는 코드는 보이지 않는군요).

```
06      class MainApp
07      {
08          // 프로그램 실행이 시작되는 곳
09          static void Main(string[] args) •·········· Main() 메소드
10          {
11              if (args.Length == 0)
12              {
13                  Console.WriteLine("사용법 : Hello.exe <이름>");
14                  return;
15              }
16
17              WriteLine("Hello, {0}!", args[0]);
18          }
19      }
```

클래스에 대해서는 7장에서 자세히 설명하겠습니다.

2.2.5 // 프로그램 실행이 시작되는 곳

앞에서 8행의 //로 시작되는 코드를 주석Comment이라고 합니다. 주석은 소스 코드를 보는 '사람'에게 남기는 메모로, C# 컴파일러는 소스 코드에서 이 주석을 만나면 무시하고 지나갑니다. 주석의 내용에는 주로 프로젝트나 코드에 대한 설명 등을 넣습니다.

C#에서는 두 가지 스타일의 주석을 지원합니다. 하나는 //로 시작하는 주석이고, 또 다른 하나는 /*로 시작해서 */로 끝나는 주석입니다. //는 다음과 같이 한 줄로 끝나는 주석을 입력할 때 사용합니다.

```
// 프로그램 실행이 시작되는 곳
static void Main(string[] args)
{
    if (args.Length == 0)
    {
        Console.WriteLine("사용법 : Hello.exe <이름>");
        return;
    }

    WriteLine("Hello, {0}!", args[0]); // 프롬프트에 출력
}
```

//로 시작하는 주석은 간편하긴 하지만, 여러 줄로 이루어진 주석을 달 때는 /* ~ */ 스타일의 주석이 더 편리합니다. 다음 두 코드의 주석은 같은 내용입니다.

```
// 프로그램
// 실행이
// 시작되는 곳
static void Main(string[] args)
{

}
```

```
/* 프로그램
   실행이
   시작되는 곳 */
static void Main(string[] args)
{

}
```

/* ~ */ 주석이 분명 // 주석보다 타이핑하는 수고를 조금 덜어주긴 하지만 잘 쓰지는 않는 편입니다. /* ~ */는 중첩해서 사용하면 자칫 다음과 같이 주석이 깨질 위험도 있기 때문입니다. 여러분도 가급적이면 //만 사용하기를 권합니다.

```
/* 프로그램
/* 실행이      */ •---------------┐     컴파일러는 여기에서 주석이 끝난다고 생각하고,
   시작되는 곳 */                      주석의 세 번째 줄에 대해 컴파일 에러를 냅니다.
static void Main(string[] args)
{

}
```

2.2.6 static void Main(string[ ] args) { }

이제 우리가 만나볼 static void Main(string[ ] args){ }는 메소드입니다. 메소드 중에서도 특별한 메소드죠. 이 메소드는 프로그램의 진입점[Entry Point]으로서 프로그램을 시작하면 실행되고, 이 메소드 가 종료되면 프로그램도 역시 종료됩니다. 따라서 모든 프로그램은 반드시 Main이라는 이름을 가 진 메소드를 하나 가지고 있어야 합니다.

```
06      class MainApp
07      {
08          // 프로그램 실행이 시작되는 곳
09          static void Main(string[] args)
10          {
11              if (args.Length == 0)
12              {
13                  Console.WriteLine("사용법 : Hello.exe <이름>");
14                  return;
15              }
16
17              WriteLine("Hello, {0}!", args[0]); // 프롬프트에 출력
18          }
19      }
```

다른 언어에서는 메소드를 서브루틴[Subroutine]이나 함수[Function]로 부르기도 합니다. 함수라고 하니 중학 교 수학 시간이 떠오르지 않나요? 예를 들어 f(x)=2x+7은 입력 x를 매개변수로 받아 2x+7을 출 력으로 내놓는 함수입니다. 프로그래밍에서의 함수도 이와 비슷합니다. 입력을 받아 계산한 후 출력 을 내놓습니다. 메소드라는 용어는 객체지향 프로그래밍 세계에서 함수를 일컫는 말입니다. 객체지 향 프로그래밍에서는 모든 것이 객체이고, 함수는 객체의 일부로서 존재하거든요.

다음 그림은 우리가 현재 보고 있는 Main() 메소드 코드를 이루고 있는 각 키워드를 보여줍니다.

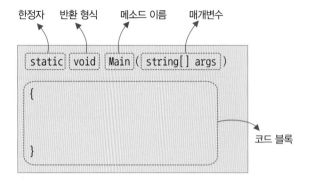

처음에 등장하는 static은 한정자modifier로서 메소드나 변수 등을 수식합니다. C# 프로그램의 각 요소는 코드가 실행되는 시점에 비로소 메모리에 할당되는 반면, static 키워드로 수식되는 코드는 프로그램이 처음 구동될 때부터 메모리에 할당된다는 특징이 있습니다.

프로그램이 실행되면 CLRCommon Language Runtime은 프로그램을 메모리에 올린 후 프로그램의 진입점을 찾는데, 이때 Main() 메소드가 static 키워드로 수식되어 있지 않다면 진입점을 찾지 못했다는 에러 메시지를 남기고 프로그램을 종료시킵니다(말이 그렇다는 것입니다. 실제로는 컴파일러가 static 으로 한정된 Main() 메소드가 없는 경우를 판단하여 컴파일 에러 메시지를 출력합니다).

❗ 여기서 잠깐 **갑자기 등장하는 어려운 낱말들에 대하여**

- **한정자:** 사실 이 낱말은 국어나 영어를 공부할 때 수식어를 배우며 들어봤을 것입니다. 수식어는 문장의 다른 요소를 꾸며주는, 즉 그 의미를 '한정(제한하여 정함)'하는 역할을 하는 문장 성분을 말하죠. 한정자도 수식어와 비슷하다고 보면 됩니다. 프로그래밍 '언어'에서 사용되는 다른 요소들을 꾸며주는 역할을 한다고 이해하면 됩니다.

- **CLR:** C#으로 만든 프로그램이 실행되는 환경입니다. 이름이 Common Language Runtime인 이유는, 이 런타임이 C#뿐 아니라 CLS(Common Language Specification) 규격을 따르는 모든 언어로 작성된 프로그램을 지원하기 때문입니다. CLR은 단순히 각 언어로 작성된 프로그램의 실행뿐 아니라 서로 다른 언어로 작성된 언어 사이의 호환성을 제공하기도 합니다. 너무 복잡한 내용은 머리에서 지우고, 지금은 우리가 만든 'C# 프로그램을 실행해주는 또 다른 프로그램'이라고만 이해해둡시다.

- **진입점:** 프로그램이 시작되는 첫 번째 코드를 말합니다.

static 뒤에 따라오는 void는 메소드의 반환 형식입니다. 반환 형식에 대해서는 6장에서 자세히 설명하겠지만, 여기에서 간단히 설명하자면 void는 '비어 있는'이라는 뜻으로, 이 메소드가 어떤 결과도 돌려주지 않을 것이라는 것을 컴파일러에게 알려주는 기능을 합니다.

void 뒤의 Main은 메소드 이름이며, 메소드 이름 뒤에 있는 팔호와 그 사이에 있는 코드는 메소드에 입력되는 매개변수입니다. Main() 메소드의 매개변수는 조금 특별한데, 프로그램을 실행할 때 입력하는 매개변수가 입력됩니다. 그래서 우리가 Hello.exe C#으로 명령을 실행하면 C#이 바로이 args에 입력됐던 것입니다(24쪽 참고).

```
      >Hello.exe C#

09          static void Main(string[] args)
10          {
11              if (args.Length == 0)
12              {
13                  Console.WriteLine("사용법 : Hello.exe <이름>");
14                  return;
15              }
16
17              WriteLine("Hello, {0}!", args[0]); // C#을 프롬프트에 출력
18          }
```

메소드를 구성하는 마지막 요소는 코드 블록입니다. 메소드의 코드 블록은 메소드가 실행될 때 실행할 세부 코드를 담습니다. 코드 블록을 여는 중괄호 {에서 메소드의 실행이 시작되고, 코드 블록을 닫는 중괄호 }에서 메소드의 실행이 끝납니다. Main() 메소드는 프로그램의 시작을 담당하는 특별한 메소드이기 때문에 Main() 메소드의 코드 블록이 끝나면 프로그램도 같이 종료됩니다.

메소드에 대해서는 6장에서 다시 한번 자세히 설명하겠습니다.

2.2.7 if(args.Length == 0) { }

Hello.exe는 실행할 때 매개변수를 요구합니다. 다음과 같이 'Hello.exe'로만 실행하면 사용법에 대한 설명을 출력하고 종료합니다.

프로그램을 잘못 사용할 때 사용자에게 안내문을 출력할 수 있는 것은 11행부터 15행까지 이어지는 if 코드 덕분입니다. if 문은 조건을 평가해서 프로그램의 흐름을 결정하는 코드인데, 우리의 예제 프로그램에서는 매개변수 목록의 길이가 0(args.Length == 0)일 때 안내문을 출력하고 프로그램을 종료시킵니다. 14행의 return은 원래 메소드의 호출자에게 메소드 실행 결과를 돌려주는 역할을 하지만, 여기서는 Main() 메소드를 종료하는 용도로만 사용했습니다. return이 더 궁금한 독자는 6장을 참조하기 바랍니다.

```
09          static void Main(string[] args)
10          {
11              if (args.Length == 0)
12              {
13                  Console.WriteLine("사용법 : Hello.exe <이름>");
14                  return;
15              }
16
17              WriteLine("Hello, {0}!", args[0]); // 프롬프트에 출력
18          }
```

if 문은 또 다른 다양한 흐름 제어문과 함께 5장에서 다시 한번 설명하겠습니다. 여기까지가 우리가 만든 프로그램에 대한 설명입니다.

2.3 CLR에 대하여

앞에서도 잠깐 언급한 바 있지만, C#으로 만든 프로그램은 CLR 위에서 실행됩니다.

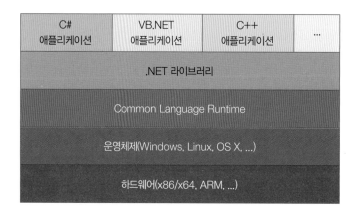

자바 언어를 사용해본 독자라면 자바 가상 머신에 대해 잘 알고 있을 것입니다. CLR은 자바의 실행 환경인 자바 가상 머신과 비슷한 역할을 합니다. 앞 그림처럼 CLR은 .NET 라이브러리와 함께 OS 위에 설치됩니다. 네이티브 코드로 작성된 프로그램들은 운영체제가 직접 실행할 수 있지만, C# 컴파일러가 만들어낸 실행 파일은 하드웨어가 이해할 수 없는 코드로 구성되어 있기 때문에 실행할 수 없습니다.

C# 컴파일러는 C# 소스 코드를 컴파일해서 IL^{Intermediate Language}이라는 중간 언어로 작성된 실행 파일을 만들어냅니다. 사용자가 이 파일을 실행시키면 CLR이 중간 코드를 읽어들여 다시 하드웨어가 이해할 수 있는 네이티브 코드로 컴파일한 후 실행시킵니다. 이것을 JIT^{Just In Time} 컴파일이라고 부르는데, 우리말로는 '적시 컴파일'이라고 합니다. 우리말로 번역해도 잘 와닿지 않죠? JIT 컴파일이란, 실행에 필요한 코드를 실행할 때마다 실시간으로 컴파일해서 실행한다는 뜻입니다.

그냥 실행 코드를 만들어놓고 쓰면 되지, 왜 두 번씩이나 컴파일하는 복잡한 과정을 거칠까요? 앞에서도 잠시 설명했지만 C#이 동작하는 환경이자 엔진인 CLR은 C#뿐만 아니라 다른 언어도 지원하도록 설계됐습니다. 서로 다른 언어들이 만나기 위한 지점이 바로 IL이라는 중간 언어이고, 이 언어로 쓰인 코드를 CLR이 다시 자신이 설치된 플랫폼에 최적화해 컴파일한 후 실행하는 것이죠.

이 방식의 장점은 바로 플랫폼에 최적화된 코드를 만들어낸다는 것이며, 단점은 실행 시 이루어지는 컴파일 비용의 부담입니다. 내가 만든 프로그램이 컴파일 비용 부담 없이 어떤 기계에서도 평균적인 성능을 내는 것과, 컴파일 비용이 조금 부담스럽긴 해도 기계에 최적화되어 최고의 성능을 내는 것, 어느 쪽이 더 나을까요? 이 질문에 대한 답은 여러분이 직접 판단해보기 바랍니다.

CLR은 단순히 C#이나 기타 언어들을 동작시키는 환경 기능 외에도, 프로그램의 오류(정확히는 '예외'라고 합니다. 나중에 더 자세히 배웁니다)가 발생했을 때 이를 처리하도록 도와주는 기능, 언어 간 상속 지원, COM과의 상호 운용성 지원, 그리고 자동 메모리 관리 등의 기능을 제공합니다. 이 중에서 자동 메모리 관리는 어려운 말로 가비지 컬렉션^{Garbage Collection}이라고 하는데, 프로그램에서 더 이상 사용하지 않는 메모리를 쓰레기^{Garbage}로 간주하고 수거^{Collection}하는 기능을 말합니다. 가비지 컬렉션에 대해서는 22장에서 자세히 설명하니 관심 있는 분은 미리 읽어보셔도 좋습니다.

01 다음과 같이 텍스트를 출력하는 프로그램을 작성하세요.

> 여러분, 안녕하세요?
> 반갑습니다!

02 아래 실행 결과를 출력할 수 있도록 다음 코드에서 **1** 과 **2** 에 필요한 내용을 채우세요.

Hello World!

```
using   1  ;
class MainApp
{
    static void Main(string[] args)
    {
          2  .WriteLine("Hello World!");
    }
}
```

03

데이터 보관하기

컴퓨터^{Computer}에는 계산기라는 뜻이 있습니다. 최초의 컴퓨터 에니악의 임무도 탄도 계산이었죠. 오늘날에도 컴퓨터의 기본 임무는 데이터를 입력받고 그 데이터를 가공(계산)하여 데이터를 다시 출력하는 것입니다.

이번 장에서는 데이터를 다루는 기초적인 방법을 설명합니다. C#이 제공하는 다양한 데이터 형식에 대해 알아본 후 데이터를 가공하는 연산자를 설명할 계획입니다. 3장의 내용은 읽어서 이해하는 내용이라기보다는 코딩을 통해 부딪히면서 익히는 내용이니, 열거식 설명으로 학습 몰입도가 떨어지더라도 너무 염려하지 마세요. 나중에 여러분이 직접 프로그램을 작성하다가 막히는 부분이 있으면 다시 책을 펼쳐보고 이해하면 됩니다. 그럼 3장을 시작하겠습니다.

학습목표

이 장의
학습 흐름

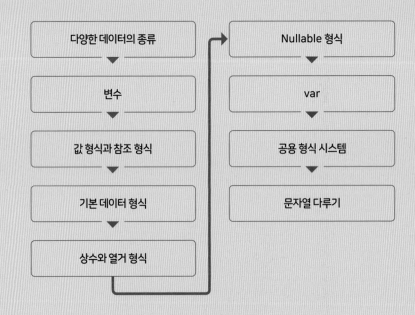

3.1 다양한 데이터의 종류

초기 컴퓨터인 에니악이 다룰 수 있는 것은 수^數뿐이었습니다. 그 후 기술이 발전해 성능 좋은 저가의 컴퓨터가 나오면서 학교와 기업에서도 컴퓨터를 도입하는 곳이 많아졌습니다. 학교와 기업은 나름의 목적을 위해 컴퓨터를 사용했고, 컴퓨터의 용도가 다양해지기 시작했습니다. 컴퓨터는 계산기로만 쓰이다가 자료를 저장하는 기록 매체로 사용되더니, 사진이나 음악을 다루는 미디어 매체로 사용되기에 이르렀습니다. 다양해진 컴퓨터의 용도만큼이나 컴퓨터가 다뤄야 하는 데이터의 종류도 다양해졌습니다.

컴퓨터가 무엇을 하느냐는 소프트웨어가 결정합니다. 그리고 그 소프트웨어는 우리가 만듭니다. 소프트웨어가 다뤄야 하는 수많은 데이터는 우리가 책임지고 돌봐야 합니다. C#은 우리의 임무를 돕기 위해 다양한 종류의 데이터 형식^{Data Type}을 제공합니다. 수와 텍스트를 다루는 데이터 형식은 물론, 이미지나 소리를 다룰 수 있는 데이터 형식도 제공합니다. 하지만 이번 장에서 우리가 공부할 내용은 모든 데이터 형식(이미지와 소리를 포함하여)의 근간을 이루는 '기본 데이터 형식^{Primitive Type}'과 상수^{Constants}, 그리고 열거 형식^{Enumerator} 정도입니다.

"잠깐, '기본' 데이터 형식이 있다면 뭔가 더 복잡한 데이터 형식이 있다는 얘기인가요?"

네, 그렇습니다. C#은 기본 데이터 형식을 부품으로 삼아 구성되는 '복합 데이터 형식^{Complex Data Type}'을 지원합니다.

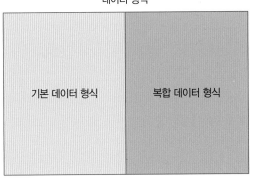

데이터 형식

복합 데이터 형식의 종류에는 구조체와 클래스, 배열 등이 있습니다. 앞에서 잠깐 언급했던 사진이나 음악 등의 데이터는 바로 이 복합 데이터 형식을 이용해 나타낼 수 있습니다. 복합 데이터 형식에 대해서는 나머지 장에서 자세히 다룹니다. 지금 당장은 기본 데이터 형식만 생각하는 것이 좋겠습니다.

데이터 형식은 기본 데이터 형식과 복합 데이터 형식으로 분류하는 동시에, 값 형식과 참조 형식으로도 분류할 수 있습니다.

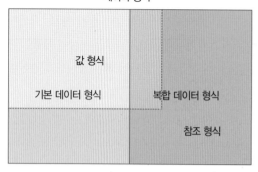

이 그림에 나타난 것처럼 기본 데이터 형식에도 값 형식과 참조 형식이 있고, 복합 데이터 형식에도 값 형식과 참조 형식이 있습니다. 기본 데이터 형식과 복합 데이터 형식을 잘 이해하려면(다시 한번 이야기합니다. 3장에서는 기본 데이터 형식만 다룹니다) 값 형식과 참조 형식의 개념을 알아두는 것이 좋습니다. 그래서 저는 값 형식과 참조 형식의 개념을 기본 데이터 형식에 앞서 설명하려 합니다.

일단 다음 절에서 변수에 대해 알아본 다음, 데이터 형식을 값 형식과 참조 형식으로 다시 설명하겠습니다.

3.2 변수

"변수라고요? 수학 시간에 배웠던 그 변수 맞나요?!"

네, 그렇습니다. 충격과 공포였던(적어도 저에게는 그랬습니다) 그 변수^{Variable}가 프로그래밍에서도 그대로 사용됩니다. 변수를 코드에서 보자면 값을 대입시켜 변화시킬 수 있는 요소이지만, 메모리 쪽에서 보면 '데이터를 담는 일정 크기의 공간'이라는 의미를 갖기도 합니다(여기서 '일정 크기'는 데이터 형식에 따라 결정됩니다). 그러므로 우리가 C# 코드를 작성하면서 변수를 만들 때는 그 이면에 있는 메모리 세계도 함께 생각해야 합니다. 대단한 것은 아니고, 그저 '이 변수를 위해 메모리에 이만큼의 공간이 마련됐겠구나' 정도면 됩니다.

이제 용어 하나를 여러분께 새로 알려드리겠습니다. 프로그래머는 코드 위에 뭔가를 '만든다'는 표현은 잘 쓰지 않습니다. '선언한다^{Declare}'고 하죠. '변수를 만든다' 대신에 '변수를 선언한다'고 합니다.

이것을 누구에게 선언하는 거냐고요? 바로 컴파일러입니다. 가령 우리가 변수를 하나 선언하면, 이 것은 컴파일러에게 "이 변수에 필요한 메모리 공간을 예약해줘."라고 알린다는 뜻입니다.

그럼 변수 이야기를 계속하겠습니다. 변수는 다음과 같은 꼴로 만듭니다. 참, 새로 익힌 용어를 활용해야죠. 변수는 다음과 같이 '선언'합니다.

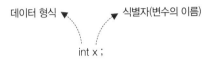

가장 먼저 데이터 형식을 명시하고 그 다음에 변수 식별자(이름)를 명시합니다. 그리고 문장 종결을 표시하는 세미콜론을 붙여서 해당 문장의 끝을 컴파일러에 알려줍니다. 이렇게 하면 컴파일러는 int 형식을 위해 메모리 공간을 할당하고 이 공간을 x라는 식별자가 사용할 수 있도록 준비합니다.

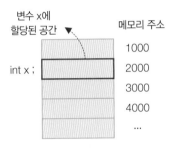

선언된 변수 x에는 대입 연산자를 통해 데이터를 입력할 수 있습니다.

이 코드가 실행되고 나면 x를 위해 할당된 메모리 공간에 데이터 100이 기록됩니다.

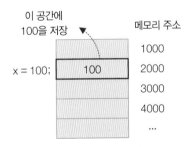

한편, 어떤 변수는 태어나는 시점부터 특정한 값을 갖고 있어야 하는 경우가 있습니다. 이런 경우에는 선언과 데이터 할당을 동시에 할 수도 있습니다.

```
int x;          // 선언과
x = 100;        // 데이터 할당을 별도로 할 수도 있지만

int x = 100;    // 선언과 초기화를 한 번에 할 수도 있습니다.
```

변수 여러 개를 동시에 선언할 수도 있습니다. 단, 동시에 선언하는 변수들은 데이터 형식이 같아야 하며 각 식별자를 콤마(,)로 구분해줘야 합니다. 예는 다음과 같습니다.

```
int a, b, c;                    // 같은 형식의 변수들은 동시에 선언할 수 있습니다.
int x = 30, y = 40, z = 50;     // 선언과 초기화를 한 번에 하는 것도 여전히 가능합니다.
```

! 여기서 잠깐 초기화

초기화(Initialization)란, 변수에 최초의 데이터를 할당하는 것을 의미합니다. C 언어나 C++ 언어에서는 변수를 선언한 후 아무 데이터도 입력하지 않으면 이 변수에 '쓰레기 데이터'가 들어갑니다. 프로그래머가 이렇게 쓰레기 데이터를 담고 있는 변수를 그대로 사용하면 소프트웨어가 엉뚱하게 동작하곤 했습니다. C#은 이런 문제를 미연에 방지하도록 초기화를 강제합니다. 초기화되지 않은 변수를 사용하면 컴파일러가 에러 메시지를 내면서 실행 파일을 만들어주지 않습니다. 변수에 어떤 초깃값을 줘야 하는지에 대해 특별한 규칙이 있는 것은 아니지만 수치 형식의 변수는 0으로 초기화하는 경우가 많습니다.

! 여기서 잠깐 리터럴

Literal을 사전에서 찾아보면 '문자 그대로의'라는 뜻을 가진 형용사라고 나옵니다. 컴퓨터 과학에서 리터럴(Literal)은 고정값을 나타내는 표기법을 말합니다. 예를 들어 int x = 30;에서 x는 변수, 30은 리터럴입니다. 예를 몇 가지 더 들어볼게요. 다음 코드에서 변수와 리터럴을 찾아보시죠.

```
int a = 100;          // 변수 a, 리터럴 : 100
int b = 0x200;        // 변수 b, 리터럴 : 0x200 (0x200은 10진수 512의 16진수 표기)
float c = 3.14f;      // 변수 c, 리터럴 : 3.14f
double d = 0.12345678; // 변수 d, 리터럴 : 0.12345678
string s = "가나다라마바사"; // 변수 s, 리터럴 : "가나다라마바사"
```

3.3 값 형식과 참조 형식

값 형식Value Type은 변수가 값을 담는 데이터 형식을 말하고, 참조 형식Reference Type은 변수가 값 대신 값이 있는 곳의 위치(참조)를 담는 데이터 형식을 말합니다. 잘 이해되지 않죠? 이 둘을 이해하려면 C#으로 작성한 프로그램이 사용하는 두 가지 메모리 영역에 대해 알고 있어야 합니다. 이 두 가지 메모리 영역 중 하나를 스택Stack이라고 하고, 또 다른 하나를 힙Heap이라고 합니다. 이 두 메모리 영역 중에서 값 형식과 관련이 있는 것은 스택 메모리 영역, 참조 형식과 관련이 있는 것은 힙 메모리 영역입니다.

3.3.1 스택과 값 형식

스택에 대해 조금 더 이야기하면서 값 형식을 설명하겠습니다. 스택은 마치 게으른 프로그래머의 책상 위에 쌓여 있는 책 더미와 같은 구조로 생긴 메모리입니다. 책 더미는 먼저 쌓은 책일수록 아래에 있고 나중에 쌓은 책일수록 위에 있습니다. 가장 아래에 있는 책은 가장 먼저 쌓은 책이고 가장 위에 있는 책은 가장 나중에 쌓은 책입니다. 가장 아래에 있는 책을 꺼내려면 위에 쌓여 있는 모든 책을 걷어내야 합니다. 스택 메모리도 이런 방식으로 동작합니다.

다음과 같이 변수를 선언하는 코드를 작성했다고 해봅시다.

```
{ // 코드 블록 시작
    int a = 100;
    int b = 200;
    int c = 300;
} // 코드 블록 끝
```

이 코드에 선언된 세 변수 a, b, c는 차례대로 스택에 쌓였다가 코드 블록이 끝나면서 스택에서 걷혀 제거됩니다. 다음 그림은 앞의 코드가 한 줄씩 실행될 때마다 스택 메모리에 데이터가 적재됐다가 걷혀 나가는 과정을 보여줍니다.

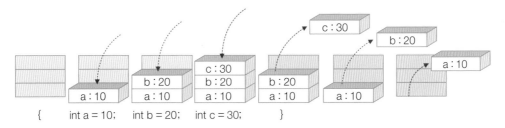

코드 블록을 여는 중괄호 {가 실행되는 시점에서는 스택에 아무것도 없었습니다. 그런데 int a = 10;이 실행되면서 변수 a가 스택에 쌓였습니다. 그다음 줄 b를 선언하면서 스택에는 a 위에 b가 쌓였고, 그다음에는 c가 쌓였습니다. 그러다가 코드 블록을 닫는 중괄호 }를 만나서는 스택에 있는 데이터들이 c, b, a의 순서대로 걷혀 나갔습니다.

값 형식의 변수는 모두 이 스택에 저장됩니다. 다시 말해, 코드 블록 안에서 생성된 모든 값 형식의 변수들은 프로그램 실행이 코드 블록을 닫는 중괄호 }를 만나면 메모리에서 제거됩니다.

3.3.2 힙과 참조 형식

앞에서 살펴본 것처럼, 스택은 청소부가 필요 없을 정도로 시민의식이 투철한 메모리 구조입니다. 자신이 담고 있던 데이터가 쓰레기가 되지 않도록 모두 수거해 가니까요. 반면에 힙은 저장된 데이터를 스스로 제거하는 메커니즘을 갖고 있지 않습니다. 그 대신 청소부를 따로 고용하고 있는데, CLR의 가비지 컬렉터^{Garbage Collector}가 바로 그것입니다. 가비지 컬렉터는 프로그램 뒤에 숨어 동작하면서 힙에 더 이상 사용하지 않는 객체가 있으면 그 객체를 쓰레기로 간주하고 수거하는 기능을 합니다.

어? 그럼 스택 메모리 영역이 있는데 왜 굳이 가비지 컬렉터가 필요한 힙 영역을 사용하는 것일까요? 여러분도 이미 아는 것처럼, 스택에 쌓인 데이터들은 자신이 태어났던 고향(코드 블록)이 사라지는 시점에 함께 제거됩니다. 이것이 스택의 장점이기도 하지만 한계이기도 합니다. 코드 블록이 끝나는 시점과 상관없이 데이터를 유지하고 싶을 때는 스택의 구조가 발목을 잡는 것이죠.

그래서 프로그래머가 원한다면 언제까지라도 데이터를 살릴 수 있는 또 다른 메모리 영역을 CLR이 제공하는 것입니다. 프로그래머가 힙에 데이터를 올려놓으면, 코드 블록이 종료되는 지점과 상관없이 그 데이터는 계속 생명을 유지합니다. 그리고 이 데이터는 프로그래머가 더 이상 사용하지 않는 쓰레기가 됐을 때 가비지 컬렉터가 가져다 버립니다. 그제서야 메모리에서 사라지는 것입니다.

참조 형식의 변수는 힙과 스택을 함께 이용하는데, 힙 영역에는 데이터를 저장하고 스택 영역에는 데이터가 저장된 힙 메모리의 주소를 저장합니다. 이제 왜 '참조 형식'이라는 이름이 붙여졌는지 감이 잡히죠? 데이터를 직접 저장하는 대신 실제 데이터가 저장된 메모리의 주소를 '참조'한다고 해서 '참조 형식'인 것입니다.

예를 하나 들어볼까요? 다음 코드는 참조 형식인 object 형식 변수 두 개를 선언해서 각각 10과 20을 대입합니다.

```
{
    object a = 10;
    object b = 20;
}
```

CLR이 이 코드를 실행하면 다음 그림과 같이 실제 값 10과 20은 힙에 저장하고, a와 b는 값이 저장된 힙의 주소만 스택에 저장해둡니다.

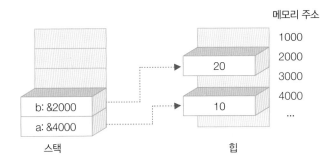

아까 스택에 저장된 데이터는 코드 블록이 끝나는 지점에서 모두 걷혀나간다고 했죠? 앞의 예제 코드에서도 닫는 중괄호 }를 만나는 곳에서 a와 b는 스택에서 사라집니다. 힙에는 여전히 10과 20이 남아 있습니다. 이 데이터들은 CLR의 메모리 청소부인 가비지 컬렉터가 수거해 갑니다.

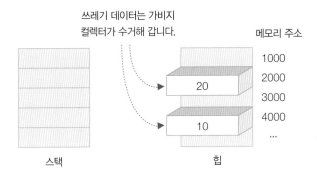

이제 값 형식과 참조 형식이 어떤 점에서 다른지 아시겠죠? 이 둘은 데이터를 스택에 넣느냐 힙에 넣느냐가 다릅니다. 스택은 변수의 생명 주기가 다 하면 자동으로 데이터를 제거하고, 힙은 더 이상 데이터를 참조하는 곳이 없을 때 가비지 컬렉터가 데이터를 치워주는 구조의 메모리 영역입니다. 값 형식과 참조 형식에 대해 정리됐다면 다음 절에서는 기본 데이터 형식을 알아보겠습니다.

3.4 기본 데이터 형식

C#이 제공하는 기본 데이터 형식에는 모두 15가지가 있는데, 이들은 크게 숫자 형식, 논리 형식, 문자열 형식, 오브젝트 형식으로 나눕니다. 이 중에서 문자열 형식과 오브젝트 형식만 참조 형식에 해당하며, 나머지는 모두 값 형식입니다. 기본 데이터 형식의 종류가 많다고 겁먹을 필요는 없습니다. 같은 부류의 데이터 형식끼리는 사용법이 비슷해서 수월하게 이해할 수 있습니다.

그럼 숫자 데이터 형식부터 시작해보겠습니다.

3.4.1 숫자 데이터 형식

프로그래밍하면서 가장 많이 다루는 데이터는 아무래도 숫자입니다. 컴퓨터의 목적 자체가 수를 계산하는 것이기도 하지만, 다른 형태의 복잡한 데이터도 숫자를 기반으로 구성되기 때문입니다. 텍스트 데이터도 알고 보면 각 문자 하나하나가 내부적으로 숫자 코드로 되어 있습니다. 예를 들어 a는 63, b는 64와 같이 말입니다. 이미지 데이터, 음악 데이터도 모두 수로 구성됩니다.

C#은 15가지 기본 데이터 형식 중 12가지를 숫자 데이터 형식^{Numeric Type}으로 제공합니다. 이 12가지 형식은 다시 정수 계열, 부동 소수 계열, 소수 계열, 이렇게 3가지로 나눕니다. 이 친구들에 대해 차근차근 알아봅시다.

정수 계열 형식

정수 계열 형식^{Integer Type}은 이름처럼 정수 데이터를 담기 위해 사용합니다. 12가지의 숫자 형식 중 9가지가 정수 계열 형식입니다. 정수 데이터라면 음의 정수, 0, 양의 정수가 전부일 텐데 C#은 어째서 정수 형식을 9가지나 제공하는 것일까요? 그 이유는 이렇습니다. 9가지 정수 형식은 각각 크기와 담을 수 있는 데이터의 범위가 다른데, 프로그래머가 코드에 사용될 데이터가 어느 정도의 범위에 있는지 판단한 뒤 적절한 데이터 형식을 선택함으로써 메모리를 효율적으로 사용할 수 있게 하기 위함입니다.

다음 표에는 C#이 제공하는 9가지 정수 계열 데이터 형식이 나타나 있습니다. 표의 가장 왼쪽 칸에는 데이터 형식의 이름이, 맨 오른쪽 칸에는 해당 데이터 형식이 담을 수 있는 값의 범위가 기록되어 있습니다. 첫 번째 줄의 byte 형식은 데이터를 0부터 255까지만 담을 수 있지만, 아래에서 두 번째 줄에 있는 ulong 형식은 0부터 무려 18,446,744,073,709,551,615까지 담을 수 있습니다.

데이터 형식	설명	크기(바이트)	담을 수 있는 값의 범위
byte	부호 없는 정수	1(8비트)	0~255
sbyte	signed byte 정수	1(8비트)	−128~127
short	정수	2(16비트)	−32,768~32,767
ushort	unsigned short 부호 없는 정수	2(16비트)	0~65,535
int	정수	4(32비트)	−2,147,483,648~2,147,483,647
uint	unsigned int 부호 없는 정수	4(32비트)	0~4,294,967,295
long	정수	8(64비트)	−9,223,372,036,854,775,808~9,223,372,036,854,775,807
ulong	unsigned long 부호 없는 정수	8(64비트)	0~18,446,744,073,709,551,615
char	유니코드 문자	2(16비트)	

> **! 여기서 잠깐   데이터 형식의 이름에 대하여**
>
> byte는 크기가 1바이트라고 해서 지어진 이름이고, short는 short integer의 줄임말입니다. int는 예상했듯이 integer를 줄인 것이고, long은 long integer를 줄인 말입니다. char는 character(문자)를 줄인 말입니다.

앞의 표를 보면 한 학급의 성적을 처리하는 프로그램을 만들 때는 int 형식 정도면 충분히 필요한 데이터를 담을 수 있을 것 같습니다. 하지만 회사에서 사용할 회계 프로그램을 만든다면 int 형식은 어쩌면 모자랄 수 있습니다. int 형식은 21억이 조금 넘는 수까지만 다룰 수 있기 때문입니다. 매출이 큰 회사가 무리 없이 회계에 사용하려면 long 형식 정도는 되어야 할 것입니다.

"그까짓 거, 그냥 전부 다 long으로 선언해서 사용하면 걱정 없겠구먼!"

언뜻 이런 생각이 들 법도 합니다. 가장 큰 데이터 형식을 사용하면 byte가 다뤄야 하는 수나 int가 다뤄야 하는 수도 다 커버할 수 있으니 말입니다. 그러나 C#은 PC나 대형 서버와 같이 메모리가 풍부한 컴퓨터를 위한 소프트웨어뿐 아니라 휴대 전화기 같은 메모리가 아주 귀한 스마트 디바이스용 소프트웨어를 만드는 데도 쓰는 언어입니다. 메모리 효율을 고려하지 않는 소프트웨어는 금세 컴퓨터의 메모리를 전부 잠식해버릴 수도 있습니다. 자원은 소중한 것입니다. 메모리를 한 바이트라도 적게 쓰고 CPU를 한 사이클이라도 더 적게 돌도록 소프트웨어를 만들면 탄소 배출량도 줄어들 것이고, 여러분은 지구를 구하는 데 일조하게 될 것입니다.

그렇다면 또 몇 가지 의문이 떠오릅니다. '부호 없는 정수'는 무엇이고, 또 그냥 '정수'는 무엇이란 말인가요? 크기는 왜 바이트 단위인가요? 이 질문들은 잠시 메모지에 적어 핀으로 꽂아두고, 일단은 이쯤에서 예제 프로그램을 하나 만들어보겠습니다.

정수 형식 예제 프로그램

Hello 이후 두 번째 프로그램이군요. 이번 프로그램은 Main() 메소드 안에서 정수형 변수를 몇 개 만들어 데이터를 담고 다시 이를 출력하는 기능을 하는 간단한 프로그램입니다.

>>> 03장/IntegralTypes/MainApp.cs

```
01  using System;
02
03  namespace IntegralTypes
04  {
05      class MainApp
06      {
07          static void Main(string[] args)
08          {
09              sbyte a = -10;
10              byte  b = 40;
11
12              Console.WriteLine($"a={a}, b={b}");
13
14              short  c = -30000;
15              ushort d = 60000;
16
17              Console.WriteLine($"c={c}, d={d}");
18
19              int  e = -1000_0000; // 0이 7개
20              uint f = 3_0000_0000; // 0이 8개
21
22              Console.WriteLine($"e={e}, f={f}");
23
24              long g  = -5000_0000_0000; // 0이 11개
```

> 큰 자릿수의 정수 리터럴을 타이핑할 때 자릿수 구분자(_)를 이용하면 편리합니다. 예제에서는 네 자리마다 자릿수 구분자를 이용했지만, 몇 번째 자리에 구분자를 입력할 것인지는 여러분 마음에 달려 있습니다.

```
25          ulong h = 200_0000_0000_0000_0000; // 0이 18개
26
27          Console.WriteLine($"g={g}, h={h}");
28       }
29    }
30  }
```

컴파일하는 방법은 알고 있죠? 컴파일한 다음 생성된 실행 파일을 실행해보세요.

📥 실행 결과

```
a=-10, b=40
c=-30000, d=60000
e=-10000000, f=300000000
g=-500000000000, h=2000000000000000000
```

❗ 여기서 잠깐 ┃ 바이트

오늘날 우리가 접하는 거의 모든 컴퓨터는 8비트(bit)를 1바이트(byte)로 취급합니다. 즉, 1바이트는 다음과 같이 8개의 0과 1로 구성되는 데이터 덩어리입니다.

    129(10진수) = 1000 0001(2진수)

어떤 컴퓨터에서는 60비트를 한 바이트로 취급하기도 하고, 12비트나 36비트를 한 바이트로 취급하기도 했습니다. '8비트 = 1바이트'로 사용한 것은 IBM의 System/360 컴퓨터가 시초였는데, 사실상 표준으로 굳어지기 시작한 것은 8비트 마이크로프로세서가 득세한 1970년대부터로 알려져 있습니다. 오늘날 대부분의 컴퓨터에서는 8비트를 1바이트로 취급합니다.

바이트 단위가 중요한 이유는 이것이 컴퓨터가 데이터를 다루는 기본 단위이기 때문입니다. 메모리의 주소도, CPU가 한 번에 처리하는 데이터의 크기도 바이트를 기본으로 합니다. 왜 비트로 나누지 않냐고요? 그것은 밥알을 젓가락으로 하나씩 집어먹는 대신 숟가락으로 잔뜩 퍼서 입에 떠 넣는 것과 같은 이유입니다. 현실에서 사용하는 대부분의 데이터 크기가 바이트 이상인데 비트 단위로 잘게 나눠서 처리하는 것보다는 한 번에 처리하는 것이 효율적이겠죠.

2진수, 10진수, 16진수 리터럴

프로그래머는 일상에서와 다름없이 코드에도 10진수를 자주 사용하지만, 경우에 따라서는 2진수와 16진수를 다룰 일도 종종 생깁니다. C#은 2진수 리터럴을 위해 0b(숫자 0과 알파벳 b), 16진수 리터럴을 위해 0X(또는 0x) 접두사를 제공합니다. 10진수 접두사요? 정수 리터럴에 어떤 접두사도 붙이지 않았다면 컴파일러는 해당 리터럴을 10진수로 간주합니다. 이제 예제를 볼까요?

>>> **03장/IntegerLiterals/MainApp.cs**

```
01  using System;
02
03  namespace IntegerLiterals
04  {
05      class MainApp
06      {
07          static void Main(string[] args)
08          {
09              byte a = 240;        // 10진수 리터럴
10              Console.WriteLine($"a={a}");
11
12              byte b = 0b1111_0000; // 2진수 리터럴 ●┈┈┈┈
13              Console.WriteLine($"b={b}");
14
15              byte c = 0XF0;       // 16진수 리터럴
16              Console.WriteLine($"c={c}");
17
18              uint d = 0x1234_abcd; // 16진수 리터럴
19              Console.WriteLine($"d={d}");
```

> 자릿수 구분자는 10진수뿐 아니라 2진수와 16진수에 대해서도 사용할 수 있습니다.

```
20          }
21      }
22  }
```

코드 작성이 끝났다면 소스 파일을 컴파일하고 실행 파일을 실행해보세요.

⌐▸ 실행 결과

```
a=240
b=240
c=240
d=305441741
```

부호 있는 정수와 부호 없는 정수

앞에서 살펴본 것처럼 sbyte, short, int, long은 부호 있는 정수이고 byte, ushort, uint, ulong은 그냥 (부호 없는) 정수입니다. 여기에서 부호란 음(−)과 양(+)을 나타내는 기호를 말합니다. 보통 양의 정수를 표현할 때는 양의 부호(+)를 생략하는데, 예를 들어 +10보다는 그냥 10이라고 표현하는 경우가 대부분입니다. 하지만 음의 정수를 표현할 때는 반드시 음의 부호(−)를 기입해야 합니다. 생략하면 양의 정수로 간주되기 때문입니다. 따라서 부호 있는 정수라는 말은 음의 영역까지 다룬다는 것을, 부호 없는 정수라는 말은 0과 양의 영역만 다룬다는 것을 의미합니다.

그런데 똑같이 1바이트만 사용하는데도 부호 있는 정수 sbyte는 −128~127을 담을 수 있고 부호 없는 정수 byte는 0~255까지를 담는 이유가 무엇일까요? byte와 sbyte 똑같이 1바이트, 즉 8비트로 이루어지기 때문에 $2^8=256$가지의 수를 표현할 수 있는데 말입니다. 그것은 byte의 경우 비트 8개 모두를 수 표현에 사용하는 반면 sbyte는 8개 중 7개 비트만 수 표현에 사용하고 첫 번째 비트는 부호를 표현하는 데 사용하기 때문입니다. 부호를 표현하는 데 사용하는 sbyte의 첫 번째 비트는 부호 비트Sign Bit라고 합니다.

byte와 sbyte를 가지고 부호 있는 정수와 부호 없는 정수에 대해 조금 더 자세히 이야기해보겠습니다. 예를 들어, byte 형식의 변수든 sbyte 형식의 변수든 0을 담고 있을 때는 다음과 같이 8개의 비트가 모두 0입니다.

0 = | 0 | 0 | 0 | 0 | 0 | 0 | 0 | 0 |

그리고 1, 2, 3, …, 127을 담을 때도 byte 형식과 sbyte 형식은 똑같이 표현됩니다.

1 = | 0 | 0 | 0 | 0 | 0 | 0 | 0 | 1 |

2 = | 0 | 0 | 0 | 0 | 0 | 0 | 1 | 0 |

3 = | 0 | 0 | 0 | 0 | 0 | 0 | 1 | 1 |

…

127 = | 0 | 1 | 1 | 1 | 1 | 1 | 1 | 1 |

0부터 127까지 byte 형식과 sbyte 형식이 비트를 동일하게 사용할 수 있었던 것은, 마지막 남은 한 개의 비트를 쓸 일이 없었기 때문입니다. byte 형식은 남아 있는 비트마저도 수를 표현하는 데 사용하지만, sbyte 형식은 이 비트를 부호를 나타내기 위해 사용합니다. 이 부호 비트가 0일 때는 양수, 1일 때는 음수임을 나타냅니다.

부호 비트(Sign Bit)

1	1	1	1	1	1	1	1

여기에서 깜짝 퀴즈를 하나 내겠습니다. 이 그림과 같은 비트로 이루어진 sbyte 형식의 변수는 얼마를 담고 있을까요? 다음 보기에서 골라보세요.

❶ 255   ❷ −127   ❸ −1   ❹ 0

정답은 ❷번일 것 같지만 사실은 ❸번입니다. 뭔가 잘못된 것은 아닐까요? 0111 1111은 127이니 부호 비트를 1로 채운 1111 1111은 −127이 되어야 할 것 같은데 말입니다. 만약 부호 비트를 순수하게 음과 양을 나타내는 데 사용하고 나머지 비트도 순수하게 수를 나타내는 데만 사용한다면 −127이 답일 것입니다. 이런 방식을 부호와 절댓값$^{Sign-and-magnitude}$ 방식이라고 하는데, 이 방식으로 0을 표현하면 +0(0000 0000)과 −0(1000 0000) 두 가지가 존재하는 문제가 발생합니다. 그래서 sbyte는(그리고 나머지 short, int, long과 같은 정수형들도) 2의 보수법$^{2's\ Complement}$이라는 알고리즘을 채택하여 음수를 표현합니다. 2의 보수법을 이용해서 음수를 표현하는 방법은 다음과 같습니다.

❶ 먼저 수 부분 비트를 채운다.

❷ 전체 비트를 반전시킨다.

❸ 반전된 비트에 1을 더한다.

−1을 예로 들어서 2의 보수법으로 표현해보겠습니다.

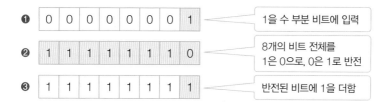

❶ 0 0 0 0 0 0 0 1 → 1을 수 부분 비트에 입력

❷ 1 1 1 1 1 1 1 0 → 8개의 비트 전체를 1은 0으로, 0은 1로 반전

❸ 1 1 1 1 1 1 1 1 → 반전된 비트에 1을 더함

−1을 2의 보수법으로 표현하니 1111 1111이 됐습니다(1111 1111을 sbyte가 아닌 byte 형식을 표현하기 위해 사용했다면 255가 됐을 것입니다). 2의 보수법은 비트 하나를 부호 비트 전용으로 쓰는 부호와 절댓값 방식보다 약간 더 복잡하지만, +0과 −0이라는 혼돈에서 우리를 구해주는 데다 수 한 개를 더 표현할 수 있다는 장점 덕에 오늘날 대부분의 컴퓨터 시스템에서 음수를 표현하는 방법으로 쓰이고 있습니다. 물론 C#의 정수 데이터 형식 시스템도 예외는 아닙니다.

sbyte 형식 변수에 담긴 −1의 비트가 정말 1111 1111인지 한번 실험해보겠습니다. 다음 예제 프로그램 SignedUnsigned는 먼저 byte 형식의 변수 a에 1111 1111을 담고, 이것을 sbyte 형식의 변수 b에 다시 옮겨 담아 이를 출력합니다. sbyte가 부호와 절댓값으로 표현된다면 −127이 출력되겠지만, 2의 보수법으로 음수를 표현한다면 예제 프로그램은 −1을 출력할 것입니다.

>>> 03장/SignedUnsigned/MainApp.cs

```
01   using System;
02
03   namespace SignedUnsigned
04   {
05       class MainApp
06       {
07           static void Main(string[] args)
08           {
09               byte  a = 255;
10               sbyte b = (sbyte)a;
```

byte 형식 255는 1111 1111

(sbyte)는 변수를 sbyte 형식으로 변환하는 연산자

```
11
12              Console.WriteLine(a);
13              Console.WriteLine(b);
14          }
15      }
16  }
```

```
255
-1
```

예상대로 −1이 출력됐죠? 확인됐죠? 예제 프로그램을 끝으로 부호 없는 정수와 부호 있는 정수에 대한 이야기를 마치겠습니다. 컴퓨터에서 수를 처리하는 기법에 대해 더 자세히 알고 싶은 분은 랜달 하이드Randall Hyde의 『Great Code Vol.1 2/e』(에이콘출판사, 2022)를 참고하기 바랍니다. 수 처리 외에도 코드 이면의 여러 동작 원리를 재미있게 설명하는 책입니다.

데이터가 넘쳐 흘러요

변수는 데이터를 담는 그릇과 같습니다. 그릇에 용량 이상의 물을 담으면 넘치는 것처럼, 변수에도 데이터 형식의 크기를 넘어선 값을 담으면 넘칩니다. 이런 현상을 오버플로Overflow라고 합니다.

그런데 데이터가 넘친다는 것은 어떤 뜻일까요? 예제 프로그램을 만들어서 실험해봅시다. 다음 예제 Overflow는 uint형 변수 a에 uint가 담을 수 있는 최대값인 4,294,967,295를 넣어놓고 a에 1을 더합니다. 변수 a는 4,294,967,295에 1을 더한 값인 4,294,967,296을 담을 수 없습니다. 그럼 어떤 결과가 나올까요?

>>> **03장/Overflow/MainApp.cs**

```
01  using System;
02
03  namespace Overflow
04  {
05      class MainApp
```

```
06    {
07        static void Main(string[] args)
08        {
09            uint a = uint.MaxValue;  ●------------    uint의 최대값, 4294967295
10
11            Console.WriteLine(a);
12
13            a = a + 1;
14
15            Console.WriteLine(a);
16        }
17    }
18 }
```

실행 결과

```
4294967295
0
```

오버플로된 변수 a는 0을 가지네요. uint가 가질 수 있는 최저값으로 돌아온 것이죠. 어떻게 이런 일이 일어난 것일까요? 수를 2진수로 바꿔보면 쉽게 이해할 수 있습니다. uint는 4바이트나 되니 2진수로 설명하기가 부담스럽군요. uint 대신 1바이트의 부호 없는 정수형 byte로 설명을 계속해보겠습니다.

byte의 최대값은 255입니다. 255는 2진수로 바꾸면 1111 1111이죠. 2진수 1111 1111에 1을 더하면 1 0000 0000이 됩니다. 하지만 byte는 1바이트, 즉 8개 비트만 담을 수 있으므로 넘쳐 흐른 왼쪽의 비트는 버리고 오른쪽 8개 비트만 보관합니다. 그래서 최대값을 가진 byte 형식 변수가 오버플로되면 '0'이 되는 것입니다. 이런 일이 uint에서도, 그리고 다른 모든 정수 계열 형식에서도 똑같이 일어납니다.

각 데이터 형식의 최대값을 넘어가는 데이터를 저장할 때는 오버플로가 일어나지만, 최저값보다 작은 데이터를 저장하면 언더플로Underflow가 일어납니다. 가령 byte 형식 변수에 −1을 담으려는 시도가 일어나면 실제로는 이 변수에 255가 담깁니다. 오버플로나 언더플로를 적절하게 코드에 이용하는 프로그래머도 있지만, 기본적으로는 조심해야 하는 현상들이기 때문에 수 데이터를 다루는 코드를 작성할 때는 다루려는 데이터의 범위와 변수의 형식을 적절하게 맞춰주는 것이 필요합니다.

char

이 친구는 잠시 후에 다시 설명하겠습니다. 지금은 정수 계열 형식이라는 사실만 알아두면 됩니다.

3.4.2 부동 소수점 형식

부동 소수점 형식Floating Point Type이라는 이름이 무슨 뜻인지 알겠습니까? 소수면 그냥 소수지 소수'점'은 또 무엇일까요? 게다가 그 앞에는 '부동'이라는 말도 붙어 있습니다. 아무래도 이름에 대한 오해부터 풀고 계속 이야기하는 것이 좋겠습니다. 먼저 '부동'이라는 말은 뜰 부浮, 움직일 동動, 즉 떠서 움직인다는 뜻이며, 부동 소수점이라는 이름은 소수점이 고정되어 있지 않고 움직이면서 수를 표현한다는 뜻에서 지어진 이름입니다.

> **❗ 여기서 잠깐   왜 소수점을 가만두지 않고 옮기나요?**
>
> 소수점을 이동해 수를 표현하면 고정했을 때보다 더 제한된 비트를 이용해서 훨씬 넓은 범위의 값을 표현할 수 있기 때문입니다.

앞에서 살펴본 정수 계열 데이터 형식들은 정수의 영역만 다룰 수 있었던 반면, 부동 소수점 형식은 정수뿐 아니라 유리수를 포함하는 실수 영역의 데이터를 다룹니다. 정수가 아닌 3.14, 11.08과 같은 소수를 다뤄야 할 때는 바로 이 부동 소수점 형식을 이용하면 됩니다.

> **"오, 그렇다면 정수 형식을 쓸 필요 없이 부동 소수점 형식만 사용하면 되겠군요. 정수를 포함하는 실수 영역을 다루니 말이에요."**

이런 이야기가 나올 법합니다. 하지만 두 가지 이유에서 부동 소수점 형식은 정수 형식을 대체하지 못합니다. 첫 번째로 부동 소수점 형식은 소수점을 표현하기 위해 일부 비트를 사용하기 때문에(게다가 부호도 표현해야 합니다) 같은 크기의 정수 계열 형식과 같은 크기의 수를 표현할 수 없습니다.

두 번째로 부동 소수점 형식은 산술 연산 과정이 정수 계열 형식보다 복잡해서 느립니다. 이런 이유로, 숫자 데이터를 다룬다고 무조건 부동 소수점 형식을 가져다 쓰는 것은 현명하지 못한 생각입니다. 한편 부동 소수점 형식에는 다음 표처럼 float와 double, 두 가지가 있습니다.

데이터 형식	설명	크기(바이트)	범위
float	단일 정밀도 부동 소수점 형식 (7개의 자릿수만 다룰 수 있음)	4(32비트)	−3.402823e38~3.402823e38
double	복수 정밀도 부동 소수점 형식 (15~16개의 자릿수를 다룰 수 있음)	8(64비트)	−1.79769313486232e308~ 1.79769313486232e308

float라는 이름은 Floating Point에서 온 것이며, double은 Double Precision Floating Point Format을 줄여서 만든 이름입니다. 그런데 이 표를 보면 '단일 정밀도Single Precision', '복수 정밀도Double Precision'라는 말이 있습니다. 여기서 정밀도는 부동 소수점 형식의 특징이자 한계를 나타내는 말입니다. C#의 float와 double은 IEEE754라는 표준 알고리즘에 기반한 데이터 형식입니다. IEEE754에 따르면 4바이트(32비트) 크기의 float 형식은 수를 표현할 때 1비트를 부호 전용으로 사용하고, 가수부 23비트를 수를 표현하는 데 사용합니다. 그리고 나머지 지수부 8비트를 소수점의 위치를 나타내기 위해 사용합니다.

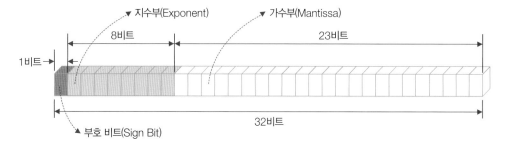

비록 float는 4바이트만 가지고 수를 표현하지만, 굉장히 넓은 범위의 수를 다룹니다. 무려 −3.402823e38(−3.402823×1038)부터 3.402823e38(3.402823×1038)에 이르는 수를 다루죠. 하지만 float 형식이 가진 유효숫자는 딱 7자리밖에 되지 않습니다. 무려 10의 38제곱이나 되는 큰 수를 다루는데, 유효숫자는 7자리밖에 없으니 7자리 이상의 수는 '대략적으로' 표현해야 합니다. 이는 float 형식이 '한정된 정밀도'를 가진다는 것을 뜻합니다. 그래서 float 형식의 정밀도를 단일 정밀도라 하고, float에 비해 두 배의 메모리(8바이트)를 사용하는 double 형식을 복수 정밀도를 가진 부동 소수점 형식이라고 합니다. 마침 부동 소수점 예제를 하나 만들어볼 때가 됐으니, float/double 형식의 사용법과 함께 정밀도에 대해서도 한번 시험해보겠습니다.

```
01  using System;
02
03  namespace FloatingPoint
04  {
05      class MainApp
06      {
07          static void Main(string[] args)
08          {
09              float a  = 3.1415_9265_3589_7932_3846f;
10              Console.WriteLine(a);
11
12              double b = 3.1415_9265_3589_7932_3846;
13              Console.WriteLine(b);
14
15          }
16      }
17  }
```

> float 형식 변수에 값을 직접 할당하려면 숫자 뒤에 f를 붙여줘야 합니다.

⊢ 실행 결과

```
3.1415927
3.141592653589793
```

이 예제의 실행 결과를 살펴봅시다. 우리가 입력한 것은 3.14159265358979323846인데, float 형식 변수 a는 3.1415927까지만 출력됐고, double 형식 변수 b는 3.141592653589793까지만 출력했습니다. a와 b가 각각 자신의 가수부가 담을 수 있는 부분까지만 저장하고 나머지는 버렸기 때문입니다.

이처럼 부동 소수점 형식은 정밀도 면에서 한계를 가지므로 소수 데이터를 다룰 때는 이 점을 염두에 두고 있어야 합니다. 부동 소수점 형식에는 float와 double 두 가지가 있지만, float보다는 double을 사용하는 것을 권합니다. double이 float에 비해 메모리를 두 배로 사용하지만 그만큼 float에 비해 데이터의 손실이 적기 때문입니다. double 형식을 사용했는데도 데이터의 손실이 우려된다면, 이어서 소개할 decimal 형식을 사용하면 됩니다. decimal의 한계마저 넘어서는 데이터를 처리해야 한다면, 그때는 직접 그 데이터를 처리할 수 있는 알고리즘을 담은 복합 데이터 형식을 직접 작성해야 합니다.

decimal 형식

decimal도 실수를 다루는 데이터 형식입니다. 다만 앞에서 살펴본 부동 소수점과는 다른 방식으로 소수를 다루며 정밀도가 훨씬 높습니다. 다음 표는 decimal 형식의 크기와 범위를 보여줍니다.

데이터 형식	설명	크기(바이트)	범위
decimal	29자리 데이터를 표현할 수 있는 소수 형식	16(128비트)	$\pm1.0 \times 10e-28 \sim \pm7.9 \times 10e28$

예제 프로그램을 하나 만들어보겠습니다. 이번 예제는 float나 double과 비교해서 얼마나 정밀한지 시험하는 프로그램입니다.

>>> 03장/Decimal/MainApp.cs

```
01  using System;
02
03  namespace Decimal
04  {
05      class MainApp
06      {
07          static void Main(string[] args)
08          {
09              float   a = 3.1415_9265_3589_7932_3846_2643_3832_79f;
10              double  b = 3.1415_9265_3589_7932_3846_2643_3832_79;
11              decimal c = 3.1415_9265_3589_7932_3846_2643_3832_79m;
12
13              Console.WriteLine(a);
14              Console.WriteLine(b);
15              Console.WriteLine(c);
16          }
17      }
18  }
```

숫자 뒤에 f를 붙이면 float 형식으로 간주

m을 붙이면 decimal

아무것도 없으면 double

실행 결과

```
3.1415927
3.141592653589793
3.1415926535897932384626433833
```

decimal 형식도 표현 범위의 한계가 있기 때문에 변수 c에 3.1415926535897932384626433383 279를 전부 담지 못했지만, 훨씬 더 높은 수준의 정밀도를 보여줍니다. 여러분이 회계 프로그램이나 계산기를 프로그래밍해야 한다면 float나 double보다는 decimal이 더 적합한 선택이 될 것입니다.

3.4.3 문자 형식과 문자열 형식

char 형식은 정수를 다루는 데이터 형식 출신이지만(정수 계열 형식의 표를 보세요. 가장 아랫줄에서 char를 볼 수 있습니다), 수가 아닌 '가', '나', '다', 'a', 'b', 'c'와 같은 문자 데이터를 다룹니다. char 형식 변수에 데이터를 담는 방법도 다른 정수 계열 형식과는 약간 다릅니다. 다음과 같이 작은 따옴표(' ')로 문자를 감싸줘야 합니다.

```
char a = '가';
char b = 'a';
```

char 형식의 변수에 문자 데이터를 담고 이를 다시 출력하는 예제 프로그램을 하나 만들어보겠습니다.

>>> 03장/Char/MainApp.cs

```
01  using System;
02
03  namespace Char
04  {
05      class MainApp
06      {
07          static void Main(string[] args)
08          {
09              char a = '안';
10              char b = '녕';
11              char c = '하';
12              char d = '세';
13              char e = '요';
14
15              Console.Write(a);
16              Console.Write(b);
17              Console.Write(c);
```

Console.Write() 메소드는 데이터를 출력한 후 줄을 바꾸지 않습니다.

```
18              Console.Write(d);
19              Console.Write(e);
20              Console.WriteLine();
21          }
22      }
23  }
```

Console.WriteLine() 메소드는 데이터를 출력한 후 줄을 바꿉니다.

실행 결과

안녕하세요

앞의 예제에서는 char 형식의 변수 5개에 각각 '안', '녕', '하', '세', '요'를 담아 각각 다시 Console.Write() 메소드를 이용하여 화면에 출력했습니다. 이 다섯 개의 문자를 한 번에 담아서 처리할 수 있는 방법은 없을까요? 물론 있습니다. 여러 개의 문자 형식을 하나의 실로 주르륵 묶어 처리하는 string 형식이 바로 그 답입니다.

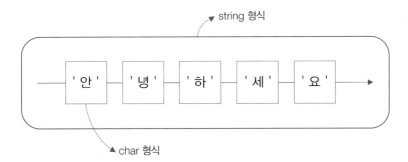

string 형식

' 안 '   ' 녕 '   ' 하 '   ' 세 '   ' 요 '

char 형식

string 형식은 정해진 크기나 담을 수 있는 데이터의 범위가 따로 정해져 있지 않습니다. 변수가 담는 텍스트의 양에 따라 그 크기가 달라지기 때문입니다.

❗ 여기서 잠깐   문자열과 string

string은 실이라는 뜻과 함께 어떤 물건이 연속해서 가지런하게 놓여 있는 줄이라는 뜻도 있습니다. 비단 C#에서뿐만 아니라 프로그래밍에서 string이라고 하면 보통 '문자들이 연속해서 가지런히 놓여 있는 줄'을 가리킵니다. string은 한자어로는 문자열(文字列)이라고 하는데, 문자들을 연속한 하나의 줄로 묶었다는 뜻의 용어입니다. 우리나라 프로그래머 사이에서는 string과 문자열을 혼용해서 많이 사용하므로 두 용어를 모두 알아두면 좋습니다.

string 형식의 변수는 다음과 같이 문자열 데이터를 큰따옴표(" ")로 묶어 담습니다.

```
string a = "안녕하세요?";
string b = "박상현입니다.";
```

예제 프로그램을 만들어서 string 형식을 테스트해보겠습니다.

>>> 03장/String/MainApp.cs

```
01   using System;
02
03   namespace String
04   {
05       class MainApp
06       {
07           static void Main(string[] args)
08           {
09               string a = "안녕하세요?";
10               string b = "박상현입니다.";
11
12               Console.WriteLine(a);
13               Console.WriteLine(b);
14           }
15       }
16   }
```

📑 실행 결과

```
안녕하세요?
박상현입니다.
```

매우 간단하죠? 그래도 처음 프로그래밍을 공부할 때 char 형식과 string 형식 사이에서 혼란을 겪는 경우가 많으니 확실하게 해두기 위해 다시 한번 정리하겠습니다.

char 형식은 개별 문자를 표현하기 위해, string 형식은 문자열을 표현하기 위해 사용합니다. char 형식, 즉 개별 문자를 다룰 때는 작은따옴표(' '), string 형식인 문자열을 다룰 때는 큰따옴표(" ")로 표시합니다. 다음 예제 코드처럼요.

```
char   c = '안';        // 문자는 작은따옴표로
string s = "안녕하세요.";  // 문자열은 큰따옴표로
```

? VITAMIN QUIZ 3-3

다음 코드에서 컴파일 에러가 발생하는 부분을 <u>모두</u> 고르세요.

```
char a = "안";
char b = '안녕';
char c = '안';
string d = '안';
string e = '안녕';
string f = "안녕";
```

문자열 하나에 여러 줄을 담으려면 어떻게 해야 할까요? 이스케이프 문자^{Escape sequence}를 이용하면 됩니다. \n은 줄 바꿈^{New line}을 나타내는 이스케이프 문자로서, 문자열 사이에 입력하면 해당 이스케이프 문자 뒤에 따라오는 문자열은 다음 줄에 표시됩니다. 다음은 예제 코드입니다.

```
string multiline = "첫 번째 줄\n두 번째 줄\n세 번째 줄";

Console.WriteLine(multiline); •------------------
```
첫 번째 줄
두 번째 줄
세 번째 줄

큰따옴표를 세 개 붙여 쓰면(""" … """) 이스케이프 문자의 도움 없이도 여러 줄로 이어진 문자열 리터럴을 만들 수 있습니다. 다음은 예제 코드입니다.

```
string multiline = """첫 번째 줄에 이어서
두 번째 줄에 이어서
세 번째 줄을 이어 쓸 수 있습니다.""";
```

프로그램을 하나 만들어볼까요?

```
01  using System;
02
03  namespace Multiline
04  {
05      class MainApp
06      {
07          static void Main(string[] args)
08          {
09              string multiline = """
10                      별 하나에 추억과
11                      별 하나에 사랑과
12                      별 하나에 쓸쓸함과
13                      별 하나에 동경과
14                      별 하나에 시와
15                      별 하나에 어머니, 어머니
16                      """;
17
18              Console.WriteLine(multiline);
19          }
20      }
21  }
```

📥 실행 결과

```
별 하나에 추억과
별 하나에 사랑과
별 하나에 쓸쓸함과
별 하나에 동경과
별 하나에 시와
별 하나에 어머니, 어머니
```

문자열에 잘 갖춰진 틀을 넣는 방법을 3.9절에서 설명합니다. 지나치지 말고 꼭 챙겨 읽어보세요.

3.4.4 논리 형식

지금까지 숫자와 텍스트 데이터를 다룰 수 있는 형식에 대해 알아봤습니다. 이번에 알아볼 데이터

형식은 논리 형식^{Boolean Type}입니다. 논리 형식이 다루는 데이터는 '참^{True}', 그리고 '거짓^{False}' 딱 두 가지입니다.

데이터 형식	설명	크기(바이트)	범위
bool	논리 형식	1(8비트)	true, false

"참과 거짓이라, C#에는 정말 별 시시콜콜한 데이터 형식이 다 있군요."

시시콜콜하다니요. 논리 형식이 없으면 얼마나 불편한데요. 논리 형식은 프로그래밍에서 가장 많이 사용하는 데이터 형식 중 하나입니다. 어떤 작업이 성공했는지(true) 또는 실패했는지(false)를 판단할 때, 두 비교 데이터가 같은지(true) 또는 다른지(false)를 판단할 때 사용합니다. C 언어에는 논리 형식이 없기 때문에 프로그래머는 0을 거짓, 0이 아닌 값을 참으로 사용합니다. 말이 0과 1이지, 얼마나 불편하겠습니까? 다음 코드를 보세요.

```
if (result == 0)
    // 1번 작업을 합니다.
else
    // 2번 작업을 합니다.
```

이 코드는 result가 0이면 1번 작업을, 아니면 2번 작업을 틀림없이 수행할 것입니다. 하지만 코드를 읽는 사람 입장에서는 여기에서 사용된 0이 숫자 0을 의미하는지, 거짓 0을 의미하는지 헷갈리기 쉽습니다. 사소한 문제이긴 하지만, 별도로 정의되어 있는 논리 형식은 프로그래머의 스트레스를 적잖이 줄여줍니다.

> **! 여기서 잠깐   true, false를 8비트나 써서 표현하나요?**
>
> 예리한 질문입니다. bool 형식은 1바이트 크기의 데이터 형식입니다. 참(true:1)과 거짓(flase:0)만을 다루니 1비트만으로 표현이 가능하겠지만, 컴퓨터가 기본적으로 다루는 데이터의 크기가 바이트 단위이기 때문에 1비트만 저장하려 해도 한 바이트가 통째로 사용됩니다.

예제 프로그램을 만들어보겠습니다.

```
01  using System;
02
03  namespace Bool
04  {
05      class MainApp
06      {
07          static void Main(string[] args)
08          {
09              bool a = true;
10              bool b = false;
11
12              Console.WriteLine(a);
13              Console.WriteLine(b);
14          }
15      }
16  }
```

⊡ 실행 결과

```
True
False
```

3.4.5 object 형식

"돈은 여기 있다. 이제 물건을 이리 넘겨."

이것은 갱 영화를 보면 종종 들을 수 있는 대사입니다. 이 대사에서 언급되는 '물건'은 무엇이든지 될 수 있습니다. 무기가 될 수도 있고, 마약이 될 수도 있고, 심지어는 사람이 될 수도 있습니다. 비유가 범죄적으로 흐르긴 했지만, 아무튼 제가 이야기하고 싶은 것은 '물건'은 무엇이든 대신 지칭할 수 있는 용도로 사용된다는 것입니다.

object는 물건, 객체라는 뜻입니다. 그러니 object 형식은 어떤 물건(데이터)이든지 다룰 수 있는 데이터 형식이라 말할 수 있습니다.

그런데 object 형식이 무슨 힘을 가졌기에 다른 데이터 형식의 데이터도 마구 담을 수 있는 것일까요?

그것은 바로 '상속'의 효과 덕분입니다. 7장에서 클래스를 공부할 때 자세히 이야기하겠지만, 상속은 부모 데이터 형식의 유산을 자식이 물려받는 것을 말합니다. 부모로부터 데이터와 메소드를 물려받은 자식은 부모와 똑같이 동작할 수 있습니다. 이런 효과 덕에 컴파일러는 자식을 부모로 간주할 수 있게 되죠.

한편, C#은 object가 모든 데이터를 다룰 수 있도록 하기 위해 특별한 조치를 취했습니다. 모든 데이터 형식(기본 데이터 형식뿐 아니라 모든 복합 데이터 형식, 심지어 프로그래머가 만드는 데이터 형식마저도)이 자동으로 object 형식으로부터 상속받게 한 것입니다. 다시 말해서 object 형식이 모든 데이터 형식의 조상이 된 것이죠.

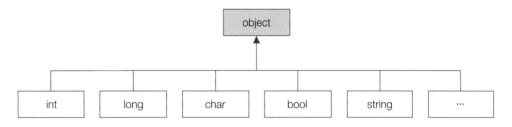

따라서 컴파일러는 어떤 형식의 데이터라도 object에 담아 처리할 수 있습니다. 예제 프로그램을 만들어서 테스트해보겠습니다.

>>> 03장/Object/MainApp.cs

```
01  using System;
02
03  namespace Object
04  {
05      class Program
06      {
07          static void Main(string[] args)
08          {
09              object a = 123;
10              object b = 3.1415926535897932384626433832 79m;
11              object c = true;
12              object d = "안녕하세요.";
13
14              Console.WriteLine(a);
```

```
15              Console.WriteLine(b);
16              Console.WriteLine(c);
17              Console.WriteLine(d);
18          }
19      }
20  }
```

```
123
3.1415926535897932384626433833
True
안녕하세요.
```

정말 object 형식은 모든 데이터를 다 담는군요. 정말 신기하지 않습니까? 어떻게 이런 일이 있을
수 있을까요? 예를 들어 정수 형식은 부호 있는 형식과 부호 없는 형식을 처리하는 방식이 서로 다
르고, 부동 소수점 형식과 decimal 형식이 서로 소수를 처리하는 방식이 다른데 말입니다. 우리는
이 뒤에 일어나는 메커니즘을 이해할 필요가 있습니다. 이 메커니즘을 박싱과 언박싱이라 부릅니다.

3.4.6 박싱과 언박싱

object 형식은 참조 형식이기 때문에 힙에 데이터를 할당합니다. int 형식이나 double 형식은 값
형식이기 때문에 스택에 데이터를 할당하고요. 그런데 우리는 앞에서 값 형식의 데이터를 object 형
식 객체에 담았습니다. 이 경우에는 어느 메모리에 데이터가 할당되는 것일까요? 스택? 힙?

object 형식은 값 형식의 데이터를 힙에 할당하기 위한 '박싱Boxing' 기능을 제공합니다. object 형식
에 값 형식의 데이터를 할당하려는 시도가 이루어지면 object 형식은 박싱을 수행해서 해당 데이터
를 힙에 할당합니다. 박싱이라는 영어를 쓰니 굉장히 어려운 단어처럼 느껴지는데, 사실 별것 아닙
니다. 상자로 포장한다는 뜻이니까요.

예를 하나 들어볼게요. 다음 코드를 같이 보시죠.

```
object a = 20;
```

이 코드에서 20은 다음 그림에서처럼 박스에 담겨 힙에 할당되고, a는 그 주소를 참조하고 있습니다.

이렇게 박싱이 일어나는 경우가 있는 한편, 힙에 있던 값 형식 데이터를 값 형식 객체에 다시 할당해야 하는 경우가 있습니다. 다음 코드가 그런 예입니다.

```
object a = 20;
int b = (int)a;
```

이 코드에서 a는 20이 박싱되어 저장된 힙을 참조하고 있습니다. b는 a가 참조하고 있는 메모리로부터 값을 복사하려고 하는 중이고요. 이때 박싱된 값을 꺼내 값 형식 변수에 저장하는 과정을 일컬어서 '언박싱Unboxing'이라고 합니다. 다음 그림은 앞의 코드에서 언박싱이 일어나는 과정을 설명합니다.

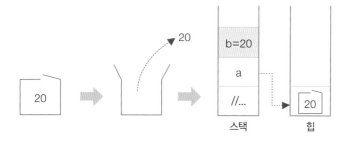

다음 예제 프로그램은 박싱과 언박싱을 테스트합니다.

>>> 03장/BoxingUnboxing/MainApp.cs

```
01   using System;
02
03   namespace BoxingUnboxing
04   {
05       class MainApp
```

```
06      {
07          static void Main(string[] args)
08          {
09              int a = 123;
10              object b = (object)a;    // a에 담긴 값을 박싱해서 힙에 저장
11              int c = (int)b;          // b에 담긴 값을 언박싱해서 스택에 저장
12
13              Console.WriteLine(a);
14              Console.WriteLine(b);
15              Console.WriteLine(c);
16              double x = 3.1414213;
17              object y = x;            // x에 담긴 값을 박싱해서 힙에 저장
18              double z = (double)y;    // y에 담긴 값을 언박싱해서 스택에 저장
19
20              Console.WriteLine(x);
21              Console.WriteLine(y);
22              Console.WriteLine(z);
23          }
24      }
25  }
```

┌→ 실행 결과

```
123
123
123
3.1414213
3.1414213
3.1414213
```

앞의 예제 코드에서 데이터 형식 양 옆에 소괄호 (와)로 둘러싼 코드는 해당 데이터 형식으로 변환
하라는 의미입니다. 이에 대해서는 잠시 후에 자세히 다루겠습니다. 일단은 해당 형식으로 변경된다
는 것만 알아두세요.

3.4.7 데이터 형식 바꾸기

변수를 다른 데이터 형식의 변수에 옮겨 담는 것을 형식 변환Type Conversion이라고 합니다. 조금 전에

살펴본 박싱과 언박싱도 값 형식과 참조 형식 간의 형식 변환이라고 할 수 있습니다. 지금부터 형식 변환에 대해 조금 더 알아보겠습니다. 우리가 살펴볼 형식 변환은 다음 5가지입니다.

- 크기(표현 범위)가 서로 다른 정수 형식 사이의 변환
- 크기(표현 범위)가 서로 다른 부동 소수점 형식 사이의 변환
- 부호 있는 정수 형식과 부호 없는 정수 형식 사이의 변환
- 부동 소수점 형식과 정수 형식 사이의 변환
- 문자열과 숫자 사이의 변환

형식 변환은 프로그래밍에서 자주 사용하지만, 사소한 부주의 때문에 데이터에 손상을 입힐 수 있는 작업이기도 합니다. 그렇다고 어려운 내용은 아니니, 편한 마음으로 읽어 내려가면 됩니다. 그러면 크기가 서로 다른 정수 형식끼리의 변환부터 설명하겠습니다.

크기가 서로 다른 정수 형식 사이의 변환

1리터짜리 병에 가득 차 있는 물을 4리터짜리 병에 옮겨 담으면 어떤 일이 벌어질까요? 당연히 4리터 용량의 병에 1리터의 물이 별 탈 없이 담길 것입니다. 그렇다면 그 반대의 경우에는 어떤 일이 생길까요? 4리터짜리 병에 가득 차 있는 물을 1리터짜리 병에 옮겨 담는다면 말입니다. 이때는 1리터만 병에 담기고 나머지는 바닥에 흘러 넘칠 것입니다. 그리고 엄마한테 한소리 듣겠죠.

크기가 서로 다른 정수 형식 사이의 변환에서도 이런 일이 일어납니다. '용량'의 차이 때문에 문제를 겪게 되는 것이죠. 작은 정수 형식의 변수에 있는 데이터를 큰 정수 형식의 변수로 옮길 때는 문제가 없지만, 그 반대의 경우 원본 변수의 데이터가 형식 변환하려는 대상 변수의 용량보다 큰 경우에는 오버플로가 발생합니다. 물론 큰 형식의 변수로부터 옮겨오는 데이터가 작은 형식의 변수가 담을 수 있는 크기라면 괜찮습니다.

다음 예제 프로그램은 1바이트 크기의 sbyte 형식과 4바이트 크기의 int 형식 사이의 형식 변환 예제입니다. 특히 int 형식 변수를 sbyte 형식 변수로 변환하는 부분을 눈여겨보기 바랍니다. 참고로 이 코드에서 오버플로가 발생해도 특별한 메시지가 뜨는 것은 없습니다.

```
01  using System;
02
03  namespace IntegralConversion
04  {
05      class MainApp
06      {
07          static void Main(string[] args)
08          {
09              sbyte a = 127;
10              Console.WriteLine(a);
11
12              int b = (int)a;
13              Console.WriteLine(b);
14
15              int x = 128; // sbyte의 최대값 127보다 1 큰 수
16              Console.WriteLine(x);
17
18              sbyte y = (sbyte)x; •------------------ 오버플로가 발생합니다.
19              Console.WriteLine(y);
20          }
21      }
22  }
```

실행 결과

```
127
127
128
-128
```

크기가 서로 다른 부동 소수점 형식 사이의 변환

float와 double 사이의 형식 변환에서도 정수 형식끼리의 변환에서 일어났던 일(오버플로)이 그대로 일어날까요? 일단 부동 소수점 형식의 특성상 오버플로가 존재하지 않기 때문에 그런 일은 없을 것입니다. 하지만 조금 다른 차원의 문제가 일어납니다. 정밀성에 손상을 입는 것이죠.

float나 double은 소수를 2진수로 메모리에 보관합니다. 이것을 다른 형식으로(float에서 double로, 또는 double에서 float로) 변환하려면 10진수로 복원한 후, 다시 2진수로 변환해서 기록하게 됩니다. 문제는 2진수로 표현하는 소수가 완전하지 않다는 데 있습니다. 1/3 같은 수는 0.333333…의 무한 소수가 되죠. 따라서 정밀한 수를 다뤄야 하는 프로그램에서 float와 double 사이의 형식 변환을 시도할 때는 주의를 기울여야 합니다.

다음 예제 프로그램은 float와 double 간 형식 변환에서 일어날 수 있는 문제를 보여줍니다.

>>> 03장/FloatConversion/MainApp.cs

```
01  using System;
02
03  namespace FloatConversion
04  {
05      class MainApp
06      {
07          static void Main(string[] args)
08          {
09              float a = 69.6875f;
10              Console.WriteLine("a : {0}", a);
11
12              double b = (double)a;
13              Console.WriteLine("b : {0}", b);
15              Console.WriteLine("69.6875 == b : {0}", 69.6875 == b);
16
17              float x = 0.1f;
18              Console.WriteLine("x : {0}", x);
19
20              double y = (double)x;
21              Console.WriteLine("y : {0}", y);
22
23              Console.WriteLine("0.1 == y : {0}", 0.1 == y);
24          }
25      }
26  }
```

📥 실행 결과

```
a : 69.6875
```

```
b : 69.6875
69.6875 == b : True
x : 0.1
y : 0.10000000149011612
0.1 == y : False
```

예제 프로그램의 실행 결과를 봅시다. float 형식에 2진수로 보관했던 69.6875는 안전하게 10
진수로 복원되어 double 형식으로 변환됐습니다. 하지만 0.1은 뜻밖에도 정확한 0.1이 아닌
0.10000000149011612로 변환됐습니다. 23행의 0.1 == y는 기대를 저버리고 False를 출력합니
다. 무시무시하죠?

부호 있는 정수 형식과 부호 없는 정수 형식 사이의 변환

'부호 있는 정수와 부호 없는 정수'의 내용을 기억하고 있다면, 제가 여기에서 무슨 말을 하고 싶어하
는지 예상할 수 있을 것입니다. 하지만 복습 차원에서 예제 프로그램을 만들어보겠습니다.

>>> 03장/SignedUnsignedConversion/MainApp.cs

```
01   using System;
02
03   namespace SignedUnsignedConversion
04   {
05       class MainApp
06       {
07           static void Main(string[] args)
08           {
09               int a = 500;
10               Console.WriteLine(a);
11
12               uint b = (uint)a;
13               Console.WriteLine(b);
14
15               int x = -30;
16               Console.WriteLine(x);
17
18               uint y = (uint)x;          ┄┄┄┄┄ 언더플로
19               Console.WriteLine(y);
```

```
20        }
21      }
22  }
```

```
500
500
-30
4294967266
```

부동 소수점 형식과 정수 형식 사이의 변환

아아, 또 부동 소수점 형식입니다. 이번엔 어떤 문제가 기다리고 있을까요? 그러나 다행히도 부동 소수점 형식끼리의 변환보다는 덜 골치 아픕니다. 부동 소수점 형식의 변수를 정수 형식으로 변환하면 데이터에서 소수점 아래는 버리고 소수점 위의 값만 남깁니다. 0.1을 정수 형식으로 변환하면 0이 되지만 0.9도 정수 형식으로 변환하면 0이 됩니다. 반올림과 같은 자비는 이 둘의 형식 변환에서는 찾아볼 수 없습니다.

다음 예제 프로그램은 부동 소수점 형식의 변수를 정수 형식으로 변환하는 예를 보여줍니다.

>>> 03장/FloatToIntegral/MainApp.cs

```
01  using System;
02
03  namespace FloatToIntegral
04  {
05      class MainApp
06      {
07          static void Main(string[] args)
08          {
09              float a = 0.9f;
10              int b = (int)a;
11              Console.WriteLine(b);
12
```

```
13              float c = 1.1f;
14              int d = (int)c;
15              Console.WriteLine(d);
16          }
17      }
18  }
```

```
0
1
```

문자열을 숫자로, 숫자를 문자열로

"12345"는 문자열이고, 따옴표가 없는 12345는 숫자입니다. 문자열 "12345"를 숫자 12345로 바꾸려면 어떻게 해야 할까요? 지금까지 해왔던 것처럼 다음과 같이 형식 변환을 수행하면 되겠죠?

```
string a = "12345";
int b = (int)a; // b는 이제 12345?
```

그리고 숫자 12345는 다음과 같은 코드를 통해 문자열 "12345"로 바꿀 수 있을 것입니다.

```
int c = 12345;
string d = (string)c;
```

그러나 이 코드는 우리의 기대와 달리 컴파일조차 되지 않습니다. (int) 형식 변환 연산자는 다른 숫자 형식 데이터를 int 형식으로 변환하는 방법(그리고 object 형식을 언박싱하는 방법도 함께)을 갖고 있긴 하지만, string을 비롯한 여타 형식으로의 형식 변환 방법은 갖고 있지 않습니다. int 형으로 변환할 방법이 없는 것은 (string)도 마찬가지입니다.

하지만 문자열-숫자 사이의 형식 변환은 무척 자주 있는 일입니다. 반드시 풀어야 하는 이 문제를 C#은 다른 방법을 통해 해결했습니다. C#은 정수 계열 형식, 부동 소수점 형식 모두에게 'Parse()'

라는 메소드를 넣어줬습니다. 이 메소드에 숫자로 변환할 문자열을 넘기면 숫자로 변환해줍니다. 예를 들면 다음과 같은 식이죠.

```
int a = int.Parse("12345");
float b = float.Parse("123.45");
```

C#은 숫자 데이터 형식을 문자열로 바꾸는 방법도 마련해놓았습니다. 정수 계열 데이터 형식이나 부동 소수점 데이터 형식은 자신이 가진 숫자를 문자열로 변환하도록, object로부터 물려받은 ToString() 메소드를 재정의(이것을 오버라이드^{Override}라고 하는데, 이에 대해서는 7장에서 다시 설명하겠습니다)했습니다. 따라서 우리는 다음 코드처럼 그저 숫자 형식 변수의 ToString() 메소드를 호출하는 것만으로 숫자로부터 문자열을 얻어낼 수 있습니다.

```
int   c = 12345;
string d = c.ToString();

float  e = 123.45;
string f = e.ToString();
```

이제 문자열을 숫자로, 숫자를 문자열로 바꾸는 예제 프로그램을 만들어봅시다.

>>> 03장/StringNumberConverion/MainApp.cs

```
01  using System;
02
03  namespace StringNumberConversion
04  {
05      class MainApp
06      {
07          static void Main(string[] args)
08          {
09              int a = 123;
10              string b = a.ToString();
11              Console.WriteLine(b);
12
```

```
13          float c = 3.14f;
14          string d = c.ToString();
15          Console.WriteLine(d);
16
17          string e = "123456";
18          int f = Convert.ToInt32(e);
19          Console.WriteLine(f);
20
21          string g = "1.2345";
22          float h = float.Parse(g);
23          Console.WriteLine(h);
24      }
25   }
26 }
```

```
123
3.14
123456
1.2345
```

3.5 상수와 열거 형식

변수는 그 이름의 뜻처럼, 담고 있는 데이터를 얼마든지 변경할 수 있는 메모리 공간입니다. 지금부터 이야기할 상수Constant와 열거 형식Enumerator은 변수와 달리 안에 담긴 데이터를 절대 바꿀 수 없는 메모리 공간입니다.

"도대체 이런 것들이 왜 필요하지? 그냥 변수를 선언해놓고 안 바꾸면 되지 않나?"

라고 질문한 독자분, 날카로운 질문입니다. 변수를 선언할 때 특정 값으로 초기화한 다음에 절대 바꾸지 않으면 상수는 쓸 이유가 없습니다. 문제는 프로그래머도 사람이라는 점에 있습니다. 사람은 완벽하지 않습니다. 실수를 합니다. 우리가 이 책에서 다루는 100줄 미만의 예제 프로그램에서는 여러분이 자신하는 것처럼 '값을 바꾸지 말아야 할 변수'를 건드리는 실수를 하지 않을 수도 있습니다. 하지만 적어도 수천 줄이나 되는 상용 소프트웨어의 코드를 작성하다 보면 어떤 변수는 변경해도 되고 어떤 변수는 변경하면 안 되는지 잊어버리기 십상입니다. 실수로 변경하지 말아야 할 변수를 건드리면 사용자에게 배포된 프로그램은 버그를 냅니다. 그리고 그 사용자는 자신의 블로그와 유튜브에서 여러분의 프로그램이 얼마나 형편없는지 떠들게 될 것입니다.

상수와 열거 형식을 변수 대신 사용하면 컴파일러가 소스 코드를 컴파일할 때 프로그래머의 실수를 잡아 알려주고, 결국에는 프로그램의 버그도 줄여줍니다. 이 정도면 공부를 조금 더 하는 수고를 들일 만하지 않습니까? 이어서 상수를 설명하겠습니다.

3.5.1 상수: 전 언제나 변하지 않을 거예요

상수의 선언은 변수의 선언과 비슷합니다. 다만 데이터 형식 앞에 const 키워드가 위치하고 상수가 가져야 하는 데이터를 반드시 대입해줘야 하는 점이 다를 뿐입니다. 다음은 상수 선언 형식입니다.

```
const 자료형 상수명 = 값;
```

다음은 이 형식을 따르는 상수의 선언 예입니다.

```
const int a = 3;
const double b = 3.14;
const string c = "abcdef";
```

변수의 선언과 비슷하지 않습니까? 이렇게 선언한 상수는 변수와 똑같이 사용할 수 있습니다. 단, 한번 선언하고 난 후엔 데이터를 변경할 수 없습니다.

```
const int a = 3;
Console.WriteLine(a) ;
```

자, 그럼 상수를 이용하는 예제 프로그램을 만들어보겠습니다. 이 프로그램은 정수의 최대값과 최소값을 나타내는 상수를 각각 선언하고, 이를 출력합니다.

```
01  using System;
02
03  namespace Constant
04  {
05      class MainApp
06      {
07          static void Main(string[] args)
08          {
09              const int MAX_INT = 2147483647;
10              const int MIN_INT = -2147483648;
11
12              Console.WriteLine(MAX_INT);
13              Console.WriteLine(MIN_INT);
14          }
15      }
16  }
```

┌→ 실행 결과

```
2147483647
-2147483648
```

! 여기서 잠깐 **상수의 값을 바꾸려고 하면 어떤 일이 벌어지나요?**

앞서 설명한 것처럼, 컴파일러가 에러 메시지를 쏟아놓습니다. 다음 예제 프로그램은 상수의 값을 변경하려 시
도하는 코드를 담고 있습니다. 이 예제를 타이핑한 다음 컴파일해서 컴파일러가 어떤 반응을 나타내는지 보
세요.

```
01  using System;
02
03  namespace Constant
04  {
05      class MainApp
06      {
07          static void Main(string[] args)
08          {
```

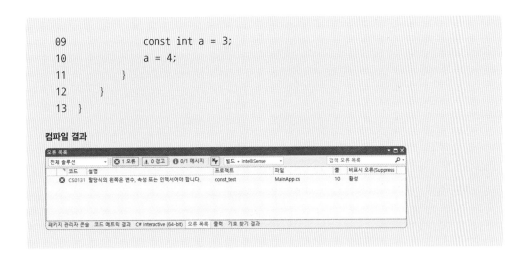

```
09              const int a = 3;
10              a = 4;
11          }
12      }
13 }
```

컴파일 결과

코드	설명	프로젝트	파일	줄	비표시 오류(Suppress)
❌ CS0131	할당식의 왼쪽은 변수, 속성 또는 인덱서여야 합니다.	const_test	MainApp.cs	10	활성

3.5.2 열거 형식: 여러 개의 상수를 정리해요

프로그래밍하다 보면 종류는 같지만 다른 값을 갖는 상수를 선언해야 할 때가 가끔 있습니다. 예를 들어 우리가 만든 프로그램에서 사용자에게 메시지 박스를 띄워 응답을 받는다고 생각해봅시다. 응답의 경우의 수는 Yes와 No 두 가지뿐일 수도 있고, Yes, No, Cancel의 세 가지일 수도 있습니다. 어떤 경우에는 Confirm과 Cancel 또는 OK와 Cancel의 조합을 사용할 수도 있습니다. 우리는 프로그램에서 사용할 이들 상수(Yes, No, Confirm, Cancel, OK)를 '사용자로부터 받는 응답'이라는 범주에 속한다는 의미에서 다음과 같이 선언할 수 있습니다.

```
const int RESULT_YES = 1;
const int RESULT_NO = 2;
const int RESULT_CONFIRM = 3;
const int RESULT_CANCEL = 4;
const int RESULT_OK = 5;
```

조금 전에 언급한 것처럼, 상수는 프로그래머의 실수를 방지하기 위해 사용합니다. 그런데 프로그래머가 상수를 선언하는 과정에서 또 다른 실수를 저지를 수도 있지 않을까요? 제가 회사에서 만드는 프로그램은 한 범주에 속하는 상수의 수가 수백 개가 넘는 경우가 허다합니다. 수백 개의 상수 중에서 만에 하나 중복되는 값을 갖는 상수들이 존재한다면, 프로그램 안에 재앙이 깃들게 될 것입니다.

앞의 예에서 RESULT_YES와 RESULT_CANCEL이 모두 1이라는 값을 갖는다고 생각해보세요. "파일을 삭제하겠습니까?"라고 사용자에게 물었는데, 사용자가 마음을 바꿔 [Cancel] 버튼을 클릭했습니다. 그런데 우리의 프로그램은 "오, 주인님께서 파일을 삭제하겠다고 하시는구나! 삭제하자."라며 파일을 삭제해 버리는 것입니다. 얼마나 끔찍한 일입니까? 이 문제는 컴파일러도 잡아주지 못합니다.

열거 형식은 이런 실수를 막아주는 장치입니다. 같은 범주에 속하는 상수를 여러 개 선언할 때 아주 유용하거든요. 열거 형식을 선언하는 방법은 다음과 같습니다. 열거 형식도 상수이긴 하지만 const 키워드를 사용하지 않고 그 대신 enum 키워드를 이용합니다.

```
enum 열거_형식명 : 기반자료형 {상수1, 상수2, 상수3, …}
```

이 형식에서 기반자료형은 정수 계열(byte, sbyte, short, ushort, int, uint, long, ulong, char)만 사용할 수 있으며, 생략할 경우 컴파일러가 int를 기반자료형으로 사용합니다. 그럼 이번에는 앞에서 상수로 선언했던 '사용자로부터 받는 응답'들을 열거 형식으로 바꿔보겠습니다.

```
enum DialogResult {YES, NO, CANCEL, CONFIRM, OK}
```

앞의 선언에서 열거 형식 안에 선언된 상수들이 어떤 값도 할당받지 않았음에 주목해주세요. 이렇게 선언하고 나면 첫 번째 열거 형식 요소에는 0, 그 다음 요소에는 1, 그리고 그 다음 요소에는 2의 식으로 1씩 증가한 값을 컴파일러가 자동으로 할당합니다. 실제로 그런지 예제 프로그램을 통해 확인해보겠습니다.

>>> **03장/Enum/MainApp.cs**

```
01  using System;
02
03  namespace Enum
04  {
05      class MainApp
06      {
07          enum DialogResult {YES, NO, CANCEL, CONFIRM, OK}
```

```
08
09          static void Main(string[] args)
10          {
11              Console.WriteLine((int)DialogResult.YES);
12              Console.WriteLine((int)DialogResult.NO);
13              Console.WriteLine((int)DialogResult.CANCEL);
14              Console.WriteLine((int)DialogResult.CONFIRM);
15              Console.WriteLine((int)DialogResult.OK);
16          }
17      }
18  }
```

⊞ 실행 결과

```
0
1
2
3
4
```

예제 프로그램의 실행 결과를 살펴보면, 코드에서는 열거 형식의 각 요소에 어떤 값도 주지 않았지만 이들이 정수 데이터를 갖고 있음을 볼 수 있습니다. DialogResult의 각 요소들이 갖고 있는 값은 컴파일러가 자동으로 할당했습니다. 아무것도 지정하지 않은 경우에 첫 번째 요소는 0, 그다음 요소는 1, 그다음 요소는 2···라는 식으로 선언된 순서에 따라 1씩 증가된 값을 컴파일러가 자동으로 할당합니다.

"아니, 내가 선언한 상수에 어째서 컴파일러가 마음대로 값을 넣는 건가요?"

C#의 열거 형식이 이렇게 설계된 이유는 열거 형식의 요소가 어떤 값을 갖느냐는 별 의미가 없기 때문입니다. 열거 형식의 각 요소는 서로 중복되지 않는 값을 갖고 있다는 데 의미가 있습니다. 따라서 열거 형식을 사용할 때는 각 요소가 갖고 있는 값보다 각 요소의 이름을 사용하는 것이 그 의미에 잘 부합한다고 할 수 있습니다. 'DialogResult가 0이다'보다는 'DialogResult가 YES다'가 훨씬 의미를 잘 전달하는 것처럼 말입니다.

조금 더 이야기해보겠습니다. 앞서 만든 예제에서 우리는 DialogResult라는 열거 형식을 선언하고 그 안에 YES부터 OK까지 선언해 넣었습니다. 제가 조금 전에 이상한 이야기를 하지 않았나요?

'DialogResult라는 열거 형식'이라고 이야기했습니다. 네, 그렇습니다. DialogResult는 변수가 아니고 새로운 형식입니다. 여러분은 앞의 코드에서 C# 컴파일러가 모르고 있던 새로운 형식을 하나 만들어냈습니다. int나 float처럼 이 형식을 이용해서도 변수를 만들 수 있습니다. 담을 수 있는 데이터라고는 오로지 DialogResult 형식뿐인 변수이긴 하지만 말입니다. 다음은 DialogResult 열거 형식의 변수를 선언하여 값을 대입하는 예입니다.

```
DialogResult result = DialogResult.YES;
```

어떻습니까? DialogResult result = 0;보다 훨씬 읽기가 좋죠? 이렇게 코드를 작성하면 헷갈릴 위험도 적고, 나중에 고치기도 쉬워집니다. 그럼 이번에는 열거 형식을 기반으로 변수로 만들고, 이를 사용하는 예제 프로그램을 만들어보겠습니다.

>>> 03장/Enum2/MainApp.cs

```
01  using System;
02
03  namespace Enum2
04  {
05      class MainApp
06      {
07          enum DialogResult {YES, NO, CANCEL, CONFIRM, OK}
08
09          static void Main(string[] args)
10          {
11              DialogResult result = DialogResult.YES;
12
13              Console.WriteLine(result == DialogResult.YES);
14              Console.WriteLine(result == DialogResult.NO);
15              Console.WriteLine(result == DialogResult.CANCEL);
16              Console.WriteLine(result == DialogResult.CONFIRM);
17              Console.WriteLine(result == DialogResult.OK);
18          }
19      }
20  }
```

```
True
False
False
False
False
```

열거 형식에 대한 설명을 마치기 전에, 한 가지를 더 이야기하고 싶습니다. 열거 형식의 각 요소는 기본적으로 컴파일러에서 값을 자동으로 할당받지만, 프로그래머가 원하는 값을 직접 대입할 수도 있습니다. 형식은 다음과 같습니다.

```
enum 열거_형식명 {상수1 = 값1, 상수2 = 값2, 상수3 = 값3, …}
```

열거 형식을 선언할 때 첫 번째 요소에는 프로그래머가 직접 값을 할당하고, 두 번째 요소부터 어떤 값도 할당하지 않으면 컴파일러가 자동으로 값을 할당하기 시작합니다. 이때 컴파일러가 할당하는 값은 다음 코드처럼 첫 번째 요소로부터 1씩 더한 값입니다.

```
enum DialogResult {YES = 10, NO, CANCEL, CONFIRM = 50, OK}
```

앞의 예에서 YES에 10을 할당했지만, NO와 CANCEL에는 아무 값도 넣지 않았습니다. 이때 NO는 11, CANCEL은 12를 컴파일러로부터 할당받습니다. OK 역시 CONFIRM의 50에 이어 51을 갖게 되고요. 다음 예제 프로그램을 통해 직접 확인해보겠습니다.

>>> **03장/Enum3/MainApp.cs**

```
01  using System;
02
03  namespace Enum3
04  {
05      class MainApp
06      {
07          enum DialogResult {YES = 10, NO, CANCEL, CONFIRM = 50, OK}
08
```

```
09        static void Main(string[] args)
10        {
11            Console.WriteLine((int)DialogResult.YES);
12            Console.WriteLine((int)DialogResult.NO);
13            Console.WriteLine((int)DialogResult.CANCEL);
14            Console.WriteLine((int)DialogResult.CONFIRM);
15            Console.WriteLine((int)DialogResult.OK);
16        }
17    }
18 }
```

> **실행 결과**

```
10
11
12
50
51
```

3.6 Nullable 형식

int 형식의 변수를 선언하면 4바이트의 메모리가 할당됩니다. C# 컴파일러는 이 메모리 공간에 반드시 어떤 값이든 넣도록 강제합니다. 원하는 대로 해주지 않으면 C# 컴파일러는 실행 파일을 내주지 않습니다. 하지만 프로그래밍하다 보면 어떤 값도 가지지 않는 변수가 필요할 때가 가끔 있습니다. 0이 아닌 비어 있는 변수, 즉 null 상태인(null은 비어 있다는 뜻입니다) 변수 말입니다. 이런 경우, 변수에게 할당된 메모리 공간을 비워둘 수 있도록 Nullable 형식을 사용하면 됩니다.

Nullable 형식의 이름은 Null(비어 있는) + able(~될 수 있는), 즉 '비어 있는 상태가 될 수 있는' 형식이라는 뜻을 나타냅니다. Nullable 형식의 변수를 선언할 때는 다음과 같이 원래의 데이터 형식 이름 뒤에 '?'만 붙여주면 됩니다.

데이터_형식? 변수_이름;

Nullable 형식을 사용할 수 있는 경우는 값 형식에 한해서입니다. 참조 형식은 사용할 수 없습니다. 다음은 Nullable 형식 변수를 선언하는 몇 가지 예입니다.

```
int? a = null;
float? b = null;
double? c = null;
```

이 예에서 선언한 변수는 모두 null로 초기화했는데, 이것은 '해당 변수를 비운다'는 뜻의 문장입니다. 비워두는 것인데 그냥 아무 값도 대입하지 않으면 안 되냐고요? 안 됩니다. 아무 값도 대입하지 않는 문장을 null을 대입하는 문장과 동일하게 취급한다면, C# 컴파일러는 다음 문장을 보고 컴파일 에러를 낼 것이기 때문입니다.

```
int d;
```

이 코드는 문법적으로 아무 문제가 없는 변수 선언문입니다. 하지만 저 코드가 int d = null;과 같은 뜻을 갖는다고 하면 문제가 생깁니다. int 형식은 비워둘 수 없는(null 값을 가질 수 없는) 데이터 형식이기 때문입니다.

한편, 모든 Nullable 형식은 HasValue와 Value 두 가지 속성을 갖고 있습니다. HasValue 속성은 해당 변수가 값을 갖고 있는지 또는 그렇지 않은지를 나타내고, Value 속성은 변수에 담겨 있는 값을 나타냅니다. 다음 코드는 HasValue와 Value 속성의 사용 예입니다.

```
int? a = null;

Console.WriteLine(a.HasValue); // a는 null이므로 False 출력

a = 37;
Console.WriteLine(a.HasValue); // a는 37을 갖고 있으므로 True 출력
Console.WriteLine(a.Value);    // 37을 출력
```

어떤 Nullable 형식 변수의 HasValue 속성이 False 값을 갖고 있다면 그 변수는 비어 있다는 뜻입니다. 만약 이 변수에 대해 Value 속성을 이용하여 값을 꺼내려 시도하면 CLR은 InvalidOperation

Exception 예외를 띄울 것입니다. 따라서 Nullable 형식을 사용할 때는 HasValue 속성을 확인하거나 null과 같은지를 비교하여 변수가 비어 있는지 확인하는 사전 검사가 필요합니다.

다음은 Nullable 형식을 테스트하는 예제 프로그램입니다.

>>> 03장/Nullable/MainApp.cs

```
01  using System;
02
03  namespace Nullable
04  {
05      class MainApp
06      {
07          static void Main(string[] args)
08          {
09              int? a = null;
10
11              Console.WriteLine(a.HasValue);
12              Console.WriteLine(a != null);
13
14              a = 3;
15
16              Console.WriteLine(a.HasValue);
17              Console.WriteLine(a != null);
18              Console.WriteLine(a.Value);
19          }
20      }
21  }
```

실행 결과

```
False
False
True
True
3
```

3.7 var: 데이터 형식을 알아서 파악하는 똑똑한 C# 컴파일러

C#은 변수나 상수에 대해 깐깐하게 형식 검사를 하는 강력한 형식의 언어Strong Typed Language입니다. 강력한 형식 검사는 프로그래머의 실수를 줄여주는 장점이 있습니다. 의도치 않은 형식의 데이터를 읽거나 할당하는 일을 막아줍니다. 예를 들어 원래는 정수 형식의 데이터를 담기 위해 n이라는 변수를 선언했는데, 다른 프로그래머가 이 코드를 물려받아서는 중간에 문자열 형식을 담아서 쓰려고 할 수 있습니다. 약한 형식 검사는 이런 문제를 막을 수 없지만, 강력한 형식 검사는 이 문제를 컴파일 타임(소스 코드 컴파일이 이뤄질 때)에 찾아서 드러냅니다.

하지만 약한 형식 검사가 단점만 있는 것은 아닙니다. 코드를 작성하는 단계에서는 약한 형식 검사가 더 편리합니다. 귀찮게 int, long, uint, ulong 같은 형식을 외울 필요 없이 일단 변수를 선언해서 데이터를 할당하면, 컴파일러나 인터프리터가 해당 변수에 담는 데이터를 보고 자동으로 형식을 지정해주거든요.

C#은 강력한 형식 검사를 하는 언어이지만, var 키워드를 통해서 약한 형식 검사를 하는 언어의 편리함도 지원합니다. int, string 같은 명시적 형식 대신 var를 사용해서 변수를 선언하면 컴파일러가 자동으로 해당 변수의 형식을 지정해줍니다. 단, var 키워드를 이용해서 변수를 선언하려면 반드시 선언과 동시에 초기화해줘야 합니다. 그래야 컴파일러가 그 데이터를 보고 형식을 추론할 수 있거든요. var 키워드의 사용 예는 다음과 같습니다.

```
var a = 3;        // a는 int 형식
var b = "Hello";  // b는 string 형식
```

어렵지 않죠? 그냥 각 형식을 나타내는 키워드를 일일이 프로그래머가 지정하는 대신, 컴파일러가 대신 수고하라고 var 키워드를 이용하는 것입니다.

> **! 여기서 잠깐** **var는 지역 변수로만 사용할 수 있습니다**
>
> var는 지역 변수로만 사용할 수 있습니다. 클래스의 필드를 선언할 때는 반드시 명시적 형식을 선언해야 합니다. 왜일까요? 클래스의 필드는 선언과 같이 초기화하지 않는 경우가 많은데(나중에 배우겠지만 생성자라고 하는 특수한 메소드에서 초기화하는 경우가 대부분입니다), var 키워드로 필드를 선언하면 컴파일러가 무슨 형식인지 파악할 길이 없기 때문입니다.

아차. 지역 변수(Local Variable)는 처음 보는 용어죠? 지역 변수란 코드 블록 안에서 선언되는 변수를 말합니다. 이름처럼 자기가 태어난 동네(Local), 즉 코드 블록에서만 사용되고 코드 블록이 종료될 때 소멸됩니다. 이 때문에 프로그램의 다른 코드에서는 접근할 수 없다는 특징이 있습니다. C/C++ 언어에서는 지역 변수와 대비되는 개념의 전역 변수(Global Variable)라는 것이 있습니다. 전역 변수는 프로그램의 어느 코드에서나 접근해서 사용할 수 있었는데, 코드의 가독성을 해치고 오류를 낳는 원흉으로 지적되어 왔습니다. 그런 이유로 C# 설계자는 C#에서 전역 변수를 지원하지 않도록 만들었습니다.

암시적 형식을 이용하는 예제 프로그램을 하나 만들어보겠습니다.

>>> 03장/UsingVar/MainApp.cs

```
01  using System;
02
03  namespace UsingVar
04  {
05      class MainApp
06      {
07          static void Main(string[] args)
08          {
09              var a = 20;
10              Console.WriteLine("Type: {0}, Value: {1}", a.GetType(), a);
11
12              var b = 3.1414213;
13              Console.WriteLine("Type: {0}, Value: {1}", b.GetType(), b);
14
15              var c = "Hello, World!";
16              Console.WriteLine("Type: {0}, Value: {1}", c.GetType(), c);
17
18              var d = new int[] {10, 20, 30};
19              Console.Write("Type: {0}, Value: ", d.GetType());
20              foreach (var e in d)
21                  Console.Write("{0} ", e);
22
23              Console.WriteLine();
24          }
25      }
26  }
```

var로 선언하는 변수는 반드시 초기화해야 합니다.

10장에서 배우게 될 배열도 var로 선언할 수 있습니다.

5장에서 설명할 foreach 문입니다. 배열의 각 요소를 순회합니다.

```
Type: System.Int32, Value: 20
Type: System.Double, Value: 3.1414213
Type: System.String, Value: Hello, World!
Type: System.Int32[], Value: 10 20 30
```

한편, 이 예제 프로그램을 만들면서 var 형식과 object 형식이 무엇이 다른지 의문을 품은 독자들이 분명 있을 것입니다. object 형식으로도 다음과 같은 코드를 작성할 수 있으니 말입니다.

```
object a = 20;
object b = 3.1414213;
object c = "Hello, World!";
```

오해하지 마세요. object 형식은 object 형식일 뿐입니다. 예를 들어 앞의 코드 중 object a = 20; 이 컴파일돼서 실행되면 CLR은 20을 박싱해서 힙에 넣어놓고 a가 힙을 가리키도록 만들 것입니다. 하지만 var a = 20;은 컴파일 시점에 컴파일러가 a에 적합한 데이터 형식을 파악해서 int a = 20; 으로 바꿔 컴파일합니다. CLR이 해당 코드를 실행할 때는 a가 var로 선언됐는지조차 눈치채지 못하고 int 형식의 객체 a에 20을 담아 스택에 올립니다.

3.8 공용 형식 시스템

지금까지 설명한 내용을 정리하면 C#은 byte, int, float, string, object와 같이 다양한 기본 데이터 형식을 지원합니다. 프로그래머는 이를 조합해서 복합 데이터 형식을 만들어 사용할 수 있습니다. 또한 스택과 힙이라는 두 가지 메모리 영역을 활용해서 변수의 생명주기에 따라 변수를 값 형식이나 참조 형식으로 만들어 사용할 수 있습니다.

그런데 C#의 이 모든 데이터 형식 체계는 사실 C# 고유의 것이 아닙니다. 공용 형식 시스템CTS, Common Type System이라는 .NET의 형식 체계 표준을 그대로 따르고 있을 뿐입니다. 다시 말해, C#이 갖고 있는 기본 데이터 형식과 복합 데이터 형식, 값 형식과 참조 형식을 아우르는 이 모든 체계는 공용 형식 시스템으로부터 왔다는 말입니다.

공용 형식 시스템은 '모두가 함께 사용하는 데이터 형식 체계'라는 의미입니다. 여기에서 '모두'는 C#

을 비롯한 .NET을 지원하는 모든 언어(이 언어들을 '.NET 언어'라고 합시다)를 뜻합니다. 즉, 공용 형식 시스템은 .NET 언어라면 반드시 따라야 하는 데이터 형식 표준입니다.

마이크로소프트가 .NET에 '공용' 형식 시스템을 도입한 이유에는 여러 가지가 있지만, 가장 큰 이유는 바로 .NET 언어들끼리 서로 호환성을 갖도록 하기 위해서입니다. C# 같이 우월한 것 하나만 있으면 되지, 프로그래밍 언어들끼리의 호환성이 뭐가 중요하냐고요?

지구 위에는 수천 가지 프로그래밍 언어들이 존재하며, 자신의 팬을 수십만 이상 거느리고 있는 언어들이 적어도 20가지는 됩니다. 프로그래밍 언어가 프로그래머에게 선택받는 이유도 다양합니다. 프로그래밍 언어를 창시한 사람의 철학이 마음에 들어서일 수도 있고, 프로그래밍 언어가 가진 특정 분야에서의 강점 때문일 수도 있습니다. 예를 들어 어떤 언어는 수학이나 과학에 강점을 보이고, 어떤 언어는 데이터 처리에 강점을 보입니다. 또 어떤 언어는 특정 플랫폼의 기능을 사용하는 데 적격입니다. 언어 간 호환성은 입맛이 다른 프로그래머들을 하나로 뭉치게 하거나 각 분야에 강점을 보이는 스타들을 모아 합체로봇으로 만드는 데 강력한 접착제가 되어줄 수 있습니다.

앞에서 살펴본 데이터 형식에 관한 모든 이야기가 곧 공용 형식 시스템의 이야기이므로 특별히 더 할 얘기는 없습니다. 그저 "C#의 데이터 형식 체계가 공용 형식 시스템 표준을 따르고 있다."라고 이야기하고 싶었는데 좀 길어졌습니다.

참, C#의 기본 데이터 형식이 공용 형식 시스템, 그러니까 CTS에서는 어떻게 정의되어 있는지 궁금하지 않습니까? 다음 표는 CTS와 C#, 그리고 보너스로 비주얼 베이직과 C++의 기본 데이터 형식을 비교하여 보여줍니다.

클래스 이름	C# 형식	C++ 형식	비주얼 베이직 형식
System.Byte	byte	unsigned char	Byte
System.SByte	sbyte	char	SByte
System.Int16	short	short	Short
System.Int32	int	int 또는 long	Integer
System.Int64	long	__int64	Long
System.UInt16	ushort	unsigned short	UShort
System.UInt32	uint	unsigned int 또는 unsigned long	UInteger
System.UInt64	ulong	unsigned __int64	ULong
System.Single	float	float	Single
System.Double	double	double	Double

클래스 이름	C# 형식	C++ 형식	비주얼 베이직 형식
System.Boolean	bool	bool	Boolean
System.Char	char	wchar_t	Char
System.Decimal	decimal	Decimal	Decimal
System.IntPtr	없음	없음	없음
System.UIntPtr	없음	없음	없음
System.Object	object	Object*	Object
System.String	string	String*	String

CTS의 형식은 각 언어에서 코드에 그대로 사용할 수 있습니다. C#도 물론 마찬가지입니다. 예제 프로그램을 하나 만들어볼까요?

>>> 03장/CTS/MainApp.cs

```
01  using System;
02
03  namespace CTS
04  {
05      class MainApp
06      {
07          static void Main(string[] args)
08          {
09              System.Int32 a = 123;
10              int b = 456;
11
12              Console.WriteLine("a type:{0}, value:{1}", a.GetType().ToString(), a);
13              Console.WriteLine("b type:{0}, value:{1}", b.GetType().ToString(), b);
14
15              System.String c = "abc";
16              string d = "def";
17
18              Console.WriteLine("c type:{0}, value:{1}", c.GetType().ToString(), c);
19              Console.WriteLine("d type:{0}, value:{1}", d.GetType().ToString(), d);
20          }
21      }
22  }
```

```
a type:System.Int32, value:123
b type:System.Int32, value:456
c type:System.String, value:abc
d type:System.String, value:def
```

여기서 잠깐 **GetType( ) 메소드와 ToString( ) 메소드**

모든 데이터 형식은 object 형식으로부터 상속받는다고 한 사실, 기억하고 있죠? 상속받으면 부모가 가진 것을 모두 물려받습니다. 우리가 CTS 예제 코드에서 사용한 GetType()과 ToString() 메소드는 사실 System.Int32와 int, System.String과 string 형식이 object 형식으로부터 물려받아 갖고 있는 것입니다. GetType() 메소드는 해당 변수(객체라고 부르는 것이 맞지만, 이 용어는 나중에 사용하겠습니다)의 실제 형식을 알려주고, ToString() 메소드는 변수의 데이터를 문자열로 표시하는 기능을 가지고 있습니다. 우리는 위 코드에서 해당 변수의 데이터 형식을 알아내기 위해 System.Int32, int, System.String, string 형식 변수의 GetType() 메소드를 호출했고, 이 형식 정보를 문자열로 표시하기 위해 ToString() 메소드를 호출했습니다.

3.9 문자열 다루기

코딩할 때 숫자만큼 많이 다루는 데이터 형식이 바로 문자열입니다. string 형식은 그저 문자열을 담는 역할을 할 뿐 아니라, 문자열을 가공하기 위한 다양한 기능도 함께 제공합니다. 머리도 식힐 겸 저와 같이 이 기능들을 살펴보시죠.

3.9.1 문자열 안에서 찾기

요리를 시작할 때 가장 먼저 하는 일이 재료를 씻고 다듬는 일이죠? 문자열을 다룰 때도 비슷한 준비가 필요합니다. 대부분의 문자열 가공 메소드는 문자열 내 '어느 부분'을 가공할 것인지를 입력받는데요. 친절하게도 string 형식은 바로 이 '어느 부분'을 찾아주는 기능을 다양하게 제공합니다. 다음 표는 string 형식이 제공하는 탐색 메소드의 종류와 역할을 설명합니다.

메소드	설명
IndexOf( )	현재 문자열 내에서 찾으려고 하는 지정된 문자 또는 문자열의 위치를 찾습니다.
LastIndexOf( )	현재 문자열 내에서 찾으려고 하는 지정된 문자 또는 문자열의 위치를 뒤에서부터 찾습니다.
StartsWith( )	현재 문자열이 지정된 문자열로 시작하는지를 평가합니다.
EndsWith( )	현재 문자열이 지정된 문자열로 끝나는지를 평가합니다.
Contains( )	현재 문자열이 지정된 문자열을 포함하는지를 평가합니다.
Replace( )	현재 문자열에서 지정된 문자열이 다른 지정된 문자열로 모두 바뀐 새 문자열을 반환합니다.

문자열 탐색 예제 프로그램을 만들어보겠습니다. 다음 코드는 앞의 표에서 언급한 모든 메소드를 이용한 예제입니다.

>>> 03장/StringSearch/MainApp.cs

```
01  using static System.Console;
02
03  namespace StringSearch
04  {
05      class MainApp
06      {
07          static void Main(string[] args)
08          {
09              string greeting = "Good Morning";
10
11              WriteLine(greeting);
12              WriteLine();
13
14              // IndexOf()
15              WriteLine("IndexOf 'Good' : {0}", greeting.IndexOf("Good"));
16              WriteLine("IndexOf 'o' : {0}", greeting.IndexOf('o'));
17
18              // LastIndexOf()
19              WriteLine("LastIndexOf 'Good' : {0}", greeting.LastIndexOf("Good"));
20              WriteLine("LastIndexOf 'o' : {0}", greeting.LastIndexOf("o"));
21
22              // StartsWith()
23              WriteLine("StartsWith 'Good' : {0}", greeting.StartsWith("Good"));
24              WriteLine("StartsWith 'Morning' : {0}", greeting.StartsWith("Morning"));
```

```
25
26              // EndsWith()
27              WriteLine("EndsWith 'Good' : {0}", greeting.EndsWith("Good"));
28              WriteLine("EndsWith 'Morning' : {0}", greeting.EndsWith("Morning"));
29
30              // Contains()
31              WriteLine("Contains 'Evening' : {0}", greeting.Contains("Evening"));
32              WriteLine("Contains 'Morning' : {0}", greeting.Contains("Morning"));
33
34              // Replace()
35              WriteLine("Replaced 'Morning' with 'Evening': {0}",
36                  greeting.Replace("Morning", "Evening"));
37          }
38      }
39  }
```

📙 실행 결과

```
>StringSearch.exe
Good Morning Enter

IndexOf 'Good' : 0
IndexOf 'o' : 1
LastIndexOf 'Good' : 0
LastIndexOf 'o' : 6
StartsWith 'Good' : True
StartsWith 'Morning' : False
EndsWith 'Good' : False
EndsWith 'Morning' : True
Contains 'Evening' : False
Contains 'Morning' : True
Replaced 'Morning' with 'Evening': Good Evening
```

3.9.2 문자열 변형하기

string 형식은 문자열 중간에 또 다른 문자열을 삽입하거나 특정 부분을 삭제하는 등의 작업을 수행하는 메소드도 제공합니다. 이와 더불어 대문자/소문자로의 변환 메소드와 문자열 앞/뒤에 있는 공백을 제거하는 메소드도 제공하는데요. 공백 제거 메소드는 생각보다 자주 사용하니 관련 메소드의 이름을 눈여겨봐주세요. 다음 표는 string 형식의 문자열 변형 기능 관련 메소드를 설명합니다.

메소드	설명
ToLower( )	현재 문자열의 모든 대문자를 소문자로 바꾼 새 문자열을 반환합니다.
ToUpper( )	현재 문자열의 모든 소문자를 대문자로 바꾼 새 문자열을 반환합니다.
Insert( )	현재 문자열의 지정된 위치에 지정된 문자열이 삽입된 새 문자열을 반환합니다.
Remove( )	현재 문자열의 지정된 위치로부터 지정된 수만큼의 문자가 삭제된 새 문자열을 반환합니다.
Trim( )	현재 문자열의 앞/뒤에 있는 공백을 삭제한 새 문자열을 반환합니다.
TrimStart( )	현재 문자열의 앞에 있는 공백을 삭제한 새 문자열을 반환합니다.
TrimEnd( )	현재 문자열의 뒤에 있는 공백을 삭제한 새 문자열을 반환합니다.

바로 예제 프로그램을 하나 만들어보겠습니다. 다음 코드는 앞의 표에서 언급한 메소드를 활용하는 예제를 담고 있습니다.

>>> 03장/StringModify/MainApp.cs

```
01  using static System.Console;
02
03  namespace StringModify
04  {
05      class MainApp
06      {
07          static void Main(string[] args)
08          {
09              WriteLine("ToLower() : '{0}'", "ABC".ToLower());
10              WriteLine("ToUpper() : '{0}'", "abc".ToUpper());
11
12              WriteLine("Insert() : '{0}'", "Happy Friday!".Insert(5, " Sunny"));
13              WriteLine("Remove() : '{0}'", "I Don't Love You.".Remove(2, 6));
14
15              WriteLine("Trim() : '{0}'", " No Spaces ".Trim());
16              WriteLine("TrimStart() : '{0}'", " No Spaces ".TrimStart());
17              WriteLine("TrimEnd() : '{0}'", " No Spaces ".TrimEnd());
18          }
19      }
20  }
```

```
Lower() : 'abc'
ToUpper() : 'ABC'
Insert() : 'Happy Sunny Friday!'
Remove() : 'I Love You.'
Trim() : 'No Spaces'
TrimStart() : 'No Spaces '
TrimEnd() : ' No Spaces'
```

3.9.3 문자열 분할하기

"MSFT, GOOG, AMZN, AAPL, RHT"

string 형식은 위와 같이 콤마(,)로 구분된 문자열에서 콤마를 제외한 내용을 단번에 배열로 만들 수 있습니다. 이것을 가능하게 하는 것은 Split() 메소드입니다. 그런데 문자열 데이터가 항상 저렇게 일정한 간격 또는 문자로 구분된 예쁜 모습을 하고 있지는 않죠. 그럴 때는 3.9.1절에서 가장 먼저 다뤘던 문자열 탐색을 이용해서 잘라낼 부분을 찾은 뒤, SubString() 메소드를 이용해서 하나씩 잘라내면 됩니다. 다음 표는 문자열 분할 기능을 수행하는 Split() 메소드와 SubString() 메소드를 설명합니다.

메소드	설명
Split()	지정된 문자를 기준으로 현재 문자열을 분리한 다음 분리한 문자열의 배열을 반환합니다.
SubString()	현재 문자열의 지정된 위치로부터 지정된 수만큼의 문자로 이루어진 새 문자열을 반환합니다.

예제를 만들어봐야겠죠? 다음 코드는 Split() 메소드와 SubString() 메소드를 활용하는 예제입니다.

>>> 03장/StringSlice/MainApp.cs

```
01  using System;
02  using static System.Console;
03
04  namespace StringSlice
```

```
05  {
06      class MainApp
07      {
08          static void Main(string[] args)
09          {
10              string greeting = "Good morning.";
11
12              WriteLine(greeting.Substring(0, 5)); // "Good"
13              WriteLine(greeting.Substring(5)); // "morning"
14              WriteLine();
15
16              string[] arr = greeting.Split(
17                  new string[] {" "}, StringSplitOptions.None);
18              WriteLine("Word Count : {0}", arr.Length);
19
20              foreach (string element in arr)
21                  WriteLine("{0}", element);
22          }
23      }
24  }
```

📥 실행 결과

```
>StringSlice.exe
Good
morning.

Word Count : 2
Good
morning.
```

3.9.4 문자열 서식 맞추기

우리가 '서식'이라는 낱말을 들으면 글꼴, 색상과 같은 모양새를 떠올릴 것입니다. 여기에서 말하는 서식은 조금 다른 의미인데요. 문자열이 일정한 틀과 모양을 갖추는 것을 의미합니다. 예를 들면 다음과 같이 말입니다.

```
제품명 : 망고주스
가격 : 1,500원
용량 : 250ml
유통기한 : 2034-10-20 12:11:11
```

```
제품명 : 자몽주스
가격 : 1,700원
용량 : 250ml
유통기한 : 2031-08-03 17:32:47
```

C#은 문자열 서식화에 사용할 수 있는 간편한 방법 두 가지를 제공합니다. 첫 번째는 string 형식의 Format() 메소드이고, 또 다른 하나는 문자열 보간Interpolation입니다. 두 방법 모두 문자열 틀을 두고, 그 틀을 이용해서 서식화된 새로운 문자열을 만들어낸다는 공통점이 있습니다. 그럼 먼저 Format() 메소드부터 살펴보겠습니다.

Format() 메소드

Format() 메소드를 사용하는 방법의 절반 정도는 이미 여러분도 알고 있습니다. 어째서냐고요? string.Format() 메소드의 사용 방법은 문자열을 출력할 때 사용한 Console.WriteLine() 메소드와 똑같습니다. Console.WriteLine() 메소드가 내부적으로 string.Format() 메소드를 사용하기 때문입니다.

```
Console.WriteLine("제목 : {0}", "이것이 C#이다");
```

Console.WriteLine() 메소드를 사용하는 코드는 이제 제법 친숙하죠? Console.WriteLine()을 이용해서 서식화된 문자열을 출력할 때는 첫 번째 매개변수에 '문자열 틀'을 입력하고, 두 번째 매개변수부터는 문자열 틀 안에 집어넣을 데이터를 차례대로 입력합니다. 당연히 string.Format() 메소드의 사용 방법도 이와 동일합니다. 지금부터는 조금 더 세련되게 서식화된 문자열을 만드는 방법을 설명하려 합니다. 물론 이 방법은 Console.WriteLine() 메소드를 호출할 때도 똑같이 적용할 수 있습니다.

문자열 틀에 입력하는 {0}, {1}, ...을 일컬어 '서식 항목Format Item'이라고 하는데요. 이 서식 항목에 추가 옵션을 입력함으로써 더 다양한 서식화를 수행할 수 있습니다. 서식 항목의 옵션은 다음과 같이 구성되어 있습니다.

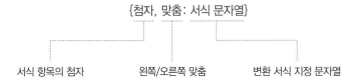

우리는 지금까지 서식 항목의 첨자만 이용해온 셈입니다. 첨자와 더불어 맞춤과 서식 문자열을 사용하는 예는 다음과 같습니다.

```
Console.WriteLine("Total : {0, -7: D}", 123); // 첨자:0, 맞춤:-7, 서식 문자열:D
```

서식 항목의 옵션들을 조합하면 매우 다양한 서식화를 구현할 수 있습니다. 이 서식 항목에 대해 조금 더 자세히 설명하겠습니다. 이어지는 섹션에서는 다음과 같이 string.Format()을 이용한 세 가지 서식화에 대해 살펴보려 합니다.

- 왼쪽/오른쪽 맞춤
- 숫자 서식화
- 날짜 및 시간 서식화

왼쪽/오른쪽 맞춤

서식 항목의 맞춤 옵션을 지정하면 해당 서식 항목이 차지할 공간의 크기를 선택할 수 있고, 그 공간 안에서 왼쪽 또는 오른쪽에 데이터를 할당할지 결정할 수 있습니다. 이해를 돕기 위해 예를 들어보겠습니다.

다음 코드에서 result는 "ABCDEF"가 됩니다. 우리가 익히 알고 있는 부분입니다.

```
string result = string.Format("{0}DEF", "ABC");
// result : "ABCDEF"
```

이 코드를 조금 수정해 볼게요. 다음과 같이 서식 문자열의 {0}에 −10이라는 맞춤 옵션을 입력해주면 result는 이제 "ABC   DEF"가 됩니다. "DEF" 앞에 문자 10개가 들어갈 공간을 만들어두고 앞(왼쪽)에서부터 "ABC"를 채워 넣는 것입니다.

```
string result = string.Format("{0,-10}DEF", "ABC");
// result : "ABC        DEF"
```

다음 그림은 string.Format("{0,−10}DEF", "ABC")의 결과가 어떻게 완성됐는지 보여줍니다.

[0]	[1]	[2]	[3]	[4]	[5]	[6]	[7]	[8]	[9]	[10]	[11]	[12]
A	B	C								D	E	F

이번에는 뒤(오른쪽)부터 채워서 서식화해보겠습니다. 10칸의 공간을 만들고 왼쪽부터 채울 때는 −10을 입력하지만, 오른쪽부터 채울 때는 − 기호 없이 10만 입력하면 됩니다.

```
string result = string.Format("{0, 10}DEF", "ABC");
// result : "        ABCDEF"
```

다음 그림은 string.Format("{0, 10}DEF", "ABC")의 결과가 어떻게 완성됐는지 보여줍니다.

[0]	[1]	[2]	[3]	[4]	[5]	[6]	[7]	[8]	[9]	[10]	[11]	[12]
							A	B	C	D	E	F

문자열 서식을 왼쪽/오른쪽으로 맞추는 기능은 프로그램이 여러 항목을 가지런하게 출력해야 할 때 특히 유용합니다. 예제 프로그램을 하나 만들어보겠습니다.

>>> 03장/StringFormatBasic/MainApp.cs

```
01  using System;
02  using static System.Console;
03
```

```
04  namespace StringFormatBasic
05  {
06      class MainApp
07      {
08          static void Main(string[] args)
09          {
10              string fmt = "{0,-20}{1,-15}{2, 30}";
11
12              WriteLine(fmt, "Publisher", "Author", "Title");
13              WriteLine(fmt, "Marvel", "Stan Lee", "Iron Man");
14              WriteLine(fmt, "Hanbit", "Sanghyun Park", "This is C#");
15              WriteLine(fmt, "Prentice Hall", "K&R", "The C Programming Language");
16          }
17      }
18  }
```

⌁ 실행 결과

```
Publisher           Author                          Title
Marvel              Stan Lee                      Iron Man
Hanbit              Sanghyun Park               This is C#
Prentice Hall       K&R             The C Programming Language
```

숫자 서식화

수를 표현하는 방식도 매우 다양합니다. 123456789라는 수가 있다고 해보죠. 이 수는 123,456,789로 나타낼 수도 있고 0x75BCD15(16진수)로도 나타낼 수 있습니다. 1.234568E+002(지수 표현)로도 나타낼 수 있고요. string.Format() 메소드는 이렇듯 다양한 형태로 수를 서식화하는 기능을 지원합니다.

서식 항목의 그림을 다시 보시죠. 숫자 서식화는 이 중 서식 문자열에 의해 결정됩니다.

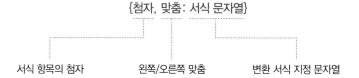

다음 표는 서식 문자열에 사용할 수 있는 서식 지정자^{Format Specifier}를 보여줍니다. 더 많은 서식 지정자에 대해서는 MSDN의 표준 숫자 서식 문자열(https://learn.microsoft.com/ko-kr/dotnet/standard/base-types/standard-numeric-format-strings)을 참고하세요.

서식 지정자	대상 서식	설명

D	10진수	입력된 수를 10진수로 서식화합니다.
		예)
		<pre>WriteLine("{0:D}", 255); // 255
		WriteLine("{0:D}", 0xFF); // 255</pre>

X	16진수	입력된 수를 16진수로 서식화합니다.
		예)
		<pre>WriteLine("{0:X}", 255); // 0xFF
		WriteLine("{0:X}", 0xFF); // 0xFF</pre>

N	콤마(,)로 묶어 표현한 수	입력된 수를 콤마로 구분하여 출력합니다. 예) <pre>WriteLine("{0:N}", 123456789); // 123,456,789.00</pre>
F	고정 소수점	입력된 수를 고정 소수점 형식으로 서식화합니다. 예) <pre>WriteLine("고정 소수점: {0:F}", 123.45); // 123.45</pre>
E	지수	입력된 수를 지수 표기로 서식화합니다. 예) <pre>WriteLine("공학: {0:E}", 123.456789); // 1.234568E+002</pre>

서식 문자열은 앞의 표에서 언급한 서식 지정자와 함께 '자릿수 지정자^{Precision Specifier}'를 사용할 수 있습니다. 서식 문자열이 Axx라면 A는 서식 지정자, xx는 자릿수 지정자의 꼴로 사용하면 됩니다. 이때 자릿수 지정자는 0에서 99까지의 값을 입력할 수 있습니다. 예를 들어 서식 지정자 D와 자릿수 지정자 5로 서식 문자열 D5를 입력했을 때, string.Format() 메소드는 123을 00123으로 서식화합니다.

이렇게 글로만 이야기할 게 아닌 것 같습니다. 예제 프로그램을 만들어보죠.

```
01  using System;
02  using static System.Console;
03
04  namespace StringFormatNumber
05  {
06      class MainApp
07      {
08          static void Main(string[] args)
09          {
10              // D : 10진수
11              WriteLine("10진수: {0:D}", 123);
12              WriteLine("10진수: {0:D5}", 123);
13
14              // X : 16진수
15              WriteLine("16진수: 0x{0:X}", 0xFF1234);
16              WriteLine("16진수: 0x{0:X8}", 0xFF1234);
17
18              // N : 숫자
19              WriteLine("숫자: {0:N}", 123456789);
20              WriteLine("숫자: {0:N0}", 123456789); // 자릿수 0은 소수점 이하를 제거함
21
22              // F : 고정 소수점
23              WriteLine("고정 소수점: {0:F}", 123.45);
24              WriteLine("고정 소수점: {0:F5}", 123.456);
25
26              // E : 공학용
27              WriteLine("공학: {0:E}", 123.456789);
28          }
29      }
30  }
```

> WriteLine(string.Format ("10진수: {0:D}", 123));과 동일

실행 결과

```
10진수: 123
10진수: 00123
16진수: 0xFF1234
16진수: 0x00FF1234
숫자: 123,456,789.00
숫자: 123,456,789
```

```
고정 소수점: 123.45
고정 소수점: 123.45600
공학: 1.234568E+002
```

날짜 및 시간 서식화

이번엔 날짜와 시간을 서식화하는 방법을 알아보겠습니다. 날짜와 시간을 표현하기 위해서는 DateTime 클래스가 필요합니다. 다음 예제 코드를 보고 계속 이야기하겠습니다.

```
DateTime dt = new DateTime(2023, 03, 04, 23, 18, 22); // 2023년 03월 04일 23시 18분 22초
WriteLine("{0}", dt); // 국가 및 지역 설정에 따라 다른 결과 출력
```

이 코드를 한글 윈도우에서 실행하면 '2023-03-04 오후 11:18:22'를 출력합니다. 제어판에서 [국가 및 지역] 설정을 변경하지 않았다면 말입니다. [국가 및 지역] 설정에서 영어(미국) 형식으로 변경하면 이 코드는 '03/04/2023 11:18:22 PM'을 출력합니다. 제어판을 이용하지 않고도 System. Globalization.CultureInfo 클래스의 도움을 받으면 C# 코드만으로 날짜 및 시간 서식을 통제할 수 있습니다.

다음 표에는 날짜 및 시간을 서식화하는 데 사용할 수 있는 서식 지정자가 정리되어 있습니다. 더 많은 날짜 및 시간 서식 지정자는 MSDN의 사용자 지정 날짜 및 시간 서식 문자열(https://learn. microsoft.com/ko-kr/dotnet/standard/base-types/custom-date-and-time-format-strings)을 참고하세요.

서식 지정자	대상 서식	설명
y	연도	• yy : 두 자릿수 연도(2023-03-04 23:18:22 → 23) • yyyy : 네 자릿수 연도(2023-03-04 23:18:22 → 2023)
M	월	• M : 한 자릿수 월(2023-01-08 21:03:07 → 1) • MM : 두 자릿수 월(2023-01-08 21:03:07 → 01)
d	일	• d : 한 자릿수 일(2023-01-08 21:03:07 → 8) • dd : 두 자릿수 일(2023-01-08 21:03:07 → 08)
h	시(1~12)	• h : 한 자릿수 시(2023-01-08 21:03:07 → 9) • hh : 두 자릿수 시(2023-01-08 21:03:07 → 09)

서식 지정자	대상 서식	설명
H	시(0~23)	• H : 한 자릿수 시(2023-01-08 21:03:07 → 21) • HH : 두 자릿수 시(2023-01-08 21:03:07 → 21)
m	분	• m : 한 자릿수 분(2023-01-08 21:03:07 → 3) • mm : 두 자릿수 분(2023-01-08 21:03:07 → 03)
s	초	• s : 한 자릿수 초(2023-01-08 21:03:07 → 7) • ss : 두 자릿수 초(2023-01-08 21:03:07 → 07)
tt	오전/오후	• tt : 오전/오후(2023-01-08 11:03:07 → 오전, 　　　　　　　2023-01-08 21:03:07 → 오후)
ddd	요일	• ddd : 약식 요일(2023-03-04 23:18:22 → 토) • dddd : 전체 요일(2023-03-04 23:18:22 → 토요일)

날짜 및 시간을 이 표에서 설명한 서식 지정자를 이용하여 서식화하는 예는 다음과 같습니다.

```
DateTime dt = new DateTime(2023, 03, 04, 23, 18, 22);

// 12시간 형식: 2023-03-04 오후 11:18:22 (토)
WriteLine("12시간 형식: {0:yyyy-MM-dd tt hh:mm:ss (ddd)}", dt);

// 24시간 형식: 2023-03-04 23:18:22 (토요일)
WriteLine("24시간 형식: {0:yyyy-MM-dd HH:mm:ss (dddd)}", dt);
```

예제 프로그램을 만들어보기 전에 하나 더 이야기할 것이 있습니다. 우리는 한글을 사용하니까 '토' 또는 '토요일'이 자연스럽지만 다른 언어를 사용하는 사람들은 입장이 다릅니다. 영어권 사람에게는 'Sat'이나 'Saturday'라고 보여줘야죠. 한글 사용자에게는 '오전', '오후'를 보여주고 영어권 사용자에게는 'AM', 'PM'을 보여줘야 합니다. 이 기능은 DateTime 객체가 제공하는 각 필드의 값을 이용해서 프로그래머가 직접 해당 문자열을 반환하는 코드를 구현할 수도 있지만, 앞서 언급했던 CultureInfo 클래스의 도움을 받으면 더욱 쉽고 완벽하게 해결할 수 있습니다. CultureInfo 클래스의 역할은 문화권 정보를 나타내는 건데요. DateTime.ToString() 메소드에 서식 문자열과 함께 이 클래스의 인스턴스를 입력하면 해당 문화권에 맞는 요일 이름을 얻을 수 있습니다. 사용 예는 다음과 같습니다.

```
CultureInfo ciKo = new CultureInfo("ko-KR");

// 2023-03-04 오후 11:18:22 (토)
WriteLine(dt.ToString("yyyy-MM-dd tt hh:mm:ss (ddd)", ciKo));

CultureInfo ciEn = new CultureInfo("en-US");

// 2023-03-04 PM 11:18:22 (Sat)
WriteLine(dt.ToString("yyyy-MM-dd tt hh:mm:ss (ddd)", ciEn));
```

CultureInfo의 생성자에 사용되는 문화권 이름은 MSDN의 Product Behavior(https://msdn. microsoft.com/ko-kr//bb896001.aspx)를 참조하기 바랍니다.

이제 날짜와 시간을 서식화하는 예제 프로그램을 만들어보겠습니다.

>>> **03장/StringFormatDatetime/MainApp.cs**

```
01  using System;
02  using System.Globalization;
03  using static System.Console;
04
05  namespace StringFormatDatetime
06  {
07      class MainApp
08      {
09          static void Main(string[] args)
10          {
11              DateTime dt = new DateTime(2023, 03, 04, 23, 18, 22);
12
13              WriteLine("12시간 형식: {0:yyyy-MM-dd tt hh:mm:ss (ddd)}", dt);
14              WriteLine("24시간 형식: {0:yyyy-MM-dd HH:mm:ss (dddd)}", dt);
15
16              CultureInfo ciKo = new CultureInfo("ko-KR");
17              WriteLine();
18              WriteLine(dt.ToString("yyyy-MM-dd tt hh:mm:ss (ddd)", ciKo));
19              WriteLine(dt.ToString("yyyy-MM-dd HH:mm:ss (dddd)", ciKo));
20              WriteLine(dt.ToString(ciKo));
21
```

```
22              CultureInfo ciEn = new CultureInfo("en-US");
23              WriteLine();
24              WriteLine(dt.ToString("yyyy-MM-dd tt hh:mm:ss (ddd)", ciEn));
25              WriteLine(dt.ToString("yyyy-MM-dd HH:mm:ss (dddd)", ciEn));
26              WriteLine(dt.ToString(ciEn));
27          }
28      }
29  }
```

```
12시간 형식: 2023-03-04 오후 11:18:22 (토)
24시간 형식: 2023-03-04 23:18:22 (토요일)

2023-03-04 오후 11:18:22 (토)
2023-03-04 23:18:22 (토요일)
2023-03-04 오후 11:18:22

2023-03-04 PM 11:18:22 (Sat)
2023-03-04 23:18:22 (Saturday)
3/4/2023 11:18:22 PM
```

문자열 보간

Format() 메소드와 더불어 서식화된 문자열을 편리하게 다룰 수 있는 또 다른 방법으로는 문자열 보간이 있습니다. 이 기능은 C# 6.0에서 새로 도입된 기능으로, 한결 더 편리하게 문자열의 양식을 맞출 수 있도록 프로그래머를 도와줍니다. 보간^{補間}이라는 낱말은 비거나 누락된 부분을 채운다는 뜻입니다.

문자열 보간이 string.Format() 메소드와 다른 점은 문자열 틀 앞에 $ 기호를 붙인다는 것과 서식 항목에 첨자 대신 식이 들어간다는 것 정도입니다. 이 식에는 변수나 객체의 이름을 그대로 넣어 사용할 수도 있고 상수를 입력해 쓸 수도 있으며, 조건에 따라 다른 값을 출력하는 코드가 들어갈 수도 있습니다. 다음 그림은 문자열 보간에서 사용되는 문자열 틀의 구조를 보여줍니다.

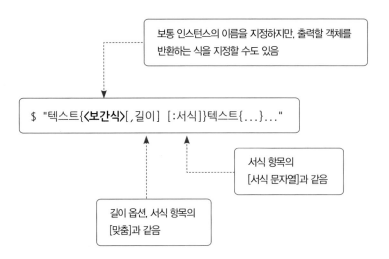

보통 인스턴스의 이름을 지정하지만, 출력할 객체를
반환하는 식을 지정할 수도 있음

$ "텍스트{**〈보간식〉**[, 길이] [:서식]}텍스트{...}..."

서식 항목의
[서식 문자열]과 같음

길이 옵션, 서식 항목의
[맞춤]과 같음

다음 표에는 문자열 보간 예제 코드 몇 가지가 담겨 있습니다. 이해를 돕기 위해 같은 결과를 출력하는 string.Format( ) 메소드 예제도 준비했으니 비교하며 살펴보세요.

string.Format( )	문자열 보간
WriteLine("{0}, {1}", 123, "최강한화");	WriteLine($"{123}, {"최강한화"}");
WriteLine("{0,−10:D5}", 123);	WriteLine($"{123,−10:D5}");
int n = 123; string s = "최강한화"; WriteLine("{0}, {1}", n, s);	int n = 123; string s = "최강한화"; WriteLine($"{n}, {s}");
int n = 123; WriteLine("{0}", n>100?"큼":"작음");	int n = 123; WriteLine($"{(n > 100 ? "큼":"작음")}");

여러분은 문자열을 서식화하는 두 방식 중 어떤 쪽이 마음에 드나요? string.Format( )과 문자열 보간을 비교해보면 문자열 보간이 더 읽기도 좋고 코드의 양도 적은 것을 알 수 있습니다. C# 6.0 이상이 지원되는 개발환경이라면 문자열 보간을 사용하는 것이 합리적입니다. 물론 C# 5.0 이전 버전을 이용하는 프로그래머라면 선택의 여지 없이 string.Format( )을 이용해야겠지만 말입니다.

이제 문자열 보간 예제 프로그램을 만들어보겠습니다.

```
01  using System;
02  using static System.Console;
03
04  namespace StringInterpolation
05  {
06      class MainApp
07      {
08          static void Main(string[] args)
09          {
10              string name = "김튼튼";
11              int age = 23;
12              WriteLine($"{name, -10}, {age:D3}");
13
14              name = "박날씬";
15              age = 30;
16              WriteLine($"{name}, {age,-10:D3}");
17
18              name = "이비실";
19              age = 17;
20              WriteLine($"{name}, {(age > 20 ? "성인" : "미성년자")}");
21          }
22      }
23  }
```

📥 실행 결과

```
김튼튼        , 023
박날씬, 030
이비실, 미성년자
```

01 다음과 같이 사용자로부터 사각형의 너비와 높이를 입력받아 넓이를 계산하는 프로그램을 완성하세요. 다음 코드 중 주석 부분을 바꾸면 됩니다.

```
사각형의 너비를 입력하세요.
30
사각형의 높이를 입력하세요.
40
사각형의 넓이는 : 1200
```

```csharp
using System;

namespace RectArea
{
    class MainApp
    {
        public static void Main()
        {
            Console.WriteLine("사각형의 너비를 입력하세요.");
            string width = Console.ReadLine();

            Console.WriteLine("사각형의 높이를 입력하세요.");
            string height = Console.ReadLine();

            // 이곳에 사각형의 넓이를 계산하고
            // 출력하는 루틴을 추가하세요.

        }
    }
}
```

02 다음 코드에서 잘못된 부분을 찾고, 그 이유를 설명하세요.

```
int a = 7.3;
float b = 3.14;
double c = a * b;
char d = "abc";
string e = '한';
```

03 값 형식과 참조 형식의 차이는 무엇인가요?

04 박싱과 언박싱을 설명하세요.

05 다음 코드를 컴파일한 후의 a와 b는 각각 어떤 데이터 형식이겠습니까?

```
var a = 2020;
var b = "double";
```

Chapter

04

▶ # 데이터를 가공하는
연산자

구슬이 서 말이라도 꿰어야 보배라는 말이 있습니다. 데이터도 가공해야 정보가 됩니다. 3장에서는 데이터를 담을 수 있는 변수와 상수, 데이터 형식을 알아봤는데, 이번 장에서는 여기에 담겨 있는 데이터를 가공하는 연산자Operator에 대해 설명하려 합니다.

학습목표

✅
**이 장의
핵심 개념**

- 연산자가 무엇인지 이해합니다.

- 연산자의 종류를 파악하고 사용 방법을 익힙니다.

- 연산자 사이의 우선순위를 이해합니다.

✅
**이 장의
학습 흐름**

C#에서 제공하는 연산자 둘러보기

▼

산술 연산자

▼

증가 연산자와 감소 연산자

▼

문자열 결합 연산자

▼

관계 연산자

▼

논리 연산자

▼

조건 연산자

▼

비트 연산자

▼

할당 연산자

▼

연산자의 우선순위

4.1 C#에서 제공하는 연산자 둘러보기

C# 프로그래밍 언어는 프로그래머가 데이터를 자유자재로 다룰 수 있도록 덧셈, 뺄셈, 곱셈, 나눗셈 등을 수행하는 산술 연산자부터 시작하여, 데이터의 비트를 일일이 다룰 수 있는 비트 연산자에 이르기까지 풍부한 연산자를 제공합니다. 다음 표는 C#이 제공하는 주요 연산자의 목록입니다.

분류	연산자
산술 연산자	+, -, *, /, %
증가/감소 연산자	++, --
관계 연산자	〈, 〉, ==, !=, 〈=, 〉=
논리 연산자	&&, ||, !
조건 연산자	?:
null 조건부 연산자	?., ?[ ]
비트 연산자	〈〈, 〉〉, &, |, ^, ~
할당 연산자	=, +=, -=, *=, /=, %=, &=, |=, ^=, 〈〈=, 〉〉=
null 병합 연산자	??

이 표에 있는 연산자 중 대부분은 각각 특정 형식에 대해서만 사용할 수 있습니다. 가령 산술 연산자 중 나눗셈 연산자(/)는 모든 수치 데이터 형식에 사용할 수 있지만, 문자열 형식에는 사용할 수 없습니다. 하지만 비교 연산자 중 등가 연산자(==)는 정수 형식, 부동 소수점 형식, 문자열 형식 등 모두 사용할 수 있습니다. 이처럼 연산자들이 지원하는 데이터 형식에 대해서는 각 연산자를 설명할 때 자세히 이야기하겠습니다.

다음 그림은 연산자의 사용 예입니다. 당연한 이야기지만, 연산자는 피연산자가 필요합니다. 피연산자에는 그림과 같이 상수를 사용할 수도 있고, 변수를 사용할 수도 있습니다.

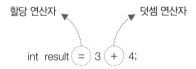

연산자 기호들이 수학 시간을 떠올리게 하는 비호감형으로 생기기는 했지만, 너무 거부감을 갖지 않았으면 좋겠습니다. 알고 보면 그렇게 재수 없는 친구들은 아니거든요. 다음 절의 산술 연산자부터 시작해 차근차근 연산자와 친해져 봅시다.

4.2 산술 연산자

당연한 이야기지만 산술 연산자Arithmetic Operation는 수치 형식의 데이터를 다루는 연산자입니다. 수치 간의 덧셈, 뺄셈, 곱셈, 나눗셈, 그리고 여기에 한 가지 더해 나눗셈의 나머지를 구하는 기능을 하죠. 다음 표는 산술 연산자의 종류와 기능을 정리한 것입니다.

연산자	설명	지원 형식
+	양쪽 피연산자를 더합니다.	모든 수치 데이터 형식
−	왼쪽 피연산자에서 오른쪽 피연산자를 뺍니다.	모든 수치 데이터 형식
*	양쪽 피연산자를 곱합니다.	모든 수치 데이터 형식
/	왼쪽 연산자를 오른쪽 피연산자로 나눈 몫을 구합니다.	모든 수치 데이터 형식
%	왼쪽 연산자를 오른쪽 피연산자로 나눈 후의 나머지를 구합니다.	모든 수치 데이터 형식

산술 연산자는 이름이 나타내는 것처럼 수치 형식에 대해서만 사용할 수 있습니다. 다시 말해, 정수 형식과 부동 소수점 형식, decimal 형식에 대해서만 사용할 수 있다는 뜻입니다.

산술 연산자는 다음과 같이 두 개의 피연산자가 필요합니다. 연산자가 가운데에 오고, 피연산자가 연산자 양 옆에 위치하는 꼴이죠. 이렇게 두 개의 피연산자가 필요한 연산자를 이항 연산자Binary Operator라고 부릅니다.

```
왼쪽_피연산자  연산자  오른쪽_피연산자
```

다음은 산술 연산자의 사용 예입니다.

```
Console.WriteLine(3 + 4); // 7 출력

int result = 15 / 3; •
Console.WriteLine(result); // 5 출력
```

> 산술 연산의 결과를 할당 연산자(=)를 이용해서 변수에 저장합니다.

이제 예제 프로그램을 하나 만들어보겠습니다. 간단한 프로그램이긴 하지만, 눈으로만 훑고 지나치지 말고 꼭 직접 만들어보세요.

```
01  using System;
02
03  namespace ArithmaticOperators
04  {
05      class MainApp
06      {
07          static void Main(string[] args)
08          {
09              int a = 111 + 222;
10              Console.WriteLine($"a : {a}");
11
12              int b = a - 100;
13              Console.WriteLine($"b : {b}");
14
15              int c = b * 10;
16              Console.WriteLine($"c : {c}");
17
18              double d = c / 6.3; •
19              Console.WriteLine($"d : {d}");
20
21              Console.WriteLine($"22 / 7 = {22 / 7}({22 % 7})");
22          }
23      }
24  }
```

> 피연산자 중 한쪽이 부동 소수형이면 부동 소수형 버전의 연산자가 사용되며, 나머지 피연산자도 부동 소수형으로 형식 변환됩니다.

📥 실행 결과

```
a : 333
b : 233
c : 2330
d : 369.8412698412699
22 / 7 = 3(1)
```

다음 코드에서 result는 어떤 값을 갖게 될까요?

```
int result = 3 + 4 * 5;
```

네, result는 23이 됩니다. 4 * 5가 먼저 계산되고, 그 결과에 3을 더한 값이 result에 대입되죠. 산술 연산자 사이의 우선순위는 수학에서의 사칙연산 우선순위와 같습니다. *, /, %가 먼저 처리되고 +, −가 나중에 처리됩니다. 이 코드에서 3 + 4를 먼저 계산하도록 변경하고 싶다면 다음과 같이 괄호로 감싸주면 됩니다.

```
int result = (3 + 4) * 5; // result는 35
```

4.3 증가 연산자와 감소 연산자

증가 연산자Increment Operator와 감소 연산자Decrement Operator는 기능이 조금 재미있습니다. 증가 연산자는 피연산자의 값을 1 증가시키고 감소 연산자는 피연산자의 값을 1 감소시키는 것이 하는 일의 전부거든요. 증가 연산자의 기호는 ++이고, 감소 연산자의 기호는 −−입니다.

연산자	이름	설명	지원 형식
++	증가 연산자	피연산자의 값을 1 증가시킵니다.	모든 수치 데이터 형식과 열거 형식
−−	감소 연산자	피연산자의 값을 1 감소시킵니다.	모든 수치 데이터 형식과 열거 형식

증가/감소 연산자는 피연산자를 하나만 받는 단항 연산자Unary Operator이며, 다음과 같이 사용합니다.

```
int a = 10;
a++;  // a는 11
a--;  // a는 10
```

이 코드와 같이, 증가/감소 연산자는 할당 연산자의 도움이 없어도 해당 변수의 값을 직접 바꿉니다. 이는 앞에서 봤던 산술 연산자나 앞으로 다룰 여타 연산자와 크게 다른 부분입니다. 이 코드를 산술 연산자를 이용해서 똑같이 기능하도록 바꾼다면 다음과 같은 코드로 나타낼 수 있습니다.

```
int a = 10;
a = a + 1;  // a는 11
a = a - 1;  // a는 10
```

한편, 증가/감소 연산자는 변수의 앞에 사용하느냐 또는 뒤에 사용하느냐에 따라 연산 방식이 달라집니다. 증가/감소 연산자를 변수 뒤에 사용하면 해당 문장의 실행이 끝난 후에 변수의 값이 변경되지만, 변수 앞에 사용하면 변수의 값을 변경한 후에 해당 문장이 실행됩니다. 이처럼 변수의 앞에 위치시켜 사용하는 증가/감소 연산자를 '전위 증가/감소 연산자'라 하고, 변수의 뒤에 위치시켜 사용하는 증가/감소 연산자를 '후위 증가/감소 연산자'라고 부릅니다. 다음은 전위 증가 연산자와 후위 증가 연산자의 사용 예입니다.

```
int a = 10;
Console.WriteLine(a++); // 11이 아닌, 10을 출력. 출력 후에 a는 11로 증가
Console.WriteLine(++a); // 12를 출력
```

전위/후위 감소 연산자도 증가 연산자와 다를 것이 없습니다. 다음은 감소 연산자의 사용 예입니다.

```
int a = 10;
Console.WriteLine(a--); // 9가 아닌, 10을 출력. 출력 후에 a는 9로 감소
Console.WriteLine(--a); // 8을 출력
```

증가 연산자와 감소 연산자가 하는 일이 일견 보잘것없어 보여도, 장담컨대 여러분이 프로그래밍하면서 정말 많이 쓰는 연산자 중 하나가 될 것입니다. 자, 그럼 이쯤에서 예제 프로그램을 하나 만들어보겠습니다.

>>> **04장/IncDecOperator/MainApp.cs**

```
01  using System;
02
03  namespace IncDecOperator
04  {
```

```
05      class MainApp
06      {
07          static void Main(string[] args)
08          {
09              int a = 10;
10              Console.WriteLine(a++);
11              Console.WriteLine(++a);
12
13              Console.WriteLine(a--);
14              Console.WriteLine(--a);
15          }
16      }
17  }
18
```

```
10
12
12
10
```

4.4 문자열 결합 연산자

퀴즈를 하나 내보겠습니다. 다음 식에서 result는 어떤 값을 가지겠습니까?

```
int result = 123 + 456;
```

(제가 여러분의 수준을 너무 얕잡아 봤나요?) 네, result는 579가 됩니다. 그럼 또 다른 문제를 내볼게요. 다음 식의 result는 어떤 값을 가지겠습니까?

```
string result = "123" + "456";
```

이건 좀 어렵죠? 앞의 식에서 사용된 +는 산술 연산자가 아닙니다. 문자열과 함께 사용하는 + 연산자는 '문자열 결합 연산자'입니다. 문자열 결합 연산자는 result를 '579'가 아닌 '123456'으로 만듭니다.

>>> **04장/StringConcatenate/MainApp.cs**

```
01  using System;
02
03  namespace StringConcatenate
04  {
05      class MainApp
06      {
07          static void Main(string[] args)
08          {
09              string result = "123" + "456";
10              Console.WriteLine(result);
11
12              result = "Hello" + " " + "World!";
13              Console.WriteLine(result);
14          }
15      }
16  }
```

☐ 실행 결과

```
123456
Hello World!
```

4.5 관계 연산자

관계 연산자Relational Operator는 두 피연산자 사이의 관계를 평가하는 연산자입니다. 가령 두 피연산자가 같은지 다른지, 한쪽이 다른 한쪽보다 큰지 작은지 등을 판단해줍니다. C#이 제공하는 관계 연산자는 다음 표와 같습니다.

연산자	설명	지원 형식
〈	왼쪽 피연산자가 오른쪽 피연산자보다 작으면 참, 아니면 거짓	모든 수치 형식과 열거 형식
〉	왼쪽 피연산자가 오른쪽 피연산자보다 크면 참, 아니면 거짓	모든 수치 형식과 열거 형식
〈=	왼쪽 피연산자가 오른쪽 피연산자보다 작거나 같으면 참, 아니면 거짓	모든 수치 형식과 열거 형식
〉=	왼쪽 피연산자가 오른쪽 피연산자보다 크거나 같으면 참, 아니면 거짓	모든 수치 형식과 열거 형식
==	왼쪽 피연산자가 오른쪽 피연산자와 같으면 참, 아니면 거짓	모든 데이터 형식
!=	왼쪽 피연산자가 오른쪽 피연산자와 다르면 참, 아니면 거짓	모든 데이터 형식. string과 object 형식에 대해서도 사용 가능

이 표에서 각 연산자의 설명을 읽어보면 알겠지만, 관계 연산자의 연산 결과는 논리 형식, 즉 bool 입니다. 참 또는 거짓으로만 결과가 나오죠. 다음은 관계 연산자의 사용 예입니다.

```
bool result;
result = 3 > 4;    // 거짓
result = 3 >= 4;   // 거짓
result = 3 < 4;    // 참
result = 3 <= 4;   // 참
result = 3 == 4;   // 거짓
result = 3 != 4;   // 참
```

이번에는 관계 연산자 예제 프로그램을 통해 관계 연산자의 기능을 확인해보겠습니다.

>>> 04장/RelationalOperator/MainApp.cs

```
01  using System;
02
03  namespace RelationalOperator
04  {
05      class MainApp
06      {
07          static void Main(string[] args)
08          {
09              Console.WriteLine($"3 > 4  : {3 > 4}");
10              Console.WriteLine($"3 >= 4 : {3 >= 4}");
```

```
11              Console.WriteLine($"3 > 4  : {3 > 4}");
12              Console.WriteLine($"3 >= 4 : {3 >= 4}");
13              Console.WriteLine($"3 == 4 : {3 == 4}");
14              Console.WriteLine($"3 != 4 : {3 != 4}");
15          }
16      }
17  }
```

```
3 > 4 : False
3 >= 4 : False
3 < 4 : True
3 <= 4 : True
3 == 4 : False
3 != 4 : True
```

4.6 논리 연산자

산술 연산은 숫자가 피연산자인 연산을 말하듯, 부울 연산Boolean Operation이라고도 하는 논리 연산 Logical Operation은 참과 거짓으로 이루어지는 진릿값이 피연산자인 연산을 말합니다. C#에서 제공하는 논리 연산자에는 논리곱 연산자(&& : AND), 논리합 연산자(|| : OR), 부정 연산자(! : NOT)가 있습니다.

논리곱 연산은 피연산자로 오는 두 개의 진릿값이 모두 참True이어야 그 결과가 참이 되고, 그 외에는 모두 거짓False이 됩니다. 다음 표는 논리곱의 진리표(진리식의 모든 입출력 결과를 기록하는 표)입니다.

A	B	A && B
참	참	참
참	거짓	거짓
거짓	거짓	거짓
거짓	참	거짓

논리합 연산은 피연산자로 오는 두 개의 진릿값 중에 하나라도 참이면 연산 결과가 참이 됩니다. 다음은 논리합의 진리표입니다.

A	B	A || B
참	참	참
참	거짓	참
거짓	거짓	거짓
거짓	참	참

부정 연산은 피연산자의 진릿값을 반대로 뒤집습니다. 가령 참을 부정하면 거짓이 되고, 거짓을 부정하면 참이 됩니다. 다음은 부정 연산의 진리표입니다.

A	!A
참	거짓
거짓	참

이제 논리곱과 논리합의 개념은 알겠죠? 논리 연산자 &&와 ||는 다음과 같이 사용합니다.

```
int a = 3;
int b = 4;
bool c = a < b && b < 5;  // c는 true
bool d = a > b && b < 5;  // d는 false (a > b가 거짓이므로)
bool e = a > b || b < 5;  // e는 true (b < 5가 참이므로)
bool f = !e;              // f는 false (참인 true를 부정했으므로)
```

논리 연산자는 5장에서 조건에 따라 실행할 코드를 선택하는 분기문이나 특정 조건을 만족하는 동안 코드를 반복 실행하는 반복문에 자주 사용됩니다. 다음은 논리 연산자의 예제 프로그램입니다.

>>> 04장/LogicalOperator/MainApp.cs

```
01  using System;
02
03  namespace LogicalOperator
```

```
04  {
05      class MainApp
06      {
07          static void Main(string[] args)
08          {
09              Console.WriteLine("Testing && ... ");
10              Console.WriteLine($"1 > 0 && 4 < 5 : {1 > 0 && 4 < 5}");
11              Console.WriteLine($"1 > 0 && 4 > 5 : {1 > 0 && 4 > 5}");
12              Console.WriteLine($"1 == 0 && 4 > 5 : {1 == 0 && 4 > 5}");
13              Console.WriteLine($"1 == 0 && 4 < 5 : {1 == 0 && 4 < 5}");
14
15              Console.WriteLine("\nTesting || ... ");
16              Console.WriteLine($"1 > 0 || 4 < 5 : {1 > 0 || 4 < 5}");
17              Console.WriteLine($"1 > 0 || 4 > 5 : {1 > 0 || 4 > 5}");
18              Console.WriteLine($"1 == 0 || 4 > 5 : {1 == 0 || 4 > 5}");
19              Console.WriteLine($"1 == 0 || 4 < 5 : {1 == 0 || 4 < 5}");
20
21              Console.WriteLine("\nTesting ! ...");
22              Console.WriteLine($"!True : {!true}");
23              Console.WriteLine($"!False: {!false}");
24          }
25      }
26  }
```

▶ 실행 결과

```
Testing && ...
1 > 0 && 4 < 5 : True
1 > 0 && 4 > 5 : False
1 == 0 && 4 > 5 : False
1 == 0 && 4 < 5 : False

Testing || ...
1 > 0 || 4 < 5 : True
1 > 0 || 4 > 5 : True
1 == 0 || 4 > 5 : False
1 == 0 || 4 < 5 : True

Testing ! ...
!True : False
!False: True
```

4.7 조건 연산자

조건 연산자Conditional Operator ?:은 특이하게도 피연산자가 세 개나 됩니다. 이 피연산자들은 각각 다음과 같습니다.

조건식 ? 참일_때의_값 : 거짓일_때의_값

조건 연산자의 첫 번째 매개변수인 조건식은 결과가 참 또는 거짓의 논리값이어야 합니다. 이 조건식의 결과가 참이면 두 번째 매개변수가 선택되고, 거짓이면 세 번째 매개변수가 선택됩니다. 두/세 번째 피연산자는 둘의 형식만 같다면 어떤 것이든 괜찮습니다. 다음은 조건 연산자의 사용 예입니다.

```
int a = 30;
string result = a == 30 ? "삼십" : "삼십아님"; // result는 "삼십"
```

조건식　　참일 때의 값　　거짓일 때의 값

다음은 조건 연산자의 예제 프로그램입니다.

>>> **04장/ConditionalOperator/MainApp.cs**

```
01  using System;
02
03  namespace ConditionalOperator
04  {
05      class MainApp
06      {
07          static void Main(string[] args)
08          {
09              string result = (10 % 2) == 0 ? "짝수" : "홀수";
10
11              Console.WriteLine(result);
12          }
13      }
14  }
```

짝수

4.8 null 조건부 연산자

null('널'이라고 읽습니다) 조건부 연산자 ?.는 C# 6.0에서 도입됐습니다. 이 연산자는 엘비스
Elvis(네, 바로 그 로큰롤의 제왕 엘비스입니다)라는 별명을 갖고 있습니다. ?.에서 물음표 기호의 머
리 부분을 오른쪽으로 늘려보면 특유의 헤어스타일을 한 그의 얼굴이 연상되기 때문입니다. ?.가
하는 일은 객체의 멤버에 접근하기 전에 해당 객체가 null인지 검사하여 그 결과가 참(즉, 객체가
null)이면 그 결과로 null을 반환하고, 그렇지 않은 경우에는 . 뒤에 지정된 멤버를 반환합니다. 이
해를 돕기 위해 ?. 연산자를 이용한 코드와 그렇지 않은 코드 두 개를 놓고 비교해보겠습니다.

== 연산자를 이용한 코드	?. 연산자를 이용한 코드
```class Foo { public int member; } Foo foo = null; int? bar; if (foo == null) bar = null; else bar = foo.member;```	```class Foo { public int member; } Foo foo = null; int? bar; bar = foo?.member;``` ◄┈┈┈┈ foo 객체가 null이 아니면 member 필드에 접근하게 해줌

?[ ]도 동일한 기능을 수행하는 연산자입니다. ?[ ]는 ?.와 비슷한 역할을 하지만, 객체의 멤버 접근
이 아닌 배열과 같은 컬렉션 객체의 첨자를 이용한 참조에 사용된다는 점이 다릅니다. 이어서 ?.와
?[ ] 연산자 예제 코드가 준비되어 있으니 확인해봅시다.

```
01  using System.Collections;
02  using static System.Console;
03
04  namespace NullConditionalOperator
05  {
06      class MainApp
07      {
08          static void Main(string[] args)
09          {
10              ArrayList a = null;
11              a?.Add("야구"); // a?.가 null을 반환하므로 Add() 메소드는 호출되지 않음
12              a?.Add("축구");
13              WriteLine($"Count : {a?.Count}");
14              WriteLine($"{a?[0]}");
15              WriteLine($"{a?[1]}");
16
17              a = new ArrayList(); // a는 이제 더 이상 null이 아닙니다.
18              a?.Add("야구");
19              a?.Add("축구");
20              WriteLine($"Count : {a?.Count}");
21              WriteLine($"{a?[0]}");
22              WriteLine($"{a?[1]}");
23          }
24      }
25  }
```

> a?.가 null을 반환하므로 'Count :' 외에는 아무것도 출력하지 않습니다.

□ 실행 결과

```
Count :

Count : 2
야구
축구
```

4.9 비트 연산자

컴퓨터는 원래 0과 1의 비트 데이터만 다루는 기계입니다. 하지만 우리가 지금까지 사용해왔던 데이터 형식을 보면 1바이트 크기의 1byte 형식이 가장 작습니다. 비트를 무려 8개나 담을 수 있는 크기의 데이터 형식이죠. 우리가 3장에서 공부했던 데이터 형식의 크기도 모두 '바이트' 단위로 이루어져 있습니다. 바이트 단위가 대부분의 데이터를 다루기에 용이한 크기이긴 하지만, 어쨌든 비트 수준에서 데이터를 가공해야 하는 경우가 종종 생깁니다. 비트 연산자는 이를 위한 연산자입니다. C#에서 제공하는 비트 연산자의 종류는 꽤 다양합니다. 다음 표를 보세요.

연산자	이름	설명	지원 형식
《	왼쪽 시프트 연산자	첫 번째 피연산자의 비트를 두 번째 피연산자의 수만큼 왼쪽으로 이동시킵니다.	첫 번째 피연산자는 int, uint, long, ulong이며 두 번째 피연산자는 int 형식만 지원합니다.
》	오른쪽 시프트 연산자	첫 번째 피연산자의 비트를 두 번째 피연산자의 수만큼 오른쪽으로 이동시킵니다.	
&	논리곱(AND) 연산자	두 피연산자의 비트 논리곱을 수행합니다.	정수 계열 형식과 bool 형식에 대해 사용할 수 있습니다.
|	논리합(OR) 연산자	두 피연산자의 비트 논리합을 수행합니다.	
^	배타적 논리합(XOR) 연산자	두 피연산자의 비트 배타적 논리합을 수행합니다.	
~	보수(NOT) 연산자	피연산자의 비트를 0은 1로, 1은 0으로 반전시킵니다. 단항 연산자입니다.	int, uint, long, ulong에 대해 사용할 수 있습니다.

조금 당황스럽죠? 희한하게 생긴 연산 기호는 그렇다 치더라도, 설명이라고 써놓은 부분을 읽었는데 무슨 말인지 도통 이해가 되지 않으니 말입니다. 자, 마음을 가라앉히세요. 지금부터 차근차근 설명하니까요. 아마 이 부분이 4장에서 가장 어려운 부분이 아닐까 생각합니다. 따라서 이 부분만 넘기고 나면 4장의 나머지는 가벼운 마음으로 공부를 마칠 수 있을 것입니다.

4.9.1 시프트 연산자

시프트 연산자Shift Operator는 비트를 왼쪽이나 오른쪽으로 이동시키는 연산자라고 할 수 있습니다. 아,

먼저 비트를 이동시킨다는 말이 무슨 뜻인지부터 설명해야겠군요. 예를 들어 숫자 하나를 비트로 표현해보겠습니다. 다음 그림은 10진수 240을 16개의 비트로 표현한 것입니다(시프트 연산자가 지원하는 형식은 32비트(4바이트)인 int 이상이지만, 이해를 돕기 위해 비트 수를 줄였습니다).

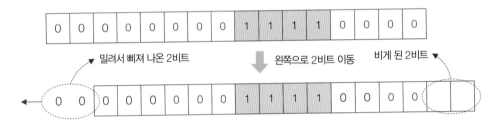

이 비트를 전체적으로 왼쪽으로 2비트 이동하면 다음 그림과 같이 변합니다.

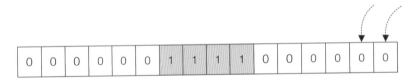

이 과정을 바로 '비트를 이동Shift'시킨다고 하는 것입니다. 기왕 왼쪽으로 이동시켜본 거, 왼쪽 시프트 연산을 마무리 지어볼까요? 비트 전체를 2비트 옮겼기 때문에 가장 왼쪽의 두 비트에 담겨 있던 00이 밀려나오는 한편, 가장 오른쪽 비트 두 개는 자리가 비어 있죠? 이때 밀려 나온 비트는 버리고, 비어 있는 비트에는 0으로 채워 넣으면 다음과 같이 왼쪽 시프트 연산이 완료됩니다.

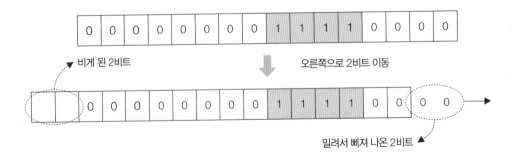

오른쪽 시프트 연산도 방향만 다를 뿐, 왼쪽 시프트 연산과 똑같습니다. 조금 전에 10진수 240을 왼쪽으로 옮겼던 것처럼, 이번에는 오른쪽으로 2비트 옮겨보겠습니다.

아직 끝나지 않았습니다. 해야 할 일이 남아 있죠? 네, 비어 있는 비트에 0을 채워 넣어야 합니다. 이제 오른쪽 시프트 연산이 끝났습니다.

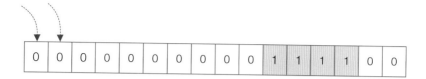

한편, 음수에 대한 오른쪽 시프트 연산은 약간 다른 과정을 거칩니다. 비트를 이동시킨다는 것은 같지만, 이동시킨 후 만들어진 빈 자리에 0이 아닌 1을 채워 넣는다는 점이 다릅니다. 예를 하나 들어보겠습니다. −255를 비트로 표현하면 1111 1111 0000 0001이 되죠(이해가 잘 안되는 분은 3장을 다시 한번 읽어보고 돌아오세요)? 이것을 오른쪽으로 2비트 이동시켜보겠습니다.

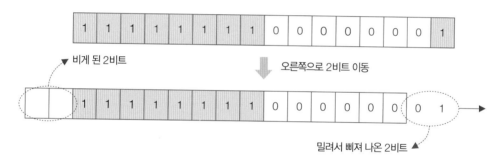

앞서 살펴본 예처럼, 이번에도 밀려나간 비트는 과감히 버립니다. 그리고 비어 있는 비트에는 다음과 같이 1로 채워 넣어 오른쪽 시프트 연산을 완료합니다.

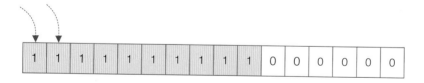

시프트 연산이 무엇인지는 알겠죠? 이번에는 시프트 연산자의 사용법을 간단하게 알아보겠습니다. 시프트 연산자는 산술 연산자처럼 피연산자 두 개를 받습니다. 왼쪽 피연산자는 원본 데이터, 오른쪽 피연산자는 옮길 비트의 수입니다.

```
int a = 240;                       // 00000000 00000000 00001111 00000000
int result_1 = [ a ] << [ 2 ] ;    // 00000000 00000000 00111100 00000000
int result_2 = [ a ] >> [ 2 ] ;    // 00000000 00000000 00000011 11000000
```

원본 데이터   옮길 비트의 수

이제 시프트 연산이 무엇인지도 알고, 시프트 연산자의 사용법도 파악했습니다. 그런데 이런 시프트 연산이 무슨 의미가 있는 것일까요? 아까 240(0000 0000 1111 0000)을 왼쪽으로 2비트 시프트한 결과는 960(0000 0011 1100 0000)이었습니다. 반대로 오른쪽으로 2비트 시프트한 결과는 60이었습니다. 원본 데이터를 a, 옮긴 비트 수를 b라고 할 때, 왼쪽 시프트 연산을 하면 $a \times 2b$의 결과가, 오른쪽 시프트 연산을 하면 $a \div 2b$가 나옵니다. 이 점을 이용해서 시프트 연산은 고속의 곱셈과 나눗셈을 구현하는 데 사용하기도 하고 잠시 후에 배울 & 연산자, | 연산자와 함께 byte처럼 작은 단위로 쪼개진 데이터를 다시 하나의 int나 long 형식으로 재조립하는 데 사용하기도 합니다.

다음은 시프트 연산자의 예제 프로그램입니다.

>>> 04장/ShiftOperator/MainApp.cs

```
01  using System;
02
03  namespace ShiftOperator
04  {
05      class MainApp
06      {
07          static void Main(string[] args)
08          {
09              Console.WriteLine("Testing <<...");
10
11              int a = 1;
12              Console.WriteLine("a     : {0:D5} (0x{0:X8})", a);
13              Console.WriteLine("a << 1 : {0:D5} (0x{0:X8})", a << 1);
14              Console.WriteLine("a << 2 : {0:D5} (0x{0:X8})", a << 2);
15              Console.WriteLine("a << 5 : {0:D5} (0x{0:X8})", a << 5);
16
```

1바이트(8비트)로 나타낼 수 있는 수는 256가지입니다. 따라서 8자리의 16진수면 int 형식이 표현하는 모든 수를 나타낼 수 있습니다.

```
17              Console.WriteLine("\nTesting >>...");
18
19              int b = 255;
20              Console.WriteLine("b     : {0:D5} (0x{0:X8})", b);
21              Console.WriteLine("b >> 1 : {0:D5} (0x{0:X8})", b >> 1);
22              Console.WriteLine("b >> 2 : {0:D5} (0x{0:X8})", b >> 2);
23              Console.WriteLine("b >> 5 : {0:D5} (0x{0:X8})", b >> 5);
24
25              Console.WriteLine("\nTesting >> 2...");
26
27              int c = -255;
28              Console.WriteLine("c     : {0:D5} (0x{0:X8})", c);
29              Console.WriteLine("c >> 1 : {0:D5} (0x{0:X8})", c >> 1);
30              Console.WriteLine("c >> 2 : {0:D5} (0x{0:X8})", c >> 2);
31              Console.WriteLine("c >> 5 : {0:D5} (0x{0:X8})", c >> 5);
32          }
33      }
34  }
```

□ 실행 결과

```
Testing <<...
a : 00001 (0x00000001)
a << 1 : 00002 (0x00000002)
a << 2 : 00004 (0x00000004)
a << 5 : 00032 (0x00000020)

Testing >>...
b : 00255 (0x000000FF)
b >> 1 : 00127 (0x0000007F)
b >> 2 : 00063 (0x0000003F)
b >> 5 : 00007 (0x00000007)

Testing >> 2...
c : -00255 (0xFFFFFF01)
c >> 1 : -00128 (0xFFFFFF80)
c >> 2 : -00064 (0xFFFFFFC0)
c >> 5 : -00008 (0xFFFFFFF8)
```

4.9.2 비트 논리 연산자

여러분도 기억하고 있는 것처럼, 논리 연산은 참 또는 거짓의 진릿값을 피연산자로 하는 연산입니다. 비트 논리 연산Bitwise Logical Operation도 데이터의 각 비트에 대해 수행하는 논리 연산입니다. C#에서 제공하는 비트 논리 연산자는 다음 표와 같이 네 가지입니다.

연산자	이름	설명	지원 형식
&	논리곱(AND) 연산자	두 피연산자의 비트에 대해 논리곱을 수행합니다.	정수 계열 형식과 bool 형식에 사용할 수 있습니다.
|	논리합(OR) 연산자	두 피연산자의 비트에 대해 논리합을 수행합니다.	
^	배타적 논리합(XOR) 연산자	두 피연산자의 비트에 대해 배타적 논리합을 수행합니다.	
~	보수(NOT) 연산자	피연산자의 비트에 대해 0은 1로, 1은 0으로 반전시킵니다. 단항 연산자입니다.	int, uint, long, ulong에 사용할 수 있습니다.

이 표가 나타내는 것처럼 비트 논리 연산자는 bool 형식 외에 정수 계열 형식의 피연산자에 대해서도 사용할 수 있습니다. 논리 연산은 원래 참과 거짓 두 가지의 진릿값으로 하는 연산이잖아요. 그런데 비트 논리 연산자는 어떻게 정수 형식에 대해서도 논리 연산을 한다는 것일까요?

우리가 사용하는 데이터가 0과 1로 이루어진다는 사실에 유념하세요. int 형식 데이터는 4바이트, 즉 32개의 비트로 이루어지고, long 형식 데이터는 64개의 비트(8바이트)로 이루어집니다. 비트 논리 연산은 이 비트 덩어리를 이루고 있는 각 비트에 대해 1은 참, 0은 거짓으로 해서 논리 연산을 하는 것입니다.

먼저 논리곱 연산자 &를 같이 보겠습니다. 예를 하나 들어보죠. 9를 네 자리의 비트로 표현하면 1001이 되고, 10은 1010이 됩니다. 이때 9와 10의 논리곱 결과는 다음과 같이 1000(10진수로는 8)이 됩니다. 논리곱에서는 두 비트 모두 1(참)이어야 결과도 1(참)이기 때문입니다.

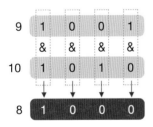

이것을 C# 코드로 나타내면 다음과 같습니다.

```
int result = 9 & 10; // result는 8
```

이번에는 논리합 연산자 |를 보겠습니다. 9(1001)와 10(1010)의 각 비트끼리 논리합을 수행하면 다음과 같이 1011(10진수로는 11)이 됩니다. 논리합에서는 둘 중 하나라도 참(1)이면 그 결과가 참(1)이라는 사실, 기억하고 있죠?

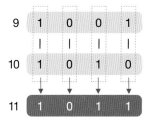

이 비트 논리합을 C# 코드로 나타내면 다음과 같습니다.

```
int result = 9 | 10; // result는 11
```

이젠 배타적 논리합 연산자 ^을 설명할 차례군요. 앞에서 살펴본 논리합 연산은 두 피연산자 중 하나라도 참이면 결과가 참인데 비해, 배타적 논리합은 두 피연산자의 진릿값이 서로 달라야 참이 된다는 특징이 있습니다. 가령 1(참)^1(참), 0(거짓)^0(거짓)의 결과는 모두 0(거짓)이고, 1(참)^0(거짓) 또는 0(거짓)^1(참)의 결과는 모두 1(참)입니다. 다음 그림은 9와 10의 배타적 논리합 연산의 예입니다.

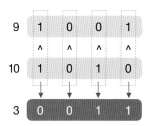

마지막으로 보수 연산자 ~를 보겠습니다. ~는 피연산자가 하나뿐인 단항 연산자로서 비트를 0에서 1로, 1에서 0으로 뒤집는 기능을 합니다. 예를 들어, 크기가 32비트인 int 형식의 변수 a를 선언하고 여기에 255를 담는다고 해봅시다. 255를 담은 a의 비트는 00000000 00000000 00000000 11111111이 되고, 이 비트 패턴에서 0을 1로, 1을 0으로 바꾸면 11111111 11111111 11111111 00000000이 됩니다. 다음 그림은 255에 보수 연산을 수행한 결과입니다.

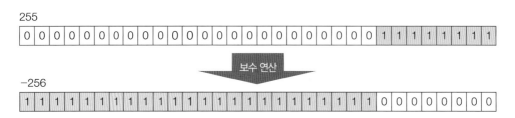

보수 연산자의 사용법은 다음과 같습니다.

```
int a = 255;
int result = ~a; // result는 -256
```

이렇게 해서 네 가지 비트 논리 연산자를 모두 알아봤습니다. 다음에 준비된 예제 프로그램을 따라 만들어보세요.

>>> 04장/BitwiseOperator/MainApp.cs

```
01  using System;
02
03  namespace BitwiseOperator
04  {
05      class MainApp
06      {
07          static void Main(string[] args)
08          {
09              int a = 9;
10              int b = 10;
11
12              Console.WriteLine($"{a} & {b} : {a & b}");
```

```
13                Console.WriteLine($"{a} | {b} : {a | b}");
14                Console.WriteLine($"{a} ^ {b} : {a ^ b}");
15
16                int c = 255;
17                Console.WriteLine("~{0}(0x{0:X8}) : {1}(0x{1:X8})", c, ~c);
18          }
19      }
20  }
```

```
9 & 10 : 8
9 | 10 : 11
9 ^ 10 : 3
~255(0x000000FF) : -256(0xFFFFFF00)
```

4.10 할당 연산자

4장에서 다룰 연산자의 마지막, 할당 연산자Assignment Operator를 알아볼 차례입니다. 할당 연산자는 이름처럼 변수 또는 상수에 피연산자 데이터를 할당하는 기능을 합니다. 할당 연산자에는 우리가 지금껏 많이 사용했던 =를 비롯해서 굉장히 다양한 종류가 있습니다. 다음 표는 C#에서 제공하는 할당 연산자의 종류와 기능을 정리한 것입니다.

연산자	이름	설명
=	할당 연산자	오른쪽 피연산자를 왼쪽 피연산자에 할당합니다.
+=	덧셈 할당 연산자	a += b;는 a = a + b;와 같습니다.
-=	뺄셈 할당 연산자	a -= b;는 a = a - b;와 같습니다.
*=	곱셈 할당 연산자	a *= b;는 a = a * b;와 같습니다.
/=	나눗셈 할당 연산자	a /= b;는 a = a / b;와 같습니다.
%=	나머지 할당 연산자	a %= b;는 a = a % b;와 같습니다.
&=	논리곱 할당 연산자	a &= b;는 a = a & b;와 같습니다.
|=	논리합 할당 연산자	a |= b;는 a = a | b;와 같습니다.

연산자	이름	설명
^=	배타적 논리합 할당 연산자	a ^= b;는 a = a ^ b;와 같습니다.
<<=	왼쪽 시프트 할당 연산자	a <<= b;는 a = a << b;와 같습니다.
>>=	오른쪽 시프트 할당 연산자	a >>= b;는 a = a >> b;와 같습니다.

이 표에 나타난 것처럼 (=을 제외한) 할당 연산자들이 하는 일이라고는 왼쪽 피연산자와 오른쪽 피연산자를 한 차례 가공한 후 다시 왼쪽 피연산자에 할당하는 것뿐입니다. 할당 연산자들은 생긴 것도, 하는 일도 단순 명료합니다. 그럼 바로 예제 프로그램을 만들어보겠습니다.

>>> 04장/AssignmentOperator/MainApp.cs

```
01  using System;
02
03  namespace AssignmentOperator
04  {
05      class MainApp
06      {
07          static void Main(string[] args)
08          {
09              int a;
10              a = 100;
11              Console.WriteLine($"a = 100 : {a}");
12              a += 90;
13              Console.WriteLine($"a += 90 : {a}");
14              a -= 80;
15              Console.WriteLine($"a -= 80 : {a}");
16              a *= 70;
17              Console.WriteLine($"a *= 70 : {a}");
18              a /= 60;
19              Console.WriteLine($"a /= 60 : {a}");
20              a %= 50;
21              Console.WriteLine($"a %= 50 : {a}");
22              a &= 40;
23              Console.WriteLine($"a &= 40 : {a}");
24              a |= 30;
25              Console.WriteLine($"a |= 30 : {a}");
26              a ^= 20;
27              Console.WriteLine($"a ^= 20 : {a}");
27              Console.WriteLine($"a ^= 20 : {a}");
```

```
28              a <<= 10;
29              Console.WriteLine($"a <<= 10: {a}");
30              a >>= 1;
31              Console.WriteLine($"a >>= 1 : {a}");
32          }
33      }
34  }
```

📥 **실행 결과**

```
a = 100 : 100
a += 90 : 190
a -= 80 : 110
a *= 70 : 7700
a /= 60 : 128
a %= 50 : 28
a &= 40 : 8
a |= 30 : 30
a ^= 20 : 10
a <<= 10: 10240
a >>= 1 : 5120
```

4.11 null 병합 연산자

null 병합 연산자 ??는 null 조건부 연산자처럼 프로그램에서 종종 필요한 변수/객체의 null 검사를 간결하게 만들어주는 역할을 합니다. ?? 연산자는 두 개의 피연산자를 받아들이고 왼쪽 피연산자가 null인지 평가합니다. 평가 결과가 null이 아닌 것으로 나타나면 왼쪽 피연산자를 그대로 반환하고, 만약 왼쪽 피연산자가 null인 것으로 평가되면 오른쪽 피연산자를 반환합니다(우연일까요? C#에서는 null과 관계된 형식과 연산자에 ? 기호가 들어갑니다. Nullable 형식을 선언할 때도 ?가 사용되고, null 조건부 연산자 ?.와 ?[ ]도 ?로 시작합니다. 이번에 살펴볼 null 병합 연산자는 물음표 기호 두 개로 이루어진 ??입니다).

다음은 ?? 연산자의 사용 예제입니다. Nullable 형식의 변수 a를 null로 초기화 했을 때 ?? 연산자는 오른쪽 피연산자의 값 0을 반환합니다. a에 99를 할당하고 나서는 a의 값 그대로를 반환하게 됩니다.

```
int? a = null;
Console.WriteLine($"{a ?? 0}");  •---------------- a는 null이므로 0이 출력됩니다.

a = 99;
Console.WriteLine($"{a ?? 0}");  •---------------- a는 null이 아니므로 99가 출력됩니다.
```

예제 프로그램을 통해 null 병합 연산자의 동작 방식을 눈으로 확인해보시죠.

>>> **04장/ NullCoalescing/MainApp.cs**

```
01  using System;
02
03  namespace NullCoalescing
04  {
05      class MainApp
06      {
07          static void Main(string[] args)
08          {
09              int? num = null;
10              Console.WriteLine($"{num ?? 0}");
11
12              num = 99;
13              Console.WriteLine($"{num ?? 0}");
14
15              string str = null;
16              Console.WriteLine($"{str ?? "Default"}");
17
18              str = "Specific";
19              Console.WriteLine($"{str ?? "Default"}");
20          }
21      }
22  }
```

□→ 실행 결과

```
0
99
Default
Specific
```

4.12 연산자의 우선순위

초등학교에서 배운 곱셈, 나눗셈, 덧셈, 뺄셈으로 이루어지는 사칙연산의 우선순위, 기억하고 있습니까? 곱셈과 나눗셈, 덧셈과 뺄셈이 각각 우선순위가 같고, 곱셈과 나눗셈이 덧셈과 뺄셈보다 우선순위가 높습니다. 그리고 우선순위가 같은 경우에는 왼쪽의 연산자가 오른쪽의 연산자보다 우선순위가 높습니다. 간단하지만, 이 규칙을 모르고서는 어떤 수식도 제대로 풀 수 없을 정도로 중요합니다.

마찬가지로 C# 연산자들 사이에도 다음 표와 같이 우선순위가 존재합니다. 이들을 제대로 이해하고 사용하는 것은 프로그램이 우리의 의도대로 동작하게 만드는 기초이므로 잘 익혀두길 바랍니다.

우선순위	종류	연산자
1	증가/감소 연산자 및 null 조건부 연산자	후위 ++/-- 연산자, ?., ?[ ]
2	증가/감소 연산자	전위 ++/-- 연산자
3	산술 연산자	* / %
4	산술 연산자	+ -
5	시프트 연산자	〈〈 〉〉
6	관계 연산자	〈 〉〈= 〉= is as (is와 as 연산자는 7장에서 설명합니다)
7	관계 연산자	== !=
8	비트 논리 연산자	&
9	비트 논리 연산자	^
10	비트 논리 연산자	|
11	논리 연산자	&&
12	논리 연산자	||
13	null 병합 연산자	??
14	조건 연산자	?:
15	할당 연산자	= *= /= %= += -= 〈〈= 〉〉= &= ^= |=

01 i++와 ++i의 차이점은 무엇인가요?

02 다음 보기 중에서 그 결과가 다른 것을 찾으세요(변수 i를 초기화해서 각 보기를 실행해보면 그 결과가 나옵니다).

① i = i + 1;

② i++;

③ ++i;

④ i +=1;

03 다음 코드에서 a와 b는 각각 얼마일까요?

```
int a = 8 >> 1;
int b = a >> 2;
```

04 다음 코드에서 a는 얼마일까요?

```
int a = 0xF0 | 0x0F;
```

05 다음 코드에서 b는 어떤 값을 가질까요?

```
int a = 10;
string b = a == 0 ? "가나다" : "ABC";
```

Chapter

05

▶ # 코드의 흐름
제어하기

우리가 지금까지 작성한 프로그램들은 모두 Main() 메소드에 선언되어 있는 코드들을 윗줄부터 차례대로 실행했습니다. 이렇게 C#으로 작성된 프로그램은 위에서부터 아래로, 한 방향으로만 흐르도록 되어 있지만, 필요한 경우 조건에 따라 흐름의 방향을 바꾸거나 특정 부분을 반복해서 실행하도록 만들 수 있습니다. 또한, 실행하고 싶지 않은 부분은 뛰어넘게 할 수도 있습니다. 5장에서는 이렇게 프로그램 흐름의 방향을 조절하는 흐름 제어Flow Control에 대해 설명합니다.

학습목표

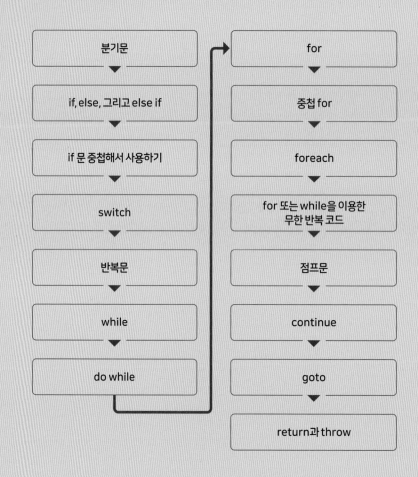

5.1 분기문

분기문Branching Statement은 프로그램의 흐름을 조건에 따라 여러 갈래로 나누는 흐름 제어 구문입니다. C#에서는 한 번에 단 하나의 조건만 평가할 수 있는 if 문과 한 번에 여러 개의 조건을 평가할 수 있는 switch 문, 이렇게 두 가지 분기문을 제공합니다.

5.1.1 if, else, else if

앞에서 이야기한 것처럼 if 문은 한 번에 단 하나의 조건을 평가합니다. if 문에서 사용하는 조건식은 true 또는 false의 값을 가지는 bool 형식이어야 합니다. 이 조건식이 참인 경우에만 if 문 뒤에 따라오는 코드가 실행됩니다. 거짓이면 어떻게 되냐고요? 그냥 아무 일도 일어나지 않습니다. 다음은 if 문의 사용 형식입니다.

```
if (조건식)
    참인_경우에_실행할_코드;
```

if 문에서 조건식이 참인 경우에 실행할 코드가 여러 줄인 경우 다음과 같이 중괄호 {와 }를 사용해서 코드 블록을 만들어 붙이면 됩니다.

```
if (조건식)
{
    // 참인 경우에
    // 실행할
    // 코드
}
```

다음은 if 문의 예제 코드입니다. 이 코드는 변수 a를 나눈 나머지가 0인 경우 '짝수'라는 문자열을 콘솔에 출력합니다.

```
int a = 10;

if ((a % 2) == 0)
    Console.WriteLine("짝수");
```

한번 생각해보세요. 앞의 코드를 변경해서 a를 2로 나눈 나머지가 0이 아닌 경우 '홀수'라고 콘솔에 출력하고 싶으면 어떻게 해야 할까요? 혹시 다음과 같이 하면 되지 않을까요?

```
if ((a % 2) == 0)
    Console.WriteLine("짝수");

if ((a % 2) != 0)  •·············· 분기문의 나쁜 예
    Console.WriteLine("홀수");
```

거의 똑같이 생긴 코드를 짝수인 경우와 홀수인 경우에 중복으로 사용했습니다. 아닌 게 아니라 실제로 CLR은 a가 짝수인지 홀수인지 판단할 때 두 개의 조건 검사를 수행합니다. 정수는 짝수 아니면 반드시 홀수이므로 홀수를 위한 조건 검사를 따로 할 필요가 없는데 말입니다.

이런 경우 더 나은 방법이 있습니다. 바로 if 문과 함께 else 절을 사용하는 것입니다(else는 영어로 '그렇지 않으면~'이라는 뜻입니다). 다음은 조금 전 코드를 else 절을 이용해서 개선한 예제입니다.

```
if ((a % 2) == 0)
    Console.WriteLine("짝수");
else  •·············· 분기문의 좋은 예
    Console.WriteLine("홀수");
```

이 코드는 if 문의 조건식이 false로 평가되면 별도의 조건 검사 없이 바로 '홀수'를 출력하는 코드로 프로그램의 흐름이 이동합니다. 코드를 작성하는 수고도 줄었고 프로그램도 효율적으로 동작합니다. 일석이조, 꿩 먹고 알 먹기가 바로 이런 경우라 할 수 있겠습니다.

if~else 문을 이용하면 간단하게 프로그램의 흐름을 두 갈래로 나눌 수 있습니다. 하지만 더 다양한 조건식을 사용하고 싶을 때는 어떻게 해야 할까요? 예를 들어 임의의 정수가 음수인지, 양수인지, 아니면 0인지에 따라 프로그램의 흐름을 나누고 싶다면 말입니다. 이런 경우에는 else if 절이 도움을 줄 수 있습니다. else if는 if 문처럼 조건식을 가지며, if 문에 종속되어 사용됩니다. 다음은 else if의 사용 예입니다.

```
int a = - 10;

if (a < 0)
    Console.WriteLine("음수");
else if (a > 0)
    Console.WriteLine("양수");
else
    Console.WriteLine("0");
```

이제 if 분기문의 예제 프로그램을 만들어볼까요?

>>> 05장/IfElse/MainApp.cs

```
01  using System;
02
03  namespace IfElse
04  {
05      class MainApp
06      {
07          static void Main(string[] args)
08          {
09              Console.Write("숫자를 입력하세요. : ");
10
11              string input = Console.ReadLine();
12              int number = Int32.Parse(input);
13
14              if (number < 0)
15                  Console.WriteLine("음수");
16              else if (number > 0)
17                  Console.WriteLine("양수");
18              else
19                  Console.WriteLine("0");
20
21              if (number % 2 == 0)
22                  Console.WriteLine("짝수");
23              else
24                  Console.WriteLine("홀수");
25          }
26      }
27  }
```

Console.ReadLine()은 사용자로부터 문자열을 입력받아 그 결과를 반환하는 기능을 합니다.

```
>IfElse
숫자를 입력하세요. : 33
양수
홀수

>IfElse
숫자를 입력하세요. : -12
음수
짝수
```

5.1.2 if 문 중첩해서 사용하기

분기문이나 반복문 같은 흐름 제어문은 또 다른 흐름 제어문을 중첩해서 사용할 수 있습니다. 보통은
다른 종류의 흐름 제어문을 중첩하는 편인데, 유독 if 문과 for 문(잠시 후 반복문에서 다룹니다) 등
은 같은 종류의 흐름 제어문을 자주 중첩해서 사용하는 편입니다. 다음은 if를 중첩해서 사용하는 예
입니다.

```
if (number > 0)
{
    if (number % 2 == 0)
        Console.WriteLine("0보다 큰 짝수.");      ┄┄┄┄   중첩된 if 문
    else
        Console.WriteLine("0보다 큰 홀수.");
}
else
{
    Console.WriteLine("0보다 작거나 같은 수.");
}
```

'중첩Nesting'이라는 어려운 용어가 등장해서 조금 긴장했는데, 알고 보니 별것 아니죠? 흐름 제어문의
중첩에 대해 조금 더 이야기한 후 예제 프로그램을 만들어보겠습니다.

여러분은 이제 흐름 제어문을 중첩하는 방법을 알게 됐으니 if 문 안에 다른 if 문을 넣고, 새로 넣은
if 문 안에 또 다른 if 문을 넣고… 이런 식으로 얼마든지 프로그램의 흐름을 '갈기갈기' 찢어놓을 수
있는 능력을 갖게 됐다고 할 수 있습니다. 하지만 여러분이 진지하게 프로그래머가 되고 싶다고 생

각한다면 그런 코드는 삼가기 바랍니다. 내가 아닌 다른 누구라도 쉽게 읽을 수 있는 코드가 가장 좋은 코드이며, 이런 코드를 만들기 위해서는 단순하고 명료하게 작성하도록 노력해야 합니다. 마틴 파울러의 명언을 끝으로 중첩 if 문 예제 프로그램을 만들어보겠습니다.

컴퓨터가 이해할 수 있는 코드는 어느 바보나 다 짤 수 있다.
좋은 프로그래머는 사람이 이해할 수 있는 코드를 짠다. – 마틴 파울러

>>> **05장/IfIf/MainApp.cs**

```
01  using System;
02
03  namespace IfIf
04  {
05      class MainApp
06      {
07          static void Main(string[] args)
08          {
09              Console.Write("숫자를 입력하세요. : ");
10
11              string input = Console.ReadLine();
12              int number = Convert.ToInt32(input);
13
14              if (number > 0)
15              {
16                  if (number % 2 == 0)
17                      Console.WriteLine("0보다 큰 짝수.");
18                  else
19                      Console.WriteLine("0보다 큰 홀수.");
20              }
21              else
22              {
23                  Console.WriteLine("0보다 작거나 같은 수.");
24              }
25          }
26      }
27  }
```

⌐→ **실행 결과**

>IfIf

```
숫자를 입력하세요. : 11
0보다 큰 홀수.

>IfIf
숫자를 입력하세요. : 4
0보다 큰 짝수.

>IfIf
숫자를 입력하세요. : -10
0보다 작거나 같은 수.
```

한편, 곧이어 설명할 switch 문이나 while 문은 가독성 등의 이유로 같은 흐름 제어문의 중첩을 대체로 잘 하지 않는 편입니다(물론 해서 안 될 것도 없지만, 대체로 그렇다는 말입니다). 프로그램을 함께 개발할 때 while 문 안에 또 다른 while 문을 중첩한다거나, switch 문 안에 switch 문을 중첩하는 코드를 남발한다면 여러분의 동료나 친구들로부터 눈총을 받을 수도 있습니다. 다시 한번 말하지만 코드의 흐름은 가급적 단순하고 명료하게 유지하는 것이 좋습니다.

5.1.3 switch 문

switch 문은 조건식의 결과가 가질 수 있는 다양한 경우를 한 번에 평가하고 프로그램의 흐름을 가를 때 사용합니다. switch 문은 다음과 같은 모습으로 이뤄집니다.

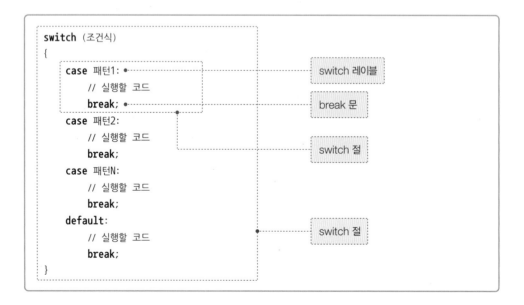

switch 문은 switch 키워드로 시작하며, 따라오는 괄호 안에 조건식을 입력받습니다. 그리고 조건식이 어떤 switch 레이블(case로 시작되고 :로 끝나는 부분)의 패턴과 일치하는지를 검사하고, 그 레이블 아래에 있는 코드를 실행합니다. 여기서 우리가 또 한 가지 눈여겨봐야 하는 부분이 등장합니다. 바로 break 문인데요. 이 문장은 실행 중인 코드 블록의 바깥으로 프로그램의 흐름을 옮깁니다. 즉, case 절이나 default 절에 사용된 break 문은 각 switch 절에서 실행 중이던 흐름을 switch 문 바깥으로 옮깁니다.

그리고 필요에 따라 break 문 대신 goto나 return, throw와 같은 점프문을 사용하는 것이 문법적으로 허용된다는 사실도 참고로 알아두세요.

> **! 여기서 잠깐** **break 문이 더 궁금하다면?**
>
> 5.3.1에서 break 문을 따로 자세히 설명합니다. 궁금한 분은 몇 페이지를 넘겨서 해당 내용을 미리 읽어본 후 여기로 다시 돌아오세요.

다음은 switch 문의 사용 예입니다. 조건식은 int 형식 변수인 number를 입력받으며, 각 switch 레이블은 패턴 1, 2, 3 그리고 default로 이뤄졌습니다. 변수 number엔 1이 할당되어 있으니 '하나'를 출력합니다.

```
int number  = 1;

switch (number)
{
    case 1:
        Console.WriteLine("하나");
        break;
    case 2:
        Console.WriteLine("둘");
        break;
    case 3:
        Console.WriteLine("셋");
        break;
    default:
        Console.WriteLine("제가 아는 숫자는 1, 2, 3뿐입니다.");
        break;
}
```

어렵지 않죠? 예제 프로그램을 만들어보겠습니다.

```
01  using System;
02
03  namespace Switch
04  {
05      class MainApp
06      {
07          static void Main(string[] args)
08          {
09              Console.Write("요일을 입력하세요.(일,월,화,수,목,금,토) : ");
10              string day = Console.ReadLine();
11
12              switch (day)
13              {
14                  case "일":
15                      Console.WriteLine("Sunday");
16                      break;
17                  case "월":
18                      Console.WriteLine("Monday");
19                      break;
20                  case "화":
21                      Console.WriteLine("Tuesday");
22                      break;
23                  case "수":
24                      Console.WriteLine("Wednesday");
25                      break;
26                  case "목":
27                      Console.WriteLine("Thursday");
28                      break;
29                  case "금":
30                      Console.WriteLine("Friday");
31                      break;
32                  case "토":
33                      Console.WriteLine("Saturday");
34                      break;
35                  default:
36                      Console.WriteLine($"{day}는(은) 요일이 아닙니다.");
37                      break;
```

```
38                    }
39              }
40         }
41   }
```

```
>Switch
요일을 입력하세요.(일,월,화,수,목,금,토) : 화
Tuesday

>Switch
요일을 입력하세요.(일,월,화,수,목,금,토) : 사
사는(은) 요일이 아닙니다.
```

switch 문과 패턴 매칭

switch 레이블의 패턴에는 상수와 형식을 비롯해서 관계, 논리 등등 C#이 지원하는 다양한 패턴 (5.4절에서 별도로 설명합니다)을 적용할 수 있습니다. 패턴의 종류는 매우 다양하지만 switch 문, switch 식 등에 적용하는 방법은 같기 때문에 여기에서는 형식 패턴Type Pattern만 간단히 짚고 넘어가 겠습니다.

다음은 switch 문이 형식 패턴을 이용하여 데이터 형식에 따라 분기하는 예제입니다.

```
object obj = 123;
                                   C# 컴파일러는 123 리터럴을 평가하여 int 형식임을
                                   유추합니다. 그리고 obj 안에 박싱해 넣습니다.
switch(obj)
{
    case int:
        ...                        obj에 담겨 있는 데이터의 형식이 int이므로 프로그램
        break;                     은 이 case 절을 따라 분기합니다.
    case float:
        ...
        break;
    default:
        ...
        break;
}
```

간단한 Switch2 예제 프로그램을 만들어보죠. 명령 프롬프트를 통해 입력받은 문자열을 int 또는 float 형식으로 변환한 후, 변환된 데이터를 object 형식 객체에 박싱해 넣습니다. 그리고 switch 문에서 이 객체 안에 박싱된 데이터의 형식에 따라 메시지를 출력합니다.

>>> 05장/Switch2/MainApp.cs

```
01   using System;
02
03   namespace Switch2
04   {
05       class MainApp
06       {
07           static void Main(string[] args)
08           {
09               object obj = null;
10
11               string s = Console.ReadLine();
12               if (int.TryParse(s, out int out_i))        TryParse() 메소드는 코드 뒤에
13                   obj = out_i;                            〈여기서 잠깐〉으로 설명합니다.
14               else if (float.TryParse(s, out float out_f))
15                   obj = out_f;
16               else
17                   obj = s;
18
19               switch (obj)
20               {
21                   case int:
22                       Console.WriteLine($"{(int)obj}는 int 형식입니다.");
23                       break;
24                   case float:
25                       Console.WriteLine($"{(float)obj}는 float 형식입니다.");
26                       break;
27                   default:
28                       Console.Write($"{obj}(은)는 모르는 형식입니다.");
29                       break;
30               }
31           }
32       }
33   }
```

```
>Switch2.exe
123
123는 int 형식입니다.

>Switch2.exe
123.45
123.45는 float 형식입니다.

>Switch2.exe
안녕하세요
안녕하세요(은)는 모르는 형식입니다.
```

> **! 여기서 잠깐**   **TryParse() vs Parse()**
>
> C#에서 제공하는 기본 숫자 형식은 문자열을 숫자로 변환하는 Parse() 메소드를 제공합니다(3장에서 공부했죠?). 숫자 형식은 Parse()뿐만 아니라 TryParse() 메소드도 제공합니다. 이름에서 볼 수 있는 것처럼 두 메소드는 같은 기능을 합니다. 이 둘의 차이는 변환이 실패하는 경우를 어떻게 다루는가에 있습니다. Parse() 메소드는 변환이 실패하면 12장에서 다룰 예외(Exception)라는 것을 던집니다. 예외가 던져지면 프로그램은 현재 코드의 실행을 멈추고 흐름을 다른 곳으로 이동하게 됩니다. 반면, TryParse() 메소드는 변환의 성공 여부를 반환하기 때문에 현재의 코드 흐름을 유지할 수 있습니다. TryParse()가 변환한 데이터는 두 번째 매개변수에 저장됩니다. Switch2 예제 코드의 12행, 14행을 보면 이 매개변수는 특이하게 out이라는 키워드로 수식되어 있습니다. 지금은 out 키워드가 출력 전용 매개변수임을 나타내는 용도로 쓰인다는 정도만 알아두면 충분합니다.
>
> 이 두 메소드 중 어떤 것이 더 나은지 이야기하려는 것은 아닙니다. 기능은 동일하지만 동작하는 방식이 다를 뿐이니까요. 여러분이 경험을 쌓아가다 보면 어떤 상황에서 Parse() 메소드 또는 TryParse() 메소드가 필요한지 판단할 수 있을 것입니다.

케이스 가드

케이스 가드^{Case Guard}란, switch 문의 case 절의 패턴을 더 구체적으로 만들어주는 추가적인 조건 검사라고 할 수 있습니다. 케이스 가드는 다음 예제처럼 case 절에 뒤에 when 절을 붙여 사용합니다. when 절은 if 문처럼 true/false로 결과가 나오는 식을 입력받습니다.

```
switch (obj)
{
    case int:
        Console.WriteLine($"{(int)obj}는 int 형식입니다.");
        break;
    case float f when f >= 0:  •┄┄┄┄┄┄┄┄    obj가 float 형식이며 0보다 크거나 같은 경우
        Console.WriteLine($"{f}는 양의 float 형식입니다.");
        break;
    case float:  •┄┄┄┄┄┄┄┄┄┄┄┄┄┄┄┄┄┄┄    obj가 float 형식이며 0보다 작은 경우
        Console.WriteLine($"{(float)obj}는 음의 float 형식입니다.");
        break;
    default:
        Console.Write($"{obj}(은)는 모르는 형식입니다.");
        break;
}
```

케이스 가드를 이용한 예제 프로그램은 숙제로 남겨두겠습니다. 여러분이 직접 Switch2 예제 코드에 추가적인 조건 검사를 수행하는 케이스 가드를 추가한 뒤 그 결과를 확인해보세요.

5.1.4 switch 식

이상하죠? 조금 전에 switch를 공부했는데, 제목에 switch가 다시 등장했으니 말입니다. 그런데 제목을 잘 보면 차이를 알 수 있습니다. 앞의 제목은 'switch 문Statement', 이번 제목은 'switch 식Expression'입니다. 문과 식의 차이는 이렇습니다. 식Expression은 결과값을 만들어낼 수 있는 연산자와 연산자의 조합입니다. 한마디로, 식은 계산을 해서 결과를 내놓습니다. 이에 비해 문Statement은 주어진 일을 할 뿐입니다. 결과를 내든 그렇지 않든 말입니다. 그러니까 어떤 작업에 분기가 필요할 때는 switch 문을 사용하되, 분기를 거쳐 값을 내야 하는 경우에는 switch 식을 사용하면 더 읽기 좋은 코드를 작성할 수 있습니다. 게다가 break 같은 점프문도 필요 없습니다!

먼저 간단한 switch 문 코드를 같이 보시죠. 이 코드는 점수에 따라 학점을 계산합니다. 점수가 90 이상이면 'A', 80 이상은 'B', 70 이상은 'C', 60 이상은 'D', 그 외는 'F'입니다.

```
int input = Convert.ToInt32(Console.ReadLine());

// 1의 자리를 버림. 예) 92 -> 90, 87 -> 80
int score = (int)(Math.Truncate(input/10.0) * 10);
string grade = "";

switch(score)
{
    case 90:
        grade = "A";
        break;
    case 80:
        grade = "B";
        break;
    case 70:
        grade = "C";
        break;
    case 60:
        grade = "D";
        break;
    default:
        grade = "F";
}
```

이 코드의 switch 문은 score에 따라 분기를 수행하는데, 모든 case 절과 default 절에서 하는 일은 grade에 등급별 학점을 저장하는 것뿐입니다. 이런 switch 문은 switch 식을 이용하면 더 간단하게 바꿀 수 있습니다. 먼저 switch 문에서 조건식을 switch 키워드 앞으로 옮깁니다. 그 다음, case 키워드와 : 를 =>로 바꾸세요. break;는 불필요하며, 각 케이스는 콤마(,)로 구분합니다. 참, default 키워드는 _로 바꾸면 됩니다(이를 무시 패턴Discard pattern이라고 하며, 5.4.10절에서 다룹니다). 다음은 앞의 switch 문 예제를 switch 식으로 바꾼 코드입니다. 훨씬 간결해졌죠?

```
int input = Convert.ToInt32(Console.ReadLine());

// 1의 자리를 버림. 예) 92 -> 90, 87 -> 80
int score = (int)(Math.Truncate(input/10.0) * 10);
```

```
string grade = score switch
{
    90 => "A",
    80 => "B",
    70 => "C",
    60 => "D",
    _ => "F"
};
```

switch 식에서도 케이스 가드를 이용한 추가적인 분기 처리가 가능합니다. 가령 학점을 계산할 때 재수강한 학생의 점수는 (마음이 아프지만) 아무리 높아도 'B+'가 되도록 변환할 수 있습니다. 다음 은 그 예입니다.

```
bool repeated = true;

string grade = score switch
{
    90 when repeated == true => "B+", // score가 90이어도 repeated가 true이면 B+
    90 => "A",
    80 => "B",
    70 => "C",
    60 => "D",
    _ => "F"
};
```

이제 예제 프로그램을 만들어보겠습니다.

>>> **05장/SwitchExp/MainApp.cs**

```
01  using System;
02
03  namespace SwitchExp
04  {
05      class MainApp
06      {
```

```
07          static void Main(string[] args)
08          {
09              Console.WriteLine("점수를 입력하세요.");
10              int score = Convert.ToInt32(Console.ReadLine());
11
12              Console.WriteLine("재수강인가요? (y/n)");
13              string line = Console.ReadLine();
14              bool repeated = line == "y"?true:false;
15
16              string grade = (int)(Math.Truncate(score/10.0) * 10) switch
17              {
18                  90 when repeated == true => "B+",
19                  90 => "A",
20                  80 => "B",
21                  70 => "C",
22                  60 => "D",
23                  _ => "F"
24              };
25
26              Console.WriteLine($"학점 : {grade}");
27          }
28      }
29  }
```

📋 **실행 결과**

```
>SwitchExp.exe
점수를 입력하세요.
92
재수강인가요? (y/n)
n
학점 : A

>SwitchExp.exe
점수를 입력하세요.
98
재수강인가요? (y/n)
y
학점 : B+
```

5.2 반복문

반복문Loop Statement (영어 발음을 그대로 옮겨 흔히 '루프문'이라고도 부릅니다)은 특정 조건을 만족하는 동안 코드 또는 코드 블록을 반복해서 실행하도록 하는 문장입니다. C#은 모두 다음 네 가지의 반복문을 제공합니다.

- while
- do while
- for
- foreach

우리는 이 중에서 while 문부터 알아보겠습니다.

5.2.1 while

while 문은 다음의 형식으로 사용합니다.

```
while (조건식)
    반복_실행할_코드
```

이 형식에서 while 키워드 옆의 조건식은 if 문에서의 조건식과 마찬가지로 논리 형식(bool 형식)입니다. while은 '~하는 동안'이라는 뜻이 있죠? C#의 while 문은 '조건식이 참true인 동안' 코드를 반복 실행합니다. 만약 조건식이 false 값을 갖지 못한다면 프로그램은 while 문에서 영원히 헤어 나오지 못할 것입니다. 이것을 무한 반복Infinite Loop이라고 하는데, 이에 대해서는 나중에 다시 이야기 하겠습니다. 다음은 while 문의 사용 예입니다.

```
int a = 10;

while (a > 0)
    Console.WriteLine(a--); // 반복할 때마다 a를 출력한 후 1씩 감소시킵니다.
```

한편, 다음과 같이 while 문에 코드 블록을 이용하면 여러 문장의 코드를 반복해서 실행할 수 있습니다.

```
while (조건식)
{
    반복_실행할_코드_블록
}
```

다음은 코드 블록을 반복 실행하는 while 문의 사용 예입니다.

```
int a = 10;

while (a > 0)
{
    Console.WriteLine (a);
    a -= 2;
}
```

while 문을 이해하셨나요? 그럼 예제 프로그램을 만들어보겠습니다.

>>> 05장/While/MainApp.cs

```
01  using System;
02
03  namespace While
04  {
05      class MainApp
06      {
07          static void Main(string[] args)
08          {
09              int i = 10;
10
11              while (i > 0)
12              {
13                  Console.WriteLine($"i : {i--}");
14              }
15          }
16      }
17  }
```

```
i : 10
i : 9
i : 8
i : 7
i : 6
i : 5
i : 4
i : 3
i : 2
i : 1
```

5.2.2 do while

do while 문은 while 문과 유사한 반복문이지만, while 문이 조건식을 평가한 후 그 결과가 참이면 코드를 실행하는 데 반해, do while 문은 조건식을 평가하기 전에 무조건 처음 한 번은 코드를 실행한다는 점이 다릅니다. 다음 do while 문의 형식을 보면 이게 무슨 말인지 이해될 것입니다.

```
do
{
    반복_실행할_코드_블록  ●┄┄┄┄┄┄┄┄   이 코드 블록은 최초 한 번은 무조건 실행됩니다.
}
while (조건식);  ●┄┄┄┄┄┄┄┄┄┄┄┄┄   do while 문과 while 문의 또 다른 점은 바로 ;입니다.
```

do while 문은 조건식의 위치 말고도 while 문과 다른 점이 하나 더 있습니다. do while 문은 끝에 세미콜론(;)을 반드시 붙여줘야 합니다. 그렇지 않으면 컴파일러가 해당 구문을 인식하지 못하고 에러 메시지를 출력합니다.

다음은 do while 문의 사용 예입니다.

```
int a = 10;

do
{
```

```
        Console.WriteLine (a);
        a -= 2;
    }
    while (a > 0);
```

이 코드는 10, 8, 6, 4, 2를 차례로 출력합니다. do while 문의 또 다른 예제 코드를 같이 보겠습니다. 다음 예제 코드는 조금 전의 예제 코드와 모두 똑같지만 while 절의 조건식이 a>10으로 바뀌었습니다. a는 선언될 때부터 10으로 초기화됐기 때문에 이 조건식의 평가 결과는 false가 되고, 따라서 반복을 수행하지 않습니다. 하지만 do while 문은 조건식을 평가하기 전에 반드시 한 번은 반복 코드를 실행하게 되어 있으므로 '10'을 화면에 출력할 것입니다.

```
    int a = 10;

    do
    {
        Console.WriteLine (a);
        a -= 2;
    }
    while (a > 10)
```

다음은 do while 문의 예제 프로그램입니다.

>>> **05장/DoWhile/MainApp.cs**

```
01   using System;
02
03   namespace While
04   {
05       class MainApp
06       {
07           static void Main(string[] args)
08           {
09               int i = 10;
10
```

```
11          do
12          {
13              Console.WriteLine("a) i : {0}", i--);
14          }
15          while (i > 0);
16
17          do
18          {
19              Console.WriteLine("b) i : {0}", i--);
20          }
21          while (i > 0);
22      }
23  }
24 }
```

> 여기에서 i는 이미 0이지만
> 이 코드는 한 차례 실행됩니다.

▶ 실행 결과

```
a) i : 10
a) i : 9
a) i : 8
a) i : 7
a) i : 6
a) i : 5
a) i : 4
a) i : 3
a) i : 2
a) i : 1
b) i : 0
```

5.2.3 for

for는 영어로 '~를 위하여'라는 뜻부터 시작해 굉장히 많은 뜻을 갖고 있는 단어입니다. 사전에서 이 단어를 찾아보면 수 페이지에 걸쳐 설명이 펼쳐져 있습니다. 하지만 눈치 빠른 독자들은 제가 여기에서 이야기하려는 for의 뜻이 무엇인지 알고 있을 것입니다. '~하는 동안'이라는 뜻 말입니다. 앞에서 살펴본 while 문도 '~하는 동안'이었죠? for 문도 while 문처럼 '조건식이 참^{true}인 동안' 코드를 반복 실행하지만, while 문보다 반복을 더 정교하게 제어할 수 있다는 차이가 있습니다. for 문은 다음과 같은 형식으로 이루어집니다.

```
for(초기화식; 조건식; 반복식;)
    반복_실행할_코드;
```

for 문을 구성하는 요소들을 하나씩 살펴보겠습니다.

- **초기화식**

  반복을 실행하기 전에 가장 먼저, 딱 한 번만 실행되는 코드입니다. for 반복문에서 사용할 변수 등을 이곳에서 초기화합니다.

- **조건식**

  앞에서 많이 봤죠? 반복을 계속 수행할지를 결정하는 식입니다. 이 조건식의 결과가 false가 되면 반복을 중단합니다.

- **반복식**

  반복이 끝날 때마다 실행됩니다. 주로 여기서 조건식에서 사용하는 변수의 값을 조정합니다. 반복식이 실행된 후에는 조건식이 실행되어 반복을 계속 진행할지를 판단합니다.

다음은 for 문을 사용하는 예제 코드입니다.

```
for (int i=0; i<5; i++)
    Console.WriteLine(i);
```

이 코드를 자세히 살펴보겠습니다. 먼저 for 문의 초기화식을 볼게요. 여기에서는 int 형식 변수 i를 선언하고 0으로 초기화합니다. 초기화식이 실행되고 나면 바로 조건식이 실행됩니다. i가 5보다 작은지를 평가하고, 그 결과가 true면 Console.WriteLine(i)를 실행합니다. 이렇게 첫 번째 반복을 수행하고 나면 반복식 i++가 실행되고 뒤이어 또 조건식이 실행됩니다. 이 조건식이 true인 동안에는 계속해서 Console.WriteLine(i)를 실행합니다. 이렇게 해서 Console.WriteLine(i)는 모두 다섯 번 실행되고 for 문은 종료됩니다.

어떻습니까? while 문에 비하면 확실히 더 많은 코드가 있긴 하지만 임의의 횟수만큼 반복을 수행하기에는 while 문보다 for 문이 더 편리합니다. 반복을 제어할 수 있는 장치들을 제공하기 때문입니다.

다음은 for 반복문의 예제 프로그램입니다.

>>> 05장/For/MainApp.cs

```
01  using System;
02
03  namespace For
04  {
05      class MainApp
06      {
07          static void Main(string[] args)
08          {
09              for (int i = 0; i < 5; i++)
10              {
11                  Console.WriteLine(i);
12              }
13          }
14      }
15  }
16
```

📥 실행 결과

```
0
1
2
3
4
```

5.2.4 중첩 for

for 문은 if 문처럼 2개 정도는 자주 중첩해서 사용하는 흐름 제어문입니다. for 문은 while 문이나 do while 문보다 반복 제어를 위한 장치가 더 잘 갖춰져 있기 때문에, 꼭 반복문을 겹쳐서 사용해야 한다면 가장 적합한 후보라 할 수 있습니다.

for 문 자체를 중첩하는 것은 별것 아닙니다. 그냥 다음과 같이 반복 실행할 코드 대신 for 문을 넣으면 되니까요.

```
for (int i=0; i<5; i++)
    for (int j=0; j<10; j++)
        Console.WriteLine("안녕!");
```

여기서 제가 하나 물어보겠습니다. 이 코드를 실행하면 몇 개의 '안녕!'이 출력될까요? 맞습니다. 5×10=50개입니다. 이처럼 for 문은 잘 갖춰진 반복 제어 장치 덕분에 한 개나 두 개 정도는 중첩시켜도 코드 해석에 별 무리가 없습니다.

다음은 중첩 for 문을 이용한 예제 프로그램입니다. 코드를 작성하기 전에 실행 결과를 한번 보세요. 별표가 1개, 2개, 3개, 4개, 5개로 증가하면서 출력되죠? 이 출력 결과를 어떻게 프로그램이 만들어내는지 잘 살펴보면서 코드를 따라 작성해보기 바랍니다.

>>> 05장/ForFor/MainApp.cs

```
01  using System;
02
03  namespace ForFor
04  {
05      class MainApp
06      {
07          static void Main(string[] args)
08          {
09              for (int i = 0; i < 5; i++)
10              {
11                  for (int j = 0; j <= i; j++)
12                  {
13                      Console.Write("*");
14                  }
15                  Console.WriteLine();
16              }
17          }
18      }
19  }
```

```
*
**
***
****
*****
```

5.2.5 foreach

foreach 문을 이해하기 위해서는 배열이나 컬렉션의 개념을 이해하고 있어야 합니다. 배열과 컬렉션은 10장에서 설명하는데, foreach 문을 먼저 설명하려니 난감하기 그지없네요. 그래도 한번 설명을 시도해보겠습니다. 배열부터 시작해야겠군요.

하나의 변수는 단 하나의 데이터만 담을 수 있죠? 배열은 다음 그림과 같이 여러 개의 데이터를 담을 수 있는 코드 요소이며, 변수 여러 개를 이어 붙여놓은 것과 같다고 할 수 있습니다. 컬렉션도 여러 개의 데이터를 담는 코드 요소라는 점에서 배열과 비슷하지만, 사용하는 방식과 데이터를 저장하고 이에 접근하는 알고리즘이 다릅니다. 더 자세한 내용은 10장에서 다시 이야기하겠습니다.

[0]	[1]	[2]	[3]	[4]	[5]	[6]	[7]	[8]	[9]
10	20	30	40	50	60	70	80	90	100

하여튼, foreach 문은 이렇듯 배열(또는 컬렉션)을 순회하며 각 데이터 요소에 차례대로 접근하도록 해줍니다. 편리하게도 배열(또는 컬렉션)의 끝에 도달하면 자동으로 반복이 종료됩니다. foreach 문은 다음과 같은 형식으로 사용합니다.

```
foreach(데이터_형식 변수명 in 배열_또는_컬렉션)
    코드_또는_코드_블록
```

이 형식과 같이 foreach 문은 in 키워드와 함께 사용합니다. foreach 문이 한 번 반복을 수행할 때마다 배열(또는 컬렉션)의 요소를 차례대로 순회하면서 in 키워드 앞에 있는 변수에 담아줍니다. 그럼 우리는 그 변수를 이용해 하고 싶은 일을 하면 되는 것이죠.

다음은 foreach 문의 사용 예입니다.

```
int[] arr = new int[]{0, 1, 2, 3, 4}; // 배열은 이렇게 선언합니다.

foreach (int a in arr)
{
    Console.WriteLine(a);
}
```

이제 foreach 문을 이용한 예제 프로그램을 만들어보겠습니다.

>>> 05장/ForEach/MainApp.cs

```
01  using System;
02
03  namespace ForEach
04  {
05      class MainApp
06      {
07          static void Main(string[] args)
08          {
09              int[] arr = new int[]{0, 1, 2, 3, 4};
10
11              foreach (int a in arr)
12              {
13                  Console.WriteLine(a);
14              }
15          }
16      }
17  }
```

📥 실행 결과

```
0
1
2
3
4
```

5.2.6 for 또는 while을 이용한 무한 반복 코드

for 문은 프로그래머에게 몇 번이나 코드를 반복 실행할지 반드시 입력하도록 요구합니다. 그리고
딱 입력한 횟수만큼만 코드를 반복 실행하죠. 하지만 약간의 트릭을 쓰면 깍쟁이 for 문이 무한하게
코드를 반복 실행하도록 만들 수 있습니다. 다음과 같이 for 문의 매개변수에 아무것도 넣지 않으면
됩니다.

```
for( ; ; )
    // 반복 실행할 코드 블록
```

for 문으로만 무한 반복Infinite Loop 코드를 만들 수 있는 것은 아닙니다. while 문이나 do while 문
으로도 무한 반복 코드를 만들 수 있습니다. 이 두 반복문은 코드를 반복 실행할 때마다 매번 계속 반
복할지에 대한 조건을 평가하죠? 이 평가 결과가 항상 true로 되도록 만들면 while 문과 do while
문은 코드를 무한히 반복 실행합니다. 다음 예제처럼 아예 대놓고 조건식이 들어갈 자리에 true 상
수를 넣어도 되고요.

```
while(true)
    // 반복 실행할 코드 블록
```

간단한 무한 반복 예제 프로그램 두 개를 만들어보겠습니다. 첫 번째는 for 문을 이용한 무한 반복
예제이고, 두 번째는 while 문을 이용한 무한 반복 예제 프로그램입니다. 그런데 무한 반복 예제 프
로그램은 어떻게 종료하냐고요? Ctrl + C 키를 누르거나 작업 관리자에서 프로세스 이름을 찾아 강
제 종료시키면 됩니다.

>>> 05장/InfiniteFor/MainApp.cs

```
01  using System;
02
03  namespace InfiniteFor
04  {
05      class MainApp
06      {
07          static void Main(string[] args)
```

```
08          {
09              int i=0;
10              for (; ;)
11                  Console.WriteLine(i++);
12          }
13      }
14  }
```

```
...
55555
55556
55557
....
```

```
01  using System;
02
03  namespace InfiniteWhile
04  {
05      class MainApp
06      {
07          static void Main(string[] args)
08          {
09              int i = 0;
10              while (true)
11                  Console.WriteLine(i++);
12          }
13      }
14  }
```

```
...
55555
55556
55557
....
```

5.3 점프문

우리가 앞에서 살펴본 흐름 제어문들은 흐름을 분기하거나 반복하더라도 흐름을 끊는 기능은 없었습니다. 점프문Jump Statement은 흐름을 끊고 프로그램의 실행 위치를 원하는 곳으로 단숨에 도약시킬 수 있습니다.

C#이 제공하는 점프문에는 다음과 같이 다섯 가지가 있습니다.

- break
- continue
- goto
- return
- throw

여기에서는 break, continue, goto 문만 다루고, return과 throw 문은 이 책의 나머지 부분에서 천천히 설명하겠습니다. return 문은 메소드, throw 문은 예외 처리에 대한 배경지식이 필요하기 때문입니다. 그럼 이어지는 절에서 break 문부터 시작하겠습니다.

5.3.1 break

break 문은 이름(영어로 '탈출하다', '중단하다'라는 뜻입니다)처럼 현재 실행 중인 반복문이나 switch 문의 실행을 중단하고자 할 때 사용합니다. 사용 방법은 간단합니다. 그저 break; 문장을 반복문이나 switch 문의 중단시키려는 지점에 입력해두면 됩니다. switch 문에서 break 문을 사용하는 예는 봤으니 반복문의 예를 들어볼까요?

```
int i = 0;                              ·············· i를 초기화하는 코드가 실행되고

while (i >= 0)                          ·············· 루프가 실행되다가
{
    if (i == 10)
        break;                          ·············· i가 10이 되면 while 문에서 탈출합니다.

    Console.WriteLine(i++);
}
                                                        프로그램의 실행 위치는 while 블록
Console.WriteLine("Prison Break");      ·············· 다음으로 옮겨집니다.
```

다음 프로그램을 만들어보세요. 이 코드는 while(true)를 이용하여 무한 반복을 돌면서 사용자로부터 입력을 받다가 '아니오'를 입력받으면 break 문으로 루프를 빠져나와 프로그램을 종료시키는 예를 보여줍니다.

>>> 05장/Break/MainApp.cs

```
01  using System;
02
03  namespace Break
04  {
05      class MainApp
06      {
07          static void Main(string[] args)
08          {
09              while (true)
10              {
11                  Console.Write("계속할까요?(예/아니오) : ");
12                  string answer = Console.ReadLine();
13
14                  if (answer == "아니오")
15                      break;
16              }
17          }
18      }
19  }
```

📤 실행 결과

```
계속할까요?(예/아니오) : 예
계속할까요?(예/아니오) : 예
계속할까요?(예/아니오) : 예
계속할까요?(예/아니오) : 예
계속할까요?(예/아니오) : 예
계속할까요?(예/아니오) : 아니오
```

5.3.2 continue

반복문을 멈추게 하는 break 문과 달리, continue 문은 한 회 건너 뛰어 반복을 계속 수행하게 하는 기능을 합니다. 가령 다음과 같이 continue 문이 반복문 안에 사용되면, i가 3인 경우 현재 실행 중인 반복을 건너뛰고 다음 반복으로 넘어갑니다.

```
for (int i=0; i<5; i++)
{
    if (i == 3)
        continue;  •───────────────  i가 3인 경우 현재 실행 중인 반복을 건너뜁니다.

    Console.WriteLine(i);
}
```

물론 실행 중인 반복을 건너뛰는 것은 다른 흐름 제어문을 사용해도 똑같은 효과를 낼 수 있습니다. 다음 코드는 continue 문을 사용하는 앞의 코드와 동일하게 동작합니다.

```
for (int i=0; i<5; i++)
{
    if (i != 3)
    {
        Console.WriteLine(i);
    }
}
```

continue 문을 사용하는 코드와 그렇지 않은 코드가 일견 고만고만하게 보일 수도 있지만, 대체로 전자가 가독성은 훨씬 좋습니다. continue 문이 사용된 코드는 척 보면 그 아랫줄을 더 읽어보지 않아도 해당 코드 블록의 실행이 취소됨을 알 수 있습니다. 그렇지 않은 쪽은 코드 블록을 끝까지 읽어봐야 더 실행할 코드가 남아 있는지/없는지 알 수 있습니다. 이 차이는 코드가 복잡하고 길어질수록 더욱 확연하게 느낄 수 있습니다.

continue 문, 이제 아시겠죠? 다음은 continue 문의 예제 프로그램입니다.

```
01  using System;
02
03  namespace Continue
04  {
05      class MainApp
06      {
07          static void Main(string[] args)
08          {
09              for (int i = 0; i < 10; i++)
10              {
11                  if (i % 2 == 0)
12                      continue;
13
14                  Console.WriteLine($"{i} : 홀수");
15              }
16          }
17      }
18  }
```

☐→ 실행 결과

```
1 : 홀수
3 : 홀수
5 : 홀수
7 : 홀수
9 : 홀수
```

5.3.3 goto

goto 문은 점프문 중에서도 가장 터프한 점프문입니다. 먼저 다음 goto 문의 사용 형식을 보시죠.

```
goto 레이블;

레이블 : ●┄┄┄┄┄┄┄┄┄┄┄┄┄┄┄┄┄┄┄┄┄┄┄┄┄┄┄ ┆ 레이블을 선언할 때는 콜론( : )을 붙입니다. ┆
    // 이어지는 코드                         └┄┄┄┄┄┄┄┄┄┄┄┄┄┄┄┄┄┄┄┄┄┄┄┘
```

이 goto 문의 사용 형식에서 레이블label에 주목하기 바랍니다. 레이블은 변수하고는 좀 다른데, 코드 안의 위치를 나타내는 표지판 같은 존재입니다. goto 문은 저 레이블이 가리키는 곳으로 바로 뛰어 넘어갑니다. 다음은 goto 문의 사용 예로, 이 코드는 1과 4만 출력합니다. goto 문에 의해 2와 3을 출력하는 코드를 뛰어넘어 바로 4를 출력하는 코드로 이동했기 때문입니다. 이 정도면 점프가 아니라 텔레포트입니다.

```
{
    Console.WriteLine(" 1 ");

    goto JUMP;

    Console.WriteLine(" 2 ");
    Console.WriteLine(" 3 ");

    JUMP:
    Console.WriteLine(" 4 ");
}
```

한편, 저를 포함한 상당수의 프로그래머는 goto 문을 별로 좋아하지 않습니다. goto 문이 코드의 이곳저곳으로 텔레포트하면서 흐름을 자주 끊어 코드를 읽기 어렵게 만들기 때문입니다. 컴퓨터 과학계에서는 'goto의 해악'을 주제로 하는 논문도 여러 편 발표됐습니다. 그런데도 goto 문이 유용한 경우가 있는데, 대표적인 예가 다음 코드처럼 중첩된 반복문을 단번에 뚫고 나오기 위해 사용하는 것입니다.

```
for (int i=0; i<100; i++)
    {
        for (int j<0; j<200; j++)
        {
            for (int k<0; k<50; k++)
                if (x == 0 && y == 1)
                    goto EXIT_FOR;
        }
    }

EXIT_FOR:
    Console.WriteLine("Exit");
```

그럼 goto 문 예제 프로그램을 만들어보겠습니다.

```
01  using System;
02
03  namespace Goto
04  {
05      class MainApp
06      {
07          static void Main(string[] args)
08          {
09              Console.Write("종료 조건(숫자)을 입력하세요. :");
10
11              String input = Console.ReadLine();
12
13              int input_number = Convert.ToInt32(input);
14
15              int exit_number = 0;
16
17              for (int i = 0; i < 2; i++)
18              {
19                  for (int j = 0; j < 2; j++)
20                  {
21                      for (int k = 0; k < 3; k++)
22                      {
23                          if (exit_number++ == input_number)
24                              goto EXIT_FOR;
25
26                          Console.WriteLine(exit_number);
27                      }
28                  }
29              }
30
31              goto EXIT_PROGRAM;
32
33          EXIT_FOR:
34              Console.WriteLine("\nExit nested for...");
35
36          EXIT_PROGRAM:
37              Console.WriteLine("Exit program...");
```

조건이 참이면 33행으로 단숨에 점프합니다.

36행으로 점프합니다. 33행의 EXIT_FOR를 만나지 않기 위해서입니다.

```
38              }
39          }
40  }
```

```
>Goto
종료 조건(숫자)을 입력하세요. :5
1
2
3
4
5
Exit nested for...
Exit program...

>Goto
종료 조건(숫자)을 입력하세요. :20
1
2
3
4
5
6
7
8
9
10
11
12 •
Exit program...
```

3개의 for 반복으로 인해 exit_number++가 실행되는 횟수는 총 2×2×3=12회입니다. 그 안에 12행의 goto EXIT_FOR를 못 만나면 31행의 goto EXIT_PROGRAM을 만나고 이로 인해 36행으로 이동합니다.

> **! 여기서 잠깐** **return과 throw**
>
> 이 두 점프문은 다음에 살펴보기로 했죠? return 문은 6장에서, throw 문은 13장에서 설명하겠습니다. 이 둘을 설명하려면 배경지식이 좀 필요하거든요.

5.4 패턴 매칭

패턴 매칭^{Pattern Matching}은 하스켈^{Haskell}이나 엘릭서^{Exlir} 같은 함수형 언어에서 무척 사랑받는 기능 중 하나입니다. 많은 C# 프로그래머가 C#에 도입할 것을 무수히 요청한 기능이기도 하고요. C# 표준 위원회는 프로그래머의 요청을 받아들여 C# 7.0에 패턴 매칭을 도입했고, 지금까지도 꾸준히 업그레이드하고 있습니다.

패턴 매칭에 어떤 매력이 있길래 도입하기를 이토록 바라왔던 것일까요? 패턴 매칭은 어떤 식^{Expression}이 특정 패턴^{Pattern}(형태)과 일치^{Matching}하는지를 검사하는데요. 패턴 매칭을 이용하면 장황하고 거추장스러운 분기문을 간결하고 읽기 쉬운 코드로 대체할 수 있습니다.

이와 같이 패턴 매칭은 식을 입력받고 일치 여부를 반환합니다. 그렇다면 패턴 매칭을 본격적으로 알아보기 전에 식이 무엇인지를 살펴봐야겠죠?

> **! 여기서 잠깐 ┃ 패턴 매칭은 switch 문/식만을 위한 것은 아닙니다.**
>
> 패턴 매칭은 앞서 설명한 switch 문과 switch 식과 관련이 깊지만, is 연산자를 이용하면 다른 문장이나 식에서도 사용할 수 있습니다.

식^{Expression}이란, 코드에서 단일 결과값을 만들어낼 수 있는 연산자와 연산자의 조합을 말합니다. 예를 들어 1+2는 단일 결과값 3을 만들어내는 식이고, 10도 단일 결과값 10을 만드는 식입니다. 다시 말해 리터럴과 상수, 변수는 연산자 없이 식이 될 수 있습니다. 개념 정리를 돕기 위해 예를 들어볼게요.

```
a = 123; // 123과 a=123은 식
b = int; // int는 식이 아님. 해당 문(statement)도 유효하지 않음
c = typeof(int); // c와 c=typeof(int)는 식
d = a + 456; // a + 456와 d = a + 456은 식
```

이제 식의 개념이 잡히나요? 그럼 이제 '어떤 식이 특정 패턴과 일치'한다는 것이 무슨 의미인지를 알아보겠습니다. '식의 패턴'이라는 말은 '식 결과의 패턴'이라는 말과 같습니다. C#이 지원하는 패턴의 종류에는 여러 가지가 있는데, 이 글을 작성하고 있는 현재는 다음과 같이 무척 다양한 패턴을 지원합니다.

- 선언 패턴
- 형식 패턴
- 상수 패턴
- 프로퍼티 패턴
- 관계 패턴
- 논리 패턴
- 괄호 패턴
- 위치 패턴
- var 패턴
- 무시 패턴
- 목록 패턴

이제 이 패턴들에 대해 하나씩 살펴보겠습니다.

5.4.1 선언 패턴

주어진 식이 특정 형식(예: int, string 등)과 일치하는지를 평가합니다. 만약 주어진 식과 형식이 일치한다면, 선언 패턴Declaration Pattern은 식을 해당 형식으로 변환합니다. 즉, 다음 두 가지를 수행하는 것이죠.

❶ 식이 주어진 형식과 일치하는지 테스트
❷ 테스트가 성공하면 식을 주어진 형식으로 변환

이해하기 쉽게 예제를 하나 같이 보시죠. is 연산자는 왼쪽에 있는 식이 오른쪽에 있는 패턴과 일치하는지를 테스트합니다.

```
object foo = 23;
if (foo is int bar) // 1. foo가 int인 경우 2. foo를 int 형식으로 변환하여 bar에 할당합니다.
{
    Console.WriteLine(bar);
}
```

이 코드에서 foo is int가 true를 반환하는 경우에 bar 변수가 if 블록 안에 생성되고 23이 출력되지만, false를 반환하는 경우에는 생성되지 않습니다. 물론 bar가 출력되는 일도 없습니다.

5.4.2 형식 패턴

형식 패턴Type Pattern은 선언 패턴과 거의 같은 방식으로 동작하지만, 변수 생성 없이 형식 일치 여부만 테스트합니다. C# 9.0에서 더 간략한 형식 패턴 매칭을 지원하기 위해 도입됐습니다.

다음은 is 연산자를 이용하는 형식 패턴 예제입니다. 선언 형식 예제하고 다 똑같지만 패턴 매칭이 성공하더라도 변수를 추가적으로 생성하지 않는 것이 다릅니다.

```
object foo = 23;
if (foo is int)
{
    Console.WriteLine(foo);
}
```

조금 복잡한 예제를 switch 식을 이용해서 만들어볼까요? 아래 코드에서 CalcualteFee() 메소드는 visitor 매개변수가 Preschooler, Underage, Adult, Senior 중 어떤 형식에 해당하는지를 switch 식을 이용해서 판단하고, 그에 따른 요금을 반환합니다.

```
class Preschooler { }
class Underage { }
class Adult  { }
class Senior { }

internal class MainApp
```

```
{
    static int CalculateFee(object visitor)
    {
        return visitor switch
        {
            Underage => 100,
            Adult => 500,
            Senior => 200,
            _ => throw new ArgumentException(
                $"Prohibited age: {visitor.GetType()}", nameof(visitor)),
        };
    }

    static void Main(string[] args)
    {
        Console.WriteLine($"Fee for a senior: {CalculateFee(new Senior())}");
        Console.WriteLine($"Fee for a adult: {CalculateFee(new Adult())}");
        Console.WriteLine($"Fee for a underage: {CalculateFee(new Underage())}");
        Console.WriteLine(
            $"Fee for a preschooler: {CalculateFee(new Preschooler())}");
    }
}
```

5.4.3 상수 패턴

상수 패턴Constant pattern은 식이 특정 상수와 일치하는지를 검사하며, 가장 많이 사용하는 패턴이기도
합니다. 정수 리터럴과 문자열 리터럴뿐 아니라 null과 enum 등 모든 상수와 매칭할 수 있습니다.
다음은 문자열 리터럴에 대한 상수 패턴 매칭 예제입니다.

```
var GetCountryCode = (string nation) => nation switch
{
    "KR" => 82,
    "US" => 1,
    "UK" => 44,
    _ => throw new ArgumentException("Not supported Code")
};
```

```
Console.WriteLine(GetCountryCode("KR"));
Console.WriteLine(GetCountryCode("US"));
Console.WriteLine(GetCountryCode("UK"));
```

간단하게 어떤 객체가 null인지를 확인하고 싶다면, 다음과 같이 is 연산자와 함께 상수 패턴 매칭을
이용할 수 있습니다.

```
if (obj is null ) // obj == null
{
 // …
}

If (obj is not null) // obj != null
{
 // …
}
```

5.4.4 프로퍼티 패턴

프로퍼티 패턴Property Pattern 매칭은 식의 속성이나 필드가 패턴과 일치하는지를 검사합니다(프로퍼티
에 대해서는 9장에서 자세히 다룹니다). 입력된 식이 int, double 같은 기본 데이터 형식이 아닌
경우에 특히 유용하게 사용할 수 있습니다. 다음은 예제 코드입니다.

```
class Car
{
    public string Model {get; set;}
    public DateTime ProducedAt {get; set;}
}

static string GetNickname(Car car)
{
    var GenerateMessage = (Car car, string nickname) =>
        $"{car.Model} produced in {car.ProducedAt.Year} is {nickname}";
```

```
        if (car is Car {Model:"Mustang", ProducedAt.Year: 1967})
            return GenerateMessage(car, "Fastback");
        else if (car is Car {Model: "Mustang", ProducedAt.Year: 1976})
            return GenerateMessage(car, "Cobra II");
        else
            return GenerateMessage(car, "Unknown");
    }

    static void Main(string[] args)
    {
        Console.WriteLine(
            GetNickname(
                new Car() {Model = "Mustang", ProducedAt = new DateTime(1967, 11, 23)}));

        Console.WriteLine(
            GetNickname(
                new Car() {Model = "Mustang", ProducedAt = new DateTime(1976, 6, 7)}));

        Console.WriteLine(
            GetNickname(
                new Car() {Model = "Mustang", ProducedAt = new DateTime(2099, 12, 25)}));
    }
```

? VITAMIN QUIZ 5-1

위 예제의 GetNickname() 메소드를 is 연산자 대신 switch 식을 이용해서 다시 구현해보세요.

5.4.5 관계 패턴

관계 패턴Relational Pattern 매칭은 〉, 〉=, ==, !=, 〈, 〈= 와 같은 관계 연산자를 이용하여 입력받은 식을
상수와 비교합니다.

다음 예제의 IsPassed() 메소드는 입력받은 score가 60보다 작으면 false를, 그렇지 않은 경우엔
true를 반환합니다.

```
static int IsPassed(double score) => score switch
{
    < 60 => false,
    _    => true,
}
```

관계 패턴과 바로 이어 설명할 논리 패턴의 and를 함께 이용하면 입력받은 식이 특정 범위에 들어오는지를 테스트하는 것도 가능합니다.

```
static string GetGrade(double score) => score switch
{
    < 60 => "F",
    >= 60 and < 70 => "D",
    >= 70 and < 80 => "C",
    >= 80 and < 90 => "B",
    _ => "A",
};
```

5.4.6 논리 패턴

패턴과 패턴을 패턴 논리 연산자(and(결합), or, not)을 조합해서 하나의 논리 패턴Logical Pattern으로 만들 수 있습니다. 다음은 예제 코드입니다.

```
class OrderItem
{
    public int Amount {get; set;}
    public int Price {get; set;}
}

static double GetPrice(OrderItem orderItem) => orderItem switch
{
    OrderItem {Amount: 0} or OrderItem {Price: 0}
        => 0.0,
```

```
        OrderItem {Amount: >= 100} and OrderItem {Price: >= 10_000}
            => orderItem.Amount * orderItem.Price * 0.8,
        not OrderItem {Amount: < 100}
            => orderItem.Amount * orderItem.Price * 0.9,
        _ => orderItem.Amount * orderItem.Price,
    };

    static void Main(string[] args)
    {
        Console.WriteLine(GetPrice(new OrderItem() {Amount = 0, Price = 10_000}));
        Console.WriteLine(GetPrice(new OrderItem() {Amount = 100, Price = 10_000}));
        Console.WriteLine(GetPrice(new OrderItem() {Amount = 100, Price = 9_000}));
        Console.WriteLine(GetPrice(new OrderItem() {Amount = 1, Price = 1_000}));
    }
```

5.4.7 괄호 패턴

괄호 패턴Parenthesized Pattern은 소괄호 ( )로 패턴을 감쌉니다. 보통 논리 패턴으로 여러 패턴을 조합한 뒤 이를 새로운 패턴으로 만드는 경우에 사용하며, 예시는 다음과 같습니다.

```
object age = 30;

if (age is (int and > 19))
    Console.WriteLine("Major");
```

5.4.8 위치 패턴

위치 패턴Positional pattern은 식의 결과를 분해Deconstruct하고, 분해된 값들이 내장된 복수의 패턴과 일치하는지를 검사합니다. 위치 패턴 안에 내장되는 패턴에는 형식 패턴, 상수 패턴 등 어떤 패턴이든 올 수 있습니다. 단, 분해된 값들과 내장된 패턴의 개수, 순서가 일치해야 한다는 점에는 주의해야 합니다. 다음 예제를 보시죠.

```
Tuple<string, int> itemPrice = new Tuple<string, int>("espresso", 3000);

if(itemPrice is ("espresso", < 5000))
{
    Console.WriteLine("The coffee is affordable.");
}
```

이 예제에서 itemPrice는 string과 int 요소로 이루어진 튜플입니다. 이 튜플을 상수 패턴 ("espresso")과 관계 패턴(< 5000)으로 이루어진 위치 패턴으로 매칭하고 있죠.

switch 식 예제도 살펴보겠습니다. 다음 코드에서 Audience 구조체는 내국인/외국인을 나타내는 IsCitizen 속성과 나이를 나타내는 Age 속성을 갖고 있습니다. 분해가 가능하도록 Deconstruct() 메소드 또한 정의하고 있다는 사실도 눈여겨봐주세요.

Main() 메소드 안에서는 위치 패턴을 switch 식과 함께 사용해서 외국인 여부와 나이에 따라 요금을 계산하는 CalculateFee 람다식을 정의하고 호출합니다.

```
struct Audience
{
    public bool IsCitizen {get; init;}
    public int Age {get; init;}

    public Audience(bool isCitizen, int age)
    {
        IsCitizen = isCitizen;
        Age = age;
    }

    public void Deconstruct(out bool isCitizen, out int age)
    {
        isCitizen = IsCitizen;
        age = Age;
    }
}

static void Main(string[] args)
{
```

```
    var CalculateFee = (Audience audience) => audience switch
    {
        (true, < 19) => 100,
        (true, _) => 200,
        (false, < 19) => 200,
        (false, _) => 400,
    };

    var a1 = new Audience(true, 10);
    Console.WriteLine(
        $"내국인: {a1.IsCitizen} 나이: {a1.Age} 요금: {CalculateFee(a1)}");

    var a2 = new Audience(false, 33);
    Console.WriteLine(
        $"내국인: {a2.IsCitizen} 나이: {a2.Age} 요금: {CalculateFee(a2)}");
}
```

5.4.9 var 패턴

var 패턴$^{var\ pattern}$은 조금 특이한데요. null을 포함한 모든 식의 패턴 매칭을 성공시키고, 그 식의 결과를 변수에 할당합니다. var 패턴은 다음 예제와 같이 어떤 식의 결과를 임시 변수에 할당한 뒤 추가적인 연산을 수행하고자 할 때 유용하게 사용할 수 있습니다.

```
// 모든 과목이 60점이 넘고, 평균이 60점 이상인 경우에만 Pass
var IsPassed =
    (int[] scores) => scores.Sum() / scores.Length is var average
    && Array.TrueForAll(scores, (score) => score >= 60)
    && average >= 60;


int[] scores1 = {90, 80, 60, 80, 70};
Console.WriteLine($"{string.Join(",", scores1)}: Pass:{IsPassed(scores1)}");

int[] scores2 = {90, 80, 59, 80, 70};
Console.WriteLine($"{string.Join(",", scores2)}: Pass:{IsPassed(scores2)}");
```

```
/* 결과
90,80,60,80,70: Pass:True
90,80,59,80,70: Pass:False
*/
```

5.4.10 무시 패턴

무시 패턴[Discard pattern]도 var 패턴처럼 모든 식과의 패턴 일치 검사를 성공시킵니다. 하지만 var 패턴과는 다르게 is 식에서는 사용할 수 없고, switch 식에서만 사용할 수 있습니다. '모든 식'을 매칭할 수 있기 때문에 switch 문의 default 케이스와 비슷한 용도로 사용하면 됩니다. 무시 패턴은 _ 기호를 이용합니다.

앞에서 같이 살펴봤던 상수 패턴의 예제 코드를 불러와보겠습니다.

```
var GetCountryCode = (string nation) => nation switch
{
    "KR" => 82,
    "US" => 1,
    "UK" => 44,
    _ => throw new ArgumentException("Not supported Code") // 무시 패턴 매칭
};

Console.WriteLine(GetCountryCode("KR"));
Console.WriteLine(GetCountryCode("US"));
Console.WriteLine(GetCountryCode("UK"));
```

이 코드는 "KR", "US", "UK" 이 세 개 상수와 일치하지 않는 모든 식의 값을 _에 매칭시켜 ArgumentException을 던집니다.

5.4.11 목록 패턴

목록 패턴[List pattern]은 배열이나 리스트[List]가 패턴의 시퀀스가 일치하는지를 검사합니다. 패턴의 시퀀스는 대괄호 [와] 사이에 패턴의 목록을 입력해서 만듭니다.

다음 예제 코드를 보시죠. [int, 〉10, _]라는 패턴 시퀀스는 {1, 100, 3}이라는 배열에 대해서는 일치하지만, {100, 10, 999}라는 배열에 대해서는 일치하지 않습니다. 배열의 두 번째 요소 10이 패턴 시퀀스의 두 번째 요소 〉10과 일치하지 않기 때문입니다.

```
var match = (int[] array) => array is [int, >10, _];

Console.WriteLine(match(new int[] {1, 100, 3})); // True
Console.WriteLine(match(new int[] {100, 10, 999})); // False
```

범위 패턴 ..을 함께 사용하면 식으로 입력되는 배열이나 리스트의 길이에 관계없이 패턴 매칭을 수행할 수 있습니다. 예를 들어, [int, 〉10, ...]은 첫 두 요소에 대해서만 패턴이 일치하는지를 검사하고 세 번째 이후의 요소에 대해서는 길이를 포함해서 검사를 수행하지 않습니다.

```
var match = (int[] array) => array is [int, >10, ..];

Console.WriteLine(match(new int[] {1, 100, 101, 102, 103, 104})); // True
Console.WriteLine(match(new int[] {100, 10, 999})); // False
```

목록 패턴은 다량의 데이터를 처리할 때 무척 유용합니다. 특히 파일이나 데이터베이스에서 레코드를 읽어 처리하는 문제에 찰떡이죠. 이런 상황을 위한 예제 코드를 준비했습니다. 다음 코드에서 GetStatistics() 대리자는 switch 식을 이용해서 영화의 장르("COMEDY", "SF", …)에 따른 조회수(views) 통계를 냅니다.

```
var GetStatistics = (List<object[]> records) =>
{
    var statistics = new Dictionary<string, int>();

    foreach (var record in records)
    {
        var (contentType, contentViews) = record switch
        {
            [_, "COMEDY", .., var views] => ("COMEDY", views),
```

```
                [_, "SF", .., var views] => ("SF", views),
                [_, "ACTION", .., var views] => ("ACTION", views),
                [_, .., var amount] => ("ETC", amount),
                _ => ("ETC", 0),
        };

        if(statistics.ContainsKey(contentType))
            statistics[contentType] += (int)contentViews;
        else
            statistics.Add(contentType, (int)contentViews);
    }

    return statistics;
};

List<object[]> MovieRecords = new List<object[]>()
{
    new object[] {0, "COMEDY", "Spy", 2015, 10_000},
    new object[] {1, "COMEDY", "Scary Movie", 20_000},
    new object[] {2, "SF", "Avengers: Inifinte War", 100_000},
    new object[] {3, "COMEDY", "극한직업", 25_000},
    new object[] {4, "SF", "Star Wars: A New Hope", 200_000},
    new object[] {5, "ACTION", "Fast & Furious", 80_000},
    new object[] {6, "DRAMA", "Notting Hill", 1_000},
};

var statistics = GetStatistics(MovieRecords);

foreach(var s in statistics)
    Console.WriteLine($"{s.Key}: {s.Value}");

/* 결과:
COMEDY: 55000
SF: 300000
ACTION: 80000
ETC: 1000
*/
```

01 다음과 같은 결과를 출력하는 프로그램을 for 문을 이용하여 작성하세요. 규칙은 첫 번째 줄에 별 1개, 두 번째 줄에 별 2개, 세 번째 줄에 별 3개… 이런 식으로 별 5개가 찍힐 때까지 반복합니다(힌트 : for 문 블록 안에 for 문 블록을 넣으세요).

```
*
**
***
****
*****
```

02 다음과 같은 결과를 출력하는 프로그램을 for 문을 이용하여 작성하세요.

```
*****
****
***
**
*
```

03 1번과 2번을 for 문 대신 while 문과 do 문으로 바꿔서 각각 작성하세요.

04 다음과 같이 사용자로부터 입력받은 횟수만큼 별을 반복 출력하는 프로그램을 작성하세요. 단, 입력받은 수가 0보다 작거나 같을 경우 '0보다 같거나 작은 숫자는 사용할 수 없습니다.'라는 메시지를 띄우고 프로그램을 종료합니다.

```
반복 횟수를 입력하세요. : -10
0보다 같거나 작은 수는 사용할 수 없습니다.

반복 횟수를 입력하세요. : 5
```

```
*
**
***
****
*****
```

05 다음 Fibonacci 클래스의 GetNumber( ) 메소드에서 switch 문을 switch 식으로 변경하세요.

```
class Fibonacci
{
    public static long GetNumber(long index)
    {
        long result = 0;
        switch (index)
        {
            case 0:
                result = 0;
                break;
            case 1:
                result = 1;
                break;
            default:
                result = GetNumber(index - 1) + GetNumber(index - 2);
                break;
        }

        return result;
    }
}
```

06

메소드로
코드 간추리기

지금까지 이 책에서 다룬 예제 프로그램은 Main() 메소드 안에 있는 코드로만 이루어졌습니다. 앞으로 우리는 조금씩 더 크고 복잡한 프로그램을 만들어나갈 텐데, 여전히 지금처럼 Main() 메소드 안에 모든 코드를 넣어야 할까요? 그렇지 않습니다. 메소드를 이용하면 프로그램의 덩치가 커져도 여전히 간결하고 이해하기 좋게 소스 코드를 유지할 수 있거든요. 이번 장에서는 바로 이 메소드에 대해 알아보겠습니다.

학습목표

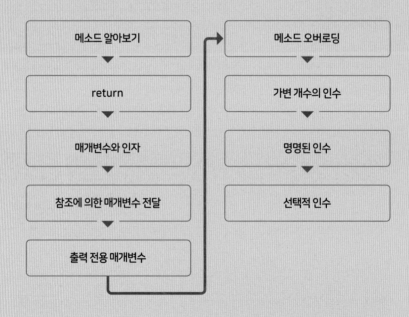

**이 장의
핵심 개념**

- 메소드가 무엇인지, 어떤 구조로 만들어지는지 이해합니다.

- 메소드의 결과를 반환하는 return 문을 이해합니다.

- 매개변수의 역할과 기능을 이해합니다.

- 메소드에게 매개변수를 전달하는 여러 방법을 이해합니다.

- 메소드 오버로딩을 이해합니다.

- 알아두면 편리한 매개변수 옵션의 사용법을 익힙니다.

**이 장의
학습 흐름**

메소드 알아보기
▼
return
▼
매개변수와 인자
▼
참조에 의한 매개변수 전달
▼
출력 전용 매개변수

메소드 오버로딩
▼
가변 개수의 인수
▼
명명된 인수
▼
선택적 인수

6.1 메소드란?

메소드는 객체지향 프로그래밍 언어에서 사용하는 용어로, C와 C++ 언어에서는 함수Function라 불렀고 파스칼에서는 프로시저Procedure라고 불렀습니다. 또는 서브루틴Subroutine이나 서브 프로그램Subprogram이라 부르는 언어도 있었습니다. 엄밀히는 의미 차이가 존재하지만, 큰 맥락에서는 이 용어들이 같은 것을 지칭한다고 할 수 있습니다.

메소드는 일련의 코드를 하나의 이름 아래 묶은 것입니다. 이렇게 묶은 코드는 메소드의 이름을 불러주는 것만으로 실행할 수 있습니다(이것을 일컬어 '메소드를 호출call한다'고 합니다). 다음은 메소드를 선언하는 형식입니다.

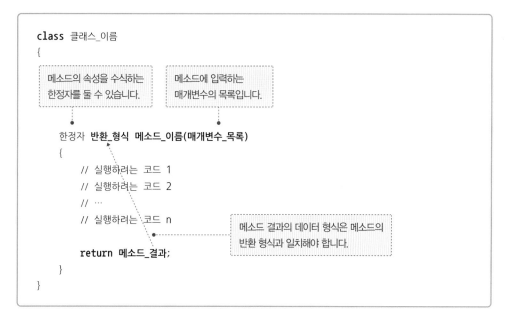

선언 형식을 자세히 살펴봅시다. 메소드가 클래스 안에서 선언되죠? 메소드가 함수, 프로시저, 서브루틴 등과 다른 점이라면 바로 이 클래스 안에 존재한다는 것입니다. C#은 객체지향 프로그래밍 언어이고, 객체지향 프로그래밍에서는 코드 내 모든 것을 객체로 표현합니다. 각 객체는 자신만의 속성(데이터)과 기능(메소드)을 갖고 있는데, 클래스가 바로 이 객체를 위한 청사진을 제공합니다. 그래서 메소드가 클래스 안에서 선언되는 것입니다.

메소드에는 '방법', '방식'이라는 뜻이 있지만 메소드 자체로만 생각하면 의미가 잘 와닿지 않습니다. 객체의 일을 처리하는 방법 또는 방식이라고 생각하면 이해하는 데 도움이 될 것입니다.

한편, 클래스 안에 선언되는 메소드는 매개변수Parameter와 반환 형식Return Type을 가집니다. 매개변수는 제품을 만들기 위해 기계(메소드)에 집어넣는 재료라고 할 수 있습니다. 이 기계(메소드)는 입력된 재료(매개변수)를 바탕으로 제품을 만들어내며, 메소드의 반환 형식은 이 제품의 규격이라고 할 수 있습니다. 아, 그런데 반환Return이 무슨 뜻이냐고요? 말 그대로 되돌려준다는 뜻입니다. 메소드의 호출자로부터 입력을 '받았으니' 결과를 '돌려줘야'죠.

다음 그림은 메소드의 호출 과정을 설명합니다. 호출자가 메소드를 호출하면서 인수Argument를 넘기면, 이 인수는 메소드의 매개변수에 입력됩니다. 호출을 받은 메소드는 매개변수를 이용하여 계산을 수행한 후 결과를 호출자에게 반환합니다.

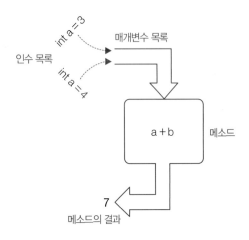

다음은 실제 메소드의 선언 예입니다. 앞에서 본 그림처럼 두 개의 int 형식 매개변수를 입력받고, 이 매개변수를 서로 더한 후 int 형식의 결과를 출력합니다.

```
class Calculator
{
    public static int Plus(int a, int b)
    {
        Console.WriteLine("Input : {0}, {1}", a, b);

        int result = a + b;
        return result;
    }
}
```

이렇게 선언한 메소드는 다음과 같이 사용할 수 있습니다.

```
int x = Calculator.Plus(3, 4);  // x는 7
int y = Calculator.Plus(5, 6);  // y는 11
int z = Calculator.Plus(7, 8);  // z는 15
```

> **여기서 잠깐** ┃ **매개변수와 인수**
>
> 매개변수는 메소드가 호출자에게서 전달받은 값을 받는 변수를 말하고, 인수는 호출자가 매개변수에 넘기는
> 값을 뜻합니다. 예를 들어, Calculator 클래스 안에 선언한 메소드 public static int Plus(int a, int b)에서 a,
> b가 매개변수, Calculator.Plus(3, 4)에서 3, 4가 인수입니다.

만약 Plus() 메소드 없이 앞의 코드를 구현했다면 다음과 같았을 것입니다.

```
int a, b;

a = 3;
b = 4;
Console.WriteLine("Input : {0}, {1}", a, b);
int x = a + b; // x는 7

a = 5;
b = 6;
Console.WriteLine("Input : {0}, {1}", a, b);
int y = a + b; // y는 11

a = 7;
b = 8;
Console.WriteLine("Input : {0}, {1}", a, b);
int z = a + b; // z는 15
```

메소드를 사용하던 버전에 비하면 코드의 길이도 늘어났을 뿐 아니라 읽기도 어려워졌습니다. 그저
세 줄짜리(빈 줄 제외) 메소드를 사용하지 않았을 뿐인데 말입니다. 메소드는 이처럼 코드를 간추
리는 한편, 읽기 쉽고 이해하기 쉽게 만듭니다.

다음 그림을 같이 보시죠. 이 그림은 메소드 호출 시 일어나는 프로그램 흐름의 변화를 설명합니다.

```
❶  // ...
   int a = 3;
   int b = 4;                    ❷         public static int Plus(int a, int b)
                                            {
                                              Console.WriteLine("Input : {0}, {1}", a, b);
                                            ❸
   int x = Calculator.Plus(3, 4);            int result = a + b;
                                     ❹       return result;
   // ...                                   }
❺
```

CLR은 왼쪽 코드를 쭉 실행하다가(❶) Calculator.Plus() 메소드를 호출했습니다. 이때 프로그램의 흐름이 Plus() 메소드로 이동한 후(❷) 이 메소드가 담고 있는 코드를 차례대로 수행합니다(❸). 메소드 블록의 끝에 도달하거나 Plus() 메소드에서처럼 return 문을 만나면 메소드가 종결되고(❹) 원래의 프로그램 흐름으로 돌아와 계속 실행합니다(❺). 자, 여기에서 누가 Plus() 메소드를 호출했죠? 네, 왼편에 있는 코드입니다. 그래서 Plus() 메소드는 왼편의 코드에 실행 결과를 반환하죠. 이것이 메소드를 호출할 때의 프로그램 흐름입니다.

메소드가 무엇인지 감이 잡힙니까? 그렇다면 예제 프로그램을 만들어보겠습니다.

>>> 06장/Calculator/MainApp.cs

```
01   using System;
02
03   namespace Method
04   {
05       class Calculator
06       {
07           public static int Plus(int a, int b)
08           {
09               return a + b;
10           }
11
12           public static int Minus(int a, int b)
13           {
```

```
14              return a - b;
15          }
16      }
17
18      class MainApp
19      {
20          public static void Main()
21          {
22              int result = Calculator.Plus(3, 4);
23              Console.WriteLine(result);
24
25              result = Calculator.Minus(5, 2);
26              Console.WriteLine(result);
27          }
28      }
29  }
```

⬦ 실행 결과

```
7
3
```

! 여기서 잠깐   **void 반환 형식**

모든 메소드들이 결과를 반환하는 것은 아닙니다. 어떤 메소드들은 그냥 자기 할 일만 하고 종료하기도 합니다. Console 클래스의 Write()나 WriteLine() 메소드가 그런 예입니다. 이런 메소드를 선언할 때는 반환 형식에 void를 넣어주면 됩니다. 그런데 void, 굉장히 낯이 익지 않습니까? Main 메소드를 선언할 때 항상 사용했잖아요.

```
class
{
    void DoSomething()
    {
        // ...
    }
}
```

6.2 return에 대하여

return 문은 원래 5장에서 흐름 제어문을 다룰 때 같이 설명했어야 하는데 이제야 설명하는군요. return 문은 점프문의 한 종류입니다. 프로그램의 흐름을 갑자기 호출자에게로 돌려놓죠. 우리가 이전 절에서 만들었던 예제 프로그램의 메소드들은 메소드의 끝에서만 return 문을 사용했지만 return 문은 언제든지 메소드 중간에 호출되어 메소드를 종결시키고 프로그램의 흐름을 호출자에게 돌려줄 수 있습니다. 다음은 그 예입니다.

```
int Fibonacci(int n)
{
    if (n < 2)
        return n;
    else
        return Fibonacci(n-1) + Fibonacci(n-2);
}
```

메소드가 반환할 것이 아무것도 없는 경우, 즉 반환 형식이 void인 경우에도 return 문을 사용할 수 있습니다. 다음은 아무 결과도 반환하지 않는 메소드의 예입니다.

```csharp
void PrintProfile(string name, string phone)
{
    if (name == "")
    {
        Console.WriteLine("이름을 입력해주세요.");
        return;
    }

    Console.WriteLine("Name:{0}, Phone:{1}", name, phone);
}
```

이번에는 예제 프로그램을 만들어보겠습니다.

>>> 06장/Return/MainApp.cs

```csharp
01  using System;
02
03  namespace Return
04  {
05      class MainApp
06      {
07          static int Fibonacci(int n)
08          {
09              if (n < 2)
10                  return n;
11              else
12                  return Fibonacci(n - 1) + Fibonacci(n - 2);
13          }
14
15          static void PrintProfile(string name, string phone)
16          {
17              if (name == "")
18              {
19                  Console.WriteLine("이름을 입력해주세요.");
20                  return;
```

```
21              }
22
23              Console.WriteLine($"Name:{name}, Phone:{phone}");
24          }
25
26      static void Main(string[] args)
27      {
28          Console.WriteLine($"10번째 피보나치 수 : {Fibonacci(10)}");
29
30          PrintProfile("", "123-4567");
31          PrintProfile("박상현", "456-1230");
32      }
33  }
34 }
```

> **실행 결과**

```
10번째 피보나치 수 : 55
이름을 입력해주세요.
Name:박상현, Phone:456-1230
```

6.3 매개변수에 대하여

지금부터 한동안은 매개변수에 관한 이야기가 이어질 예정입니다. 이번 절에서는 매개변수가 전달되는 과정을 다시 한번 생각해보는 시간을 가져보려 합니다. 우선 코드를 하나 봅시다. 우리가 앞에서 작성했던 예제 코드를 아주 약간만 각색한 것입니다.

```csharp
class Calculator
{
    public static int Plus(int a, int b)
    {
        Console.WriteLine("Input : {0}, {1}", a, b);

        int result = a + b;
        return result;
```

```
        }

        // …
    }

    class MainApp
    {
        public static void Main()
        {
            int x = 3;
            int y = 4;

            int result = Calculator.Plus(x, y);
            // …
        }
    }
```

Main() 메소드 안에서 Calculator.Plus() 메소드에 매개변수를 넘기는 코드를 주목하기 바랍니다. x와 y를 인수로 넘기고 있죠? x는 Plus() 메소드의 매개변수 a로서, y는 b로서 넘겨집니다. 여기서 여러분에게 질문을 하나 하겠습니다. MainApp.Main() 메소드 안에서 선언되어 Calculator.Plus() 메소드에 인수로 넘겨진 x와 y는 실제로 Calculator.Plus() 메소드 안으로 들어가는 것일까요?

답은 '아니다'입니다. 메소드 외부로부터 메소드 내부로 데이터를 전달받는 매개체 역할을 할 뿐이지, 매개변수도 근본적으로는 '변수'입니다. 한 변수를 또 다른 변수에 할당하면 변수가 담고 있는 데이터만 복사될 뿐입니다. 그 데이터가 값이든 참조든 간에 말입니다. Calculator.Plus() 메소드가 호출될 경우 x가 담고 있는 데이터 3은 매개변수 a로, y가 담고 있는 데이터 4는 매개변수 b로 복사가 이루어집니다.

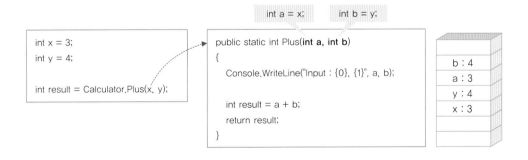

a는 x가 가진 것과 똑같은 데이터를 갖고 있지만, a와 x는 완전히 별개의 메모리 공간을 사용합니다. b와 y의 관계도 마찬가지고요. 따라서 a를 수정한다고 해도 x는 아무런 영향을 받지 않습니다.

새로운 예를 하나 더 들어보죠. 다음은 매개변수 두 개를 입력받아 서로의 값을 바꾸는 Swap() 메소드입니다.

```csharp
public static void Swap(int a, int b)
{
    int temp = b;
    b = a;
    a = temp;
}
```

이 메소드를 다음과 같이 호출하면 호출이 끝난 후 x와 y의 값은 어떻게 바뀌어 있을까요? 여전히 3과 4일까요, 아니면 서로의 값이 제대로 뒤바뀌어 4와 3이 되어 있을까요? 네, 정답은 x와 y의 값은 '여전하다'입니다. 앞에서 설명한 것처럼, 메소드가 매개변수를 받아들일 때는 데이터의 '복사'가 이루어집니다. Swap() 메소드의 첫 번째 매개변수 a는 x가 담고 있는 3을 복사해서 받고, 두 번째 매개변수 b는 y가 담고 있는 4를 복사해서 받습니다. 그렇기 때문에 Swap() 메소드 안에서 아무리 두 매개변수를 이리저리 요리해도 Main() 메소드 안에서 선언된 x와 y에는 영향이 없는 것입니다. 이처럼 메소드를 호출할 때 데이터를 복사해서 매개변수에 넘기는 것을 '값에 의한 전달pass by value'이라고 부릅니다.

```csharp
static void Main(string[] args)
{
    int x = 3;
    int y = 4;

    Swap(x, y);
}
```

예제 프로그램을 통해 이 사실을 확인해보겠습니다. 다음 예제 프로그램은 앞에서 본 예제 코드와 똑같은 Swap() 메소드를 구현하고, 이 메소드에 인수로 넘길 변수 두 개의 값을 호출 전/후에 출력합니다.

```
01   using System;
02
03   namespace SwapByValue
04   {
05       class MainApp
06       {
07           public static void Swap(int a, int b)
08           {
09               int temp = b;
10               b = a;
11               a = temp;
12           }
13
14           static void Main(string[] args)
15           {
16               int x = 3;
17               int y = 4;
18
19               Console.WriteLine($"x:{x}, y:{y}");
20
21               Swap(x, y);
22
23               Console.WriteLine($"x:{x}, y:{y}");
24           }
25       }
26   }
```

> Swap() 메소드 호출 후에도 x, y의 값은 변하지 않습니다.

▶ 실행 결과

```
x:3, y:4
x:3, y:4
```

6.4 참조에 의한 매개변수 전달

앞 절에서 작성했던 Swap() 메소드는 두 매개변수의 값을 교환하지 못했습니다. 이름값을 못한 거죠. 혹시 Swap() 메소드가 이름값을 하도록, 즉 두 매개변수의 값을 제대로 교환할 수 있도록 하는 방법은 없을까요?

있습니다! 있고 말고요. 바로 매개변수를 '참조에 의한 전달$^{pass\ by\ reference}$'로 넘기면 Swap() 메소드가 제대로 일할 수 있습니다. 값에 의한 전달이 매개변수가 변수나 상수로부터 값을 복사하는 것과 달리, 참조에 의한 전달은 매개변수가 메소드에 넘겨진 원본 변수를 직접 참조합니다. 따라서 메소드 안에서 매개변수를 수정하면 이 매개변수가 참조하고 있는 원본 변수에 수정이 이루어집니다.

C#에서 참조에 의한 매개변수 전달은 아주 쉽습니다. ref 키워드의 도움만 받으면 말입니다. 다음과 같이 메소드의 선언에서 ref 키워드를 매개변수 앞에 붙여줍니다.

```csharp
static void Swap(ref int a, ref int b)
{
    int temp = b;
    b = a;
    a = temp;
}
```

메소드를 호출할 때 다시 ref 키워드를 매개변수 앞에 붙여주면 됩니다.

```csharp
int x = 3;
int y = 4;

Swap(ref x, ref y);
```

다음 그림은 Swap() 메소드가 참조로 매개변수를 전달할 때의 과정을 설명합니다.

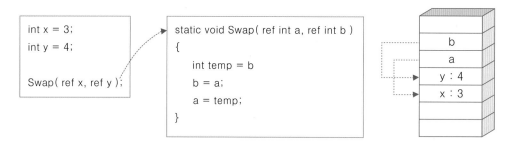

예제 프로그램을 만들어서 앞의 Swap() 메소드가 일을 제대로 하는지 확인해보겠습니다.

```csharp
01  using System;
02
03  namespace SwapByRef
04  {
05      class MainApp
06      {
07          static void Swap(ref int a, ref int b)
08          {
09              int temp = b;
10              b = a;
11              a = temp;
12          }
13
14          static void Main(string[] args)
15          {
16              int x = 3;
17              int y = 4;
18
19              Console.WriteLine($"x:{x}, y:{y}");
20
21              Swap(ref x, ref y);
22
23              Console.WriteLine($"x:{x}, y:{y}");
24          }
25      }
26  }
```

📤 실행 결과

```
x:3, y:4
x:4, y:3
```

6.5 메소드의 결과를 참조로 반환하기

앞에서 매개변수를 메소드에 참조로 전달하는 방법에 대해 알아봤습니다. 이번에는 메소드의 결과
를 참조로 반환하는 참조 반환값ref return에 대해 살펴보겠습니다. 참조 반환값을 이용하면 메소드의

호출자로 하여금 반환받은 결과를 참조로 다룰 수 있도록 합니다. 이러한 메소드를 선언하는 방법은 다음과 같습니다. ref 한정자를 이용해서 메소드를 선언하고, return 문이 반환하는 변수 앞에도 ref 키워드를 명시해야 합니다.

```
class SomeClass
{
    int SomeValue = 10;
                                          ┈┈ ref 키워드로 메소드를 한정합니다.
    public ref int SomeMethod()
    {
        // 이런 일 저런 일
        return ref SomeValue;
                                          ┈┈ return 문을 사용할 때 ref 키워드를
    }                                         반환할 필드나 객체 앞에 붙여줍니다.
}
```

참조로 반환하는 메소드는 다음과 같이 호출할 수 있습니다. SomeMethod()는 참조로 반환하도록 구현됐지만, 호출자가 특별한 키워드를 사용하지 않는 한 값으로 반환하는 평범한 메소드처럼 동작합니다.

```
SomeClass obj = new SomeClass();
int result = obj.SomeMethod();  ┈┈ 값으로 반환받고자 할 때는 여느 때와
                                    다름없이 메소드를 호출하면 됩니다.
```

기껏 참조 반환값을 이용해서 메소드를 구현했더니 아무 쓸모가 없네요. 정말 그럴까요? SomeMethod()가 반환하는 결과를 호출자가 참조로 넘겨받고 싶다면 다음과 같이 결과를 담는 지역 변수와 호출할 메소드의 이름 앞에 ref 키워드를 위치시켜야 합니다. 참고로 이렇게 참조로 반환받은 결과를 담는 지역 변수를 참조 지역 변수^{ref local}라고 부릅니다.

```
SomeClass obj = new SomeClass();
ref int result = ref obj.SomeMethod();  // result는 참조 지역 변수입니다.
```

예제 프로그램을 하나 만들어볼게요.

```
01  using System;
02
03  namespace RefReturn
04  {
05      class Product
06      {
07          private int price = 100;
08
09          public ref int GetPrice()
10          {
11              return ref price;
12          }
13
14          public void PrintPrice()
15          {
16              Console.WriteLine($"Price :{price}");
17          }
18      }
19
20      class MainApp
21      {
22          static void Main(string[] args)
23          {
24              Product carrot = new Product();
25              ref int ref_local_price = ref carrot.GetPrice();  •----┐
26              int normal_local_price = carrot.GetPrice();            ¦
27                                                                     ¦
28              carrot.PrintPrice();                                   ¦
29              Console.WriteLine($"Ref Local Price :{ref_local_price}");
30              Console.WriteLine($"Normal Local Price :{normal_local_price}");
31
32              ref_local_price = 200;
33
34              carrot.PrintPrice();
35              Console.WriteLine($"Ref Local Price :{ref_local_price}");
36              Console.WriteLine($"Normal Local Price :{normal_local_price}");
37          }
38      }
39  }
```

> ref_local_price를 수정하면
> carrot.price의 내용도 바뀝니다.

```
Price :100
Ref Local Price :100
Normal Local Price :100
Price :200
Ref Local Price :200
Normal Local Price :100
```

6.6 출력 전용 매개변수

메소드의 결과는 대부분 하나면 충분합니다. 그러나 이 '대부분'에 속하지 않는, 두 개 이상의 결과를 요구하는 특별한 메소드도 있습니다. 가령 덧셈이나 뺄셈을 구현한다면 두 개의 매개변수를 넘겨받아 하나의 결과를 만들어 반환할 수 있지만, 나눗셈을 구현할 때는 제수와 피제수를 매개변수로 넘겨받고 결과는 몫과 나머지 두 개로 반환할 필요가 있습니다. 이런 경우 여러분은 어떻게 하겠습니까?

ref 키워드를 사용하겠다고요? 세상에! 하나를 알려주면 열을 깨닫는군요. 다음과 같이 ref 키워드를 이용해서 메소드를 구현하면 몫과 나머지를 한 번에 반환할 수 있습니다.

```
void Divide(int a, int b, ref int quotient, ref int remainder)
{
    quotient = a / b;
    remainder = a % b;
}
```

근사합니다. 몫과 나머지를 구하는 나눗셈 메소드를 구현했습니다. 그럼 이 메소드를 사용해볼까요?

```
int a = 20;
int b = 3;
int c = 0;
int d = 0;

Divide(a, b, ref c, ref d);

Console.WriteLine("Quotient : {0}, Remainder {1}", c, d);
```

이 코드는 잘 동작합니다. a를 b로 나눈 뒤 나머지와 몫을 구해서 c와 d에 각각 저장하고, 메소드의 호출이 끝난 후에도 c와 d에 우리가 원하는 대로 결과가 저장되어 있습니다.

이처럼 ref만으로도 여러 개의 결과를 메소드에서 얻어올 수 있지만, C#은 조금 더 안전한 방법으로 똑같은 일을 할 수 있게 해줍니다. 바로 out 키워드를 이용한 '출력 전용 매개변수'가 그것입니다. out 키워드의 사용법은 간단합니다. 메소드의 선언부와 호출부에 ref 키워드 대신 out 키워드를 사용하는 것이 전부입니다. 다음은 앞에서 작성한 Divide() 메소드를 out 키워드를 이용해 수정한 것입니다.

```
void Divide(int a, int b, out int quotient, out int remainder)
{
    quotient = a / b;
    remainder = a % b;
}
```

다음은 out 키워드를 이용하여 Divide() 메소드를 호출하는 코드입니다.

```
int a = 20;
int b = 3;
int c;
int d;

Divide(a, b, out c, out d);

Console.WriteLine("Quotient : {0}, Remainder {1}", c, d);
```

키워드만 바뀌었다 뿐이지 앞의 코드와 똑같지 않냐고요? 맞습니다. 겉으로 보기에는 거의 똑같죠. 하지만 out에는 ref에 없는 안전장치가 있습니다.

예를 들어, ref 키워드를 이용해서 매개변수를 넘기는 경우 메소드가 해당 매개변수에 결과를 저장하지 않아도 컴파일러는 아무런 경고를 하지 않습니다. 이와 달리, out 키워드를 이용해서 매개변수를 넘길 때는 메소드가 해당 매개변수에 결과를 저장하지 않으면 컴파일러가 에러 메시지를 출력합니다.

한편, 메소드를 호출하는 쪽에서는 초기화하지 않은 지역 변수를 메소드의 out 매개변수로 넘길 수 있습니다. 컴파일러가 호출당하는 메소드에서 그 지역 변수를 할당할 것을 보장하기 때문이죠.

이처럼 컴파일러를 통해 결과를 할당하지 않는 버그가 만들어질 가능성을 제거할 수 있다면, 우리는 그 방법을 사용해야 합니다. 런타임에 발생하는 버그는 컴파일 타임에 발생하는 버그보다 훨씬 잡기가 어렵기 때문입니다(컴파일 에러는 어느 곳에 문제가 있는지 컴파일러가 정확하게 알려주지만, 런타임 버그는 프로그래머의 논리력으로 추적해야 합니다. 같은 문제라면 기계의 도움을 받을 수 있는 쪽이 훨씬 쉽죠).

한 가지 더 이야기하고 예제 프로그램을 만들어볼게요. 출력 전용 매개변수는 사실 메소드를 호출하기 전에 미리 선언할 필요가 없습니다. 호출할 때 매개변수 목록 안에서 즉석으로 선언하면 되거든요.

```
int a = 20;
int b = 3;
// int c;
// int d;

Divide(a, b, out int c, out int d);

Console.WriteLine("Quotient : {0}, Remainder {1}", c, d);
```

이제 예제 코드를 작성해보겠습니다. 다음은 출력 전용 매개변수를 사용하는 프로그램입니다.

>>> 06장/UsingOut/MainApp.cs

```
01  using System;
02
03  namespace UsingOut
04  {
05      class MainApp
06      {
07          static void Divide(int a, int b, out int quotient, out int remainder)
08          {
09              quotient = a / b;
10              remainder = a % b;
11          }
```

```
12
13          static void Main(string[] args)
14          {
15              int a = 20;
16              int b = 3;
17              // int c;
18              // int d;
19
20              Divide(a, b, out int c, out int d);
21
22              Console.WriteLine($"a:{a}, b:{b}:, a/b:{c}, a%b:{d}");
23          }
24      }
25  }
```

> **실행 결과**

```
a:20, b:3:, a/b:6, a%b:2
```

6.7 메소드 오버로딩

오버로딩Overloading이란 '과적하다'라는 뜻입니다. 과적이란 트럭 따위에 원래의 탑재량을 넘겨 싣는 것을 말하죠. 메소드 오버로딩은 하나의 메소드 이름에 여러 개의 구현을 올리는 것을 뜻합니다.

이해를 돕기 위해 예를 들어보겠습니다. 다음과 같은 메소드를 작성했다고 해볼게요.

```
int Plus(int a, int b)
{
    return a + b;
}
```

현재 int 형식의 매개변수와 반환 형식을 갖고 있는 Plus() 메소드만 있는데, double 형식을 지원하는 버전도 추가해야 한다고 생각해보세요. 이미 Plus()라는 이름을 사용하고 있으니 새로 추가해야 하는 메소드는 PlusDouble()이라고 이름 지어야 할까요? 그렇지 않습니다. 메소드 오버로딩을 사용하면 Plus()라는 이름을 그대로 사용할 수 있습니다. 제가 아까 이야기했잖아요. 하나의 메소드 이름에 여러 개의 구현을 올리는 메소드 오버로딩 말입니다.

```
int Plus(int a, int b)
{
    return a + b;
}

double Plus(double a, double b)
{
    return a + b;
}
```

이렇게 오버로딩을 해놓으면 컴파일러가 메소드 호출 코드에 사용되는 매개변수의 수와 형식을 분석해서(오로지 매개변수만 분석합니다. 반환 형식은 묻지도 따지지도 않습니다) 어떤 버전이 호출될지를 찾아줍니다. 실행할 메소드의 버전을 찾는 작업이 컴파일 타임에 이루어지므로 성능 저하는 걱정하지 않아도 됩니다.

다음은 오버로딩된 Plus() 메소드를 호출하는 예제입니다. 여느 메소드 호출 코드와 다를 바가 없죠?

```
int     result1 = Plus(1, 2);       ●----------  int Plus(int, int)를 호출합니다.
double result2 = Plus(3.1, 2.4);    ●----------  double Plus(double, double)를 호출합니다.
```

메소드 오버로딩은 이름에 대한 고민을 줄여주는 동시에(프로그래밍 경험이 쌓이면 느끼게 될 것입니다. 코드에 이름을 붙이는 게 얼마나 힘든지 말입니다) 코드를 일관성 있게 유지해줍니다. 일관성 있는 코드는 메소드 작성자에게도 도움을 주지만, 메소드 사용자에게도 높은 생산성을 제공합니다. 예를 들어 System.Console 클래스의 WriteLine() 메소드는 모두 18개 버전을 오버로딩하고 있지만(다음 그림을 보세요), 우리는 버전을 의식하지 않고 자유롭게 이를 사용해왔습니다. 만약 오버로딩이 없었다면 WriteLine() 메소드는 각 구현에 따라 18개 이름으로 나뉘었을 것입니다. 끔찍하지 않나요?

```
Console.WriteLine(|
  ▲ 1/18 ▼  void Console.WriteLine()
           Writes the current line terminator to the standard output stream.
```

이제 메소드 오버로딩 예제 프로그램을 만들어보겠습니다.

```
>>> 06장/Overloading/MainApp.cs

01  using System;
02
03  namespace Overloading
04  {
05      class MainApp
06      {
07          static int Plus(int a, int b)
08          {
09              Console.WriteLine("Calling int Plus(int,int)...");
10              return a + b;
11          }
12
13          static int Plus(int a, int b, int c)
14          {
15              Console.WriteLine("Calling int Plus(int,int,int)...");
16              return a + b + c;
17          }
18
19          static double Plus(double a, double b)
20          {
21              Console.WriteLine("Calling double Plus(double,double)...");
22              return a + b;
23          }
24
25          static double Plus(int a, double b)
26          {
27              Console.WriteLine("Calling double Plus(int, double)...");
28              return a + b;
29          }
30
31          static void Main(string[] args)
32          {
33              Console.WriteLine(Plus(1, 2));
34              Console.WriteLine(Plus(1, 2, 3));
35              Console.WriteLine(Plus(1.0, 2.4));
36              Console.WriteLine(Plus(1, 2.4));
```

```
37            }
38        }
39    }
```

```
Calling int Plus(int,int)...
3
Calling int Plus(int,int,int)...
6
Calling double Plus(double,double)...
3.4
Calling double Plus(int, double)...
3.4
```

6.8 가변 개수의 인수

프로그래밍하다 보면 그저 인수의 '개수'가 다르다는 이유만으로 똑같은 메소드를 여러 버전으로 오버로딩하고 싶을 때가 있습니다. 이런 경우를 위해 C#은 '가변 개수의 인수'라는 기능을 제공합니다.

가변 개수의 인수란, 그 개수가 유연하게 변할 수 있는 인수를 말합니다. 이것을 이용하면 다음과 같이 입력되는 모든 인수의 합을 구하는 Sum() 메소드를 오버로딩하지 않고도 구현할 수 있습니다.

```
int total = 0;

total = Sum(1, 2);
total = Sum(1, 2, 3);
total = Sum(1, 2, 3, 4, 5, 6, 7, 8, 9, 10);
// …
```

가변 개수의 인수는 params 키워드와 배열을 이용해서 선언합니다. 다음은 가변 개수의 인수를 이용해서 모든 인수의 합을 구해 반환하는 Sum() 메소드의 구현입니다. 이렇게 구현한 메소드는 앞에서 본 코드에서처럼 인수의 개수를 달리해서 호출할 수 있습니다.

```
int Sum(params int[] args) ●┄┄┄┄┄┄┄┄┄┄┄┐
{                                        Sum() 메소드에 입력한 모든
    int sum = 0;                         매개변수는 args 배열에 담깁니다.

    for(int i=0; i<args.Length; i++)
    {
        sum += args[i];
    }

    return sum;
}
```

"어, 그럼 메소드 오버로딩은 필요 없겠네요?"

아니죠. 메소드 오버로딩은 매개변수의 개수뿐 아니라 형식이 다른 경우에도 사용할 수 있잖아요. 또한 매개변수의 개수가 유한하게 정해져 있다면 가변 개수의 인수보다는 메소드 오버로딩을 사용하는 것이 적절합니다. 가변 개수의 인수는 형식은 같으나 인수의 개수만 유연하게 달라질 수 있는 경우에 적합합니다.

다음에 가변 개수의 인수를 사용하는 예제 프로그램이 준비되어 있습니다. 따라서 만들어보세요.

>>> **06장/UsingParams/MainApp.cs**

```
01  using System;
02
03  namespace UsingParams
04  {
05      class MainApp
06      {
07          static int Sum(params int[] args)
08          {
09              Console.Write("Summing... ");
10
11              int sum = 0;
12
13              for(int i=0; i<args.Length; i++)
```

```
14              {
15                  if (i > 0)
16                      Console.Write(", ");
17
18                  Console.Write (args[i]);
19
20                  sum += args[i];
21              }
22          Console.WriteLine();
23
24          return sum;
25      }
26
27      static void Main(string[] args)
28      {
29          int sum = Sum(3, 4, 5, 6, 7, 8, 9, 10);
30
31          Console.WriteLine($"Sum : {sum}");
32      }
33  }
34 }
```

⊟ 실행 결과

```
Summing... 3, 4, 5, 6, 7, 8, 9, 10
Sum : 52
```

6.9 명명된 인수

메소드를 호출할 때 매개변수 목록 중 어느 매개변수에 데이터를 할당할지 지정하는 것은 '순서'입니다. 가령 void MyMethod(int a, int b, int c)와 같이 선언된 메소드를 MyMethod(1, 2, 3)이라고 호출하면 인수의 순서에 따라 a에는 1, b에는 2, c에는 3이 할당됩니다.

대부분 순서에 근거해서 매개변수에 인수를 할당하는 스타일을 사용하지만, C#은 또 다른 스타일도 지원합니다. 바로 명명된 인수Named Argument라는 건데요. 말 그대로 메소드를 호출할 때 인수의 이름에 근거해서 데이터를 할당할 수 있는 기능입니다.

명명된 인수를 사용하기 위해 메소드 선언에 손댈 일은 전혀 없습니다. 메소드를 호출할 때만 인수의 이름 뒤에 콜론(:)을 붙인 뒤 그 뒤에 할당할 데이터를 넣어주면 됩니다. 다음은 명명된 인수의 예제 코드입니다.

```
static void PrintProfile(string name, string phone)
{
    Console.WriteLine("Name:{0}, Phone:{1}", name, phone);
}

static void Main(string[] args)
{
    PrintProfile(name : "박찬호", phone : "010-123-1234");
}
```

얼핏 보기에는 명명된 인수가 더 많은 코드를 타이핑하도록 만드니 생산성을 떨어뜨리는 것 같습니다. 하지만 일단 명명된 인수를 이용해서 코드를 작성해놓고 나면 코드가 훨씬 읽기 좋아집니다. 매번 명명된 인수를 사용하는 것은 어렵겠지만, 인수가 너무 많아 어느 매개변수에 어느 인수를 할당하고 있는지 분간이 어려운 경우에는 명명된 인수가 분명히 도움이 될 것입니다.

그럼 명명된 인수의 예제 프로그램을 만들어보겠습니다.

>>> 06장/NamedParameter/MainApp.cs

```
01  using System;
02
03  namespace NamedParameter
04  {
05      class MainApp
06      {
07          static void PrintProfile(string name, string phone)
08          {
09              Console.WriteLine($"Name:{name}, Phone:{phone}");
10          }
11
12          static void Main(string[] args)
13          {
```

```
14                PrintProfile(name: "박찬호", phone: "010-123-1234");
15                PrintProfile(phone: "010-987-9876", name: "박지성");
16                PrintProfile("박세리", "010-222-2222");
17                PrintProfile("박상현", phone:"010-567-5678");
18          }
19      }
20  }
```

```
Name:박찬호, Phone:010-123-1234
Name:박지성, Phone:010-987-9876
Name:박세리, Phone:010-222-2222
Name:박상현, Phone:010-567-5678
```

6.10 선택적 인수

메소드의 매개변수는 기본값을 가질 수 있습니다. 그러니까 다음과 같이 매개변수를 특정 값으로 초기화하듯 메소드를 선언할 수 있다는 것입니다.

```
void MyMethod(int a, int b = 0)
{
    Console.WriteLine("{0}, {1}", a, b);
}
```

이와 같이 기본값을 가진 매개변수는 메소드를 호출할 때 해당 인수를 생략할 수 있습니다.

```
MyMethod (3);
```

물론 필요한 경우에는 인수를 입력할 수도 있습니다. 기본값을 가진 매개변수는 필요에 따라 인수를 할당하거나 할당하지 않을 수 있기 때문에 이를 '선택적 인수Optional Argument'라고 부릅니다.

```
MyMethod (3, 4);
```

선택적 인수는 항상 필수 인수 뒤에 와야 합니다. 물론 필수 인수가 하나도 없는 경우에는 이 규칙에 신경 쓰지 않아도 됩니다. 다음은 선택적 인수의 선언 예입니다.

```csharp
void MyMethod_0(int a = 0)
{
    Console.WriteLine("{0}", a);
}

void MyMethod_1(int a, int b = 0)
{
    Console.WriteLine("{0}, {1}", a, b);
}

void MyMethod_2(int a, int b, int c = 10, int d = 20)
{
    Console.WriteLine("{0}, {1}, {2}, {3}", a, b, c, d);
}
```

선택적 인수는 메소드의 사용자에게 신경 쓰고 싶지 않은 인수를 염두에 두지 않도록 편의를 제공하지만, 또 한편으로는 모호함이라는 스트레스도 같이 줍니다. 코드를 작성할 때는 인텔리센스의 도움을 받아 내가 어느 매개변수에 인수를 할당하는지 파악할 수 있지만, 작성한 지 한참이 지난 코드를 다시 들여다보면 내가 어느 매개변수에 어떤 인수를 할당했는지 잘 분간되지 않을 때도 있습니다. 매개변수의 수가 많고 여기에 선택적 인수도 여럿 포함되면 문제는 더 심각해집니다. 이런 경우 명명된 인수의 도움을 받으면 쉽게 문제를 풀 수 있습니다.

다음은 선택적 인수의 예제 프로그램입니다.

>>> 06장/OptionalParameter/MainApp.cs

```csharp
01   using System;
02
03   namespace OptionalParameter
04   {
05       class MainApp
06       {
07           static void PrintProfile(string name, string phone = "")
08           {
```

```
09            Console.WriteLine($"Name:{name}, Phone:{phone}");
10        }
11
12        static void Main(string[] args)
13        {
14            PrintProfile("중근");
15            PrintProfile("관순", "010-123-1234");
16            PrintProfile(name: "봉길");
17            PrintProfile(name: "동주", phone:"010-789-7890");
18        }
19    }
20 }
```

➡ 실행 결과

```
Name:중근, Phone:
Name:관순, Phone:010-123-1234
Name:봉길, Phone:
Name:동주, Phone:010-789-7890
```

❗ 여기서 잠깐 | **메소드 오버로딩 VS 선택적 매개변수**

선택적 인수는 상당히 유용한 기능임에 틀림없지만, 메소드 오버로딩과 함께 사용할 때 혼란을 야기할 수도 있습니다. 예를 들어, 다음과 같이 두 개의 MyMethod() 메소드를 오버로딩해봅시다.

```
void MyMethod(string arg0 = "", string arg1 = "")
{
    Console.WiteLine("A");
}

void MyMethod()
{
    Console.WriteLine("B");
}
```

그리고 다음과 같이 PrintProfile() 메소드를 호출했다고 해봅시다. 어떤 결과가 나올까요?

```
MyMethod();
```

정답은 'B가 출력된다'입니다. 하지만 이 정답에 의미를 둘 필요는 없습니다. 앞에서와 같이 선택적 인수와 오버로딩을 함께 사용한 것 자체가 0점짜리 코드이기 때문입니다.

오버로딩할지 아니면 선택적 인수를 사용할지 프로그래머가 정책적으로 분명하게 정할 필요가 있습니다. 논리는 동일하되 매개변수가 다른 경우는 선택적 인수를 사용하고, 매개변수에 따라 논리도 함께 달라지는 경우에는 오버로딩을 사용하는 식으로 말입니다.

6.11 로컬 함수

로컬 함수Local Function는 메소드 안에서 선언되고, 선언된 메소드 안에서만 사용되는 특별한 함수입니다. 클래스의 멤버가 아니기 때문에 메소드가 아니라 함수라고 부릅니다. 선언 방법은 메소드와 다르지 않지만, 로컬 함수는 자신이 존재하는 지역에 선언되어 있는 변수를 사용할 수 있습니다. 다음 예제의 SomeLocalFunction()이 바로 로컬 함수입니다. SomeMethod() 안에서 선언됐죠. SomeMethod()는 count라는 지역 변수를 갖고 있는데, SomeLocalFunction()은 해당 변수를 자유롭게 읽고 씁니다.

```
class SomeClass
{
    public void SomeMethod()  ←----------------------- 메소드 선언
    {
        int count = 0;
        SomeLocalFunction(1, 2);  ←------------------- 로컬 함수 호출
        SomeLocalFunction(3, 4);

        void SomeLocalFunction(int a, int b)  ←------- 로컬 함수 선언
        {
            // Do Some Work
            Console.WriteLine($"count : {++count}");  ←----
        }                                   로컬 함수는 자신이 속한 메소드의
    }                                       지역 변수를 사용할 수 있습니다.
}
```

로컬 함수는 메소드 밖에서는 다시 쓸 일 없는 반복적인 작업을 하나의 이름 아래 묶어놓는 데 제격입니다. 14장에서 만나게 될 람다식과 더불어 프로그래머에게 코드를 간추릴 수 있는 또 하나의 옵션을 제공하는 것이죠.

예제 프로그램을 만들어보겠습니다.

```
01  using System;
02
03  namespace LocalFunction
04  {
05      class MainApp
06      {
07          static string ToLowerString(string input)
08          {
09              var arr = input.ToCharArray();
10              for(int i=0; i<arr.Length; i++)
11              {
12                  arr[i] = ToLowerChar(i);
13              }
14
15              char ToLowerChar(int i)  •----------------------- 로컬 함수 선언
16              {
17                  if (arr[i] < 65 || arr[i] > 90) // A ~ Z의 ASCII 값 : 65 ~ 90
18                      return arr[i];
19                  else // a ~ z의 ASCII 값 : 97 ~ 122
20                      return (char)(arr[i] + 32);
21              }                              ToLowerString() 메소드의
22                                             지역변수 arr을 사용합니다.
23              return new string(arr);
24          }
25          static void Main(string[] args)
26          {
27              Console.WriteLine(ToLowerString("Hello!"));
28              Console.WriteLine(ToLowerString("Good Morning."));
29              Console.WriteLine(ToLowerString("This is C#."));
30          }
31      }
32  }
```

📥 실행 결과

```
hello!
Good morning.
This is c#.
```

01 다음 코드에서 Square( ) 메소드를 구현해 프로그램을 완성하세요. Sqaure( ) 함수는 매개
변수를 제곱하여 반환합니다. 프로그램의 실행 예는 다음과 같습니다.

```
수를 입력하세요.: 3
결과 : 9

수를 입력하세요. : 34.2
결과 : 1169.64
```

```csharp
using System;

namespace Ex6_1
{
    class MainApp
    {
        static double Square(double arg)
        {
            // 이 메소드를 구현해주세요.
        }

        static void Main(string[] args)
        {
            Console.Write("수를 입력하세요. : ");
            string input = Console.ReadLine();
            double arg = Convert.ToDouble(input);

            Console.WriteLine("결과 : {0}", Square(arg));
        }
    }
}
```

02 다음 코드에서 Mean() 메소드를 실행한 후의 mean은 얼마의 값을 가질까요? 3이라고요? 아닙니다. 0입니다. 자, 문제 나갑니다. mean이 0을 갖게 되는 원인은 무엇이며, 이를 바로 잡으려면 다음 코드에서 어떤 부분을 고쳐야 할까요?

```
using System;

namespace Ex6_2
{
    class MainApp
    {
        public static void Main()
        {
            double mean = 0;

            Mean(1, 2, 3, 4, 5, mean);

            Console.WriteLine("평균 : {0}", mean);
        }

        public static void Mean(
            double a, double b, double c,
            double d, double e, double mean)
        {
            mean = (a + b + c + d + e) / 5;
        }
    }
}
```

03 다음 코드에 Plus() 메소드가 double 형 매개변수를 지원하도록 오버로딩하세요. 이 프로그램이 완성된 후의 실행 결과는 다음과 같아야 합니다.

```
3 + 4 = 7
2.4 + 3.1 = 5.5
```

```
using System;

namespace Ex6_3
{
    class MainApp
    {
        public static void Main()
        {

            int a = 3;
            int b = 4;
            int resultA = 0;

            Plus(a, b, out resultA);

            Console.WriteLine("{0} + {1} = {2}", a, b, resultA);

            double x = 2.4;
            double y = 3.1;
            double resultB = 0;

            Plus(x, y, out resultB); // 오버로드가 필요한 메소드입니다.

            Console.WriteLine("{0} + {1} = {2}", x, y, resultB);
        }

        public static void Plus(int a, int b, out int c)
        {
            c = a + b;
        }

        // 이 아래에 double 형 매개변수를 받을 수 있도록
        // 오버로딩된 Plus() 메소드를 작성하세요.
    }
}
```

07

▶ 클래스

사실주의 화가는 눈에 보이는 그대로를 캔버스에 옮깁니다. 가령 인물을 그린다고 하면 눈썹 한 올까지도 그대로 묘사해내려 합니다. 반면에 추상주의 화가는 인물을 관찰하면서 자신이 그 인물에게서 발견한 중요한 특징만 뽑아내 몇 가지 한정된 도구(예를 들어 점, 선, 색)만 이용하여 화폭 안에 재구성해 넣습니다. 이 작업을 '추상화抽象化 : Abstraction'라고 하는데, 추상화를 통해 그려낸 그림도 역시 '추상화抽象畵 : Abstract Painting'라고 합니다(같아 보이지만 엄연히 다른 단어입니다. 두 단어가 함께 사용될 때는 문맥을 통해 구분해야 합니다).

프로그래머는 모두 추상주의 예술가입니다. 화가가 점, 선, 색을 사용한다면 우리는 코드를, 구체적으로는 클래스Class를 사용합니다. 우리는 클래스로 게임 속 축구 선수를 그려야 하고, 보험 업무를 그려야 하며, 세상을 그려야 합니다.

학습목표

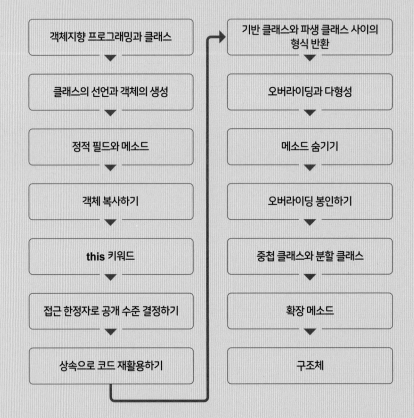

◉ 이 장의 **핵심 개념**

- 객체지향 프로그래밍과 클래스의 정의를 이해합니다.

- 클래스를 선언하고 객체를 생성하는 방법을 익힙니다.

- 인스턴스 멤버와 정적 멤버의 차이를 이해합니다.

- 클래스 멤버를 보호하는 접근 한정자의 종류와 역할을 이해합니다.

- 클래스 간 상속을 이해합니다.

- 메소드 오버라이딩과 다형성을 이해합니다.

◉ 이 장의 **학습 흐름**

객체지향 프로그래밍과 클래스
▼
클래스의 선언과 객체의 생성
▼
정적 필드와 메소드
▼
객체 복사하기
▼
this 키워드
▼
접근 한정자로 공개 수준 결정하기
▼
상속으로 코드 재활용하기

기반 클래스와 파생 클래스 사이의 형식 반환
▼
오버라이딩과 다형성
▼
메소드 숨기기
▼
오버라이딩 봉인하기
▼
중첩 클래스와 분할 클래스
▼
확장 메소드
▼
구조체

7.1 객체지향 프로그래밍과 클래스

클래스를 이야기하려면, 먼저 객체지향 프로그래밍Object Oriented Programming을 설명해야 합니다. 객체지향 프로그래밍은 OOP라고도 하는데, 코드 내 모든 것을 객체Object로 표현하려는 프로그래밍 패러다임을 뜻합니다. 여기에서 객체는 세상의 모든 것을 지칭하는 단어입니다. 사람도 객체이고 연필도 객체이고 자동차, 파일, 모니터, 상품 주문 등도 모두 객체입니다. 그럼 많은 독자가 이렇게 물을 것입니다. '아니, 이 모든 것을 어떻게 코드로 표현합니까?' 우리가 사실주의 예술가였다면 불가능했을지도 모릅니다. 하지만 우리는 추상주의 예술가입니다. 이 모든 것을 그대로 표현할 필요가 없습니다. 그렇다고 왜곡하자는 이야기는 아닙니다. 객체의 주요 특징만 뽑아내자는 것이죠.

이 세상에서 객체라고 할 만한 모든 것이 갖고 있는 두 가지가 있습니다. 바로 속성과 기능입니다. 사람의 속성과 기능을 뽑아볼까요? 속성으로는 피부색, 키, 몸무게 등을 뽑을 수 있고 기능으로는 걷기, 뛰기, 보기, 듣기 등을 뽑을 수 있습니다. 한 가지 더 예를 들어 컴퓨터 파일의 속성과 기능을 뽑아볼게요. 속성으로는 크기, 종류, 파일 생성 날짜 등이 있겠고, 기능으로는 수정, 삭제 등이 있겠네요. 객체지향 프로그래밍을 시작하기 위해서는 객체가 가진 속성과 기능을 골라낼 수 있는 눈이 필요합니다. 다행히도 이것은 그렇게 어려운 일이 아닙니다.

> **? VITAMIN QUIZ 7-1**
>
> 여러분도 책상 위에 놓여 있는 아무 물건이나 골라서 속성과 기능을 뽑아보세요.

여러분께 질문을 하나 하겠습니다. 속성과 기능을 어떻게 C# 코드로 표현할 수 있을까요? 어렵지 않습니다. 속성은 데이터로, 기능은 메소드로 표현하면 됩니다. 정리하자면 객체는 데이터와 메소드로 이루어집니다.

객체지향 프로그래밍을 소개했으니 이제 클래스Class를 설명해야겠군요. 클래스는 객체를 만들기 위한 청사진입니다. 클래스가 자동차 설계도라면, 객체는 생산된 실제 자동차라고 할 수 있습니다. 설계도는 자동차가 어떤 속성과 어떤 기능을 가져야 하는지를 지정하고, 속성 중에 변경가능한 것과 변경불가능한 것을 결정합니다. 설계도는 실체를 가지지 않지만, 공장에서 제작된 자동차는 실체가 있어서 도로나 주차 공간을 차지합니다. 자동차는 차대 번호는 물론, 다양한 색상과 휠 사이즈를 가질 수 있습니다. 설계도에서 지정한 변경가능한 속성들이니까요.

마찬가지로, 클래스는 객체가 가지게 될 속성과 기능을 정의하지만 실체를 가지지 않습니다. 클래스를 이용해 만든 객체가 실체를 가지죠. 동일 클래스로 객체 3개를 만들면, 이 세 객체는 서로가 구분되는 고유한 실체를 가지며 저마다 메모리 공간을 차지합니다.

> **! 여기서 잠깐** **학급은 잊어버리세요**
>
> 앞으로 C#을 공부하기 위해서는 클래스라는 단어를 읽을 때마다 '학급'을 떠올리는 일은 그만두는 편이 좋습니다. Class는 학급 말고도 종류, 집합, 등급 등 여러 뜻이 있습니다. 여기에 '객체지향 프로그래밍의 클래스'를 하나 추가해 두세요.

우리는 프로그래머니까 아무래도 코드로 이야기하는 편이 더 빠를 것 같군요. 다음 코드를 보시겠어요?

```
string a = "123";
string b = "Hello";
```

이 코드에서 string은 C#에서 이미 정의된 문자열을 다루는 클래스이고 a와 b는 객체입니다. 다시 말해, string은 문자열을 담는 객체를 위한 청사진이고, a와 b는 실제로 데이터를 담을 수 있는 실제 객체입니다. a와 b를 일컬어서 string의 실체Instance라고 하는데, 일반적으로 영어 발음 그대로 인스턴스라고 부릅니다. 그래서 객체를 인스턴스라고 부르기도 합니다.

다시 클래스 이야기로 돌아와서, 객체에서 뽑아낸 속성과 기능은 클래스 안에 변수와 메소드로 표현됩니다. 이런 식으로 프로그래밍하는 것이 바로 객체지향 프로그래밍입니다. 이어서 클래스를 선언하는 방법에 대해 이야기하겠습니다.

> **! 여기서 잠깐** **클래스는 복합 데이터 형식입니다**
>
> 클래스는 여러 관점에서 그 의미를 이해해야 합니다. 앞서 설명한 것처럼, 객체지향적인 관점에서 보면 클래스는 객체를 위한 청사진인 동시에 데이터와 메소드를 묶는 집합입니다. 또 한편으로, 코드에서 보는 클래스는 또 하나의 데이터 형식입니다. 기본 데이터 형식을 조합해서 만드는 복합 데이터 형식 말입니다.

7.2 클래스의 선언과 객체의 생성

클래스는 다음과 같이 class 키워드를 이용해서 선언합니다.

```
class 클래스_이름
{
    // 데이터와 메소드
}
```

예제를 만들어볼까요? 저는 고양이를 추상화해서 클래스로 표현해보고 싶군요. 고양이가 가진 속성으로 이름과 색깔, 기능으로는 '야옹'을 뽑아서 추상화해보겠습니다.

```
class Cat
{
    public string Name;    •------- 필드
    public string Color;  •

    public void Meow()    •-------- 메소드
    {
        Console.WriteLine("{0} : 야옹", Name);
    }
}
```

이 코드의 Cat 클래스에 선언된 Name과 Color처럼 클래스 안에 선언된 변수들을 일컬어 필드[Field]라고 합니다. 그리고 필드와 메소드를 비롯하여 프로퍼티, 이벤트(이 둘은 나중에 배우게 됩니다) 등 클래스 내에 선언된 요소들을 일컬어 멤버[Member]라고 합니다.

한편, 클래스는 청사진입니다. 실체(인스턴스)가 아니죠. 따라서 Cat도 청사진이지 인스턴스가 아닙니다. 이제 Cat의 인스턴스를 만들어보겠습니다. 한 마리는 외로울 테니까 두 마리를 만들게요.

```
Cat kitty = new Cat();  •-------- kitty 객체 생성
kitty.Color = "하얀색";
kitty.Name = "키티";
kitty.Meow();
Console.WriteLine("{0} : {1}", kitty.Name, kitty.Color);
```

```
Cat nero = new Cat();  •- - - - - - - - - -  nero 객체 생성
nero.Color = "검은색";
nero.Name = "네로";
nero.Meow();
Console.WriteLine("{0} : {1}", nero.Name, nero.Color);
```

사실 7장에 오기 전에도 클래스를 꽤 많이 사용해왔기 때문에 여러분에게도 저 코드의 대부분은 이
미 익숙한 상태일 것입니다. 하지만 객체를 생성하는 부분은 조금 낯설죠? 이 부분을 같이 살펴보겠
습니다.

kitty 객체를 생성할 때 다음과 같은 코드를 사용했습니다.

```
Cat kitty = new Cat();
```

이 문장의 맨 끝에 있는 Cat()은 생성자Constructor라고 하는 특별한 메소드입니다. 생성자는 클래스의
이름과 동일한 이름을 가지며, 객체를 생성하는 역할을 합니다. Cat() 생성자 앞에 있는 new 키워
드는 생성자를 호출해서 객체를 생성하는 데 사용하는 연산자입니다. 말하자면 new 연산자와 생성
자는 바늘과 실 같은 존재라고 할 수 있습니다.

Cat 클래스를 비롯한 모든 클래스는 복합 데이터 형식입니다. 그리고 복합 데이터 형식은 참조 형식
입니다. 다음 문장과 같은 선언문에서 kitty는 null을 가집니다. kitty 자체에 메모리가 할당되는 것
이 아니고 kitty는 참조로서 객체가 있는 곳을 가리킬 뿐이니까요.

```
Cat kitty;
```

그래서 new 연산자와 생성자가 필요한 것입니다. new 연산자와 생성자를 이용해서 힙에 객체를
생성하고, kitty는 생성자가 힙에 생성한 객체를 가리키는 거죠.

> **! 여기서 잠깐** **new 연산자와 생성자는 모든 데이터 형식에 사용할 수 있습니다**
>
> C#에서는 int나 float, string과 같은 데이터 형식도 생성자를 갖고 있습니다. 따라서 다음과 같은 변수 선언도
> 가능합니다.
>
> ```
> int a = new int();
> a = 3;
> string b = new string( new char []{'한', '글'});
> ```
>
> 하지만 뭐 하러 이런 코드를 쓰겠습니까? 귀찮기만 한데 말입니다.

생성자는 잠시 후에 이어지는 절에서 다시 설명하겠습니다. 지금은 클래스를 선언하고 객체를 생성하는 예제 프로그램을 작성해보겠습니다.

>>> **07장/BasicClass/MainApp.cs**

```
01  using System;
02
03  namespace BasicClass
04  {
05      class Cat
06      {
07          public string Name;
08          public string Color;
09
10          public void Meow()
11          {
12              Console.WriteLine($"{Name} : 야옹");
13          }
14      }
15
16      class MainApp
17      {
18          static void Main(string[] args)
19          {
20              Cat kitty = new Cat();
21              kitty.Color = "하얀색";
22              kitty.Name = "키티";
```

```
23              kitty.Meow();
24              Console.WriteLine($"{kitty.Name} : {kitty.Color}");
25
26              Cat nero = new Cat();
27              nero.Color = "검은색";
28              nero.Name = "네로";
29              nero.Meow();
30              Console.WriteLine($"{nero.Name} : {nero.Color}");
31          }
32      }
33  }
```

```
키티 : 야옹
키티 : 하얀색
네로 : 야옹
네로 : 검은색
```

7.3 객체의 삶과 죽음에 대하여: 생성자와 종료자

객체가 생성될 때는 생성자Constructor가 호출되고 소멸할 때는 종료자Finalizer가 호출됩니다. 이번 절에
서는 객체의 삶과 죽음에 관여하는 두 개의 특별한 메소드에 대해 알아보겠습니다.

7.3.1 생성자

다음은 생성자의 선언 형식입니다. 보다시피 생성자는 클래스와 이름이 같고 반환 형식이 없습니다.
생성자의 임무는 단 한 가지, 해당 형식(클래스)의 객체를 생성하는 것뿐이기 때문입니다.

```
class 클래스_이름
{
    한정자 클래스_이름( 매개변수_목록 )
    {                          생성자
        //
```

```
    }

    // 필드
    // 메소드
}
```

클래스를 선언할 때 명시적으로 생성자를 구현하지 않아도 컴파일러에서 생성자를 만들어 줍니다 (이런 생성자를 기본 생성자^{Default Constructor}라고 합니다). 이렇게 컴파일러가 자동으로 만들어 주는데, 생성자를 귀찮게 구현해야 하는 이유는 뭘까요? 객체를 다루다 보면 객체를 생성하는 시점에 객체의 상태를, 다시 말해 객체의 필드를 원하는 값으로 초기화하고 싶을 때가 있습니다. 매개변수를 입력받아 원하는 값으로 필드를 초기화할 수 있는 최적의 장소가 바로 생성자입니다.

다음은 생성자 예제입니다. 생성자도 여느 메소드와 마찬가지로 오버로딩이 가능합니다. 따라서 다양한 버전의 생성자를 준비해놓을 수 있습니다.

```
class Cat          ┌─ 한정자 ─┐
{                  ●
    public Cat()  ●─── 생성자
    {
        Name = "";
        Color = "";        ┌─ 객체를 생성할 때 이름과 색을
    }                      │  입력받아 초기화합니다.
                           └─
    public Cat(string _Name, string _Color)
    {
        Name = _Name;
        Color = _Color;
    }

    public string Name;
    public string Color;

    // …
}
```

이렇게 선언한 생성자는 다음과 같이 사용할 수 있습니다. 매개변수가 없는 버전의 Cat() 생성자는 컴파일러가 자동으로 생성해준 생성자를 호출할 때처럼 사용하면 되고, 매개변수가 있는 버전의 Cat() 생성자는 생성자의 괄호 안에 필요한 인수를 입력하면 됩니다.

```
Cat kitty = new Cat();    // Cat()
kitty.Name = "키티";
kitty.Color = "하얀색";

Cat nabi = new Cat("나비", "갈색"); // Cat(string _Name, string _Color)
```

! 여기서 잠깐　　**컴파일러가 기본 생성자를 제공하지 않는 경우**

프로그래머가 생성자를 하나라도 직접 정의하면 C# 컴파일러는 매개변수 없는 기본 생성자를 제공하지 않습니다. 주던 것을 안 준다고 C# 컴파일러를 야박하게 생각할 필요는 없습니다. 여러분이 생성자를 작성했다는 것은 객체가 특정한 상태로 초기화되기를 원한다는 뜻인데, 기본 생성자는 그런 의도와 상관없이 객체를 초기화합니다. C# 컴파일러는 프로그래머의 의도와 다르게 동작하는 코드가 제공되는 것을 방지하려는 것뿐입니다.

7.3.2 종료자

생성자의 이름은 클래스의 이름과 같았죠? 종료자의 이름은 클래스 이름 앞에 ~를 붙인 꼴입니다. 그리고 종료자는 생성자와는 달리 매개변수도 없고, 한정자도 사용하지 않습니다. 또한 여러 버전의 종료자를 만드는 오버로딩도 불가능하며 직접 호출할 수도 없습니다. 그럼 종료자를 어떻게 사용하냐고요? CLR의 가비지 컬렉터가 객체가 소멸되는 시점을 판단해서 종료자를 호출해 줍니다.

```
class 클래스_이름
{
    ~클래스_이름()  •········   종료자
    {
        //
    }
}
```

```
        // 필드
        // 메소드
    }
```

앞에서 종료자를 소개하기는 했지만, 다음과 같은 이유로 가급적 사용하지 않는 것이 좋습니다.

일단 우리는 CLR의 가비지 컬렉터가 언제 동작할지 예측할 수 없습니다. 동네 쓰레기 수거 트럭은 매일 새벽 일정한 시간에 찾아오지만, CLR의 가비지 컬렉터는 그렇지 않습니다. 치워야 할 쓰레기가 일정 양에 이르러야 동작하거든요. 문제는 쓰레기가 차오르는 시간을 정확하게 알 수 없고, 따라서 가비지 컬렉터가 동작할 시점도 알 수 없다는 것입니다. 객체의 사용이 끝난 직후가 될 수도 있고 10분 후가 될 수도 있습니다. 중요한 자원을 종료자에서 해제하도록 놔뒀다가는 얼마 가지 않아 자원이 금세 부족해지는 현상을 겪게 될지도 모릅니다.

그뿐이 아닙니다. 종료자를 명시적으로 구현하면 가비지 컬렉터는 클래스의 족보를 타고 올라가 객체로부터 상속받은 Finalize() 메소드를 호출합니다. 그런데 이렇게 하면 응용 프로그램의 성능 저하를 초래할 확률이 높아 권장하지 않습니다.

종료자를 구현하지 말아야 할 가장 중요한 이유가 있는데, 그것은 바로 CLR의 가비지 컬렉터는 우리보다 훨씬 더 똑똑하게 객체의 소멸을 처리할 수 있다는 것입니다. 생성은 생성자에, 뒤처리는 가비지 컬렉터에 맡기는 편이 좋습니다.

이제 예제 프로그램을 하나 만들어보겠습니다. 이 프로그램은 생성자와 종료자를 모두 테스트합니다.

>>> **07장/Constructor/MainApp.cs**

```
01  using System;
02
03  namespace Constructor
04  {
05      class Cat
06      {
07          public Cat()
08          {
09              Name = "";
10              Color = "";
11          }
```

```
12
13        public Cat(string _Name, string _Color)
14        {
15            Name = _Name;
16            Color = _Color;
17        }
18
19        ~Cat()
20        {
21            Console.WriteLine($"{Name} : 잘가");
22        }
23
24        public string Name;
25        public string Color;
26
27        public void Meow()
28        {
29            Console.WriteLine($"{Name} : 야옹");
30        }
31    }
32
33    class MainApp
34    {
35        static void Main(string[] args)
36        {
37            Cat kitty = new Cat("키티", "하얀색");
38            kitty.Meow();
39            Console.WriteLine($"{kitty.Name} : {kitty.Color}");
40
41            Cat nero = new Cat("네로", "검은색");
42            nero.Meow();
43            Console.WriteLine($"{nero.Name} : {nero.Color}");
44        }
45    }
46 }
```

```
키티 : 야옹
키티 : 하얀색
네로 : 야옹
네로 : 검은색
네로 : 잘가
키티 : 잘가
```

> **! 여기서 잠깐**   예제 프로그램의 결과가 다를 수도 있습니다
>
> 객체의 소멸을 담당하는 가비지 컬렉터가 언제 동작할지는 며느리도 모릅니다. 앞에서 설명했듯 매일 새벽 일정한 시간이 되면 어김없이 찾아오는 우리 동네 쓰레기 수거 트럭과는 달리, 가비지 컬렉터는 쓰레기의 양이 어느 선을 넘어야만 일을 하기 때문입니다. 또한 프로그램이 종료하기 전에 '반드시' 가비지 컬렉터가 쓰레기를 수집한다는 보장뿐 아니라 어떤 객체를 어떤 순서로 소멸시킬지에 대한 보장도 없기 때문에 앞의 예제 프로그램 출력 결과 중 마지막 두 줄은 실행할 때마다 달라질 수 있습니다.

7.4 정적 필드와 메소드

"static은 사전적으로는 '정적(靜的)'이라는 뜻을 갖고 있습니다. 움직이지 않는다는 뜻이죠. C#에서 static은 메소드나 필드가 클래스의 인스턴스가 아닌 클래스 자체에 소속되도록 지정하는 한정자입니다."

이 문구는 6.1절 〈여기서 잠깐〉에서 살펴봤던 static 한정자(206쪽)의 설명 중 일부를 인용해온 것입니다. 이제 우리는 클래스와 인스턴스를 구분할 수 있으니 저 설명이 무슨 뜻인지 분명하게 알 수 있게 됐습니다. 한 프로그램 안에서 인스턴스는 여러 개가 존재할 수 있으나 클래스는 단 하나만 존재합니다. 똑같은 클래스가 두 개 이상 존재할 수는 없습니다. 어떤 필드가 클래스에 소속된다는 것은 곧 그 필드가 프로그램 전체에서 유일하게 존재한다는 것을 의미합니다.

다음 표는 필드(클래스 안에 선언한 변수)가 인스턴스에 소속된 경우와 클래스에 소속된 경우의 예제 코드를 담고 있습니다. static으로 한정하지 않은 필드는 자동으로 인스턴스에 소속되며, static으로 한정한 필드는 클래스에 소속됩니다.

인스턴스에 소속된 필드의 경우	클래스에 소속된 필드의 경우(static)

``
class MyClass
{
    public int a;
    public int b;
}
 	
//
 	
public static void Main()
{
    MyClass obj1 = new MyClass();
    obj1.a = 1;
    obj1.b = 2;
 	
    MyClass obj2 = new MyClass();
    obj2.a = 3;
    obj2.b = 4;
}
``
	``
	class MyClass
	{
	    public static int a;
	    public static int b;
	}
	
	//
	
	public static void Main()
	{
	    MyClass.a = 1;
	    MyClass.b = 2;
	}
	``
	
	인스턴스를 만들지 않고 클래스의 이름을 통해 필드에 직접 접근합니다.

그런데 정적 필드를 만들어서 얻는 이득이 무엇일까요? 앞에서도 설명했지만 static으로 수식한 필드는 프로그램 전체에 걸쳐 하나밖에 존재하지 않습니다. 프로그램 전체에 걸쳐 공유해야 하는 변수가 있다면 정적 필드를 이용하면 됩니다.

정적 필드를 이용하는 예제 프로그램을 하나 만들어보겠습니다. 다음은 여러 클래스에서 Global이라는 이름을 가진 클래스의 정적 필드에 접근하는 예제를 보여줍니다.

>>> **07장/StaticField/MainApp.cs**

```
01  using System;
02
03  class Global
04  {
05      public static int Count = 0;
06  }
07
08  class ClassA
09  {
```

```
10      public ClassA()
11      {
12          Global.Count++;
13      }
14  }
15
16  class ClassB
17  {
18      public ClassB()
19      {
20          Global.Count++;
21      }
22  }
23
24  class MainApp
25  {
26      static void Main()
27      {
28          Console.WriteLine($"Global.Count : {Global.Count}");
29
30          new ClassA();
31          new ClassA();
32          new ClassB();
33          new ClassB();
34
35          Console.WriteLine($"Global.Count : {Global.Count}");
36      }
37  }
```

> 실행 결과

```
Global.Count : 0
Global.Count : 4
```

정적 메소드 역시 정적 필드처럼 인스턴스가 아닌 클래스 자체에 소속됩니다. 정적 메소드에 대해 우
리가 우선 기억해야 할 것은 정적 메소드가 클래스의 인스턴스를 생성하지 않아도 호출이 가능한 메
소드라는 점입니다. 정적 메소드는 다음과 같이 선언하고 사용합니다. 낯설지 않을 것입니다. 정적
메소드는 이미 우리가 여러 예제 코드를 통해 테스트해왔으니까요.

```
class MyClass
{
    public static void StaticMethod()
    {
        // …
    }
}

// …

MyClass.StaticMethod(); •┈┈┈┈┈┈┈┈┈┈┈┈   인스턴스를 만들지 않고도 바로 호출 가능
```

비(非) 정적 메소드를 일컫는 용어가 뭘까요? 동적^{dynamic} 메소드? 아닙니다. 클래스에 소속되는 정적 메소드와 달리 인스턴스에 소속된다고 해서 인스턴스 메소드라고 합니다. 인스턴스 메소드는 이름처럼 클래스의 인스턴스를 생성해야만 호출할 수 있는 메소드입니다. 다음 코드가 인스턴스 메소드의 예입니다.

```
class MyClass
{
    public void InstanceMethod()
    {
        // …
    }
}

// …
MyClass obj = new MyClass();
obj.InstanceMethod(); •┈┈┈┈┈┈┈┈┈┈┈┈   인스턴스를 만들어야 호출 가능
```

보통 객체 내부 데이터를 이용해야 하는 경우에는 인스턴스 메소드를 선언하고, 내부 데이터를 이용할 일이 없는 경우에는 별도의 인스턴스 생성 없이 호출할 수 있도록 메소드를 정적으로 선언합니다. 어떤 경우에 인스턴스 메소드를 선언할지 또는 정적 메소드를 선언할지에 대해서는 MS의 엔지니어들이 .NET 클래스 라이브러리 안에 좋은 예를 마련해 놨습니다. 이 책의 곳곳에서 소개되는 .NET의 클래스를 활용하는 실습을 통해 공부해 나가면 됩니다.

7.5 객체 복사하기: 얕은 복사와 깊은 복사

다음과 같은 클래스를 선언합니다.

```
class MyClass
{
    public int MyField1;
    public int MyField2;
}
```

그리고 다음과 같이 두 개의 인스턴스 source와 target을 만들고 값을 할당했다고 해보겠습니다.

```
MyClass source = new MyClass();
source.MyField1 = 10;
source.MyField2 = 20;

MyClass target = source;
target.MyField2 = 30;

Console.WriteLine("{0} {1}", source.MyField1, source.MyField2);
Console.WriteLine("{0} {1}", target.MyField1, target.MyField2);
```

여러분은 이 코드의 결과가 어떻게 나올 거라 생각하나요? 다음에 보기가 있습니다. 골라보세요.

1번	2번
10 20	10 30
10 30	10 30

정답은 2번입니다. 왜 이런 일이 일어났냐 하면 말이죠, 클래스는 태생이 참조 형식이기 때문입니다. 처음에 데이터 형식을 설명할 때 참조 형식과 값 형식이 메모리에 저장되는 방식의 차이에 대해서도 이야기했죠? 참조 형식은 힙 영역에 객체를 할당하고 스택에 있는 참조가 힙 영역에 할당된 메모리를 가리킵니다. 앞의 예제 코드에서 source 객체는 다음과 같이 메모리에 할당됩니다.

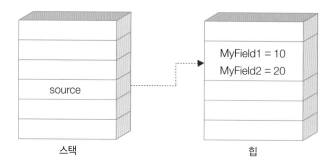

그리고 source를 복사해서 받은 target은 힙에 있는 실제 객체가 아닌 스택에 있는 참조를 복사해서 받습니다. 다음 그림에서처럼 source와 target이 사이 좋게 같은 곳을 바라보게 됩니다. 이 때문에 target의 MyField2를 30으로 바꿨는데 source의 MyField2도 30으로 바뀌는 문제가 생긴 것입니다. 이렇게 객체를 복사할 때 참조만 살짝 복사하는 것을 얕은 복사Shallow Copy라고 합니다.

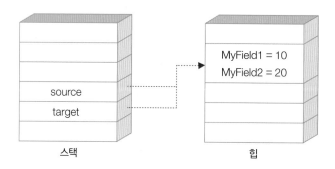

우리가 원하는 것은 얕은 복사가 아닙니다. 다음 그림에서처럼 target이 힙에 보관되어 있는 내용을 source로부터 복사해서 받아 별도의 힙 공간에 객체를 보관하기를 바라는 것이죠. 이른바 깊은 복사Deep Copy 말입니다.

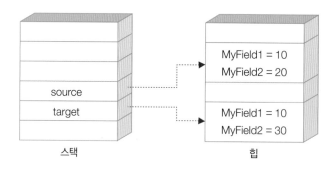

안타깝게도, C#에서는 이와 같은 일을 자동으로 해주는 구문이 없습니다. 우리 스스로 깊은 복사를 수행하는 코드를 만들어야 합니다. 간단하게는 다음과 같이 구현할 수도 있습니다.

```
class MyClass
{
    public int MyField1;
    public int MyField2;
    public MyClass DeepCopy()  •-----------  객체를 힙에 새로 할당해서 그곳에
    {                                        자신의 멤버를 일일이 복사해 넣습니다.
        MyClass newCopy = new MyClass();
        newCopy.MyField1 = this.MyField1;
        newCopy.MyField2 = this.MyField2;
        return newCopy;
    }
}
```

다음은 얕은 복사 vs 깊은 복사의 예제 프로그램입니다. 비교해봅시다.

>>> **07장/DeepCopy/MainApp.cs**

```
01  using System;
02
03  namespace DeepCopy
04  {
05      class MyClass
06      {
07          public int MyField1;
08          public int MyField2;
09
10          public MyClass DeepCopy()
11          {
12              MyClass newCopy = new MyClass();
13              newCopy.MyField1 = this.MyField1;
14              newCopy.MyField2 = this.MyField2;
15
16              return newCopy;
17          }
18      }
```

```
19
20    class MainApp
21    {
22        static void Main(string[] args)
23        {
24            Console.WriteLine("Shallow Copy");
25
26            {
27                MyClass source = new MyClass();
28                source.MyField1 = 10;
29                source.MyField2 = 20;
30
31                MyClass target = source;
32                target.MyField2 = 30;
33
34                Console.WriteLine($"{source.MyField1} {source.MyField2}");
35                Console.WriteLine($"{target.MyField1} {target.MyField2}");
36            }
37
38            Console.WriteLine("Deep Copy");
39
40            {
41                MyClass source = new MyClass();
42                source.MyField1 = 10;
43                source.MyField2 = 20;
44
45                MyClass target = source.DeepCopy();
46                target.MyField2 = 30;
47
48                Console.WriteLine($"{source.MyField1} {source.MyField2}");
49                Console.WriteLine($"{target.MyField1} {target.MyField2}");
50            }
51        }
52    }
53 }
```

```
Shallow Copy
10 30
```

```
10 30
Deep Copy
10 20
10 30
```

! 여기서 잠깐   ICloneable.Clone() 메소드

System 네임스페이스에는 ICloneable이라는 인터페이스가 있습니다. 인터페이스는 8장에서 자세히 다루지 만 여기에서 간략하게 이야기하자면 '클래스가 구현해야 하는 메소드 목록'이라고 할 수 있습니다. '깊은 복사' 기능을 가질 클래스가 .NET의 다른 유틸리티 클래스나 다른 프로그래머가 작성한 코드와 호환되도록 하고 싶다면 ICloneable을 상속하는 것이 좋습니다. ICloneable 인터페이스는 Clone() 메소드 하나만 갖고 있습니다.

```
class MyClass : ICloneable
{
    public int MyField1;
    public int MyField2;
    public MyClass Clone()  •┄┄┄┄┄┄┄┄┄┄┄┄┄┄┄    객체를 힙에 새로 할당해서 그곳에
    {                                            자신의 멤버를 일일이 복사해 넣습니다.
        MyClass newCopy = new MyClass();
        newCopy.MyField1 = this.MyField1;
        newCopy.MyField2 = this.MyField2;
        return newCopy;
    }
}
```

7.6 this 키워드

7.6.1 나

우리 자신을 지칭할 때 '나'라고 합니다. this는 객체가 자신을 지칭할 때 사용하는 키워드입니다. 이 게 무슨 말인고 하니, 객체 외부에서는 객체의 필드나 메소드에 접근할 때 객체의 이름(변수 또는 식별자)을 사용한다면, 객체 내부에서는 자신의 필드나 메소드에 접근할 때 this 키워드를 사용한다 는 것입니다.

예를 들어 다음 코드를 살펴봅시다. Employee 클래스는 Name 필드를 갖고 있고, SetName() 메소드는 매개변수에 입력받은 이름을 Name 필드에 저장하는 기능을 합니다. 이때 문제가 생깁니다. SetName() 메소드의 매개변수도 Name이고, Employee 클래스의 필드도 Name입니다. 이를 어찌해야 할까요? 보다시피 this 키워드를 이용하면 이러한 모호성을 풀 수 있습니다. this.Name 은 Employee 자신의 필드고, 그냥 Name은 SetName() 메소드의 매개변수입니다.

```
class Employee
{
    private string Name;

    public void SetName( string Name )
    {
        this.Name = Name;
    }
}
```

다음 예제 프로그램을 따라 만들어보세요.

>>> **07장/This/MainApp.cs**

```
01  using System;
02
03  namespace This
04  {
05      class Employee
06      {
07          private string Name;
08          private string Position;
09
10          public void SetName(string Name)
11          {
12              this.Name = Name;
13          }
14
15          public string GetName()
16          {
```

```
17              return Name;
18          }
19
20          public void SetPosition(string Position)
21          {
22              this.Position = Position;
23          }
24
25          public string GetPosition()
26          {
27              return this.Position;
28          }
29      }
30
31      class MainApp
32      {
33          static void Main(string[] args)
34          {
35              Employee pooh = new Employee();
36              pooh.SetName("Pooh");
37              pooh.SetPosition("Waiter");
38              Console.WriteLine($"{pooh.GetName()} {pooh.GetPosition()}");
39
40              Employee tigger = new Employee();
41              tigger.SetName("Tigger");
42              tigger.SetPosition("Cleaner");
43              Console.WriteLine($"{tigger.GetName()} {tigger.GetPosition()}");
44          }
45      }
46  }
```

📥 실행 결과

```
Pooh Waiter
Tigger Cleaner
```

7.6.2 this() 생성자

다음은 세 개의 생성자를 오버로딩하는 클래스의 코드입니다. 이 클래스는 int 형식의 필드 a, b, c 를 갖고 있으며 세 개의 생성자는 입력받는 매개변수에 따라 이들 필드를 초기화합니다.

```csharp
class MyClass
{
    int a, b, c;

    public MyClass()
    {
        this.a = 5425;
    }

    public MyClass(int b)
    {
        this.a = 5425;
        this.b = b;
    }

    public MyClass(int b, int c)
    {
        this.a = 5425;
        this.b = b;
        this.c = c;
    }
}
```

이 코드에 문제가 있냐고요? 아뇨, 그렇지는 않습니다. 문법적으로도 문제가 없고 우리가 원하는 대로 제대로 동작할 것입니다. 다만 세 개의 MyClass() 생성자 안에 똑같은 코드가 중복되어 들어가 있는 것이 마음에 걸릴 뿐입니다. MyClass()는 a를 초기화하니까 MyClass(int)는 b만 초기화하고 a를 초기화하는 일은 MyClass()를 호출해서 처리할 수는 없을까요? 하지만 new 연산자 없이는 생성자를 호출할 수 없습니다. 이렇게 생성자를 호출하면 지금 생성하려는 객체 외에 또 다른 객체를 만들 뿐입니다. 우리가 원하는 상황이 아니죠.

이런 고민을 해결해주는 것이 this()입니다. this가 객체 자신을 지칭하는 키워드인 것처럼, this() 는 자기 자신의 생성자를 가리킵니다. this()는 생성자에서만 사용할 수 있습니다. 그것도 생성자의 코드 블록 내부가 아닌 앞쪽에서만요. 다음은 this() 생성자를 이용해서 앞의 코드를 개선한 코드입니다.

```
class MyClass
{
    int a, b, c;

    public MyClass()
    {
        this.a = 5425;
    }

    public MyClass(int b) : this()
    {
        this.b = b;
    }

    public MyClass(int b, int c) : this(b)
    {
        this.c = c;
    }
}
```

this()는 MyClass()를 호출합니다.

this(int)는 MyClass(int)를 호출합니다.

다음은 this() 생성자의 예제 프로그램입니다.

>>> 07장/ThisConstructor/MainApp.cs

```
01  using System;
02
03  namespace ThisConstructor
04  {
05      class MyClass
06      {
07          int a, b, c;
08
09          public MyClass()
10          {
11              this.a = 5425;
```

```csharp
12              Console.WriteLine("MyClass()");
13          }
14
15          public MyClass(int b) : this()
16          {
17              this.b = b;
18              Console.WriteLine($"MyClass({b})");
19          }
20
21          public MyClass(int b, int c) : this(b)
22          {
23              this.c = c;
24              Console.WriteLine($"MyClass({b}, {c})");
25          }
26
27          public void PrintFields()
28          {
29              Console.WriteLine($"a:{a}, b:{b}, c:{c}");
30          }
31      }
32
33      class MainApp
34      {
35          static void Main(string[] args)
36          {
37              MyClass a = new MyClass();
38              a.PrintFields();
39              Console.WriteLine();
40
41              MyClass b = new MyClass(1);
42              b.PrintFields();
43              Console.WriteLine();
44
45              MyClass c = new MyClass(10, 20);
46              c.PrintFields();
47          }
48      }
49  }
```

```
MyClass()
a:5425, b:0, c:0

MyClass()
MyClass(1)
a:5425, b:1, c:0

MyClass()
MyClass(10)
MyClass(10. 20)
a:5425, b:10, c:20
```

7.7 접근 한정자로 공개 수준 결정하기

제 방에 있는 선풍기는 버튼 4개, 다이얼 2개로 조작하도록 되어 있습니다. 버튼 4개 중 3개는 바람 세기를 조절하는 데 사용하고, 나머지 하나는 선풍기를 끌 때 사용합니다. 다이얼 하나는 선풍기 머리를 회전시키는 데 사용하고 다른 하나는 선풍기 종료 타이머입니다. 단순하지만 선풍기를 조작하는 데는 충분합니다.

사실 바람을 만들어내거나 선풍기 머리를 회전시키는 일을 버튼이나 다이얼이 하는 것은 아닙니다. 선풍기 케이스 안에 감춰진 회로와 배선, 기계 장치가 그 일들을 하죠. 버튼과 다이얼은 선풍기 제조사에서 사용자가 선풍기를 조작하는 데 필요한 것들만 노출한 기능입니다.

객체지향 프로그래밍에서도 선풍기의 버튼처럼 클래스의 사용자(여러분일 수도 있고, 여러분의 동료 프로그래머일 수도 있습니다)에게 필요한 최소 기능만 노출하고 내부를 감출 것을 요구합니다. 이것을 은닉성Encapsulation이라고 합니다.

> **❗ 여기서 잠깐**　**객체지향 프로그래밍의 3대 특성**
>
> 객체지향 프로그래밍에는 여러 특성이 있습니다. 그중에서도 3대 특성으로 꼽히는 것들이 있는데, 바로 은닉성, 상속성(Inheritance), 다형성(Polymorphism)입니다. 상속성과 다형성에 대해서는 뒤에서 차차 설명하겠습니다.

클래스에 선언되어 있는 필드와 메소드 중 사용자에게 노출할 것이 있는가 하면, 절대로 노출하지 말아야 하는 것도 있습니다. 특히 필드는 상수를 제외하고는 '무조건' 감추는 것이 좋습니다. 예를 들어 변기에 사용할 비데 클래스를 만든다고 해봅시다. 비데 온수의 '온도' 필드를 사용자가 마음대로 지정할 수 있도록 해두면 자칫 엄청난 사고가 날 수 있습니다. 프로그래머가 온도 필드에 직접 데이터를 넣다가 오타를 내어 35도를 355도라고 입력했다고 생각해보세요. 이 소프트웨어가 설치된 비데의 출시일에 전국 항문외과가 엄청 바빠질 것입니다.

접근 한정자Access Modifier는 감추고 싶은 것은 감추고, 보여주고 싶은 것은 보여줄 수 있도록 코드를 수식하며 필드, 메소드를 비롯해 프로퍼티 등 모든 요소에 대해 사용할 수 있습니다. C#에서 제공하는 접근 한정자는 모두 여섯 가지이며, 다음과 같습니다.

접근 한정자	설명
public	클래스의 내부/외부 모든 곳에서 접근할 수 있습니다.
protected	클래스의 외부에서는 접근할 수 없지만, 파생 클래스에서는 접근할 수 있습니다.
private	클래스의 내부에서만 접근할 수 있습니다. 파생 클래스에서는 접근할 수 없습니다.
internal	같은 어셈블리에 있는 코드에서만 public으로 접근할 수 있습니다. 다른 어셈블리에 있는 코드에서는 private과 같은 수준의 접근성을 가집니다.
protected internal	같은 어셈블리에 있는 코드에서만 protected로 접근할 수 있습니다. 다른 어셈블리에 있는 코드에서는 private과 같은 수준의 접근성을 가집니다.
private protected	같은 어셈블리에 있는 클래스에서 상속받은 클래스 내부에서만 접근할 수 있습니다.

이 여섯 가지 접근 한정자에 대해 여러분이 잘 알아둬야 할 것이 있습니다. 그것은 바로 접근 한정자로 수식하지 않은 클래스의 멤버는 무조건 private으로 접근 수준이 자동 지정된다는 사실입니다. 이 말인즉슨, 클래스 내 멤버는 일단 감추고 나중에 공개할지를 결정하는 것이 순서라는 뜻입니다.

다음은 접근 한정자로 멤버를 수식하는 예제 코드입니다.

```
class MyClass
{
    private   int MyField_1;
    protected int MyField_2;
              int MyField_3;

public int MyMethod_1()
    {
```

접근 한정자로 수식하지 않으면 private과 같은 공개 수준을 가집니다.

```
            // …
        }

        internal void MyMethod_1()
        {
            // …
        }
    }
```

예제 프로그램을 만들어보겠습니다.

```
01  using System;
02
03  namespace AccessModifier
04  {
05      class WaterHeater
06      {
07          protected int temperature;
08
09          public void SetTemperature(int temperature)
10          {
11              if (temperature < -5 || temperature > 42)
12              {
13                  throw new Exception("Out of temperature range");
14              }
15
16              this.temperature = temperature;
17          }
18
19          internal void TurnOnWater()
20          {
21              Console.WriteLine($"Turn on water : {temperature}");
22          }
23      }
24
25      class MainApp
26      {
```

SetTemperature() 메소드는 −5~42 사이의 값만 받아들이고, 이 범위를 벗어난 값에 대해서는 예외를 발생시킵니다.

temperature 필드는 protected 로 수식됐으므로 외부에서 직접 접근할 수 없습니다. 이렇게 public 메소드를 통해 접근해야 합니다.

```
27          static void Main(string[] args)
28          {
29              try
30              {
31                  WaterHeater heater = new WaterHeater();
32                  heater.SetTemperature(20);
33                  heater.TurnOnWater();
34
35                  heater.SetTemperature(-2);
36                  heater.TurnOnWater();
37
38                  heater.SetTemperature(50);  •- - - - -
39                  heater.TurnOnWater();
40              }
41              catch(Exception e)
42              {
43                  Console.WriteLine(e.Message);
44              }
45          }
46      }
47  }
```

> 38행에서 예외가 발생하며, 39행은 실행되지 않고 41행의 catch 블록으로 실행 위치가 이동합니다.

📥 **실행 결과**

```
Turn on water : 20

Turn on water : -2
Out of temperature range
```

코드에서 처음 보는 구문이 몇 개 있었을 것입니다. 13행의 throw~와 29~44행의 try~catch는 예외 처리를 위해 사용됐습니다. 예외Exception란, 쉽게 말해 기대했던 것 외의 상황이 발생한 것을 뜻합니다. 한마디로 에러Error와 같다고 보면 됩니다. 여하튼 try~catch, throw 등 예외 처리에 관련한한 내용은 12장에서 다시 설명하겠습니다.

7.8 상속으로 코드 재활용하기

희한한 소리처럼 들리겠지만 클래스는 다른 클래스로부터 유산을 물려받을 수 있습니다. 클래스에게 있는 유산이랄 게 뭐 있겠습니까. 필드나 메소드, 프로퍼티 같은 멤버들이 가진 전부인데요.

보통 사람들이 유산을 물려줄 때는 물려주는 사람이 배우자, 자식, 친척 또는 사회 단체 등 상속자를 지정하는 것이 보통입니다. 하지만 객체지향 프로그래밍에서는 물려받는 클래스(파생 클래스^{Derived} ^{Class} 또는 자식 클래스라고 합니다)가 유산을 물려줄 클래스(기반 클래스^{Base Class} 또는 부모 클래스라고 합니다)를 지정합니다. 그 형식은 다음과 같습니다.

```
class 기반_클래스
{
    // 멤버 선언
}

class 파생_클래스 : 기반_클래스
{
    // 아무 멤버를 선언하지 않아도 기반 클래스의 모든 것을 물려받아 갖게 됩니다.
    // 단, private으로 선언된 멤버는 예외입니다.
}
```

파생 클래스의 이름 뒤에 콜론(:)을 붙여주고 그 뒤에 상속받을 기반 클래스의 이름을 붙여주면 됩니다. 다음은 클래스 상속의 예제 코드입니다.

```
class Base
{
    public void BaseMethod()
    {
        Console.WriteLine("BaseMethod")
    }
}

class Derived : Base  ●┈┈┈┈┈┈┈┈┈┈┈┈┈┈
{                      Derived 클래스는 Base 클래스를 상속
}                      했으므로 BaseMethod()를 가집니다.
```

클래스끼리 어떻게 상속하는지는 이제 알겠죠? 이번에는 파생 클래스의 객체 생성 과정에 대해 이
야기해보려 합니다. 파생 클래스는 자신만의 고유한 멤버 외에도 기반 클래스로부터 물려받은 멤버
를 갖고 있습니다. 이것은 파생 클래스가 기반 클래스 위에 새로운 멤버를 '얹어' 만든 것이기 때문입
니다.

파생 클래스

이 사실은 파생 클래스의 생성 과정을 통해서도 확인할 수 있습니다. 파생 클래스는 객체를 생성할
때 내부적으로 기반 클래스의 생성자를 호출한 후에 자신의 생성자를 호출하고, 객체가 소멸될 때는
반대의 순서로(파생 클래스 → 기반 클래스) 종료자를 호출합니다.

예를 들어 다음 코드와 같이 기반 클래스 Base와 이를 상속받는 파생 클래스 Derived가 있다고 해
봅시다.

```csharp
class Base
{
    public Base()
    {
        Console.WriteLine("Base()");
    }

    ~Base()
    {
        Console.WriteLine("~Base()");
    }
}

class Derived : Base
{
    public Derived()
    {
```

```
        Console.WriteLine("Derived()");
    }

    ~Derived()
    {
        Console.WriteLine("~Derived()");
    }
}
```

이렇게 선언된 Derived 클래스의 인스턴스를 다음과 같이 생성한다고 합시다.

```
class MainApp
{
    static void Main(string[] args)
    {
        Derived derived = new Derived();
    }
}
```

그러면 다음 결과와 같이 기반 클래스의 생성자 → 파생 클래스의 생성자 → 파생 클래스의 종료자 → 기반 클래스의 종료자 순으로 호출이 이루어집니다.

```
Base()
Derived()
~Derived()
~Base()
```

생성자 이야기가 나와서 말인데, 만약 기반 클래스의 생성자가 매개변수를 입력받도록 선언되어 있다면 파생 클래스의 인스턴스를 생성할 때 호출되는 기반 클래스의 생성자에는 어떻게 매개변수를 전달해줄 수 있을까요? 이럴 때는 base 키워드를 사용하면 됩니다. this 키워드가 '자기 자신'을 가리킨다면 base는 '기반 클래스'를 가리킵니다. this를 통해 자기 자신의 멤버에 접근할 수 있었던 것처럼, base 키워드를 통해 기반 클래스의 멤버에 접근할 수 있습니다. 다음은 base 키워드의 사용 예입니다.

```
class Base
{
    public void BaseMethod()
    {/* … */}
}

class Derived : Base
{
    public void DerivedMethod()
    {
        base.BaseMethod();
    }
}
```

base 키워드를 통해 기반 클래스 즉 여기서는
Base 클래스에 속한 메소드에 접근할 수 있습니다.

우리가 무슨 이야기를 하고 있었죠? 아, 파생 클래스의 생성자에서 기반 클래스의 생성자로 매개변수를 넘겨주는 방법을 찾고 있었군요. 이것 역시 this와 같습니다. this()가 자기 자신의 생성자인 것처럼, base()는 기반 클래스의 생성자입니다. base()에 매개변수를 넘겨 호출하면 우리가 원했던 것처럼 Base() 생성자를 통해 Name 필드를 초기화할 수 있습니다. 다음은 그 예입니다.

```
class Base
{
    protected string Name;
    public Base(string Name)
    {
        this.Name = Name;
    }
}

class Derived : Base
{
    public Derived(string Name) : base(Name)
    {
        Console.WriteLine("{0}.Derived()", this.Name);
    }
}
```

Base(string Name) 호출

상속을 이야기하다 보니 생성자와 종료자, base 키워드까지 나와버렸네요. 지금까지 설명한 내용을 정리해서 예제 프로그램을 만들어보겠습니다.

>>> 07장/Inheritance/MainApp.cs

```
01  using System;
02
03  namespace Inheritance
04  {
05      class Base
06      {
07          protected string Name;
08          public Base(string Name)
09          {
10              this.Name = Name;
11              Console.WriteLine($"{this.Name}.Base()");
12          }
13
14          ~Base()
15          {
16              Console.WriteLine($"{this.Name}.~Base()");
17          }
18
19          public void BaseMethod()
20          {
21              Console.WriteLine($"{Name}.BaseMethod()");
22          }
23      }
24
25      class Derived : Base
26      {
27          public Derived(string Name) : base(Name)
28          {
29              Console.WriteLine($"{this.Name}.Derived()");
30          }
31
32          ~Derived()
33          {
34              Console.WriteLine($"{this.Name}.~Derived()");
```

```
35              }
36
37          public void DerivedMethod()
38          {
39              Console.WriteLine($"{Name}.DerivedMethod()");
40          }
41      }
42
43      class MainApp
44      {
45          static void Main(string[] args)
46          {
47              Base a = new Base("a");
48              a.BaseMethod();
49
50              Derived b = new Derived("b");
51              b.BaseMethod();
52              b.DerivedMethod();
53          }
54      }
55  }
```

□→ 실행 결과

```
a.Base()
a.BaseMethod()
b.Base()
b.Derived()
b.BaseMethod()
b.DerivedMethod()
b.~Derived()
b.~Base()
a.~Base()
```

그렇지 않습니다. 기반 클래스의 작성자는 의도하지 않은 상속이나 파생 클래스의 구현을 막기 위해 상속이 불가능하도록 클래스를 선언할 수 있습니다. 바로 sealed 한정자를 이용하는 것이죠. 다음과 같이 sealed 한정자로 클래스를 수식하면, 이 클래스는 '상속 봉인'되어(이런 클래스를 봉인 클래스라고 합니다) 이로부터 상속받으려는 시도가 컴파일러로부터 발견됐을 때 에러 메시지가 출력됩니다(한번 해보세요).

```
sealed class Base
{
    // …
}


class Derived : Base  ●┈┈┈┈┈┈┈┈┈  [컴파일 에러]
{
    // …
}
```

7.9 기반 클래스와 파생 클래스 사이의 형식 변환

개와 고양이는 종은 다르지만 젖을 먹인다는 공통점 때문에 포유류로 분류됩니다. 이를 클래스로 다음과 같이 표현할 수 있습니다.

```
class Mammal
{
    public void Nurse() {/* … */}
}

class Dog : Mammal
{
    public void Bark() {/* … */}
}

class Cat : Mammal
{
    public void Meow() {/* … */}
}
```

Mammal, Dog, Cat 클래스의 인스턴스는 다음과 같이 사용할 수 있습니다. 이미 우리가 익히 알고 있는 것처럼 포유류는 포유류이고 개는 개이며 고양이는 고양이입니다.

```
Mammal mammal = new Mammal();
mammal.Nurse();

Dog dog = new Dog();
dog.Nurse();
dog.Bark();

Cat cat = new Cat();
cat.Nurse();
cat.Meow();
```

한편으로는 다음과 같은 코드도 가능합니다. 말하자면 포유류는 포유류고 개도 포유류이며, 고양이도 포유류라는 것이죠.

```
Mammal mammal = new Mammal();
mammal.Nurse();

mammal = new Dog();
mammal.Nurse();

Dog dog = (Dog)mammal;
dog.Nurse();
dog.Bark();

mammal = new Cat();
mammal.Nurse();

Cat cat = (Cat)mammal;
cat.Nurse();
cat.Meow();
```

이처럼 기반 클래스와 파생 클래스 사이에서는 족보를 오르내리는 형식 변환이 가능하며, 파생 클래스의 인스턴스는 기반 클래스의 인스턴스로도 사용할 수 있습니다. 그런데 이것이 무슨 의미가 있느냐고요? 코드의 생산성이 높아집니다. 예를 들어 Mammal 클래스에서 300가지 클래스가 파생됐다고 해보겠습니다. 그리고 동물원의 사육사Zookeeper 클래스를 만들고 이 동물들을 씻기는 Wash() 메소드를 구현한다고 생각해보세요. 다음과 같이 300개의 Wash() 메소드를 오버로딩해야 합니다.

```
class Zookeeper
{
    public void Wash(Dog dog) {/* … */}
    public void Wash(Cat cat) {/* … */}
    public void Wash(Elephant elephant) {/* … */}
    public void Wash(Lion lion) {/* … */}

    // 등등 300개의 Wash() 메소드 선언
}
```

하지만 300개의 동물 클래스가 모두 Mammal 클래스로부터 상속받았기 때문에 이들은 모두 Mammal로 간주할 수 있습니다. 따라서 다음과 같이 딱 하나의 Wash() 메소드만 준비하면 300개의 동물 클래스에 사용할 수 있습니다.

```
class Zookeeper
{
    public void Wash(Mammal mammal) {/* … */}
}
```

한편, C#은 형식 변환을 위해 아주 멋진 연산자 두 개를 제공합니다. 바로 is와 as입니다. 이 둘의 용도는 다음과 같습니다.

연산자	설명
is	객체가 해당 형식에 해당하는지 검사하여 그 결과를 bool 값으로 반환합니다.
as	형식 변환 연산자와 같은 역할을 합니다. 다만 형식 변환 연산자가 변환에 실패하는 경우 예외를 던지는 반면에 as 연산자는 객체 참조를 null로 만든다는 것이 다릅니다.

is 연산자와 as 연산자의 사용법을 알아보겠습니다. 다음은 is 연산자의 사용 예제입니다.

```
Mammal mammal = new Dog();
Dog     dog;

if (mammal is Dog)
{
    dog = (Dog)mammal;  •------------
    dog.Bark();
}
```

> mammal 객체가 Dog 형식임을 확인했으므로 안전하게 형식 변환이 이루어집니다.

다음은 as 연산자의 사용 예제입니다.

```
Mammal mammal2 = new Cat();

Cat cat = mammal2 as Cat;
if (cat != null)  •-------------
{
    cat.Meow();
}
```

> mammal2가 Cat 형식 변환에 실패했다면 cat은 null이 됩니다. 하지만 이 코드에서 mammal2는 Cat 형식에 해당하므로 안전하게 형식 변환이 이루어집니다.

일반적으로 (Dog) 또는 (Mammal)과 같은 꼴로 수행하는 형식 변환 대신 as 연산자를 사용하는 쪽을 권장합니다(빌 와그너[Bill Wagner]가 지은 『Effective C#』 참조). 형식 변환에 실패하더라도 예외가 일어나 갑자기 코드의 실행이 점프하는 일이 없으므로 코드를 관리하기가 더 수월하기 때문입니다. 단, as 연산자는 참조 형식에 대해서만 사용할 수 있으므로 값 형식의 객체는 기존의 형식 변환 연산자를 사용해야 합니다.

이제 객체의 형식 변환을 테스트하는 예제 프로그램을 만들어보겠습니다.

>>> **07장/TypeCasting/MainApp.cs**

```
01  using System;
02
03  namespace TypeCasting
04  {
05      class Mammal
06      {
```

```
07          public void Nurse()
08          {
09              Console.WriteLine("Nurse()");
10          }
11      }
12
13      class Dog : Mammal
14      {
15          public void Bark()
16          {
17              Console.WriteLine("Bark()");
18          }
19      }
20
21      class Cat : Mammal
22      {
23          public void Meow()
24          {
25              Console.WriteLine("Meow()");
26          }
27      }
28
29
30      class MainApp
31      {
32          static void Main(string[] args)
33          {
34              Mammal mammal = new Dog();
35              Dog    dog;
36
37              if (mammal is Dog)
38              {
39                  dog = (Dog)mammal;
40                  dog.Bark();
41              }
42
43              Mammal mammal2 = new Cat();
44
45              Cat cat = mammal2 as Cat;
46              if (cat != null)
```

```
47                 cat.Meow();
48
49          Cat cat2 = mammal as Cat;
50          if (cat2 != null)
51                 cat2.Meow();
52          else
53                 Console.WriteLine("cat2 is not a Cat");
54       }
55    }
56 }
```

```
Bark()
Meow()
cat2 is not a Cat
```

7.10 오버라이딩과 다형성

객체지향 프로그래밍에서 다형성Polymorphism은 객체가 여러 형태를 가질 수 있음을 의미합니다. 객체가 범블비처럼 변신이라도 한다는 이야기는 아니지만, 나름의 방법을 통해 다형성을 실현합니다. 다형성은 원래 하위 형식 다형성Subtype Polymorphism의 준말입니다. 다시 말해, 자신으로부터 상속받아 만들어진 파생 클래스를 통해 다형성을 실현한다는 것입니다. 예를 들어 토니 스타크가 Initialize() 라는 메소드를 갖고 있는 ArmorSuite 클래스를 만들었다고 해봅시다.

```
class ArmorSuite
{
    public virtual void Initialize()
    {
        Console.WriteLine("Armored");
    }
}
```

토니는 이 ArmorSuite를 업그레이드하기로 했습니다. 이때 장갑 수트^ArmorSuite는 수중 전투용, 비행용 등의 변형^Variation이 나올 수 있으므로 ArmorSuite 자체를 뜯어고치기보다(클래스는 실체가 아닌 설계도 역할을 합니다. ArmorSuite 클래스도 마찬가지고요) 다음과 같이 ArmorSuite를 상속하는 파생 클래스를 만들기로 했습니다.

```
class IronMan : ArmorSuite
{
    // …
}

class WarMachine : ArmorSuite
{
    // …
}
```

ArmorSuite의 기본 기능은 사람을 보호하는 장갑을 장착하는 것입니다. 하지만 IronMan과 WarMachine은 새로운 기능이 필요합니다. IronMan은 리펄서 레이^Repulsor Ray와 같은 빔 무기를 사용하고, WarMachine은 이문 캐논^Double Barreled Cannon, 소형 로켓 런처^Micro Rocket Launcher와 같은 폭발형 무기를 사용합니다. ArmorSuite로부터 물려받은 Initialize() 메소드로는 IronMan과 WarMachine이 자신들의 무기를 장착할 수 없습니다. 따라서 IronMan이나 WarMachine이 자신들의 무기를 장착하기 위해서는 Initialize()를 재정의해야 합니다. 다시 말해 오버라이딩^Overriding 해줘야 한다는 뜻입니다.

메소드를 오버라이딩하기 위해서는 한 가지 조건이 필요합니다. 그 조건은 바로 오버라이딩할 메소드가 virtual 키워드로 한정되어 있어야 한다는 것입니다. 토니는 천재 과학자이기 때문에 이 사실을 놓치지 않았습니다. 이미 ArmorSuite 클래스의 Initialize() 메소드를 virtual로 선언해 놨거든요. 이제 IronMan과 WarMachine에서 Initialize() 메소드를 새롭게 정의하면 됩니다. 오버라이딩하는 측에서는 기반 클래스에 선언되어 있던 Initialize() 메소드를 재정의하고 있음을 컴파일러에 알려야 하므로 다음 코드처럼 override로 한정해줘야 합니다.

```
class IronMan : ArmorSuite
{
    public override void Initialize()
    {
        base.Initialize();
        Console.WriteLine("Repulsor Rays Armed");
    }
}

class WarMachine : ArmorSuite
{
    public override void Initialize()
    {
        base.Initialize();
        Console.WriteLine("Double-Barrel Cannons Armed");
        Console.WriteLine("Micro-Rocket Launcher Armed");
    }
}
```

IronMan과 WarMachine은 무기뿐만 아니라 ArmorSuite로부터 물려받은 장갑도 필요합니다. 그래서 base.Initialize()를 호출했습니다.

> **! 여기서 잠깐 private으로 선언한 메소드는 오버라이딩할 수 없습니다**
>
> private으로 선언된 멤버는 어차피 파생 클래스에서 보이지도 않습니다. 같은 이름, 같은 형식, 같은 매개변수를 이용하여 선언했다 하더라도 컴파일러는 기반 클래스의 메소드를 재정의한다고 생각하지 않고 전혀 없었던 메소드를 선언한다고 간주할 것입니다.

그럼 이제 예제 프로그램을 만들어볼까요?

>>> **07장/Overriding/MainApp.cs**

```
01  using System;
02
03  namespace Overriding
```

```
04  {
05      class ArmorSuite
06      {
07          public virtual void Initialize()
08          {
09              Console.WriteLine("Armored");
10          }
11      }
12
13      class IronMan : ArmorSuite
14      {
15          public override void Initialize()
16          {
17              base.Initialize();
18              Console.WriteLine("Repulsor Rays Armed");
19          }
20      }
21
22      class WarMachine : ArmorSuite
23      {
24          public override void Initialize()
25          {
26              base.Initialize();
27              Console.WriteLine("Double-Barrel Cannons Armed");
28              Console.WriteLine("Micro-Rocket Launcher Armed");
29          }
30      }
31
32      class MainApp
33      {
34          static void Main(string[] args)
35          {
36              Console.WriteLine("Creating ArmorSuite...");
37              ArmorSuite armorsuite = new ArmorSuite();
38              armorsuite.Initialize();
39
40              Console.WriteLine("\nCreating IronMan...");
41              ArmorSuite ironman = new IronMan();
42              ironman.Initialize();
43
```

```
44              Console.WriteLine("\nCreating WarMachine...");
45              ArmorSuite warmachine = new WarMachine();
46              warmachine.Initialize();
47          }
48      }
49  }
```

```
Creating ArmorSuite...
Armored

Creating IronMan...
Armored
Repulsor Rays Armed

Creating WarMachine...
Armored
Double-Barrel Cannons Armed
Micro-Rocket Launcher Armed
```

7.11 메소드 숨기기

토니는 ArmorSuite를 개발할 때 차후에 업그레이드가 있을 것을 고려해서 Initialize() 메소드를 virtual로 선언했습니다. 오버라이딩을 통해 재정의할 수 있도록 말입니다. 어떤 메소드가 향후 오버라이딩될지 안 될지를 판단하는 것은 깊이 생각할수록, 또 많이 경험할수록 좋은 답을 얻기는 하지만 공식이 없습니다.

세상에는 토니 스타크 같은 천재가 있는가 하면, 저 같이 약간은 결핍된 사람도 있는 법입니다. 그래서 마이크로소프트의 C# 팀은 저 같은 프로그래머를 위해 메소드 숨기기^{Method Hiding}를 사용할 수 있도록 했습니다. 메소드 숨기기란, CLR에게 기반 클래스에서 구현된 버전의 메소드를 감추고 파생 클래스에서 구현된 버전만 보여주는 것을 말합니다. 메소드 숨기기는 파생 클래스 버전의 메소드를 new 한정자로 수식함으로써 할 수 있습니다(생성자를 호출할 때 사용하는 new 연산자와는 완전히 다른 녀석입니다. 사람으로 치면 동명이인 같은 거죠). 다음은 메소드 숨기기의 예입니다.

```
class Base
{
    public void MyMethod()
    {
        Console.WriteLine("Base.MyMethod()");
    }
}

class Derived : Base
{
    public new void MyMethod()
    {
        Console.WriteLine("Derived.MyMethod()"); •----
    }
}
```

> Base.MyMethod()를 감추고 Derived 클래스
> 에서 구현된 MyMethod()만 노출합니다.

Derived 클래스에서 메소드 숨기기를 한 MyMethod()는 다음과 같이 호출할 수 있습니다.

```
Derived derived = new Derived();
derived.MyMethod(); // "Derived.MyMethod();" 출력
```

편리하지 않습니까? 기반 클래스에서는 아무 생각없이 메소드를 구현해도 메소드 숨기기를 하면 오
버라이딩과 같은 효과를 얻을 수 있습니다. 참나, 그리고 보니 C# 팀도 한심합니다. 그냥 메소드 숨
기기만 제공하면 될 것을 뭐 하러 오버라이딩 같이 복잡한 기능을 넣어 놨을까요? 이런 생각은 오해
입니다. 메소드 숨기기는 오버라이딩과 다릅니다. 이름 그대로 메소드를 숨기고 있을 뿐이에요. 다
음과 같이 객체를 생성하면 CLR에 Base 버전의 MyMethod()가 노출되어 이를 실행합니다.

```
Base baseOrDerived = new Derived();
baseOrDerived.MyMethod(); // "Base.MyMethod();" 출력!!!!
```

이처럼 메소드 숨기기는 완전한 다형성을 표현하지 못하는 한계가 있습니다. 따라서 기반 클래스를
설계할 때는 파생 클래스의 모습까지 고려해야 합니다. 그렇지 않으면 앞의 예에서처럼 가슴 아픈
코드를 만나게 될 테니까요. 이제 메소드 숨기기 예제 프로그램을 만들어봅시다.

```
01  using System;
02
03  namespace MethodHiding
04  {
05      class Base
06      {
07          public void MyMethod()
08          {
09              Console.WriteLine("Base.MyMethod()");
10          }
11      }
12
13      class Derived : Base
14      {
15          public new void MyMethod()
16          {
17              Console.WriteLine("Derived.MyMethod()");
18          }
19      }
20
21      class MainApp
22      {
23          static void Main(string[] args)
24          {
25              Base baseObj = new Base();
26              baseObj.MyMethod();
27
28              Derived derivedObj = new Derived();
29              derivedObj.MyMethod();
30
31              Base baseOrDerived = new Derived();
32              baseOrDerived.MyMethod();
33          }
34      }
35  }
```

☐ 실행 결과

```
Base.MyMethod()
Derived.MyMethod()
Base.MyMethod()
```

7.12 오버라이딩 봉인하기

클래스를 (상속이 안 되도록) 봉인하는 것처럼 메소드도 (오버라이딩되지 않도록) sealed 키워드를 이용해서 봉인할 수 있습니다. 그렇다고 모든 메소드를 봉인할 수 있는 것은 아니고, virtual로 선언된 가상 메소드를 오버라이딩한 버전의 메소드만 가능합니다. 예를 들어 다음과 같이 Base 클래스와 Derived 클래스가 있다고 하면, Derived의 SealMe()만 봉인할 수 있습니다.

```
class Base
{
    public virtual void SealMe()
    {
        // …
    }
}

class Derived : Base
{
    public sealed override void SealMe()   ●┈┈┈┈┈┈  이 메소드만 봉인할 수 있습니다.
    {
        // …
    }
}
```

봉인한 메소드를 오버라이딩하려면 어떤 일이 일어나는지 한번 확인해보겠습니다. 다음 예제를 따라 작성하고 컴파일해보세요.

>>> **07장/SealedMethod/MainApp.cs**

```
01   using System;
02
03   class  Base
04   {
05       public virtual void SealMe()
06       {
07       }
08   }
09
```

```
10  class Derived : Base
11  {
12      public sealed override void SealMe()
13      {
14      }
15  }
16
17  class WantToOverride : Derived
18  {
19      public override void SealMe()
20      {
21      }
22  }
23
24  class MainApp
25  {
26      static void Main(string[] args)
27      {
28      }
29  }
```

이 예제 코드의 실행 결과는 없습니다. 다음과 같은 컴파일 에러가 날 테니까요.

> error CS0239: 'WantToOverride.SealMe()': 상속된 'Derived.SealMe()' 멤버는 봉인되어
> 있으므로 재정의할 수 없습니다.

봉인 메소드는 파생 클래스의 작성자를 위한 기반 클래스 작성자의 배려입니다. 혹시라도 파생 클래스의 작성자가 기반 클래스로부터 상속받은 메소드 하나를 오버라이딩했는데 이 때문에 클래스의 다른 부분들이 오작동하게 된다고 생각해보세요. 파생 클래스의 작성자는 자신이 작성한 코드만으로는 객체가 원하는 대로 동작하지 않는 원인을 알 길이 없습니다. 오작동 위험이 있거나 잘못 오버라이딩함으로써 발생할 수 있는 문제가 예상된다면, 이렇게 봉인 메소드를 이용해서 상속을 사전에 막는 것이 낫습니다. 컴파일할 때 에러가 나므로 파생 클래스의 작성자는 코드가 제품으로 출시되기 전에 문제를 파악할 수 있습니다.

아, 그런데 왜 virtual로 선언된 메소드를 오버라이딩한 버전의 메소드만 봉인 메소드로 만들 수 있냐고요? virtual로 선언한다는 건 기반 클래스의 작성자가 해당 메소드를 오버라이딩할 수 있도록

준비해 놨다는 의미이므로 이 단계에서는 봉인이 의미가 없습니다. 오버라이딩을 원치 않으면 그저 virtual 한정자를 붙여주지 않으면 되니까요. 문제는 오버라이딩한 메소드입니다. 오버라이딩한 메소드는 파생 클래스의 파생 클래스에서도 자동으로 오버라이딩이 가능합니다. 그래서 이곳에 오버라이딩을 막을 수 있는 브레이크인 sealed 한정자가 필요한 것입니다.

7.13 읽기 전용 필드

그동안 '상수'라는 이름을 오래도록 잊고 지냈죠? 변수는 변하는 데이터를 담지만, 상수는 변치 않는 데이터를 담습니다. 상수는 다음과 같이 const 키워드를 이용해서 선언합니다(기억이 돌아오죠? 자세한 내용은 3장에서 복습할 수 있습니다).

```
const double pi = 3.14159265359;
```

컴파일러는 상수에 지정된 값을 실행파일 안에 기록해 둡니다. 다시 말해, 상수는 프로그램이 실행되기 전부터 이미 정해져 있습니다. 그리고 프로그램 실행 중에는 절대 그 값을 바꿀 수 없죠. 이에 반해 변수는 자유롭게 값을 변경할 수 있습니다. 읽기 전용 필드는 상수와 변수 그 중간 어딘가에 있습니다.

읽기 전용 필드는 이름에서 알 수 있듯이, 읽기만 가능한 필드를 말합니다. 즉, 클래스나 구조체의 멤버로만 존재할 수 있으며 생성자 안에서 한 번 값을 지정하면, 그 후로는 값을 변경할 수 없는 것이 특징입니다. 읽기 전용 필드는 다음과 같이 readonly 키워드를 이용해 선언할 수 있습니다.

```
class Configuration
{
    private readonly int min;
    private readonly int max;

    public Configuration(int v1, int v2)
    {
        min = v1;
        min = v2;
    }
}
```

이 코드에서처럼 읽기 전용 필드는 생성자 안에서만 초기화할 수 있습니다. 만약 생성자가 아닌 다른 메소드에서 min, max와 같은 읽기 전용 필드를 수정하려는 시도가 발생하면 컴파일 에러가 일어납니다. 정말 그런지 예제 프로그램을 작성해서 직접 확인해보시죠.

```
>>> 07장/ReadonlyFields/MainApp.cs

01  using System;
02
03  namespace ReadonlyFields
04  {
05      class Configuration
06      {
07          private readonly int min;      readonly를 이용해서 읽기 전용 필드를
08          private readonly int max;      선언합니다.
09
10          public Configuration(int v1, int v2)
11          {
12              min = v1;
13              min = v2;              읽기 전용 필드는 생성자 안에서만 초기화
14          }                          할 수 있습니다.
15
16          public void ChangeMax(int newMax)
17          {
18              max = newMax;          생성자가 아닌 다른 곳에서 값을 수정하려
19          }                          하면 컴파일 에러가 발생합니다!
20      }
21
22      class MainApp
23      {
24          static void Main(string[] args)
25          {
26              Configuration c = new Configuration(100, 10);
27          }
28      }
29  }
```

⌗ 컴파일 결과

error CS0191: 읽기 전용 필드에는 값을 할당할 수 없습니다. 단, 필드가 정의된 클래스의 생성자 또는 변수 이니셜라이저에서는 예외입니다.

7.14 중첩 클래스

중첩 클래스^{Nested Class}는 클래스 안에 선언되어 있는 클래스를 말합니다. 중첩 클래스는 다음과 같은 꼴로 선언할 수 있습니다.

```
class OuterClass
{
    class NestedClass  •--------  중첩 클래스
    {

    }
}
```

보다시피 중첩 클래스를 선언하는 문법은 매우 간단합니다. 클래스 안에 클래스를 선언하는 것이 전부입니다. 객체를 생성하거나 객체의 메소드를 호출하는 방법도 보통의 클래스와 다르지 않습니다. 중첩 클래스가 다른 클래스와 한 가지 다른 점이 있다면, 자신이 소속된 클래스의 멤버에 자유롭게 접근할 수 있다는 사실입니다. private 멤버에도 접근할 수 있으니 말 다한 거죠. 다음은 중첩 클래스에서 자신의 소속 클래스의 멤버에 접근하는 예제입니다.

```
class OuterClass
{
    private int OuterMember;

    class NestedClass
    {
        public void DoSomething()
        {
            OuterClass outer = new OuterClass();
            outer.OuterMember = 10;  •·····················
        }                                          OuterClass의 private 멤버에 접근하여
    }                                              값을 할당하거나 읽을 수 있습니다.
}
```

자, 그럼 여기에서 질문이 하나 나올 법합니다.

"중첩 클래스는 '왜' 쓰는 건가요?"

프로그래머마다 중첩 클래스를 이용하는 이유는 다양하지만, 기본적으로는 다음 두 가지 때문입니다.

- 클래스 외부에 공개하고 싶지 않은 형식을 만들고자 할 때
- 현재 클래스의 일부분처럼 표현할 수 있는 클래스를 만들고자 할 때

다른 클래스의 private 멤버에도 마구 접근할 수 있는 중첩 클래스는 은닉성을 무너뜨리기는 하지만, 프로그래머에게 더욱 유연한 표현력을 가져다준다는 장점이 있습니다.

다음은 중첩 클래스의 예제 프로그램입니다.

>>> 07장/NestedClass/MainApp.cs

```
01  using System;
02  using System.Collections.Generic;
03
04  namespace NestedClass
05  {
06      class Configuration
07      {
08          List<ItemValue> listConfig = new List<ItemValue>();
09
10          public void SetConfig(string item, string value)
11          {
12              ItemValue iv = new ItemValue();
13              iv.SetValue(this, item, value);
14          }
15
16          public string GetConfig(string item)
17          {
18              foreach (ItemValue iv in listConfig)
19              {
20                  if (iv.GetItem() == item)
21                      return iv.GetValue();
22              }
23
24              return "";
25          }
26
27          private class ItemValue
28          {
```

> System.Collection.Generic.List 클래스는 11~12장에서 공부할 컬렉션입니다. 자세한 설명은 12장에서 하겠습니다.

> Configuration 클래스 안에 선언된 중첩 클래스입니다. private으로 선언했기 때문에 Configuration 클래스 밖에서는 보이지 않습니다.

```
29          private string item;
30          private string value;
31
32          public void SetValue(Configuration config, string item, string value)
33          {
34              this.item  = item;
35              this.value = value;
36
37              bool found = false;
38              for (int i = 0; i < config.listConfig.Count; i++)
39              {
40                  if (config.listConfig[i].item == item)
41                  {
42                      config.listConfig[i] = this;
43                      found = true;
44                      break;
45                  }
46              }
47
48              if (found == false)
49                  config.listConfig.Add(this);
50          }
51
52          public string GetItem()
53          {return item;}
54          public string GetValue()
55          {return value;}
56      }
57  }
58
59  class MainApp
60  {
61      static void Main(string[] args)
62      {
63          Configuration config = new Configuration();
64          config.SetConfig("Version", "V 5.0");
65          config.SetConfig("Size", "655,324 KB");
66
67          Console.WriteLine(config.GetConfig("Version"));
68          Console.WriteLine(config.GetConfig("Size"));
69
```

> 중첩 클래스는 상위 클래스의 멤버에 자유롭게 접근할 수 있습니다.

```
70              config.SetConfig("Version", "V 5.0.1");
71              Console.WriteLine(config.GetConfig("Version"));
72          }
73      }
74  }
```

```
V 5.0
655,324 KB
V 5.0.1
```

7.15 분할 클래스

분할 클래스Partial Class란, 여러 번에 나눠서 구현하는 클래스를 말합니다. 분할 클래스는 그 자체로 특별한 기능을 하는 것은 아니며 클래스의 구현이 길어질 경우 여러 파일에 나눠서 구현할 수 있게 함으로써 소스 코드 관리의 편의를 제공하는 데 그 의미가 있습니다.

분할 클래스는 다음과 같이 partial 키워드를 이용해서 작성합니다.

```
partial class MyClass ●
{
    public void Method1() {}
    public void Method2() {}          클래스 이름은 동일해야 합니다.
}

partial class MyClass ●
{
    public void Method3() {}
    public void Method4() {}
}
// …
MyClass obj = new MyClass();

obj.Method1();
```

```
obj.Method2();
obj.Method3();
obj.Method4();
```

이 코드에서 MyClass는 두 번에 걸쳐 정의되고 있습니다. 첫 번째 정의에서는 Method1()과 Method2() 메소드만 정의하고, 두 번째 정의에서는 Method3()과 Method4()를 정의합니다. C# 컴파일러는 이렇게 분할 구현된 코드를 하나의 MyClass로 묶어 컴파일합니다. 이렇게 선언된 MyClass를 사용할 때는 몇 개로 나눠 분할 구현했는지 통짜로 구현했는지 전혀 신경 쓰지 않아도 됩니다. 그냥 하나의 클래스인 것처럼 사용하면 됩니다.

그럼 바로 분할 클래스의 예제 프로그램을 만들어보겠습니다.

>>> **07장/PartialClass/MainApp.cs**

```
01  using System;
02
03  namespace PartialClass
04  {
05      partial class MyClass
06      {
07          public void Method1()
08          {
09              Console.WriteLine("Method1");
10          }
11
12          public void Method2()
13          {
14              Console.WriteLine("Method2");
15          }
16      }
17
18      partial class MyClass
19      {
20          public void Method3()
21          {
22              Console.WriteLine("Method3");
23          }
```

```
24
25          public void Method4()
26          {
27              Console.WriteLine("Method4");
28          }
29      }
30
31      class MainApp
32      {
33          static void Main(string[] args)
34          {
35              MyClass obj = new MyClass();
36              obj.Method1();
37              obj.Method2();
38              obj.Method3();
39              obj.Method4();
40          }
41      }
42  }
```

```
Method1
Method2
Method3
Method4
```

7.16 확장 메소드

확장 메소드Extension Method는 기존 클래스의 기능을 확장하는 기법입니다. 기반 클래스를 물려받아 파생 클래스를 만든 뒤 여기에 필드나 메소드를 추가하는 상속과는 다릅니다. 다시 한번 이야기하지만, 확장 메소드는 '기존 클래스'의 기능을 확장합니다. 확장 메소드를 이용하면 string 클래스에 문자열을 뒤집는 기능을 넣을 수도 있고, int 형식에 제곱 연산 기능을 넣을 수도 있습니다.

확장 메소드를 선언하는 방법은 다음과 같습니다. 메소드를 선언하되, static 한정자로 수식해야 합니다. 그리고 메소드의 첫 번째 매개변수는 반드시 this 키워드와 함께 확장하려는 클래스(형식)의 인스턴스여야 합니다. 그 뒤에 따라오는 매개변수 목록이 실제로 확장 메소드를 호출할 때 입력되는 매개변수입니다. 메소드는 클래스 없이 선언될 수 없죠? 따라서 클래스를 하나 선언하고 그 안에 확장 메소드를 선언합니다. 이때 선언하는 클래스도 역시 static 한정자로 수식해야 합니다.

```
namespace 네임스페이스_이름
{
    public static class 클래스_이름
    {
        public static 반환_형식 메소드_이름(this 대상_형식 식별자, 매개변수_목록)
        {                                        •
            //                        ┌─────────────────────────┐
        }                             ┊ 확장하려는 클래스 또는 형식 ┊
    }                                 └─────────────────────────┘
}
```

다음은 확장 메소드의 선언 예입니다.

```
namespace MyExtension
{
    public static class IntegerExtension
    {
        public static int Power(this int myInt, int exponent)
        {
            int result = myInt;
            for (int i = 1; i < exponent; i++)
                result = result * myInt;

            return result;
        }
    }
}
```

이렇게 선언한 확장 메소드 Power()는 다음과 같이 사용합니다.

```
using MyExtension;  •┄┄┄┄┄┄┄┄┄┄┄┄┄┄┄┄┄┄   확장 메소드를 담는 클래스의
                                          네임스페이스를 사용합니다.
// …
int a = 2;
Console.WriteLine(a.Power(3));  •┄┄┄┄┄┄   마치 Power()가 원래부터 int 형식의
Console.WriteLine(10.Power(4));           메소드였던 것처럼 사용할 수 있습니다.
```

이해되셨습니까? 그럼 이번에는 예제 프로그램을 같이 만들어보겠습니다.

>>> **07장/ExtensionMethod/MainApp.cs**

```
01  using System;
02  using MyExtension;
03
04  namespace MyExtension
05  {
06      public static class IntegerExtension
07      {
08          public static int Square(this int myInt)
09          {
10              return myInt * myInt;
11          }
12
13          public static int Power(this int myInt, int exponent)
14          {
15              int result = myInt;
16              for (int i = 1; i < exponent; i++)
17                  result = result * myInt;
18
19              return result;
20          }
21      }
22  }
23
24  namespace ExtensionMethod
25  {
26      class MainApp
27      {
28          static void Main(string[] args)
```

```
29          {
30              Console.WriteLine($"3^2 : {3.Square()}");
31              Console.WriteLine($"3^4 : {3.Power(4)}");
32              Console.WriteLine($"2^10 : {2.Power(10)}");
33          }
34      }
35  }
```

```
3^2 : 9
3^4 : 81
2^10 : 1024
```

> **? VITAMIN QUIZ 7-2**
>
> string 클래스에 문자열 매개변수를 입력받아 기존의 문자열 뒤에 붙여 반환하는 Append() 확장
> 메소드를 추가해보세요. 이 확장 메소드의 사용 예는 다음 같습니다.
>
> ```
> string hello = "Hello";
> Console.WriteLine(hello.Append(", World!")); // "Hello, World!" 출력
> ```

7.17 구조체

C#의 복합 데이터 형식에는 클래스 말고도 구조체Structure라는 것이 있습니다. 구조체는 클래스하고
사촌지간쯤 되기 때문에 필드와 메소드를 가질 수 있는 등 상당 부분 비슷합니다. 구조체는 다음과
같이 struct 키워드를 이용해서 선언합니다.

```
struct 구조체_이름
{
    // 필드 …
    // 메소드 …
}
```

구조체를 선언하는 예는 다음과 같습니다.

```
struct MyStruct
{
    public int MyField1
    public int MyFiled2

    public void MyMethod()
    {
        // …
    }
}
```

당연한 이야기겠지만, 구조체가 클래스와 비슷하다고 해도 여러 차이점이 있습니다(똑같다면 클래스가 있는데 C#에서 구조체를 따로 제공하지는 않았겠죠?). 그 차이점은 다음과 같습니다.

특징	클래스	구조체
키워드	class	struct
형식	참조 형식(힙에 할당)	값 형식(스택에 할당)
복사	얕은 복사(Shallow Copy)	깊은 복사(Deep Copy)
인스턴스 생성	new 연산자와 생성자 필요	선언만으로도 생성
생성자	매개변수 없는 생성자 선언 가능	매개변수 없는 생성자 선언 불가능
상속	가능	값 형식이므로 상속 불가능

이 표에 나타난 대로, 클래스는 참조 형식이고 구조체는 값 형식입니다(이것이 가장 중요한 차이입니다). 따라서 구조체의 인스턴스는 스택에 할당되고 인스턴스가 선언된 블록이 끝나는 지점의 메모리에서 사라집니다. 인스턴스의 사용이 끝나면 즉시 메모리에서 제거된다는 점과 가비지 콜렉터를 덜 귀찮게 한다는 점에서 구조체는 클래스에 비해 성능의 이점을 가집니다. 예를 들어 여러분이 3차원 게임을 C#으로 만든다고 해보세요. 화면에 나타내야 할 수많은 좌표들(한 1만 개쯤이라고 해봅시다)의 사용이 끝나면 즉시 메모리에서 해제되는 것과 메모리에 그대로 남아 가비지 콜렉터를 괴롭히는 것, 이 정도만 생각해봐도 구조체를 사용할 만한 동기가 될 것입니다.

구조체는 값 형식이기 때문에 할당 연산자 =를 통해 모든 필드가 그대로 복사됩니다. 다음은 구조체 복사의 예입니다.

```
MyStruct s;
s.MyField1 = 1;
s.MyField2 = 2;

MyStruct t;
t = s;
s.MyField1 = 3; •┄┄┄┄┄┄┄┄┄    s의 MyField1은 3, MyField2는 2이지만,
                              t의 MyField1은 1, MyField2는 2입니다.
```

구조체는 생성자를 호출할 때가 아니면 굳이 new 연산자를 사용하지 않아도 인스턴스를 만들 수 있습니다. 앞의 예제 코드만 해도 그렇습니다. MyStruct의 인스턴스인 s와 t는 new 연산자 없이 선언만 한 상태 그대로 사용했습니다. 아, 생성자 이야기가 나왔으니 말인데 구조체는 매개변수가 없는 생성자는 선언할 수 없습니다. 그렇다고 너무 걱정하지 마세요. 구조체의 각 필드는 CLR이 기본값으로 초기화해주니까요.

구조체에 대한 설명은 이쯤하고, 이제 예제 프로그램을 만들어보겠습니다.

>> **07장/Structure/MainApp.cs**

```
01  using System;
02
03  namespace Structure
04  {
05      struct Point3D
```

```
06   {
07       public int X;
08       public int Y;
09       public int Z;
10
11       public Point3D(int X, int Y, int Z)
12       {
13           this.X = X;
14           this.Y = Y;
15           this.Z = Z;
16       }
17
18       public override string ToString()  •········
19       {
20           return string.Format($"{X}, {Y}, {Z}");
21       }
22   }
23
24   class MainApp
25   {
26       static void Main(string[] args)
27       {
28           Point3D p3d1;  •·······························
29           p3d1.X = 10;
30           p3d1.Y = 20;
31           p3d1.Z = 40;
32
33           Console.WriteLine(p3d1.ToString());
34
35           Point3D p3d2 = new Point3D(100, 200, 300);  •···········
36           Point3D p3d3 = p3d2;  •···········
37           p3d3.Z = 400;
38
39           Console.WriteLine(p3d2.ToString());
40           Console.WriteLine(p3d3.ToString());
41       }
42   }
43 }
```

System.Object 형식의 ToString() 메소드를 오버라이딩합니다.

선언만으로도 인스턴스가 생성됩니다.

물론 생성자를 이용한 인스턴스 생성도 가능합니다.

구조체의 인스턴스를 다른 인스턴스에 할당하면 깊은 복사가 이루어집니다.

```
10, 20, 40
100, 200, 300
100, 200, 400
```

7장을 시작하면서 객체는 속성과 기능으로 이루어진다고 설명했는데, 다른 말로 속성은 상태State, 기능은 행위Behavior라고도 합니다. 그러니까 객체의 속성은 필드와 프로퍼티를 통해 표현되므로, 객체의 상태 또한 필드와 프로퍼티를 통해 표현된다고 할 수 있습니다. 그리고 지금까지 우리가 다뤄왔던 것과 같이 상태의 변화를 허용하는 객체를 변경가능Mutable 객체라고 하며, 상태의 변화를 허용하지 않는 객체를 변경불가능Immutable 객체라고 합니다. 변경불가능 객체의 효용은 여러 가지가 있지만, 멀티 스레드 간에 동기화Synchronization를 할 필요가 없기 때문에 프로그램 성능 향상이 가능하고, 무엇보다 버그로 인한 상태(데이터)의 오염을 막을 수 있습니다. 프로그램의 버그를 유발시키는 상태 오염의 원인을 찾기 위해 수많은 스레드를 디버깅해야 하는 괴로움과 성능 최적화를 위해 코드를 쥐어짜야 하는 괴로움을 겪지 않아도 된다는 의미입니다.

구조체는 모든 필드와 프로퍼티의 값을 수정할 수 없는, 즉 변경불가능 구조체로 선언할 수 있습니다(이에 반해 클래스는 변경불가능으로 선언할 수 없습니다). 다음과 같이 구조체를 선언할 때 readonly 키워드만 기입하면 됩니다.

```
readonly struct 구조체_이름
{
}
```

readonly를 이용해서 구조체를 선언하면, 컴파일러는 해당 구조체의 모든 필드가 readonly로 선언되도록 강제합니다. readonly로 선언된 구조체 안에서 readonly로 선언되지 않은 필드와 프로퍼티는 컴파일 에러를 일으킵니다.

```
readonly struct ImmutableStruct
{
    public readonly int ImmutableField; // OK
    public int MutableField; // 컴파일 에러!
}
```

당연히 읽기 전용으로 선언된 필드를 수정하려는 시도에 대해서도 컴파일 에러가 발생합니다.

```
readonly struct ImmutableStruct
{
    public readonly int ImmutableField; // OK
    public ImmutableStruct(int initValue)
    {
        immutableField = initValue; // 생성자에서만 초기화 가능
    }
}
// ...

class SomeClass
{
    public void SomeMethod()
    {
        ImmutableStruct is = new Immutable(123);
        is.immutableField = 456; // 컴파일 에러!
    }
}
```

이제 예제 프로그램을 만들어 보겠습니다.

>>> 07장/ReadonlyStruct/MainApp.cs

```
01  using System;
02
03  namespace ReadonlyStruct
04  {
05      readonly struct RGBColor
06      {
07          public readonly byte R;
08          public readonly byte G;
09          public readonly byte B;
10
11          public RGBColor(byte r, byte g, byte b)
12          {
13              R = r;
```

```
14              G = r;
15              B = b;
16          }
17      }
18  class MainApp
19  {
20      static void Main(string[] args)
21      {
22          RGBColor Red = new RGBColor(255, 0, 0);
23          Red.G = 100; // 컴파일 에러
24      }
25  }
26  }
```

error CS0191: 읽기 전용 필드에는 할당할 수 없습니다. 단 생성자 또는 변수 이니셜라이저에서는 예외입니다.

이 코드는 컴파일에 실패했습니다. 23번 행에서 불변 객체의 상태를 건드리고 있으니까요. 그럼 Red 객체의 나머지 값은 유지하면서 G의 값만 100인 객체를 얻으려면 어떻게 해야 할까요? 간단합니다. 다음과 같이 '새로운' 객체를 만들면 컴파일 에러가 나타나지 않습니다.

```
RGBColor myColor = new RGBColor(Red.R, 100, Red.B);
```

이번에는 읽기 전용 메소드에 대해 이야기해보겠습니다. 읽기 전용 메소드 역시 구조체에서만 선언할 수 있습니다. 예를 들어 에어컨 설정을 담는 구조체 코드를 작성한다고 해볼게요. 실제 에어컨에는 여러 설정값이 필요하겠지만, 우리는 그냥 희망 온도와 현재 온도만 넣겠습니다. 이것을 구조체로 나타내면 다음과 같습니다.

```
struct ACSetting // 에어컨(Air Conditioner)을 줄여서 AC
{
    public double target; // 희망 온도
    public double currentInCelsius; // 현재 온도(℃)
}
```

ACSetting 클래스에 섭씨($^\circ$C)로 되어 있는 현재 온도를 화씨($^\circ$F)로 변환해서 출력하는 메소드를 추가해보겠습니다.

```
public double GetFahrenheit()
{
    target = currentInCelsius * 1.8 + 32; // 화씨(°F) 계산 결과를 target에 저장
    return target; // target 반환
}
```

뭔가 이상하죠? 화씨만 계산해서 반환하면 되는데 목표 온도는 왜 건드리는 것일까요? 프로그래머는 모두 똑똑하니까 이런 어처구니없는 실수를 하지 않을 것 같지만, 프로그래머도 사람이기 때문에 객체의 상태가 늘어나고 프로그램 논리가 복잡해지면 건드려서는 안 되는 상태를 수정하게 되는 실수를 종종 저지르기도 합니다. 이런 실수는 readonly 한정자를 이용해서 메소드에게 상태를 바꾸지 않도록 강제하면 방지할 수 있습니다.

```
public readonly double GetFahrenheit()
{
    target = currentInCelsius * 1.8 + 32; // 화씨(°F) 계산 결과를 target에 저장
    return target; // target 반환
}
```

readonly로 한정한 메소드에서 객체의 필드를 바꾸려 들면 컴파일 에러가 발생합니다!

예제 프로그램을 만들어서 실제 컴파일 결과를 확인해보겠습니다.

>>> **07장/ReadonlyMethod/MainApp.cs**

```
01  using System;
02
03  namespace ReadonlyMethod
04  {
05      struct ACSetting
06      {
07          public double currentInCelsius; // 현재 온도(°C)
08          public double target; // 희망 온도
```

```
09
10          public readonly double GetFahrenheit()
11          {              // 화씨( °F) 계산 결과를 target에 저장
12              target = currentInCelsius * 1.8 + 32;
13              return target; // target 반환
14          }
15      }
16
17   class MainApp
18   {
19       static void Main(string[] args)
20       {
21           ACSetting acs;
22           acs.currentInCelsius = 25;
23           acs.target = 25;
24
25           Console.WriteLine($"{acs.GetFahrenheit()}");
26           Console.WriteLine($"{acs.target}");
27       }
28   }
29 }
```

📋 **컴파일 결과**

---

error CS1604: 읽기 전용인 'target'에는 할당할 수 없습니다.

이대로 끝내기에는 뭔가 찝찝하죠? 이 프로그램을 정상적으로 수정하는 연습 문제가 마지막에 준비되어 있으니 이번 장을 마치고 꼭 풀어보시기 바랍니다.

7.18 튜플

튜플Tuple도 여러 필드를 담을 수 있는 구조체입니다. 하지만 앞서 살펴봤던 구조체와는 달리 튜플은 형식 이름이 없습니다. 그래서 튜플은 응용 프로그램 전체에서 사용할 형식을 선언할 때가 아닌, 즉석에서 사용할 복합 데이터 형식을 선언할 때 적합합니다. 튜플은 구조체이므로 값 형식입니다. 값 형식은 생성된 지역을 벗어나면 스택에서 소멸되기 때문에 프로그램에 장기적인 부담을 주지 않는다는 장점이 있죠.

기본적인 튜플은 다음과 같이 선언합니다.

> 컴파일러가 튜플의 모양을 보고 직접 형식을
> 결정하도록 var를 이용하여 선언합니다.

```
var tuple = (123, 789);
```

> 튜플은 괄호 사이에 두 개 이상의 필드를
> 지정함으로써 만들어집니다.

이 예제와 같이 필드의 이름을 지정하지 않는 튜플을 일컬어 '명명되지 않은 튜플^{Unnamed Tuple}'이라고 부릅니다. 이 경우, C# 컴파일러는 자동적으로 123을 Item1이라는 필드에 담고, 789를 Item2라는 필드에 담습니다(이것은 튜플이 System.ValueTuple 구조체를 기반으로 만들어지기 때문입니다. System.ValueTuple에 대해 더 자세히 알고 싶은 독자는 MSDN을 참조해주세요). 다음은 tuple의 필드에 접근하여 콘솔에 출력하는 코드 예제입니다.

```
var tuple = (123, 789);
Console.WriteLine($"{tuple.Item1}, {tuple.Item2}"); // 출력 결과 : 123, 789
```

튜플을 조금 더 예쁘게 선언하는 방법이 있습니다. 필드의 이름을 지정할 수 있는 명명된 튜플^{Named Tuple}이 바로 그것입니다. 명명된 튜플은 다음과 같이 '필드명:'의 꼴로 필드의 이름을 지정하여 선언합니다.

```
var tuple = (Name: "박상현", Age: 17);
Console.WriteLine($"{tuple.Name}, {tuple.Age}"); // 출력 결과 : 박상현, 17
```

튜플을 분해할 수도 있는데, 예는 다음과 같습니다. 튜플을 정의할 때와는 반대 모습을 하고 있죠?

```
var tuple = (Name: "박상현", Age: 17);
var (name, age) = tuple; // 분해
Console.WriteLine($"{name}, {age}"); // 출력 결과 : 박상현, 17
```

튜플을 분해할 때 특정 필드를 무시하고 싶다면 다음과 같이 _를 이용하면 됩니다.

```
var tuple = (Name: "박상현", Age: 17);
var (name, _) = tuple; // Age 필드는 무시
Console.WriteLine($"{name}"); // 출력 결과 : 박상현
```

튜플 분해를 이용하면 다음과 같이 여러 변수를 단번에 생성하고 초기화할 수 있습니다. 즉석에서 튜플을 만들어서 분해하는 거죠.

```
var (name2, age2) = ("박문수", 34);
Console.WriteLine($"{name2}, {age2}"); // 출력 결과 : 박문수, 34
```

예제 프로그램을 만들기 전에 한 가지만 더 알아보겠습니다. 명명되지 않은 튜플과 명명된 튜플끼리는 필드의 수와 형식이 같으면 할당이 가능합니다. 다음은 두 튜플 사이의 할당을 보여주는 예제 코드입니다.

```
var unnamed = ("슈퍼맨", 9999); // (string, int)
var named = (Name: "박상현", Age: 17); // (string, int)

named = unnamed;
Console.WriteLine($"{named.Name}, {named.Age}"); // 출력 결과 : 슈퍼맨, 9999

named = ("원더우먼", 10000)

unnamed = named;
Console.WriteLine($"{unnamed.Name}, {unnamed.Age}"); // 출력 결과 : 원더우먼, 10000
```

이제 튜플 예제 프로그램을 만들 준비가 끝났습니다. 다음 예제 코드를 작성해서 컴파일하고 실행해보세요.

```
01  using System;
02
03  namespace Tuple
04  {
05      class MainApp
06      {
07          static void Main(string[] args)
08          {
09              // 명명되지 않은 튜플
10              var a = ("슈퍼맨", 9999);
11              Console.WriteLine($"{a.Item1}, {a.Item2}");
12
13              // 명명된 튜플
14              var b = (Name: "박상현", Age: 17);
15              Console.WriteLine($"{b.Name}, {b.Age}");
16
17              // 분해
18              var (name, age) = b; // (var name, var age) = b;
19              Console.WriteLine($"{name}, {age}");
20
21              // 분해2
22              var (name2, age2) = ("박문수", 34);
23              Console.WriteLine($"{name2}, {age2}");
24
25              // 명명된 튜플 = 명명되지 않은 튜플
26              b = a;
27              Console.WriteLine($"{b.Name}, {b.Age}");
28
29          }
30      }
31  }
```

➡ 실행 결과

```
슈퍼맨, 9999
박상현, 17
박상현, 17
박문수, 34
슈퍼맨, 9999
```

튜플이 분해가 가능한 이유는 분해자Deconstructor를 구현하고 있기 때문인데요. 분해자를 구현하고 있는 객체를 분해한 결과를 switch 문이나 switch 식의 분기 조건에 활용할 수 있습니다. 이것을 어려운 말로 위치 패턴 매칭Positional Pattern Matching이라고 합니다. 식별자나 데이터 형식이 아닌 분해된 요소의 위치에 따라 값이 일치하는지를 판단하는 것이죠. 다음은 위치 패턴 매칭을 switch 식에 적용한 예입니다.

```
var alice    = (job: "학생", age: 17);

var discountRate = ( alice )switch              분해
              {
                ("학생", int n) when n < 18 => 0.2,   // 학생 & 18세 미만
                ("학생", _)                 => 0.1,   // 학생 & 18세 이상
                ("일반", int n) when n < 18 => 0.1,   // 일반 & 18세 미만
                ("일반", _)                 => 0.05,  // 일반 & 18세 이상
                _ => 0,
              };
```

이 코드에서 alice 객체가 switch 식의 인수로 주어졌고, switch 식은 alice를 분해해서 분기를 수행합니다. 위치 패턴 매칭 덕에 if (alice.job =="학생" && alice.age < 18)과 같은 지루한 코드 대신 간결하면서도 읽기 좋은 코드를 얻을 수 있게 됐습니다. 이제 예제 프로그램을 만들어서 코드를 테스트해보겠습니다.

>>> **07장/PositionalPattern/MainApp.cs**

```
01  using System;
02
03  namespace PosisionalPattern
04  {
05      class MainApp
06      {
07          private static double GetDiscountRate(object client)
08          {
09              return client switch
10              {
11                  ("학생", int n) when n < 18 => 0.2,   // 학생 & 18세 미만
```

```
12              ("학생", _) => 0.1,  // 학생 & 18세 이상
13              ("일반", int n) when n < 18 => 0.1,  // 일반 & 18세 미만
14              ("일반", _) => 0.05, // 일반 & 18세 이상
15              _ => 0,
16          };
17      }
18
19      static void Main(string[] args)
20      {
21          var alice   = (job: "학생", age: 17);
22          var bob     = (job: "학생", age: 23);
23          var charlie = (job: "일반", age: 15);
24          var dave    = (job: "일반", age: 21);
25
26          Console.WriteLine($"alice   : {GetDiscountRate(alice)}");
27          Console.WriteLine($"bob     : {GetDiscountRate(bob)}");
28          Console.WriteLine($"charlie : {GetDiscountRate(charlie)}");
29          Console.WriteLine($"dave    : {GetDiscountRate(dave)}");
30      }
31  }
32 }
```

□→ 실행 결과

```
alice : 0.2
bob : 0.1
charlie : 0.1
dave : 0.05
```

01 클래스와 객체, 인스턴스는 서로 어떤 차이점이 있나요?

02 다음 코드에서 오류를 찾고, 오류의 원인을 설명하세요.

```
class A
{
}

class B : A
{
}

class C
{
    public static void Main()
    {
        A a = new A();
        B b = new B();
        A c = new B();
        B d = new A();
    }
}
```

03 this 키워드와 base 키워드에 대해 설명하세요.

04 구조체에 대한 다음 설명 중 <u>틀린</u> 것을 모두 찾으세요.

① struct 키워드를 이용하여 선언한다.

② 복사할 때 얕은 복사가 이루어진다.

③ 참조 형식이다.

④ 메소드를 가질 수 있다.

05 다음 코드를 컴파일 및 실행이 가능하도록 수정하세요.

```
using System;

namespace ReadonlyMethod
{
    struct ACSetting
    {
        public double currentInCelsius; // 현재 온도(℃)
        public double target; // 희망 온도

        public readonly double GetFahrenheit()
        {
            target = currentInCelsius * 1.8 + 32; // 화씨(℉) 계산 결과를 target에 저장
            return target; // target 반환
        }
    }

    class MainApp
    {
        static void Main(string[] args)
        {
            ACSetting acs;
            acs.currentInCelsius = 25;
            acs.target = 25;

            Console.WriteLine($"{acs.GetFahrenheit()}");
            Console.WriteLine($"{acs.target}");
        }
    }
}
```

⊳ 실행 결과

```
77
25
```

06 다형성은 무엇이며, 오버라이딩과 무슨 관계가 있는지 설명하세요.

07 다음 코드에서 switch 식을 제거하고 switch 문으로 동일한 기능을 작성하세요.

```
private static double GetDiscountRate(object client)
{
    return client switch
    {
        ("학생", int n) when n < 18 => 0.2,  // 학생 & 18세 미만
        ("학생", _) => 0.1,  // 학생 & 18세 이상
        ("일반", int n) when n < 18 => 0.1,  // 일반 & 18세 미만
        ("일반", _) => 0.05, // 일반 & 18세 이상
        _ => 0,
    };
}
```

08

인터페이스와
추상 클래스

객체지향 프로그래밍은 처음에 그 개념을 이해하기까지
노력을 많이 해야 하지만, 일단 체득하고 나면 프로그래머
에게 강력한 무기가 되어줍니다. 인터페이스는 객체지향
프로그래밍을 한층 더 강력하게 만들어주는 요소입니다.
어떤 이는 인터페이스를 '객체지향 프로그래밍의 꽃'이라
고도 하고, 어떤 이는 '객체지향 프로그래밍의 고수는 인터
페이스를 잘 활용할 수 있어야 한다'고 말하기도 합니다.

그럼 인터페이스란 무엇일까요? 이번 장에서 자세히 알아
보겠습니다. 추상 클래스는 덤입니다.

학습목표

✓
이 장의
핵심 개념

- 인터페이스가 무엇인지 파악합니다.

- 인터페이스로부터 상속하는 방법을 이해합니다.

- 추상 클래스가 무엇인지 파악하고, 인터페이스와의 차이를 이해합니다.

✓
이 장의
학습 흐름

인터페이스의 선언
▼
인터페이스를 상속하는 인터페이스
▼
여러 인터페이스, 한꺼번에 상속하기
▼
추상 클래스

8.1 인터페이스의 선언

인터페이스^{Interface}가 무엇인지 설명하기 전에, 인터페이스가 어떻게 생겼는지 알아보겠습니다. 인터페이스는 다음과 같이 interface 키워드를 이용해서 선언합니다.

```
interface 인터페이스_이름
{
    반환_형식  메소드_이름1(매개변수_목록);
    반환_형식  메소드_이름2(매개변수_목록);
    반환_형식  메소드_이름3(매개변수_목록);
    // …
}
```

클래스를 선언하는 것과 비슷하지 않습니까? 일견 인터페이스의 선언은 클래스의 그것과 비슷해 보이지만 메소드, 이벤트, 인덱서, 프로퍼티만을 가질 수 있다는 차이가 있습니다(이벤트, 인덱서, 프로퍼티 등은 아직 배우진 않았지만, 나중에 공부하고 나면 얼마든지 인터페이스에 응용이 가능하기 때문에 일단 저는 메소드만 이용하여 설명하겠습니다). 인터페이스의 실제 선언 예는 다음과 같습니다.

```
interface ILogger
{
    void WriteLog(string message);
}
```

인터페이스는 메소드, 이벤트, 인덱서, 프로퍼티만 가질 수 있는데 그나마도 구현부가 없습니다. 이상한 점은 그뿐만이 아닙니다. 클래스는 접근 제한 한정자로 수식하지 않으면 기본적으로 private으로 선언되지만, 인터페이스는 접근 제한 한정자를 사용할 수 없고 모든 것이 public으로 선언됩니다. 게다가 인터페이스는 인스턴스도 만들 수가 없습니다.

"뭐라고요? 그럼 이걸 어디에 쓰라고 하는 건가요?"

아, 진정하세요. 비록 인터페이스는 인스턴스를 가질 수 없지만, 이 인터페이스를 상속받는 클래스의 인스턴스를 만드는 것은 가능합니다. 물론 이때도 규칙이 있긴 합니다. 파생 클래스는 인터페이스에 선언된 모든 메소드(및 프로퍼티)를 구현해줘야 하며, 이 메소드들은 public 한정자로 수식해야 합니다. 다음은 ILogger 인터페이스를 상속받는 파생 클래스의 예입니다.

```
class ConsoleLogger : ILogger
{
    public void WriteLog(string message)
    {
        Console.WriteLine(
                "{0} {1}",
                DateTime.Now.ToLocalTime(), message);
    }
}
```

이와 같이 선언한 클래스는 다음과 같이 인스턴스화가 가능합니다.

```
ILogger logger = new ConsoleLogger();
logger.WriteLog("Hello, World!");
```

이 코드에 나타난 것처럼 인터페이스는 인스턴스를 못 만들지만, 참조는 만들 수 있습니다. 이 참조에 파생 클래스의 객체의 위치를 담는 것이죠. 파생 클래스는 기반 클래스와 같은 형식으로 간주한다는 사실, 기억하고 있죠? 이것은 인터페이스와 인터페이스로부터 상속받는 클래스의 관계에도 그대로 적용됩니다. 즉, ConsoleLogger의 객체는 ILogger의 객체로 취급할 수 있다는 이야기입니다.

인터페이스 선언에 관련된 C# 문법은 이 정도가 거의 전부라고 할 수 있습니다. 하지만 인터페이스의 문법을 안다고 해서 인터페이스를 다 이해한 것은 아닙니다. 인터페이스를 제대로 이해하는 것은 단순히 문법을 익히는 것을 넘어서는 일이거든요. 지금까지는 인터페이스와의 첫 만남이었습니다. 이어지는 절에서는 인터페이스에 조금 더 가까이 다가가서 인터페이스가 갖는 의미와 활용 방법에 대해 이야기를 나눠보겠습니다.

> **! 여기서 잠깐** **인터페이스 작명법**
>
> 이름이야 엿장수 마음대로 붙여도 상관은 없는데, 대개 C# 프로그래머 사이에서는 인터페이스의 이름 앞에 'I'를 붙이는 것이 관례입니다.

8.2 인터페이스는 약속이다

여러분이 사용하고 있는 PC에 혹시 USB^{Universal Serial Bus} 포트가 있습니까? 이 USB 포트는 참으로 신통한 녀석입니다. 이곳에 USB 플래시 메모리를 꽂으면 저장 장치로 쓸 수 있고, 키보드나 마우스를 꽂으면 입력 장치로 쓸 수도 있습니다. 심지어는 USB 선풍기를 꽂으면 선풍기로 쓸 수 있기까지 합니다. USB 포트를 이렇게 다양하게 활용할 수 있는 이유는 PC와 주변기기가 USB라는 약속을 따르기 때문입니다.

인터페이스도 소프트웨어 내에서 USB와 같은 역할을 합니다. 말하자면 클래스가 따라야 하는 약속이 되는 셈이죠. 이 약속은 인터페이스로부터 파생될 클래스가 어떤 메소드를 구현해야 할지를 정의합니다.

가령 앞에서 예로 들었던 ILogger 인터페이스는 자신으로부터 파생될 클래스가 반드시 WriteLog() 메소드를 구현하도록 강제합니다. 어떤 클래스든 ILogger를 상속받아 ILogger에 선언되어 있는 WriteLog() 메소드를 구현하면 ILogger의 역할을 할 수 있습니다. 앞에서 ILogger 인터페이스를 상속받는 ConsoleLogger 클래스를 선언하여 콘솔에 로그를 출력하도록 WriteLog() 메소드를 구현했는데, 이외에도 얼마든지 ILogger를 상속받는 새로운 클래스를 선언해서 파일에 로그를 출력하도록 할 수 있고 네트워크 너머에 있는 서버에 저장하도록 패킷을 보낼 수도 있습니다.

예를 들어 사용자로부터 온도를 반복적으로 입력받아 기록하는 ClimateMonitor 클래스를 만드는데, 로그를 저장하는 방식 등은 ClimateMonitor 클래스를 사용하는 다른 프로그래머의 입맛에 따라 결정할 수 있어야 한다고 해봅시다. 이런 때 인터페이스는 아주 훌륭한 해결책이 되어줍니다.

자, 다음 코드를 보세요. ClimateMonitor 클래스는 ILogger 형식의 참조 logger를 이용해서 사용자로부터 입력받은 온도를 기록합니다. logger가 어떻게 이 메시지를 기록할지는 ClimateMonitor() 생성자의 매개변수에 입력된 객체에 달려 있습니다.

```
class ClimateMonitor
{
    private ILogger logger;
    public ClimateMonitor(ILogger logger)
    {
        this.logger = logger;
    }

    public void start()
    {
        while ( true )
        {
            Console.Write("온도를 입력해주세요.: ");
            string temperature = Console.ReadLine();
            if (temperature == "")
                break;

            logger.WriteLog("현재 온도 : " + temperature);
        }
    }
}
```

다음과 같이 ConsoleLogger 객체를 생성자에 인수로 넘기면 ClimateMonitor는 콘솔에 메시지를 출력하게 될 것입니다.

```
ClimateMonitor monitor = new ClimateMonitor(new ConsoleLogger());
monitor.start();
```

자, 이번에는 콘솔이 아닌 텍스트 파일에 로그를 출력하는 ILogger의 파생 클래스를 만들어볼까요? 다음의 FileLogger는 StreamWriter 클래스를 이용해서 파일에 로그를 기록합니다. 파일 처리에 대한 자세한 내용은 나중에 한 장을 따로 할애해서 다룰 테니 지금은 여기에 신경 쓰지 마세요. 지금 우리는 ILogger가 정한 규칙을 FileLogger 클래스가 따르고 있는가만 생각해야 합니다.

```
class FileLogger : ILogger
{
    private StreamWriter writer;

    public FileLogger(string path)
    {
        writer = File.CreateText(path);
        writer.AutoFlush = true;
    }

    public void WriteLog(string message)
    {
        writer.WriteLine("{0} {1}", DateTime.Now.ToShortTimeString(), message);
    }
}
```

FileLogger의 객체를 다음과 같이 ClimateMonitor 생성자에 넘기면 이제 monitor 객체는 파일에 로그를 저장하는 기능을 갖게 됩니다. 멋지지 않나요?

```
ClimateMonitor monitor = new ClimateMonitor(new FileLogger("MyLog.txt"));

monitor.start();
```

이제 한번 실습해보겠습니다. 다음 예제 코드를 따라서 작성하고 컴파일한 후 결과를 확인해보세요.

>>> **08장/Interface/MainApp.cs**

```
01  using System;
02  using System.IO;
03
04  namespace Interface
05  {
```

```
06    interface ILogger
07    {
08        void WriteLog(string message);
09    }
10
11    class ConsoleLogger : ILogger
12    {
13        public void WriteLog(string message)
14        {
15            Console.WriteLine(
16                    "{0} {1}",
17                    DateTime.Now.ToLocalTime(), message);
18        }
19    }
20
21    class FileLogger : ILogger
22    {
23        private StreamWriter writer;
24
25        public FileLogger(string path)
26        {
27            writer = File.CreateText(path);
28            writer.AutoFlush = true;
29        }
30
31        public void WriteLog(string message)
32        {
33            writer.WriteLine("{0} {1}", DateTime.Now.ToShortTimeString(), message);
34        }
35    }
36
37    class ClimateMonitor
38    {
39        private ILogger logger;
40        public ClimateMonitor(ILogger logger)
41        {
42            this.logger = logger;
43        }
44
45        public void start()
46        {
```

> ConsoleLogger와 FileLogger는 ILogger를 상속하며, WriteLog() 메소드를 구현합니다.

```
47              while (true)
48              {
49                  Console.Write("온도를 입력해주세요.: ");
50                  string temperature = Console.ReadLine();
51                  if (temperature == "")
52                      break;
53
54                  logger.WriteLog("현재 온도 : " + temperature);
55              }
56          }
57      }
58
59      class MainApp
60      {
61          static void Main(string[] args)
62          {
63              ClimateMonitor monitor = new ClimateMonitor(
64                  new FileLogger("MyLog.txt"));
65
66              monitor.start();
67          }
68      }
69  }
```

> monitor 객체는 애플리케이션이 시작된 디렉터리에 MyLog.txt를 만들고 여기에 로그를 남깁니다.

📑 **실행 결과**

```
온도를 입력해주세요.: 34
온도를 입력해주세요.: 28
온도를 입력해주세요.: 77
온도를 입력해주세요.:
```

📑 **MyLog.txt의 내용**

```
오후 10:48 현재 온도 : 34
오후 10:48 현재 온도 : 28
오후 10:48 현재 온도 : 77
```

┤ **❓ VITAMIN QUIZ 8-1** ├

앞의 예제 프로그램에서 ClimateMonitor의 logger가 FileLogger 대신 ConsoleLogger의 객체를 가리키도록 바꿔서 테스트해보세요.

8.3 인터페이스를 상속하는 인터페이스

인터페이스를 상속할 수 있는 것은 클래스뿐이 아닙니다. 클래스의 사촌인 구조체는 물론이고, 인터페이스도 인터페이스를 상속할 수 있습니다. 기존 인터페이스에 새로운 기능을 추가한 인터페이스를 만들고 싶을 때 인터페이스를 상속하는 인터페이스를 만들면 됩니다. 그냥 인터페이스를 수정하면 되지 않냐고요? 가능하다면 그렇게 해도 문제는 없습니다. 하지만 다음 경우처럼 인터페이스를 수정할 수 없을 때는 인터페이스를 상속하는 인터페이스를 이용해야 합니다.

- **상속하려는 인터페이스가 소스 코드가 아닌 어셈블리로만 제공되는 경우:** .NET SDK에서 제공하는 인터페이스들이 그 예입니다. 어셈블리 안에 있기 때문에 인터페이스를 수정할 수 없습니다. 이 인터페이스에 새로운 기능을 추가한 인터페이스를 만들고 싶으면 상속하는 수밖에 없습니다.

- **상속하려는 인터페이스의 소스 코드를 갖고 있어도 이미 인터페이스를 상속하는 클래스들이 존재하는 경우:** 클래스는 반드시 인터페이스의 '모든' 메소드와 프로퍼티를 구현해야 합니다. 인터페이스에 사소한 수정이라도 이루어지면 이 인터페이스를 상속하는 기존 클래스들은 소스 코드를 빌드할 때 컴파일 에러가 발생할 것입니다. 이런 상황에서 기존의 소스 코드에 영향을 주지 않고 새로운 기능을 추가하기 위해서는 인터페이스를 상속하는 인터페이스를 이용하는 편이 좋습니다.

인터페이스가 인터페이스를 상속하기 위해 사용하는 문법은 클래스의 문법과 똑같습니다. 파생 인터페이스의 이름 옆에 '콜론(:)'을 입력하고 그 오른편에 상속할 인터페이스의 이름을 붙여주면 됩니다.

```
interface 파생_인터페이스 : 부모_인터페이스
{
    // … 추가할 메소드 목록
}
```

당연한 이야기지만 파생 인터페이스는 기반 인터페이스에 선언된 모든 것을 그대로 물려받습니다. 예를 들어 다음의 ILogger 인터페이스가 있다고 해보죠.

```
interface ILogger
{
    void WriteLog(string message);
}
```

그리고 다음과 같이 ILogger 인터페이스를 상속하는 새로운 인터페이스를 만든다고 해봅시다. 다음 IFormattableLogger 인터페이스는 ILogger에 선언된 void WriteLog(string message)와 void WriteLog(string format, params Object[ ] args) 메소드 두 개를 갖게 됩니다.

```
interface IFormattableLogger : ILogger
{
    void WriteLog(string format, params Object[] args);
}
```

예제 프로그램을 만들어볼까요?

>>> 08장/DerivedInterface/MainApp.cs

```
01  using System;
02
03  namespace DerivedInterface
04  {
05      interface ILogger
06      {
07          void WriteLog(string message);
08      }
09
10      interface IFormattableLogger : ILogger          IFormattableLogger는
11      {                                               ILogger를 상속합니다.
12          void WriteLog(string format, params Object[] args);
13      }
14
15      class ConsoleLogger2 : IFormattableLogger        ConsoleLogger2는
16      {                                                IFormattableLogger를
17          public void WriteLog(string message)         상속합니다.
18          {
19              Console.WriteLine("{0} {1}",
20                  DateTime.Now.ToLocalTime(), message);
21          }
22
23          public void WriteLog(string format, params Object[] args)
24          {
```

```
25              String message = String.Format(format, args);
26              Console.WriteLine("{0} {1}",
27                  DateTime.Now.ToLocalTime(), message);
28          }
29      }
30
31  class MainApp
32  {
33      static void Main(string[] args)
34      {
35          IFormattableLogger logger = new ConsoleLogger2();
36          logger.WriteLog("The world is not flat.");
37          logger.WriteLog("{0} + {1} = {2}", 1, 1, 2);
38      }
39  }
40 }
```

실행 결과

```
2023-03-04 오전 8:07:18 The world is not flat.
2023-03-04 오전 8:07:18 1 + 1 = 2
```

8.4 여러 인터페이스, 한꺼번에 상속하기

클래스는 여러 클래스를 한꺼번에 상속할 수 없습니다. 이른바 '죽음의 다이아몬드'라는 문제 때문입니다. 죽음의 다이아몬드란, 최초의 클래스(Ridable)가 두 개의 파생 클래스(Car, Plane)로부터 상속받고, 이 두 개의 파생 클래스를 다시 하나의 클래스(MyVehicle)가 상속하는 것을 말합니다.

여러분이 컴파일러라면 MyVehicle이 어느 Ride() 메소드를 물려받도록 하겠습니까? Car 버전의 Ride()? 아니면 Plane 버전의 Ride()? 기준은 무엇인가요? 죽음의 다이아몬드 문제의 핵심은 모호성입니다. 컴파일러가 기분이 좋다면 Car의 Ride()를 물려받도록 할 수도 있습니다. 하지만 어느 날 컴파일러 버전이 업그레이드돼서 Plane의 Ride()를 물려받도록 할 수도 있거든요.

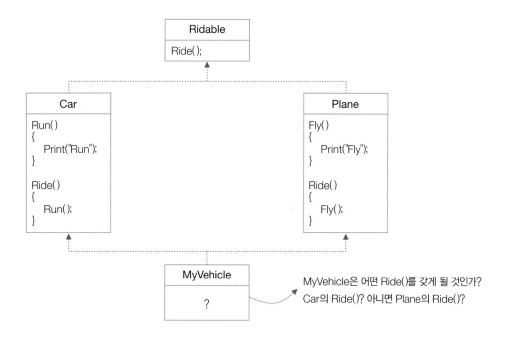

여기에 또 하나 골칫거리가 있습니다. 바로 업캐스팅[Up-Casting] 문제입니다. 다중 상속이 허용된다면 다음과 같은 코드가 가능할 것입니다.

```
Plane plane = new MyVehicle();
Car  car  = new MyVehicle();
```

자, plane은 과연 어떤 결과를 출력할까요? 'Run'을 출력하겠습니까, 아니면 'Fly'를 출력하겠습니까? 모를 일입니다. 알 수가 없죠. 코드를 작성하는 프로그래머조차 확신할 수 없습니다. 이렇듯 어떻게 동작할지 정확하게 예측할 수 없는 모호한 프로그램은 재앙 덩어리입니다. 다중 상속은 이런 재앙을 불러올 위험성이 있습니다. 이런 재앙을 소스 코드 수준에서 방지할 수 있다면 정말 좋겠죠? 그래서 C#은 클래스의 다중 상속을 허용하지 않습니다.

그럼 왜 저는 C#이 지원하지도 않는 다중 상속을 이야기하는 것일까요? 이번 절의 제목 때문에 이미 알고 있겠지만, 인터페이스의 다중 상속을 설명하기 위해서입니다. 인터페이스는 내용이 아닌 외형을 물려줍니다. 속은 어떨지 몰라도 겉모습만큼은 정확하게 자신을 닮기를 강제합니다. 따라서 죽음의 다이아몬드 같은 문제도 발생하지 않습니다. 프로그래머는 여러 인터페이스를 다중 상속하는 클래스를 안심하고 이용할 수 있습니다.

그래도 구현을 물려받는 다중 상속이 있으면 좋겠다고요? 이런, 제 설명이 부족했던 모양이네요. 다른 클래스에서 구현된 기능을 얻는 기법에는 상속만 있는 것이 아닙니다. 이어지는 〈여기서 잠깐〉에서 이 부분에 대해 조금 더 이야기하겠습니다(그리고 상속은 그저 구현을 물려받기 위한 장치가 아닌 다형성을 위한, 즉 다양한 버전의 모습을 가지도록 하는 장치임을 떠올려주세요. 단순히 구현을 물려받기 위한 것이라면 왜 오버라이딩이 필요하겠습니까?).

> **■ 여기서 잠깐**   **그래도 저는 여러 클래스로부터 구현을 물려받고 싶은데요?**
>
> 다른 클래스의 기능을 새로운 클래스에 넣는 방법에 꼭 상속만 있는 것은 아닙니다. 포함(Containment)이라는 기법도 있죠. 사실 기법이랄 것도 없는 이 기법은 다음과 같이 클래스 안에 물려받고 싶은 기능을 가진 클래스들을 필드로 선언해 넣는 것입니다.
>
> ```
> MyVehicle()
> {
>     Car car = new Car();
>     Plane plane = new Plane();
>
>     public void Fly() {plane.Ride();}
>     public void Run() {car.Ride();}
> }
> ```

이제 인터페이스 다중 상속의 예제 프로그램을 만들어보겠습니다.

> **≫ 08장/MultiInterfaceInheritance/MainApp.cs**

```
01   using System;
02
03   namespace MultiInterfaceInheritance
04   {
05       interface IRunnable
06       {
07           void Run();
08       }
09
10       interface IFlyable
11       {
```

```
12          void Fly();
13      }
14
15      class FlyingCar : IRunnable, IFlyable
16      {
17          public void Run()
18          {
19              Console.WriteLine("Run! Run!");
20          }
21
22          public void Fly()
23          {
24              Console.WriteLine("Fly! Fly!");
25          }
26      }
27
28      class MainApp
29      {
30          static void Main(string[] args)
31          {
32              FlyingCar car = new FlyingCar();
33              car.Run();
34              car.Fly();
35
36              IRunnable runnable = car as IRunnable;
37              runnable.Run();
38
39              IFlyable flyable = car as IFlyable;
40              flyable.Fly();
41          }
42      }
43  }
```

```
Run! Run!
Fly! Fly!
Run! Run!
Fly! Fly!
```

여기에 인터페이스 둘(IFlyable, IRunnable)과 이 두 인터페이스를 각각 상속하는 두 개의 클래스
(Plane, Car), 그리고 두 인터페이스를 동시에 상속(다중 상속)하는 하나의 클래스(FlyingCar)
가 있습니다. 이들을 이용해서 인터페이스 다중 상속과 포함 기법을 활용해 클래스 다중 상속을 흉
내내보세요.

8.5 인터페이스의 기본 구현 메소드

지금까지는 인터페이스에 선언하는 메소드에 구현부가 없었죠? 인터페이스가 선언하는 메소드는
파생될 클래스가 무엇을 구현해야 할지를 정의하는 역할만 하면 됐기 때문입니다. 기본 구현 메소드
는 이름처럼 구현부를 가지는 메소드인데요. 인터페이스의 다른 메소드와는 역할이 약간 다릅니다.
기본 구현 메소드를 자세히 설명하기 전에, 다음 코드를 같이 보시죠.

```
interface ILogger
{
    void WriteLog(string message);
}

class ConsoleLogger : ILogger
{
    public void WriteLog(string message)
    {
        Console.WriteLine(
            $"{DateTime.Now.ToLocalTime()}, {message}");
    }
}
```

ILogger는 평범한 인터페이스이며, ConsoleLogger는 ILogger를 상속하는 평범한 클래스
입니다. ILogger에는 WriteLog()라는 메소드가 선언되어 있기 때문에 ILogger를 상속하는
ConsoleLogger는 이 메소드를 오버라이딩해야 합니다. 여기까지는 우리가 잘 이해하고 있는 내
용입니다. 이제 이 코드에 무구한 역사가 더해져 ConsoleLogger도 업그레이드됐을 뿐 아니라,
FileLogger와 같은 ILogger의 파생 클래스가 수없이 생겼다고 가정해보죠. 이런 코드를 레거시[Legacy](유

산)라고 하는데요. 레거시 코드는 업그레이드할 때 각별히 주의해야 합니다.

이와 같은 상황에서 초기 버전을 설계할 때 놓친 메소드를 인터페이스에 안전하게 추가할 수 있을까요? 다음과 같이 무작정 ILogger에 새 메소드를 추가한다고 해보죠.

```
interface ILogger
{
    void WriteLog(string message);
    void WriteError(string error);    // 새로운 메소드 추가
}
```

그 결과, ConsoleLogger를 비롯해서 ILogger를 상속하는 모든 클래스에 대해 다음과 같은 컴파일에러가 발생합니다. 파생 클래스는 인터페이스의 모든 메소드를 구현하는 것이 기본 규칙이니까요.

```
error CS0535: 'ConsoleLogger'은(는) 'ILogger.WriteError(string)' 인터페이스 멤버를 구현
하지 않습니다.
```

기본 구현 메소드는 이런 상황에서 요긴하게 사용할 수 있습니다. 인터페이스에 새로운 메소드를 추가할 때 기본적인 구현체를 갖도록 해서 기존에 있는 파생 클래스에서의 컴파일 에러를 막을 수 있습니다. 다음은 인터페이스 기본 구현 메소드의 예입니다.

```
interface ILogger
{
    void WriteLog(string message);
    void WriteError(string error)  // 새로운 메소드 추가
    {
        WriteLog($"Error: {error}");  ┈┈┈┈┈┈┈  WriteError()에 기본 구현을 제공합니다.
    }
}
```

짜잔! 인터페이스를 수정했지만 다른 기존 코드에는 아무런 영향이 없습니다. 인터페이스의 기본 구현 메소드는 인터페이스 참조로 업캐스팅했을 때만 사용할 수 있다는 점 때문에 프로그래머가 파생 클래스에서 인터페이스에 추가된 메소드를 엉뚱하게 호출할 가능성도 없습니다. 다음 코드에 관련 예시가 나타나 있습니다.

```
ILogger logger = new ConsoleLogger();
logger.WriteLog("System Up");      // OK
logger.WriteError("System Fail");  // OK

ConsoleLogger clogger = new ConsoleLogger();
clogger.WriteLog("System Up");      //  OK
clogger.WriteError("System Fail"); // 컴파일 에러
```

이 코드의 마지막 줄에 있는 clogger.WriteError() 호출은 컴파일 에러를 일으킵니다. Console
Logger가 WriteError()를 오버라이딩하지 않았기 때문입니다. 즉, 인터페이스에 선언된 기본 구
현 인터페이스는 파생 클래스의 참조로 호출할 수 없습니다.

이제 예제 프로그램을 만들어보겠습니다.

>>> **08장/DefaultImplementation/MainApp.cs**

```
01   using System;
02
03   namespace DefaultImplementation
04   {
05       interface ILogger
06       {
07           void WriteLog(string message);
08
09           void WriteError(string error) // 새로운 메소드 추가
10           {
11               WriteLog($"Error: {error}");
12           }
13       }
14
15       class ConsoleLogger : ILogger
16       {
17           public void WriteLog(string message)
18           {
19               Console.WriteLine(
20                   $"{DateTime.Now.ToLocalTime()}, {message}");
21           }
```

```
22      }
23
24      class MainApp
25      {
26          static void Main(string[] args)
27          {
28              ILogger logger = new ConsoleLogger();
29              logger.WriteLog("System Up");
30              logger.WriteError("System Fail");
31
32              ConsoleLogger clogger = new ConsoleLogger();
33              clogger.WriteLog("System Up"); // OK
34              // clogger.WriteError("System Fail"); // 컴파일 에러
35          }
36      }
37  }
```

📥 **실행 결과**

```
2023-03-04 오후 11:46:21, System Up
2023-03-04 오후 11:46:21, Error: System Fail
2023-03-04 오후 11:46:21, System Up
```

8.6 추상 클래스: 인터페이스와 클래스 사이

추상 클래스는 '구현'을 가질 수 있습니다. 하지만 클래스와 달리 인스턴스를 가질 수는 없습니다. 한 마디로, 추상 클래스는 구현을 갖되 인스턴스는 만들지 못합니다. 추상 클래스가 어떤 효용을 갖는 지는 나중에 이야기하고, 먼저 추상 클래스를 선언하는 문법부터 살펴보겠습니다. 추상 클래스는 다음과 같이 abstract 한정자와 class 키워드를 이용해서 선언합니다.

```
abstract class 클래스_이름
{
    // 클래스와 동일하게 구현
}
```

추상 클래스가 인터페이스와 클래스의 중간에 있다고 이야기했지만, 사실 추상 클래스는 클래스에 더 가깝습니다. 추상 클래스의 접근성이 그 예입니다. 클래스와 똑같거든요. 인터페이스에서는 모든 메소드가 public으로 선언되는 반면, 클래스는 한정자를 명시하지 않으면 모든 메소드가 private 으로 선언됩니다.

한편, 추상 클래스에는 인스턴스를 만들 수 없다는 점 외에도 클래스와 다른 점이 또 하나 있습니다. 그것은 바로 추상 메소드Abstract Method를 가질 수 있다는 사실입니다. 추상 메소드는 추상 클래스가 한 편으로 인터페이스의 역할도 할 수 있게 해주는 장치입니다. 구현을 갖지는 못하지만 파생 클래스에 서 반드시 구현하도록 강제하거든요. 다시 말해, 추상 클래스를 상속하는 클래스들이 반드시 이 메 소드를 갖고 있을 거라는 '약속'인 것입니다. 그럼 이 추상 메소드의 기본 접근성은 어떻게 될까요? 인터페이스에서처럼 public일까요? 아니면 클래스에서처럼 private일까요? 답은 '둘 다'입니다.

추상 클래스나 클래스는 그 안에서 선언되는 모든 필드, 메소드, 프로퍼티, 이벤트 모두 접근 한정자 를 명시하지 않으면 private입니다. 여기에는 추상 메소드도 예외가 될 수 없습니다. 하지만 '약속' 역할을 하는 추상 메소드가 private이라니요. 그렇게 둘 수는 없습니다. 그래서 C# 컴파일러는 추 상 메소드가 반드시 public, protected, internal, protected internal 한정자 중 하나로 수식될 것을 강요합니다. 이렇게 하면 클래스의 접근성 원칙도, 인터페이스의 접근성 원칙도 지켜질 수 있 습니다. 다음은 추상 메소드의 선언 예입니다(아, 추상 메소드도 abstract 한정자를 이용해서 선언 합니다).

```
abstract class AbstractBase
{
    public abstract void SomeMethod();
}

class Derived : AbstractBase
{
    public override void SomeMethod()
    {
        // Something
    }
}
```

! 여기서 잠깐 **추상 클래스가 또 다른 추상 클래스를 상속하는 경우**

추상 클래스는 또 다른 추상 클래스를 상속할 수 있으며, 이 경우 자식 추상 클래스는 부모 추상 클래스의 추상 메소드를 구현하지 않아도 됩니다. 추상 메소드는 인스턴스를 생성할 클래스에서 구현하면 되니까요.

이번에는 추상 클래스의 예제 프로그램을 만들어보겠습니다.

>>> **08장/AbstractClass/MainApp.cs**

```
01  using System;
02
03  namespace AbstractClass
04  {
05      abstract class AbstractBase
06      {
07          protected void PrivateMethodA()
08          {
09              Console.WriteLine("AbstractBase.PrivateMethodA()");
10          }
11
12          public void PublicMethodA()
13          {
14              Console.WriteLine("AbstractBase.PublicMethodA()");
15          }
16
17          public abstract void AbstractMethodA();
18      }
19
20      class Derived : AbstractBase
21      {
22          public override void AbstractMethodA()
23          {
24              Console.WriteLine("Derived.AbstractMethodA()");
25              PrivateMethodA();
26          }
27      }
28
29      class MainApp
```

```
30      {
31          static void Main(string[] args)
32          {
33              AbstractBase obj = new Derived();
34              obj.AbstractMethodA();
35              obj.PublicMethodA();
36          }
37      }
38  }
```

```
Derived.AbstractMethodA()
AbstractBase.PrivateMethodA()
AbstractBase.PublicMethodA()
```

지금까지는 추상 클래스가 무엇인지에 대해 이야기했습니다. 그럼 이제는 추상 클래스가 무슨 쓸모가 있는지 생각해봅시다. 추상 클래스는 일반 클래스가 가질 수 있는 구현과 더불어 추상 메소드를 가지고 있습니다(물론, 추상 메소드가 없는 추상 클래스도 문법적으로 하자가 있는 것은 아니지만, 실질적으로는 별 의미가 없는 코드라고 할 수 있습니다). 추상 메소드는 추상 클래스를 사용하는 프로그래머가 그 기능을 정의하도록 강제하는 장치입니다.

우리는 똑같은 일을 보통의 클래스를 통해서도 할 수 있습니다. 그냥 메소드를 선언한 다음, 클래스에 대한 매뉴얼을 작성해서 코드와 함께 배포합니다. "이 클래스는 직접 인스턴스화하지 말고 파생 클래스를 만들어 사용하세요. 아, 그리고 MethodA(), MethodB()를 꼭 오버라이딩해야 합니다."라는 식으로요. 그러나 이를 프로그래머가 준수하도록 강제할 수 없음은 물론입니다.

하지만 추상 클래스를 이용한다면 이러한 설명이 필요 없습니다. 추상 클래스와 추상 메소드 자체가 이런 설명을 담고 있는 것이니까요. 혹시 내가 만든 추상 클래스를 이용하는 다른 프로그래머가 파생 클래스를 만들어야 하며 모든 추상 메소드를 구현해야 한다는 사실을 잊어버린다 해도, 컴파일러가 이를 상기해줄 것입니다. 이것이 우리가 추상 클래스를 사용하는 이유입니다.

01 인터페이스와 클래스가 다른 점은 무엇입니까?

02 인터페이스와 추상 클래스가 다른 점은 무엇입니까?

09

프로퍼티

객체지향 언어라면 모름지기 '은닉성'을 표현할 수 있어야 합니다. 객체의 데이터가 의도하지 않게 오염되는 것을 막아야 하니까요. C++나 자바에서는 private이나 protected 접근 한정자를 이용해서 클래스 내 필드를 외부에서 보이지 않게 감추고, 이 필드에 접근하는 메소드들을 public으로 따로 제공합니다. C# 프로그래머도 이 방법을 그대로 사용할 수 있지만, C#은 이보다 더 우아한 장치를 제공합니다. 이 장에서는 그 장치인 프로퍼티를 설명합니다.

학습목표

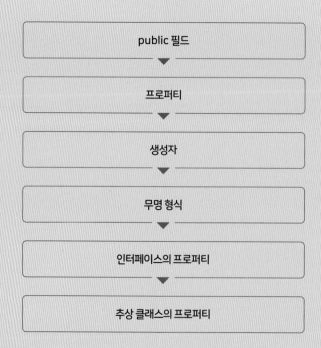

**이 장의
핵심 개념**

- 프로퍼티가 무엇인지 이해합니다.
- 메소드, 필드, 프로퍼티 간 차이를 이해합니다.
- 프로퍼티를 이용하여 객체를 초기화하는 방법을 익힙니다.
- 무명 형식을 이해합니다.
- 인터페이스와 추상 클래스에서의 프로퍼티 선언 방법을 익힙니다.

**이 장의
학습 흐름**

public 필드
▼
프로퍼티
▼
생성자
▼
무명 형식
▼
인터페이스의 프로퍼티
▼
추상 클래스의 프로퍼티

9.1 public 필드의 유혹

정말이지, 클래스를 작성하다 보면 필드를 public으로 선언해버리고 싶은 충동이 들 때가 한두 번이 아닙니다. 여차하면 의도하지 않게 데이터가 오염될 수 있다는 것을 잘 알면서도 "괜찮을 거야." 하는 악마의 속삭임이 귓전에 맴돕니다. 무엇보다도 Get/Set 메소드 대신 할당 연산자 '='를 이용해서 필드를 읽거나 할당하고 싶은 생각이 들기 시작하면 이 충동은 더욱 거세집니다. 은닉성을 지키자니 귀찮고, 편하게 작업하자니 은닉성이 신경 쓰입니다. 은닉성과 편의성은 함께할 수 없는 물과 기름 같은 존재일까요? 꼭 그렇지는 않습니다. 프로퍼티를 이용하면 은닉성과 편의성, 두 마리의 토끼를 다 잡을 수 있습니다.

예를 들어 다음과 같은 클래스가 있다고 해보죠. 이 클래스는 int 형식 myField를 private으로 갖고 있습니다.

```
class MyClass
{
    private int myField;
}
```

우리가 알고 있는 지식 선에서는 아마 다음과 같이 GetXXX()와 SetXXX() 메소드를 클래스에 추가해서 MyField에 접근할 수 있도록 할 것입니다.

```
class MyClass
{
    private int myField;
    public int GetMyField(){return myField;}
    public void SetMyField(int NewValue) {myField = NewValue;}
}
```

그리고 이 클래스의 객체는 다음과 같이 사용할 것입니다.

```
MyClass obj = new MyClass();
obj.SetMyField(3);
Console.WriteLine(obj.GetMyField());
```

이 코드에 틀린 점이 있다는 이야기는 아닙니다. 컴파일도 문제없이 되고, 우리가 원하는 대로 은닉성을 지키면서 필드를 읽고 쓰고 있습니다. 우리가 J로 시작하는 어떤 프로그래밍 언어를 사용하고 있었다면 이것은 완벽히 정석이라고 할 수 있습니다. 다만 C#이 더 우아한 장치를 제공하기 때문에 아무래도 이런 방식은 지양해야겠죠.

9.2 메소드보다 프로퍼티

서두가 길었는데, 이제 프로퍼티를 선언하는 문법을 알아보겠습니다. 프로퍼티는 다음과 같이 선언합니다.

```
class 클래스_이름
{
    데이터_형식 필드_이름;
    접근_한정자 데이터_형식 프로퍼티_이름
    {
        get
        {
            return 필드_이름;
        }

        set
        {
            필드_이름 = value;
        }
    }
}
```

프로퍼티 선언 문법에서 get { … }과 set { … }을 일컬어 접근자^Accessor라고 합니다. get 접근자는 필드로부터 값을 읽어오고 set 접근자는 필드에 값을 할당합니다. set 접근자 안에 있는 value 키워드를 주목하기 바랍니다. 이 친구는 누구도 선언한 적이 없지만, C# 컴파일러는 set 접근자의 암묵적 매개변수로 간주하므로 전혀 문제 삼지 않습니다.

제가 아까 프로퍼티는 Get/Set 메소드를 대체한다고 했던가요? 생뚱맞게 새로운 클래스에 프로퍼티를 선언하는 것보다는 기존의 코드를 바꿔보는 것이 이해에 더 도움이 될 것 같군요. 다음 MyClass에 선언된 GetMyField() 메소드와 SetMyField() 메소드를 프로퍼티로 바꿔보겠습니다.

```
class MyClass
{
    private int myField;
    public int GetMyField() {return myField;}
    public void SetMyField(int NewValue) {myField = NewValue;}
}
```

이제 프로퍼티를 보시죠. 짜잔! 못생긴 메소드 대신 우아한 프로퍼티를 보신 소감이 어떤가요?

```
class MyClass
{
    private int myField;
    public int MyField
    {
        get
        {
            return myField;
        }

        set
        {
            myField = value;
        }
    }
}
```

별 느낌이 오지 않는다면 다음 코드를 보세요. 이제 MyClass의 객체는 '=' 할당 연산자를 통해 myField 필드에 데이터를 저장하고 또 반대로 데이터를 읽어올 수도 있습니다.

```
MyClass obj = new MyClass();
obj.MyField = 3 ;
Console.WriteLine(obj.MyField);
```

"잠깐만요. 메소드를 통해 필드가 변경되지 않기를 원할 때는 Set 메소드를 구현하지 않으면 됐습니다. 프로퍼티를 통해 필드가 변경되지 않았으면 좋겠는데, 이런 경우엔 어떻게 하나요?"

좋은 질문입니다. 그런 경우 set 접근자를 구현하지 않으면 해당 프로퍼티는 쓰기 불가, 다른 말로는 읽기 전용이 됩니다. 다음이 그 예입니다.

```
class MyClass
{
    private int myField;
    public int MyField •----------  이렇게 get 접근자만 있으면
    {                                읽기 전용 프로퍼티가 됩니다.
        get
        {
            return myField;
        }
    }
}
```

"오, 그럼 쓰기 전용 프로퍼티도 만들 수 있겠군요."

문법적으로 아무 문제가 없긴 하지만, 사용하기 전에 신중하게 생각해야 합니다. 여러분이 만든 클래스를 사용할 프로그래머에게 쓰기 전용 프로퍼티의 용도와 동작 결과를 확인할 수 있는 방법을 알릴 수 있어야 합니다. 그렇지 않다면 그 프로퍼티는 코드를 관리하기 어렵게 만드는 원인이 될 가능성이 높아집니다.

자, 이제 프로퍼티를 이용한 예제 프로그램을 만들어보겠습니다.

>>> **09장/Property/MainApp.cs**

```
01  using System;
02
03  namespace Property
04  {
05      class BirthdayInfo
06      {
07          private string name;
08          private DateTime birthday;
09
10          public string Name
11          {
```

```csharp
12              get
13              {
14                  return name;
15              }
16              set
17              {
18                  name = value;
19              }
20          }
21
22          public DateTime Birthday
23          {
24              get
25              {
26                  return birthday;
27              }
28              set
29              {
30                  birthday = value;
31              }
32          }
33
34          public int Age
35          {
36              get
37              {
38                  return new DateTime(DateTime.Now.Subtract(birthday).Ticks).Year;
39              }
40          }
41
42      }
43
44  class MainApp
45  {
46      static void Main(string[] args)
47      {
48          BirthdayInfo birth = new BirthdayInfo();
49          birth.Name = "서현";
50          birth.Birthday = new DateTime(1991, 6, 28);
51
```

```
52              Console.WriteLine($"Name : {birth.Name}");
53              Console.WriteLine($"Birthday : {birth.Birthday.ToShortDateString()}");
54              Console.WriteLine($"Age : {birth.Age}");
55          }
56      }
57  }
```

📤 **실행 결과**

```
Name : 서현
Birthday : 1991-06-28
Age : 32
```

9.3 자동 구현 프로퍼티

프로퍼티는 데이터의 오염에 대해선 메소드처럼 안전하고, 데이터를 다룰 때는 필드처럼 간결합니다. 하지만 많은 경우에 중복 코드를 작성하고 있다는 기분이 듭니다. 다음 코드의 NameCard 클래스를 보세요. Name과 PhoneNumber 프로퍼티는 단순히 name과 phoneNumber 필드를 읽고 쓰기만 합니다. 여기에는 아무 논리도 섞여 있지 않습니다. 마이크로소프트의 C# 팀은 이런 경우에 사용해서 코드를 더 단순하게 만드는 자동 구현 프로퍼티^{Auto-Implemented Property}를 C# 3.0부터 도입했습니다.

```
public class NameCard
{
    private string name;
    private string phoneNumber;

    public string Name
    {
        get {return name;}
        set {name = value;}
    }
```

```
    public string PhoneNumber
    {
        get {return phoneNumber;}
        set {phoneNumber = value;}
    }
}
```

이 코드에서 Name과 PhoneNumber 프로퍼티는 다음과 같이 자동 구현 프로퍼티로 대체할 수 있습니다. 앞의 코드와 비교해서 엄청나게 간결해졌죠? 필드를 선언할 필요도 없고, 그저 get 접근자와 set 접근자 뒤에 세미콜론(;)만 붙여주면 됩니다.

```
public class NameCard
{
    public string Name
    {
        get; set;
    }

    public string PhoneNumber
    {
        get; set;
    }
}
```

한 가지 더, C# 7.0부터는 다음과 같이 자동 구현 프로퍼티를 선언함과 동시에 초기화를 수행할 수 있습니다. 덕분에 자동 구현 프로퍼티에 초깃값이 필요할 때 생성자에 초기화 코드를 작성하는 수고를 덜게 됐습니다.

```
public class NameCard
{
    public string Name{get; set;} = "Unknown";
    public string PhoneNumber{get; set;} = "000-0000";
}
```

자동 구현 프로퍼티 예제 프로그램을 만들어보겠습니다. 이 예제 프로그램은 이전 절에서 만들었던 Property 예제 프로그램과 동일한 구조로 이루어집니다. 다만, BirthdayInfo 클래스의 Name 프로퍼티와 Birthday 프로퍼티를 자동 구현 프로퍼티로 구현했습니다.

>>> 09장/AutoImplementedProperty/MainApp.cs

```
01  using System;
02
03  namespace AutoImplementedProperty
04  {
05      class BirthdayInfo
06      {
07          public string Name {get; set;} = "Unknown";
08          public DateTime Birthday {get; set;} = new DateTime(1, 1, 1);
09          public int Age
10          {
11              get
12              {
13                  return new DateTime(DateTime.Now.Subtract(Birthday).Ticks).Year;
14              }
15          }
16      }
17
18      class MainApp
19      {
20          static void Main(string[] args)
21          {
22              BirthdayInfo birth = new BirthdayInfo();
23              Console.WriteLine($"Name : {birth.Name}");
24              Console.WriteLine($"Birthday : {birth.Birthday.ToShortDateString()}");
25              Console.WriteLine($"Age : {birth.Age}");
26
27              birth.Name = "서현";
28              birth.Birthday = new DateTime(1991, 6, 28);
29
30              Console.WriteLine($"Name : {birth.Name}");
31              Console.WriteLine($"Birthday : {birth.Birthday.ToShortDateString()}");
32              Console.WriteLine($"Age : {birth.Age}");
33          }
```

```
34      }
35  }
```

> 실행 결과

```
Name : Unknown
Birthday : 0001-01-01
Age : 2023
Name : 서현
Birthday : 1991-06-28
Age : 32
```

9.3.1 자동 구현 프로퍼티 뒤에서 일어나는 일

자동 구현 프로퍼티가 편하다는 건 이제 우리 모두 잘 알게 됐습니다. 그런데 궁금하지 않습니까? C# 컴파일러가 보이지 않는 곳에서 자동 구현 프로퍼티를 위해 하는 일들 말입니다. 다음 그림은 이번 장에서 처음에 만들었던 Property 예제 프로그램을 비주얼 스튜디오와 함께 제공되는 .NET 디어셈블리 도구인 ildasm.exe로 열어본 결과입니다. Property.BirthdayInfo 클래스 안에 마름모 아이콘의 birthday와 name 필드가 보이죠? 이들은 우리가 코드에서 직접 선언한 인스턴스입니다.

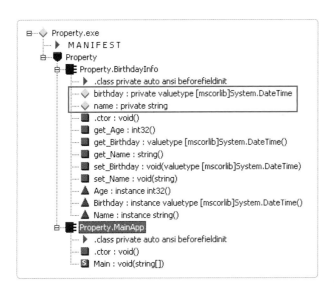

이번에는 ildasm.exe로 방금 전에 만들어본 AutoImplementedProperty 예제 프로그램을 열어보겠습니다. 앗, AutoImplementedProperty.BirthdayInfo 안쪽을 보세요. 여기에도 마름모 아이콘의 필드가 두 개 보이는군요. 〈Birthday〉k_BackingField와 〈Name〉k_BackingField 말입니다. 이 필드는 우리가 선언하지도 않았는데 어디서 나타났을까요? C# 컴파일러가 자동으로 구현해줬습니다. 〈Birthday〉k_BackingField는 Birthday 프로퍼티를 위해, 〈Name〉k_BackingField는 Name 프로퍼티를 위해 컴파일러가 물밑에서 선언해준 것입니다. 덕분에 우리는 한결 편하게 프로그래밍할 수 있게 됐습니다.

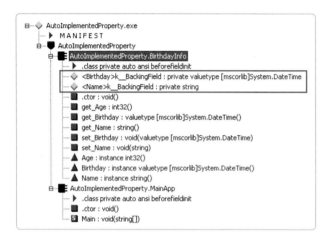

9.4 프로퍼티와 생성자

8장에서 객체를 생성할 때 매개변수를 입력받아 객체의 각 필드를 초기화하는 방법에 대해 이야기했습니다. 이번에는 객체를 생성할 때 각 필드를 초기화하는 또 다른 방법을 소개하려 합니다. 바로 프로퍼티를 이용한 초기화입니다. 그 형식은 다음과 같습니다.

```
클래스_이름 인스턴스 = new 클래스_이름()
    {
        프로퍼티1 = 값,
        프로퍼티2 = 값,  •----------------  세미콜론(;)이 아니라 콤마(,)입니다.
        프로퍼티3 = 값
    };
```

이와 같이 객체를 생성할 때 〈프로퍼티 = 값〉 목록에 객체의 모든 프로퍼티가 올 필요는 없습니다. 여러분이 초기화하고 싶은 프로퍼티만 넣어서 초기화하면 됩니다. 매개변수가 있는 생성자를 작성할 때와 달리 어떤 필드를 생성자 안에서 초기화할지 미리 고민할 필요가 없습니다. 앞에서 만들었던 BirthdayInfo 클래스를 예로 들어 프로퍼티를 이용한 객체를 생성하고 초기화해보겠습니다.

```
BirthdayInfo birth = new BirthdayInfo()
        {
            Name = "서현",
            Birthday = new DateTime(1991, 6, 28)
        };
```

멋집니다. 그렇지 않나요? 예제 프로그램을 만들어보겠습니다.

>>> **09장/ConstructorWithProperty/MainApp.cs**

```
01  using System;
02
03  namespace ConstructorWithProperty
04  {
05      class BirthdayInfo
06      {
07          public string Name
08          {
09              get;
10              set;
11          }
12
13          public DateTime Birthday
14          {
15              get;
16              set;
17          }
18
19          public int Age
20          {
21              get
22              {
```

```
23                    return new DateTime(DateTime.Now.Subtract(Birthday).Ticks).Year;
24                }
25          }
26      }
27
28      class MainApp
29      {
30          static void Main(string[] args)
31          {
32              BirthdayInfo birth = new BirthdayInfo()
33              {
34                  Name = "서현",
35                  Birthday = new DateTime(1991, 6, 28)
36              };
37
38              Console.WriteLine($"Name : {birth.Name}");
39              Console.WriteLine($"Birthday : {birth.Birthday.ToShortDateString()}");
40              Console.WriteLine($"Age : {birth.Age}");
41          }
42      }
43  }
```

⊟ 실행 결과

```
Name : 서현
Birthday : 1991-06-28
Age : 32
```

9.5 초기화 전용 자동 구현 프로퍼티

의도치 않게 데이터가 오염되는 일이 종종 있는데 C#에는 데이터 오염을 방지할 수 있는 장치가 여럿 있습니다. 예를 들어 접근 한정자, readonly 필드, readonly 구조체, 튜플 등이 있죠. 하지만 프로퍼티를 읽기 전용으로 선언하는 방법이 조금 불편했는데요. 다음과 같이 생성자를 통해 필드를 초기화하고 그 필드에 접근하는 프로퍼티는 get 접근자만 갖도록 해야 했습니다.

```
class Transaction
{
    public Transaction(string _from, string _to, int _amount)
    {
        from=_from; to=_to; amount=_amount;
    }

    string from;
    string to;
    int amount;

    public string From    {get{return from;}}
    public string To      {get{return to;}}
    public int    Amount {get{return amount;}}
}
```

C# 9.0에 이르러서는 읽기 전용 프로퍼티를 아주 간편하게 선언할 수 있도록 개선했습니다. init 접근자를 새로 도입했거든요. init 접근자는 set 접근자처럼 외부에서 프로퍼티를 변경할 수 있지만, 객체 초기화할 때만 프로퍼티 변경이 가능하다는 점이 다릅니다. init 접근자를 사용하는 방법은 다음과 같습니다. 자동 구현 프로퍼티를 선언하면서 set 접근자 대신 init 접근자를 명시하면 됩니다. 이렇게 선언한 프로퍼티를 '초기화 전용Init-Only 자동 구현' 프로퍼티라고 합니다.

```
public class Transaction
{
    public string From    {get; init;}
    public string To      {get; init;}
    public int    Amount {get; init;}
}
```

예제 프로그램을 만들어서 초기화 전용 자동 구현 프로퍼티를 테스트해보세요. 초기화가 한 차례 이루어진 후 변경되면 안 되는 데이터에 어떤 것이 있을까요? 성적표, 범죄 기록, 각종 국가 기록, 금융 거래 기록 등등 이루 셀 수 없습니다. 우리는 그중에서 돈거래를 표현하는 Transaction 클래스를 예제 코드에 선언하고, 이 클래스의 프로퍼티(From은 주는 사람, To는 받는 사람, Amount는 거래량을 의미)를 초기화 전용으로 만들어보겠습니다.

```csharp
01  using System;
02
03  namespace InitOnly
04  {
05      class Transaction
06      {
07          public string From   {get; init;}
08          public string To     {get; init;}
09          public int    Amount {get; init;}
10
11          public override string ToString()
12          {
13              return $"{From,-10} -> {To,-10} : ${Amount}";
14          }
15      }
16
17      class MainApp
18      {
19          static void Main(string[] args)
20          {
21              Transaction tr1 = new Transaction{From="Alice", To="Bob",
                      Amount=100};
22              Transaction tr2 = new Transaction{From="Bob", To="Charlie",
                      Amount=50};
23              Transaction tr3 = new Transaction{From="Charlie", To="Alice",
                      Amount=50};
24
25              Console.WriteLine(tr1);
26              Console.WriteLine(tr2);
27              Console.WriteLine(tr3);
28          }
29      }
30  }
```

📇 실행 결과

```
Alice      -> Bob      : $100
Bob        -> Charlie  : $50
Charlie    -> Alice    : $50
```

객체 초기화가 이루어진 후에 초기화 전용 자동 구현 프로퍼티를 수정하려 들면 어떤 일이 생길까요?
Bob이 Alice에게 빌린 100달러를 갚고 싶지 않아서 30달러만 받았다고 다음 코드와 같이 장부를
수정한다면 말입니다.

```
Transaction tr1 = new Transaction{From="Alice", To="Bob", Amount=100};

// ...

tr1.Amount = 30; •------------- 컴파일 에러 발생
```

init 접근자는 초기화 이후에 발생하는 프로퍼티 수정을 허용하지 않으므로, C# 컴파일러는 다음과
같은 에러 메시지를 출력합니다.

```
MainApp.cs(30,13): error CS8852: 초깃값 전용 속성 또는 인덱서
'Transaction.Amount'은(는) 개체 이니셜라이저 또는 인스턴스 생성자나 'init' 접근자의
'this' 또는 'base'에만 할당할 수 있습니다.
```

9.6 프로퍼티 초기화를 강제하는 required 키워드

init 접근자는 프로퍼티를 객체 초기화 시에만 값을 할당할 수 있도록 한다면, required는 초기화가
필요한 프로퍼티를 실수로 초기화하지 않는 실수를 방지할 수 있게 해줍니다. 다시 말해, required
한정자는 수식하는 프로퍼티를 객체가 초기화될 때 반드시 초기화되도록 컴파일 수준에서 강제합니다.

required 한정자는 다음과 같이 프로퍼티 이름 앞에 사용합니다.

```
class BirthdayInfo
{                              ┌─ Name과 Birthday를 객체 생성 시에
                               └─ 함께 초기화되도록 강제합니다.
    public required string Name {get; set;}
    public required DateTime Birthday {get; init;} •------┐
                                                          │
                                 ┌─ 이름은 바뀌어도 생일은 바뀌지 않으므로
    public int Age              └─ 초기화 전용(init)으로 선언합니다.
    {
        get
```

```
            {
                return new DateTime(DateTime.Now.Subtract(Birthday).Ticks).Year;
            }
        }
    }
```

위 코드에서 BirthdayInfo 클래스의 Name과 Birthday 프로퍼티는 required로 한정했기 때문에 다음과 같이 초기화를 누락한 채 생성자를 호출하면 컴파일 에러가 발생합니다.

```
BirthdayInfo birth = new BirthcayInfo();
```

🔶 BirthdayInfo.BirthdayInfo()

CS9035: 필수 구성원 'BirthdayInfo.Name'은(는) 개체 이니셜라이저 또는 특성 생성자에서 설정해야 합니다.

CS9035: 필수 구성원 'BirthdayInfo.Birthday'은(는) 개체 이니셜라이저 또는 특성 생성자에서 설정해야 합니다.

잠재적 수정 사항 표시 (Alt+Enter 또는 Ctrl+.)

다음과 같이 Name과 Birthday 프로퍼티를 초기화해주면 정상적으로 컴파일이 이뤄집니다.

```
BirthdayInfo birth = new BirthdayInfo{Name = "서현", Birthday = new DateTime
    (1991, 6, 28)};
```

이제 예제 프로그램을 만들어보겠습니다.

>>> **09장/RequiredProperty/MainApp.cs**

```
01  using System;
02
03  namespace RequiredProperty
04  {
05      class BirthdayInfo
06      {
07          public required string Name {get; set;}
08          public required DateTime Birthday {get; init;}
09
10          public int Age
11          {
```

```
12              get
13              {
14                  return new DateTime(DateTime.Now.Subtract(Birthday).Ticks).Year;
15              }
16          }
17      }
18
19  class MainApp
20  {
21      static void Main(string[] args)
22      {
23          BirthdayInfo birth = new BirthdayInfo() {Name = "서현", Birthday
                  = new DateTime(1991, 6, 28)};
24
25          Console.WriteLine("Name : {0}", birth.Name);
26          Console.WriteLine("Birthday : {0}", birth.Birthday.ToShortDateString());
27          Console.WriteLine("Age : {0}", birth.Age);
28      }
29  }
30 }
31
```

📋 **실행 결과**

```
Name : 서현
Birthday : 1991-06-28
Age : 32
```

9.7 레코드 형식으로 만드는 불변 객체

불변Immutable 객체는 내부 상태(데이터)를 변경할 수 없는 객체를 말하는데요. 상태를 변경할 수 없다는 특성 때문에 불변 객체에서는 데이터 복사와 비교가 많이 이뤄집니다. 새로운 상태를 표현하려고 기존 상태를 복사한 뒤 이 중 일부를 수정해서 새로운 객체를 만들고, 상태를 확인하기 위해 객체 내용을 자주 비교합니다. 레코드Record는 불변 객체에서 빈번하게 이뤄지는 이 두 가지 연산을 편리하게 수행할 수 있도록 C# 9.0에서 도입된 형식입니다.

레코드 형식이 주는 효용을 이해하기 위해 7장에서 배운 내용을 바탕으로 불변 객체를 만드는 방법을 살펴보겠습니다. 참조 형식은 클래스의 모든 필드를 readonly로 선언하면 불변 객체를 만들 수 있습니다. 값 형식은 readonly struct로 구조체를 선언하면 됩니다. 컴파일러가 모든 필드를 readonly로 선언하도록 강제하니까요.

값 형식 객체는 다른 객체에 할당할 때 깊은 복사를 수행합니다. 깊은 복사란 모든 필드를 새 객체가 가진 필드에 1:1로 복사하는 것을 말합니다. 배열 요소에 입력하거나 함수 인수로 사용할 때도 늘 깊은 복사를 합니다. 필드가 많으면 많을수록 복사 비용은 커집니다. 객체를 여러 곳에서 사용해야 하는 경우에는 더 커지죠. 참조 형식은 이런 오버헤드가 없습니다. 객체가 참조하는 메모리 주소만 복사하면 되니까요. 물론 단점이 없는 것은 아닙니다. 참조 형식은 프로그래머가 직접 깊은 복사를 구현해야 합니다.

값 형식은 객체를 비교할 때 기본적으로 내용을 비교하는데 모든 필드를 1:1로 비교합니다. 불변 객체에 필요한 비교 방법이죠. 참조 형식은 어떨까요? 참조 형식끼리 내용을 비교할 수 있으려면 프로그래머가 직접 비교 코드를 작성해야 합니다. 보통은 object로부터 상속하는 Equals() 메소드를 오버라이딩합니다.

불변 객체를 참조 형식으로 선언하면 함수 호출 인수나 컬렉션 요소로 사용할 때 복사 비용을 줄일 수 있습니다. 한편 불변 객체는 새 상태 표현과 상태 확인을 위해 깊은 복사와 내용 비교가 필수적이므로 값 형식으로 선언하는 편이 프로그래머에게 편리한 부분이 많을 테고요. 불변 참조 형식의 비용 효율과 불변 값 형식의 편리함을 모두 얻을 수 있는 방법이 있다면 얼마나 좋을까요?

레코드 형식은 값 형식처럼 다룰 수 있는 불변 참조 형식으로, 참조 형식의 비용 효율과 값 형식이 주는 편리함을 모두 제공합니다. 그럼 이어서 레코드를 선언하는 방법을 알아보겠습니다.

9.7.1 레코드 선언하기

레코드는 다음과 같이 record 키워드와 초기화 전용 자동 구현 프로퍼티를 함께 이용해서 선언합니다. 이때 한 가지 주의할 점이 있습니다. 레코드에는 초기화 전용 자동 구현 프로퍼티뿐만 아니라 쓰기 가능한 프로퍼티와 필드도 자유롭게 선언해 넣을 수 있다는 사실입니다. 하지만 저는 초기화 전용 자동 구현 프로퍼티만 이용해서 상태를 표현하겠습니다.

```
record RTransaction
{
    public string From    {get; init;}
    public string To      {get; init;}
    public int    Amount {get; init;}
}
```

이렇게 선언한 레코드로 인스턴스를 만들면 불변 객체가 만들어집니다.

```
RTransaction tr1 = new RTransaction{From="Alice", To="Bob", Amount=100};
RTransaction tr2 = new RTransaction{From="Bob", To="Charlie", Amount=300};
```

예제 프로그램을 만들어보겠습니다.

>>> 09장/Record/MainApp.cs

```
01  using System;
02
03  namespace Record
04  {
05      record RTransaction
06      {
07          public string From    {get; init;}
08          public string To      {get; init;}
09          public int    Amount {get; init;}
10
11          public override string ToString()
12          {
13              return $"{From,-10} -> {To,-10} : ${Amount}";
14          }
15      }
16
17      class MainApp
18      {
19          static void Main(string[] args)
20          {
```

```
21              RTransaction tr1 = new RTransaction
22              {
23                  From="Alice", To="Bob", Amount=100
24              };
25
26              RTransaction tr2 = new RTransaction
27              {
28                  From="Alice", To="Charlie", Amount=100
29              };
30
31              Console.WriteLine(tr1);
32              Console.WriteLine(tr2);
33          }
34      }
35  }
```

📥 실행 결과

```
Alice -> Bob : $100
Alice -> Charlie : $100
```

9.7.2 with를 이용한 레코드 복사

C# 컴파일러는 레코드 형식을 위한 복사 생성자를 자동으로 작성합니다. 단, 이 복사 생성자는 protected로 선언되기 때문에 명시적으로 호출할 수는 없고, 다음과 같이 with 식을 이용해야 합니다.

```
RTransaction tr1 = new RTransaction {From="Alice", To="Bob", Amount=100};
RTransaction tr2 = tr1 with {To="Charlie"};
```

① tr1의 모든 상태를 복사한 다음   ② To 프로퍼티 값만 "Charlie"로 수정

이 코드에서 with 식은 tr1을 복사한 뒤 To 프로퍼티 값만 "Charlie"로 수정해서 tr2라는 새로운 레코드 객체를 생성합니다. with 식이 없었다면, RTransaction 인스턴스를 새로 할당하면서 To

를 제외한 tr1의 모든 프로퍼티를 입력해줘야 했을 것입니다. with 식은 객체 상태(프로퍼티)가 다양할수록 유용합니다.

예제 프로그램을 만들어보겠습니다.

```
01  using System;
02
03  namespace WithExp
04  {
05      record RTransaction
06      {
07          public string From    {get; init;}
08          public string To      {get; init;}
09          public int    Amount {get; init;}
10
11          public override string ToString()
12          {
13              return $"{From,-10} -> {To,-10} : ${Amount}";
14          }
15      }
16
17      class MainApp
18      {
19          static void Main(string[] args)
20          {
21              RTransaction tr1 = new RTransaction {From="Alice", To="Bob",
                      Amount=100};
22              RTransaction tr2 = tr1 with {To="Charlie"};
23              RTransaction tr3 = tr2 with {From="Dave", Amount=30};
24
25              Console.WriteLine(tr1);
26              Console.WriteLine(tr2);
27              Console.WriteLine(tr3);
28          }
29      }
30  }
```

```
Alice -> Bob : $100
Alice -> Charlie : $100
Dave -> Charlie : $30
```

9.7.3 레코드 객체 비교하기

컴파일러는 레코드의 상태를 비교하는 Equals() 메소드를 자동으로 구현합니다. 다음 표에서 왼쪽에는 클래스 객체 상태 비교를 위한 Equals() 메소드 오버라이딩 예제가 나타나 있고, 오른쪽에는 평범한 레코드 선언 예제가 있습니다. 레코드는 참조 형식이지만 값 형식처럼 Equals() 메소드를 구현하지 않아도 비교가 가능합니다.

클래스	레코드

<pre>class CTransaction
{
    public string From {get; init;}
    public string To {get; init;}
    public int Amount {get; init;}
 	
    public override bool Equals(Object obj)
    {
        CTransaction target = (CTransaction)
                              obj;
        if (this.From == target.From
        && this.To == target.To
        && this.Amount == target.Amount)
            return true;
        else
            return false;
    }
}</pre>
	<pre>record RTransaction
	{
	    public string From {get; init;}
	    public string To {get; init;}
	    public int Amount {get; init;}
	}</pre>

다음 코드는 앞에서 선언한 CTransaction과 RTransaction의 Equals() 메소드 사용 예를 보여줍니다. Equals()를 명시적으로 구현하는 CTransaction의 인스턴스 두 개가 같은 상태를 갖고 있을 때, 이 둘을 비교하면 참(True)이 반환됩니다. 비슷한 경우, RTransaction은 Equals()를 구현하지 않았지만 같은 상태를 지닌 인스턴스 둘을 비교하면 마찬가지로 참(True)이 반환됩니다.

```
// 클래스
CTransaction trA = new CTransaction{From="Alice", To="Bob", Amount=100};
CTransaction trB = new CTransaction{From="Alice", To="Bob", Amount=100};
Console.WriteLine(trA.Equals(trB)); // True 출력

// 레코드
RTransaction tr1 = new RTransaction{From="Alice", To="Bob", Amount=100};
RTransaction tr2 = new RTransaction{From="Alice", To="Bob", Amount=100};
Console.WriteLine(tr1.Equals(tr2)); // True 출력
```

예제 프로그램을 만들어보겠습니다. 이 예제 프로그램에서는 CTransaction의 Equals() 구현을
생략했습니다. Equals()의 기본 구현은 내용 비교가 아닌 참조를 비교하므로 두 CTransaction 객
체 비교 결과는 False가 출력됩니다.

>>> **09장/RecordComp/MainApp.cs**

```
01  using System;
02
03  namespace RecordComp
04  {
05      class CTransaction
06      {
07          public string From    {get; init;}
08          public string To      {get; init;}
09          public int    Amount {get; init;}
10
11          public override string ToString()
12          {
13              return $"{From,-10} -> {To,-10} : ${Amount}";
14          }
15      }
16
17      record RTransaction
18      {
19          public string From    {get; init;}
20          public string To      {get; init;}
21          public int    Amount {get; init;}
```

```
22
23          public override string ToString()
24          {
25              return $"{From,-10} -> {To,-10} : ${Amount}";
26          }
27      }
28
29  class MainApp
30  {
31      static void Main(string[] args)
32      {
33          CTransaction trA = new CTransaction{From="Alice", To="Bob",
                  Amount=100};
34          CTransaction trB = new CTransaction{From="Alice", To="Bob",
                  Amount=100};
35
36          Console.WriteLine(trA);
37          Console.WriteLine(trB);
38          Console.WriteLine($"trA equals to trB : {trA.Equals(trB)}");
39
40          RTransaction tr1 = new RTransaction{From="Alice", To="Bob",
                  Amount=100};
41          RTransaction tr2 = new RTransaction{From="Alice", To="Bob",
                  Amount=100};
42
43          Console.WriteLine(tr1);
44          Console.WriteLine(tr2);
45          Console.WriteLine($"tr1 equals to tr2 : {tr1.Equals(tr2)}");
46      }
47  }
48 }
```

📋 실행 결과

```
Alice -> Bob : $100
Alice -> Bob : $100
trA equals to trB : False
Alice -> Bob : $100
Alice -> Bob : $100
tr1 equals to tr2 : True
```

9.8 무명 형식

C#에는 여러 형식이 있습니다. 물론 여러분도 잘 아는 것처럼 각 형식에는 이름이 있죠. int, double, string, FileStream, MyClass 등 말입니다. 이번 절에서는 이름이 없는 형식, 즉 무명 형식Anonymous Type을 설명하려 합니다.

형식의 이름은 왜 필요할까요? 다음과 같이 그 형식의 이름을 이용해서 인스턴스를 만들기 때문입니다.

```
int a;
double b;
```

무명 형식은 형식의 선언과 동시에 인스턴스를 할당합니다. 이 때문에 인스턴스를 만들고 다시는 사용하지 않을 때 무명 형식이 요긴합니다(두 개 이상의 인스턴스를 만들려면 class나 struct를 이용해 이름을 가진 형식을 별도로 만들어야겠죠). 무명 형식의 선언 예는 다음과 같습니다.

> 중괄호 { 와 } 사이에 임의의 프로퍼티 이름을 적고 값을 할당하면 그대로 새 형식의 프로퍼티가 됩니다.

```
var myInstance = new {Name="박상현", Age="17"};
```

이와 같이 선언한 무명 형식의 인스턴스는 여느 객체처럼 프로퍼티에 접근하여 사용할 수 있습니다.

```
Console.WriteLine(myInstance.Name, myInstance.Age);
```

무명 형식에서 주의할 점이 있는데, 그것은 무명 형식의 프로퍼티에 할당된 값은 변경불가능하다는 사실입니다. 한마디로 무명 형식의 인스턴스가 만들어지고 난 다음에는 읽기만 할 수 있다는 이야기입니다. 지금 이러한 특징들을 보면 무명 형식이 무용지물인 것 같지만, 15장에서 설명할 LINQ와 함께 사용하면 아주 요긴하다는 사실을 깨닫게 될 것입니다.

무명 형식의 예제 프로그램을 하나 만들어보겠습니다.

```
01  using System;
02
03  namespace AnonymousType
04  {
05      class MainApp
06      {
07          static void Main(string[] args)
08          {
09              var a = new {Name="박상현", Age=123};
10              Console.WriteLine($"Name:{a.Name}, Age:{a.Age}");
11
12              var b = new {Subject = "수학", Scores = new int[] {90, 80, 70, 60}};
13
14              Console.Write($"Subject:{b.Subject}, Scores: ");
15              foreach(var score in b.Scores)
16                  Console.Write($"{score} ");
17
18              Console.WriteLine();
19          }
20      }
21  }
```

📋 실행 결과

```
Name:박상현, Age:123
Subject:수학, Scores: 90 80 70 60
```

9.9 인터페이스의 프로퍼티

인터페이스는 메소드뿐만 아니라 프로퍼티와 인덱서도 가질 수 있습니다. 프로퍼티나 인덱서를 가진 인터페이스를 상속하는 클래스가 '반드시' 해당 프로퍼티와 인덱서를 구현해야 하는 것은 물론입니다. 역시 당연한 이야기겠지만 인터페이스에 들어가는 프로퍼티는 구현을 갖지 않습니다. 여기에한 가지 문제가 있는데, 인터페이스의 프로퍼티 선언은 클래스의 자동 구현 프로퍼티 선언과 그 모습이 동일하다는 사실입니다. 다음은 인터페이스의 프로퍼티 선언 형식입니다.

```
interface 인터페이스_이름
{
    public 형식 프로퍼티_이름1
    {
        get; set;
    }
    public 형식 프로퍼티_이름2
    {
        get; set;
    }

    // …
}
```

다음은 프로퍼티를 가진 인터페이스와 이를 상속하는 파생 클래스의 예입니다.

```
interface IProduct
{
    string ProductName
    {
        get;
        set;
    }
}

class Product : IProduct
{
    private string productName;

    public string ProductName          파생 클래스는 기반 인터페이스에 선언된
    {                                   모든 프로퍼티를 구현해야 합니다.
        get{ return productName; }
        set{ productName = value; }
    }
}
```

이제 예제 프로그램을 만들어보겠습니다. 다음 코드를 소스 파일에 옮긴 다음 컴파일해서 결과를 확인해보세요.

```
01  using System;
02
03  namespace PropertiesInInterface
04  {
05      interface INamedValue
06      {
07          string Name  •
08          {
09              get;
10              set;
11          }
12
13          string Value
14          {
15              get;
16              set;
17          }
18      }
19
20      class NamedValue : INamedValue  •
21      {
22          public string Name
23          {
24              get;
25              set;
26          }
27
28          public string Value
29          {
30              get;
31              set;
32          }
33      }
34
35      class MainApp
36      {
37          static void Main(string[] args)
38          {
```

> 자동 구현 프로퍼티처럼 구현이 없지만, C# 컴파일러는 인터페이스의 프로퍼티에 대해서는 자동으로 구현해주지 않습니다. 이유는 여러분도 알죠? 인터페이스는 어떤 구현도 가지지 않기 때문입니다.

> INamedValue 인터페이스를 상속하는 NamedValue 클래스는 반드시 Name과 Value를 구현해야 합니다. 이때 자동 구현 프로퍼티를 이용하는 것도 가능합니다.

```
39                NamedValue name = new NamedValue()
40                {Name = "이름", Value = "박상현"};
41
42                NamedValue height = new NamedValue()
43                {Name = "키", Value = "177Cm"};
44
45                NamedValue weight = new NamedValue()
46                {Name = "몸무게", Value = "90Kg"};
47
48                Console.WriteLine($"{name.Name} : {name.Value}");
49                Console.WriteLine($"{height.Name} : {height.Value}");
50                Console.WriteLine($"{weight.Name} : {weight.Value}");
51            }
52        }
53  }
```

📥 **실행 결과**

```
이름 : 박상현
키 : 177Cm
몸무게 : 90Kg
```

9.10 추상 클래스의 프로퍼티

인터페이스를 이야기했으니 추상 클래스를 이야기 안 할 수가 없습니다. 추상 클래스는 클래스처럼 구현된 프로퍼티를 가질 수 있는 한편, 인터페이스처럼 구현되지 않은 프로퍼티도 가질 수 있습니다. 추상 클래스에서는 이것을 추상 프로퍼티^{Abstract Property}라고 합니다. 추상 메소드가 그랬던 것처럼, 추상 프로퍼티 역시 인터페이스의 프로퍼티와 다를 것이 없습니다. 파생 클래스가 해당 프로퍼티를 구현하도록 강제하는 것일 뿐이죠.

자, 그럼 추상 클래스의 추상 프로퍼티는 어떻게 선언해야 할까요? 인터페이스처럼 구현을 비워놓은 것만으로는 추상 프로퍼티를 만들 수 없습니다. C# 컴파일러가 자동 구현 프로퍼티로 간주하고 구현을 자동으로 채워 넣을 테니까요. 그래서 추상 프로퍼티는 다음과 같이 abstract 한정자를 이용해서 선언합니다.

```
abstract class 추상_클래스_이름
{
    abstract 데이터_형식 프로퍼티_이름
    {
        get;
        set;
    }
}
```

다음은 추상 프로퍼티를 갖는 추상 클래스와 이를 상속하는 파생 클래스의 예제 코드입니다.

```
abstract class Product
{
    private static int serial = 0;
    public string SerialID •------------------------     추상 클래스는 구현을 가진 프로퍼티와
    {
        get {return String.Format("{0:d5}", serial++);}
    }

    abstract public DateTime ProductDate •---------     구현이 없는 추상 프로퍼티
    {                                                   모두를 가질 수 있습니다.
        get;
        set;
    }
}

class MyProduct : Product
{
    public override DateTime ProductDate •---------     파생 클래스는 기반 추상 클래스의
    {                                                   모든 추상 메소드뿐 아니라 추상 프
        get;                                            로퍼티를 재정의해야 합니다.
        set;
    }
}
```

이번에는 추상 프로퍼티 예제 프로그램을 만들어보겠습니다.

```
01  using System;
02
03  namespace PropertiesInAbstractClass
04  {
05      abstract class Product
06      {
07          private static int serial = 0;
08          public string SerialID
09          {
10              get {return String.Format("{0:d5}", serial++);}
11          }
12
13          abstract public DateTime ProductDate
14          {
15              get;
16              set;
17          }
18      }
19
20      class MyProduct : Product
21      {
22          public override DateTime ProductDate
23          {
24              get;
25              set;
26          }
27      }
28
29      class MainApp
30      {
31          static void Main(string[] args)
32          {
33              Product product_1 = new MyProduct()
34              {ProductDate = new DateTime(2023, 1, 10)};
35
36              Console.WriteLine("Product:{0}, Product Date :{1}",
37                  product_1.SerialID,
38                  product_1.ProductDate);
```

```
39
40              Product product_2 = new MyProduct()
41              {ProductDate = new DateTime(2023, 2, 3)};
42
43              Console.WriteLine("Product:{0}, Product Date :{1}",
44                  product_2.SerialID,
45                  product_2.ProductDate);
46          }
47      }
48  }
```

📥 실행 결과

Product:00000, Product Date :2023-01-10 오전 12:00:00
Product:00001, Product Date :2023-02-03 오전 12:00:00

01 다음 코드에서 NameCard 클래스의 GetAge(), SetAge(), GetName(), SetName() 메소드들을 프로퍼티로 변경해 작성하세요.

```
using System;

namespace Ex9_1
{
    class NameCard
    {
        private int age;
        private string name;

        public int GetAge()
        {return age;}

        public void SetAge(int value)
        {age = value;}

        public string GetName()
        {return name;}

        public void SetName(string value)
        {name = value;}
    }

    class MainApp
    {
        public static void Main()
        {
            NameCard MyCard = new NameCard();

            MyCard.SetAge(24);
            MyCard.SetName("상현");

            Console.WriteLine("나이 : {0}", MyCard.GetAge());
```

```
            Console.WriteLine("이름 : {0}", MyCard.GetName());
        }
    }
}
```

02 다음 프로그램을 완성해서 다음과 같은 결과를 출력하세요. 단, 무명 형식을 이용해야 합니다.

이름:박상현, 나이:17
Real:3, Imaginary:-12

```
using System;

namespace Ex9_2
{
    class MainApp
    {
        static void Main(string[] args)
        {
            var nameCard = /* 무명 형식을 이용해서 완성하세요. */;
            Console.WriteLine("이름:{0}, 나이:{1}", nameCard.Name, nameCard.Age);

            var complex = /* 무명 형식을 이용해서 완성하세요. */;
            Console.WriteLine("Real:{0}, Imaginary:{1}",
                complex.Real, complex.Imaginary);
        }
    }
}
```

10

배열과 컬렉션
그리고 인덱서

링크드인LinkedIn으로 인맥을 관리하는 것이 대세라고는 하
나, 명함은 여전히 중요한 인맥 관리 수단입니다. 프로그
래머는 명함을 잘 사용하지 않는 편이지만 영업사원처럼
사람들과 많이 만나는 일을 하는 분은 명함을 많이 사용합
니다. 이 분들은 자기 명함만 많이 돌리는 것이 아닙니다.
다른 사람들의 명함을 자신이 돌리는 명함 수의 몇 배로
수집합니다. 이렇게 다른 사람들의 명함을 많이 얻으면 이
명함들을 잘 관리할 수 있는 방법을 고민합니다. 그 방법
중 하나는 명함집을 이용하는 것입니다.

우리가 지금까지 다뤄왔던 변수를 명함이라 한다면 배열
이나 컬렉션은 명함집이라 할 수 있습니다. 명함집이 영업
사원의 명함 관리 고민을 덜어주는 것처럼 이번 장에서 설
명할 배열과 컬렉션은 프로그래머의 데이터 관리 고민을
덜어줍니다. 배열부터 이야기를 시작하겠습니다.

학습목표

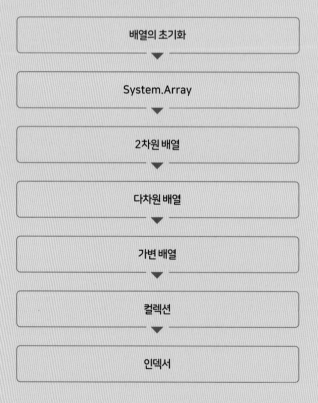

✓

**이 장의
핵심 개념**

• 배열이 무엇인지 이해합니다.

• 배열을 선언하고 초기화하는 방법을 익힙니다.

• System.Array 클래스를 이용해 배열을 다루는 사용 방법을 익힙니다.

• 여러 종류의 배열을 사용하는 방법을 익힙니다.

• 다양한 컬렉션 클래스를 이해합니다.

• 인덱서를 선언하고 사용하는 방법을 익힙니다.

✓

**이 장의
학습 흐름**

> 배열의 초기화
>
> ▼
>
> System.Array
>
> ▼
>
> 2차원 배열
>
> ▼
>
> 다차원 배열
>
> ▼
>
> 가변 배열
>
> ▼
>
> 컬렉션
>
> ▼
>
> 인덱서

10.1 All for one, one for all

프로그램을 작성하다 보면 같은 성격을 띤 다수의 데이터를 한 번에 다뤄야 하는 경우가 자주 생깁니다. 학생들의 역사 점수, 받은 편지함에 있는 메일들, 게임 서버에 로그인해 있는 클라이언트들이 그런 예입니다. 비교적 그럴듯한 예만 뽑아봤는데, 사실 이런 경우 외에도 여러분은 앞으로 별 시답잖은 상황에서 같은 성격을 가진 다량의 데이터를 다루게 될 것입니다. 이런 데이터를 다루려면 어떻게 해야 할까요? 물론 데이터를 담는 변수가 필요합니다. 예를 들어 학생 수가 5명인 학급의 역사 점수를 변수에 담아보겠습니다.

```
int score_1 = 80;
int score_2 = 74;
int score_3 = 81;
int score_4 = 90;
int score_5 = 34;
```

5명의 학생을 위한 5개의 변수를 선언했고, 여기에 5명의 점수를 입력했습니다. 아직까지는 별 문제가 없어 보입니다. 오, 그런데 학교 근처에 새 아파트 단지가 들어서면서 학생 수가 급증했습니다. 한 학급에 50명씩 배정된다는군요. 변수를 45개 더 선언할까요? 전혀 틀린 방법은 아니지만, 한번 생각해보세요. 한 학년이 수백 명으로 늘었을 때 이 프로그램으로 역사 점수를 다뤄야 한다면 어떻게 하죠? 마냥 변수의 개수를 늘려 선언할 수만은 없는 노릇입니다.

배열은 이런 문제를 해결해줍니다. 마치 데이터를 담는 상자와 같아서, 필요한 용량을 가진 배열을 만든 다음 여기에 데이터를 넣을 수 있거든요. 예를 들어 300개의 변수 대신, 300개의 용량을 가진 변수를 '한 개'만 선언해서 사용하면 됩니다. 배열은 다음과 같은 형식으로 선언합니다.

대괄호 [와]가 포인트입니다.

```
데이터_형식[ ] 배열_이름 = new 데이터_형식[용량];
```

예를 들어 용량이 5개인 int 형식의 배열은 다음과 같이 선언할 수 있습니다.

```
int[] scores = new int[5];
```

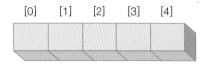

배열의 각 요소에 데이터를 저장하거나, 요소 안에 있는 데이터를 읽어올 때는 배열 이름 뒤에 대괄호 [와]를 붙여주고, 그 사이에 인덱스^{Index}를 적어주면 됩니다. 여기서 주의할 점이 있는데, 바로 인덱스는 1이 아닌 0부터 시작한다는 사실입니다. 아까는 학생 5명의 성적을 담기 위해 5개의 변수를 선언했었죠? 이번에는 배열에 이 데이터를 담아보겠습니다.

```
int[] scores = new int[5];
scores[0] = 80;
scores[1] = 74;
scores[2] = 81;
scores[3] = 90;
scores[4] = 34;
```

[0]	[1]	[2]	[3]	[4]
80	74	81	90	34

아직까지는 배열이 뭐가 좋은지 잘 모르겠다고요? 그럼 몇 가지 예를 통해 변수와 배열을 비교해보겠습니다. 먼저 학생들의 성적을 차례대로 출력하는 코드를 보시죠.

변수	배열
Console.WriteLine (score_1); Console.WriteLine (score_2); Console.WriteLine (score_3); Console.WriteLine (score_4); Console.WriteLine (score_5);	foreach (int score in scores) Console.WriteLine(score);

같은 성격의 데이터라면 변수를 사용하는 것보다 배열로 정의한 다음 for 문이나 foreach 문과 함께 사용하는 것이 코드를 훨씬 더 간결하게 만들 수 있습니다. 이번에는 학생들의 평균 성적을 구해보겠습니다.

변수	배열

int average = (score_1 + score_2 + score_3 +
          score_4 + score_5) / 5;
	int sum = 0;
	foreach (int score in scores)
	    sum += score;
	
	int average = sum / scores.Length;

일견, 변수를 이용한 코드가 더 간결해보이지만 학생 수가 50명으로 늘어난 경우를 생각해보면 그렇지 않음을 알 수 있습니다. 학생 수가 늘어나면 변수를 이용한 코드에서는 합을 구하는 부분에 늘어난 학생 수만큼 변수의 이름을 넣어줘야 합니다. 하지만 배열을 이용한 코드는 바꿔줄 것이 하나도 없습니다. 이 말은 즉 프로그램에 변경 사항이 생겼을 때 배열을 이용한 쪽이 코드 관리가 훨씬 쉽다는 이야기입니다.

배열 예제 프로그램을 하나 만들어보겠습니다. 앞서 소개했던 학생들의 점수를 배열 안에 입력한 후 foreach 문을 이용하여 점수를 출력하고 평균을 계산해서 출력하는 프로그램입니다.

>>> 10장/ArraySample/MainApp.cs

```
01   using System;
02
03   namespace ArraySample
04   {
05       class MainApp
06       {
07           static void Main(string[] args)
08           {
09               int[] scores = new int[5];
10               scores[0] = 80;
11               scores[1] = 74;
12               scores[2] = 81;
13               scores[3] = 90;
14               scores[4] = 34;
15
16               foreach (int score in scores)
17                   Console.WriteLine(score);
18
19               int sum = 0;
```

```
20              foreach (int score in scores)
21                  sum += score;
22
23              int average = sum / scores.Length;      •┄┄┄┄   배열 객체의 Length 프로퍼티는
24                                                              배열의 용량을 나타냅니다.
25              Console.WriteLine($"Average Score : {average}");
26          }
27      }
28  }
```

```
80
74
81
90
34
Average Score : 71
```

이제 우리는 배열에 접근할 때 첫 번째 요소의 인덱스는 0, 두 번째 인덱스는 1, 세 번째 인덱스는 2…, 마지막 인덱스는 배열길이−1로 지정한다는 사실을 알고 있습니다. 배열 인덱스가 0으로 시작하니까 첫 번째 요소를 기준으로 접근할 때는 큰 불편이 없지만, 마지막 요소를 기준으로 접근하고 싶을 때는 약간의 트릭이 필요합니다. 가령 다음과 같이 길이가 5인 배열의 마지막 요소에 접근하려면, '배열의 길이'를 먼저 알아내고, 거기서 1을 빼야 합니다.

```
int[] scores = new int[5];
scores[scores.Length-1] = 34; // scores[4] = 34;와 동일
         •
┌┄┄┄┄┄┄┄┄┄┄┄┄┄┄┄┄┄┄┄┄┄┄┄┄┄┄┄┄┄┄┄┄┄┄┄┄┄┄┐
┊ 마지막 인덱스 : score 배열길이 −1       ┊
└┄┄┄┄┄┄┄┄┄┄┄┄┄┄┄┄┄┄┄┄┄┄┄┄┄┄┄┄┄┄┄┄┄┄┄┄┄┄┘
```

C# 8.0부터는 이런 불편을 없앤 System.Index 형식과 ^ 연산자가 생겼습니다. ^ 연산자는 컬렉션의 마지막부터 역순으로 인덱스를 지정하는 기능을 갖고 있습니다. ^1은 컬렉션의 마지막 요소를 나타내는 인덱스, ^2는 마지막에서 두 번째, ^3은 마지막에서 세 번째를 나타내는 인덱스입니다. 아직 어려운가요? 그럼 ^ 연산자를 Length와 같다고 생각하면 이해가 한결 쉬워질 것입니다. 익숙

해지기 전까지 ^0은 scores.Length-0이라고 생각하는 것입니다(scores.Length-0은 scores. Length이니까 이 값을 인덱스로 사용하면 프로그램은 예외를 일으킬 것입니다). 앞의 예제에서 scores 배열의 마지막 요소에 접근하는 인덱스를 구할 때 scores.Length-1을 계산했죠? 그러니까 ^1은 scores.Length-1과 같습니다. 한마디로 ^1은 배열의 마지막을 나타내는 인덱스입니다.

^ 연산자의 연산 결과는 System.Index 형식의 인스턴스로 나타납니다. 앞의 예제를 System. Index와 ^ 연산자를 이용해서 수정하면 다음과 같이 바꿀 수 있습니다.

```
System.Index last = ^1;
scores[last] = 34; // scores[scores.Length-1] = 34;와 동일
```

다음과 같이 System.Index의 인스턴스를 만들지 않는 더 간결한 버전도 가능합니다.

```
scores[^1] = 34; // scores[scores.Length-1] = 34;와 동일
```

예제 프로그램을 만들어 테스트해보겠습니다. ArraySample2의 실행 결과는 ArraySample과 동일합니다.

>>> 10장/ArraySample2/MainApp.cs

```
01  using System;
02
03  namespace ArraySample2
04  {
05      class MainApp
06      {
07          static void Main(string[] args)
08          {
09              int[] scores = new int[5];
10              scores[0] = 80;
11              scores[1] = 74;
12              scores[2] = 81;
13              scores[^2] = 90;  // 배열의 마지막-1
14              scores[^1] = 34;  // 배열의 마지막
15
```

```
16              foreach (int score in scores)
17                  Console.WriteLine(score);
18
19              int sum = 0;
20              foreach (int score in scores)
21                  sum += score;
22
23              int average = sum / scores.Length;
24
25              Console.WriteLine($"Average Score : {average}");
26          }
27      }
28  }
```

▶ 실행 결과

```
80
74
81
90
34
Average Score : 71
```

10.2 배열을 초기화하는 세 가지 방법

이번에는 배열을 초기화하는 세 가지 방법을 알아보겠습니다. 첫 번째 방법은 이렇습니다. 배열의
원소 개수를 명시하고, 그 뒤에 중괄호 {와 }로 둘러싸인 블록을 붙인 뒤, 블록 사이에 배열의 각 원
소에 입력될 데이터를 입력합니다. 이렇게 배열 객체를 초기화하는 {} 블록을 일컬어 컬렉션 초기자
Collection Initializer라고 부릅니다. 중요한 것은 아니지만 이름 정도는 알아두면 좋겠죠?

배열의 용량을 명시

```
string[] array1 = new string[3] {"안녕", "Hello", "Halo"};
```

두 번째 방법은 첫 번째 방법에서 배열의 용량을 생략하는 것입니다. 다음과 같이 초기화해도 컴파일러는 첫 번째 방법을 이용해서 초기화한 것과 동일한 실행 파일을 만듭니다.

배열의 용량을 생략

```
string[] array2 = new string[] {"안녕", "Hello", "Halo"};
```

마지막으로 세 번째 방법을 살펴보겠습니다. new 연산자, 형식과 대괄호 [와], 배열의 용량을 모두 생략한 채 코드 블록 사이에 배열의 각 원소에 할당할 데이터를 넣어주는 방법입니다. 문법은 훨씬 간편해졌지만, 그 결과는 첫 번째/두 번째 방법과 똑같습니다.

```
string[] array3 = {"안녕", "Hello", "Halo"};
```

이렇게 세 가지 배열의 초기화 방법을 보면 가장 간편한 세 번째 방법만 사용할 것 같지만, 꼭 그렇지도 않습니다. 코드를 작성할 때 세 번째 방법이 편한 것은 사실입니다. 하지만 코드를 다른 사람이 물려받거나 동료들과 공유해야 할 때는 상대방이 읽기 편하도록 첫 번째 방법을 쓰는 것이 좋습니다. 물론 어느 방법을 쓸지는 순전히 취향 문제이므로 여러분이 좋을 대로 하면 됩니다. 얘기는 이제 그만하고, 예제 프로그램이나 만들어볼까요?

>>> 10장/InitializingArray/MainApp.cs

```
01  using System;
02
03  namespace InitializingArray
04  {
05      class MainApp
06      {
07          static void Main(string[] args)
08          {
09              string[] array1 = new string[3]{"안녕", "Hello", "Halo"};
10
11              Console.WriteLine("array1...");
```

```
12              foreach (string greeting in array1)
13                  Console.WriteLine($" {greeting}");
14
15              string[] array2 = new string[] {"안녕", "Hello", "Halo"};
16
17              Console.WriteLine("\narray2...");
18              foreach (string greeting in array2)
19                  Console.WriteLine($" {greeting}");
20
21              string[] array3 = {"안녕", "Hello", "Halo"};
22
23              Console.WriteLine("\narray3...");
24              foreach (string greeting in array3)
25                  Console.WriteLine($" {greeting}");
26          }
27      }
28  }
```

⤷ 실행 결과

```
array1...
안녕
Hello
Halo
array2...
안녕
Hello
Halo
array3...
안녕
Hello
Halo
```

10.3 알아두면 삶이 윤택해지는 System.Array

C#에서는 모든 것이 객체입니다. 배열도 객체이며, 당연히 기반이 되는 형식이 있습니다. .NET의 CTS^{Common Type System}에서 배열은 System.Array 클래스에 대응됩니다. 다음 예제 프로그램은 int 기반의 배열이 System.Array 형식에서 파생됐음을 보여줍니다.

>>> 10장/Array/DerivedFromArray/MainApp.cs

```
01  using System;
02
03  namespace DerivedFromArray
04  {
05      class MainApp
06      {
07          static void Main(string[] args)
08          {
09              int[] array = new int[] {10, 30, 20, 7, 1};
10              Console.WriteLine($"Type Of array : {array.GetType()}");
11              Console.WriteLine($"Base type Of array : {array.GetType().BaseType}");
12          }
13      }
14  }
```

📑 실행 결과

```
Type Of array : System.Int32[]
Base type Of array : System.Array
```

따라서 System.Array의 특성과 메소드를 파악하면 배열의 특성과 메소드를 알게 되는 셈이며, 보너스로 배열을 이용하여 재미있는 일들도 할 수 있습니다. 예를 들어 배열의 내부 데이터를 원하는 순서대로 정렬한다든가, 특정 데이터를 배열 속에서 찾아내는 작업들 말입니다. System.Array 클래스에는 수십 가지 메소드와 프로퍼티가 있지만, 지면을 절약하기 위해 우리는 그중에서 자주 사용하게 될 몇 가지만 살펴보겠습니다.

다음 표는 Array 클래스의 주요 메소드와 프로퍼티를 나타냅니다.

분류	이름	설명
정적 메소드	Sort( )	배열을 정렬합니다.
	BinarySearch⟨T⟩( )	이진 탐색을 수행합니다. 홑화살괄호 ⟨, ⟩와 그 사이에 있는 T에 대해선 잠시 후에 설명하겠습니다.
	IndexOf( )	배열에서 찾고자 하는 특정 데이터의 인덱스를 반환합니다.
	TrueForAll⟨T⟩( )	배열의 모든 요소가 지정한 조건에 부합하는지의 여부를 반환합니다.
	FindIndex⟨T⟩( )	배열에서 지정한 조건에 부합하는 첫 번째 요소의 인덱스를 반환합니다. IndexOf( ) 메소드가 특정 값을 찾는 데 비해, FindIndex⟨T⟩( ) 메소드는 지정한 조건에 바탕하여 값을 찾습니다.
	Resize⟨T⟩( )	배열의 크기를 재조정합니다.
	Clear( )	배열의 모든 요소를 초기화합니다. 배열이 숫자 형식 기반이면 0으로, 논리 형식 기반이면 false로, 참조 형식 기반이면 null로 초기화합니다.
	ForEach⟨T⟩( )	배열의 모든 요소에 대해 동일한 작업을 수행하게 합니다.
	Copy⟨T⟩( )	배열의 일부를 다른 배열에 복사합니다.
인스턴스 메소드	GetLength( )	배열에서 지정한 차원의 길이를 반환합니다. 이 메소드는 나중에 설명할 다차원 배열에서 유용하게 사용됩니다.
프로퍼티	Length	배열의 길이를 반환합니다.
	Rank	배열의 차원을 반환합니다.

이 표에서 어려운 내용은 별로 없지만, 몇몇 메소드는 좀 이상하게 보이네요. BinarySearch, TrueForAll, FindIndex, Resize, ForEach처럼 뒤에 ⟨T⟩를 붙이고 다니는 메소드 말입니다. ⟨T⟩는 형식 매개변수Type Parameter라고 하는데, 이들 메소드를 호출할 때는 T 대신 배열의 기반 자료형을 인수로 입력하면 컴파일러가 해당 형식에 맞춰 동작하도록 메소드를 컴파일합니다. 자세한 내용은 일반화 프로그래밍에서 다룰 테니 여기서는 이 정도로만 이야기하겠습니다.

Array 클래스의 메소드와 프로퍼티를 활용하는 예제를 준비했습니다. 다음 예제 코드를 따라 작성하면서 배열을 다루는 연습을 해보세요.

>>> 10장/MoreOnArray/MainApp.cs

```
01  using System;
02
03  namespace MoreOnArray
```

```
04  {
05      class MainApp
06      {
07          private static bool CheckPassed(int score)
08          {
09              return score >= 60;
10          }
11
12          private static void Print(int value)
13          {
14              Console.Write($"{value} ");
15          }
16
17          static void Main(string[] args)
18          {
19              int[] scores = new int[]{80, 74, 81, 90, 34};
20
21              foreach (int score in scores)
22                  Console.Write($"{score} ");
23              Console.WriteLine();
24
25              Array.Sort(scores);
26              Array.ForEach<int>(scores, new Action<int>(Print));
27              Console.WriteLine();
28
29              Console.WriteLine($"Number of dimensions : {scores.Rank}");
30
31              Console.WriteLine($"Binary Search : 81 is at " +
32                  $"{Array.BinarySearch<int>(scores, 81)}");
33
34              Console.WriteLine($"Linear Search : 90 is at " +
35                  $"{Array.IndexOf(scores, 90)}");
36
37              Console.WriteLine($"Everyone passed ? : " +
38                  $"{Array.TrueForAll<int>(scores, CheckPassed)}");
39
```

> TrueForAll 메소드는 배열과 함께 조건을 검사하는
> 메소드를 매개변수로 받습니다.

```
40              int index = Array.FindIndex<int>(scores, (score) => score < 60);
```

> FindIndex 메소드는 특정 조건에 부합하는 메소드를 매개변
> 수로 받습니다. 여기에선 람다식으로 구현해봤습니다. 람다식은
> 처음 보죠? 이 친구는 14장에서 다시 소개하겠습니다.

```
41
42              scores[index] = 61;
43              Console.WriteLine($"Everyone passed ? : " +
44                  $"{Array.TrueForAll<int>(scores, CheckPassed)}");
45
46              Console.WriteLine("Old length of scores : " +
47                  $"{scores.GetLength(0)}");
48
49              Array.Resize<int>(ref scores, 10);
50              Console.WriteLine($"New length of scores : {scores.Length}");
51
52              Array.ForEach<int>(scores, new Action<int>(Print));
53              Console.WriteLine();
54
55              Array.Clear(scores, 3, 7);
56              Array.ForEach<int>(scores, new Action<int>(Print));
57              Console.WriteLine();
58
59              int[] sliced = new int[3];
60              Array.Copy(scores, 0, sliced, 0, 3);
61              Array.ForEach<int>(sliced, new Action<int>(Print));
62              Console.WriteLine();
63          }
64      }
65  }
```

> 5였던 배열의 용량을
> 10으로 재조정합니다.

> Action 대리자에 대해서는 14장에서
> 다시 자세하게 설명하겠습니다.

> 이 코드는 scores 배열의 0번째부터
> 3개 요소를 sliced 배열의 0번째~
> 2번째 요소에 차례대로 복사합니다.

▶ 실행 결과

```
80 74 81 90 34
34 74 80 81 90
Number of dimensions : 1
Binary Search : 81 is at 3
Linear Search : 90 is at 4
Everyone passed ? : False
Everyone passed ? : True
```

```
Old length of scores : 5
New length of scores : 10
61 74 80 81 90 0 0 0 0 0
61 74 80 0 0 0 0 0 0 0
61 74 80
```

코드의 59~60번째 줄에서 scores 배열의 일부를 sliced라는 배열에 복사합니다. 이렇게 배열의 일부를 다른 곳에 복사하는 것을 분할^Slice한다고 표현하기도 하는데요. 다음 절에서는 C# 8.0에 도입된 조금 더 편리한 분할 방법을 알아보겠습니다.

10.4 배열 분할하기

Array.Copy() 메소드도 그렇게 나쁘지 않습니다만, 이번에 설명할 배열 분할 방법을 알게 되면 여러분은 Array.Copy() 메소드를 사용하지 않게 될 것입니다(아마도요). 새로운 배열 분할 방법을 이해하려면 C# 8.0에서 System.Index 형식과 함께 도입된 System.Range와 낯을 익힐 필요가 있습니다. System.Range는 이름이 나타내는 것처럼, 시작 인덱스와 마지막 인덱스를 이용해서 범위를 나타냅니다. System.Range 객체를 생성할 때는 다음과 같이 .. 연산자를 이용합니다. .. 연산자는 다음 예제 코드에서처럼 왼쪽에는 시작 인덱스, 오른쪽에는 마지막 인덱스가 옵니다.

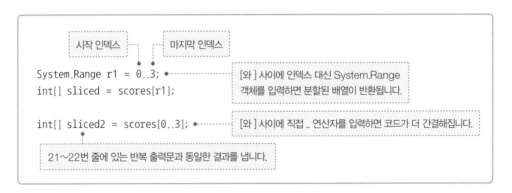

여기에서 한 가지 조심해야 할 사항이 있습니다. 다음 그림에서 보이는 것처럼 .. 연산자의 두 번째 피연산자, 즉 마지막 인덱스는 배열 분할 결과에서 제외된다는 점입니다(시작 연산자는 포함됩니다).

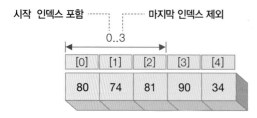

시작 인덱스 포함 ········· ┐   ┌········· 마지막 인덱스 제외

.. 연산자가 받아들이는 두 연산자는 생략할 수 있습니다. 시작 인덱스를 생략하면 .. 연산자는 배열의 첫 번째 요소의 위치를 시작 인덱스로 간주합니다. 마지막 인덱스를 생략하면 마지막 요소의 위치를 마지막 인덱스로 간주하고요. [..]처럼 시작과 마지막 인덱스를 모두 생략하면 첫 번째 요소의 위치가 시작 인덱스, 마지막 요소의 위치가 마지막 인덱스가 되니까 배열 전체를 나타내는 System.Range 객체를 반환합니다.

```
// 첫 번째(0) 요소부터 세 번째(2) 요소까지
int[] sliced3 = scores[..3];

// 두 번째(1) 요소부터 마지막 요소까지
int[] sliced4 = scores[1..];

// 전체
int[] sliced5 = scores[..];
```

System.Range 객체를 생성할 때 System.Index 객체를 이용할 수도 있습니다.

```
System.Index idx = ^1;
int[] sliced5 = scores[..idx];

int[] sliced6 = scores[..^1];
```

System.Index 객체를 생성하지 않고 ^ 연산자를 직접 입력하면 코드가 더 간결해집니다.

.. 연산자에 익숙해졌죠? 그럼 예제 프로그램을 만들어보겠습니다.

```
01  using System;
02
03  namespace Slice
04  {
05      class MainApp
06      {
07          static void PrintArray(System.Array array)
08          {
09              foreach (var e in array)
10                  Console.Write(e);
11              Console.WriteLine();
12          }
13
14          static void Main(string[] args)
15          {
16              char[] array = new char['Z'-'A'+1];
17              for (int i = 0; i < array.Length; i++)
18                  array[i] = (char)('A'+i);
19
20              PrintArray(array[..]);       // 0번째부터 마지막까지
21              PrintArray(array[5..]);      // 5번째부터 끝까지
22
23              Range range_5_10 = 5..10;
24              PrintArray(array[range_5_10]); // 5번째부터 9(10-1)번째까지
25
26              Index last = ^0;
27              Range range_5_last = 5..last;
28              PrintArray(array[range_5_last]); // 5번째부터 끝(^)까지
29
30              PrintArray(array[^4..^1]);   // 끝에서 4번째부터 끝(^)에서 2번째까지
31          }
32      }
33  }
```

> 'Z'는 ASCII 코드로 90, 'A'는 65입니다. 그러니까 대문자 알파벳 개수는 모두 90-65+1('Z'-'A'+1), 즉 26입니다.

> array에 'A'부터 'Z'까지 입력합니다.

> Range를 생성할 때 리터럴과 Index 객체를 함께 사용할 수 있습니다.

⊡ 실행 결과

```
ABCDEFGHIJKLMNOPQRSTUVWXYZ
FGHIJKLMNOPQRSTUVWXYZ
```

```
FGHIJ
FGHIJKLMNOPQRSTUVWXYZ
WXY
```

10.5 2차원 배열

우리가 앞서 다뤘던 배열은 원소들이 늘어서 있는 방향이 하나뿐인 1차원 배열이었습니다. 이번에 이야기할 배열은 2개의 차원(세로+가로)으로 원소를 배치하는 2차원 배열입니다. 다른 말로 하자면 1차원 배열을 원소로 갖는 배열이라고 할 수 있습니다. 다음 그림은 1차원(가로 방향)의 길이가 3이고 2차원(세로 방향)의 길이가 2인 2차원 배열입니다.

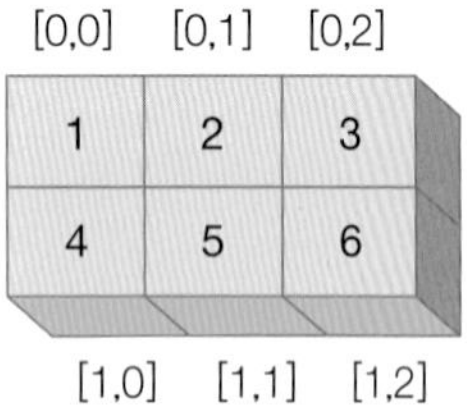

2차원 배열을 선언하는 방법은 다음과 같습니다. 기본적으로는 1차원 배열과 선언 형식이 같지만 각 차원의 용량 또는 길이를 콤마(,)로 구분해서 대괄호 [와] 사이에 입력해준다는 점이 다릅니다.

```
데이터_형식[,] 배열이름 = new 데이터_형식[2차원_길이, 1차원_길이];
```

앞의 그림과 같은 2×3 크기의 int 형식 2차원 배열은 다음과 같이 선언할 수 있습니다.

```
int[,] array = new int[2, 3];
array[0, 0] = 1;
array[0, 1] = 2;
array[0, 2] = 3;
array[1, 0] = 4;
array[1, 1] = 5;
array[1, 2] = 6;
```

2차원 배열을 코드에서 읽을 때는 [ ] 안에 있는 차원의 길이를 뒤에서부터 읽으면 이해하기 쉽습니다. 예를 들면 int[2, 3]은 기반 형식이 int이며 길이는 3인 1차원 배열을 원소로 2개 갖고 있는 2차원 배열이라고 읽는 식입니다.

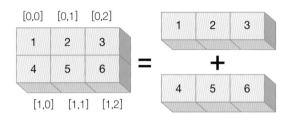

─┤ ? VITAMIN QUIZ 10-1 ├─

string[3, 5]인 배열은 길이가 얼마인 1차원 배열을 몇 개 갖고 있는 2차원 배열일까요?

2차원 배열의 원소에 접근할 때는 첫 번째 차원과 두 번째 차원의 인덱스를 대괄호 [와] 사이에 같이 입력해줘야 합니다. 다음은 배열의 원소에 접근하는 예제입니다.

```
Console.WriteLine(array[0, 2]);
Console.WriteLine(array[1, 1]);
```

2차원 배열을 선언과 동시에 초기화하고 싶다면, 앞에서 설명했던 1차원 배열의 세 가지 초기화 방법을 다음과 같은 형태로 사용할 수 있습니다.

```
int[,] arr = new int[2, 3] {{1, 2, 3}, {4, 5, 6}};   // 배열의 형식과 길이를 명시
int[,] arr2 = new int[,] {{1, 2, 3}, {4, 5, 6}};     // 배열의 길이를 생략
int[,] arr3 = {{1, 2, 3}, {4, 5, 6}};                // 형식과 길이를 모두 생략
```

배열을 초기화하는 코드를 보니 배열 안에 배열이 들어 있죠? 이것은 앞에서 설명했듯이 2차원 배열이 1차원 배열을 원소로 갖는 배열이기 때문입니다.

2차원 배열 예제 프로그램을 만들어보겠습니다.

```
01  using System;
02
03  namespace _2DArray
04  {
05      class MainApp
06      {
07          static void Main(string[] args)
08          {
09              int[,] arr = new int[2, 3]{{1, 2, 3}, {4, 5, 6}};
10
11              for (int i = 0; i < arr.GetLength(0); i++)
12              {
13                  for (int j = 0; j < arr.GetLength(1); j++)
14                  {
15                      Console.Write($"[{i}, {j}] : {arr[i, j]} ");
16                  }
17                  Console.WriteLine();
18              }
19              Console.WriteLine();
20
21
22              int[,] arr2 = new int[,] {{1, 2, 3}, {4, 5, 6}};
23
24              for (int i = 0; i < arr2.GetLength(0); i++)
25              {
26                  for (int j = 0; j < arr2.GetLength(1); j++)
27                  {
28                      Console.Write($"[{i}, {j}] : {arr2[i, j]} ");
29                  }
30                  Console.WriteLine();
31              }
32              Console.WriteLine();
33
34              int[,] arr3 = {{1, 2, 3}, {4, 5, 6}};
35
36              for (int i = 0; i < arr3.GetLength(0); i++)
37              {
38                  for (int j = 0; j < arr3.GetLength(1); j++)
39                  {
```

```
40                    Console.Write($"[{i}, {j}] : {arr3[i, j]} ");
41                }
42                Console.WriteLine();
43            }
44            Console.WriteLine();
45        }
46    }
47 }
```

```
[0, 0] : 1 [0, 1] : 2 [0, 2] : 3
[1, 0] : 4 [1, 1] : 5 [1, 2] : 6

[0, 0] : 1 [0, 1] : 2 [0, 2] : 3
[1, 0] : 4 [1, 1] : 5 [1, 2] : 6

[0, 0] : 1 [0, 1] : 2 [0, 2] : 3
[1, 0] : 4 [1, 1] : 5 [1, 2] : 6
```

─┤ **? VITAMIN QUIZ 10-2** ├─

2차원 배열을 foreach 문에 넣고 각 요소의 데이터를 출력해보세요. 어떤 결과가 나옵니까?

10.6 다차원 배열

다차원 배열이란, 차원이 둘 이상인 배열을 말합니다. 2차원 배열도 다차원 배열에 해당합니다. 다차원 배열을 선언하는 문법은 2차원 배열의 문법과 같습니다. 다만 차원이 늘어날수록 요소에 접근할 때 사용하는 인덱스의 수가 2개, 3개, 4개…의 식으로 늘어나는 점이 다를 뿐입니다.

저는 3차원 이상의 배열을 사용하지 말라고 권하고 싶습니다. 우선 3차원 배열은 그림으로 옮기기가 쉽지 않습니다. 책을 쓰기에 불편해서 그러냐고요? 허허, 오해입니다. 그림으로 그리기가 쉽지 않다면 머릿속에 배열의 내용을 유지하는 것은 훨씬 어렵습니다. 머릿속에 배열의 내용을 유지할 수 없다면 우리는 버그로 충만한 코드를 만들 것입니다. 자신도 이해하지 못하는 코드가 제대로 동작하기를 '바라며' 작성하게 되죠. 프로그래머끼리 이야기하기를 "디버깅은 코드를 작성하는 것보다 12배는 어렵다."라고 합니다. 이 말에 근거하면 작성할 때조차도 완벽하게 이해하지 못하는 코드를 디버깅하는 일은 거의 불가능하다고 봐야 합니다. 유지보수가 안 되는 것이죠(여러분이 취직한 회사에서 선배나 동료가 3차원, 4차원 배열을 마구 사용하고 있다면 그 회사에서 당장 도망치세요. 진심입니다).

이상은 제 사견이었습니다. 어쨌든 다차원 배열에 대해 알아봐야겠죠? 4차원이든 5차원이든 다차원 배열의 원리는 같으니, 우리는 3차원 배열만 다뤄보겠습니다. 2차원 배열은 1차원 배열을 원소로 갖는 배열이었습니다. 3차원 배열도 이와 비슷한데, 2차원 배열을 요소로 갖는 배열이라고 할 수 있습니다. 다음은 3차원 배열을 선언하고 초기화하는 예제입니다. 물론 3차원 배열에서도 배열을 초기화하는 3가지 방법을 모두 사용할 수 있지만, 다음과 같이 복잡한 구조의 배열을 선언할 때는 내가 만들려는 배열의 각 차원의 크기를 지정해주는 것이 좋습니다. 그래야 컴파일러가 초기화 코드와 선언문에 있는 배열의 차원 크기를 비교해서 이상이 없는지 검사해줄 수 있으니까요.

```
int[, ,] array = new int[4, 3, 2]
            {
                {{1, 2}, {3, 4}, {5, 6}},
                {{1, 4}, {2, 5}, {3, 6}},
                {{6, 5}, {4, 3}, {2, 1}},
                {{6, 3}, {5, 2}, {4, 1}},
            };
```

예제 프로그램을 만들어보겠습니다.

>>> **10장/3DArray/MainApp.cs**

```
01  using System;
02
03  namespace _3DArray
04  {
05      class MainApp
06      {
07          static void Main(string[] args)
08          {
```

```
09              int[, ,] array = new int[4, 3, 2]
10              {
11                  {{1, 2}, {3, 4}, {5, 6}},
12                  {{1, 4}, {2, 5}, {3, 6}},
13                  {{6, 5}, {4, 3}, {2, 1}},
14                  {{6, 3}, {5, 2}, {4, 1}},
15              };
16
17              for (int i = 0; i < array.GetLength(0); i++)
18              {
19                  for (int j = 0; j < array.GetLength(1); j++)
20                  {
21                      Console.Write("{ ");
22                      for (int k = 0; k < array.GetLength(2); k++)
23                      {
24                          Console.Write($"{array[i, j, k]} ");
25                      }
26                      Console.Write("} ");
27                  }
28                  Console.WriteLine();
29              }
30          }
31      }
32  }
```

📤 **실행 결과**

```
{ 1 2 } { 3 4 } { 5 6 }
{ 1 4 } { 2 5 } { 3 6 }
{ 6 5 } { 4 3 } { 2 1 }
{ 6 3 } { 5 2 } { 4 1 }
```

10.7 가변 배열

앞서 2차원 배열이나 3차원 배열 같은 다차원 배열을 '배열을 요소로 갖는 배열'이라고 설명했는데, 사실 진정한 의미에서 배열을 요소로 갖는 배열은 가변 배열Jagged Array입니다. 가변 배열은 다양한 길이의 배열을 요소로 갖는 다차원 배열로 이용될 수 있습니다. 우리는 2차원 배열의 요소에 접근할 때 반드시 첨자 두 개를 사용해야 했습니다. 하나만 사용해서 1차원 배열에 접근한다거나 하는 일은 불가능했죠. 가변 배열은 이러한 다차원 배열과 달리 배열을 요소로 사용해 접근할 수 있습니다.

> **! 여기서 잠깐**　　**가변 길이의 번역에 대해**
>
> 가변 배열은 영어로 Jagged Array입니다. Jagged는 '들쭉날쭉한'이라는 뜻을 가진 형용사인데, 어느 번역자께서 '들쭉날쭉한 배열'이라고 번역하기가 뭐하니까 가변 배열이라는 그럴듯한 이름을 붙인 것 같습니다. 결국 이렇게 번역된 이름이 정착되어 지금에 이르렀죠. 이름이 멋있긴 한데 가변 배열이라고 하면 배열의 길이를 늘였다 줄였다 할 수 있는 배열을 떠올리게 한다는 점에서 낮은 점수를 주고 싶습니다. 여하튼 가변 배열이라는 이름을 읽으면서 여러분이 '들쭉날쭉'한 모습을 떠올렸으면 좋겠다는 생각에서 이렇게 설명을 곁들입니다.

가변 배열은 다음과 같이 선언합니다.

```
데이터_형식[  ][  ] 배열_이름 = new 데이터_형식[가변_배열의_용량][  ];
```

2차원 배열과 닮았죠? 하지만 2차원 배열은 아닙니다. 2차원 배열은 [ ]를 하나만 쓰고 그 안에 첨자를 두 개 사용한 반면, 가변 배열은 [ ]가 두 개입니다. 가변 배열의 요소로 입력되는 배열은 그 길이가 모두 같을 필요가 없습니다. 그래서 Jagged 배열이라고 하는 것입니다.

다음은 가변 배열의 선언 예입니다. 용량이 3개인 배열 jagged를 선언한 다음, jagged의 각 요소에 크기가 각각 다른 배열들을 할당합니다. 0번 요소에는 길이가 5인 배열, 1번 요소에는 길이가 3인 배열, 그리고 2번 요소에는 길이가 2인 배열을 할당했습니다.

```
int[][] jagged = new int[3][];
jagged[0] = new int[5] {1, 2, 3, 4, 5};
jagged[1] = new int[] {10, 20, 30};
jagged[2] = new int[] {100, 200};
```

물론 가변 배열도 다음과 같이 선언과 동시에 초기화가 가능합니다. 2차원 배열과는 확실히 다르죠? 가변 배열의 요소는 '배열'임을 기억하기 바랍니다.

```
int[][] jagged2 = new int[2][] {
    new int[] {1000, 2000},
    new int[4] {6, 7, 8, 9} };
```

예제 프로그램을 만들어보겠습니다.

```
01   using System;
02
03   namespace JaggedArray
04   {
05       class MainApp
06       {
07           static void Main(string[] args)
08           {
09               int[][] jagged = new int[3][];
10               jagged[0] = new int[5] {1, 2, 3, 4, 5};
11               jagged[1] = new int[] {10, 20, 30};
12               jagged[2] = new int[] {100, 200};
13
14               foreach(int[] arr in jagged)
15               {
16                   Console.Write($"Length : {arr.Length}, ");
17                   foreach(int e in arr)
18                   {
19                       Console.Write($"{e} ");
20                   }
21                   Console.WriteLine("");
22               }
23
24               Console.WriteLine("");
25
26               int[][] jagged2 = new int[2][] {
27                   new int[] {1000, 2000},
28                   new int[4] {6, 7, 8, 9} };
29
30               foreach (int[] arr in jagged2)
```

```
31              {
32                  Console.Write($"Length : {arr.Length}, ");
33                  foreach (int e in arr)
34                  {
35                      Console.Write($"{e} ");
36                  }
37                  Console.WriteLine();
38              }
39          }
40      }
41  }
```

⊡ 실행 결과

```
Length : 5, 1 2 3 4 5
Length : 3, 10 20 30
Length : 2, 100 200

Length : 2, 1000 2000
Length : 4, 6 7 8 9
```

10.8 컬렉션 맛보기

컬렉션Collection이란, 같은 성격을 띤 데이터의 모음을 담는 자료구조Data Structure를 말합니다. 오, 어디서 많이 본 정의군요. 그렇지 않나요? 사실 배열도 .NET이 제공하는 다양한 컬렉션 자료구조의 일부입니다. 다음 코드를 보세요. .NET의 여타 컬렉션들이 무조건 상속해야 하는 ICollection 인터페이스를 상속함으로써 System.Array 클래스 자신이 컬렉션 가문의 일원임을 증명하고 있습니다.

```
public abstract class Array : ICloneable,
                 IList, ICollection, IEnumerable
```

.NET은 배열 말고도 멋진 컬렉션 클래스들을 여러 개 제공합니다. 그중에서도 우리가 살펴볼 클래스는 다음 네 가지입니다.

- ArrayList

- Queue

- Stack

- Hashtable

ArrayList, Queue, Stack, Hashtable은 자료구조 서적에서 다루는 내용인데, 제대로 설명하려면 적어도 100페이지 정도의 지면이 필요합니다. 게다가 이 책이 다루는 범위를 한참 넘어서는 내용이므로 해당 자료구조의 특징과 컬렉션의 사용 방법 정도만 간단히 설명하고 넘어가겠습니다. ArrayList부터 시작해보죠.

10.8.1 ArrayList

ArrayList는 가장 배열과 닮은 컬렉션이라 할 수 있습니다. 컬렉션의 요소에 접근할 때는 [ ] 연산자를 이용하고, 특정 위치에 있는 요소에 데이터를 임의로 할당할 수도 있습니다. 한편, 배열과는 달리 컬렉션을 생성할 때 용량을 미리 지정할 필요 없이 필요에 따라 자동으로 그 용량이 늘어나거나 줄어듭니다. ArrayList의 가장 큰 장점이죠.

ArrayList에서 가장 중요한 메소드는 Add(), RemoveAt(), Insert() 이렇게 세 개입니다. Add() 메소드는 컬렉션의 마지막에 있는 요소 뒤에 새 요소를 추가하고, RemoveAt() 메소드는 특정 인덱스에 있는 요소를 제거합니다. Insert() 메소드는 원하는 위치에 새 요소를 삽입합니다. 이들 메소드의 사용 방법은 다음과 같습니다.

```
ArrayList list = new ArrayList();
list.Add(10);
list.Add(20);
list.Add(30);

list.RemoveAt(1); // 20을 삭제

list.Insert(1, 25); // 25를 1번 인덱스에 삽입. 즉, 10과 30 사이에 25를 삽입
```

어렵지 않죠? 예제 프로그램을 만들어보겠습니다.

```
01  using System;
02  using System.Collections;
03
04  namespace UsingList
05  {
06      class MainApp
07      {
08          static void Main(string[] args)
09          {
10              ArrayList list = new ArrayList();
11              for (int i = 0; i < 5; i++)
12                  list.Add(i);
13
14              foreach (object obj in list)
15                  Console.Write($"{obj} ");
16              Console.WriteLine();
17
18              list.RemoveAt(2);
19
20              foreach (object obj in list)
21                  Console.Write($"{obj} ");
22              Console.WriteLine();
23
24              list.Insert(2, 2);
25
26              foreach (object obj in list)
27                  Console.Write($"{obj} ");
28              Console.WriteLine();
29
30              list.Add("abc");
31              list.Add("def");
32
33              for (int i=0; i<list.Count; i++)
34                  Console.Write($"{list[i]} ");
35              Console.WriteLine();
36          }
37      }
38  }
```

```
0 1 2 3 4
0 1 3 4
0 1 2 3 4
0 1 2 3 4 abc def
```

! 여기서 잠깐 **ArrayList가 다양한 형식의 객체를 담을 수 있는 이유**

ArrayList가 다양한 형식의 객체를 담을 수 있는 이유는 다음의 Add( ), Insert( ) 메소드의 선언을 보면 알 수 있습니다.

```
public virtual int Add(Object value)
public virtual void Insert(int index,  Object value)
```

object 형식의 매개변수를 받고 있죠? 모든 형식은 object를 상속하므로 object 형식으로 간주될 수 있습니다. 그래서 Add( ) 메소드에 int 형식의 데이터를 넣더라도 정수 형식 그대로 입력되는 것이 아니라 object 형식으로 박싱(Boxing)되어 입력되는 것입니다. 반대로 ArrayList의 요소에 접근해서 사용할 때는 원래의 데이터 형식으로 언박싱(Unboxing)이 이루어집니다. 박싱과 언박싱은 작지 않은 오버헤드를 요구하는 작업입니다. ArrayList가 다루는 데이터가 많으면 많아질수록 이러한 성능 저하는 더욱 늘어납니다. 이것은 ArrayList만의 문제가 아닙니다. 앞으로 살펴볼 Stack, Queue, Hashtable 등의 컬렉션도 갖고 있죠. 해결 방법이 없냐고요? 있습니다. 나중에 살펴볼 일반화 컬렉션(Generic Collection)에서 그 답을 알게 될 것입니다.

10.8.2 Queue

Queue는 대기열(待機列), 즉 기다리는(대기) 줄(열)이라는 뜻입니다. Queue 자료구조는 데이터나 작업을 차례대로 입력해뒀다가 입력된 순서대로 하나씩 꺼내 처리하기 위해 사용됩니다. 배열이나 리스트가 원하는 위치에 자유롭게 접근하는 반면에 Queue는 입력은 오직 뒤에서, 출력은 앞에서만 이루어집니다. 이런 자료구조가 어디에 쓰이나 싶죠? 하지만 우리의 생각과는 다르게 Queue는 엄청나게 다양한 분야에 사용되고 있습니다. OS에서 CPU가 처리해야 할 작업을 정리할 때, 프린터가 여러 문서를 출력할 때, 인터넷 동영상 스트리밍 서비스에서 콘텐츠를 버퍼링할 때 등등 예를 들면 끝도 없습니다.

Queue에 데이터를 입력하는 것은 오로지 뒤에서만 한다고 했죠? 이 작업은 Enqueue( ) 메소드를 이용해서 합니다.

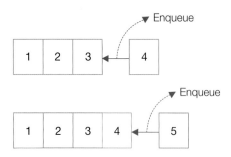

```
Queue que = new Queue();
que.Enqueue(1);
que.Enqueue(2);
que.Enqueue(3);
que.Enqueue(4);
que.Enqueue(5);
```

반대로 Queue에서 데이터를 꺼낼 때는 Dequeue() 메소드를 이용합니다. 여기에서 주의할 점은 Dequeue()를 실행하면 데이터를 자료구조에서 실제로 꺼내게 된다는 것입니다. 가장 앞에 있던 항목이 출력되고 나면 그 뒤에 있던 항목이 가장 앞으로 옮겨집니다. 그래서 그 다음에 Dequeue() 를 실행하면 가장 앞으로 옮겨진 데이터가 나오고, 그 뒤에 있던 데이터가 다시 맨 앞으로 이동합니다.

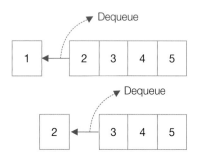

```
int a = que.Dequeue();
```

예제 프로그램을 만들어보겠습니다.

```
01  using System;
02  using System.Collections;
03
04  namespace UsingQueue
05  {
06      class MainApp
07      {
08          static void Main(string[] args)
09          {
10              Queue que = new Queue();
11              que.Enqueue(1);
12              que.Enqueue(2);
13              que.Enqueue(3);
14              que.Enqueue(4);
15              que.Enqueue(5);
16
17              while (que.Count > 0)
18                  Console.WriteLine(que.Dequeue());
19          }
20      }
21  }
```

📤 실행 결과

```
1
2
3
4
5
```

10.8.3 Stack

Stack은 Queue와 반대로 먼저 들어온 데이터가 나중에 나가고(First In - Last Out), 나중에 들어온 데이터는 먼저 나가는(Last In - First Out) 구조의 컬렉션입니다.

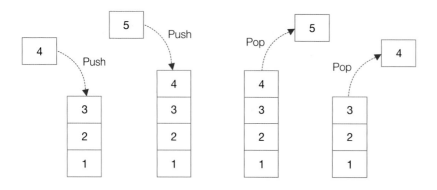

Stack에 데이터를 넣을 때는 Push() 메소드를 이용하고, 데이터를 꺼낼 때는 Pop() 메소드를 이용합니다. Push() 메소드는 데이터를 위에 '쌓고', Pop() 메소드는 가장 위에 쌓여 있는 데이터를 '꺼냅니다'. Pop()을 호출하여 데이터를 Stack에서 꺼내고 나면 그 데이터는 컬렉션에서 제거되고 그 아래에 있던 데이터가 가장 위로 올라옵니다. 그 다음에 Pop()을 호출하면 방금 올라온 데이터를 꺼냅니다.

```
Stack stack = new Stack();
stack.Push(1); // 최상위 데이터는 1
stack.Push(2); // 최상위 데이터는 2
stack.Push(3); // 최상위 데이터는 3

int a = (int)stack.Pop(); // 최상위 데이터는 다시 2
```

Stack 컬렉션의 예제 프로그램을 만들어보겠습니다.

>>> 10장/UsingStack/MainApp.cs

```
01   using System;
02   using System.Collections;
03
04   namespace UsingStack
05   {
06       class MainApp
07       {
08           static void Main(string[] args)
```

```
09        {
10            Stack stack = new Stack();
11            stack.Push(1);
12            stack.Push(2);
13            stack.Push(3);
14            stack.Push(4);
15            stack.Push(5);
16
17            while (stack.Count > 0)
18                Console.WriteLine(stack.Pop());
19        }
20    }
21 }
```

⊩ 실행 결과

```
5
4
3
2
1
```

10.8.4 Hashtable

Hashtable은 키^{Key}와 값^{Value}의 쌍으로 이루어진 데이터를 다룰 때 사용합니다. 사전이 가장 좋은 예가 되겠군요. 가령 "book"을 키로, "책"을 값으로 입력하는 식이죠. Hashtable은 여러 면에서 멋진 자료구조입니다. 탐색 속도가 빠르고 사용하기도 편합니다. 사용 방법은 다음과 같습니다.

```
Hashtable ht = new Hashtable();
ht["book"]    = "책";
ht["cook"]    = "요리사";
ht["tweet"]   = "지저귀다";

Console.WriteLine(ht["book"]);
Console.WriteLine(ht["cook"]);
Console.WriteLine(ht["tweet"]);
```

어때요, 배열과 비슷하죠? 배열과 다른 점이라면 배열이 데이터를 저장할 요소의 위치로 인덱스를 사용하는 반면에, Hashtable 컬렉션은 키 데이터를 그대로 사용한다는 것입니다. 앞의 예제에서는 문자열을 사용했지만 어떤 형식이든 키로 사용할 수 있습니다. int 형식도 float 형식도 또 여러분이 만든 클래스도 말입니다. Hashtable이 멋진 것은 비단 이런 편의성뿐만이 아닙니다.

Hashtable은 배열에서 인덱스를 이용해 배열 요소에 접근하는 것에 준하는 탐색 속도를 자랑합니다. 다시 말하면 탐색 속도가 거의 소요되지 않는다고 할 수 있습니다. ArrayList에서 원하는 데이터를 찾으려면 컬렉션을 정렬해 이진 탐색을 수행하거나 순차적으로 리스트를 탐색해나가지만, Hashtable은 키를 이용해서 단번에 데이터가 저장된 컬렉션 내의 주소를 계산해냅니다. 이 작업을 해싱Hashing이라고 하는데 Hashtable의 이름은 이 알고리즘에서 유래한 것입니다. Hashtable에 대해 하고 싶은 이야기가 많지만, 이 책의 범위를 벗어나는 주제이므로 이 정도로만 해두겠습니다. 더 궁금한 독자분은 『이것이 자료구조+알고리즘이다 with C 언어』(한빛미디어, 2022)을 참고해주세요. 다음은 Hashtable의 예제 프로그램입니다.

>>> 10장/UsingHashtable/MainApp.cs

```
01  using System;
02  using System.Collections;
03  using static System.Console;
04
05  namespace UsingHashtable
06  {
07      class MainApp
08      {
09          static void Main(string[] args)
10          {
11              Hashtable ht = new Hashtable();
12              ht["하나"] = "one";
13              ht["둘"]  = "two";
14              ht["셋"]  = "three";
15              ht["넷"]  = "four";
16              ht["다섯"] = "five";
17
18              WriteLine(ht["하나"]);
19              WriteLine(ht["둘"]);
20              WriteLine(ht["셋"]);
```

```
21              WriteLine(ht["넷"]);
22              WriteLine(ht["다섯"]);
23          }
24      }
25  }
```

⤷ 실행 결과

```
one
two
three
four
five
```

10.9 컬렉션을 초기화하는 방법

ArrayList, Queue, Stack은 배열의 도움을 받아 간단하게 초기화를 수행할 수 있습니다. 이들 컬렉션의 생성자를 호출할 때 배열 객체를 매개변수로 넘기면 컬렉션 객체는 해당 배열을 바탕으로 내부 데이터를 채웁니다. 다음은 이 세 가지 컬렉션의 초기화를 수행하는 예제 코드입니다.

```
int[] arr = {123, 456, 789};

ArrayList list = new ArrayList(arr); // 123, 456, 789
Stack stack = new Stack(arr); // 789, 456, 123
Queue queue = new Queue(arr); // 123, 456, 789
```

ArrayList는 배열의 도움 없이 직접 컬렉션 초기자를 이용해서 초기화할 수 있습니다.

```
ArrayList list2 = new ArrayList() {11, 22, 33};
```

> 컬렉션 초기자는 생성자를 호출할 때, 생성자 뒤에 {와 } 사이에 컬렉션 요소의 목록을 입력하여 사용합니다.

안타깝게도 Stack과 Queue는 컬렉션 초기자를 이용할 수 없습니다. 컬렉션 초기자는 IEnumerable 인터페이스(이 장의 후반부에 설명합니다)와 Add() 메소드를 구현하는 컬렉션만 지원하는데, 이 두 컬렉션은 IEnumerable은 상속하지만 Add() 메소드는 구현하지 않기 때문입니다.

예제 프로그램을 만들어보겠습니다.

>>> 10장/InitializingCollections/MainApp.cs

```
01  using System;
02  using System.Collections;
03  using static System.Console;
04
05  namespace InitializingCollections
06  {
07      class MainApp
08      {
09          static void Main(string[] args)
10          {
11              int[] arr = {123, 456, 789};
12
13              ArrayList list = new ArrayList(arr);
14              foreach (object item in list)
15                  WriteLine($"ArrayList : {item}");
16              WriteLine();
17
18              Stack stack = new Stack(arr);
19              foreach (object item in stack)
20                  WriteLine($"Stack : {item}");
21              WriteLine();
22
23              Queue queue = new Queue(arr);
24              foreach (object item in queue)
25                  WriteLine($"Queue : {item}");
26              WriteLine();
27
28              ArrayList list2 = new ArrayList() {11, 22, 33};
29              foreach (object item in list2)
30                  WriteLine($"ArrayList2 : {item}");
31              WriteLine();
```

배열을 이용한 컬렉션 초기화

컬렉션 초기자를 이용한 컬렉션 초기화

```
32          }
33      }
34  }
```

```
ArrayList : 123
ArrayList : 456
ArrayList : 789

Stack : 789
Stack : 456
Stack : 123

Queue : 123
Queue : 456
Queue : 789

ArrayList2 : 11
ArrayList2 : 22
ArrayList2 : 33
```

Hashtable 초기화에 대해 아무 말이 없어서 의아했죠? 이제 막 설명을 시작하려는 참입니다. Hashtable을 초기화할 때는 딕셔너리 초기자^{Dictionary Initializer}를 이용합니다. 딕셔너리 초기자는 컬렉션 초기자와 비슷하게 생겼습니다. 다음은 딕셔너리 초기자의 예입니다.

```
Hashtable ht = new Hashtable()
{
    ["하나"] = 1, // ;가 아니라 ,를 이용하여 항목을 구분합니다.
    ["둘"] = 2,
    ["셋"] = 3
};
```

물론, 다음 예와 같이 Hashtable을 초기화할 때도 컬렉션 초기자를 사용할 수 있습니다. 하지만 저는 쓰기도 편하고 읽기도 수월한 딕셔너리 초기자를 권하고 싶습니다.

```
Hashtable ht2 = new Hashtable()
{
    {"하나", 1},
    {"둘", 2},
    {"셋", 3}
};
```

10.10 인덱서

인덱서^{Indexer}는 인덱스를 이용해서 객체 내의 데이터에 접근하게 해주는 프로퍼티라고 생각하면 이해하기 쉽습니다. 객체를 마치 배열처럼 사용할 수 있게 해주죠. 인덱서를 선언하는 형식은 다음과 같습니다.

```
class 클래스_이름
{
    한정자 인덱서_형식 this[형식 index] ●┄┄┄┄┄    인덱스의 식별자가 꼭 index일 필요는 없습
    {                                              니다. 취향에 따라 적당한 이름을 사용하세요.
        get
        {
            // index를 이용하여 내부 데이터 반환
        }

        set
        {
            // index를 이용하여 내부 데이터 저장
        }
    }
}
```

이 인덱서 선언 문법을 보면 알 수 있듯이, 인덱서는 프로퍼티처럼 식별자를 따로 가지지 않습니다. 프로퍼티가 이름을 통해 객체 내의 데이터에 접근하게 해준다면, 인덱서는 인덱스를 통해 객체 내 데이터에 접근하게 해줍니다.

인덱서의 선언 예를 준비했습니다. 다음의 MyList는 내부에 정수 형식 배열을 갖고 있고, 인덱서를 통해 이 배열에 접근합니다. 인덱서를 통해 데이터를 저장하려는 시도가 이루어질 때 지정한 인덱스보다 배열의 크기가 작다면 인덱스에 맞춰 배열의 크기를 재조정합니다.

```csharp
class MyList
{
    private int[] array;

    public MyList()
    {
        array = new int[3];
    }
                            인덱서
    public int this[int index]
    {
        get
        {
            return array[index];
        }

        set
        {
            if (index >= array.Length)
            {
                Array.Resize<int>(ref array, index + 1);
                Console.WriteLine("Array Resized : {0}", array.Length);
            }
            array[index] = value;
        }
    }
}
```

프로퍼티는 객체 내의 데이터에 접근할 수 있도록 하는 통로입니다. 인덱서도 프로퍼티처럼 객체 내의 데이터에 접근할 수 있도록 하는 통로입니다. 프로퍼티와 다른 점이라면 '인덱스'를 이용한다는 사실이죠.

```
01  using System;
02  using System.Collections;
03
04  namespace Indexer
05  {
06      class MyList
07      {
08          private int[] array;
09
10          public MyList()
11          {
12              array = new int[3];
13          }
14
15          public int this[int index]
16          {
17              get
18              {
19                  return array[index];
20              }
21
22              set
23              {
24                  if (index >= array.Length)
25                  {
26                      Array.Resize<int>(ref array, index + 1);
27                      Console.WriteLine($"Array Resized : {array.Length}");
28                  }
29
30                  array[index] = value;
31              }
32          }
33
34          public int Length
35          {
36              get { return array.Length; }
37          }
38      }
39
```

```
40      class MainApp
41      {
42          static void Main(string[] args)
43          {
44              MyList list = new MyList();
45              for (int i = 0; i < 5; i++)
46                  list[i] = i;  •
47
48              for (int i = 0; i<list.Length; i++)
49                  Console.WriteLine(list[i]);  •
50          }
51      }
52  }
```

> 배열을 다루듯 인덱스를 통해 데이터를 입력합니다.

> 데이터를 얻어올 때도 인덱스를 이용합니다.

> 실행 결과

```
Array Resized : 4
Array Resized : 5
0
1
2
3
4
```

10.11 foreach가 가능한 객체 만들기

foreach 문은 for 문처럼 요소의 위치를 위한 인덱스 변수를 선언할 필요가 없습니다. 세미콜론을 2개나 넣지 않아도 되고, 조건문이나 증감식을 쓰지 않아도 됩니다. for 문을 이용한 코드에 비해 foreach 문을 이용한 코드는 쓰기도 좋고, 읽기도 좋습니다.

우리가 잘 알고 있는 것처럼, foreach 문은 아무 형식의 객체에서나 사용할 수 있는 것이 아닙니다. 배열이나 리스트 같은 컬렉션에서만 사용할 수 있죠. 그럼 우리가 앞에서 만들어봤던 MyList는 foreach 문이 가능할까요? 될 것도 같지만 절대 되지 않습니다. foreach 문이 객체 내 요소를 순회하기 위해서는 foreach 문과의 약속을 지켜야 하는데, MyList는 그 약속이 무엇인지도 모르거든요. 약속이라, 뭐 떠오르는 것 없습니까? 네, 인터페이스요. foreach 구문은 IEnumerable을 상속하는 형식만 지원합니다. 이 말은 MyList 클래스도 IEnumerable을 상속하기만 하면 foreach 문을 이용해서 요소를 순회할 수 있게 할 수 있다는 이야기입니다.

먼저, IEnumerable 인터페이스가 갖고 있는 메소드는 다음과 같이 단 하나뿐입니다. MyList는 이 메소드를 구현해야 합니다.

메소드	설명
IEnumerator GetEnumerator( )	IEnumerator 형식의 객체를 반환

GetEnumerator()는 IEnumerator 인터페이스를 상속하는 클래스의 객체를 반환해야 하는 데요. yield 문을 이용하면 IEnumerator를 상속하는 클래스를 따로 구현하지 않아도 컴파일러가 자동으로 해당 인터페이스를 구현한 클래스를 생성해줍니다. yield return 문은 현재 메소드 (GetEnumerator())의 실행을 일시 정지해놓고 호출자에게 결과를 반환합니다. 메소드가 다시 호출되면, 일시 정지된 실행을 복구하여 yield return 또는 yield break 문을 만날 때까지 나머지 작업을 실행하게 됩니다. yield 키워드를 이용하는 간단한 예제 프로그램을 만들어보고 계속 진행하겠습니다.

>>> 10장/Yield/MainApp.cs

```
01  using System;
02  using System.Collections;
03
04  namespace Yield
05  {
06      class MyEnumerator
07      {
08          int[] numbers = {1, 2, 3, 4};
09          public IEnumerator GetEnumerator()
10          {
11              yield return numbers[0];
12              yield return numbers[1];
13              yield return numbers[2];
14              yield break;
15              yield return numbers[3];
16          }
17      }
```

yield break는 GetEnumerator() 메소드를 종료시킵니다.

따라서 이 코드는 실행되지 않습니다.

```
18    class MainApp
19    {
20        static void Main(string[] args)
21        {
22            var obj = new MyEnumerator();
23            foreach (int i in obj)
24                Console.WriteLine(i);
25        }
26    }
27 }
```

```
1
2
3
```

GetEnumerator( ) 메소드는 IEnumerator 형식의 객체, 다시 말해 IEnumerator 인터페이스를
상속하는 클래스의 객체를 반환하면 됩니다. 그럼 IEnumerator 인터페이스는 무엇일까요? 다음은
IEnumerator 인터페이스의 메소드 및 프로퍼티 목록입니다.

메소드 또는 프로퍼티	설명
boolean MoveNext( )	다음 요소로 이동합니다. 컬렉션의 끝을 지난 경우에는 false, 이동이 성공한 경우에는 true를 반환합니다.
void Reset( )	컬렉션의 첫 번째 위치의 '앞'으로 이동합니다. 첫 번째 위치가 0번인 경우 Reset( )을 호출하면 −1번으로 이동하는 것이죠. 첫 번째 위치로의 이동은 MoveNext( )를 호출한 다음에 이루어집니다.
Object Current {get;}	컬렉션의 현재 요소를 반환합니다.

앞에서는 yield 문의 도움을 받아서 IEnumerator를 상속하는 클래스 구현을 피했는데, 이번에
는 직접 IEnumerator를 상속하는 클래스를 구현해보겠습니다. 다음 예제 코드에서 MyList는
IEnumerable과 IEnumerator 모두를 상속합니다. MoveNext( ), Reset( ) 메소드와 Current
프로퍼티를 구현하면 IEnumerator의 요구사항을 충족하므로 MyList는 IEnumerator가 됩니
다. 따라서 IEnumerable이 요구하는 GetEnumerator( ) 메소드를 구현할 때는 그저 자기 자신
(this)을 반환하기만 하면 됩니다. 이제 다음 예제 코드를 따라 만들어보세요.

```
01  using System;
02  using System.Collections;
03
04  namespace Enumerable
05  {
06      class MyList : IEnumerable, IEnumerator
07      {
08          private int[] array;
09          int position = -1;
10
11          public MyList()
12          {
13              array = new int[3];
14          }
15
16          public int this[int index]
17          {
18              get
19              {
20                  return array[index];
21              }
22
23              set
24              {
25                  if (index >= array.Length)
26                  {
27                      Array.Resize<int>(ref array, index + 1);
28                      Console.WriteLine($"Array Resized : {array.Length}");
29                  }
30
31                  array[index] = value;
32              }
33          }
34
35          // IEnumerator 멤버
36          public object Current
37          {
38              get
```

컬렉션의 현재 위치를 다루는 변수입니다. 초깃값은 0이 아닌 −1입니다. 0은 배열의 첫 번째 요소를 가리키는 수입니다. position이 이 값(0)을 갖고 있을 때 foreach 문이 첫 번째 반복을 수행하면 MoveNext() 메소드를 실행하고, 이때 position이 1이 되어 두 번째 요소를 가져오는 문제가 생깁니다.

IEnumerator로부터 상속받은 Current 프로퍼티는 현재 위치의 요소를 반환합니다.

```
39              {
40                  return array[position];
41              }
42          }
43
44          // IEnumerator 멤버
45          public bool MoveNext()  •----------------
46          {
47              if (position == array.Length - 1)
48              {
49                  Reset();
50                  return false;
51              }
52
53              position++;
54              return (position < array.Length);
55          }
56
57          // IEnumerator 멤버
58          public void Reset()  •----------------
59          {
60              position = -1;
61          }
62
63          // IEnumerable 멤버
64          public IEnumerator GetEnumerator()
65          {
66              return this;
67          }
68      }
69
70      class MainApp
71      {
72          static void Main(string[] args)
73          {
74              MyList list = new MyList();
75              for (int i = 0; i < 5; i++)
76                  list[i] = i;
77
78              foreach (int e in list)
```

> IEnumerator로부터 상속받은 MoveNext() 메소드. 다음 위치의 요소로 이동합니다.

> IEnumerator로부터 상속받은 Reset() 메소드. 요소의 위치를 첫 요소의 '앞'으로 옮깁니다.

```
79                    Console.WriteLine(e);
80            }
81        }
82    }
```

□→ 실행 결과

```
Array Resized : 4
Array Resized : 5
0
1
2
3
4
```

01 다음 배열 선언 문장 중 올바르지 <u>않은</u> 것을 고르세요.

① `int[] array = new string[3]{"안녕", "Hello", "Halo"};`

② `int[] array = new int[3]{1, 2, 3};`

③ `int[] array = new int[]{1, 2, 3};`

④ `int[] array = {1, 2, 3};`

02 두 행렬의 곱은 다음과 같이 계산합니다.

$$A = \begin{bmatrix} a\ b \\ c\ d \end{bmatrix} \qquad B = \begin{bmatrix} e\ f \\ g\ h \end{bmatrix}$$

$$A \times B = \begin{bmatrix} a \times e + b \times g & a \times f + b \times h \\ c \times e + d \times g & c \times f + d \times h \end{bmatrix}$$

다음 두 행렬 A와 B의 곱을 2차원 배열을 이용하여 계산하는 프로그램을 작성하세요.

$$A = \begin{bmatrix} 3\ 2 \\ 1\ 4 \end{bmatrix} \qquad B = \begin{bmatrix} 9\ 2 \\ 1\ 7 \end{bmatrix}$$

03 다음 코드의 출력 결과는 무엇일까요?

```
Stack stack = new Stack();
stack.Push(1);
stack.Push(2);
stack.Push(3);
stack.Push(4);
stack.Push(5);

while (stack.Count > 0)
    Console.WriteLine(stack.Pop());
```

04 다음 코드의 출력 결과는 무엇일까요?

```
Queue que = new Queue();
que.Enqueue(1);
que.Enqueue(2);
que.Enqueue(3);
que.Enqueue(4);
que.Enqueue(5);

while (que.Count > 0)
    Console.WriteLine(que.Dequeue());
```

05 다음과 같은 결과를 출력하도록 아래의 코드를 완성하세요.

```
회사 : Microsoft
URL : www.microsoft.com
```

```
Hashtable ht = new Hashtable();

/* 1)  */ = "Microsoft";
ht["URL"] = /*  2)  */;

Console.WriteLine("회사 : {0}", /*  3)  */  ) ;
Console.WriteLine("URL : {0}", /*  4)  */  );
```

Chapter

11

▶ # 일반화 프로그래밍

C#은 프로그래머가 작성한 하나의 코드가 여러 데이터 형식에 맞춰 동작할 수 있도록 일반화 프로그래밍을 지원합니다. '일반화 프로그래밍'이 일견 시시한 제목처럼 느껴져도 프로그래머의 코드 생산성을 좌우하는 아주 중요한 내용입니다. 특히 일반화 컬렉션은 꼭 익혀둘 필요가 있습니다.

그럼 일반화 프로그래밍의 정의를 알아보는 것으로 이 장을 시작하겠습니다.

학습목표

**이 장의
핵심 개념**

- 일반화 프로그래밍이 무엇인지 이해합니다.

- 일반화 메소드를 작성하고 사용하는 방법을 익힙니다.

- 일반화 클래스를 작성하고 사용하는 방법을 익힙니다.

- .NET에서 제공하는 일반화 컬렉션의 종류와 사용 방법을 익힙니다.

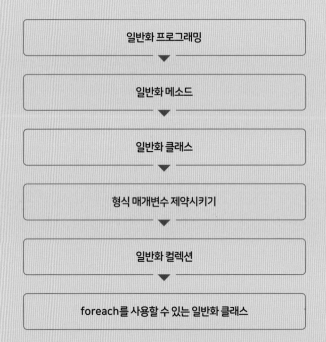

**이 장의
학습 흐름**

일반화 프로그래밍
▼
일반화 메소드
▼
일반화 클래스
▼
형식 매개변수 제약시키기
▼
일반화 컬렉션
▼
foreach를 사용할 수 있는 일반화 클래스

11.1 일반화 프로그래밍이란?

사람, 돼지, 오리너구리, 고래는 사는 곳이 다릅니다. 사람과 돼지는 땅 위에서 생활하고 고래는 물속에서 삽니다. 오리너구리는 땅과 물 양쪽에서 생활합니다. 번식 방법도 다릅니다. 사람, 돼지, 고래는 새끼를 낳지만 오리너구리는 알을 낳습니다. 이들은 이렇게 각자의 특징을 갖는 동물이지만 놀랍게도 새끼에게 양분을 공급하는 방식은 똑같습니다. 네, 바로 수유 말입니다. 그래서 이들을 묶는 공통 개념을 '포유류(哺乳類)'라고 하죠.

이처럼 특수한 개념으로부터 공통된 개념을 찾아 묶는 것을 '일반화Generalization'라고 합니다. 우리가 이번 장에서 다룰 일반화 프로그래밍Generic Programming은 이러한 일반화를 이용하는 프로그래밍 기법입니다. 일반화 프로그래밍은 일반화하는 대상이 조금 특이한데, (놀라지 마세요) 바로 '데이터 형식Data Type'입니다.

예를 하나 들어볼까요? 다음과 같이 정수형 1차원 배열을 복사하는 메소드를 작성했다고 해보죠.

```
void CopyArray(int[] source, int[] target)
{
    for(int i = 0; i < source.Length; i++)
        target[i] = source[i];
}
```

CopyArray() 메소드를 잘 사용하고 있었는데, 이번에는 문자열 배열을 복사하는 기능이 필요해졌습니다. 그래서 CopyArray() 메소드를 다음과 같이 오버로딩했습니다.

```
void CopyArray(string[] source, string[] target)
{
    for(int i = 0; i < source.Length; i++)
        target[i] = source[i];
}
```

으악! 이번에는 MyClass 형식의 배열을 복사해야 합니다. 그다음에는 YourClass 형식을 지원해야 했습니다. 그다음에도 같은 작업을 반복해서 CopyArray()의 버전은 점점 늘어만 갔습니다. 이런 식으로 31가지 데이터 형식을 지원하는 CopyArray() 메소드를 만들어야 한다면 여러분은 어떻게 하겠습니까? 뭐, 별 뾰족한 수가 없으니 31가지 버전으로 CopyArray()를 오버로딩하겠죠.

하지만 한번 생각해보세요. 31가지 버전의 CopyArray() 메소드는 매개변수에 입력되는 배열의 형식만 다를 뿐, 내부 논리는 똑같습니다. 그렇다면 특수한 형식을 사용하는 코드를 일반화한다면 CopyArray() 메소드를 31개 버전으로 오버로딩하지 않고도 모든 형식을 지원할 수 있지 않을까요? 일반화 프로그래밍은 바로 이런 아이디어를 바탕으로 만들어진 프로그래밍 패러다임입니다.

11.2 일반화 메소드

일반화 메소드Generic Method는 이름처럼 (데이터 형식을) 일반화한 메소드입니다. 일반화 메소드가 어떤 장점이 있는지는 잠시 후에 알아보고, 우선 일반화 메소드를 어떻게 선언하는지부터 살펴보겠습니다. 일반화 메소드의 선언 문법은 일반 메소드의 선언 문법과 대부분 비슷합니다. 다만 일반화할 형식이 들어갈 자리에 구체적인 형식의 이름 대신 형식 매개변수Type Parameter가 들어간다는 사실이 다릅니다(이 말이 이해되지 않아도 걱정 마세요. 잠시 후 예제를 통해 확실히 이해하게 될 것입니다).

```
한정자 반환_형식 메소드_이름<형식_매개변수> (매개변수_목록)
{
    // …
}
```

형식 매개변수는 예제를 통해 설명하겠습니다. 앞에서 봤던 CopyArray() 코드를 일반화해볼게요. 다음에 int와 string 형식의 배열을 복사하는 CopyArray() 메소드 선언 코드를 소환했습니다.

```
// int 버전
void CopyArray(int[] source, int [] target)
{
    for(int i = 0; i < source.Length; i++)
        target[i] = source[i];
}

// string 버전
void CopyArray(string[] source, string [] target)
{
    for(int i = 0; i < source.Length; i++)
```

```
        target[i] = source[i];
    }


    // 기타 형식 등등 버전
    // …
```

이 코드에서 데이터 형식이 사용된 부분을 T 기호로 치환해봅시다. T는 형식^{Type}을 뜻합니다.

```
void CopyArray(T[] source, T[] target)
{
    for(int i = 0; i < source.Length; i++)
        target[i] = source[i];
}
```

저나 여러분이나 T가 C#이 지원하는 형식이 아님을 잘 알고 있습니다(적어도 기본 형식에는 포함되어 있지 않습니다). 따라서 이 코드를 컴파일하면 컴파일 에러가 날 거라는 사실도 알고 있죠. 이코드를 컴파일하려면 T가 구체적으로 어떤 형식인지 알려줘야 합니다. 형식 매개변수를 입력하는 방법은 이렇습니다. 메소드 이름 뒤에 홑화살괄호 〈와 〉를 넣어주고 그 사이에 T를 넣으면 T는 '형식 매개변수$^{Type\ Parameter}$'가 됩니다. CopyArray()를 호출할 때 〈 〉 사이에 T 대신 형식의 이름을 입력하면 컴파일러는 메소드의 나머지 부분에 대해서도 T를 형식 매개변수 값으로 치환합니다.

```
void CopyArray<T> (T[] source, T[] target)
{
    for(int i = 0; i < source.Length; i++)
        target[i] = source[i];
}
```

이제 일반화 메소드 CopyArray()를 호출해보겠습니다.

```
int[] source = {1, 2, 3, 4, 5};
int[] target = new int[source.Length];

┌─────────────────────────────────┐
│ 형식 매개변수 T에 int를 대입합니다. │
└─────────────────────────────────┘
         ┊
CopyArray<int>(source, target);

foreach (int element in target)
    Console.WriteLine(element);
```

멋지지 않습니까? 이제 CopyArray()는 어떤 형식의 배열이든 복사할 수 있습니다. 31가지 형식
뿐 아니라 310가지 형식도 지원할 수 있습니다. 그저 〈와 〉 사이에 형식 이름만 넣어주면 되니 말입
니다. 이제 예제 프로그램을 만들어보겠습니다.

>>> 11장/CopyingArray/MainApp.cs

```
01  using System;
02
03  namespace CopyingArray
04  {
05      class MainApp
06      {
07          static void CopyArray<T>(T[] source, T[] target)
08          {
09              for (int i = 0; i < source.Length; i++)
10                  target[i] = source[i];
11          }
12
13          static void Main(string[] args)
14          {
15              int[] source = {1, 2, 3, 4, 5};
16              int[] target = new int[source.Length];
17
18              CopyArray<int>(source, target);
19
20              foreach (int element in target)
21                  Console.WriteLine(element);
```

```
22
23              string[] source2 = {"하나", "둘", "셋", "넷", "다섯"};
24              string[] target2 = new string[source2.Length];
25
26              CopyArray<string>(source2, target2);
27
28              foreach (string element in target2)
29                  Console.WriteLine(element);
30          }
31      }
32  }
```

```
1
2
3
4
5
하나
둘
셋
넷
다섯
```

11.3 일반화 클래스

예상하고 있겠지만, 일반화 클래스는 (데이터 형식을) 일반화한 클래스입니다. 일반화 클래스를 선언하는 문법은 다음과 같습니다. 일반화 메소드가 그랬던 것처럼, 일반화 클래스도 형식 매개변수가 있는 것을 제외하면 보통의 클래스와 똑같습니다.

```
class 클래스_이름 <형식_매개변수>
{
    // …
}
```

다음 자료구조 클래스를 살펴보겠습니다. Array_Int와 Array_Double은 기능이 같은 클래스입니다. 하지만 내부적으로 사용하는 데이터 형식이 다르므로 클래스를 분리해서 구현했습니다.

```
class Array_Int
{
    private int[] array;
    // …
    public int GetElement(int index) {return array[index];}
}

class Array_Double
{
    private double[] array;
    // …
    public double GetElement(int index) {return array[index];}
}
```

이 두 클래스는 데이터 형식만 빼고 다른 부분이 모두 같으니 일반화할 수 있습니다. 다음은 형식 매개변수를 이용해서 앞의 코드를 일반화 클래스로 개선한 예입니다.

```
class Array_Generic<T>
{
    private T[] array;
    // …
    public T GetElement(int index) {return array[index];}
}
```

자, 그럼 Array_Generic 클래스는 어떻게 사용할까요? 다음과 같이 사용합니다.

```
Array_Generic<int> intArr = new Array_Generic<int>();
Array_Generic<double> dblArr = new Array_Generic<double>();
```

Array_Generic 클래스의 형식 매개변수 T는 객체를 생성할 때 입력받은 형식으로 치환되어 다음과 같이 컴파일됩니다.

```
class Array_Generic
{
    private int[] array;
    // ...
    public int GetElement(int index) {return array[index];}
}
```

int 형식으로 사용할 때

Array_Generic<int> intArr = new Array_Generic<int>();

```
class Array_Generic<T>
{
    private T[] array;
    // ...
    public T GetElement(int index) {return array[index];}
}
```

Array_Generic<double> dblArr = new Array_Generic<double>();

double 형식으로 사용할 때

```
class Array_Generic
{
    private double[] array;
    // ...
    public double GetElement(int index) {return array[index];}
}
}
```

일반화 클래스의 개념을 이해했습니까? 이번에는 예제 프로그램을 만들어보겠습니다. 다음 예제 프로그램은 10장에서 만들었던 Indexer 예제를 일반화 클래스를 이용해서 개선한 것입니다. 여러분이 작성했던 프로그램을 떠올리면서 그때의 코드와 일반화 클래스를 이용한 코드의 차이를 느껴보시기 바랍니다.

>>> 11장/Generic/MainApp.cs

```
01  using System;
02
03  namespace Generic
04  {
05      class MyList<T>     ●┈┈┈┈┈┈  MyList 클래스에 형식 매개변수 T를 추가했습니다.
06      {
07          private T[] array;
08
09          public MyList()
10          {
```

```
11              array = new T[3];
12          }
13
14          public T this[int index]
15          {
16              get
17              {
18                  return array[index];
19              }
20
21              set
22              {
23                  if (index >= array.Length)
24                  {
25                      Array.Resize<T>(ref array, index + 1);
26                      Console.WriteLine($"Array Resized : {array.Length}");
27                  }
28
29                  array[index] = value;
30              }
31          }
32
33          public int Length
34          {
35              get {return array.Length;}
36          }
37      }
38
39  class MainApp
40  {
41      static void Main(string[] args)
42      {
43          MyList<string> str_list = new MyList<string>();
44          str_list[0] = "abc";
45          str_list[1] = "def";
46          str_list[2] = "ghi";
47          str_list[3] = "jkl";
48          str_list[4] = "mno";
49
50          for (int i = 0; i < str_list.Length; i++)
```

```
51              Console.WriteLine(str_list[i]);
52
53          Console.WriteLine();
54
55          MyList<int> int_list = new MyList<int>();
56          int_list[0] = 0;
57          int_list[1] = 1;
58          int_list[2] = 2;
59          int_list[3] = 3;
60          int_list[4] = 4;
61
62          for (int i = 0; i < int_list.Length; i++)
63              Console.WriteLine(int_list[i]);
64      }
65   }
66 }
```

▷ 실행 결과

```
Array Resized : 4
Array Resized : 5
abc
def
ghi
jkl
mno

Array Resized : 4
Array Resized : 5
0
1
2
3
4
```

11.4 형식 매개변수 제약시키기

일반화 메소드나 일반화 클래스가 입력받는 형식 매개변수 T는 '모든' 데이터 형식을 대신할 수 있었습니다. 이렇게 모든 형식에 대응할 수 있는 형식 매개변수가 필요한 때도 있지만, 종종 특정 조건을 갖춘 형식에만 대응하는 형식 매개변수가 필요할 때도 있습니다. 이때 우리는 형식 매개변수의 조건에 제약을 줄 수 있습니다.

예를 들어 앞서 만들었던 MyList⟨T⟩ 클래스의 형식 매개변수 T에 'MyClass로부터 상속받는 형식이어야 할 것'이라는 제약을 주려면 다음과 같이 클래스 선언문의 헤더에 where 절을 추가해줍니다.

```
class MyList<T> where T : MyClass
{
    // …
}
```

일반화 메소드의 예도 들어볼까요? CopyArray⟨T⟩()의 형식 매개변수 T에 '값 형식이어야 할 것'이라는 제약은 다음과 같이 줄 수 있습니다.

```
void CopyArray<T>(T[] source, T[] target) where T : struct
{
    for(int i = 0; i < source.Length; i++)
        target[i] = source[i];
}
```

눈치챘겠지만, 일반화 코드에서 형식을 제약하는 문법은 다음과 같으며, 형식 매개변수에 대한 일반화 클래스나 일반화 메소드 모두에 동일하게 사용됩니다.

```
where 형식_매개변수 : 제약_조건
```

제약 조건에는 여러 가지가 올 수 있는데, 다음 표에 where 절과 함께 사용할 수 있는 제약 조건이 정리되어 있습니다.

제약	설명
where T : struct	T는 값 형식이어야 합니다.
where T : class	T는 참조 형식이어야 합니다.
where T : new( )	T는 반드시 매개변수가 없는 생성자가 있어야 합니다.
where T : 기반_클래스_이름	T는 명시한 기반 클래스의 파생 클래스여야 합니다.
where T : 인터페이스_이름	T는 명시한 인터페이스를 반드시 구현해야 합니다. 인터페이스_이름에는 여러 개의 인터페이스를 명시할 수도 있습니다.
where T : U	T는 또 다른 형식 매개변수 U로부터 상속받은 클래스여야 합니다.

각 제약 조건에 대한 예를 하나씩 들어보겠습니다. 일단 struct는 앞의 CopyArray〈T〉() 메소드에서 사용 예를 확인했고, class도 struct와 사용법이 거의 같으니 지나가겠습니다. 그리고 형식 매개변수를 특정 클래스의 파생 클래스로 한정하는 것도 조금 전에 예제 코드로 설명했으니 이것 역시 지나가겠습니다. 제약 조건이 인터페이스를 구현하는 클래스인 경우도 기반 클래스의 파생 클래스인 경우와 사례가 거의 같으므로 지나갈게요. 그럼 우리가 다뤄보지 않은 것은 제약 조건이 new() 와 형식 매개변수 U, 두 가지로 좁혀지네요. 지금부터 이 두 가지의 예를 들어보겠습니다.

먼저 new()의 예를 보겠습니다. 다음 코드의 CreateInstance〈T〉() 메소드는 기본 생성자를 가진 어떤 클래스의 객체라도 생성해줍니다. 이 메소드를 호출할 때 기본 생성자가 없는 클래스를 형식 매개변수에 넘기면 어떻게 되냐고요? 당연히 컴파일 에러가 납니다.

```
public static T CreateInstance<T>() where T : new()
{
    return new T();
}
```

다음은 상위 코드에서 사용되던 형식 매개변수 U로부터 상속받는 형식으로 제약 조건을 주는 예입니다. 다음 코드의 CopyArray〈T〉()는 소속 클래스인 BaseArray〈U〉의 형식 매개변수 U로부터 T가 상속받아야 할 것을 강제하고 있습니다.

```
class BaseArray<U> where U : Base
{
    public U[] Array{get;set;}
    public BaseArray(int size)
    {
        Array = new U[size];
    }

    public void CopyArray<T>(T[] Source) where T : U
    {
        Source.CopyTo(Array, 0);
    }
}
```

머릿속이 빙글빙글하죠? 당장 이해가 가지 않는다거나 읽기가 어려워 보인다고 해서 염려할 것은
없습니다. 조금만 연습해보면 자연스럽게 일반화 코드를 읽고 쓸 수 있게 될 것입니다. 그럼 예제 프
로그램을 하나 만들어보겠습니다.

>>> 11장/ConstraintsOnTypeParameters/MainApp.cs

```
01  using System;
02
03  namespace ConstraintsOnTypeParameters
04  {
05      class StructArray<T> where T : struct
06      {
07          public T[] Array{get;set;}
08          public StructArray(int size)
09          {
10              Array = new T[size];
11          }
12      }
13
14      class RefArray<T> where T : class
15      {
16          public T[] Array{get;set;}
17          public RefArray(int size)
```

```
18          {
19              Array = new T[size];
20          }
21      }
22
23      class Base { }
24      class Derived : Base { }
25      class BaseArray<U> where U : Base
26      {
27          public U[] Array{get;set;}
28          public BaseArray(int size)
29          {
30              Array = new U[size];
31          }
32
33          public void CopyArray<T>(T[] Source) where T : U
34          {
35              Source.CopyTo(Array, 0);
36          }
37      }
38
39      class MainApp
40      {
41          public static T CreateInstance<T>() where T : new()
42          {
43              return new T();
44          }
45
46          static void Main(string[] args)
47          {
48              StructArray<int> a = new StructArray<int>(3);
49              a.Array[0] = 0;
50              a.Array[1] = 1;
51              a.Array[2] = 2;
52
53              RefArray<StructArray<double>> b = new RefArray<StructArray<double>>(3);
54              b.Array[0] = new StructArray<double>(5);
55              b.Array[1] = new StructArray<double>(10);
56              b.Array[2] = new StructArray<double>(1005);
57
```

```
58                    BaseArray<Base> c = new BaseArray<Base>(3);
59                    c.Array[0] = new Base();
60                    c.Array[1] = new Derived();
61                    c.Array[2] = CreateInstance<Base>();
62
63                    BaseArray<Derived> d = new BaseArray<Derived>(3);
64                    d.Array[0] = new Derived(); // Base 형식은 여기에 할당할 수 없다.
65                    d.Array[1] = CreateInstance<Derived>();
66                    d.Array[2] = CreateInstance<Derived>();
67
68                    BaseArray<Derived> e = new BaseArray<Derived>(3);
69                    e.CopyArray<Derived>(d.Array);
70            }
71        }
72  }
```

❓ VITAMIN QUIZ 11-1

- 앞의 예제 프로그램에는 실행 결과가 없습니다. 여러분이 코드 곳곳에 출력문을 삽입해서 동작 과정을 확인해보세요.

- 예제 프로그램에서 빠져 있는 것이 또 하나 있습니다. 네, 인터페이스를 구현하는 클래스로 형식 매개변수를 제약하는 일반화 코드 말입니다. 이건 여러분의 숙제로 남겨두겠습니다.

11.5 일반화 컬렉션

컬렉션은 이미 10장에서 소개한 적이 있습니다. 이때 등장했던 컬렉션 클래스들은 모두 object 형식을 기반으로 했습니다. 어떤 형식이든(기본 데이터 형식이든, 복합 데이터 형식이든, 참조 형식이든, 값 형식이든) 간에 object 형식을 상속하므로 object 형식으로 형식 변환이 가능합니다. 10장의 컬렉션들은 바로 이 점을 이용해서 만들어진 자료구조입니다. 우리는 이들 컬렉션 객체에 int 형식 데이터도, string 형식 데이터도, MyClass의 객체도 담을 수 있었습니다.

이들 컬렉션은 object 형식에 기반하고 있기 때문에 태생적으로 성능 문제를 안고 있습니다. 컬렉션의 요소에 접근할 때마다 형식 변환이 주야장천 일어나기 때문입니다.

일반화 컬렉션은 object 형식 기반의 컬렉션이 갖고 있던 문제를 말끔히 해결합니다. 일반화 컬렉션은 말 그대로 일반화에 기반해서 만들어져 있기 때문에 컴파일할 때 컬렉션에서 사용할 형식이 결정되고, 쓸데없는 형식 변환을 일으키지 않습니다. 또한 잘못된 형식의 객체를 담게 될 위험도 피할 수 있습니다.

System.Collections.Generic 네임스페이스는 다양한 컬렉션 클래스를 담고 있지만, 지면의 한계상 대표적인 다음 네 가지 클래스만 다루려 합니다.

- List⟨T⟩
- Queue⟨T⟩
- Stack⟨T⟩
- Dictionary⟨TKey, TValue⟩

List⟨T⟩, Queue⟨T⟩, Stack⟨T⟩, Dictionary⟨TKey, TValue⟩는 각각 10장에서 다뤘던 ArrayList, Queue, Stack, Hashtable의 일반화 버전입니다. 이들 클래스의 기능과 동작 방식은 10장에서도 다뤘기 때문에, 10장에서 만들었던 예제 프로그램을 일반화 컬렉션을 이용해서 수정한 예제 프로그램 중심으로 이야기하겠습니다.

11.5.1 List⟨T⟩

List⟨T⟩ 클래스는 비일반화 클래스인 ArrayList와 같은 기능을 하며 사용법 역시 동일합니다. 차이점이라면 List⟨T⟩ 클래스는 인스턴스를 만들 때 형식 매개변수가 필요하다는 것과, 한 컬렉션에 '아무' 형식의 객체나 마구 집어넣을 수 있었던 ArrayList와 달리 List⟨T⟩는 형식 매개변수에 입력한 형식 외에는 입력을 허용하지 않는다는 것입니다.

길게 설명할 것 없이, 바로 예제 프로그램을 만들어보겠습니다.

>>> **11장/UsingGenericList/MainApp.cs**

```
01  using System;
02  using System.Collections.Generic;
03
04  namespace UsingGenericList
05  {
```

```
06    class MainApp
07    {
08        static void Main(string[] args)
09        {
10            List<int> list = new List<int>();
11            for (int i = 0; i < 5; i++)
12                list.Add(i);
13
14            foreach (int element in list)
15                Console.Write($"{element} ");
16            Console.WriteLine();
17
18            list.RemoveAt(2);
19
20            foreach (int element in list)
21                Console.Write($"{element} ");
22            Console.WriteLine();
23
24            list.Insert(2, 2);
25
26            foreach (int element in list)
27                Console.Write($"{element} ");
28            Console.WriteLine();
29        }
30    }
31 }
```

📥 **실행 결과**

```
0 1 2 3 4
0 1 3 4
0 1 2 3 4
```

11.5.2 Queue⟨T⟩

Queue⟨T⟩ 클래스는 형식 매개변수를 요구한다는 점만 다를 뿐, 비일반화 클래스인 Queue와 같은 기능을 하며 사용법도 동일합니다. 다음은 Queue⟨T⟩ 클래스의 사용 예를 담고 있는 코드입니다.

```
01  using System;
02  using System.Collections.Generic;
03
04  namespace UsingGenericQueue
05  {
06      class MainApp
07      {
08          static void Main(string[] args)
09          {
10              Queue<int> queue = new Queue<int>();
11
12              queue.Enqueue(1);
13              queue.Enqueue(2);
14              queue.Enqueue(3);
15              queue.Enqueue(4);
16              queue.Enqueue(5);
17
18              while (queue.Count > 0)
19                  Console.WriteLine(queue.Dequeue());
20          }
21      }
22  }
```

📥 실행 결과

```
1
2
3
4
5
```

11.5.3 Stack〈T〉

여러분이 예상하듯이, Stack〈T〉의 기능과 사용 방법은 Stack과 동일합니다. 역시 형식 매개변수를 요구한다는 점만은 다르죠.

```
01  using System;
02  using System.Collections.Generic;
03
04  namespace UsingGenericStack
05  {
06      class MainApp
07      {
08          static void Main(string[] args)
09          {
10              Stack<int> stack = new Stack<int>();
11
12              stack.Push(1);
13              stack.Push(2);
14              stack.Push(3);
15              stack.Push(4);
16              stack.Push(5);
17
18              while (stack.Count > 0)
19                  Console.WriteLine(stack.Pop());
20          }
21      }
22  }
```

📤 실행 결과

```
5
4
3
2
1
```

11.5.4 Dictionary〈TKey, TValue〉

끝으로 Dictionary〈TKey, TValue〉는 10장에서 다뤘던 Hashtable의 일반화 버전입니다.
Dictionary〈TKey, TValue〉는 형식 매개변수 두 개를 요구하는군요. 형식 매개변수 이름에서 알 수 있듯이 TKey는 Key, TValue는 Value를 위한 형식입니다. Hashtable에 대한 설명은 10장에서 했으니 여기서는 바로 예제 프로그램을 만들어보겠습니다.

```
01  using System;
02  using System.Collections.Generic;
03
04  namespace UsingDictionary
05  {
06      class MainApp
07      {
08          static void Main(string[] args)
09          {
10              Dictionary<string, string> dic = new Dictionary<string, string>();
11
12              dic["하나"] = "one";
13              dic["둘"]   = "two";
14              dic["셋"]   = "three";
15              dic["넷"]   = "four";
16              dic["다섯"] = "five";
17
18              Console.WriteLine(dic["하나"]);
19              Console.WriteLine(dic["둘"]);
20              Console.WriteLine(dic["셋"]);
21              Console.WriteLine(dic["넷"]);
22              Console.WriteLine(dic["다섯"]);
23          }
24      }
25  }
```

📥 **실행 결과**

```
one
two
three
four
five
```

11.6 foreach를 사용할 수 있는 일반화 클래스

10장에서 foreach를 사용할 수 있는 클래스를 만드는 데 필요한 것을 설명한 적이 있는데, 혹시 기억하고 있습니까? 네, IEnumerable 인터페이스를 상속해서 클래스를 만들었습니다.

일반화 클래스도 IEnumerable 인터페이스를 상속하면 일단은 foreach를 통해 순회할 수 있지만, 요소를 순회할 때마다 형식 변환을 수행하는 오버로드가 발생한다는 문제가 있습니다. 기껏 일반화를 통해 형식 변환을 제거했더니 foreach 구문에서 형식 변환을 일으켜 성능을 저하시킨다니요. 너무 억울하지 않습니까?

System.Collections.Generic 네임스페이스에 이 문제를 풀 수 있는 열쇠가 있습니다. IEnumerable의 일반화 버전인 IEnumerable⟨T⟩ 인터페이스가 바로 그것입니다. 이 인터페이스를 상속하면 형식 변환으로 인한 성능 저하가 없으면서도 foreach 순회가 가능한 클래스를 작성할 수 있습니다.

우리가 구현해야 할 IEnumerable⟨T⟩ 인터페이스의 메소드를 살펴보겠습니다.

메소드	설명
IEnumerator GetEnumerator( )	IEnumerator 형식의 객체를 반환(IEnumerable로부터 상속받은 메소드)
IEnumerator⟨T⟩ GetEnumerator( )	IEnumerator⟨T⟩ 형식의 객체를 반환

IEnumerable⟨T⟩ 인터페이스는 GetEnumerator( ) 메소드를 두 개나 갖고 있습니다. 위의 표를 자세히 보면 메소드들은 이름이 같긴 하지만 반환 형식이 다릅니다. 이 둘 중에 IEnumerator를 반환하는 버전의 GetEnumerator( ) 메소드는 IEnumerable⟨T⟩ 인터페이스가 IEnumerable 인터페이스로부터 상속을 받아 얻어온 것입니다. 그리고 IEnumerator⟨T⟩를 반환하는 버전은 IEnumerable⟨T⟩에서 새로 선언된 메소드입니다. 여하튼 우리는 꼼짝없이 두 가지 버전을 모두 구현해야 합니다.

다음은 IEnumerator⟨T⟩의 메소드와 프로퍼티입니다.

메소드 또는 프로퍼티	설명
boolean MoveNext( )	다음 요소로 이동합니다. 컬렉션의 끝을 지난 경우에는 false, 이동이 성공한 경우에는 true를 반환합니다.
void Reset( )	컬렉션의 첫 번째 위치의 '앞'으로 이동합니다. 첫 번째 위치가 0번일 때, Reset( )을 호출하면 −1번으로 이동하는 것이죠. 첫 번째 위치로의 이동은 MoveNext( )를 호출한 다음에 이루어집니다.

메소드 또는 프로퍼티	설명
Object Current{get;}	컬렉션의 현재 요소를 반환합니다(IEnumerator로부터 상속받은 프로퍼티).
T Current{get;}	컬렉션의 현재 요소를 반환합니다.

IEnumerator⟨T⟩도 Current 프로퍼티가 두 가지 버전을 갖고 있습니다. 하나는 IEnumerator로부터 상속받은 버전, 또 다른 하나는 IEnumerator⟨T⟩에서 선언된 일반화를 지원하는 버전입니다. 역시 우리는 둘 다 구현해야 합니다.

IEnumerable⟨T⟩나 IEnumerator⟨T⟩는 형식 매개변수를 제외하면 IEnumerable 및 IEnumerator와 다른 점이 거의 없습니다. 따라서 자세한 설명은 10장에서 이야기한 IEnumerable과 IEnumerator를 참고하기 바랍니다.

다음은 foreach 문을 지원하는 클래스의 예제 프로그램이 준비되어 있습니다. 11.3절의 '일반화 클래스'에서 만들었던 Generic 예제 프로그램을 수정해서 만들었습니다. 그러니 여러분도 그 예제 프로그램 소스 코드를 복사해서 이번 예제 프로그램을 만들면 더욱 IEnumerable⟨T⟩와 IEnumerator⟨T⟩에 집중하는 데 도움이 될 것입니다. 처음부터 새로 만들어도 좋습니다. 취향대로 하면 됩니다.

>>> 11장/EnumerableGeneric/MainApp.cs

```
001   using System;
002   using System.Collections;
003   using System.Collections.Generic;
004
005   namespace EnumerableGeneric
006   {
007       class MyList<T> : IEnumerable<T>, IEnumerator<T>
008       {
009           private T[] array;
010           int position = -1;
011
012           public MyList()
013           {
014               array = new T[3];
015           }
016
```

```
017        public T this[int index]
018        {
019            get
020            {
021                return array[index];
022            }
023
024            set
025            {
026                if (index >= array.Length)
027                {
028                    Array.Resize<T>(ref array, index + 1);
029                    Console.WriteLine($"Array Resized : {array.Length}");
030                }
031
032                array[index] = value;
033            }
034        }
035
036        public int Length
037        {
038            get {return array.Length;}
039        }
040
041        public IEnumerator<T> GetEnumerator()
042        {
043            return this;
044        }
045
046        IEnumerator IEnumerable.GetEnumerator()
047        {
048            return this;
049        }
050
051        public T Current
052        {
053            get {return array[position];}
054        }
055
056        object IEnumerator.Current
```

```
057                {
058                    get {return array[position];}
059                }
060
061            public bool MoveNext()
062            {
063                if (position == array.Length - 1)
064                {
065                    Reset();
066                    return false;
067                }
068
069                position++;
070                return (position < array.Length);
071            }
072
073            public void Reset()
074            {
075                position = -1;
076            }
077
078            public void Dispose()
079            {
080
081            }
082        }
083
084    class MainApp
085    {
086        static void Main(string[] args)
087        {
088            MyList<string> str_list = new MyList<string>();
089            str_list[0] = "abc";
090            str_list[1] = "def";
091            str_list[2] = "ghi";
092            str_list[3] = "jkl";
093            str_list[4] = "mno";
094
095            foreach(string str in str_list)
096                Console.WriteLine(str);
```

```
097
098            Console.WriteLine();
099
100            MyList<int> int_list = new MyList<int>();
101            int_list[0] = 0;
102            int_list[1] = 1;
103            int_list[2] = 2;
104            int_list[3] = 3;
105            int_list[4] = 4;
106
107            foreach(int no in int_list)
108                Console.WriteLine(no);
109        }
110    }
111 }
112
```

```
Array Resized : 4
Array Resized : 5
abc
def
ghi
jkl
mno

Array Resized : 4
Array Resized : 5
0
1
2
3
4
```

01 다음 코드에서 문제를 찾고, 그 원인을 설명하세요.

```
Queue queue = new Queue();
queue.Enqueue(10);
queue.Enqueue("한글");
queue.Enqueue(3.14);

Queue<int> queue2 = new Queue<int>();
queue2.Enqueue(10);
queue2.Enqueue("한글");
queue2.Enqueue(3.14);
```

02 다음 코드에서 1 에 들어갈 내용은 무엇입니까?

```
Dictionary</* 1 */> dic = new Dictionary</* 1 */>();

dic["하나"] = "one";
dic["둘"] = "two";
dic["셋"] = "three";
dic["넷"] = "four";
dic["다섯"] = "five";

Console.WriteLine(dic["하나"]);
Console.WriteLine(dic["둘"]);
Console.WriteLine(dic["셋"]);
Console.WriteLine(dic["넷"]);
Console.WriteLine(dic["다섯"]);
```

12

예외 처리하기

프로그래머에게 가장 끔찍한 경험이라면, 고객이나 중요한 인사를 대상으로 자신이 만든 프로그램을 시연하다가 버그가 발견되는 경우일 것입니다. 잠깐 오류를 일으키는 정도가 아니라 프로그램이 다운되기라도 하면 그 창피함은 이루 말할 수가 없죠. 이런 일이 일어나지 않게 하려면 프로그램의 테스트를 세밀하게 해야 합니다. 그리고 프로그램이 어떤 상황에서도 잘 견뎌낼 수 있도록 만들어야 합니다.

C#은 프로그램이 비정상적인 상황을 만났을 때 이를 처리하는 예외 처리를 지원합니다. 이번 장에서는 견고한 프로그램을 만드는 데 필요한 예외 처리를 설명합니다.

학습목표

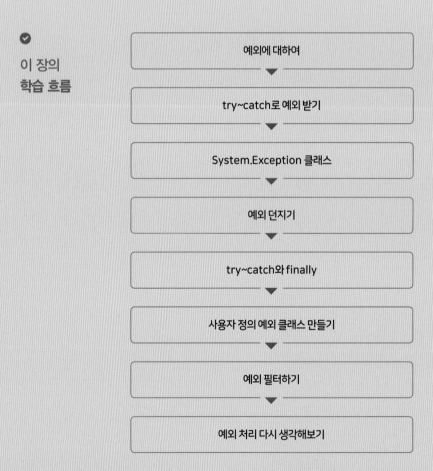

이 장의 핵심 개념

- 구조적 예외 처리가 무엇인지 이해합니다.
- try~catch~finally 문을 이용한 예외 처리 방법을 익힙니다.
- System.Exception 클래스를 이해합니다.
- throw 문을 이용하여 예외를 던지는 방법을 익힙니다.
- 사용자 정의 클래스를 정의하고 사용하는 방법을 익힙니다.

이 장의 학습 흐름

```
예외에 대하여
    ↓
try~catch로 예외 받기
    ↓
System.Exception 클래스
    ↓
예외 던지기
    ↓
try~catch와 finally
    ↓
사용자 정의 예외 클래스 만들기
    ↓
예외 필터하기
    ↓
예외 처리 다시 생각해보기
```

12.1 예외에 대하여

사람이 살다 보면 별일을 다 만나기 마련입니다. 버스를 타고 등교하는데 갑자기 버스 기사 아저씨
가 배탈이 나서 차를 길에 세워두고 화장실에 가는 바람에 지각할 위기를 맞을 수도 있고, 태어날 아
기가 딸인 줄 알고 여자 아기 옷을 열심히 준비했는데 아들이 태어날 수도 있습니다.

컴퓨터 프로그램도 마찬가지입니다. 프로그램 사용자는 프로그래머가 생각한 대로만 프로그램을 다
루지 않습니다. 숫자만 입력해야 하는데 문자열을 입력하기도 하고 순서를 무시하고 명령어를 내리
기도 합니다. 어디 사용자뿐이겠습니까? 파일을 잘 전송하고 있었는데 누군가가 와이파이 허브의
전원을 내리는 바람에 네트워크가 다운되고, 데이터를 저장하려 했더니 2TB 이상 남아 있던 하드디
스크 용량이 어느새 단 1바이트도 안 남아 있을 수도 있습니다. 이처럼 프로그래머가 생각한 시나리
오에서 벗어나는 사건, 이것을 예외^{Exception}라고 부릅니다. 그리고 예외가 프로그램의 오류나 다운으
로 이어지지 않도록 적절하게 처리하는 것을 예외 처리^{Exception Handling}라고 합니다.

이해를 돕기 위해 예제 프로그램을 하나 만들어보겠습니다. 다음 예제 프로그램은 길이가 3개인 배
열을 만들고, 4번째 요소에 접근을 시도하는 코드를 통해 예외를 발생시킵니다. 이 예외를 처리하는
코드는 없으며, 바로 프로그램이 다운되고 맙니다.

>>> **12장/KillingProgram/MainApp.cs**

```
01  using System;
02
03  namespace KillingProgram
04  {
05      class MainApp
06      {
07          static void Main(string[] args)
08          {
09              int[] arr = {1, 2, 3};
10
11              for (int i = 0; i < 5; i++)
12              {
13                  Console.WriteLine(arr[i]);
14              }
15
16              Console.WriteLine("종료");
```

> i가 '배열의 크기 −1'을 넘어서면
> 예외를 일으키고 종료됩니다. 이후
> 코드들은 더 이상 실행되지 않습니다.

> 이 코드는 실행되지 않습니다. 13번
> 행에서 예외가 발생해서 프로그램이
> 종료되기 때문입니다.

```
17             }
18       }
19  }
20
```

실행 결과

```
1
2
3
```

처리되지 않은 예외: System.IndexOutOfRangeException: 인덱스가 배열 범위를 벗어났습니다.
위치: KillingProgram.MainApp.Main(String[] args)

어라? 프로그램을 실행해보니 이상한 메시지가 출력됩니다. 우리의 프로그램 소스 코드를 아무리 뜯어봐도 저런 메시지를 출력하는 문장은 없는데 말입니다. 이 메시지는 CLR이 출력한 것입니다. 잘못된 인덱스를 통해 배열의 요소에 접근하려 들면 배열 객체가 이 문제에 대한 상세 정보를 IndexOutOfRangeException의 객체에 담은 후 Main() 메소드에 던지는데, 이 예제의 Main() 메소드는 이 예외를 처리할 방도가 없기 때문에 다시 CLR에 던집니다(던진다는 표현이 생소하죠? 예외 처리를 다루다 보면 익숙해질 것입니다). CLR까지 전달된 예외는 '처리되지 않은 예외'가 되고 CLR은 이것을 받으면 예외 객체에 담긴 내용을 사용자에게 출력한 후 프로그램을 강제로 종료합니다. 그래서 문제를 일으키는 13행 뒤에 있는 코드들도 실행되지 않은 것입니다.

이 예제 프로그램처럼 예외를 처리하지 못해 죽는 프로그램은 아무리 기능이 많아도 신뢰할 수 없습니다(온라인 게임에서 승리를 눈앞에 두고 있는 상황인데 갑자기 게임 프로그램이 다운된다고 생각해보세요). 프로그래머는 자신이 작성한 코드 내에서 예외가 처리되도록 조치를 취해야 합니다. 이 부분에 대해서는 다음 절에서 계속 설명하겠습니다.

12.2 try~catch로 예외 받기

앞의 예제 프로그램에서 배열이 IndexOutOfRangeException 예외를 '던졌는데' Main() 메소드가 처리하지 못했죠? 이 문제를 해결하는 방법은 간단합니다. 예외를 Main() 메소드가 '받으면' 됩니다. C#에서는 예외를 받을 때 다음과 같이 try~catch 문을 이용합니다.

```
try
{
    // 실행하려는 코드
}
catch(예외_객체_1)
{
    // 예외가 발생했을 때의 처리
}
catch(예외_객체_2)
{
    // 예외가 발생했을 때의 처리
}
```

try 절의 코드 블록에는 예외가 일어나지 않을 경우에 실행되어야 할 코드들이 들어가고, catch 절에는 예외가 발생했을 때의 처리 코드가 들어갑니다. try는 '시도하다'라는 뜻이고 catch는 '잡다' 또는 '받다'라는 뜻이죠? try 절에서 원래 실행하려 했던 코드를 쭉 처리해 나가다가 예외가 던져지면 catch 블록이 받아냅니다. 이때 catch 절은 try 블록에서 던질 예외 객체와 형식이 일치해야 합니다. 그렇지 않으면 던져진 예외는 아무도 받지 못해 '처리되지 않은 예외'로 남게 됩니다. 만약 try 블록에서 실행하는 코드에서 여러 종류의 예외를 던질 가능성이 있다면, 이를 받아낼 catch 블록도 여러 개를 둘 수 있습니다.

try~catch 문을 한번 사용해볼까요? 앞에서 만들었던 예제 프로그램을 예외를 안전하게 받아 처리하고 프로그램을 종료하도록 수정해보겠습니다. try~catch 문을 이용해서 잘못된 인덱스를 통해 배열의 요소에 접근할 때 일어나는 IndexOutOfRangeException 예외를 안전하게 받아 처리합니다.

>>> 12장/TryCatch/MainApp.cs

```
01   using System;
02
03   namespace TryCatch
04   {
05       class MainApp
06       {
07           static void Main(string[] args)
```

```
08          {
09              int[] arr = { 1, 2, 3 };
10
11              try
12              {
13                  for (int i = 0; i < 5; i++)
14                  {
15                      Console.WriteLine(arr[i]);
16                  }
17              }
18              catch (IndexOutOfRangeException e)
19              {
20                  Console.WriteLine($"예외가 발생했습니다 : {e.Message}");
21              }
22
23              Console.WriteLine("종료");
24          }
25      }
26  }
```

i가 3이 되면 IndexOutOfRangeException 객체가 던져지고, 18행의 catch 블록이 이를 받아냅니다.

실행 결과

```
1
2
3
예외가 발생했습니다 : 인덱스가 배열 범위를 벗어났습니다.
종료
```

12.3 System.Exception 클래스

System.Exception 클래스는 모든 예외의 조상입니다. C#에서 모든 예외 클래스는 반드시 이 클래스로부터 상속받아야 합니다. 우리가 앞에서 사용했던 IndexOutOfRangeException 예외도 System.Exception으로부터 파생됐습니다.

이 사실에서 한 가지 힌트를 얻을 수 있습니다. 상속 관계로 인해 모든 예외 클래스들은 System.Exception 형식으로 간주할 수 있고 System.Exception 형식의 예외를 받는 catch 절 하나면 모든 예외를 다 받아낼 수 있다는 말이 되거든요. 예를 하나 들어볼게요. 가령 다음 코드처럼 여러 개의 catch 절로 처리하던 예외가 있다고 해봅시다.

```
try
{
}
catch(IndexOutOfRangeException e)
{
    //...
}
catch(DivideByZeroException e)
{
    // ...
}
```

System.Exception 클래스를 이용하면 다음과 같이 하나의 catch 절로 처리할 수 있습니다.

```
try
{
}
catch(Exception e)
{
    //...
}
```

"오! 그럼 여러 가지 예외 형식을 사용할 것 없이 System.Exception 클래스 하나면 되겠군요!"

그럴 리가요... 예외 상황에 따라 섬세한 예외 처리가 필요한 코드에서는 Exception 클래스만으로 대응하기 어려우므로, 귀찮다고 무조건 Exception 클래스를 사용하는 것은 금물입니다.

System.Exception 형식은 프로그래머가 발생할 것으로 계산한 예외 말고도 다른 예외까지 받아낼 수 있습니다. 만약 그 예외가 현재 코드가 아닌 상위 코드에서 처리해야 할 예외라면, 이 코드는 예외를 처리하는 대신 버그를 만들고 있는 셈이 됩니다. System.Exception 예외를 사용할 때는 코드를 면밀히 검토해서 처리하지 않아야 할 예외까지 처리하는 일이 없도록 해야 합니다.

12.4 예외 던지기

try~catch 문으로 예외를 받는다는 것은 어디선가 예외를 던진다는 이야기입니다. 이번 절에서는 예외를 던지는 방법을 이야기하려 합니다. 예외는 throw 문을 이용해서 던집니다. 다음은 throw 문으로 예외를 던지는 예제 코드입니다.

```
try
{
    // ...
    throw new Exception("예외를 던집니다.");
}
catch(Exception e)
{
    Console.WriteLine(e.Message);
}
```

> throw 문을 통해 던져진 예외 객체는 catch 문을 통해 받습니다.

다음은 또 다른 예제 코드입니다. 메소드 안에서 특정 조건을 만족하면(또는 만족하지 못하면) 예외를 던지고, 이렇게 던져진 예외는 메소드를 호출하는 try~catch 문에서 받아냅니다.

```
static void DoSomething(int arg)
{
    if (arg < 10)
        Console.WriteLine("arg : {0}", arg);
    else
        throw new Exception("arg가 10보다 큽니다.");
}

static void Main()
{
    try
    {
        DoSomething(13);
    }
    catch (Exception e)
    {
        Console.WriteLine(e.Message);
    }
}
```

> 예외를 던졌지만 DoSomething() 메소드 안에서는 이 예외를 처리할 수 있는 코드가 없습니다. 이 예외는 DoSomething() 메소드의 호출자에게 던져집니다.

> DoSomething() 메소드에서 던진 호출자의 try~catch 블록에서 받습니다.

다음은 throw 문을 이용하는 예제 프로그램입니다.

```
01  using System;
02
03  namespace Throw
04  {
05      class MainApp
06      {
07          static void DoSomething(int arg)
08          {
09              if (arg < 10)
10                  Console.WriteLine($"arg : {arg}");
11              else
12                  throw new Exception("arg가 10보다 큽니다.");
13          }
14          static void Main(string[] args)
15          {
16              try
17              {
18                  DoSomething(1);
19                  DoSomething(3);
20                  DoSomething(5);
21                  DoSomething(9);
22                  DoSomething(11);
23                  DoSomething(13);
24              }
25              catch (Exception e)
26              {
27                  Console.WriteLine(e.Message);
28              }
29          }
30      }
31  }
```

22행에서 예외가 발생하여 23행의 코드는 실행되지 않습니다.

▶ 실행 결과

```
arg : 1
arg : 3
arg : 5
```

```
arg : 9
arg가 10보다 큽니다.
```

---

throw는 보통 문^{Statement}으로 사용하지만 C# 7.0부터는 식^{Expression}으로도 사용할 수 있도록 개선했습니다. 다음 예제 코드를 살펴봅니다.

```
                          ┌─────────────────────────────────────────────┐
                          │ a는 null이므로, b에 a를 할당하지 않고 throw 식이 실행됩니다. │
                          └─────────────────────────────────────────────┘
    int? a = null;      ●
    int b = a ?? throw new ArgumentNullException();
```

throw 식의 예제를 하나 더 볼까요? 다음 예제 코드와 같이 조건 연산자 안에서도 사용할 수 있습니다(?? 연산자, 조건 연산자가 잘 기억나지 않는다면 4장을 참고하세요).

```
    int[] array = new[] {1, 2, 3};
    int index = 4;
    int value = array[
        index >= 0 && index < 3
        ? index : throw new IndexOutOfRangeException()
        ];
```

앞서 살펴봤던 두 가지 throw 식의 예제 코드를 실제로 동작하는 프로그램에 넣어 테스트해보겠습니다. 다음 예제 프로그램을 따라 만들어 실행해보세요.

>>> 12장/ThrowExpression/MainApp.cs

```
01  using System;
02
03  namespace ThrowExpression
04  {
05      class MainApp
06      {
07          static void Main(string[] args)
08          {
09              try
10              {
```

```
11                  int? a = null;
12                  int b = a ?? throw new ArgumentNullException();
13          }
14          catch (ArgumentNullException e)
15          {
16                  Console.WriteLine(e);
17          }
18
19          try
20          {
21                  int[] array = new[] {1, 2, 3};
22                  int index = 4;
23                  int value = array[
24                      index >= 0 && index < 3
25                      ? index : throw new IndexOutOfRangeException()
26                      ];
27          }
28          catch (IndexOutOfRangeException e)
29          {
30                  Console.WriteLine(e);
31          }
32      }
33  }
34 }
```

⊡ 실행 결과

```
System.ArgumentNullException: 값은 null일 수 없습니다.
    위치: ThrowExpression.MainApp.Main(String[] args) 파일 …\MainApp.cs:줄 12
System.IndexOutOfRangeException: 인덱스가 배열 범위를 벗어났습니다.
    위치: ThrowExpression.MainApp.Main(String[] args) 파일 …\MainApp.cs:줄 23
```

12.5 try~catch와 finally

try 블록에서 코드를 실행하다가 예외가 던져지면 프로그램의 실행이 catch 절로 바로 뛰어넘어옵니다. 만약 예외 때문에 try 블록의 자원 해제 같은 중요한 코드를 미처 실행하지 못한다면 이는 곧 버그를 만드는 원인이 됩니다. 예를 들어 다음 코드와 같이 try 블록 끝에 데이터베이스의 커넥션을 닫는 코드가 있었는데 갑자기 발생한 예외 때문에 이것을 실행하지 못한다면 사용할 수 있는 커넥션이 점점 줄어 나중에는 데이터베이스에 전혀 연결할 수 없는 상태에 이를 수 있습니다.

```
try
{
    dbconn.Open(); // dbconn은 데이터베이스 커넥션
    // ...
    dbconn.Close(); •- - - - - - - - - - - - - - - - - - - - - - - - -
}
catch(XXXException e)
{
    //...
}
catch(YYYException e)
{
    //...
}
```

이런 코드는 버그를 일으킬 가능성이 높습니다.

그렇다고 다음과 같이 자원을 해제하는 코드(dbconn.Close())를 모든 catch 절에 배치하는 것도 우스운 일입니다. 똑같은 코드가 반복해서 들어가니 말입니다.

```
try
{
    dbconn.Open(); // dbconn은 데이터베이스 커넥션
    // ...
    dbconn.Close(); •
}
catch( XXXException e )
{
    dbconn.Close(); •
}
catch( YYYException e )
{
    dbconn.Close(); •
}
```

자원 해제 코드를 각 catch 절마다 반복?

C#에서는 예외 처리를 할 때 자원 해제 같은 뒷마무리를 우아하게 실행할 수 있도록 finally 절을

try~catch 문과 함께 제공합니다. finally 절은 try~catch 문의 마지막에 연결해서 사용하는데, 이곳에 다음과 같이 뒷정리 코드를 넣어두면 됩니다.

```
try
{
    dbconn.Open(); // dbconn은 데이터베이스 커넥션
    // ...

}
catch(XXXException e)
{
}
catch(YYYException e)
{
}
finally
{
    dbconn.Close();
}
```

자신이 소속된 try 절이 실행된다면 finally 절은 어떤 경우라도 실행됩니다. 심지어 try 절 안에서 return 문이나 throw 문이 사용되더라도(이 두 문장은 프로그램의 흐름 제어를 외부 코드로 옮깁니다) finally 절은 꼭 실행됩니다. 다음 예제 코드를 같이 보시죠. 이 메소드를 실행하면 예외가 일어나든 일어나지 않든 반드시 finally 절의 코드를 실행합니다.

```
static int Divide(int dividend, int divisor)
{
    try
    {
        Console.WriteLine("Divide() 시작");
        return dividend / divisor; •┄┄┄┄┄     예외가 일어나지 않고 정상적으로 return
    }                                          하더라도 finally 절은 실행됩니다.
    catch (DivideByZeroException e)
    {
        Console.WriteLine("Divide() 예외 발생");
        throw e; •┄┄┄┄┄                        예외가 일어나더라도
    }                                          finally 절은 실행됩니다.
```

```
        finally
        {
            Console.WriteLine("Divide() 끝");
        }
    }
```

다음은 finally 절을 사용하는 예제 프로그램입니다. 코드를 컴파일한 후 실행할 때 프로그램에 입력
값을 다양하게 넣어보고 프로그램이 적절하게 예외를 처리하는지 확인해보세요.

>>> 12장/Finally/MainApp.cs

```
01   using System;
02
03   namespace Finally
04   {
05       class MainApp
06       {
07           static int Divide(int dividend, int divisor)
08           {
09               try
10               {
11                   Console.WriteLine("Divide() 시작");
12                   return dividend / divisor;
13               }
14               catch (DivideByZeroException e)
15               {
16                   Console.WriteLine("Divide() 예외 발생");
17                   throw e;
18               }
19               finally
20               {
21                   Console.WriteLine("Divide() 끝");
22               }
23           }
24
25           static void Main(string[] args)
26           {
27               try
28               {
```

```
29              Console.Write("피제수를 입력하세요. :");
30              String temp = Console.ReadLine();
31              int dividend = Convert.ToInt32(temp);
32
33              Console.Write("제수를 입력하세요. : ");
34              temp = Console.ReadLine();
35              int divisor = Convert.ToInt32(temp);
36
37              Console.WriteLine("{0}/{1} = {2}",
38                  dividend, divisor, Divide(dividend, divisor));
39          }
40      catch (FormatException e)
41      {
42          Console.WriteLine("에러 : " + e.Message);
43      }
44      catch (DivideByZeroException e)
45      {
46          Console.WriteLine("에러 : " + e.Message);
47      }
48      finally
49      {
50          Console.WriteLine("프로그램을 종료합니다.");
51      }
52          }
53      }
54  }
```

🖰 실행 결과

>Finally
피제수를 입력하세요. : 40
제수를 입력하세요. : 십일
에러 : 입력 문자열의 형식이 잘못되었습니다.
프로그램을 종료합니다.

>Finally
피제수를 입력하세요. : 7
제수를 입력하세요. : 0
Divide() 시작
Divide() 예외 발생
Divide() 끝

에러 : 0으로 나누려 했습니다.
프로그램을 종료합니다.

>**Finally**
피제수를 입력하세요. : 12
제수를 입력하세요. : 4
Divide() 시작
Divide() 끝
12/4 = 3
프로그램을 종료합니다.

! 여기서 잠깐　　**finally 안에서 예외가 또 일어나면 어떻게 하나요?**

finally 블록에서 예외가 일어나면 받아주거나 처리해주는 코드가 없으므로 이 예외는 '처리되지 않은 예외'가
됩니다. 코드를 면밀히 살펴 예외가 일어나지 않도록 하거나 현재 수준의 코드에서 예외가 일어날 가능성을 완
전히 배제할 수 없다면 이 안에서 다시 한번 try~catch 절을 사용하는 것도 방법입니다.

12.6 사용자 정의 예외 클래스 만들기

앞에서도 잠깐 이야기했지만, C#에서 사용하는 모든 예외 객체는 System.Exception 클래스로부
터 파생되어야 합니다. 이 규칙에 의거해서, 우리도 Exception 클래스를 상속하기만 하면 새로운 예
외 클래스를 만들 수 있습니다. 다음은 Exception 클래스를 상속하는 예외 클래스의 선언 예입니다.

```
class MyException : Exception
{
    // ...
}
```

사실 사용자 정의 예외는 그렇게 자주 필요하지 않습니다. .NET이 100여 가지가 넘는 예외 형식을
제공하기 때문입니다. 하지만 특별한 데이터를 담아서 예외 처리 루틴에 추가 정보를 제공하고 싶거
나 예외 상황을 더 잘 설명하고 싶을 때는 사용자 정의 예외 클래스가 필요합니다. 예를 들어 웹사이
트의 회원 가입 페이지를 C#으로 작성했는데 회원의 이메일 주소가 잘못 기재됐을 때의 예외를 받

고 싶다고 해봅시다. .NET은 InvalidEmailAddress 같은 예외 클래스를 제공하지 않기 때문에, 이 경우 사용자 정의 예외 클래스를 만들어 처리할 필요가 있습니다.

그럼 사용자 정의 예외 예제 프로그램을 만들어보겠습니다. 이 프로그램은 4개의 8비트 정수 (색을 구성하는 Alpha, Red, Green, Blue 값)를 받아 하나의 32비트 정수 안에 병합하는 MergeARGB() 메소드를 갖고 있습니다. 매개변수에 입력하는 각 정숫값은 0~255 사이여야 하며, 매개변수의 값이 이 범위를 벗어나면 MergeARGB() 메소드는 InvalidArgumentException 예외를 일으킵니다.

>>> 12장/MyException/MainApp.cs

```
01  using System;
02
03  namespace MyException
04  {
05      class InvalidArgumentException : Exception
06      {
07          public InvalidArgumentException()
08          {
09          }
10
11          public InvalidArgumentException(string message)
12              : base(message)
13          {
14          }
15
16          public object Argument
17          {
18              get;
19              set;
20          }
21
22          public string Range
23          {
24              get;
25              set;
26          }
27      }
```

```
28
29     class MainApp
30     {
31         static uint MergeARGB(uint alpha, uint red, uint green, uint blue)
32         {
33             uint[] args = new uint[] {alpha, red, green, blue};
34
35             foreach (uint arg in args)
36             {
37                 if (arg > 255)
38                     throw new InvalidArgumentException()
39                     {
40                         Argument = arg,
41                         Range = "0~255"
42                     };
43             }
44
45             return (alpha << 24 & 0xFF000000) |
46                    (red   << 16 & 0x00FF0000) |
47                    (green << 8  & 0x0000FF00) |
48                    (blue        & 0x000000FF);
49         }
50
51         static void Main(string[] args)
52         {
53             try
54             {
55                 Console.WriteLine("0x{0:X}", MergeARGB(255, 111, 111, 111));
56                 Console.WriteLine("0x{0:X}", MergeARGB(1, 65, 192, 128));
57                 Console.WriteLine("0x{0:X}", MergeARGB(0, 255, 255, 300));
58             }
59             catch (InvalidArgumentException e)
60             {
61                 Console.WriteLine(e.Message);
62                 Console.WriteLine($"Argument:{e.Argument}, Range:{e.Range}");
63             }
64         }
65     }
66 }
```

```
0xFF6F6F6F
0x141C080
'MyException.InvalidArgumentException' 형식의 예외가 Throw되었습니다.
Argument:300, Range:0~255
```

12.7 예외 필터하기

C# 6.0부터는 catch 절이 받아들일 예외 객체에 제약 사항을 명시해서 해당 조건을 만족하는 예외 객체에 대해서만 예외 처리 코드를 실행할 수 있도록 하는 예외 필터Exception Filter가 도입됐습니다. 예외 필터를 만드는 데는 많은 코드가 필요하지 않습니다. catch() 절 뒤에 when 키워드를 이용해서 제약 조건을 기술하면 됩니다. 다음은 예외 필터를 구현한 예제입니다(when을 if라고 생각하면서 읽으면 예외 필터 코드를 이해하기가 쉽습니다).

```
class FilterableException : Exception
{
    public int ErrorNo {get;set;}
}

try
{
    int num = GetNumber();

    if (num < 0 || num > 10)
        throw new FilterableException() {ErrorNo = num};
    else
        Console.WriteLine($"Output : {num}");
}
catch (FilterableException e) when (e.ErrorNo < 0)
{
    Console.WriteLine("Negative input is not allowed.");
}
```

이 코드는 try 블록 안에서 num이 0보다 작거나 10보다 크면 FilterableException 예외 객체를 던집니다. 이어지는 catch 블록은 FilterableException 객체를 받도록 되어 있지만 when을 이용해서 예외 객체의 ErrorNo가 0보다 작은 경우만 걸러내고 있습니다. 그럼 그 외의 경우(예를 들어 ErrorNo가 10보다 큰 경우)에는 어떤 일이 생길까요? 여러분이 아는 바와 같습니다. 예외는 처리되지 않은 상태 그대로 현재 코드의 호출자에게 던져집니다.

다음과 같이 예외 필터 예제 코드를 따라 작성하고 컴파일해서 실행해보세요.

>>> 12장/ExceptionFiltering/MainApp.cs

```
01  using System;
02
03  namespace ExceptionFiltering
04  {
05      class FilterableException : Exception
06      {
07          public int ErrorNo {get;set;}
08      }
09
10      class MainApp
11      {
12          static void Main(string[] args)
13          {
14              Console.WriteLine("Enter Number Between 0~10");
15              string input = Console.ReadLine();
16              try
17              {
18                  int num = Int32.Parse(input);
19
20                  if (num < 0 || num > 10)
21                      throw new FilterableException() {ErrorNo = num};
22                  else
23                      Console.WriteLine($"Output : {num}");
24              }
25              catch (FilterableException e) when (e.ErrorNo < 0)
26              {
27                  Console.WriteLine("Negative input is not allowed.");
28              }
29              catch(FilterableException e) when (e.ErrorNo > 10)
30              {
31                  Console.WriteLine("Too big number is not allowed.");
32              }
```

```
33            }
34         }
35  }
```

```
>ExceptionFiltering.exe
Enter Number Between 0~10
5
Output : 5

>ExceptionFiltering.exe
Enter Number Between 0~10
-1
Negative input is not allowed.

>ExceptionFiltering.exe
Enter Number Between 0~10
15
Too big number is not allowed.
```

12.8 예외 처리 다시 생각해보기

C#이 예외 처리를 지원하지 않았다면 우리는 어떻게 예외를 다뤄야 했을까요? 멀리 생각할 것 없이 앞에서 다뤘던 다음의 Divide() 메소드에서 try~catch, 그리고 throw 문을 빼도록 수정한다고 생각해보세요.

```
static int Divide(int dividend, int divisor)
{
    try
    {
        return dividend / divisor;
    }
    catch (DivideByZeroException e)
```

```
        {
            throw e;
        }
    }
```

메소드 내부에서 문제가 생기면 어떻게 호출자에게 그 문제를 알릴까요? 에러 코드를 반환하면 될까요? 다음과 같이 말입니다.

```
// 제수가 0이면 음수를 반환한다. 그렇지 않으면 몫을 반환한다.
static int Divide(int dividend, int divisor)
{
    if (divisor == 0)
        return -5;
    else
        return dividend / divisor;
}
```

여러분도 이런 코드는 문제가 있다고 생각하죠? 그래서 다음과 같이 Divide() 메소드의 반환값은 에러 코드로만 사용하고 나눗셈의 결과는 출력 전용 매개변수에 담는 것으로 문제를 해결해봤습니다.

```
// 제수가 0이면 음수를 반환한다. 그렇지 않으면 몫을 반환한다.
static int Divide(int dividend, int divisor, out int result)
{
    if (divisor == 0)
    {
        result = 0;
        return -5;
    }
    else
    {
        result = dividend / divisor;
        return 0;
    }
}
```

이 예제 코드들을 통해 볼 수 있듯이, try~catch 문을 이용한 예외 처리는 실제 일을 하는 코드와 문제를 처리하는 코드를 깔끔하게 분리시킴으로써 코드를 간결하게 만들어줍니다. 예외 처리의 장점은 이것뿐이 아닙니다. 예외 객체의 StackTrace 프로퍼티를 통해 문제가 발생한 부분의 소스 코드 위치를 알려주기 때문에 디버깅이 아주 용이합니다.

>>> 12장/StackTrace/MainApp.cs

```csharp
01   using System;
02
03   namespace StackTrace
04   {
05       class MainApp
06       {
07           static void Main(string[] args)
08           {
09               try
10               {
11                   int a = 1;
12                   Console.WriteLine(3 / --a);
13               }
14               catch (DivideByZeroException e)
15               {
16                   Console.WriteLine(e.StackTrace);
17               }
18           }
19       }
20   }
```

▶ 실행 결과

위치: StackTrace.MainApp.Main(String[] args) 파일 C:\Users\seanl\source\repos\
ThisisCSharp11\12\StackTrace\MainApp.cs:줄 12

마지막으로 예외 처리는 여러 문제점을 하나로 묶거나 코드에서 발생할 수 있는 오류를 종류별로 정리해주는 효과가 있습니다. 예를 들어 try 블록의 코드 중에서 DivideByZeroException 예외를 일으킬 수 있는 부분은 둘 이상일 수도 있지만, 이 형식의 예외를 받는 catch 블록 하나면 모두 처리할 수 있습니다. 이렇게 예외 처리를 이용해서 오류를 처리하는 코드는 작성하기에도 쉽고, 나중에 다시 읽기에도 좋습니다.

01 다음 코드를 컴파일하면 실행 결과처럼 예외를 표시하고 비정상 종료합니다. try~catch 문을
이용해서 예외를 안전하게 처리하도록 코드를 수정하세요.

```
using System;

namespace Ex12_1
{
    class MainApp
    {
        static void Main(string[] args)
        {
            int[] arr = new int[10];

            for(int i=0; i < 10; i++)
                arr[i] = i;

            for(int i=0; i< 11; i++)
                Console.WriteLine(arr[i]);
        }
    }
}
```

실행 결과

```
0
1
2
3
4
5
6
7
8
9
```

처리되지 않은 예외: System.IndexOutOfRangeException: 인덱스가 배열 범위를 벗어났습니다.
위치: Ex12_1.MainApp.Main(String[] args) 파일 C:\Users\seanl\source\repos\ThisisCSharp11\
Ex12_1\MainApp.cs:줄 9

Chapter

13

대리자와 이벤트

지금까지 우리는 뭔가를 지시하면 컴퓨터가 그 명령을 수행하는 프로그램만 작성해왔습니다. 이번 장에서는 사건에 반응하는 프로그램을 만드는 방법을 이야기해보려고 합니다.

사건을 영어로 이벤트^{Event}라고 하며, 컴퓨터에 발생하는 이벤트에 반응하도록 프로그램을 만드는 것을 일컬어 이벤트 기반 프로그래밍^{Event Driven Programming}이라고 부릅니다. 멀티 패러다임 언어인 C#이 지원하는 또 하나의 프로그래밍 패러다임인 셈이죠. 이벤트 기반 프로그래밍은 GUI^{Graphic User Interface}를 만들 때 특히 유용합니다. C#에서 지원하는 이벤트 기반 프로그래밍을 이해하려면 대리자와 이벤트를 알아야 합니다. 그럼 대리자에 대한 설명으로 시작해보겠습니다.

학습목표

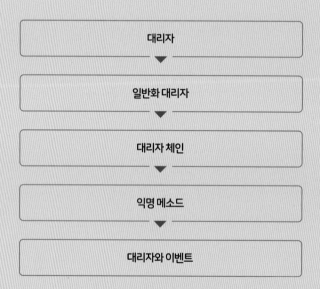

이 장의
핵심 개념

- 대리자를 선언하고 사용하는 방법을 익힙니다.

- 대리자를 사용하는 이유와 상황을 이해합니다.

- 일반화 대리자를 작성하고 사용하는 방법을 익힙니다.

- 익명 메소드를 선언하고 사용하는 방법을 익힙니다.

- 이벤트를 선언하고 사용하는 방법을 익힙니다.

이 장의
학습 흐름

대리자

▼

일반화 대리자

▼

대리자 체인

▼

익명 메소드

▼

대리자와 이벤트

13.1 대리자란?

출장을 나온 상현이는 사장님께 급히 보고를 드릴 일이 있어 회사에 전화를 걸었습니다. 그런데 전화를 받은 사람은 사장님이 아닌 사장님의 비서였습니다. 상현이는 비서에게 "사장님께서 돌아오시면 저에게 전화 부탁드린다고 전해주세요."라는 메모를 남기고 전화를 끊었습니다. 잠시 후, 사무실에 돌아온 사장님은 비서의 메모를 받고 상현이에게 전화를 걸어 통화했습니다.

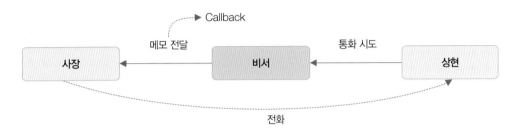

이 이야기에서 상현이가 비서에게 했던 부탁(사장님이 돌아오면 전화해달라는 메모)을 영어로 콜백^{Callback}이라고 부르는데, 이 콜백은 프로그래밍에서도 사용됩니다. '전화 주세요' 메모처럼 어떤 일을 수행하는 코드, 즉 콜백을 작성하고 다른 코드에 이 콜백을 맡겨 대신 실행하게 합니다. 여기에서 콜백을 맡아줄 코드는 컴파일 시점이 아닌 프로그램 실행 중에 결정됩니다.

C#에서는 콜백을 맡아 실행하는 일을 '대리자'가 담당합니다. 대리자^{Delegate}는 다른 말로 '대리인' 또는 '사절'이라고 할 수 있습니다. 즉, 누군가를 대신해서 일해주는 것을 전문으로 하는 사람을 의미하죠. 여러분은 객체의 주소를 가리키는 '참조'를 알고 있죠? 대리자는 메소드에 대한 참조입니다. 대리자에 메소드의 주소를 할당한 후 대리자를 호출하면 이 대리자가 메소드를 호출해줍니다.

코드를 통해 자세히 알아보겠습니다. 대리자는 다음과 같이 delegate 키워드를 이용해서 선언합니다.

```
한정자 delegate 반환_형식 대리자_이름(매개변수_목록);
```

이 문법을 잘 보세요. delegate만 빼면 우리가 많이 사용하던 그 무엇과 똑같지 않습니까? 네, 메소드 말입니다. 대리자는 메소드에 대한 참조이기 때문에 자신이 참조할 메소드의 반환 형식과 매개변수를 명시해줘야 합니다.

대리자의 선언 예를 한번 볼까요?

```
delegate int MyDelegate(int a, int b);
```

실제로 선언해놓고 보니 더더욱 메소드와 비슷해 보이네요. 여기서 한 가지 알아둘 것이 있습니다. 대리자는 인스턴스가 아닌 형식Type입니다. 다시 말해 MyDelegate는 int, string과 같은 형식이며 '메소드를 참조하는 그 무엇'을 만들려면 MyDelegate의 인스턴스를 따로 만들어야 한다는 말입니다. 이에 대해서는 잠시 후에 계속 이야기하겠습니다.

자, 대리자를 선언했으니 이번에는 대리자가 참조할 메소드를 선언해보겠습니다. 이 메소드들의 반환 형식과 매개변수는 대리자의 반환 형식과 매개변수를 따라야 합니다.

```
int Plus(int a, int b)
{
    return a + b;
}

int Minus(int a, int b)
{
    return a - b;
}
```

Plus()와 Minus() 메소드 모두 MyDelegate 대리자의 반환 형식과 매개변수를 따르고 있습니다. 그럼 이 메소드를 MyDelegate가 참조하도록 해보겠습니다.

```
MyDelegate Callback;

Callback = new MyDelegate(Plus);
Console.WriteLine(Callback(3, 4));  // 7 출력

Callback = new MyDelegate(Minus);
Console.WriteLine(Callback(7, 5)); // 2 출력
```

> 대리자의 인스턴스를 만들 때도 new 연산자가 필요합니다.

"그냥 메소드를 호출하면 되지, 무엇 때문에 이런 난리굿을 피는 걸까?"

이런 의문이 생기죠? 대리자가 왜 유용한지는 다음 절에서 자세히 설명할 테니 지금은 코드에 집중해주세요. Callback은 반환 형식이 int, 매개변수가 (int, int)인 MyDelegate 대리자의 인스턴스입니다. MyDelegate() 생성자를 호출해서 Callback 객체를 생성했습니다. 그리고 생성자 인수는 각각 Plus() 메소드와 Minus() 메소드를 사용했습니다. MyDelegate() 메소드에 Plus() 메소드를 인수로 넘기면 Callback은 Plus() 메소드를 참조하고, Minus() 메소드를 넘기면 Minus() 메소드를 참조합니다. 이때 메소드를 호출하듯 Callback을 사용하면 Callback은 현재 자신이 참조하는 주소에 있는 메소드의 코드를 실행하고 그 결과를 호출자에 반환합니다. 다음 그림은 대리자에 의해 메소드가 호출되는 과정을 설명합니다.

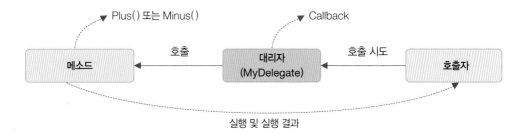

자, 이제 지금까지 설명했던 대리자를 이용하여 콜백을 구현하는 과정을 요약해봅시다.

① 대리자를 선언한다.
② 대리자의 인스턴스를 생성한다. 인스턴스를 생성할 때는 대리자가 참조할 메소드를 인수로 넘긴다.
③ 대리자를 호출한다.

대리자가 무엇인지, 어떻게 사용하는지 정리됐습니까? 그럼 대리자의 예제 프로그램을 만들어볼 차례입니다.

>>> 13장/Delegate/MainApp.cs

```
01  using System;
02
03  namespace Delegate
04  {
05      delegate int MyDelegate(int a, int b);  •------ 대리자의 선언
06
07      class Calculator
```

```
08    {
09        public int Plus(int a, int b)  •·············  대리자는 인스턴스 메소
10        {                                            드도 참조할 수 있고
11            return a + b;
12        }
13
14        public static int Minus(int a, int b)  •······  대리자는 정적 메소드도
15        {                                              참조할 수 있습니다.
16            return a - b;
17        }
18    }
19
20    class MainApp
21    {
22        static void Main(string[] args)
23        {
24            Calculator Calc = new Calculator();
25            MyDelegate Callback;
26
27            Callback = new MyDelegate(Calc.Plus);         메소드를 호출하듯 대리자를
28            Console.WriteLine(Callback(3, 4));  •········  사용하면, 참조하고 있는 메
29                                                          소드가 실행됩니다.
30            Callback = new MyDelegate(Calculator.Minus);
31            Console.WriteLine(Callback(7, 5));
32        }
33    }
34 }
```

┌→ 실행 결과

```
7
2
```

13.2 대리자는 왜, 언제 사용하나요?

프로그래밍하다 보면 '값'이 아닌 '코드' 자체를 매개변수에 넘기고 싶을 때가 많습니다. 예를 들어 배열을 정렬하는 메소드를 만든다고 생각해보세요. 여러분은 이 메소드를 오름차순으로 정렬하겠습니까, 내림차순으로 정렬하겠습니까? 아니면 특별한 계산식을 거쳐서 나오는 결과순으로 정렬하겠습니까? 아, 고민되네요. 이 메소드가 정렬을 수행할 때 사용하는 비교 루틴을 매개변수에 넣을 수 있으면 이런 고민은 메소드를 사용하는 프로그래머가 알아서 하라고 하면 될 텐데 말입니다.

바로 이런 때 대리자가 사용됩니다. 대리자는 메소드에 대한 참조이므로, 비교 메소드를 참조할 대리자를 매개변수에 받을 수 있도록 정렬 메소드를 작성해놓으면 우리의 고민은 해결됩니다. 어디 한번 이런 코드를 만들어봅시다.

Step 1

먼저 Compare 대리자를 선언합니다.

```
delegate int Compare(int a, int b);
```

Step 2

Compare 대리자가 참조할 비교 메소드를 작성합니다.

```
static int AscendCompare(int a, int b)
{
    if (a > b)
        return 1;
    else if(a == b)
        return 0;
    else
        return -1 ;
}
```

Step 3

정렬 메소드를 작성합니다. 이때 매개변수로는 정렬할 배열과 비교할 메소드를 참조하는 대리자를 입력받습니다.

```
static void BubbleSort(int[] DataSet, Compare Comparer)
{
    int i = 0;
    int j = 0;
    int temp = 0;
    for (i=0; i<DataSet.Length-1; i++)
    {
        for (j = 0; j < DataSet.Length - (i + 1); j++)
        {
            if (Comparer(DataSet[j] , DataSet[j+1]) > 0)
            {
                temp = DataSet[j+1];
                DataSet[j+1] = DataSet[j];
                DataSet[j] = temp;
            }
        }
    }
}
```

> Comparer가 어떤 메소드를 참조하고 있는가에 따라 정렬 결과가 달라집니다.

Step 4

정렬 메소드를 호출하면 우리가 원하던 대로 정렬 방식이 분리된 정렬 코드를 얻을 수 있습니다. 지금까지 입력한 코드는 오름차순 정렬 코드입니다. Comparer가 참조할 메소드를 새로 구현해서 내림차순으로 정렬해봅시다. 다음처럼 BubbleSort를 호출할 때 인수로 메소드를 넘기면 됩니다.

```
int[] array = {3, 7, 4, 2, 10};
BubbleSort(array, new Compare(AscendComparer)); // array는 {2, 3, 4, 7, 10}
```

이제 여러분이 직접 코드를 작성해보면서 대리자의 힘을 느껴보기 바랍니다. 다음은 조금 전에 예로 들었던 대리자를 이용한 정렬 프로그램입니다.

》》 13장/UsingCallback/MainApp.cs

```
01  using System;
02
03  namespace UsingCallback
```

```
04  {
05      delegate int Compare(int a, int b);
06
07      class MainApp
08      {
09          static int AscendCompare(int a, int b)
10          {
11              if (a > b)
12                  return 1;
13              else if(a == b)
14                  return 0;
15              else
16                  return -1 ;
17          }
18
19          static int DescendCompare(int a, int b)
20          {
21              if (a < b)
22                  return 1;
23              else if (a == b)
24                  return 0;
25              else
26                  return -1;
27          }
28
29          static void BubbleSort(int[] DataSet, Compare Comparer)
30          {
31              int i = 0;
32              int j = 0;
33              int temp = 0;
34
35              for (i=0; i<DataSet.Length-1; i++)
36              {
37                  for (j = 0; j < DataSet.Length - (i + 1); j++)
38                  {
39                      if (Comparer(DataSet[j] , DataSet[j+1]) > 0)
40                      {
41                          temp = DataSet[j+1];
42                          DataSet[j+1] = DataSet[j];
43                          DataSet[j] = temp;
```

```
44                      }
45                  }
46              }
47          }
48
49      static void Main(string[] args)
50      {
51          int[] array = {3, 7, 4, 2, 10};
52
53          Console.WriteLine("Sorting ascending...");
54          BubbleSort(array, new Compare(AscendCompare));
55
56          for (int i = 0; i<array.Length; i++)
57              Console.Write($"{array[i]} ");
58
59          int[] array2 = {7, 2, 8, 10, 11};
60          Console.WriteLine("\nSorting descending...");
61          BubbleSort(array2, new Compare(DescendCompare));
62
63          for (int i = 0; i < array2.Length; i++)
64              Console.Write($"{array2[i]} ");
65
66          Console.WriteLine();
67      }
68  }
69 }
```

📥 **실행 결과**

```
Sorting ascending...
2 3 4 7 10
Sorting descending...
11 10 8 7 2
```

13.3 일반화 대리자

대리자는 보통의 메소드뿐 아니라 일반화 메소드도 참조할 수 있습니다. 물론 이 경우에는 대리자도 일반화 메소드를 참조할 수 있도록 형식 매개변수를 이용하여 선언되어야 합니다. 형식 매개변수를 이용해서 대리자를 선언하는 요령은 메소드와 같습니다. 홑화살괄호 〈 와 〉 사이에 형식 매개변수를 넣어주면 됩니다. 가령 우리가 조금 전에 만들었던 정렬 예제 프로그램에서 선언한 Compare 대리자를 일반화하여 선언하면 다음과 같습니다.

```
delegate int Compare<T>(T a, T b);
```

delegate 키워드만 빼면 일반화 메소드를 선언하는 방법과 같죠? Compare 대리자를 매개변수로 사용하는 BubbleSort() 메소드도 형식 매개변수를 받아들이도록 변경해야 합니다.

```
static void BubbleSort<T>(T[] DataSet, Compare<T> Comparer)
{
    int i = 0;
    int j = 0;                      형식 매개변수가 추가됐습니다.
    T temp;

    for (i = 0; i < DataSet.Length - 1; i++)
    {
        for (j = 0; j < DataSet.Length - (i + 1); j++)
        {
            if (Comparer(DataSet[j], DataSet[j + 1]) > 0)
            {
                temp = DataSet[j + 1];
                DataSet[j + 1] = DataSet[j];
                DataSet[j] = temp;
            }
        }
    }
}
```

구슬이 서 말이라도 꿰어야 보배이듯, 대리자도 참조할 메소드 구현이 없으면 아무 소용이 없습니다. 일반화 버전의 대리자를 지원하는 비교 메소드를 구현해보겠습니다. 다음은 AscendCompare() 메소드의 일반화 버전입니다.

```
static int AscendCompare<T>(T a, T b) where T : IComparable<T>
{
    return a.CompareTo(b);
}
```

단 네 줄짜리 코드지만, 더 자세히 살펴봐야겠군요. 먼저 형식 매개변수 〈T〉가 추가된 것은 여러 분도 잘 이해하고 있으리라 생각하며, 형식 매개변수의 제약 조건 where T에 대해서도 역시 이 해하고 있다고 생각합니다. 11장에서 이미 공부했던 내용들이니까요. 문제는 문법 자체가 아닌 IComparable〈T〉가 갑자기 왜 나왔냐 하는 것입니다. 그리고 AscendCompare() 메소드가 IComparable〈T〉를 상속하는 a 객체의 CompareTo() 메소드를 호출해서 그 결과를 호출하는 것도 이해가 안 될 것입니다.

사실은 이렇습니다. System.Int32(int), System.Double(double)을 비롯한 모든 수치 형식과 System.String(string)은 모두 IComparable을 상속해서 CompareTo() 메소드를 구현하고 있거든요. 이들 모두의 CompareTo() 메소드는 매개변수가 자신보다 크면 −1, 같으면 0, 작으면 1을 반환합니다. 그래서 AscendCompare() 메소드가 a.CompareTo(b)를 호출하면 우리가 원 하는 대로 오름차순 정렬에 필요한 비교 결과를 얻을 수 있게 됩니다.

자, 그럼 예제 프로그램을 하나 만들어보겠습니다. 앞에서 만들었던 예제 프로그램을 일반화 버전으로 업그레이드해봤습니다.

>>> 13장/GenericDelegate/MainApp.cs

```
01   using System;
02
03   namespace GenericDelegate
04   {
05       delegate int Compare<T>(T a, T b);
06
07       class MainApp
08       {
09           static int AscendCompare<T>(T a, T b) where T : IComparable<T>
10           {
11               return a.CompareTo(b);
12           }
```

```
13
14          static int DescendCompare<T>(T a, T b) where T : IComparable<T>
15          {
16              return a.CompareTo(b) * -1;    • ┄┄┄┄┄  -1을 곱하면 자신보다 큰 경우 1,
17          }                                          같으면 0, 작은 경우 -1을 반환합
18                                                     니다.
19          static void BubbleSort<T>(T[] DataSet, Compare<T> Comparer)
20          {
21              int i = 0;
22              int j = 0;
23              T temp;
24
25              for (i = 0; i < DataSet.Length - 1; i++)
26              {
27                  for (j = 0; j < DataSet.Length - (i + 1); j++)
28                  {
29                      if (Comparer(DataSet[j], DataSet[j + 1]) > 0)
30                      {
31                          temp = DataSet[j + 1];
32                          DataSet[j + 1] = DataSet[j];
33                          DataSet[j] = temp;
34                      }
35                  }
36              }
37          }
38
39          static void Main(string[] args)
40          {
41              int[] array = {3, 7, 4, 2, 10};
42
43              Console.WriteLine("Sorting ascending...");
44              BubbleSort<int>(array, new Compare<int>(AscendCompare));
45
46              for (int i = 0; i < array.Length; i++)
47                  Console.Write($"{array[i]} ");
48
49              string[] array2 = {"abc", "def", "ghi", "jkl", "mno"};
50
51              Console.WriteLine("\nSorting descending...");
52              BubbleSort<string>(array2, new Compare<string>(DescendCompare));
```

```
53
54              for (int i = 0; i < array2.Length; i++)
55                  Console.Write($"{array2[i]} ");
56
57              Console.WriteLine();
58          }
59      }
60  }
```

```
Sorting ascending...
2 3 4 7 10
Sorting descending...
mno jkl ghi def abc
```

13.4 대리자 체인

13장에서 대리자는 메소드의 참조라고 여러 번 이야기했는데, 대리자에는 재미있는 속성이 있습니다. 그건 바로 대리자 하나가 메소드 여러 개를 동시에 참조할 수 있다는 것입니다.

예를 들어 다음과 같이 대리자와 그 대리자의 형식에 맞춘 메소드를 몇 개 선언해봅시다.

```
delegate void ThereIsAFire( string location );

void Call119(string location)
{
    Console.WriteLine("소방서죠? 불났어요! 주소는 {0}", location);
}

void ShotOut(string location)
{
    Console.WriteLine("피하세요! {0}에 불이 났어요!", location);
}

void Escape(string location)
```

```
{
    Console.WriteLine("{0}에서 나갑시다!", location);
}
```

이렇게 선언한 메소드들은 ThereIsAFire 대리자의 인스턴스가 자신들을 동시에 참조할 수 있도록 다음과 같이 += 연산자를 이용하여 결합할 수 있습니다.

```
ThereIsAFire Fire = new ThereIsAFire (Call119);
Fire += new ThereIsAFire (ShotOut);
Fire += new ThereIsAFire (Escape);
```

이렇게 결합해놓은 대리자는 다음과 같이 한 번만 호출하면 자신이 참조하고 있는 Call119(), ShoutOut(), Escape() 메소드를 모두 호출합니다.

```
Fire("우리 집");  •
```

> Fire를 호출하면 다음을 출력합니다.
>
> **소방서죠? 불났어요! 주소는 우리 집 피하세요! 우리 집에 불이 났어요! 우리 집에서 나갑시다!**

재미있죠? 대리자 체인은 여러 개의 콜백을 동시에(엄밀하게 말하면 동시는 아닙니다. 대리자 체인을 따라 차례대로 호출하니까요) 호출해야 할 때 유용합니다. 대리자 체인을 만드는 것은 += 연산자가 아니어도 가능합니다. 다음은 대리자 체인을 만드는 몇 가지 방법입니다.

```
// + 연산자와 = 연산자 사용하기
ThereIsAFire Fire = new ThereIsAFire (Call119)
                  + new ThereIsAFire (Shoutout)
                  + new ThereIsAFire (Escape);

// Delegate.Combine() 메소드 사용하기
ThereIsAFire Fire = (ThereIsAFire) Delegate.Combine(
                          new ThereIsAFire (Call119),
                          new ThereIsAFire (Shoutout),
                          new ThereIsAFire (Escape));
```

이렇게 만든 대리자 체인은 += 연산자를 이용해 만든 대리자 체인과 똑같습니다. 여러분 취향에 맞는 방법을 골라 사용하면 됩니다. 하지만 저라면 += 연산자를 사용하겠습니다. 가장 편하니까요.

한편, 어떤 경우에는 대리자 체인에서 특정 대리자를 끊어내야 할 때도 있습니다. 그런 경우에는 -= 연산자를 이용하면 됩니다. 아, 물론 - 연산자와 = 연산자를 이용하는 방법도 있고, Delegate. Remove() 메소드를 이용하는 방법도 있습니다. 특정 대리자를 체인에서 제거하는 예제는 다음의 예제 프로그램을 통해 알아보겠습니다.

>>> 13장/DelegateChains/MainApp.cs

```
01  using System;
02
03  namespace DelegateChains
04  {
05      delegate void Notify(string message);      •········· Notify 대리자 선언
06
07      class Notifier      •·········                Notify 대리자의 인스턴스
08      {                                            EventOccured를 가지는 클래스
09          public Notify EventOccured;              Notifier 선언
10      }
11
12      class EventListener
13      {
14          private string name;
15          public EventListener(string name)
16          {
17              this.name = name;
18          }
19
20          public void SomethingHappend(string message)
21          {
22              Console.WriteLine($"{name}.SomethingHappened : {message}");
23          }
24      }
25
26      class MainApp
27      {
28          static void Main(string[] args)
29          {
```

```
30              Notifier notifier = new Notifier();
31              EventListener listener1 = new EventListener("Listener1");
32              EventListener listener2 = new EventListener("Listener2");
33              EventListener listener3 = new EventListener("Listener3");
34
35              notifier.EventOccured += listener1.SomethingHappend; ⎫
36              notifier.EventOccured += listener2.SomethingHappend; ⎬ •----
37              notifier.EventOccured += listener3.SomethingHappend; ⎭
38              notifier.EventOccured("You've got mail.");
39                                                        ┌─────────────────────┐
40              Console.WriteLine();                      │ += 연산자를 이용한 체인 만들기 │
41                                                        └─────────────────────┘
42              notifier.EventOccured -= listener2.SomethingHappend; •----
43              notifier.EventOccured("Download complete.");
44                                                        ┌─────────────────────┐
45              Console.WriteLine();                      │ -= 연산자를 이용한 체인 끊기 │
46                                                        └─────────────────────┘
47              notifier.EventOccured = new Notify(listener2.SomethingHappend) ⎫
48                                    + new Notify(listener3.SomethingHappend); ⎭ •
49              notifier.EventOccured("Nuclear launch detected.");
50                                                        ┌──────────────────────┐
51              Console.WriteLine();                      │ +, = 연산자를 이용한 체인 만들기 │
52                                                        └──────────────────────┘
53              Notify notify1 = new Notify(listener1.SomethingHappend);
54              Notify notify2 = new Notify(listener2.SomethingHappend);
55
56              notifier.EventOccured =
57                  (Notify)Delegate.Combine(notify1, notify2);
58              notifier.EventOccured("Fire!!");
59                                                        ┌─────────────────────────┐
60              Console.WriteLine();                      │ Delegate.Combine() 메소드를 │
61                                                        │ 이용한 체인 만들기          │
62              notifier.EventOccured =                   └─────────────────────────┘
63                  (Notify)Delegate.Remove(notifier.EventOccured, notify2);
64              notifier.EventOccured("RPG!");
65          }                                             ┌─────────────────────────┐
66      }                                                 │ Delegate.Remove() 메소드를 │
67  }                                                     │ 이용한 체인 끊기           │
                                                          └─────────────────────────┘
```

```
Listener1.SomethingHappened : You've got mail.
Listener2.SomethingHappened : You've got mail.
Listener3.SomethingHappened : You've got mail.

Listener1.SomethingHappened : Download complete.
Listener3.SomethingHappened : Download complete.

Listener2.SomethingHappened : Nuclear launch detected.
Listener3.SomethingHappened : Nuclear launch detected.

Listener1.SomethingHappened : Fire!!
Listener2.SomethingHappened : Fire!!

Listener1.SomethingHappened : RPG!
```

13.5 익명 메소드

메소드는 보통 다음과 같이 선언됩니다. 한정자가 없어도, 반환할 값이 없어도(void), 매개변수가 없어도 괜찮지만 이름만은 있어야 합니다.

```
void DoSomething()  •·····················  어느 메소드나 이름만은 갖고 있습니다.
{
}
```

익명 메소드Anonymous Method는 제외하고 말입니다. 익명 메소드란 이름이 없는 메소드를 말합니다. 황당하죠? 이름이 없는 메소드라니요. 이름이 없는 메소드를 어떻게 사용한다는 것일까요? 이를 설명하기 위해 이번 절이 존재하는 것입니다. 예를 하나 들어볼게요. 우선 다음과 같이 대리자를 선언했다고 해보겠습니다.

```
delegate int Calculate(int a, int b);
```

이렇게 선언한 대리자의 인스턴스를 만들고 이 인스턴스가 메소드의 구현이 담겨 있는 코드 블록(이것이 익명 메소드입니다)을 다음과 같이 참조합니다. 이때 대리자의 인스턴스를 호출하면 자신이 참조하고 있는 코드를 실행하게 됩니다.

```
public static void Main()
{
    Calculate Calc;

    Calc = delegate (int a, int b)          이름을 제외한 메소드의 구현.
           {                                 이것이 익명 메소드입니다.
               return a + b;
           };
                                             Calc를 호출하면 이 코드를 실행합니다.



    Console.WriteLine("3 + 4 : {0}", Calc(3, 4));
}
```

방금 전의 예제 코드에서도 봤듯이, 익명 메소드는 delegate 키워드를 이용하여 선언합니다. 익명 메소드의 선언 형식을 정리하면 다음과 같습니다.

```
대리자_인스턴스 = delegate (매개변수_목록)
                      {
                          // 실행하려는 코드 ...
                      };
```

당연한 이야기지만, 익명 메소드는 자신을 참조할 대리자의 형식과 동일한 형식으로 선언되어야 합니다. 가령 대리자에서 반환 형식을 int로 선언했다면 익명 메소드도 int 형식의 결과를 반환해야 하며, 대리자에서 int 형식의 매개변수 세 개를 받도록 선언했다면 익명 메소드도 역시 동일하게 매개변수를 받도록 구현해야 합니다.

이제 익명 메소드를 이해할 수 있겠죠? 이름이 없어 마냥 불편할 것만 같은 익명 메소드는 때때로 굉장히 유용하게 사용됩니다. 예를 들어 대리자가 참조할 메소드를 넘겨야 할 일이 생겼는데, 이 메소드가 두 번 다시 사용할 일이 없다고 판단되면 그때가 익명 메소드를 사용할 타이밍입니다.

자, 그럼 익명 메소드를 이용한 예제 프로그램을 만들어보겠습니다. 앞서 만들었던 버블 정렬 프로그램에 익명 메소드를 추가한 버전입니다.

>>> 13장/AnonymousMethod/MainApp.cs

```
01  using System;
02
03  namespace AnonymousMethod
04  {
05      delegate int Compare(int a, int b);
06
07      class MainApp
08      {
09          static void BubbleSort(int[] DataSet, Compare Comparer)
10          {
11              int i = 0;
12              int j = 0;
13              int temp = 0;
14
15              for (i = 0; i < DataSet.Length - 1; i++)
16              {
17                  for (j = 0; j < DataSet.Length - (i + 1); j++)
18                  {
19                      if (Comparer(DataSet[j], DataSet[j + 1]) > 0)
20                      {
21                          temp = DataSet[j + 1];
22                          DataSet[j + 1] = DataSet[j];
23                          DataSet[j] = temp;
24                      }
25                  }
26              }
27          }
28
29          static void Main(string[] args)
30          {
31              int[] array = {3, 7, 4, 2, 10};
32
33              Console.WriteLine("Sorting ascending...");
34              BubbleSort(array, delegate(int a, int b)          ┄┄┄ 익명 메소드
35              {
```

```
36              if (a > b)
37                  return 1;
38              else if (a == b)
39                  return 0;
40              else
41                  return -1;
42          });
43
44          for (int i = 0; i < array.Length; i++)
45              Console.Write($"{array[i]} ");
46
47          int[] array2 = {7, 2, 8, 10, 11};
48          Console.WriteLine("\nSorting descending...");
49          BubbleSort(array2, delegate(int a, int b)          ┄┄┄┄┄┄ 익명 메소드
50          {
51              if (a < b)
52                  return 1;
53              else if (a == b)
54                  return 0;
55              else
56                  return -1;
57          });
58
59          for (int i = 0; i < array2.Length; i++)
60              Console.Write($"{array2[i]} ");
61
62          Console.WriteLine();
63      }
64  }
65 }
```

실행 결과

```
Sorting ascending...
2 3 4 7 10
Sorting descending...
11 10 8 7 2
```

13.6 이벤트: 객체에 일어난 사건 알리기

여러분은 잠자고 있을 때 시간에 맞춰 깨워줄 사람이 있습니까? 잠을 깨워줄 누군가가 없다면 알람 시계의 도움을 받을 수도 있습니다. 깨어날 시간을 설정해놓으면 알람 시계가 시끄럽게 울리며 시간이 됐음을 알려주잖아요.

프로그래밍 세계에서도 알람 시계처럼 어떤 일이 생겼을 때 이를 알려주는 객체가 필요한 경우가 있습니다. 알람 시계처럼 특정 시간이 됐을 때 이를 알려주거나, 사용자가 버튼을 클릭했을 때 이를 알려주는 객체 말입니다. 이런 객체를 만들 때 사용하는 것이 바로 이벤트[Event]입니다. 이벤트의 동작 원리는 대리자와 거의 비슷합니다. 그도 그럴 것이, 이벤트는 대리자를 event 한정자로 수식해서 만들거든요.

그럼 이제 이벤트를 선언하고 사용하는 절차를 알아보겠습니다.

> ❶ 대리자를 선언합니다. 이 대리자는 클래스 밖에 선언해도 되고 안에 선언해도 됩니다.
>
> ❷ 클래스 내에 ❶에서 선언한 대리자의 인스턴스를 event 한정자로 수식해서 선언합니다.
>
> ❸ 이벤트 핸들러를 작성합니다. 이벤트 핸들러는 ❶에서 선언한 대리자와 일치하는 메소드면 됩니다.
>
> ❹ 클래스의 인스턴스를 생성하고 이 객체의 이벤트에 ❸에서 작성한 이벤트 핸들러를 등록합니다.
>
> ❺ 이벤트가 발생하면 이벤트 핸들러가 호출됩니다.

이벤트를 선언하고 사용하는 방법을 예제를 통해 다시 한번 확인해보겠습니다.

Step 1

대리자를 선언합니다. 이 대리자는 클래스 밖에 선언해도 되고 안에 선언해도 됩니다.

```
delegate void EventHandler(string message);
```

Step 2

클래스 내에 **Step 1** 에서 선언한 대리자의 인스턴스를 event 한정자로 수식해서 선언합니다.

```
class MyNotifier
{
    public event EventHandler SomethingHappened;
```

> EventHandler는 **Step 1** 절차에서 선언한 대리자입니다.

```
    public void DoSomething(int number)
    {
        int temp = number % 10;

        if (temp != 0 && temp % 3 == 0)
        {
            SomethingHappened(String.Format("{0} : 짝", number));
        }
    }
}
```

number가 '3', '6', '9'로 끝나는 값이 될 때마다 이벤트가 발생합니다.

Step 3

이벤트 핸들러를 작성합니다. 이벤트 핸들러는 **Step 1** 에서 선언한 대리자와 일치하는 메소드면 됩니다.

```
class MainApp
{
    static public void MyHandler(string message)
    {
        Console.WriteLine(message);
    }

    // ...
}
```

SomethingHappened 이벤트에서 사용할 이벤트 핸들러(MyHandler)는 EventHandler 대리자의 형식과 동일한 메소드여야 합니다.

Step 4

클래스의 인스턴스를 생성하고 이 객체의 이벤트에 **Step 3** 에서 작성한 이벤트 핸들러를 등록합니다.

```
class MainApp
{
    static public void MyHandler(string message)
    {
        Console.WriteLine(message);
    }

    static void Main(string[] args)
    {
```

```
        MyNotifier notifier = new MyNotifier();
        notifier.SomethingHappened += new EventHandler(MyHandler);

        for (int i = 1; i < 30; i++)
        {
            notifier.DoSomething(i);
        }
    }
}
```

> SomethingHappened 이벤트에 MyHandler()
> 메소드를 이벤트 핸들러로 등록합니다.

Step 5

이벤트가 발생하면 이벤트 핸들러가 호출됩니다.

```
class MainApp
{
    static public void MyHandler(string message)
    {
        Console.WriteLine(message);
    }

    static void Main(string[] args)
    {
        MyNotifier notifier = new MyNotifier();
        notifier.SomethingHappened += MyHandler;

        for (int i = 1; i < 30; i++)
        {
            notifier.DoSomething(i);
        }
    }
}
```

어떻습니까, 이벤트는 처음 보는 친구 같은데 어쩐지 익숙하게 이해되지 않습니까? 그것은 제가 조금 전에 이야기했듯이 이벤트가 event 키워드로 수식한 대리자이기 때문입니다. 그럼 이벤트와 대리자는 어떤 차이가 있는 것일까요? 그냥 대리자를 사용하면 되지 C# 팀은 무엇 때문에 이벤트를 따로 도입했을까요? 이 질문들에 대해서는 다음 절에서 답을 드리겠습니다. 지금은 조금 전에 살펴봤던 예제를 프로그램으로 만들고 결과를 확인해봅시다.

```
01  using System;
02
03  namespace EventTest
04  {
05      delegate void EventHandler(string message);
06
07      class MyNotifier
08      {
09          public event EventHandler SomethingHappened;
10          public void DoSomething(int number)
11          {
12              int temp = number % 10;
13
14              if (temp != 0 && temp % 3 == 0)
15              {
16                  SomethingHappened(String.Format("{0} : 짝", number));
17              }
18          }
19      }
20
21      class MainApp
22      {
23          static public void MyHandler(string message)
24          {
25              Console.WriteLine(message);
26          }
27
28          static void Main(string[] args)
29          {
30              MyNotifier notifier = new MyNotifier();
31              notifier.SomethingHappened += new EventHandler(MyHandler);
32
33              for (int i = 1; i < 30; i++)
34              {
35                  notifier.DoSomething(i);
36              }
37          }
38      }
39  }
```

```
 3 : 짝
 6 : 짝
 9 : 짝
13 : 짝
16 : 짝
19 : 짝
23 : 짝
26 : 짝
29 : 짝
```

> **! 여기서 잠깐**　　**컴파일러는 알려주지 않는 이벤트 처리기 없는 이벤트**
>
> 이벤트는 이벤트 처리기를 등록하지 않아도 컴파일 에러가 발생하지 않습니다. 덕분에 프로그래머는 초기화
> 하지 않은 이벤트를 쉽게 놓치곤 합니다. 제 친구 하나는 이런 문제 때문에 이벤트를 선언하면 항상 비어 있는
> 익명 메소드로 미리 초기화해둔다고 합니다. 최악의 경우에도 프로그램이 다운되는 것은 막을 수 있으니까요.

13.7 대리자와 이벤트

앞에서 살펴봤듯이, 이벤트는 대리자에 event 키워드로 수식해서 선언한 것에 불과합니다. 언뜻 봤
을 때는 둘의 차이가 별로 없는 것 같은데, 마이크로소프트의 C# 팀은 왜 이벤트를 언어에 추가했을
까요?

이벤트가 대리자와 가장 크게 다른 점은 바로 이벤트를 외부에서 직접 사용할 수 없다는 데 있습니다.
이벤트는 public 한정자로 선언되어 있어도 자신이 선언된 클래스 외부에서는 호출이 불가능합니
다. 반면에 대리자는 public이나 internal로 수식되어 있으면 클래스 외부에서라도 얼마든지 호출
이 가능하죠.

```
delegate void EventHandler(string message);

class MyNotifier
{
    public event EventHandler SomethingHappened;

    // ...
}

class MainApp
{
    static void Main(string[] args)
    {
        MyNotifier notifier = new MyNotifier();
        notifier.SomethingHappened ("테스트");
    }
}
```

> 에러! 이벤트는 객체 외부에서 직접 호출할 수 없습니다.

대리자와 달리 이벤트가 호출될 수 없다는 사실은 견고한 이벤트 기반 프로그래밍에 대한 기대를 가능하게 합니다. 예를 들어 생각해보세요. 여러분이 네트워크 상태 변화에 대한 사건을 알리는 클래스를 작성해서 동료에게 줬다고 해봅시다. 이벤트를 객체 외부에서 임의로 호출할 수 있게 된다면 동료 프로그래머는 여러분이 작성한 클래스의 객체가 감시하는 실제 네트워크 상태와 상관없이 객체 외부에서 허위로 네트워크 상태 변화 이벤트를 일으킬 수 있게 됩니다. 이것은 실제로 객체의 상태를 바꾸는 것보다 더 나쁩니다. 객체의 상태를 허위로 나타낼 수 있으니 말입니다.

이런 위협은 대리자로 막을 수 없습니다. 이벤트라야 가능합니다. 따라서 대리자는 대리자대로 콜백 용도로 사용하고, 이벤트는 이벤트대로 객체의 상태 변화나 사건의 발생을 알리는 용도로 구분해서 사용해야 합니다.

01 출력 결과가 다음과 같이 나오도록 다음 코드에 익명 메소드를 추가하여 완성하세요.

7
2

```
using System;

namespace Ex13_1
{
    delegate int MyDelegate(int a, int b);

    class MainApp
    {
        static void Main(string[] args)
        {
            MyDelegate Callback;

            Callback = /* 익명 메소드 선언 1 */

            Console.WriteLine(Callback(3, 4));

            Callback = /* 익명 메소드 선언 2 */

            Console.WriteLine(Callback(7, 5));
        }
    }
}
```

축하합니다! 30번째 고객 이벤트에 당첨되셨습니다.

```
using System;

namespace Ex13_2
{
    delegate void MyDelegate(int a);

    class Market
    {
        public event MyDelegate CustomerEvent;

        public void BuySomething(int CustomerNo)
        {
            if (CustomerNo == 30)
                CustomerEvent(CustomerNo);
        }
    }

    class MainApp
    {
        static void Main(string[] args)
        {
            Market market = new Market();
            market.CustomerEvent += new MyDelegate(/* 이벤트 처리기를 구현하세요. */);

            for (int customerNo = 0; customerNo < 100; customerNo += 10)
                market.BuySomething(customerNo);

        }
    }
}
```

Chapter

14

▶ # 람다식

람다식은 익명 메소드를 만드는 또 하나의 방법입니다(익명 메소드가 무엇인지 벌써 가물가물하면 안 됩니다. 바로 앞 장에서 공부했으니까요). 대리자로 익명 메소드를 만들 수 있는데 마이크로소프트는 왜 람다식이라는 기능을 C#에 넣었을까요? 대리자가 할 수 없는 일을 람다식이 할 수 있는 건 아닐까요? 그리고 왜 하필 람다식이라는 이름을 사용한 것일까요? 이 장에서는 이런 질문에 하나씩 대답해나가며 람다식에 대해 알아보겠습니다.

학습목표

✓
이 장의
핵심 개념

- 람다식의 정의를 이해합니다.

- 람다식을 선언하고 사용하는 방법을 익힙니다.

- 문 형식의 람다식을 작성하고 사용하는 방법을 익힙니다.

- Func와 Action 클래스의 사용법을 익힙니다.

- 식 트리를 이해합니다.

✓
이 장의
학습 흐름

```
┌─────────────────────────────────────┐
│              람다식                   │
└─────────────────────────────────────┘
                  ▼
┌─────────────────────────────────────┐
│           문 형식의 람다식             │
└─────────────────────────────────────┘
                  ▼
┌─────────────────────────────────────┐
│   Func와 Action으로 더 간편하게 무명 함수 만들기   │
└─────────────────────────────────────┘
                  ▼
┌─────────────────────────────────────┐
│            Func 대리자                │
└─────────────────────────────────────┘
                  ▼
┌─────────────────────────────────────┐
│           Action 대리자               │
└─────────────────────────────────────┘
                  ▼
┌─────────────────────────────────────┐
│          식으로 이루어지는 멤버          │
└─────────────────────────────────────┘
```

14.1 람다식, 너는 어디에서 왔니?

람다식은 영어로 Lambda Expression이라고 하고, λ-Expression이라고 표기하기도 합니다. 어느 쪽이든 썩 살갑게 느껴지는 이름은 아니죠? 람다식은 알론조 처치Alonzo Church라는 수학자가 1936년에 발표한 람다 계산법Lambda Calculus에서 사용하는 식입니다. 오, 너무 걱정하지 마세요. 저도 수학에 안 좋은 기억이 많은 편이어서 수학 이야기를 오래할 생각은 없거든요. 아주 조금만 람다 계산법에 대해 이야기해보겠습니다.

알론조 처치는 수학 기초론을 연구하던 중에 분명하고 간결한 방법으로 함수를 묘사하기 위해 람다 계산법을 고안해냈습니다. 람다 계산법은 크게 함수의 정의와 변수, 함수의 적용으로 이루어져 있는데 이 계산법에서는 모든 것이 함수로 이루어져 있습니다. 심지어 0, 1, 2…와 같은 숫자도 함수로 표현합니다. 따라서 람다 계산법에서 어떤 값을 변수에 대입하고 싶으면 함수를 변수에 대입하며, 이것을 함수의 적용이라고 부릅니다.

람다 계산법은 단순히 수학 이론에 그치지 않았습니다. 알론조 처치의 제자였던 존 매카시John McCarthy가 이것을 프로그래밍 언어에 도입할 수 있겠다는 아이디어를 냈고, 1950년대 말에 LISP라는 언어를 만들었습니다. 그리고 람다 계산법의 개념은 이후 다른 프로그래밍 언어에도 도입됐으며, 우리가 공부하는 C#뿐만 아니라 C++, 자바, 파이썬과 같은 주류 프로그래밍 언어는 대부분 람다식을 지원하고 있습니다.

> **! 여기서 잠깐** | **람다의 뜻은 뭔가요?**
>
> λ는 그리스 문자에서 L에 해당하는 문자입니다. 알론조 처치는 이 문자를 함수 표기를 위한 기호로 사용했는데, 원래는 λ가 아닌 ^였습니다. 당시에는 ^를 인쇄하기 어려웠기 때문에 λ로 바꾼 것입니다. 이름에 심오한 뜻이 있을 것이라고 기대한 분에게는 미안하군요.

14.2 처음 만나는 람다식

이번에는 람다식을 코드로 만나볼 차례입니다. 앞에서도 설명했듯이 람다식은 익명 메소드를 만들기 위해 사용합니다. 다만, 람다식으로 만드는 익명 메소드는 무명 함수Anonymous Function라는 이름으로 부릅니다. 메소드는 입력(매개변수)과 출력(반환값)을 갖고 있죠? 람다식도 마찬가지입니다.

기본적인 람다식을 선언하는 형식은 다음과 같습니다.

```
매개변수_목록 => 식
```

문법의 모습이 꽤 독특하지 않습니까? => 연산자는 여기에서 처음 보네요. 이 연산자는 '입력' 연산자입니다. 이 연산자가 하는 역할은 그저 매개변수를 전달하는 것뿐입니다. 람다식에서는 =>를 중심으로 왼편에는 매개변수가, 오른편에는 식이 위치합니다. 다음은 람다식의 선언 예입니다.

```
delegate int Calculate(int a, int b);       익명 메소드를 만들려면 대리자가 필요
                                            합니다. 기억하죠?
//...

static void Main(string[] args)
{                                           두 개의 int 형식 매개변수 a, b를 받아
    Calculate calc = (int a, int b) => a + b;   이 둘을 더해 반환하는 익명 메소드를
}                                           람다식으로 만들었습니다.
```

적응이 잘 안 되죠? 하지만 천천히 코드를 읽어보세요. 람다식은 이보다 더 간결할 수 없을 정도로 간결합니다. 순수한 매개변수 목록과 계산 코드(이 계산 코드의 결과는 곧 반환값이 됩니다), 그리고 매개변수를 계산 코드 안으로 입력시키는 => 연산자로만 이루어지잖아요. 이뿐만이 아닙니다. C# 컴파일러는 이 코드를 한층 더 간결하게 만들 수 있도록 '형식 유추Type Inference'라는 기능을 제공합니다. 형식 유추를 이용하면 다음과 같이 앞에 나온 예제 코드의 람다식에서 매개변수의 형식을 제거할 수 있습니다.

```
delegate int Calculate(int a, int b);

//...

static void Main(string[] args)
{                                           C# 컴파일러는 Calculator 대리자의 선언
    Calculate calc = (a, b) => a + b;       코드로부터 이 람다식이 만드는 익명 메소드
}                                           의 매개변수의 형식을 유추해냅니다.
```

어떻습니까? 대리자를 이용해서 익명 메소드를 만들던 것을 생각해보면 코드의 양이 상당히 많이 줄었습니다. 그냥 이렇게 이야기할 게 아니라, 직접 코드를 보고 비교해보면 되겠군요. 다음은 앞의 코드를 대리자를 이용해서 재구현한 예입니다.

```
delegate int Calculate(int a, int b);

//...

static void Main(string[] args)
{
    Calculate calc = delegate(int a, int b)
                     {
                         return a + b;
                     };
}
```

> 람다식에서는 한 줄로 표현했던 부분입니다.

여러 예제 코드에서 살펴본 것처럼 람다식은 대리자보다 더 간결합니다. 생소한 것은 문제되지 않습니다. 적응하면 되니까요. 적응한 다음에는 여러분도 익명 메소드는 람다식만 써서 만들 것입니다. 그렇다면 마이크로소프트는 어째서 익명 메소드를 만드는 방법으로 더 번거로운 방법(대리자)과 더 편리한 방법(람다식)을 같이 제공할까요? 그냥 람다식 하나만 제공하면 될 텐데 말입니다. 여기에는 사연이 있습니다. 마이크로소프트는 대리자를 이용한 익명 메소드를 C# 2.0에 도입했는데, 람다식은 C# 3.0에 와서야 도입했기 때문입니다. 이미 수많은 프로그램이 C# 2.0으로 작성된 상황에서 C# 3.0이 나왔다고 언어의 기능을 뺄 수는 없는 일이잖아요?

자, 람다식에 대한 개념은 잡혔죠? 그럼 람다식 예제 프로그램을 만들어보겠습니다.

>>> **14장/SimpleLambda/MainApp.cs**

```
01  using System;
02
03  namespace SimpleLambda
04  {
05      class MainApp
06      {
07          delegate int Calculate(int a, int b);
```

```
08
09        static void Main(string[] args)
10        {
11            Calculate calc = (a, b) => a + b;
12
13            Console.WriteLine($"{3} + {4} : {calc(3, 4)}");
14        }
15    }
16 }
```

📥 실행 결과

```
3 + 4 : 7
```

14.3 문 형식의 람다식

앞에서 살펴봤던 람다식은 말 그대로 '식Expression' 형식을 하고 있었습니다(식, 형식, 람다식 용어가 헷갈리기 쉽겠네요. 쓰는 저와 읽는 여러분 모두 집중해야겠습니다). a + b나 a == b 말고 if (a == b) return 0; else return 1; 같은 문장을 사용할 순 없는 것일까요? 있습니다. 있고 말고요(그러니 이번 절의 제목이 '문 형식의 람다식'이겠죠).

문 형식의 람다 식Statement Lambda은 => 연산자의 오른편에 식 대신 중괄호 {와 }로 둘러싸인 코드 블록이 위치합니다. 형식은 다음과 같습니다.

```
(매개변수_목록) => {
                    문장1;
                    문장2;
                    문장3;
                    ...
            }
```

다음은 문 형식의 람다식 예제 코드입니다. 이 예제에서는 반환 형식과 매개변수가 없는 대리자를 사용하고 있습니다. 식 형식의 람다식으로는 반환 형식이 없는 무명 함수를 만들 수 없지만, 문 형식의 람다식을 이용하면 가능합니다.

```
delete void DoSomething( );
// ...
static void Main(string[] args)
{
    DoSomething DoIt = ( ) =>
            {
                Console.WriteLine("뭔가를");
                Console.WriteLine("출력해보자.");
                Console.WriteLine("이렇게!");
            };

    DoIt();
}
```

> 당연한 이야기지만, 매개변수가 없는 경우에는 ( )에 아무것도 넣지 않습니다.

> 문장 형식의 람다식은 {와 }로 둘러쌉니다.

이렇게 해서 문 형식의 람다식도 알아봤습니다. 그럼 이제 예제 프로그램을 만들어봐야겠죠? 문장을 입력하면 스페이스를 모두 지우는 프로그램입니다.

>>> 14장/StatementLambda/MainApp.cs

```
01  using System;
02
03  namespace StatementLambda
04  {
05      class MainApp
06      {
07          delegate string Concatenate(string[] args);
08
09          static void Main(string[] args)
10          {
11              Concatenate concat =
12                  (arr) =>
13                  {
14                      string result = "";
15                      foreach (string s in arr)
16                          result += s;
17
18                      return result;
19                  };
```

```
20
21              Console.WriteLine(concat(args));
22          }
23      }
24  }
```

>StatementLambda 아버지가 방에 들어가신다.
아버지가방에들어가신다.

>StatementLambda 할머니가 죽을 잡수신다.
할머니가죽을잡수신다.

>StatementLambda 아 기다리고 기다리던 방학.
아기다리고기다리던방학.

14.4 Func와 Action으로 더 간편하게 무명 함수 만들기

익명 메소드와 무명 함수는 코드를 더 간결하게 만들어주는 요소들입니다. 하지만 이들을 선언하기 전에 해야 하는 작업을 생각해보세요. 대부분 단 하나의 익명 메소드나 무명 함수를 만들기 위해 매번 별개의 대리자를 선언해야 합니다. 이것도 번거롭다면 번거로울 수 있는 일이죠. 이 문제를 해결하기 위해 마이크로소프트는 .NET에 Func와 Action 대리자를 미리 선언해뒀습니다. Func 대리자는 결과를 반환하는 메소드를, Action 대리자는 결과를 반환하지 않는 메소드를 참조합니다. 지금부터는 이 두 대리자가 어떻게 귀찮은 문제를 해결해주는지 알아보겠습니다.

14.4.1 Func 대리자

Func 대리자는 결과를 반환하는 메소드를 참조하기 위해 만들어졌습니다. .NET에는 모두 17가지 버전의 Func 대리자가 준비되어 있는데, 대략 다음과 같습니다.

```
public delegate TResult Func<out TResult>()
public delegate TResult Func<in T, out TResult>(T arg)
public delegate TResult Func<in T1, in T2, out TResult>(T1 arg1, T2 arg2)
public delegate TResult Func<in T1, in T2, in T3, out TResult>(T1 arg1, T2 arg2,
T3 arg3)
…
public delegate TResult Func<in T1, in T2, in T3, …, in T15, out TResult>(T1
arg1, T2 arg2, T3 arg3, …, T15 arg15)
public delegate TResult Func<in T1, in T2, in T3, …, in T15, in T16, out
TResult>(T1 arg1, T2 arg2, T3 arg3, …, T15 arg15, T16 arg16)
```

여러분도 Func 대리자의 선언을 읽으면서 눈치챘겠지만, 모든 Func 대리자의 형식 매개변수 중 가장 마지막에 있는 것이 반환 형식입니다. 형식 매개변수가 하나뿐인 Func는 그 하나가 반환 형식이고, 형식 매개변수가 두 개인 Func는 두 번째, 세 개인 Func는 세 번째, 그리고 17개인 Func는 열일곱 번째가 반환 형식으로 사용됩니다.

Func 대리자는 입력 매개변수가 하나도 없는 것부터 16개에 이르는 것까지 버전이 다양하기 때문에 어지간한 경우(입력 매개변수가 16개 이상이라든가, ref나 out 한정자로 수식된 매개변수를 사용해야 하는 경우)가 아니면 별도의 대리자를 만들어 쓸 필요가 없습니다.

설명은 이 정도로 하고, Func 대리자의 사용 예제를 살펴볼까요? 다음은 입력 매개변수가 없는 버전, Func⟨TResult⟩의 사용 예입니다.

```
Func<int> func1 = () => 10;  // 입력 매개변수는 없으며, 무조건 10을 반환
Console.WriteLine(func1());  // 10 출력
```

이번에는 매개변수가 하나 있는 버전, Func⟨T1, TResult⟩의 사용 예를 보겠습니다.

```
Func<int,int> func2 = (x) => x*2;  // 입력 매개변수는 int 형식 하나, 반환 형식도 int
Console.WriteLine(func2(3));        // 6을 출력
```

마지막으로 하나만 더 볼까요? 다음은 매개변수가 두 개 있는 버전, Func⟨T1, T2, TResult⟩의 사용 예입니다.

```
Func<int,int,int> func3 = (x,y) => x + y; // 입력 매개변수는 int 형식 둘, 반환 형식은 int
Console.WriteLine(func3(2,3));             // 5를 출력
```

Func 대리자, 별것 없죠? 그저 .NET 안에 미리 선언되어 있는 대리자일 뿐이니까요. 다음 예제 프
로그램을 따라 만들어보세요. 저는 다음 절으로 넘어가서 Action 대리자를 설명할 준비를 하겠습
니다.

>>> **14장/FuncTest/MainApp.cs**

```
01   using System;
02
03   namespace FuncTest
04   {
05       class MainApp
06       {
07           static void Main(string[] args)
08           {
09               Func<int> func1 = () => 10;
10               Console.WriteLine($"func1() : {func1()}");
11
12               Func<int, int> func2 = (x) => x * 2;
13               Console.WriteLine($"func2(4) : {func2(4)}");
14
15               Func<double, double, double> func3 = (x, y) => x / y;
16               Console.WriteLine($"func3(22, 7) : {func3(22, 7)}");
17           }
18       }
19   }
```

📥 **실행 결과**

```
func1() : 10
func2(4) : 8
func3(22/7) : 3.142857142857143
```

14.4.2 Action 대리자

Action 대리자는 Func 대리자와 거의 똑같습니다. 차이점이라면 Action 대리자는 반환 형식이 없다는 것뿐입니다. Action 대리자도 Func 대리자처럼 17개 버전이 선언되어 있습니다.

```
public delegate void Action◇()
public delegate void Action<in T>(T arg)
public delegate void Action<in T1, in T2>(T1 arg1, T2 arg2)
public delegate void Action<in T1, in T2, in T3>(T1 arg1, T2 arg2, T3 arg3)
...
public delegate void Action<in T1, in T2, in T3, ..., in T14, in T15>(T1 arg1, T2
arg2, T3 arg3, ..., T14 arg14, T15 arg15)
public delegate void Action<in T1, in T2, in T3, ..., in T14, in T15, in T16>(T1
arg1, T2 arg2, T3 arg3, ..., T14 arg14, T15 arg15, T16 arg16)
```

이 선언 코드를 보면 알 수 있듯이, Action 대리자의 형식 매개변수는 모두 입력 매개변수를 위해 선언되어 있습니다. Func와 달리 어떤 결과를 반환하는 것을 목적으로 하지 않고, 일련의 작업을 수행하는 것이 목적이기 때문입니다. 반환 형식이 없는 이유를 알겠죠? 한편 Action 대리자는 매개변수가 없는 버전에서부터 16개나 되는 버전까지 준비되어 있기 때문에 프로그래머에게 필요한 대부분의 경우에 사용할 수 있습니다. 사용 예를 보죠. 먼저 매개변수가 아무것도 없는 Action의 사용 예입니다. 반환하는 결과는 없습니다.

```
Action act1 = () => Console.WriteLine("Action()");
act1();
```

다음은 매개변수가 하나뿐인 버전, Action⟨T⟩의 사용 예입니다.

```
int result = 0;
Action<int> act2 = (x) => result = x * x;
                              └┄┄┄┄┄┄┄┄┄┄┄ 람다식 밖에서 선언한 result에
                                            x*x의 결과를 저장합니다.

act2(3);
Console.WriteLine("result : {0}", result);  // 9를 출력
```

이번에는 매개변수가 두 개인 Action⟨T1, T2⟩ 대리자의 사용 예입니다.

```
Action<double, double> act3 = (x, y) =>
    {
        double pi = x / y;
        Console.WriteLine("Action<T1, T2>({0}, {1}) : {2}", x, y, pi);
    };

act3(22.0, 7.0);
```

제가 이야기한 대로 Action 대리자도 Func 대리자와 별로 다른 것이 없죠? 이제 예제 프로그램을
직접 만들어 테스트해보세요.

>>> 14장/ActionTest/MainApp.cs

```
01  using System;
02
03  namespace ActionTest
04  {
05      class MainApp
06      {
07          static void Main(string[] args)
08          {
09              Action act1 = () => Console.WriteLine("Action()");
10              act1();
11
12              int result = 0;
13              Action<int> act2 = (x) => result = x * x;
14
15              act2(3);
16              Console.WriteLine($"result : {result}");
17
18              Action<double, double> act3 = (x, y) =>
19                  {
20                      double pi = x / y;
21                      Console.WriteLine($"Action<T1, T2>({x}, {y}) : {pi}");
22                  };
23
```

```
24              act3(22.0, 7.0);
25          }
26      }
27  }
```

실행 결과

```
Action()
result : 9
Action<T1, T2>(22, 7) : 3.142857142857143
```

14.5 식 트리

> **! 여기서 잠깐   어려울 수 있습니다**
>
> 나중에 등장할 LINQ(Language INtegrated Query)를 이해하는 데 도움이 되리라 생각해서 이번 절 내용을 준비했습니다만, 사실 이 부분을 몰라도 이어지는 내용을 공부하는 데는 별지장이 없습니다. 내용이 많이 부담스럽다면 일단 이 부분은 잠시 접어두고 다음 내용을 공부하는 것도 방법입니다.

아마 자료구조 또는 알고리즘을 공부해본 경험이 없는 독자들은 식 트리^{Expression Tree}의 개념이 생소할 것입니다. 식 트리를 설명하기 전에 트리 자료구조에 대해 먼저 알아보는 것이 좋을 것 같군요.

트리는 다음과 같이 노드^{Node: 마디}로 구성되며, 각 노드는 서로 부모–자식 관계로 연결됩니다.

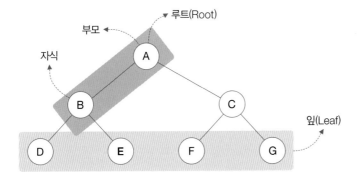

그림에서 A, B, C, D, E, F, G는 트리를 이루는 노드이며, 최상위 노드(그림을 뒤집으면 최하위 노드가 되겠죠?)인 A를 트리의 뿌리가 되는 루트^{Root} 노드라고 합니다. 그리고 루트로부터 뻗어나온 노드 중 가장 끝에 있는 D, E, F, G와 같은 노드를 잎^{Leaf} 노드, 또는 단말^{Terminal} 노드라고 합니다. 제가 조금 전에 각 노드는 부모-자식 관계로 맺어져 있다고 했죠? A의 자식 노드는 B, C 노드이며, B 노드의 자식 노드는 D, E, 그리고 C 노드의 자식 노드는 F, G입니다.

평범한 트리 자료구조에서는 부모 노드가 여러 개의 자식 노드를 가질 수도 있지만, 식 트리는 한 부모 노드가 단 두 개만의 자식 노드를 가질 수 있는 이진 트리^{Binary Tree}입니다.

자, 이제 식 트리를 이야기할 수 있겠군요. 식 트리란 식을 트리로 표현한 자료구조를 말합니다. 예를 들어 1*2+(7-8)이라는 식을 식 트리로 표현하면 다음과 같습니다.

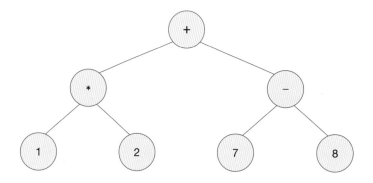

식 트리에서 연산자는 부모 노드가 되며, 피연산자는 자식 노드가 됩니다. 위의 그림을 보세요. 1*2에서 *는 부모 노드, 1과 2는 *의 자식 노드가 됐습니다. 7-8도 마찬가지입니다. -가 부모 노드, 7과 8은 각각 자식 노드가 됐죠. 같은 원리로 1*2+(7-8)은 + 연산자가 부모 노드, 피연산자인 1*2와 7-8은 +의 자식 노드입니다. 이렇게 식 트리로 표현된 식은 트리의 잎 노드부터 계산해서 루트까지 올라가면 전체 식의 결과를 얻을 수 있습니다.

식 트리 자료구조는 컴파일러나 인터프리터를 제작하는 데도 응용됩니다. 컴파일러는 프로그래밍 언어의 문법을 따라 작성된 소스 코드를 분석해서 식 트리로 만든 후 이를 바탕으로 실행 파일을 만들죠. 완전한 C# 컴파일러는 아니지만, C#은 프로그래머가 C# 코드 안에서 직접 식 트리를 조립하고 컴파일해서 사용할 수 있는 기능을 제공합니다. 다시 말해, 프로그램 실행 중에 동적으로 무명 함수를 만들어 사용할 수 있게 해준다는 이야기입니다. 멋지죠?

식 트리를 다루는 데 필요한 클래스들은 System.Linq.Expressions 네임스페이스 안에 준비되어 있습니다. 바로 'Expression 클래스와 아이들(파생 클래스들)'입니다.

Expression의 파생 클래스	설명
BinaryExpression	이항 연산자(+, −, *, /, %, &, |, ^, 〈〈, 〉〉, &&, ||, ==, !=, 〉, 〉=, 〈, 〈=)를 갖는 식을 표현합니다.
BlockExpression	변수를 정의할 수 있는 식을 갖는 블록을 표현합니다.
ConditionalExpression	조건 연산자가 있는 식을 나타냅니다.
ConstantExpression	상수가 있는 식을 나타냅니다.
DefaultExpression	형식(Type)이나 비어 있는 식의 기본값을 표현합니다.
DynamicExpression	동적 작업을 나타냅니다.
GotoExpression	return, break, continue, goto와 같은 점프문을 나타냅니다.
IndexExpression	배열의 인덱스 참조를 나타냅니다.
InvocationExpression	대리자나 람다식 호출을 나타냅니다.
LabelExpression	레이블을 나타냅니다.
LambdaExpression	람다식을 나타냅니다.
ListInitExpression	컬렉션 이니셜라이저가 있는 생성자 호출을 나타냅니다.
LoopExpression	무한 반복을 나타냅니다. 무한 반복은 break 문을 이용해서 종료할 수 있습니다.
MemberExpression	객체의 필드나 속성을 나타냅니다.
MemberInitExpression	생성자를 호출하고 새 객체의 멤버를 초기화하는 동작을 나타냅니다.
MethodCallExpression	메소드 호출을 나타냅니다.
NewArrayExpression	새 배열의 생성과 초기화를 나타냅니다.
NewExpression	생성자 호출을 나타냅니다.
ParameterExpression	명명된 인수를 나타냅니다.
RuntimeVariablesExpression	변수에 대한 런타임 읽기/쓰기 권한을 제공합니다.
SwitchExpression	다중 선택 제어 식을 나타냅니다.
TryExpression	try~catch~finally 문을 나타냅니다.
TypeBinaryExpression	형식 테스트를 비롯한 형식(Type)과 식(Expression)의 연산을 나타냅니다.
UnaryExpression	단항 연산자를 갖는 식을 나타냅니다.

이 표의 클래스들은 Expression 클래스의 파생 클래스입니다. 그렇다면 Expression 클래스는 어떤 기능을 갖고 있을까요? Expression 클래스는 식 트리를 구성하는 노드를 표현합니다. 그래서 Expression을 상속받는 이 표의 클래스들이 식 트리의 각 노드를 표현할 수 있게 되죠. 하지만 Expression 클래스는 식 트리를 구성하는 노드를 표현하는 것 외에도, 앞의 표에 열거된 클래스들의

객체를 생성하는 역할도 담당합니다. Expression 클래스 자신은 abstract로 선언되어 자신의 인스턴스는 만들 수 없지만, 파생 클래스의 인스턴스를 생성하는 정적 팩토리 메소드를 제공합니다.

! 여기서 잠깐 **팩토리 메소드**

팩토리 메소드(Factory Method)는 클래스의 인스턴스를 생성하는 일을 담당하는 메소드를 가리키는 용어입니다. C#에는 객체를 생성하는 생성자 메소드가 있지만, 가끔은 이것만으로 충분하지 않을 때가 있습니다. 객체의 생성에 복잡한 논리가 필요한 경우, 객체 생성 과정을 별도의 메소드에 구현해놓으면 코드의 복잡도를 상당히 줄일 수 있습니다.

Expression 클래스의 정적 팩토리 메소드들은 Expression 클래스의 파생 클래스인 ConstantExpression, BinaryExpression 클래스 등의 인스턴스를 생성하는 기능을 제공함으로써 우리의 수고를 줄여줍니다.

예를 하나 들어보겠습니다. 다음은 상수를 표현하는 ConstantExpression 객체 하나와 매개변수를 표현하는 ParameterExpression 객체 하나를 선언하고, 이 둘에 대해 덧셈(+) 연산을 수행하는 BinaryExpression 객체를 선언할 것입니다. 물론 이들 객체들은 Expression 클래스의 팩토리 메소드를 통해 생성할 것입니다.

```
Expression const1 = Expression.Constant(1);              // 상수 1
Expression param1 = Expression.Parameter(typeof(int), "x"); // 매개변수 x

Expression exp = Expression.Add(const1, param1);         // 1 + x
```

이 코드를 같이 살펴보겠습니다. 첫 번째 줄에서 Expression.Constant() 팩토리 메소드로 ConstantExpression 형식의 const1 객체를 선언하고 있습니다.

"ConstantExpression 형식이라고요? const1은 Expression 형식으로 선언했는데요?"

ConstantExpression은 Expression을 상속하기 때문에 ConstantExpression 객체는 Expression 형식의 참조를 통해 가리킬 수 있습니다. const1뿐만 아니라 앞의 코드의 param1은 원래 ParameterExpression의 인스턴스이고, exp는 BinaryExpression의 인스턴스입니다. 하지만 ParameterExpression이나 BinaryExpression도 Expression의 파생 클래스이기 때문에 Expression 형식의 참조를 통해 가리킬 수 있습니다. 덕분에 프로그래머는 각 노드가 어떤 타입인지 신경 쓰지 않고 거침없이 Expression 형식의 참조를 선언해서 사용할 수 있습니다. 필요한 경우에는 각 세부 형식으로 형식 변환하면 되니까요. 이것이 팩토리 메소드 패턴의 매력입니다.

아무튼 식 트리는 결국 '식'을 트리로 표현한 것에 불과합니다. 다시 말해 앞의 exp는 실행가능한 상태가 아니고 그저 '데이터' 상태에 머물러 있다는 말입니다. exp가 자신의 트리 자료구조 안에 정의된 식을 실행할 수 있으려면 람다식으로 컴파일되어야 합니다. 람다식으로의 컴파일은 다음과 같이 Expression〈TDelegate〉 클래스를 이용합니다(Expression〈TDelegate〉는 앞의 표에도 나타나 있는 LambdaExpression 클래스의 파생 클래스입니다).

```
Expression const1 = Expression.Constant(1);              // 상수 1
Expression param1 = Expression.Parameter(typeof(int), "x");  // 매개변수 x

Expression exp = Expression.Add(const1, param1); // 1 + x

Expression<Func<int, int>> lambda1 =
    Expression<Func<int, int>>.Lambda<Func<int, int>>(
        exp, new ParameterExpression[]{
        (ParameterExpression)param1});

Func<int, int> compiledExp = lambda1.Compile();  •------------[ 실행가능한 코드로 컴파일 ]

                        [ 컴파일한 무명 함수 실행 ]------•
Console.WriteLine(compiledExp(3));  // x = 3이면 1+x=4이므로 4를 출력
```

설명은 이 정도로 하고, 이해를 돕기 위해 예제 프로그램을 하나 만들어보겠습니다. 다음의 예제 프로그램은 1*2+(x−y) 식을 코드 안에서 식 트리로 만든 후, 이를 컴파일하여 실행합니다.

>>> **14장/UsingExpressionTree/MainApp.cs**

```
01  using System;
02  using System.Linq.Expressions;
03
04  namespace UsingExpressionTree
05  {
06      class MainApp
```

```
07      {
08          static void Main(string[] args)
09          {
10              // 1*2+(x-y)
11              Expression const1 = Expression.Constant(1);
12              Expression const2 = Expression.Constant(2);
13
14              Expression leftExp = Expression.Multiply(const1, const2); // 1 * 2
15
16              Expression param1 =
17                  Expression.Parameter(typeof(int)); // x를 위한 변수
18              Expression param2 =
19                  Expression.Parameter(typeof(int)); // y를 위한 변수
20
21              Expression rightExp = Expression.Subtract(param1, param2); // x - y
22
23              Expression exp = Expression.Add(leftExp, rightExp);
24
25              Expression<Func<int, int, int>> expression =
26                  Expression<Func<int, int, int>>.Lambda<Func<int, int, int>>(
27                      exp, new ParameterExpression[]{
28                          (ParameterExpression)param1,
29                          (ParameterExpression)param2});
30
31              Func<int, int, int> func = expression.Compile();
32
33              // x = 7, y = 8
34              Console.WriteLine($"1*2+({7}-{8}) = {func(7,8)}");
35          }
36      }
37  }
```

📥 **실행 결과**

```
1*2+(7-8) = 1
```

방금 전에 만든 예제 프로그램의 코드를 다시 한번 살펴보세요. 25행에서 람다식Lambda Expression 클래스를, 정확히는 람다식 클래스의 파생 클래스인 Expression⟨TDelegate⟩를 사용하고 있습니다.

람다식을 이용하면 더 간편하게 식 트리를 만들 수 있습니다. 다만 이 경우에는 '동적으로' 식 트리를 만들기는 어려워집니다. Expression 형식은 불변Immutable이기 때문에 인스턴스가 한번 만들어진 후에는 변경할 수가 없기 때문입니다. 다음 예제 프로그램은 람다식을 이용해서 식 트리를 만드는 예를 보여줍니다. 조금 전에 만들었던 식 트리 예제 프로그램과 동일한 식 트리를 만들어내며, 실행 결과도 똑같습니다.

>>> **14장/ExpressionTreeViaLambda/MainApp.cs**

```
01  using System;
02  using System.Linq.Expressions;
03
04  namespace ExpressionTreeViaLambda
05  {
06      class MainApp
07      {
08          static void Main(string[] args)
09          {
10              Expression<Func<int, int, int>> expression =
11                  (a, b) => 1 * 2 + (a - b);
12              Func<int, int, int> func = expression.Compile();
13
14              // x = 7, y = 8
15              Console.WriteLine($"1*2+({7}-{8}) = {func(7, 8)}");
16          }
17      }
18  }
```

📤 **실행 결과**

```
1*2+(7-8) = 1
```

지금까지 살펴본 것처럼, 식 트리는 코드를 '데이터'로 보관할 수 있습니다. 이것은 파일에 저장할 수도 있고 네트워크를 통해 다른 프로세스에 전달할 수도 있습니다. 심지어 코드를 담고 있는 식 트리 데이터를 데이터베이스 서버에 보내서 실행할 수도 있습니다. 데이터베이스 처리를 위한 식 트리는 LINQ에서 사용됩니다.

14.6 식으로 이루어지는 멤버

메소드를 비롯하여 속성(인덱서), 생성자, 종료자는 공통된 특징이 있습니다. 이들은 모두 클래스의 멤버로서 본문이 중괄호 {}로 만들어져 있습니다. 이러한 멤버의 본문을 식^{Expression}만으로 구현할 수 있는데, 이렇게 식으로 구현된 멤버를 영어로는 'Expression-Bodied Member'라고 하고, 우리말로는 '식 본문 멤버'라고 합니다. 식 본문 멤버의 문법은 다음과 같습니다.

```
멤버 => 식;
```

예제 코드를 통해 식 본문 멤버에 대해 조금 더 자세히 알아보겠습니다. 일단 다음과 같이 필드 하나를 가지는 FriendList라는 클래스를 선언하겠습니다.

```
class FriendList
{
    private List<string> list = new List<string>();

    // 여기에 나머지 멤버 구현
}
```

FriendList 클래스에 식으로 이루어진 멤버를 하나씩 추가해보겠습니다. 먼저 메소드부터 시작해볼게요. 다음 예제에서 Add()와 Remove() 메소드는 각각 list.Add() 메소드를 호출하는 식과 list.Remove() 메소드를 호출하는 식으로 이루어졌습니다.

```
class FriendList
{
    // …

    public void Add(string name) => list.Add(name);
    public void Remove(string name) => list.Remove(name);
}
```

생성자와 종료자도 식으로 구현해볼게요.

```
class FriendList
{
    // …

    public FriendList() => Console.WriteLine("FriendList()"); // 생성자
    ~FriendList() => Console.WriteLine("~FriendList()"); // 종료자
}
```

이번엔 읽기 전용 속성과 인덱서를 식으로 구현하는 예제 코드입니다. get 키워드조차 생략할 수 있습니다.

```
class FriendList
{
    // …

    public int Capacity => list.Capacity; // 읽기 전용 속성
    public string this[int index] => list[index]; // 읽기 전용 인덱서
}
```

읽기/쓰기 모두 가능한 속성 또는 인덱서를 구현하려면 코두가 조금 늘어납니다. 읽기 전용일 때는 생략이 가능했던 get(set) 키워드도 명시적으로 기술해줘야 합니다.

```
class FriendList
{
    //…
    public int Capacity // 속성
    {
        get => list.Capacity;
        set => list.Capacity = value;
    }

    public string this[int index] // 인덱서
    {
        get => list[index];
        set => list[index] = value;
    }
}
```

지금까지 단일 식을 이용하여 메소드, 생성자, 종료자, 속성, 인덱서를 구현하는 방법에 대해 알아봤습니다. 앞에서 살펴봤던 예제 코드를 실행가능한 프로그램에 넣어 테스트해보겠습니다. 다음 예제 프로그램을 따라 작성해보고 컴파일한 뒤 실행해보세요.

>>> 14장/ExpressionBodiedMember/MainApp.cs

```
01  using System;
02  using System.Collections.Generic;
03
04  namespace ExpressionBodiedMember
05  {
06      class FriendList
07      {
08          private List<string> list = new List<string>();
09
10          public void Add(string name) => list.Add(name);
11          public void Remove(string name) => list.Remove(name);
12          public void PrintAll()
13          {
14              foreach (var s in list)
15                  Console.WriteLine(s);
16          }
17
18          public FriendList() => Console.WriteLine("FriendList()");
19          ~FriendList() => Console.WriteLine("~FriendList()");
20
21          // public int Capacity => list.Capacity; // 읽기 전용
22
23          public int Capacity // 속성
24          {
25              get => list.Capacity;
26              set => list.Capacity = value;
27          }
28
29          //public string this[int index] => list[index]; // 읽기 전용
30          public string this[int index]
31          {
32              get => list[index];
33              set => list[index] = value;
```

```
34                }
35          }
36
37      class MainApp
38      {
39          static void Main(string[] args)
40          {
41              FriendList obj = new FriendList();
42              obj.Add("Eeny");
43              obj.Add("Meeny");
44              obj.Add("Miny");
45              obj.Remove("Eeny");
46              obj.PrintAll();
47
48              Console.WriteLine($"{obj.Capacity}");
49              obj.Capacity = 10;
50              Console.WriteLine($"{obj.Capacity}");
51
52              Console.WriteLine($"{obj[0]}");
53              obj[0] = "Moe";
54              obj.PrintAll();
55          }
56      }
57  }
```

📋 실행 결과

```
FriendList()
Meeny
Miny
4
10
Meeny
Moe
Miny
~FriendList()
```

01 다음 코드의 출력 결과값은 얼마일까요?

```
Func<int> func_1= () => 10;
Func<int, int> func_2 = (a) => a * 2;

Console.WriteLine(func_1() + func_2(30));
```

02 다음 코드에서 익명 메소드를 람다식으로 수정하세요.

```
using System;

namespace _14_2
{
    class MainApp
    {
        static void Main(string[] args)
        {
            int[] array = {11, 22, 33, 44, 55};

            foreach (int a in array)
            {
                Action action = new Action
                    (
                        delegate()
                        {
                            Console.WriteLine(a * a);
                        }
                    );
                action.Invoke();
            }
        }
    }
}
```

Chapter

15

▶ # LINQ

LINQ는 컬렉션을 편리하게 다루기 위한 목적으로 만들어진 질의^{Query} 언어입니다. C# 3.0 버전에서부터 탑재한 LINQ 덕분에 C# 프로그래머는 데이터를 찾고 병합하고 정렬하는 코드를 작성하는 짐을 상당 부분 내려놓을 수 있게 됐습니다. 공부의 짐은 조금 늘긴 했지만 말입니다.

이 장에서는 LINQ에 대해 설명합니다. 그럼 시작하겠습니다.

학습목표

이 장의
핵심 개념

- LINQ의 정의를 이해합니다.

- LINQ의 기본 문법을 익힙니다.

- LINQ를 이용하여 여러 데이터 원본에서 데이터를 조회하는 방법을 익힙니다.

- LINQ의 세부 문법을 익힙니다.

이 장의
학습 흐름

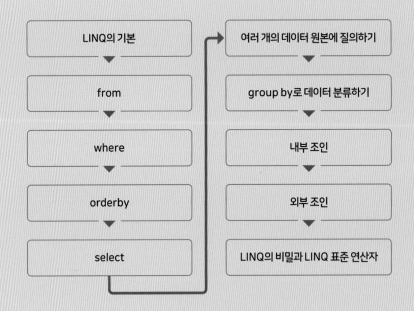

LINQ의 기본

↓

from

↓

where

↓

orderby

↓

select

여러 개의 데이터 원본에 질의하기

↓

group by로 데이터 분류하기

↓

내부 조인

↓

외부 조인

↓

LINQ의 비밀과 LINQ 표준 연산자

15.1 데이터! 데이터! 데이터!

"데이터 엔지니어, 데이터 사이언티스트, 데이터 분석가..."

이들은 데이터 시대가 열리면서 새롭게 등장한 직군입니다. 아마 데이터 관련 전문가가 되기 위해 이 책을 읽는 분도 있을 것입니다. 데이터를 미디어에서 읽고, 거르고, 정렬하는 작업은 프로그램에서 부지기수로 일어납니다. 이러한 데이터 작업은 당연히 프로그래머가 프로그래밍해 넣어야 하죠. 프로그래머는 데이터를 가공하는 논리적인 작업에 더 신경을 쓰고 싶어하지만(이쪽이 더 재미있거든요) 안타깝게도 데이터를 가공하기 전에 필요한 데이터를 찾아내는 일이 도저히 프로그래머를 놔주질 않습니다. 게다가 이 지루한 작업은 양도 적지 않습니다.

LINQ는 우리를 이 지루한 데이터 작업에서 해방시켜줍니다. 여러분이 이번 장을 마치고 LINQ를 사용하기 시작한다면 LINQ가 없는 다른 언어를 사용하는 프로그래머가 가여워질 것입니다.

서론은 이 정도로 하고, 이제부터 LINQ에 대한 이야기를 본격적으로 나눠보겠습니다. LINQ는 Language INtegrated Query의 약어로, C#에 통합된 데이터 질의 기능을 말합니다.

"데... 데이터 뭐시기라고요?"

데이터 질의 기능입니다. 질의^{Query}란 원래 뭔가에 대해 물어본다는 뜻인데, 데이터 질의라고 하면 데이터에 대해 물어본다는 말이 됩니다. 그렇다면 그 질문을 받은 누군가는 데이터에 대한 답변을 주겠죠. 기본적으로 질문은 다음 내용을 포함합니다.

- **From:** 어떤 데이터 집합에서 찾을 것인가?
- **Where:** 어떤 값의 데이터를 찾을 것인가?
- **Select:** 어떤 항목을 추출할 것인가?

이해를 돕기 위해 예를 들어 설명해보겠습니다. 먼저 다음과 같이 선언된 클래스가 있다고 해봅시다.

```
class Profile
{
    public string Name {get; set;}
    public int    Height {get; set;}
}
```

그리고 이 클래스에 기반한 배열을 선언해봅시다.

```
Profile[] arrProfile = {
                        new Profile(){Name="정우성", Height=186},
                        new Profile(){Name="김태희", Height=158},
                        new Profile(){Name="고현정", Height=172},
                        new Profile(){Name="이문세", Height=178},
                        new Profile(){Name="하하", Height=171}
                    };
```

자, arrProfile에서 Height 프로퍼티가 175 미만인 데이터만 골라 새 컬렉션으로 추출해야 한다면 여러분은 어떻게 하겠습니까? 제가 생각하는 것이 맞는다면 아마 다음과 같이 코드를 작성할 것입니다.

```
List<Profile> profiles = new List<Profile>();
foreach (Profile profile in arrProfile)          arrProfile 안에 있는 각 데이터로부터
{
    if (profile.Height < 175)                    Height가 175 미만인 객체만
        profiles.Add(profile);                   골라 profiles에 넣은 후
}

profiles.Sort(                                   키의 오름차순으로 정렬합니다.
    (profile1, profile2)=>
    {
        return profile1.Height - profile2.Height;
    });

foreach (var profile in profiles)
    Console.WriteLine("{0}, {1}", profile.Name, profile.Height);
```

이 코드에서 잘못된 부분은 전혀 없습니다. 다만 이 코드에 대해 'LINQ를 모르는 프로그래머의 코드'라는 평을 들을 수는 있습니다. LINQ를 아는 프로그래머의 코드는 어떻냐고요? 다음과 같습니다(코드를 굳이 분석하려 들 필요는 없습니다. 그냥 코드의 양이 줄었다는 것만 보셔도 됩니다).

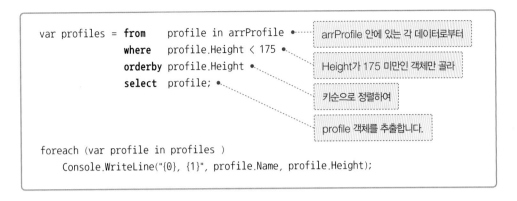

```
var profiles = from    profile in arrProfile  •----→  arrProfile 안에 있는 각 데이터로부터
              where   profile.Height < 175  •----→  Height가 175 미만인 객체만 골라
              orderby profile.Height  •
              select  profile;  •
                                          키순으로 정렬하여

                                          profile 객체를 추출합니다.

foreach (var profile in profiles )
    Console.WriteLine("{0}, {1}", profile.Name, profile.Height);
```

상당히 단순해지지 않았습니까? LINQ를 이용하면 프로그래머는 지루한 데이터 작업으로부터 많이 벗어날 수 있습니다. 생소하지만 LINQ의 문법이 논리 정연하게 구성되어 있기 때문에 어렵지 않게 익힐 수 있습니다. 그럼 다음 장에서부터 본격적으로 LINQ에 대해 알아보겠습니다.

15.2 LINQ의 기본

15.2.1 from

모든 LINQ 쿼리식Query Expression은 반드시 from 절로 시작합니다. 쿼리식의 대상이 될 데이터 원본Data Source과 데이터 원본 안에 들어 있는 각 요소 데이터를 나타내는 범위 변수Range Variable를 from 절에서 지정해줘야 합니다.

이때 from의 데이터 원본은 아무 형식이나 사용할 수 없고, IEnumerable⟨T⟩ 인터페이스를 상속하는 형식이어야만 합니다. 7장에서 공부했던 배열이나 컬렉션 객체들은 IEnumerable⟨T⟩를 상속하기 때문에 이들은 모두 from 절의 데이터 원본으로 사용할 수 있습니다. 범위 변수는 쿼리 변수Query Variable라고도 하는데, foreach 문의 반복 변수를 생각하면 이해하기 쉽습니다. foreach(int x in arr)에서 x 같은 것 말입니다.

from 절은 다음과 같이 from 〈범위 변수〉 in 〈데이터 원본〉의 형식으로 사용합니다.

```
int[] numbers = {1, 2, 3, 4, 5, 6, 7, 8, 9, 10};

                  범위 변수                    데이터 원본

var result = from    n  in   numbers
             where   n % 2 == 0
             orderby n
             select  n;
```

참, 아직 LINQ 예제 프로그램은 하나도 안 만들어봤죠? 그럼 from 절 연습도 할 겸, 간단한 예제
프로그램을 하나 만들어보겠습니다. 다음 예제 프로그램은 LINQ를 이용해 숫자 배열로부터 짝수만
추출하여 그 결과를 출력합니다.

>>> **15장/From/MainApp.cs**

```
01  using System;
02  using System.Linq;
03
04  namespace From
05  {
06      class MainApp
07      {
08          static void Main(string[] args)
09          {
10              int[] numbers = {9, 2, 6, 4, 5, 3, 7, 8, 1, 10};
11
12              var result = from n in numbers
```

```
13                          where n % 2 == 0   •------------    where 절 이하는 지금
14                          orderby n                           신경 쓰지 마세요. 곧이어
15                          select n;                           자세히 설명하겠습니다.
16
17              foreach (int n in result)
18                  Console.WriteLine($"짝수 : {n}");
19          }
20      }
21  }
```

▷ 실행 결과

```
짝수 : 2
짝수 : 4
짝수 : 6
짝수 : 8
짝수 : 10
```

from 절을 이용해서 데이터 원본으로부터 범위 변수를 뽑아낸 후에는, LINQ가 제공하는 수십 가지 연산자를 이용해서 데이터를 가공 및 추출해낼 수 있습니다. 지면의 한계 때문에 LINQ 표준 연산자 모두를 설명하기는 어렵고, 일단 가장 많이 사용하는 where, orderby, select 세 가지를 알아본 후 다음 장에서 추가적으로 나머지 연산자들을 설명하겠습니다.

15.2.2 where

where는 한마디로 필터Filter 역할을 하는 연산자입니다. from 절이 데이터 원본으로부터 뽑아낸 범위 변수가 가져야 하는 조건을 where 연산자에 인수로 입력하면 LINQ는 해당 조건에 부합하는 데이터만을 걸러냅니다. 가령 다음과 같은 데이터가 있다고 합시다.

```
Profile[] arrProfile = {
                    new Profile(){Name="정우성", Height=186},
                    new Profile(){Name="김태희", Height=158},
                    new Profile(){Name="고현정", Height=172},
                    new Profile(){Name="이문세", Height=178},
                    new Profile(){Name="하하", Height=171}
                };
```

다음과 같이 where 연산자를 이용해서 Height가 175 미만인 객체들을 걸러낼 수 있습니다.

```
var profiles = from    profile in arrProfile
               where   profile.Height < 175
               select  profile;
```

15.2.3 orderby

이름에서 이미 눈치챘겠지만, orderby는 데이터의 정렬을 수행하는 연산자입니다. 바로 앞에서 where 연산자를 설명할 때 사용했던 LINQ 예제를 수정해보겠습니다. 이 예제를 Height의 오름차순으로 정렬한 결과를 얻도록 고치려면 다음과 같이 orderby 연산자에 정렬의 기준이 될 항목을 인수로 입력해주면 됩니다.

```
var profiles = from    profile in arrProfile
               where   profile.Height < 175
               orderby profile.Height
               select  profile;
```

orderby 연산자는 기본적으로 오름차순으로 데이터를 정렬하지만, 같이 작업하는 동료를 배려하는 차원에서 좀 더 명확하게 오름차순으로 정렬한다는 사실을 알려주기 위해 다음 코드처럼 ascending 키워드를 명시해도 됩니다.

```
var profiles = from    profile in arrProfile
               where   profile.Height < 175
               orderby profile.Height ascending
               select  profile;
```

내림차순으로 정렬하고 싶으면 어떻게 하냐고요? orderby~descending을 이용하면 됩니다. 다음은 조금 전과 달리 Height의 내림차순으로 정렬하는 LINQ 예제입니다.

```
var profiles = from    profile in arrProfile
               where   profile.Height < 175
               orderby profile.Height descending
               select  profile;
```

15.2.4 select

select 절은 최종 결과를 추출하는 쿼리식의 마침표 같은 존재입니다. from 절에서 데이터 원본으
로부터 범위 변수를 뽑아내고 where 절에서 이 범위 변수의 조건을 검사한 후, 그 결과를 orderby
절에서 정렬하고 select 문을 이용하여 최종 결과를 추출해내는 것입니다. 이미 많이 봐왔듯이,
select 절은 다음과 같이 사용하면 됩니다.

```
var profiles = from    profile in arrProfile
               where   profile.Height < 175
               orderby profile.Height
               select  profile;
```

혹시 여러분은 var 형식으로 선언된 profiles의 실제 형식이 궁금하지 않습니까? C# 컴파일러가
var 형식을 LINQ 쿼리식이 반환할 결과 형식에 맞춰 알아서 컴파일해주기는 하지만, 실제로 var가
어떤 형식으로 치환되는지를 알아둘 필요가 있습니다(의미도 모르는 코드를 프로그램에 넣을 순 없
잖아요?). LINQ 질의 결과는 IEnumerable⟨T⟩로 반환되는데, 이때 형식 매개변수 T는 바로 지
금 공부하고 있는 select 문에 의해 결정됩니다.

예를 들어 앞의 LINQ 쿼리식은 배열로부터 Height가 175 미만인 Profile 객체를 골라내는데, 그
결과는 IEnumerable⟨Profile⟩ 형식이 됩니다. 만약 다음과 같이 select 문에서 Profile 객체 전
체가 아닌 Name 프로퍼티만 추출하면 profiles는 IEnumerable⟨string⟩ 형식으로 컴파일됩니다.

```
var profiles = from    profile in arrProfile
               where   profile.Height < 175
               orderby profile.Height
               select  profile.Name;
```

이뿐만 아닙니다. select 문은 무명 형식(기억하고 있나요? 기억나지 않는다면 9장으로 가서 다시 공부하고 돌아오세요)을 이용해서 다음과 같이 새로운 형식을 즉석에서 만들어낼 수도 있습니다.

```
var profiles = from    profile in arrProfile
               where   profile.Height < 175
               orderby profile.Height
               select  new {Name = profile. Name, InchHeight = profile.Height * 0.393};
```

자, 이렇게 해서 from, where, orderby, select로 이어지는 기본적인 LINQ 문의 사용 방법을 알아보았습니다. 이번 절에서 배운 것을 정리하는 차원에서 간단한 예제 프로그램을 하나 만들어보겠습니다. 이 프로그램은 조금 전에 다뤘던 예제 쿼리식을 이용하여 다음 그림과 같이 원하는 데이터를 조회 및 가공하여 출력합니다.

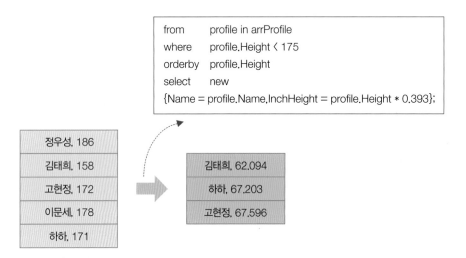

>>> **15장/SimpleLinq/MainApp.cs**

```
01  using System;
02  using System.Collections.Generic;
03  using System.Linq;
04
05  namespace SimpleLinq
06  {
```

```
07      class Profile
08      {
09          public string Name {get; set;}
10          public int    Height {get; set;}
11      }
12
13      class MainApp
14      {
15          static void Main(string[] args)
16          {
17              Profile[] arrProfile =
18              {
19                  new Profile(){Name="정우성", Height=186},
20                  new Profile(){Name="김태희", Height=158},
21                  new Profile(){Name="고현정", Height=172},
22                  new Profile(){Name="이문세", Height=178},
23                  new Profile(){Name="하하", Height=171}
24              };
25
26              var profiles = from profile in arrProfile
27                             where profile.Height < 175
28                             orderby profile.Height
29                             select new
30                             {
31                                 Name = profile.Name,
32                                 InchHeight = profile.Height * 0.393
33                             };
34
35              foreach (var profile in profiles)
36                  Console.WriteLine($"{profile.Name}, {profile.InchHeight}");
37          }
38      }
39  }
```

```
김태희, 62.094
하하, 67.203
고현정, 67.596
```

15.3 여러 개의 데이터 원본에 질의하기

LINQ 쿼리식, 그렇게 어렵지 않죠? 지금부터는 LINQ의 기본을 넘어서는 부분들을 조금씩 알아보려 합니다. 그 첫 번째 순서는 여러 개의 데이터 원본에 접근하는 쿼리식을 만드는 방법입니다.

LINQ 쿼리식은 데이터 원본에 접근하기 위해 from 절을 사용합니다. 여러 개의 데이터 원본에 접근하려면 우리는 이 from 문을 중첩해서 사용하면 됩니다. foreach 문을 중첩해서 사용하는 것처럼 말입니다(from 절이 foreach 문과 비슷하다는 점을 떠올리면 이해하기 쉬울 것입니다).

예를 들어 설명해볼게요. 우선 다음과 같은 구조의 클래스가 있다고 해보겠습니다. 이 클래스는 학급의 성적을 나타내는데, 여러 학생의 점수를 담기 위해 Score 필드를 배열로 선언했습니다.

```
class Class
{
    public string Name {get; set;}
    public int[]  Score {get; set;} // 주목! 배열입니다.
}
```

그리고 이 클래스를 바탕으로 배열 하나를 다음과 같이 선언하겠습니다.

```
Class[] arrClass =
{
    new Class(){Name="연두반", Score=new int[]{99, 80, 70, 24}},
    new Class(){Name="분홍반", Score=new int[]{60, 45, 87, 72}},
    new Class(){Name="파랑반", Score=new int[]{92, 30, 85, 94}},
    new Class(){Name="노랑반", Score=new int[]{90, 88, 0, 17}}
};
```

이제 준비는 끝났습니다. 이 배열에서 점수가 60점 미만인 학생이 소속된 학급과 그 학생의 점수를 중첩한 from 절을 이용해서 뽑아보겠습니다.

```
var classes = from c in arrClass ●┄┄┄┄┄┄┄┄┄┄┄┄┄  ┌─────────────────┐
                                                 │ 첫 번째 데이터 원본 │
                                                 └─────────────────┘
                  from s in c.Score ●┄┄┄┄┄┄┄┄┄┄  ┌─────────────────┐
                                                 │ 두 번째 데이터 원본 │
                                                 └─────────────────┘
                  where s < 60
              select new {c.Name, Lowest = s};
```

보셨습니까? 먼저 arrClass 객체에 from 절로 접근해서 범위 변수 c를 뽑고, 다시 그 c 객체의
Score 필드에 또 다른 from 절로 접근해서 새로운 범위 변수 s를 뽑았습니다. 이 범위 변수 s는 개
별 점수를 나타내죠. where 절을 이용해서 이 s가 60보다 낮은지 걸러내고, 그 다음은 무명 형식을
선언해서 낙제점을 맞은 학생의 학급 이름과 점수를 담아냅니다.

결과가 궁금하죠? 예제 프로그램을 직접 코딩해서 알아보겠습니다.

>>> 15장/FromFrom/MainApp.cs

```
01   using System;
02   using System.Linq;
03
04   namespace FromFrom
05   {
06       class Class
07       {
08           public string Name {get; set;}
09           public int[]  Score {get; set;}
10       }
11
12       class MainApp
13       {
14           static void Main(string[] args)
15           {
16               Class[] arrClass =
17               {
18                   new Class(){Name="연두반", Score=new int[]{99, 80, 70, 24}},
19                   new Class(){Name="분홍반", Score=new int[]{60, 45, 87, 72}},
20                   new Class(){Name="파랑반", Score=new int[]{92, 30, 85, 94}},
21                   new Class(){Name="노랑반", Score=new int[]{90, 88, 0, 17}}
22               };
23
```

```
24              var classes = from c in arrClass
25                            from s in c.Score
26                            where s < 60
27                            orderby s
28                            select new {c.Name, Lowest = s};
29
30              foreach (var c in classes)
31                  Console.WriteLine($"낙제 : {c.Name} ({c.Lowest})");
32          }
33      }
34  }
```

⤷ **실행 결과**

```
낙제 : 노랑반 (0)
낙제 : 노랑반 (17)
낙제 : 연두반 (24)
낙제 : 파랑반 (30)
낙제 : 분홍반 (45)
```

15.4 group by로 데이터 분류하기

분류학이라는 학문을 알고 있습니까? 지구상에 존재하는 모든 생물을 특정 기준에 따라 나누어 정리하는 생물학의 한 분야입니다. 그저 분류를 나누고 정리하는 것이 뭐 그리 대수라고 '학문의 분야로다루냐고요? 분류학자는 해마다 새로운 생물을 2만 종 정도 발견합니다. 매년 멸종되는 것은 3만 종정도로 추산되고요. 분류학은 구글의 검색엔진 없이도 발견한 동식물이 전혀 새로운 종인지, 아니면이미 학계에 보고된 종인지 구분할 수 있게 해줍니다. 분류학이 없다면 아직도 인류가 발견하지 못한 새로운 2천만 종의 생물을 제대로 기록조차 할 수 없을 것입니다.

어떤 것을 특정 기준에 따라 나누어 정리하는 것이 생물학에서만 유용한 것은 아닙니다. 잘 정리된분류 기준은 데이터를 다루는 사람에게도 아주 훌륭한 도구입니다. 컴퓨터 프로그램이 이러한 분류기준에 따라 데이터를 그룹화해준다면, 이 사람들은 더할 나위 없이 좋아할 것입니다. LINQ 질의식은 이처럼 멋진 작업을 group by 절을 통해 해냅니다.

group by 절은 다음의 형식으로 사용합니다.

```
group A by B into C
```

A에는 from 절에서 뽑아낸 범위 변수를, B에는 분류 기준을, C에는 그룹 변수를 위치시키면 됩니다. 예가 하나 필요하겠네요. 앞에서 사용한 연예인들의 신장 데이터를 대상으로 group by 절을 이용해서 분류 작업을 해보겠습니다. 분류 기준은 '175 미만인가? 또는 175 이상인가?'입니다.

```
Profile[] arrProfile =
{
    new Profile(){Name="정우성", Height=186},
    new Profile(){Name="김태희", Height=158},
    new Profile(){Name="고현정", Height=172},
    new Profile(){Name="이문세", Height=178},
    new Profile(){Name="하하", Height=171}
};
```

이제 이 데이터를 group by를 이용해서 분류해보겠습니다.

```
var listProfile = from profile in arrProfile
                  group profile by profile.Height < 175 into g
                  select new {GroupKey = g.Key, Profiles = g};
```

이 쿼리식의 그룹 변수 g에는 Height 값이 175 미만인 객체의 컬렉션, 175 이상인 객체의 컬렉션이 입력되고, select 문이 추출하는 새로운 무명 형식은 컬렉션의 컬렉션이 됩니다. 그리고 이 무명 형식의 Profiles 필드는 바로 이 그룹 변수 g를 담게 될 것입니다. 최종적으로 쿼리식의 결과를 모두 담는 listProfile은 다음과 같은 모습일 것입니다.

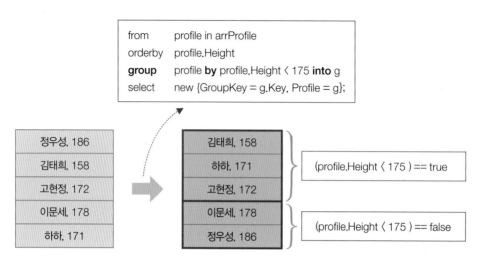

```
from        profile in arrProfile
orderby     profile.Height
group       profile by profile.Height < 175 into g
select      new {GroupKey = g.Key, Profile = g};
```

정우성, 186	
김태희, 158	
고현정, 172	
이문세, 178	
하하, 171	

김태희, 158	
하하, 171	(profile.Height < 175) == true
고현정, 172	
이문세, 178	(profile.Height < 175) == false
정우성, 186	

쿼리식의 결과를 담은 listProfile을 다루는 방법은 직접 예제 프로그램을 따라 만들면서 확인해보
세요.

>>> **15장/GroupBy/MainApp.cs**

```csharp
01  using System;
02  using System.Linq;
03
04  namespace GroupBy
05  {
06      class Profile
07      {
08          public string Name {get; set;}
09          public int Height {get; set;}
10      }
11
12      class MainApp
13      {
14          static void Main(string[] args)
15          {
16              Profile[] arrProfile =
17              {
18                  new Profile(){Name="정우성", Height=186},
19                  new Profile(){Name="김태희", Height=158},
20                  new Profile(){Name="고현정", Height=172},
```

```
21                         new Profile(){Name="이문세", Height=178},
22                         new Profile(){Name="하하", Height=171}
23              };
24
25       var listProfile = from profile in arrProfile
26                         orderby profile.Height
27                         group profile by profile.Height < 175 into g
28                         select new {GroupKey = g.Key, Profiles = g};
29
30       foreach (var Group in listProfile) •- - - - -[ Group은 IGrouping<T> 형식 ]
31       {
32           Console.WriteLine($"- 175cm 미만? : {Group.GroupKey}");
33
34           foreach (var profile in Group.Profiles)
35           {
36               Console.WriteLine($">>> {profile.Name}, {profile.Height}");
37           }
38       }
39    }
40   }
41 }
```

📤 실행 결과

```
- 175cm 미만? : True
>>> 김태희, 158
>>> 하하, 171
>>> 고현정, 172
- 175cm 미만? : False
>>> 이문세, 178
>>> 정우성, 186
```

15.5 두 데이터 원본을 연결하는 join

join은 두 데이터 원본을 연결하는 연산입니다. 막무가내로 연결하는 것은 아니고, 각 데이터 원본
에서 특정 필드의 값을 비교하여 일치하는 데이터끼리 연결합니다.

15.5.1 내부 조인

내부 조인Inner Join은 교집합과 비슷합니다. 두 데이터 원본 사이에서 일치하는 데이터들만 연결한 후 반환하거든요. 더 자세히 이야기하면, 내부 조인은 첫 번째 데이터 원본과 두 번째 데이터 원본의 특정 필드를 비교해서 일치하는 데이터를 반환합니다. 이때 기준은 첫 번째 원본 데이터입니다.

예를 들어 설명하겠습니다. 다음 그림에서 데이터 원본 A는 기준이 되며, A의 각 데이터는 Name 과 Height 필드를 갖고 있습니다. 그리고 B는 A에 연결할 데이터 원본이며 Product와 Star 필드를 갖고 있습니다. 이제 배우의 이름, 작품, 키를 담는 새로운 컬렉션을 만들고 싶으면 A의 Name 필드와 B의 Star 필드가 일치하는 데이터들만 연결하면 됩니다.

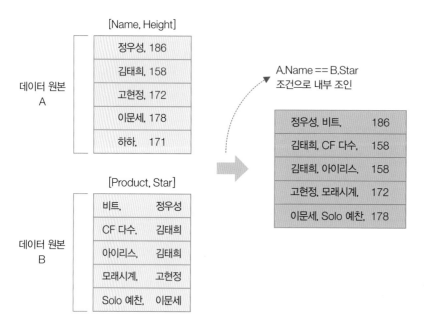

혹시 내부 조인 결과에 '하하'에 관한 데이터는 빠져 있는 것, 알고 있었습니까? 내부 조인을 수행할 때 기준 데이터 원본에는 존재하지만 연결할 데이터 원본에는 존재하지 않는 데이터는 조인 결과에 포함되지 않습니다. 당연히 기준 데이터 원본에는 없지만 연결할 데이터 원본에는 존재하는 데이터의 경우에도 조인 결과에 포함되지 않습니다.

한편, 내부 조인은 다음과 같이 join 절을 통해 수행합니다. 기준 데이터 a는 from 절에서 뽑아낸 범위 변수이고, 연결 대상 데이터 b는 join 절에서 뽑아낸 변수입니다. join 절의 on 키워드는 조인 조건을 수반합니다. 이때 on 절의 조인 조건은 '동등Equality'만 허용됩니다. '~보다 작음', '~보다 큼'

같은 비교 연산은 허락되지 않습니다. 기본 연산자 중 하나인 '==' 연산자가 아닌, equals라는 키워드가 조인을 위해 사용된다는 사실에 주의해주세요.

```
from a in A
join b in B on a.XXXX equals b.YYYY
```

예를 하나 들어보겠습니다. 조금 전에 우리가 같이 봤던 그림에서처럼 배우 프로필(Name, Height로 구성)과 작품 정보(Product, Star로 구성)를 내부 조인하여 새로운 컬렉션을 만들려면 다음과 같은 LINQ 쿼리식을 수행합니다.

```
var listProfile =
    from profile in arrProfile
    join product in arrProduct on profile.Name equals product.Star
    select new
    {
        Name = profile.Name,
        Work = product.Title,
        Height = profile.Height
    };
```

다음 형식의 배열
```
class Profile
{       public string Name {get; set;}
        public int Height {get; set;}
}
```

다음 형식의 배열
```
class Product
{   public string Title {get; set;}
    public string Star {get; set;}
}
```

이 쿼리식이 어떤 결과를 내는지는 외부 조인에 대해 알아본 후 예제 프로그램을 통해 같이 확인해 보겠습니다.

15.5.2 외부 조인

외부 조인Outer Join은 기본적으로 내부 조인과 비슷하지만, 다음 그림처럼 조인 결과에 기준이 되는 데이터 원본이 모두 포함된다는 점이 다릅니다.

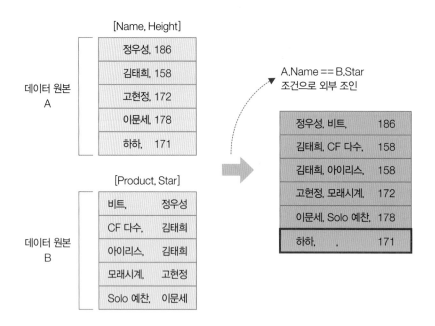

내부 조인을 했을 때는 '하하' 데이터가 조인 결과에 없었는데, 외부 조인을 했을 때는 작품의 Title 이 비어 있는 상태로 조인 결과에 포함됐습니다. 이것은 외부 조인이 기준이 되는 데이터 원본의 모든 데이터를 조인 결과에 반드시 포함시키는 특징 때문입니다. 연결할 데이터 원본에 기준 데이터 원본의 데이터와 일치하는 데이터가 없다면 그 부분은 빈 값으로 결과를 채우게 됩니다.

> **❗ 여기서 잠깐 왼쪽 조인, 오른쪽 조인, 완전 외부 조인**
>
> LINQ는 원래 DBMS에서 사용하던 SQL(Structured Query Language)을 본떠 프로그래밍 언어 안에 통합한 것입니다. LINQ가 SQL과 상당히 닮아 있긴 하지만, SQL은 그 자체로도 커다란 프로그래밍 언어입니다. 지원하는 데이터 형식도 프로그래밍 언어보다 훨씬 다양하고, 데이터를 다루는 데 필요한 함수, 연산자 등이 다양하면서도 사용하기 쉽게 설계되어 있습니다.
>
> 물론 우리가 지금 다루고 있는 외부 조인도 SQL에서 본뜬 것입니다. 원래 SQL에서 지원하는 외부 조인에는 왼쪽 조인(Left Join), 오른쪽 조인(Right Join), 완전 외부 조인(Full Outer Join), 이렇게 세 가지가 있습니다. 왼쪽 조인은 왼쪽 데이터 원본을 기준으로 삼고, 오른쪽 조인은 오른쪽 데이터 원본을 기준으로 삼습니다. 완전 외부 조인은 왼쪽과 오른쪽 데이터 원본 모두를 기준으로 삼습니다.
>
> LINQ는 이 세 가지 조인 방식 중에서 왼쪽 조인만 지원합니다. 조금 아쉽기는 하지만, 여러분도 LINQ를 사용하다 보면 왼쪽 조인만으로도 부족함 없이 데이터를 다룰 수 있다는 사실을 알게 될 것입니다.

외부 조인을 사용하는 방법은 내부 조인과 크게 다르지 않습니다. 먼저 join 절을 이용해서 조인을 수행한 후 그 결과를 임시 컬렉션에 저장하고, 이 임시 컬렉션에 대해 DefaultIfEmpty 연산을 수행해서 비어 있는 조인 결과에 빈 값을 채워 넣습니다. DefaultIfEmpty 연산을 거친 임시 컬렉션에서 from 절을 통해 범위 변수를 뽑아내고, 이 범위 변수와 기준 데이터 원본에서 뽑아낸 범위 변수를 이용해서 결과를 추출해냅니다.

다음 외부 조인 예제 코드가 여러분이 조금 전 설명을 이해하는 데 도움을 줄 것입니다.

```
다음 형식의 배열                          다음 형식의 배열
class Profile                            class Product
{       public string Name {get; set;}   {   public string Title {get; set;}
        public int Height {get; set;}         public string Star {get; set;}
}                                        }

var listProfile =
    from profile in arrProfile
    join product in arrProduct on profile.Name equals product.Star into ps
    from product in ps.DefaultIfEmpty(new Product(){Title="그런 거 없음"})
    select new
    {
        Name = profile.Name,
        Work = product.Title,
        Height = profile.Height
    };
```

내부 조인과 외부 조인, 이해하셨습니까? 그럼 이번에는 예제 프로그램을 통해 앞에서 작성했던 조인 쿼리식의 결과를 확인해보겠습니다.

>>> 15장/Join/MainApp.cs

```
01  using System;
02  using System.Linq;
03
04  namespace Join
05  {
06      class Profile
07      {
```

```
08          public string Name {get; set;}
09          public int Height {get; set;}
10      }
11
12   class Product
13   {
14          public string Title {get; set;}
15          public string Star {get; set;}
16      }
17
18   class MainApp
19   {
20          static void Main(string[] args)
21          {
22              Profile[] arrProfile =
23              {
24                  new Profile(){Name="정우성", Height=186},
25                  new Profile(){Name="김태희", Height=158},
26                  new Profile(){Name="고현정", Height=172},
27                  new Profile(){Name="이문세", Height=178},
28                  new Profile(){Name="하하",  Height=171}
29              };
30
31              Product[] arrProduct =
32              {
33                  new Product(){Title="비트",      Star="정우성"},
34                  new Product(){Title="CF 다수",   Star="김태희"},
35                  new Product(){Title="아이리스",   Star="김태희"},
36                  new Product(){Title="모래시계",   Star="고현정"},
37                  new Product(){Title="Solo 예찬", Star="이문세"}
38              };
39
40              var listProfile =
41                  from profile in arrProfile
42                  join product in arrProduct on profile.Name equals product.Star
43                  select new
44                  {
45                      Name = profile.Name,
46                      Work = product.Title,
47                      Height = profile.Height
```

```
48                };
49
50        Console.WriteLine("--- 내부 조인 결과 ---");
51        foreach (var profile in listProfile)
52        {
53            Console.WriteLine("이름:{0}, 작품:{1}, 키:{2}cm",
54                profile.Name, profile.Work, profile.Height);
55        }
56
57        listProfile =
58            from profile in arrProfile
59            join product in arrProduct on profile.Name equals product.Star
            into ps
60            from product in ps.DefaultIfEmpty(new Product(){Title="그런거
            없음"})
61            select new
62            {
63                Name = profile.Name,
64                Work = product.Title,
65                Height = profile.Height
66            };
67
68        Console.WriteLine();
69        Console.WriteLine("--- 외부 조인 결과 ---");
70        foreach (var profile in listProfile)
71        {
72            Console.WriteLine("이름:{0}, 작품:{1}, 키:{2}cm",
73                profile.Name, profile.Work, profile.Height);
74        }
75    }
76   }
77 }
```

실행 결과

```
--- 내부 조인 결과 ---
이름:정우성, 작품:비트, 키:186cm
이름:김태희, 작품:CF 다수, 키:158cm
이름:김태희, 작품:아이리스, 키:158cm
이름:고현정, 작품:모래시계, 키:172cm
```

이름:이문세, 작품:Solo 예찬, 키:178cm

```
--- 외부 조인 결과 ---
이름:정우성, 작품:비트, 키:186cm
이름:김태희, 작품:CF 다수, 키:158cm
이름:김태희, 작품:아이리스, 키:158cm
이름:고현정, 작품:모래시계, 키:172cm
이름:이문세, 작품:Solo 예찬, 키:178cm
이름:하하, 작품:그런 거 없음, 키:171cm
```

15.6 LINQ의 비밀과 LINQ 표준 연산자

LINQ에 익숙해지면 마치 간단한 영어 문장을 만들 듯 데이터 질의 코드를 작성할 수 있습니다(물론 영어를 질색하는 분도 많긴 하지만, 이런 분도 장담하건대 지루한 데이터 처리 코드보다는 LINQ 쪽을 훨씬 좋아하게 될 것입니다). 놀랍게도, 이토록 편리한 LINQ를 다른 .NET 언어에서는 사용할 수 없습니다. 수많은 .NET 언어 중에서도 C#과 VB에서만 사용 가능합니다. 적어도 현재까지는 말입니다.

마이크로소프트는 LINQ 쿼리식이 실행될 수 있도록 CLR을 개선하는 대신, C# 컴파일러와 VB 컴파일러를 업그레이드했습니다. 이들 컴파일러가 각각 LINQ 쿼리식을 CLR이 이해할 수 있는 코드로 번역해주도록 말입니다. 그렇다면 이들 컴파일러는 어떻게 LINQ를 CLR이 이해하는 코드로 만들어내는 것일까요?

대단한 비밀은 없습니다. 그저 LINQ 쿼리식을 분석해서 일반적인 메소드 호출 코드로 만들어내는 것뿐입니다. 예를 들어 다음과 같은 쿼리식이 있다고 합시다.

```
var profiles = from    profile in arrProfile
               where   profile.Height < 175
               orderby profile.Height
               select  new {Name = profile. Name, InchHeight = profile.Height *
                       0.393};
```

C# 컴파일러는 다음과 같은 코드로 번역합니다.

```
var profiles = arrProfile
                .Where(profile => profile.Height < 175)
                .OrderBy(profile => profile.Height)
                .Select(profile =>
                    new
                    {
                        Name = profile.Name,
                        InchHeight = profile.Height * 0.393
                    });
```

where는 Where() 메소드로, orderby는 OrderBy()로, select는 Select()로 바뀌었고 from 절의 범위 변수 profile은 각 메소드에 입력되는 람다식의 매개변수로 바뀌었습니다. 혹시 제가 from 절의 매개변수는 IEnumerable⟨T⟩의 파생 형식이어야 한다고 이야기한 것, 기억하고 있습니까?

LINQ 예제에서 늘 사용해왔던 arrProfile 객체는 배열입니다. 배열은 IEnumerable⟨T⟩의 파생 형식이며, IEnumerable⟨T⟩는 System.Collections.Generic 네임스페이스 소속입니다. System.Collections.Generic 네임스페이스만 사용하도록 using 문을 선언해놓고 arrProfile 객체에 대해 Where(), OrderBy(), Select() 등의 메소드 호출 코드를 사용하려 한다면 여러분은 컴파일 에러를 보게 될 것입니다. 이들 메소드는 System.Linq 네임스페이스에 정의되어 있는 IEnumerable⟨T⟩의 확장 메소드(처음 본다고요? 7장으로 가서 다시 공부하고 돌아오세요)이기 때문입니다. 따라서 이들을 사용하려면 System.Linq 네임스페이스를 사용하도록 선언해둬야 합니다.

이렇게 글로만 설명할 것이 아니라, 실제로 예제 프로그램을 하나 만들어보겠습니다. 다음은 SimpleLinq 예제 프로그램에서 LINQ 쿼리식을 메소드 호출 코드로 바꾼 버전입니다.

>>> **15장/SimpleLinq2/MainApp.cs**

```
01  using System;
02  using System.Linq;
03
04  namespace SimpleLinq2
05  {
```

```
06      class Profile
07      {
08          public string Name {get; set;}
09          public int Height {get; set;}
10      }
11
12      class MainApp
13      {
14          static void Main(string[] args)
15          {
16              Profile[] arrProfile =
17              {
18                  new Profile(){Name="정우성", Height=186},
19                  new Profile(){Name="김태희", Height=158},
20                  new Profile(){Name="고현정", Height=172},
21                  new Profile(){Name="이문세", Height=178},
22                  new Profile(){Name="하하", Height=171}
23              };
24
25              var profiles = arrProfile.
26                              Where(profile => profile.Height < 175).
27                              OrderBy(profile => profile.Height).
28                              Select(profile =>
29                                      new
30                                      {
31                                          Name = profile.Name,
32                                          InchHeight = profile.Height * 0.393
33                                      });
34
35              foreach (var profile in profiles)
36                  Console.WriteLine($"{profile.Name}, {profile.InchHeight}");
37          }
38      }
39  }
```

➡ 실행 결과

```
김태희, 62.094
하하, 67.203
고현정, 67.596
```

여러분이 MSDN을 확인한다면 다음 내용을 어렵지 않게 정리할 수 있겠지만, 제가 적지 않은 지면을 할애해서 LINQ 표준 연산자들을 소개하는 이유는 표준 연산자의 수와 C#이 지원하는 쿼리식 문법의 수의 차이를 보고 느꼈으면 하는 바람이 있기 때문입니다. 다음 표를 한번 보시죠.

종류	메소드 이름	설명	C# 쿼리식 문법
정렬	OrderBy	오름차순으로 값을 정렬합니다.	orderby
	OrderByDescending	내림차순으로 값을 정렬합니다.	orderby … descending
	ThenBy	오름차순으로 2차 정렬을 수행합니다.	orderby …, …
	ThenByDescending	내림차순으로 2차 정렬을 수행합니다.	orderby …, … descending
	Reverse	컬렉션 요소의 순서를 거꾸로 뒤집습니다.	
집합	Distinct	중복값을 제거합니다.	
	Except	두 컬렉션 사이의 차집합을 반환합니다. 다시 말해 임의의 한 컬렉션(a, b, c, e)에는 존재하는데 다른 한 컬렉션(a, d, f)에는 존재하지 않는 요소들(b, e)을 반환합니다.	
	Intersect	두 컬렉션 사이의 교집합을 반환합니다. 즉, 두 컬렉션 양쪽에 존재하는 요소들만 반환합니다.	
	Union	두 컬렉션 사이의 합집합을 반환합니다. 예를 들어 한쪽 컬렉션이 a, b, c, d 요소를 갖고 있고 다른 한쪽 컬렉션이 a, b, d, e 요소를 갖고 있다면 이 두 컬렉션 사이의 합집합은 a, b, c, d, e입니다.	
필터링	OfType	메소드의 형식 매개변수로 형식 변환이 가능한 값들만 추출합니다.	
	Where	필터링할 조건을 평가하는 함수를 통과하는 값들만 추출합니다.	where
수량 연산	All	모든 요소가 임의의 조건을 모두 만족시키는지 평가합니다. 결과는 true이거나 false, 둘 중 하나입니다.	
	Any	모든 요소 중 단 하나의 요소라도 임의의 조건을 만족시키는지 평가합니다. 결과는 true이거나 false, 둘 중 하나입니다.	
	Contains	명시한 요소가 포함되어 있는지 평가합니다. 역시 결과는 true이거나 false, 둘 중 하나입니다.	

종류	메소드 이름	설명	C# 쿼리식 문법
데이터 추출	Select	값을 추출하여 시퀀스를 만듭니다.	select
	SelectMany	여러 개의 데이터 원본으로부터 값을 추출하여 하나의 시퀀스를 만듭니다. 여러 개의 from 절을 사용합니다.	
데이터 분할	Skip	시퀀스에서 지정한 위치까지 요소들을 건너뜁니다.	
	SkipWhile	입력된 조건 함수를 만족시키는 요소들을 건너뜁니다.	
	Take	시퀀스에서 지정한 요소까지 요소들을 취합니다.	
	TakeWhile	입력된 조건 함수를 만족시키는 요소들을 취합니다.	
데이터 결합	Join	공통 특성을 가진 서로 다른 두 개의 데이터 소스의 객체를 연결합니다. 공통 특성을 키(Key)로 삼아, 키가 일치하는 두 객체를 쌍으로 추출합니다.	join … in … on … equals …
	GroupJoin	기본적으로 Join 연산자와 같은 일을 하되, 조인 결과를 그룹으로 만들어 넣습니다.	join … in … on … equals … into …
데이터 그룹화	GroupBy	공통 특성을 공유하는 요소들을 각 그룹으로 묶습니다. 각 그룹은 IGrouping〈TKey,TElement〉 객체로 표현됩니다.	group … by … 또는 group … by … into …
	ToLookup	키(Key) 선택 함수를 이용하여 골라낸 요소들을 Lookup〈TKey, TElement〉 형식의 객체에 삽입합니다(이 형식은 하나의 키에 여러 개의 객체를 대응시킬 때 사용하는 컬렉션입니다).	
생성	DefaultIfEmpty	빈 컬렉션을 기본값이 할당된 싱글턴 컬렉션으로 바꿉니다. 싱글턴(Singleton)이란, 해당 형식의 객체를 오직 단 하나만 만들고 이 객체를 전역에서 접근할 수 있도록 하는 디자인 기법입니다. 기본값이 할당된 컬렉션은 참조용으로만 사용할 것이니 여러 개의 인스턴스가 필요 없고, 싱글턴을 이용하면 메모리 낭비를 줄일 수 있습니다.	
	Empty	비어 있는 컬렉션을 반환합니다.	
	Range	일정 범위의 숫자 시퀀스를 담고 있는 컬렉션을 생성합니다.	
	Repeat	같은 값이 반복되는 컬렉션을 생성합니다.	
동등 여부 평가	SequenceEqual	두 시퀀스가 서로 일치하는지를 평가합니다.	

종류	메소드 이름	설명	C# 쿼리식 문법
요소 접근	ElementAt	컬렉션으로부터 임의의 인덱스에 존재하는 요소를 반환합니다.	
	ElementAtOrDefault	컬렉션으로부터 임의의 인덱스에 존재하는 요소를 반환하되, 인덱스가 컬렉션의 범위를 벗어날 때 기본값을 반환합니다.	
	First	컬렉션의 첫 번째 요소를 반환합니다. 조건식이 매개변수로 입력되는 경우 이 조건을 만족시키는 첫 번째 요소를 반환합니다.	
	FirstOrDefault	First 연산자와 같은 기능을 하되, 반환할 값이 없는 경우 기본값을 반환합니다.	
요소 접근	Last	컬렉션의 마지막 요소를 반환합니다. 조건식이 매개변수로 입력되는 경우 이 조건을 만족시키는 마지막 요소를 반환합니다.	
	LastOrDefault	Last 연산자와 같은 기능을 하되, 반환할 값이 없는 경우 기본값을 반환합니다.	
	Single	컬렉션의 유일한 요소를 반환합니다. 조건식이 매개변수로 입력되는 경우 이 조건을 만족시키는 유일한 요소를 반환합니다.	
	SingleOrDefault	Single 연산자와 같은 기능을 하되, 반환할 값이 없거나 유일한 값이 아닌 경우 주어진 기본값을 반환합니다.	
형식 변환	AsEnumerable	매개변수를 IEnumerable⟨T⟩로 형식 변환하여 반환합니다.	
	AsQueryable	(일반화) IEnumerable 객체를 (일반화) IQueryable 형식으로 변환합니다.	
형식 변환	Cast	컬렉션의 요소들을 특정 형식으로 변환합니다.	범위 변수를 선언할 때 명시적으로 형식을 지정하면 됩니다. 예) from Profile profile in arrProfile
	OfType	특정 형식으로 형식 변환할 수 있는 값만 걸러냅니다.	
	ToArray	컬렉션을 배열로 변환합니다. 이 메소드는 강제로 쿼리를 실행합니다.	

종류	메소드 이름	설명	C# 쿼리식 문법
형식 변환	ToDictionary	키 선택 함수에 근거해서 컬렉션의 요소를 Dictionary〈TKey,TValue〉에 삽입합니다. 이 메소드는 강제로 쿼리를 실행합니다.	
	ToList	컬렉션을 List〈T〉 형식으로 변환합니다. 이 메소드는 강제로 쿼리를 실행합니다.	
	ToLookup	키 선택 함수에 근거해서 컬렉션의 요소를 Lookup〈TKey, TElement〉에 삽입합니다. 이 메소드는 강제로 쿼리를 실행합니다.	
연결	Concat	두 시퀀스를 하나의 시퀀스로 연결합니다.	
집계	Aggregate	컬렉션의 각 값에 대해 사용자가 정의한 집계 연산을 수행합니다.	
	Average	컬렉션의 각 값에 대한 평균을 계산합니다.	
	Count	컬렉션에서 조건에 부합하는 요소의 개수를 셉니다.	
	LongCount	Count와 동일한 기능을 하지만, 매우 큰 컬렉션을 대상으로 한다는 점이 다릅니다.	
	Max	컬렉션에서 가장 큰 값을 반환합니다.	
	Min	컬렉션에서 가장 작은 값을 반환합니다.	
	Sum	컬렉션 내 값의 합을 계산합니다.	

앞의 표에 있는 53개의 표준 LINQ 연산 메소드 중에 C#의 쿼리식에서 지원하는 것은 11개뿐입니다. 물론 11개만으로도 대부분의 데이터 처리가 가능하지만, 나머지 42개를 모두 활용할 수 있다면 삶이 조금 더 편해질 것입니다. 그런 의미에서 LINQ 쿼리식과 메소드를 함께 사용하는 방법을 알아둘 필요가 있습니다. 그리 어려운 것도 아닙니다. 예를 들어 설명해볼게요. 다음과 같은 데이터 원본이 있다고 하고, LINQ를 통해 키가 180cm 미만 연예인들의 평균 키를 구해보겠습니다.

```
Profile[] arrProfile =
{
    new Profile(){Name="정우성", Height=186},
    new Profile(){Name="김태희", Height=158},
    new Profile(){Name="고현정", Height=172},
    new Profile(){Name="이문세", Height=178},
    new Profile(){Name="하하", Height=171}
};
```

먼저 우리가 잘 아는 where 절을 통해 다음과 같이 데이터를 걸러내야겠죠?

```
var profiles = from profile in arrProfile
               where profile.Height < 180
               select profile;
```

이제 profiles는 180 미만 데이터만 갖고 있는 IEnumerable〈Profile〉 형식의 컬렉션입니다. 따라서 LINQ를 사용할 수 있으며, 이 profiles에 대해 다음과 같이 Average() 메소드를 호출할 것입니다.

```
double Average = profiles.Average(profile => profile.Height);
Console.WriteLine(Average);  // 169.75 출력
```

어떻습니까, 어려울 것 없죠? 우리는 이들 쿼리식과 이 쿼리식의 결과에 대해 Average() 메소드를 호출하는 코드를 다음과 같이 한 문장으로 묶을 수도 있습니다. 한층 깔끔해졌네요.

```
double Average = (from profile in arrProfile
                 where profile.Height < 180
                 select profile).Average(profile => profile.Height);

Console.WriteLine(Average); // 169.75 출력
```

LINQ는 사용하면 할수록 멋집니다. 방금 전처럼 키가 180 미만인 데이터에 대해 평균을 구하는 코드를 LINQ 없이 작성해야 한다고 생각해보세요. LINQ를 사용할 수 없는 언어를 사용하는 프로그래머가 불쌍해질 지경입니다. 이제 여러분이 직접 실행해볼 수 있는 예제 프로그램을 만들어보면 좋을 것 같습니다. 약간만 난이도를 높여서, 연예인의 프로필 중 키 175 이상과 175 미만으로 그룹을 나누고, 각 그룹에서 키가 가장 큰 연예인, 가장 작은 연예인의 수를 뽑아보겠습니다. 다음 예제 프로그램을 따라 만들어보세요.

```
01  using System;
02  using System.Linq;
03
04  namespace MinMaxAvg
05  {
06      class Profile
07      {
08          public string Name {get; set;}
09          public int Height {get; set;}
10      }
11
12      class MainApp
13      {
14          static void Main(string[] args)
15          {
16              Profile[] arrProfile =
17              {
18                  new Profile(){Name="정우성", Height=186},
19                  new Profile(){Name="김태희", Height=158},
20                  new Profile(){Name="고현정", Height=172},
21                  new Profile(){Name="이문세", Height=178},
22                  new Profile(){Name="하하", Height=171}
23              };
24
25              var heightStat = from profile in arrProfile
26                          group profile by profile.Height < 175 into  g
27                          select new
28                          {
29                              Group = g.Key==true?"175미만":"175이상",
30                              Count = g.Count(),
31                              Max = g.Max(profile => profile.Height),
32                              Min = g.Min(profile => profile.Height),
33                              Average = g.Average(profile => profile.Height)
34                          };
35
36              foreach (var stat in heightStat)
37              {
38                  Console.Write("{0} - Count:{1}, Max:{2}, ",
```

```
39                        stat.Group, stat.Count, stat.Max);
40                Console.WriteLine("Min:{0}, Average:{1}",
41                        stat.Min, stat.Average);
42              }
43          }
44      }
45  }
```

⤷ 실행 결과

175이상 - Count:2, Max:186, Min:178, Average:182
175미만 - Count:3, Max:172, Min:158, Average:167

01 다음과 같은 배열이 있다고 할 때, Cost는 50 이상, MaxSpeed는 150 이상인 레코드만 조
회하는 LINQ를 작성하세요.

```
class Car
{
    public int Cost {get; set;}
    public int MaxSpeed {get; set;}
}

// …
Car[] cars =
{
    new Car(){Cost= 56, MaxSpeed= 120},
    new Car(){Cost= 70, MaxSpeed= 150},
    new Car(){Cost= 45, MaxSpeed= 180},
    new Car(){Cost= 32, MaxSpeed= 200},
    new Car(){Cost= 82, MaxSpeed= 280},
};

var selected = /* Cost가 50 이상, MaxSpeed는 150 이상인 레코드를 조회하는 LINQ  */;
```

02 다음 코드에서 cars.Where(c => c.Cost < 60).OrderBy(c => c.Cost)와 동일한 결과를
반환하는 LINQ를 작성하세요.

```
class Car
{
    public int Cost {get; set;}
    public int MaxSpeed {get; set;}
}

// …
Car[] cars =
{
    new Car(){Cost= 56, MaxSpeed= 120},
    new Car(){Cost= 70, MaxSpeed= 150},
    new Car(){Cost= 45, MaxSpeed= 180},
    new Car(){Cost= 32, MaxSpeed= 200},
    new Car(){Cost= 82, MaxSpeed= 280},
};

var selected = cars.Where(c => c.Cost < 60).OrderBy(c => c.Cost);
```

16

리플렉션과
애트리뷰트

컴퓨터 프로그램은 데이터를 다룹니다. 지금까지 이 책에서 설명한 내용들도 모두 데이터를 다루는 코딩 기법에 관한 것들이었죠. 이번 장에서는 조금 색다른 내용을 설명하려 합니다. 코드 그 자체를 데이터(이를 어려운 말로 메타데이터Metadata라고 합니다)로서 다루는 기법인 리플렉션Reflection과 애트리뷰트Attribute를 만나보죠.

학습목표

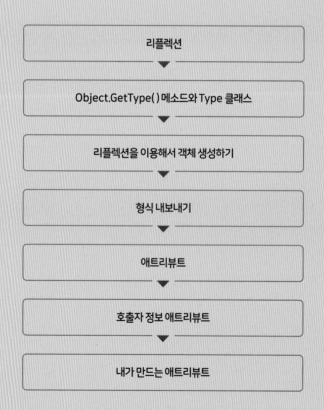

16.1 리플렉션

리플렉션은 객체를 X-Ray 사진처럼 객체의 형식^{Type} 정보를 들여다보는 기능입니다. 이 기능을 이용하면 우리는 프로그램 실행 중에 객체의 형식 이름부터 프로퍼티 목록, 메소드 목록, 필드, 이벤트 목록까지 모두 열어볼 수 있습니다. 형식의 이름만 있다면 동적으로 인스턴스를 만들 수도 있고, 그 인스턴스의 메소드를 호출할 수도 있습니다. 심지어는 새로운 데이터 형식을 동적으로 만들 수도 있습니다. 이렇듯 런타임에 형식 정보를 다룰 수 있게 하는 리플렉션은 프로그래머에게 한층 더 강력한 표현력을 선사합니다.

마이크로소프트의 .NET 팀은 모든 형식을 들여다볼 수 있도록 장치를 설계했습니다. 바로 모든 데이터 형식의 조상인 Object 형식에 GetType() 메소드를 만들어놓은 것이죠. 지금부터 Object. GetType() 메소드와 이 메소드가 반환하는 Type 형식에 대해 알아보려 합니다.

16.1.1 Object.GetType() 메소드와 Type 클래스

Object는 모든 데이터 형식의 조상입니다. 이 말은, 즉 모든 데이터 형식은 Object 형식이 갖고 있는 다음의 메소드를 물려받아 갖고 있다는 뜻입니다.

- Equals()
- GetHashCode()
- GetType()
- ReferenceEquals()
- ToString()

다섯 개 메소드 중에 GetType()이 보입니까? 이 메소드는 객체의 형식 정보를 반환하는 기능을 합니다. 모든 데이터 형식이 GetType() 메소드를 갖고 있기 때문에 우리는 어떤 객체에 대해서든 이 메소드를 호출해서 그 객체의 형식 정보를 얻어낼 수 있습니다.

GetType() 메소드는 Type 형식의 결과를 반환합니다. Type 형식은 .NET에서 사용하는 데이터 형식의 모든 정보를 담고 있습니다. 형식 이름, 소속된 어셈블리 이름, 프로퍼티 목록, 메소드 목록, 필드 목록, 이벤트 목록, 심지어는 이 형식이 상속하는 인터페이스의 목록까지 갖고 있습니다.

Object.GetType() 메소드와 Type 형식을 사용하는 방법은 다음과 같습니다.

```
int a = 0;

Type type = a.GetType();
FieldInfo[] fields = type.GetFields();  •·················  필드 목록 조회

foreach (FieldInfo field in fields)
    Console.WriteLine("Type:{0}, Name:{1}", field.FieldType.Name, field.Name);
```

이 예제 코드는 int 형식의 필드를 조회해서 출력하는 예제입니다. 다음 표에 정리된 Type 형식의 메소드를 이용하면 다른 정보들도 뽑아낼 수 있습니다. 예컨대 앞에서 이야기한 것처럼 필드, 메소드, 상속하는 인터페이스 같은 정보들 말입니다.

메소드	반환 형식	설명
GetConstructors()	ConstructorInfo[]	해당 형식의 모든 생성자 목록을 반환합니다.
GetEvents()	EventInfo[]	해당 형식의 이벤트 목록을 반환합니다.
GetFields()	FieldInfo[]	해당 형식의 필드 목록을 반환합니다.
GetGenericArguments()	Type[]	해당 형식의 형식 매개변수 목록을 반환합니다.
GetInterfaces()	Type[]	해당 형식이 상속하는 인터페이스 목록을 반환합니다.
GetMembers()	MemberInfo[]	해당 형식의 멤버 목록을 반환합니다.
GetMethods()	MethodInfo[]	해당 형식의 메소드 목록을 반환합니다.
GetNestedTypes()	Type[]	해당 형식의 내장 형식 목록을 반환합니다.
GetProperties()	PropertyInfo[]	해당 형식의 프로퍼티 목록을 반환합니다.

이 표는 비교적 자주 사용하는 메소드들만 따로 추려놓은 것입니다. MSDN에서 System.Type 의 매뉴얼을 찾아보면 이 표보다 몇 배는 더 많은 메소드를 설명하고 있습니다. MSDN을 통해 System.Type이 제공하는 모든 기능을 확인해보는 것도 재미있을 것입니다. "어, 이런 기능도 있었네?" 하며 구현에 필요한 기능을 우연히 알 수도 있으니까요.

앞의 표에 있는 GetFields()나 GetMethods() 같은 메소드는 검색 옵션을 지정할 수 있습니다. public 항목만 조회할 수도 있고, 비(非) public 항목만 조회할 수도 있습니다. 그리고 public과 비 public 항목을 같이 조회할 수도 있습니다. 또한 static 항목만 조회할 수도 있고 인스턴스 항목 만 조회할 수도 있습니다. 아니면 모든 조건을 포함하는 조건을 만들 수도 있습니다. 이러한 검색 옵 션은 System.Reflection.BindingFlags 열거형을 이용해서 구성됩니다.

다음은 BindingFlags 열거형을 이용해서 GetFields() 메소드에 검색 옵션을 입력하는 예제 코드 입니다.

```
Type type = a.GetType();

// public 인스턴스 필드 조회
var fields1 = type.GetFields(BindingFlags.Public | BindingFlags.Instance);

// 비(非) public 인스턴스 필드 조회
var fields2 = type.GetFields(BindingFlags.NonPublic | BindingFlags.Instance);

// public 정적 필드 조회
var fields3 = type.GetFields(BindingFlags.Public | BindingFlags.Static);

// 비(非) public 정적 필드 조회
var fields4 = type.GetFields(BindingFlags.NonPublic | BindingFlags.Static);
```

한편, GetFields()나 GetMethods() 등의 메소드는 BindingFlags 매개변수를 받지 않는 버전으로도 오버로딩되어 있습니다. 이 경우 이들 메소드는 public 멤버만 반환합니다. 이렇게 글로만 설명할 것이 아니라 예제 프로그램을 하나 만들어보겠습니다.

다음은 int 형식의 주요 정보(상속하는 인터페이스, 필드, 메소드, 프로퍼티 등)를 출력하는 예제 프로그램입니다.

>>> 16장/GetType/MainApp.cs

```
01  using System;
02  using System.Collections.Generic;
03  using System.Text;
04  using System.Reflection;
05
06  namespace GetType
07  {
08      class MainApp
09      {
10          static void PrintInterfaces(Type type)
11          {
12              Console.WriteLine("-------- Interfaces --------");
13
14              Type[] interfaces = type.GetInterfaces();
15              foreach (Type i in interfaces)
16                  Console.WriteLine("Name:{0}", i.Name);
17
18              Console.WriteLine();
19          }
20
21          static void PrintFields(Type type)
22          {
23              Console.WriteLine("-------- Fields --------");
24
25              FieldInfo[] fields = type.GetFields(
26                  BindingFlags.NonPublic |
27                  BindingFlags.Public |
28                  BindingFlags.Static |
29                  BindingFlags.Instance);
30
```

```
31            foreach (FieldInfo field in fields)
32            {
33                String accessLevel = "protected";
34                if (field.IsPublic) accessLevel = "public";
35                else if (field.IsPrivate) accessLevel = "private";
36
37                Console.WriteLine("Access:{0}, Type:{1}, Name:{2}",
38                    accessLevel, field.FieldType.Name, field.Name);
39            }
40
41            Console.WriteLine();
42        }
43
44        static void PrintMethods(Type type)
45        {
46            Console.WriteLine("-------- Methods --------");
47
48            MethodInfo[] methods = type.GetMethods();
49            foreach (MethodInfo method in methods)
50            {
51                Console.Write("Type:{0}, Name:{1}, Parameter:",
52                    method.ReturnType.Name, method.Name);
53
54                ParameterInfo[] args = method.GetParameters();
55                for (int i = 0; i < args.Length; i++)
56                {
57                    Console.Write("{0}", args[i].ParameterType.Name);
58                    if (i < args.Length - 1)
59                        Console.Write(", ");
60                }
61                Console.WriteLine();
62            }
63            Console.WriteLine();
64        }
65
66        static void PrintProperties(Type type)
67        {
68            Console.WriteLine("-------- Properties --------");
69
70            PropertyInfo[] properties = type.GetProperties();
```

```
71              foreach (PropertyInfo property in properties)
72                  Console.WriteLine("Type:{0}, Name:{1}",
73                      property.PropertyType.Name, property.Name);
74
75              Console.WriteLine();
76          }
77
78      static void Main(string[] args)
79      {
80          int a = 0;
81          Type type = a.GetType();
82
83          PrintInterfaces(type);
84          PrintFields(type);
85          PrintProperties(type);
86          PrintMethods(type);
87      }
88  }
89 }
```

☐ 실행 결과

```
-------- Interfaces --------
Name:IComparable
Name:IConvertible
Name:IFormattable
Name:IComparable`1
Name:IEquatable`1
Name:ISpanFormattable

-------- Fields --------
Access:private, Type:Int32, Name:m_value
Access:public, Type:Int32, Name:MaxValue
Access:public, Type:Int32, Name:MinValue

-------- Properties --------  •·············· int 형식에는 프로퍼티가 없습니다.

-------- Methods --------
Type:Int32, Name:CompareTo, Parameter:Object
Type:Int32, Name:CompareTo, Parameter:Int32
```

```
Type:Boolean, Name:Equals, Parameter:Object
Type:Boolean, Name:Equals, Parameter:Int32
Type:Int32, Name:GetHashCode, Parameter:
Type:String, Name:ToString, Parameter:
Type:String, Name:ToString, Parameter:String
Type:String, Name:ToString, Parameter:IFormatProvider
Type:String, Name:ToString, Parameter:String, IFormatProvider
Type:Boolean, Name:TryFormat, Parameter:Span`1, Int32&, ReadOnlySpan`1, IFormatProvider
Type:Int32, Name:Parse, Parameter:String
Type:Int32, Name:Parse, Parameter:String, NumberStyles
Type:Int32, Name:Parse, Parameter:String, IFormatProvider
Type:Int32, Name:Parse, Parameter:String, NumberStyles, IFormatProvider
Type:Int32, Name:Parse, Parameter:ReadOnlySpan`1, NumberStyles, IFormatProvider
Type:Boolean, Name:TryParse, Parameter:String, Int32&
Type:Boolean, Name:TryParse, Parameter:ReadOnlySpan`1, Int32&
Type:Boolean, Name:TryParse, Parameter:String, NumberStyles, IFormatProvider, Int32&
Type:Boolean, Name:TryParse, Parameter:ReadOnlySpan`1, NumberStyles, IFormatProvider, Int32&
Type:TypeCode, Name:GetTypeCode, Parameter:
Type:Type, Name:GetType, Parameter:
```

어떻습니까? 필드, 메소드, 프로퍼티, 그리고 상속하는 인터페이스 목록을 뽑아내는 방법이 비슷하지 않습니까? 나머지 정보들도 마찬가지여서 생성자(GetConstructors()), 내부 형식(GetNestedTypes()) 등에 대한 정보도 같은 요령으로 뽑아낼 수 있습니다. 이들을 사용하는 예제 프로그램은 여러분의 숙제로 남겨두겠습니다.

? VITAMIN QUIZ 16-1

앞의 예제 프로그램에서 테스트해보지 않은 메소드를 테스트하는 예제 프로그램을 만들어보세요.

! 여기서 잠깐 **Object.GetType() 메소드를 사용하지 않고 형식 정보를 얻는 방법**

Object.GetType() 메소드는 반드시 인스턴스가 있어야 호출이 가능합니다. 예를 들어 순수하게 int 형식의 정보를 열어보는 코드를 작성하려고 해도 int의 인스턴스를 만들고 초기화해야 하죠. 사실 C#에서는 Object.GetType() 외에도 형식 정보를 얻을 수 있는 typeof 연산자와 Type.GetType() 메소드를 제공합니다.

> typeof 연산자와 Type.GetType() 메소드는 똑같이 Type 형식을 반환하지만, typeof 연산자는 형식의 식
> 별자 자체를 인수로 받고 Type.GetType() 메소드는 형식의 전체 이름, 즉 네임스페이스를 포함한 형식 이름
> 을 인수로 받는다는 점이 다릅니다. 다음 예를 보면 이해가 쉬울 것입니다.

```
Type a = typeof(int);           ●┄┄┄┄┄┄     typeof 연산자의 인수는 int
Console.WriteLine(a.FullName);


Type b = Type.GetType("System.Int32");  ●┄┄    Type.GetType() 메소드의 인수는 형식의
Console.WriteLine(b.FullName);                  네임스페이스를 포함하는 전체 이름
```

16.1.2 리플렉션을 이용해서 객체 생성하기

이전 소절에서 리플렉션을 이용하여 형식의 정보를 열어보는 방법에 대해 알아봤습니다. 하지만 이런 형식 정보를 백날 열어봐야 우리의 코드에서 활용할 만한 일이 없다면 아무리 신기한 기능이라도 그저 장식에 불과할 것입니다.

그래서 저는 지금부터 리플렉션을 이용해 특정 형식의 인스턴스를 만들고 데이터를 할당하며 메소드를 호출하는 방법을 설명하려 합니다. 이렇게 코드 안에서 런타임에 특정 형식의 인스턴스를 만들 수 있게 되면 프로그램이 조금 더 동적으로 동작할 수 있도록 구성할 수 있습니다.

리플렉션을 이용해서 동적으로 인스턴스를 만들기 위해서는 System.Activator 클래스의 도움이 필요합니다. 인스턴스를 만들려는 형식의 Type 객체를 매개변수에 넘기면, Activator.CreateInstance() 메소드는 입력받은 형식의 인스턴스를 생성하여 반환합니다.

```
object a = Activator.CreateInstance(typeof(int));
```

한편, 일반화를 지원하는 버전의 CreateInstance() 메소드도 있습니다. 가령 List⟨int⟩의 인스턴스를 만들고 싶다면 다음 예제와 같이 합니다.

```
List<int> list = Activator.CreateInstance<List<int>>();
```

인스턴스 생성만 동적으로 할 수 있는 것이 아닙니다. 객체의 프로퍼티에 값을 할당하는 것도 동적

으로 할 수 있습니다. 혹시 PropertyInfo 클래스를 기억하나요? Type.GetProperties()의 반환 형식 말입니다. 이 PropertyInfo 객체는 SetValue()와 GetValue()라는 메소드를 갖고 있는데, GetValue()를 호출하면 프로퍼티로부터 값을 읽을 수 있고, SetValue()를 호출하면 프로퍼티에 값을 할당할 수 있습니다.

다음은 PropertyInfo.SetValue() 메소드를 이용하여 동적으로 프로퍼티에 값을 기록하고 읽는 예제 코드입니다.

```
class Profile
{
    public string Name{get; set;}
    public string Phone{get; set;}
}

static void Main()
{
    Type type = typeof(Profile);
    Object profile = Activator.CreateInstance(type);

    PropertyInfo name = type.GetProperty("Name");     ●┈┈┈┈
    PropertyInfo phone = type.GetProperty("Phone");

    name.SetValue(profile, "박찬호", null);
    phone.SetValue(profile, "997-5511", null);

    Console.WriteLine("{0}, {1}",
                name.GetValue(profile, null),
                phone.GetValue(profile, null));
}
```

> Type.GetProperties() 메소드는 그 형식의 모든 프로퍼티를 PropertyInfo 형식의 배열로 반환하지만, Type.GetProperty() 메소드는 특정 이름의 프로퍼티를 찾아 그 프로퍼티의 정보를 담은 하나의 PropertyInfo 객체만 반환합니다.

이 예제 코드에서 SetValue() 메소드와 GetValue() 메소드의 가장 마지막 인수가 궁금하지 않습니까? PropertyInfo 클래스는 프로퍼티뿐 아니라 인덱서의 정보도 담을 수 있는데, SetValue()와 GetValue()의 마지막 인수는 인덱서의 인덱스를 위해 사용됩니다. 프로퍼티는 인덱서가 필요 없으므로 이 예제에서 null로 할당한 것이죠.

자, 이번에는 리플렉션을 이용해서 메소드를 호출하는 방법에 대해 알아보겠습니다. 프로퍼티에 동적으로 값을 기록하고 읽는 요령을 터득했다면 아마 메소드를 호출하는 방법도 대강 비슷할 것이라는 점을 눈치챘을 것입니다. 메소드의 정보를 담는 MethodInfo 클래스에는 Invoke()라는 깜찍한 메소드가 있습니다. 이 메소드를 이용하면 동적으로 메소드를 호출할 수 있게 됩니다. 다음은 MethodInfo 클래스를 이용해서 메소드를 동적으로 호출하는 예제입니다.

```
class Profile
{
    public string Name{get; set;}
    public string Phone{get; set;}

    public void Print()
    {
        Console.WriteLine("{0}, {1}", Name, Phone);
    }
}

static void Main()
{
    Type type = typeof(Profile);
    Profile profile = (Profile)Activator.CreateInstance(type);
    profile.Name = "류현진";
    profile.Phone = "010-1412-2222";

    MethodInfo method = type.GetMethod("Print");

    method.Invoke(profile, null); •
}
```

> null 인수가 오는 자리에는 Invoke() 메소드가 호출할 메소드의 인수가 와야 합니다. 여기에서는 Profile.Print() 메소드의 인수가 없으므로 null을 넘기는 것입니다.

이번엔 조금 전에 공부한 내용들을 모두 모아 프로그램으로 만들어보겠습니다. 동적으로 인스턴스를 만들고, 이 인스턴스의 프로퍼티에 동적으로 값을 할당하며 메소드를 호출하기도 할 것입니다. 다음 예제 프로그램을 따라 만들어보세요.

>>> **16장/DynamicInstance/MainApp.cs**

```
01  using System;
02  using System.Reflection;
03
04  namespace DynamicInstance
```

```
05  {
06      class Profile
07      {
08          private string name;
09          private string phone;
10          public Profile()
11          {
12              name = ""; phone = "";
13          }
14
15          public Profile(string name, string phone)
16          {
17              this.name = name;
18              this.phone = phone;
19          }
20
21          public void Print()
22          {
23              Console.WriteLine($"{name}, {phone}");
24          }
25
26          public string Name
27          {
28              get {return name;}
29              set {name = value;}
30          }
31
32          public string Phone
33          {
34              get {return phone;}
35              set {phone = value;}
36          }
37      }
38
39      class MainApp
40      {
41          static void Main(string[] args)
42          {
43              Type type = Type.GetType("DynamicInstance.Profile");
44              MethodInfo methodInfo = type.GetMethod("Print");
```

```
45              PropertyInfo nameProperty = type.GetProperty("Name");
46              PropertyInfo phoneProperty = type.GetProperty("Phone");
47
48              object profile = Activator.CreateInstance(type, "박상현", "512-1234");
49              methodInfo.Invoke(profile, null);
50
51              profile = Activator.CreateInstance(type);
52              nameProperty.SetValue(profile, "박찬호", null);
53              phoneProperty.SetValue(profile, "997-5511", null);
54
55              Console.WriteLine("{0}, {1}",
56                  nameProperty.GetValue(profile, null),
57                  phoneProperty.GetValue(profile, null));
58          }
59      }
60  }
```

⤷ 실행 결과

```
박상현, 512-1234
박찬호, 997-5511
```

16.1.3 형식 내보내기

리플렉션을 이용하면 프로그램 실행 중에 원하는 형식의 정보를 읽어낼 수 있을 뿐 아니라, 그 형식의 인스턴스도 만들 수 있으며 심지어는 프로퍼티나 필드에 값을 할당하고 메소드를 호출할 수도 있습니다. 이 정도만 해도 충분히 강력한 기능인데, C#은 한술 더 떠서 프로그램 실행 중에 새로운 형식을 만들어낼 수 있는 기능도 제공합니다.

동적으로 새로운 형식을 만드는 작업은 System.Reflection.Emit 네임스페이스에 있는 클래스들을 통해 이루어집니다. Emit('이밋'이라고 읽으면 됩니다)은 영어로 레이저 빔 등을 '내뿜다' 또는 지폐 등을 '발행하다'라는 뜻을 갖고 있는데요. 리플렉션에서의 Emit은 프로그램이 실행 중에 만들어낸 새 형식을 CLR의 메모리에 '내보낸다'는 의미로 생각하면 이해하는 데 도움이 될 것입니다.

다음 표는 Emit 네임스페이스에서 제공하는 클래스의 목록입니다. 이 클래스들은 코드 요소를 만든다는 의미에서 ~Builder 꼴의 이름을 갖고 있습니다. 예를 들어 새 형식을 만드는 클래스는

TypeBuilder, 새 메소드를 만드는 클래스는 MethodBuilder라는 이름을 갖고 있습니다.

클래스	설명
AssemblyBuilder	동적 어셈블리를 정의하고 나타냅니다.
ConstructorBuilder	동적으로 만든 클래스의 생성자를 정의하고 나타냅니다.
CustomAttributeBuilder	사용자 정의 애트리뷰트를 만듭니다(애트리뷰트에 대해서는 다음 절에서 설명할 예정입니다).
EnumBuilder	열거 형식을 정의하고 나타냅니다.
EventBuilder	클래스의 이벤트를 정의하고 나타냅니다.
FieldBuilder	필드를 정의하고 나타냅니다.
GenericTypeParameterBuilder	동적으로 정의된 형식(클래스)과 메소드를 위한 일반화 형식 매개변수를 정의하고 생성합니다.
ILGenerator	MSIL(MicroSoft Intermediate Language) 명령어를 생성합니다.
LocalBuilder	메소드나 생성자 내의 지역 변수를 나타냅니다.
MethodBuilder	동적으로 만든 클래스의 메소드(또는 생성자)를 정의하고 나타냅니다.
ModuleBuilder	동적 어셈블리 내의 모듈을 정의하고 나타냅니다. 모듈에 대해서는 나중에 다시 다룰 기회가 있을 것입니다. 지금 당장은 잊고 있어도 괜찮습니다.
OpCodes	ILGenerator 클래스의 멤버를 이용한 내보내기 작업에 사용할 MSIL 명령어의 필드 표현을 제공합니다.
ParameterBuilder	매개변수 정보를 생성하거나 결합합니다.
PropertyBuilder	형식(클래스)의 프로퍼티를 정의합니다.
TypeBuilder	실행 중에 클래스를 정의하고 생성합니다.

이 클래스를 사용하는 요령은 다음 순서와 같습니다.

❶ AssemblyBuilder를 이용해서 어셈블리를 만듭니다.

❷ ModuleBuilder를 이용해서 ❶에서 생성한 어셈블리 안에 모듈을 만들어 넣습니다.

❸ ❷에서 생성한 모듈 안에 TypeBuilder로 클래스(형식)를 만들어 넣습니다.

❹ ❸에서 생성한 클래스 안에 메소드(MethodBuilder 이용)나 프로퍼티(PropertyBuilder 이용)를 만들어 넣습니다.

❺ ❹에서 생성한 것이 메소드라면, ILGenerator를 이용해서 메소드 안에 CPU가 실행할 IL 명령들을 넣습니다.

절차가 복잡해 보여도 사실은 그렇지 않습니다. 다음 그림을 보고 [어셈블리] → [모듈] → [클래스] → [메소드] 또는 [프로퍼티]로 이어지는 .NET 프로그램의 계층 구조를 머릿속에 그려보면 이해가 될 것입니다.

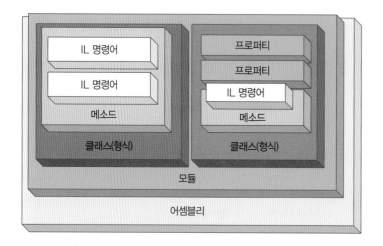

어디 한번 ~Builder와 ILGenerator를 이용해서 새 형식을 만들어봅시다. 먼저 어셈블리를 만듭시다. 당연히 AssemblyBuilder 클래스를 이용해야겠지만, AssemblyBuilder는 스스로를 생성하는 생성자가 없습니다. 그래서 다른 팩토리 클래스Factory Class(객체의 생성을 담당하는 클래스를 일컫는 말)의 도움을 받아야 합니다. 다음 예제와 같이 이 클래스의 DefineDynamicAssembly() 메소드를 호출하면 AssemblyBuilder의 인스턴스를 만들 수 있습니다. 어셈블리의 이름은 'CalculatorAssembly'로 하겠습니다.

```
AssemblyBuilder newAssembly =
    AssemblyBuilder.DefineDynamicAssembly(
        new AssemblyName("CalculatorAssembly"), AssemblyBuilderAccess.Run);
```

다음에는 모듈을 만들 차례입니다. 모듈은 어셈블리의 내부에 생성되죠? AssemblyBuilder는 동적 모듈을 생성하는 DefineDynamicModule() 메소드를 갖고 있으므로 이 메소드를 호출해서 모듈을 만들면 됩니다. 모듈의 이름은 'Calculator'로 정하죠.

```
ModuleBuilder newModule = newAssembly.DefineDynamicModule("Calculator");
```

모듈을 만들었으면 클래스를 만들어야죠? ModuleBuilder의 DefineType() 메소드를 이용해서 클래스를 생성합니다. 새로 만들 클래스의 이름은 Sum1To100입니다.

```
TypeBuilder newType = newModule.DefineType("Sum1To100");
```

이젠 메소드를 만들 차례입니다. TypeBuilder 클래스의 DefineMethod() 메소드를 호출해서 'Calculate()'라는 이름의 메소드를 만들겠습니다. 이 메소드의 접근성은 public이며, 반환 형식은 int, 매개변수는 없습니다.

```
MethodBuilder newMethod = newType.DefineMethod(
    "Calculate",
    MethodAttributes.Public,
    typeof(int),     // 반환 형식
    new Type[0]);    // 매개변수
```

앞에서 메소드의 껍데기를 만들었으니, 이제 이 안에 메소드가 실행할 코드(IL 명령어)를 채워 넣어야 합니다. 이 작업은 ILGenerator 객체를 통해서 이루어집니다. 물론 ILGenerator 객체는 MethodBuilder 클래스의 GetILGenerator() 메소드를 통해 얻을 수 있습니다. 다음 코드는 1부터 100까지의 합을 구합니다.

```
ILGenerator generator = newMethod.GetILGenerator();

generator.Emit(OpCodes.Ldc_I4, 1);     ●┈┈┈┈┈  32비트 정수(1)를 계산 스택에 넣습니다.

for (int i = 2; i <= 100; i++)
{                                               32비트 정수(i)를 계산 스택에 넣습니다.
    generator.Emit(OpCodes.Ldc_I4, i);  ●┈┈┈
    generator.Emit(OpCodes.Add);        ●┈┈┈  계산 후 계산 스택에 담겨 있는 두 개의 값을 꺼내
}                                               서 더한 후, 그 결과를 다시 계산 스택에 넣습니다.

generator.Emit(OpCodes.Ret); // 계산 스택에 담겨 있는 값을 반환합니다.
```

앞의 코드에 대해 조금 더 설명하겠습니다. 여러분은 스택이 어떤 자료구조인지 알고 있죠? 네, 스택은 LIFO(Last-In First-Out : 후입선출) 방식으로 동작하며 입/출력이 최상위 노드에서만 이루어지는 자료구조입니다. 이 자료구조는 계산 알고리즘에도 응용되는데, 예를 들어 이야기해보겠습니다. 가령 1+2+3을 계산한다고 해보죠. 일단 피연산자 1과 2를 스택에 넣습니다. 그리고 이 피연산자 둘을 다시 스택에서 꺼내서 더한 후 그 결과를 다시 스택에 넣습니다. 아직 마지막 피연산자 3을 더하지 않았으니 이 녀석도 마저 스택에 넣습니다. 이제 스택에는 1+2의 결과인 3과 마지막 피연산자 3이 남아 있습니다. 이 둘을 다시 꺼내서 더한 후 결과를 다시 스택에 넣습니다. 더 이상 연산을 수행할 피연산자가 더 남아 있지 않다면 이 스택에 있는 값이 1+2+3의 계산 결과입니다.

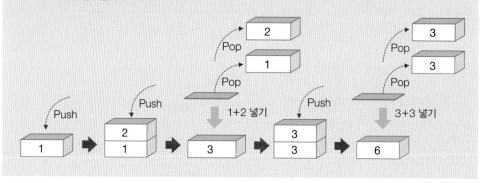

자, Calculate() 메소드 안에 IL 명령어도 모두 채워 넣었으니 Sum1To100 클래스를 CLR에 제출하겠습니다. newType 객체에 CreateType() 메소드를 호출합니다.

```
newType.CreateType();
```

여기까지가 새로운 형식을 만드는 과정이었습니다. 지금부터는 이 형식의 인스턴스를 동적으로 생성해서 이용할 수 있습니다. 다음 코드는 여러분도 잘 아는 내용이니 설명을 생략하겠습니다.

```
object sum1To100 = Activator.CreateInstance(newType);
MethodInfo Calculate = sum1To100.GetType().GetMethod("Calculate");
Console.WriteLine(Calculate.Invoke(sum1To100, null));
```

동적으로 새로운 형식을 만드는 과정도 재미있죠? 혹시 여러분만의 컴파일러나 인터프리터를 만들어보고 싶다는 충동이 일지는 않았나요?

```
01  using System;
02  using System.Reflection;
03  using System.Reflection.Emit;
04
05  namespace EmitTest
06  {
07      public class MainApp
08      {
09          public static void Main()
10          {
11              AssemblyBuilder newAssembly =
12                  AssemblyBuilder.DefineDynamicAssembly(
13                  new AssemblyName("CalculatorAssembly"),
                    AssemblyBuilderAccess.Run);
14
15              ModuleBuilder newModule = newAssembly.DefineDynamicModule(
                                        "Calculator");
16              TypeBuilder newType = newModule.DefineType("Sum1To100");
17
18              MethodBuilder newMethod = newType.DefineMethod(
19                  "Calculate",
20                  MethodAttributes.Public,
21                  typeof(int),    // 반환 형식
22                  new Type[0]);   // 매개변수
23
24              ILGenerator generator = newMethod.GetILGenerator();
25
26              generator.Emit(OpCodes.Ldc_I4, 1);
27
28              for (int i = 2; i <= 100; i++)
29              {
30                  generator.Emit(OpCodes.Ldc_I4, i);
31                  generator.Emit(OpCodes.Add);
32              }
33
34              generator.Emit(OpCodes.Ret);
35              newType.CreateType();
36
37              object sum1To100 = Activator.CreateInstance(newType);
```

```
38                    MethodInfo Calculate = sum1To100.GetType().GetMethod("Calculate");
39                    Console.WriteLine(Calculate.Invoke(sum1To100, null));
40            }
41        }
42  }
```

> **실행 결과**

```
5050
```

16.2 애트리뷰트

애트리뷰트^{Attribute}는 코드에 대한 부가 정보를 기록하고 읽을 수 있는 기능입니다.

"오, 부가 정보. 그거 주석으로도 충분히 할 수 있지 않나요?"

맞습니다. 주석을 이용해도 코드에 대한 부가 정보(설명)를 기록하고 읽을 수 있습니다. 애트리뷰
트가 주석과 다른 점은 주석이 사람이 읽고 쓰는 정보라면, 애트리뷰트는 사람이 작성하고 컴퓨터가
읽는다는 것입니다.

애트리뷰트를 이용해서 클래스나 구조체, 메소드, 프로퍼티 등에 데이터를 기록해두면 C# 컴파일러
나 C#으로 작성된 프로그램이 이 정보를 읽고 사용할 수 있습니다. '설명' 따위를 런타임에 읽어서 뭘
하느냐고요? 할 수 있는 것 많습니다. 많고 말고요. 한 가지 예를 들어보겠습니다.

> 윤성이는 취미 삼아 C#으로 오픈소스 라이브러리를 만들어 배포했습니다. 그리고 어느 날 자신이 만든 라이
> 브러리의 A( )라는 메소드에 보안 문제가 있다는 이메일을 받았습니다. 라이브러리에 문제가 있는 것을 확인
> 하고, 급히 새 버전을 배포하기로 했습니다. 그런데 라이브러리 구조상 OldMethod( ) 메소드만 수정해서는
> 해결할 수 없고, NewMethod( )라는 새 메소드를 추가해야 했습니다.
>
> 문제는 라이브러리를 사용하던 프로그래머들이었습니다. OldMethod( ) 메소드에 보안 위협이 있으니 더
> 이상 사용하지 말고 NewMethod( ) 메소드로 대체하라고 공지해야 하는데, 이 프로그래머들은 윤성이가
> 작성한 Readme.txt나 공지 따위는 읽어보지 않을 터였습니다. 귀찮으니까요. 그래서 윤성이는 새 라이브러
> 리를 배포하면서 프로그래머들이 OldMethod( ) 메소드를 사용하려고 하면 컴파일러가 이 메소드를 사용하
> 지 말라는 경고 메시지를 내보내게 만들기로 결정했습니다.

여러분은 조금 전 이야기의 마지막 문장을 어떻게 생각합니까? 윤성이는 어떻게 컴파일러가 경고 메시지를 내보내게 만들 수 있다는 것일까요? 이것은 애트리뷰트를 활용하는 일부 사례에 지나지 않습니다. 여러분이 응용하려 들면 무궁무진하게 활용처가 많은 것이 이 애트리뷰트거든요. 일단 알아두면 나중에 유용하게 써먹을 수 있으니 잘 공부해두시기 바랍니다.

> **! 여기서 잠깐 ㅣ 메타데이터**
>
> 메타데이터(Metadata)란 데이터의 데이터를 말합니다. 가령 C# 코드도 데이터지만 이 코드에 대한 정보도 존재합니다. 이를 메타데이터라고 하는 것이죠. 애트리뷰트나 리플렉션을 통해 얻는 정보들도 C# 코드의 메타데이터라고 할 수 있습니다.

16.2.1 애트리뷰트 사용하기

애트리뷰트를 사용할 때는 설명하려는 코드 요소 앞에 대괄호 [와]를 붙이고 그 안에 애트리뷰트의 이름을 넣으면 됩니다. 다음과 같이 말입니다.

```
[애트리뷰트_이름(애트리뷰트_매개변수)]
public void MyMethod()
{
    // …
}
```

실제 사용 예를 보겠습니다. 조금 전에 했던 윤성이의 새 라이브러리 이야기 말입니다. 윤성이의 고민은 다음과 같이 .NET에서 기본적으로 제공하는 Obsolete 애트리뷰트를 이용하면 간단히 해결됩니다.

```
class MyClass
{
    [Obsolete("OldMethod는 폐기되었습니다. NewMethod()를 이용하세요.")]
    public void OldMethod()
    {
        Console.WriteLine("I'm old");
```

```
    }

    public void NewMethod()
    {
        Console.WriteLine("I'm new");
    }
}
```

이제 프로그래머들은 OldMethod()를 사용하는 코드를 그대로 둔 채 컴파일을 하면 "OldMethod
는 폐기되었습니다. NewMethod()를 이용하세요."라는 경고 메시지를 보게 될 것입니다. 직접 확
인해볼까요? 다음 예제 프로그램을 따라 만들어보세요.

>>> 16장/BasicAttribute/MainApp.cs

```
01  using System;
02
03  namespace BasicAttribute
04  {
05      class MyClass
06      {
07          [Obsolete("OldMethod는 폐기되었습니다. NewMethod()를 이용하세요.")]
08          public void OldMethod()
09          {
10              Console.WriteLine("I'm old");
11          }
12
13          public void NewMethod()
14          {
15              Console.WriteLine("I'm new");
16          }
17      }
18
19      class MainApp
20      {
21          static void Main(string[] args)
22          {
23              MyClass obj = new MyClass();
24
```

```
25              obj.OldMethod();
26              obj.NewMethod();
27          }
28      }
29 }
```

📥 **실행 결과**

```
I'm old
I'm new
```

이 실행 결과와 같이 이 예제 프로그램은 OldMethod()와 NewMethod()를 정상적으로 실행하지만, 컴파일을 할 때 비주얼 스튜디오의 [오류 목록] 창을 확인하면 다음과 같은 경고 메시지가 나타나는 것을 볼 수 있습니다. 열심히 일하는 프로그래머라면 윤성이가 애트리뷰트를 통해 보낸 메시지를 그냥 지나치지 않고 권고대로 코드를 수정하겠죠?

16.2.2 호출자 정보 애트리뷰트

C#이 여러모로 멋진 언어이긴 하지만 아쉬운 부분도 있습니다. 그중 하나가 C/C++에서 제공하는 __FILENAME__, __LINE__, __FUNCTION__ 매크로(이 매크로들은 각각 현재 코드의 소스 파일 이름, 행^{Line} 번호, 함수 이름으로 컴파일러에 의해 치환되어 실행 코드에 들어갑니다)에 해당하는 기능을 C#이 제공하지 않는다는 점입니다. 그런데 이것도 이제는 옛날 이야기가 됐습니다.

C# 5.0 버전부터 호출자 정보^{Caller Information} 애트리뷰트가 도입됐기 때문입니다. 별로 대단하지 않아 보여도, 저를 포함한 많은 C# 프로그래머가 오랫동안 갈망해온 기능입니다. 호출자 정보는 메소드의 매개변수에 사용되며 메소드의 호출자 이름, 호출자 메소드가 정의된 소스 파일 경로, 심

지어 소스 파일 내 행 번호까지 알 수 있습니다(C/C++의 __FILENAME__, __LINE__, __
FUNCTION__이 이제 부럽지 않습니다!). 이를 이용해서 응용 프로그램의 이벤트를 로그 파일이
나 화면에 출력하면 그 이벤트가 어떤 코드에서 일어났는지 알 수 있죠. 다음 표는 세 가지 호출자
정보 애트리뷰트를 설명합니다.

애트리뷰트	설명
CallerMemberNameAttribute	현재 메소드를 호출한 메소드 또는 프로퍼티의 이름을 나타냅니다.
CallerFilePathAttribute	현재 메소드가 호출된 소스 파일 경로를 나타냅니다. 이때 경로는 소스 코드를 컴파일할 때의 전체 경로를 나타냅니다.
CallerLineNumberAttribute	현재 메소드가 호출된 소스 파일 내의 행 번호를 나타냅니다.

호출자 정보 애트리뷰트도 사용 방법이 간단합니다. 다음은 예제 코드입니다.

```csharp
public static class Trace
{
    public static void WriteLine(string message,
        [CallerFilePath] string file = "",
        [CallerLineNumber] int line = 0,
        [CallerMemberName] string member = "")
    {
        Console.WriteLine("{0}(Line:{1}) {2}: {3}", file, line, member, message);
    }
}

void SomeMethod()
{
    Trace.WriteLine("즐거운 프로그래밍!");
}
```

Trace.WriteLine()의 선언부를 보면 [CallerFilePath], [CallerLineNumber],
[CallerMemberName]이 선택적 인수로 사용되고 있습니다. 이렇게 하면 Trace.WriteLine()
메소드를 호출할 때 호출자 정보 애트리뷰트로 수식한 매개변수는 프로그래머가 별도로 입력하지 않
아도 됩니다. SomeMethod()에서 Trace.WriteLine() 메소드를 호출하는 부분이 그 예입니다.
앞의 예제를 실행하면 어떤 결과가 나올까요? 다음의 예제 프로그램을 작성하고 빌드해서 결과를 확
인해보세요.

```
01  using System;
02  using System.Runtime.CompilerServices;
03
04  namespace CallerInfo
05  {
06      public static class Trace
07      {
08          public static void WriteLine(string message,
09              [CallerFilePath] string file = "",
10              [CallerLineNumber] int line = 0,
11              [CallerMemberName] string member = "")
12          {
13              Console.WriteLine(
14                  $"{file}(Line:{line}) {member}: {message}");
15          }
16      }
17
18      class MainApp
19      {
20          static void Main(string[] args)
21          {
22              Trace.WriteLine("즐거운 프로그래밍!");
23          }
24      }
25  }
```

📥 실행 결과

C:\Users\seanl\source\repos\ThisisCSharp11\16\CallerInfo\MainApp.cs(Line:22) Main:
즐거운 프로그래밍!

16.2.3 내가 만드는 애트리뷰트

.NET이 제공하는 애트리뷰트는 Obsolete 말고도 그 종류가 상당히 많습니다. C나 C++로 작성된
네이티브 DLL^{Dynamic Link Library}에 있는 함수를 호출할 때 사용하는 [DLLImport], 조건부 메소드 실
행을 지정할 때 사용하는 [Conditional] 등이 그 예입니다.

이 애트리뷰트들은 애트리뷰트 자체보다 용도를 중심으로 공부하는 편이 좋습니다. 애트리뷰트는 부가 정보이지 핵심 내용이 아닌 데다가 사용 방법도 그 수만큼 다양하기 때문입니다. 그래서 저는 수많은 애트리뷰트를 일일이 알아보는 대신, 애트리뷰트를 직접 만들어보고 활용해봄으로써 다른 애트리뷰트를 활용하는 데 필요한 내용을 여러분과 함께 나누려 합니다.

별나게 생기긴 했지만, 애트리뷰트도 역시 하나의 클래스일 뿐입니다. 모든 애트리뷰트는 예를 들어 다음과 같이 System.Attribute 클래스로부터 상속을 받아 만들어집니다.

```
class History : System.Attribute
{
    // …
}
```

System.Attribute를 상속하는 것만으로도 애트리뷰트 하나를 만든 셈이 됩니다. 이렇게 선언한 애트리뷰트는 앞에서 본 적 있는 Obsolete 애트리뷰트처럼 대괄호 [와] 안에 애트리뷰트 이름을 넣어 사용하면 됩니다.

```
[History]
class MyClass
{
    // …
}
```

앞의 History는 애트리뷰트이긴 하지만 아무것도 설명하는 것이 없습니다. 지금부터는 History 애트리뷰트가 구체적으로 설명할 내용과 이것을 '어떻게' 설명하게 할 것인가를 나타내도록 코드를 추가해보겠습니다.

History가 클래스의 변경 이력을 나타내도록 하고 싶습니다. History 클래스에 자신이 설명할 클래스의 작성자(즉, 프로그래머), 버전, 변경 내용 등을 나타낼 수 있도록 필드 및 프로퍼티를 추가하겠습니다.

```
class History : System.Attribute
{
    private string programmer;

    public double Version
    {
        get;
        set;
    }

    public string Changes
    {
        get;
        set;                 ┌ ─ ─ ─ ─ ┐
    }                        ┆  생성자  ┆
                             └ ─ ─ ─ ─ ┘
            •┄┄┄┄┄┄┄┄┘
    public History(string programmer)
    {
        this.programmer = programmer;
        Version = 1.0;
        Changes = "First release";
    }

    public string Programmer
    {
        get {return programmer;}
    }
}
```

History 클래스는 System.Attribute로부터 상속받았을 뿐이지 여느 클래스와 다를 바가 없습니다.
변경된 History 클래스를 한번 사용해보겠습니다.

```
[History("Sean",
    Version = 0.1, Changes = "2017-11-01 Created class stub")]
class MyClass
{
    public void Func()
```

```
    {
        Console.WriteLine("Func()");
    }
}
```

이와 같이 MyClass를 History 애트리뷰트로 설명해놓으면 리플렉션을 이용해서 손쉽게 Release 노트를 만들 수 있습니다. 귀찮게 수작업할 필요가 없는 거죠. 그런데 한 가지 문제가 있습니다. 훗날 다른 프로그래머가 MyClass를 수정한 뒤 History 애트리뷰트를 추가하고 싶어도 더 추가할 수 없습니다. 지금의 History 애트리뷰트는 단 한 번밖에 사용할 수 없기 때문입니다. 가령 다음과 같이 애트리뷰트를 사용하려 들면 컴파일러가 에러 메시지를 내놓을 것입니다.

```
[History("Sean",
    Version = 0.1, Changes = "2017-11-01 Created class stub")]
[History("Bob",
    Version = 0.2, Changes = "2017-12-03 Added Func() Method")] •·········
class MyClass
{                                         현재로서는 애트리뷰트를 이렇게
    public void Func()                    겹쳐 사용할 수 없습니다.
    {
        Console.WriteLine("Func()");
    }
}
```

이 문제를 해결하려면 System.AttributeUsage라는 애트리뷰트의 도움을 받아야 합니다.

System.AttributeUsage는 쉽게 이야기해서 애트리뷰트의 애트리뷰트입니다. 애트리뷰트가 어떤 대상을 설명할지, 이 애트리뷰트를 중복해서 사용할 수 있는지 등을 설명하거든요. System. AttributeUsage는 다음 예제와 같이 애트리뷰트 선언부에 사용하면 됩니다.

```
[System.AttributeUsage(System.AttributeTargets.Class, AllowMultiple=true)]
class History : System.Attribute
{
    // …
}
```

System.AttributeUsage의 첫 번째 매개변수는 지금 선언하고 있는 애트리뷰트의 설명 대상이 무엇인지 나타냅니다. 이것을 Attribute Target이라고 하는데, 애트리뷰트의 설명 대상이 될 수 있는 코드 요소는 모두 다음과 같습니다.

Attribute Target	설명
All	이 표의 나머지 모든 요소
Assembly	어셈블리
Module	모듈
Interface	인터페이스
Class	클래스
Struct	구조체
ClassMembers	클래스 안에 선언된 클래스나 구조체를 포함한 클래스의 모든 멤버
Constructor	생성자
Delegate	대리자
Enum	열거형
Event	이벤트
Field	필드
Property	프로퍼티
Method	메소드
Parameter	메소드의 매개변수
ReturnValue	메소드의 반환 값

이 Attribute Target은 논리합 연산자를 이용해서 결합할 수도 있습니다. 가령 클래스와 메소드를 대상으로 하고 싶다면 다음 예제 코드와 같이 AttributeTargets.Class | AttributeTargets.Method(|은 논리합 연산자입니다)를 System.AttributeUsage의 애트리뷰트 매개변수에 넘기면 됩니다.

```
[System.AttributeUsage(
    System.AttributeTargets.Class | System.AttributeTargets.Method,
    AllowMultiple=true)]
class History : System.Attribute
{
    // …
}
```

이번에는 Attribute Target에서 눈을 돌려 System.AttributeUsage의 두 번째 매개변수를 살펴
보겠습니다. AllowMultiple, 이것이 바로 우리가 History 애트리뷰트를 여러 번 사용하기 위해
찾던 것입니다. 이 매개변수에 true를 대입하면 우리가 원하던 것을 얻게 됩니다. 지금까지의 내용
을 프로그램으로 옮겨 테스트해보겠습니다. 다음 예제 프로그램 코드를 따라 만들어 실행해보세요.

>>> 16장/HistoryAttribute/MainApp.cs

```
01  using System;
02
03  namespace HistoryAttribute
04  {
05      [System.AttributeUsage(System.AttributeTargets.Class, AllowMultiple=true)]
06      class History : System.Attribute
07      {
08          private string programmer;
09          public double version;
10          public string changes;
11
12          public History(string programmer)
13          {
14              this.programmer = programmer;
15              version = 1.0;
16              changes = "First release";
17          }
18
19          public string GetProgrammer()
20          {
21              return programmer;
```

```
22              }
23          }
24
25      [History("Sean",
26          version = 0.1, changes = "2017-11-01 Created class stub")]
27      [History("Bob",
28          version = 0.2, changes = "2020-12-03 Added Func() Method")]
29      class MyClass
30      {
31          public void Func()
32          {
33              Console.WriteLine("Func()");
34          }
35      }
36
37      class MainApp
38      {
39          static void Main(string[] args)
40          {
41              Type type = typeof(MyClass);
42              Attribute[] attributes = Attribute.GetCustomAttributes(type);
43
44              Console.WriteLine("MyClass change history...");
45
46              foreach (Attribute a in attributes)
47              {
48                  History h = a as History;
49                  if (h != null)
50                      Console.WriteLine("Ver:{0}, Programmer:{1}, Changes:{2}",
51                          h.version, h.GetProgrammer(), h.changes);
52              }
53          }
54      }
55  }
```

📤 **실행 결과**

```
MyClass change history...
Ver:0.1, Programmer:Sean, Changes:2017-11-01 Created class stub
Ver:0.2, Programmer:Bob, Changes:2020-12-03 Added Func() Method
```

01 다음 코드 중에서 올바로 동작하지 <u>않는</u> 것을 고르세요.

① Type t = myObject.GetType();

② Type t = typeof("int");

③ Type t = Type.GetType(int);

④ Type t = Type.GetType("System.Int32");

02 애트리뷰트와 주석의 차이는 무엇입니까?

17

▶ # dynamic 형식

2008년 10월, LA 컨벤션 센터에서 열린 PDC^Professional Developers Conference에서 마이크로소프트의 C# 팀을 이끌고 있는 앤더스 헤일스버그가 전 세계 프로그래머가 기다렸던 C# 4.0의 새 기능을 발표했습니다. 이 중에는 선택적 인수와 명명된 인수처럼 이견 없이 모든 프로그래머에게 환영받은 기능이 있었던 반면에 많은 논란을 일으킨 기능도 있었습니다. 논란의 주인공은 바로 이번 장에서 다룰 dynamic 형식입니다.

학습목표

<table>
<tr><td>

✓

**이 장의
핵심 개념**

</td><td>

• dynamic 형식의 정의를 이해합니다.

• dynamic 형식을 이용하여 변수를 선언하고 사용하는 방법을 익힙니다.

• dynamic 형식을 이용하여 COM 객체를 다루는 방법을 이해합니다.

• 파이썬과의 상호 운용성을 확보하는 방법을 익힙니다.

</td></tr>
</table>

✓

**이 장의
학습 흐름**

dynamic 형식

▼

덕 타이핑

▼

COM과 .NET 사이의 상호 운용성

▼

동적 언어와의 상호 운용성

17.1 dynamic 형식 소개

dynamic 형식도 데이터 형식입니다. 다만 형식 검사를 하는 시점이 프로그램 실행 중이라는 점이 다릅니다. 코드로 살펴보죠.

```csharp
class MyClass
{
    public void FuncAAA()
    {  /* Do Nothing */  }
}

class MainApp
{
    static void Main(string[] args)
    {
        MyClass obj = new MyClass();
        obj.FuncAAA();
        obj.FuncBBB();  •----------- FuncBBB() 메소드가 MyClass에 정의되어
                                     있지 않으므로 컴파일 에러가 발생합니다.
    }
}
```

이 코드는 MyClass 클래스에 FuncBBB() 메소드를 선언하지 않았기 때문에 컴파일되지 않습니다. 다음은 dynamic 형식 코드입니다.

```csharp
class MyClass
{
    public void FuncAAA()
    {  /* Do Nothing */  }
}

class MainApp
{
    static void Main(string[] args)
    {
        dynamic obj = new MyClass();
        obj.FuncAAA();
        obj.FuncBBB();  •----------- FuncBBB() 메소드를 선언하지 않았지만, obj가 dynamic으로
                                     선언되어서 컴파일러 형식 검사를 피해 갑니다.
    }
}
```

MyClass를 이용해서 obj를 선언하던 코드와 달리 dynamic 키워드를 이용해서 obj를 선언한 이 코드는 컴파일러의 방해 없이 실행 파일을 만들어낼 수 있습니다. 컴파일러가 dynamic 키워드를 만나면 프로그램을 실행할 때 형식 검사를 하도록 미루기 때문입니다.

"아니! 이게 뭐야!"

혼란스럽죠? C# 컴파일러가 제공하는 '강력한 형식 검사'의 이점과 방금 전에 설명한 dynamic 형식의 특징이 상충하니 말입니다. dynamic이 주는 이점도 분명히 여럿 있지만(이후에 천천히 소개하겠습니다), 형식 검사를 컴파일할 때 같이 하지 않는다는 점 때문에 프로그래머 사이에 논란이 많았던 것입니다.

한번 생각해보세요. dynamic 키워드는 형식 검사를 컴파일할 때 실행하도록 미루겠다는 것뿐이지, 하지 않겠다는 것은 아닙니다. '강력한 형식 검사'는 dynamic 키워드가 사용된 곳에서도 여전히 유효합니다. 프로그래머가 코드를 작성하면서 만드는 버그는 수백, 수천 가지에 이릅니다. 그 많은 버그 중에서 잘못된 형식을 이용하는 문법 오류는 아주 일부에 지나지 않죠. 프로그래머는 컴파일 한 번 해보고 프로그램을 배포하는 것이 아닙니다. 여러 단계의 테스트를 거쳐서 프로그램에 오류가 없음을 확인한 후 배포합니다. dynamic 형식으로 인해 형식 검사를 못 하는 문제는 바로 이 테스트 단계에서 발견하여 제거할 수 있습니다.

dynamic 형식에 대한 변호는 이 정도로 하고, 이어지는 절부터는 dynamic 형식을 활용할 수 있는 몇 가지 방법에 대해 설명하겠습니다. 이 내용을 다 읽고 나면 여러분도 마이크로소프트가 왜 C#에 dynamic 형식을 추가했는지 이해할 수 있을 것입니다.

17.1.1 덕 타이핑

"오리처럼 걷고 오리처럼 헤엄치며 오리처럼 꽥꽥거리는 새를 봤을 때, 나는 그 새를 오리라고 부른다."

이 문장은 미국의 시인인 제임스 휘트컴 라일리(1849~1916)[1]의 시에서 인용된 것으로, 덕 타이핑 Duck Typing을 가장 잘 설명하는 문장이기도 합니다. 덕 타이핑은 객체지향 프로그래밍과는 상당히 다른 각도에서 형식을 바라봅니다. 객체지향 프로그래밍에서는 C#에서 어떤 형식이 오리Duck라고 인정받으려면 그 형식의 조상 중에 오리가 있어야 하죠? 예를 들어 다음과 같이 말입니다.

---

1 https://www.amazon.com/James-Whitcomb-Riley-Sketches-quacks/dp/1785430114

```
class Duck
{
    public void Walk()
    {Console.WriteLine("Duck.Walk");}

    public void Swim()
    {Console.WriteLine("Duck.Swim");}

    public void Quack()
    {Console.WriteLine("Duck.Quack");}

}

class Mallard : Duck  •----------
{
    // …
}
```

> Mallad(청둥오리)는 Duck으로부터 상속받으므로 Duck이라고 인정할 수 있습니다.

반면에 덕 타이핑에서 어떤 형식이 오리로 인정받으려면 오리처럼 걷고, 오리처럼 헤엄치고, 오리처럼 꽉꽉거리기만 하면 됩니다. 그 형식이 어느 형식으로부터 상속받는지는 전혀 중요하지 않습니다. 다음은 덕 타이핑에서 오리로 인정하는 클래스들의 선언 코드입니다.

```
class Duck  •----------
{
    public void Walk()
    {Console.WriteLine("Duck.Walk");}

    public void Swim()
    {Console.WriteLine("Duck.Swim");}

    public void Quack()
    {Console.WriteLine("Duck.Quack");}
}

class Robot  •----------
{
    public void Walk()
    {Console.WriteLine("Robot.Walk");}
```

> Duck도 오리이고

> Robot도 오리입니다.

```
    public void Swim()
    {Console.WriteLine("Robot.Swim");}

    public void Quack()
    {Console.WriteLine("Robot.Quack");}
}
```

덕 타이핑 관점에서 보면 이 예제 코드에서 선언한 Duck도 오리이고 Robot도 오리입니다. 둘 다 오리처럼 걷고, 헤엄치고, 꽥꽥거리거든요.

하지만 C# 컴파일러는 Duck이나 Mallard는 오리로 인정해도 Robot은 오리로 인정하지 않습니다. 가령 다음과 같은 Duck 형식의 배열을 선언하고 여기에 Duck, Mallard, Robot의 인스턴스를 요소로 넣어 초기화하려면 컴파일러는 형식 검사를 하면서 Robot은 Duck 형식이 아니라고 에러 메시지를 내뱉을 것입니다. 우리가 아무리 '오리처럼 걷고 헤엄치고 꽥꽥거리면 오리다.'라고 생각해도 컴파일러는 그렇게 생각하지 않는데 어떻게 덕 타이핑의 철학을 프로그래밍에 적용할 수 있겠습니까?

```
Duck[] arr = new Duck[]{new Duck(), new Mallard(), new Robot()};
```

이런 경우는 dynamic 형식을 통해 해결할 수 있습니다. dynamic 형식으로 선언하면 형식 검사를 실행할 때로 미룬다는 점을 이용하는 것입니다. 다음과 같이 말입니다.

```
dynamic[] arr = new dynamic[] {new Duck(), new Mallard(), new Robot()};

foreach (dynamic duck in arr)
{
    Console.WriteLine(duck.GetType());
    duck.Walk();
    duck.Swim();
    duck.Quack();

    Console.WriteLine();
}
```

Duck, Mallard, Robot 클래스가 Walk(), Swim(), Quack() 메소드를 구현하고 있으므로 이 코드는 컴파일도 실행도 문제없이 잘 될 것입니다. 예제 프로그램을 만들어서 직접 시험해보겠습니다.

>>> 17장/DuckTyping/MainApp.cs

```
01  using System;
02
03  namespace DuckTyping
04  {
05      class Duck
06      {
07          public void Walk()
08          {Console.WriteLine(this.GetType() + ".Walk");}
09
10          public void Swim()
11          {Console.WriteLine(this.GetType() + ".Swim");}
12
13          public void Quack()
14          {Console.WriteLine(this.GetType() + ".Quack");}
15      }
16
17      class Mallard : Duck
18      { }
19
20      class Robot
21      {
22          public void Walk()
23          {Console.WriteLine("Robot.Walk");}
24
25          public void Swim()
26          {Console.WriteLine("Robot.Swim");}
27
28          public void Quack()
29          {Console.WriteLine("Robot.Quack");}
30      }
31
32      class MainApp
33      {
34          static void Main(string[] args)
35          {
```

```
36              dynamic[] arr = new dynamic[] {new Duck(), new Mallard(), new Robot()};
37
38              foreach (dynamic duck in arr)
39              {
40                  Console.WriteLine(duck.GetType());
41                  duck.Walk();
42                  duck.Swim();
43                  duck.Quack();
44
45                  Console.WriteLine();
46              }
47          }
48      }
49  }
```

□ 실행 결과

```
DuckTyping.Duck
DuckTyping.Duck.Walk
DuckTyping.Duck.Swim
DuckTyping.Duck.Quack

DuckTyping.Mallard
DuckTyping.Mallard.Walk
DuckTyping.Mallard.Swim
DuckTyping.Mallard.Quack

DuckTyping.Robot
Robot.Walk
Robot.Swim
Robot.Quack
```

덕 타이핑의 개념은 알 수 있겠죠? 그런데 말입니다. 덕 타이핑은 왜 사용하는 것일까요? 인터페이스 상속을 이용한다면 비슷한 일을 할 수 있을 텐데 말입니다.

인터페이스를 설계하기 위해서는 추상화를 잘해야 하는데 추상화를 잘하려면 연습과 경험을 많이 해봐야 합니다. 인터페이스를 잘못 설계했다가 나중에 파생 클래스를 수정해야 할 일이 생기면 위로는 인터페이스를 수정하고 아래로는 자신의 파생 클래스들, 옆으로는 형제 클래스들을 줄줄이 수정해야 하는 일이 생깁니다. 덕 타이핑은 이런 문제를 만났을 때 좀 더 유연하게 해결할 수 있도록 돕습니다. 상속 관계를 이용하지 않기 때문에 프로그램의 동작에 관여하는 부분만 손을 대면 되거든요.

덕 타이핑이 좋은 점만 있는 것은 아닙니다. 우선 비주얼 스튜디오의 리팩터링 기능을 이용할 수 없습니다. 가령, Walk() 메소드의 이름을 Run()으로 고치고 싶어도 여러분이 직접 Walk() 메소드를 선언한 곳과 사용하고 있는 곳을 코드에서 찾아 수정해야 합니다. 인터페이스를 이용했다면 비주얼 스튜디오를 이용해서 자동으로, 그것도 단번에 이 일을 할 수 있는데 말입니다.

인터페이스를 이용한 구조적 타이핑과 덕 타이핑 중 딱히 어느 쪽이 우수한 설계 기법이라고는 단정하기가 어렵습니다. 어느 쪽이 우수한가 하는 문제는 대개 프로그래머의 취향과 개발 환경에 따라 답이 다르게 나오기 때문입니다.

17.2 COM과 .NET 사이의 상호 운용성을 위한 dynamic 형식

COM이 세상을 지배하던 때가 있었습니다. 수많은 COM 컴포넌트가 시장에 나왔고, 프로그래머는 이들을 이용하여 안정된 기능의 애플리케이션을 더욱 빠르게 개발할 수 있었습니다. 대안 기술이 여럿 등장한 지금도 COM은 여전히 많이 사용되는 상황이며, 제 예상이 맞다면 한동안은 지금처럼 COM의 세상이 계속될 것입니다.

아, 그런데 COM이 잘나가는 것하고 C#하고 무슨 상관이냐고요? 상관이 있고 말고요. COM은 부품 역할을 하는 소프트웨어입니다. 전자공학이나 반도체를 전공하지 않은 일반인도 PC를 조립할 수 있는 것은 첫째로 PC의 각 부품과 부품 사이를 연결하는 규격 설계(예를 들자면 PCI)가 잘됐기 때문이고, 둘째로 부품들이 각 전문 업체에 의해 그 기능을 충실히 수행하도록 만들어졌기 때문입니다. 기판과 저항, 콘덴서 등을 이용해서 그래픽 카드를 직접 만들어야 한다고 생각해보세요. 만드는 시간도 시간이지만, 전문 지식이 없는 한 이것은 불가능한 일입니다.

COM 컴포넌트는 그래픽 프로그래밍에 서툰 프로그래머가 화려한 차트 기능을 애플리케이션에 넣을 수 있도록 해주고, 엑셀 문서의 파일 구조를 몰라도 엑셀 문서를 읽거나 쓸 수 있게 해줍니다. 이렇게 멋진 COM을 우리가 공부하고 있는 C#에서는 사용할 수 없다고 생각해보세요. 얼마나 끔찍한 일입니까?

다행히도 C#을 비롯한 .NET 언어들은 RCW[Runtime Callable Wrapper]를 통해서 COM 컴포넌트를 사용할 수 있습니다. RCW는 .NET이 제공하는 Type Library Importer(tlbimp.exe)를 이용해서 만들

수 있는데, 비주얼 스튜디오를 사용해서 COM 객체를 프로젝트 참조에 추가하면 IDE가 자동으로 tlbimp.exe를 호출해 RCW를 만들어줍니다. RCW는 COM에 대한 프록시 역할을 함으로써 C# 코드에서 .NET 클래스 라이브를 사용하듯 COM API를 사용할 수 있게 해줍니다.

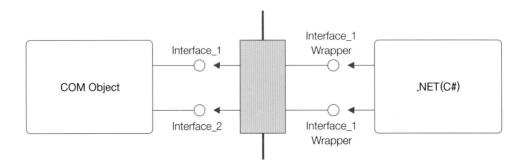

여기까지만 보면 C#과 COM 이야기는 "그 후로 프로그래머는 RCW를 통해 C# 코드에서 COM 컴포넌트가 갖고 있는 API들을 호출하며 행복하게 잘 살았답니다."라고 끝날 것 같지만, 실상은 그렇지 못했습니다. 애초부터 COM 친화적인 언어였던 비주얼 베이직은 COM과 잘 어울렸지만, C#은 RCW가 있어도 여전히 COM과 서먹했던 것이죠. C#이 COM 사이를 서먹하게 만든 원인은 다음 두 가지입니다.

❶ COM은 메소드가 결과를 반환할 때 실제 형식이 아닌 object 형식으로 반환합니다. 이 때문에 C# 코드에서는 이 결과를 실제 형식으로 변환해줘야 해서 번거로웠습니다.

❷ COM은 오버로딩을 지원하지 않습니다. 그 대신 메소드의 선택적 인수와 기본값을 지원하죠. C#은 4.0 버전으로 업그레이드되기 전까지는 선택적 인수와 기본값을 지원하지 못했습니다. 덕분에 C# 코드에서 COM API 하나를 호출하려면 사용하지도 않을 인수를 수없이 입력해야 해서 번거로웠습니다.

마이크로소프트는 어색했던 COM과 C# 사이의 관계를 몇 년 동안이나 방치해뒀는데, C# 4.0에 이르러서야 dynamic 형식의 도입을 통해 ❶번 문제를 해결하고, 메소드의 선택적 인수 기본값 도입을 통해 ❷번 문제를 해소했습니다. 비로소 C#도 VB처럼 COM 친화적인 언어가 된 것입니다.

예를 하나 들어보겠습니다. 마이크로소프트는 워드를 비롯해서 파워포인트, 엑셀 등 오피스 제품들의 기능을 여러분의 코드에서 이용할 수 있도록 이 소프트웨어들을 COM 컴포넌트로 구성해놨습니다. 이 중에서도 엑셀의 COM 컴포넌트를 이용해서 문서를 생성하고 그 안에 데이터를 넣은 후 저장까지 하는 코드를 다음 표에 작성했습니다. 표의 왼쪽은 C# 4.0 미만의 버전에서 엑셀 COM 컴포넌트를 사용하는 코드이고, 오른쪽은 C# 4.0 이상의 버전에서 COM 컴포넌트를 사용하는 코드입니다. 왼쪽 코드는 수많은 형식 변환과 의미 없는 인수 입력이 난무하는 반면, 오른쪽 코드는 간결하기 그지없습니다.

C# 4.0 미만	C# 4.0 이상

<pre>public static void OldWay(string[,] data, string savePath)
{
    Excel.Application excelApp = new Excel.Application();
 	
    excelApp.Workbooks.Add(Type.Missing);
 	
    Excel.Worksheet workSheet =
        (Excel.Worksheet)excelApp.ActiveSheet;
 	
    for (int i = 0; i < data.GetLength(0); i++)
    {
    ((Excel.Range)workSheet.Cells[i + 1, 1]).Value2 =
                                    data[i, 0];
    ((Excel.Range)workSheet.Cells[i + 1, 2]).Value2 =
                                    data[i, 1];
    }
 	
    workSheet.SaveAs(savePath +
        "\\shpark-book-old.xlsx",
        Type.Missing,
        Type.Missing,
        Type.Missing,
        Type.Missing,
        Type.Missing,
        Type.Missing,
        Type.Missing,
        Type.Missing);
 	
    excelApp.Quit();
}</pre>
	<pre>public static void NewWay(string[,] data, string savePath)
	{
	    Excel.Application excelApp = new Excel.Application();
	
	    excelApp.Workbooks.Add();
	
	    Excel._Worksheet workSheet = excelApp.ActiveSheet;
	
	    for (int i = 0; i < data.GetLength(0); i++)
	    {
	        workSheet.Cells[i + 1, 1] = data[i, 0];
	        workSheet.Cells[i + 1, 2] = data[i, 1];
	    }
	
	    workSheet.SaveAs(savePath +
	        "\\shpark-book-dynamic.xlsx");
	    excelApp.Quit();
	}</pre>

"잠깐, 간결한 건 알겠는데, 선택적 매개변수라든가 dynamic 키워드 같은 건 보이지 않는데요?"

선택적 인수와 dynamic 형식은 비주얼 스튜디오가 RCW를 만들 때 사용하며 우리는 전혀 손대지 않아도 되는 부분입니다. 수고로움을 더는 부분이죠. 바로 이어 예제 프로그램을 만들 텐데, 코드를 작성하면서 인텔리센스 기능을 이용하여 RCW의 메소드와 각 형식을 확인해보기 바랍니다. 다음 그림에서처럼 dynamic 형식을 비롯하여 선택적 인수 등이 도입된 것을 확인할 수 있습니다.

```csharp
using System;
using Excel = Microsoft.Office.Interop.Excel;

namespace COMInterop
{
    참조 0개
    class MainApp
    {
        참조 1개
        public static void OldWay(string[,] data, string savePath)
        {
            Excel.Application excelApp = new Excel.Application();

            excelApp.Workbooks.Add(Type.Missing);

            Excel.Worksheet workSheet = (Excel.Worksheet)excelApp.ActiveSheet;

            for (int i = 0; i < data.GetLength(0); i++)
            {
                ((Excel.Range)workSheet.Cells[i + 1, 1]).Value2 = data[i, 0];
                ((Excel.Range)workSheet.Cells[i + 1, 2]).Value2 = data[i, 1];
            }
```

이제 예제 프로그램을 만들어보겠습니다. 이번 예제 프로그램은 지금까지 만들어왔던 예제 프로그램들과 달리 COM 컴포넌트를 참조에 추가하는 등의 절차가 필요합니다. 차근차근 순서대로 엑셀 COM 컴포넌트를 프로젝트에 추가한 후 코드를 작성하길 바랍니다.

> **❗ 여기서 잠깐** **엑셀이 설치되어 있어야 합니다**
>
> 이 예제 프로그램은 엑셀 COM 컴포넌트를 사용하는데, 이 컴포넌트는 마이크로소프트 엑셀이 설치되어 있어야 사용할 수 있습니다. 참고로 본문의 예제 프로그램은 엑셀 2019를 기준으로 작성했습니다.

Step 1

비주얼 스튜디오를 실행하고 지금까지 해왔던 것처럼 '콘솔 앱' 템플릿으로 새 프로젝트를 만드세요. 프로젝트 이름은 'COMInterop'으로 지정하세요. [새 프로젝트 만들기]에서 '콘솔 앱'을 선택하고, [새 프로젝트 구성]에서 [프로젝트 이름]을 'COMInterop'으로 지정하세요.

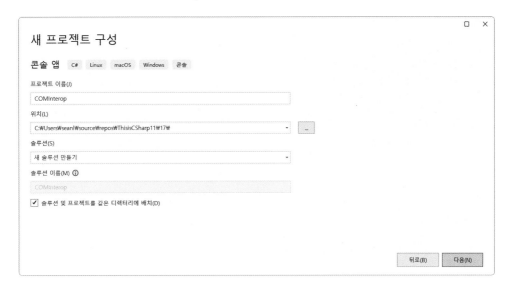

Step 2

[추가 정보]에서 [프레임워크]를 '.NET 7.0 (표준 용어 지원)'으로 지정하고, [최상위 문 사용 안 함]이 체크되어 있는지 확인한 후에 새 프로젝트를 생성하세요. 프로젝트를 생성한 후에는 프로젝트 속성에서 [전역 using] 항목의 [암시적 전체 사용]을 잊지 말고 해제해주세요(자세한 내용은 20쪽을 참고하세요).

Step 3

[솔루션 탐색기] 창에서 'Program.cs' 파일의 이름을 'MainApp.cs'로 변경하세요.

Step 4

[솔루션 탐색기] 창의 '종속성' 항목에서 마우스 오른쪽 버튼을 클릭하고 컨텍스트 메뉴에서 [COM 참조 추가]를 선택하세요.

Step 5

[참조 관리자] 창이 나타나면 [COM] − [형식 라이브러리] 항목을 선택하고 구성 요소 목록에서 'Microsoft Excel 16.0 Object Library'를 체크한 후 [확인] 버튼을 클릭하세요(엑셀 2019 이전 버전이라면 15.0을 선택합니다).

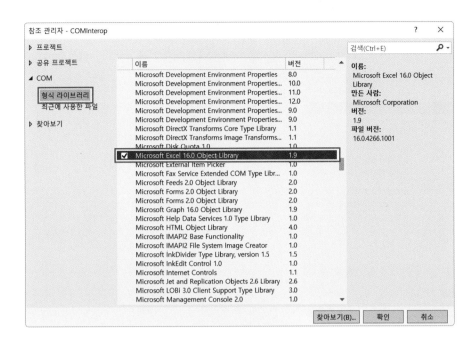

Step 6

지금까지의 작업을 성공적으로 진행했다면 다음 그림과 같이 [솔루션 탐색기] 창의 'COM' 항목에 'Interop. Microsoft.Office.Interop.Excel'이 추가될 것입니다.

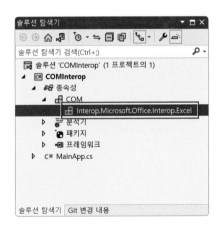

[솔루션 탐색기] 창에서 'Interop.Microsoft.Office.Interop.Excel'을 선택한 후, [속성] 창에서 [Interop 형식 포함]을 '예'로 설정하세요.

이제 본격적으로 코드를 작성해보겠습니다. MainApp.cs 파일을 열어 다음과 같이 편집하고 컴파일하세요.

```
01  using System;
02  using Excel = Microsoft.Office.Interop.Excel;
03
04  namespace COMInterop
05  {
06      class MainApp
07      {
08          public static void OldWay(string[,] data, string savePath)
09          {
10              Excel.Application excelApp = new Excel.Application();
11
12              excelApp.Workbooks.Add(Type.Missing);
13
14              Excel.Worksheet workSheet = (Excel.Worksheet)excelApp.ActiveSheet;
15
16              for (int i = 0; i < data.GetLength(0); i++)
17              {
```

```
18              ((Excel.Range)workSheet.Cells[i + 1, 1]).Value2 = data[i, 0];
19              ((Excel.Range)workSheet.Cells[i + 1, 2]).Value2 = data[i, 1];
20          }
21
22          workSheet.SaveAs(savePath + "\\shpark-book-old.xlsx",
23              Type.Missing,
24              Type.Missing,
25              Type.Missing,
26              Type.Missing,
27              Type.Missing,
28              Type.Missing,
29              Type.Missing,
30              Type.Missing);
31
32          excelApp.Quit();
33      }
34
35      public static void NewWay(string[,] data, string savePath)
36      {
37          Excel.Application excelApp = new Excel.Application();
38
39          excelApp.Workbooks.Add();
40
41          Excel._Worksheet workSheet = (Excel._Worksheet)excelApp.ActiveSheet;
42
43          for (int i = 0; i < data.GetLength(0); i++)
44          {
45              workSheet.Cells[i + 1, 1] = data[i, 0];
46              workSheet.Cells[i + 1, 2] = data[i, 1];
47          }
48
49          workSheet.SaveAs(savePath + "\\shpark-book-dynamic.xlsx");
50          excelApp.Quit();
51      }
52
53      static void Main(string[] args)
54      {
55          string savePath = System.IO.Directory.GetCurrentDirectory();
56          string[,] array = new string[,]
57          {
```

```
58                          {"뇌를 자극하는 알고리즘",          "2009"},
59                          {"뇌를 자극하는 C# 4.0",          "2011"},
60                          {"뇌를 자극하는 C# 5.0",          "2013"},
61                          {"뇌를 자극하는 파이썬 3",          "2016"},
62                          {"그로킹 딥러닝",                "2019"},
63                          {"이것이 C#이다",                "2018"},
64                          {"이것이 C#이다 2E",             "2020"},
65                          {"이것이 자료구조+알고리즘이다",      "2022"},
66                          {"이것이 C#이다 3E",             "2023"},
67                  };
68
69                  Console.WriteLine("Creating Excel document in old way...");
70                  OldWay(array, savePath);
71
72                  Console.WriteLine("Creating Excel document in new way...");
73                  NewWay(array, savePath);
74          }
75      }
76  }
```

Step 9

이제 실행 파일이 만들어졌을 것입니다. 프로그램을 실행하면 다음과 같이 메시지를 출력한 후 종료합니다.

```
Creating Excel document in old way...
Creating Excel document in new way...
```

Step 10

엑셀 문서가 잘 만들어졌는지 확인해봐야겠죠? 프로그램을 실행한 폴더를 열어보면 'shpark-book-old. xlsx' 파일과 'shpark-book-dynamic.xlsx' 파일이 생겼을 텐데, 둘 중 아무거나 열어보세요. 두 파일 모두 다음 내용이 동일하게 입력되어 있을 것입니다.

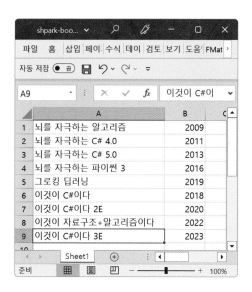

17.3 동적 언어와의 상호 운용성을 위한 dynamic 형식

파이썬Python과 루비Ruby는 프로그래머 사이에서 인기가 많은 동적 언어Dynamic Language 또는 Dynamic Typed Language입니다. 파이썬은 귀도 반 로섬Guido van Rossum이 오픈소스 프로젝트로 만들어온 언어였는데, 이 언어에 강한 매력을 느낀 구글이 아예 귀도를 스카우트하여 귀도가 구글 내에서 파이썬 개발을 하기도 했었습니다. 루비(역시 오픈소스 프로젝트입니다)는 일본인인 마츠모토 유키히로가 만든 언어입니다. 영어로 작성된 문서가 거의 없었는데도 특이하게 알음알음 전 세계 프로그래머가 루비에 빠져들기 시작했습니다.

그러던 중 베이스캠프(당시는 37signals) 회사에서 '루비 온 레일즈Ruby On Rails'라는 프레임워크를 선보인 후부터 사용자가 폭발적으로 증가하여 어느덧 주류 프로그래밍 언어가 됐습니다. 파이썬과 루비 두 언어 모두 뛰어난 가독성, 유연하면서도 표현력이 풍부한 언어 구조, 다양한 라이브러리를 갖추고 있어 인기가 많습니다. 특히 프로그래밍을 시작하는 학생뿐 아니라 C나 자바 같은 언어를 이미 주력으로 사용하고 있는 프로그래머도 이 언어들을 좋아합니다.

한편, CLRCommon Language Runtime은 ILIntermediate Language로 컴파일할 수 있는 언어들은 지원하지만, 파이썬이나 루비처럼 실행할 때 코드를 해석해서 실행하는 방식의 동적 언어는 지원할 수 없었습니다. 그래서 마이크로소프트는 동적 언어를 실행할 수 있도록 하는 플랫폼인 DLRDynamic Language Runtime을 선보였습니다. DLR은 CLR 위에서 동작하며, 파이썬이나 루비와 같은 동적 언어를 실행할 수 있습니다. DLR의 장점은 그저 동적 언어를 .NET 플랫폼에서 실행할 수 있다는 정도에서 그치지 않습니다. DLR은 파이썬이나 루비 같은 동적 언어의 코드에서 만들어진 객체에 C#이나 VB 같은 정적 언어의 코드에서 접근할 수 있게 해줍니다. 한마디로, 여러분의 C# 코드에서 직접 파이썬이나 루비 코드를 실행하고 그 결과를 받아볼 수 있다는 이야기입니다.

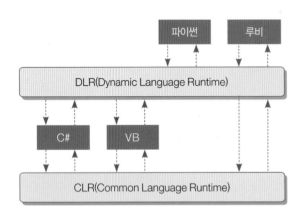

또한 CLR 입장에서 보면 DLR API를 기반으로 구현된 동적 언어라도 호스팅^{Hosting}(주인이 손님을 섬긴다는 뜻입니다. 여기에서는 CLR이 주인이고 그 위에 얹혀 동작하는 동적 언어가 손님입니다) 할 수 있다는 장점이 있습니다. 가령 파이썬을 줄곧 사용해오다가 파이썬에는 없는 라이브러리가 루비에 있는 경우, C# 프로그래머는 별도의 학습 없이도 바로 루비 라이브러리를 이용하는 코드를 호스팅할 수 있습니다(물론 루비의 문법은 알고 있어야겠죠).

앞 절에서 COM에 대한 이야기를 나누는 동안 여러분도 느꼈겠지만, 서로 다른 구조를 가진 시스템 사이의 상호 운용성을 확보하는 것은 쉬운 일이 아닙니다. 제대로 된 상호 운용성을 확보하는 데 꽤 오랜 시간이 걸린 COM과 .NET이 같은 회사에서 만들어진 플랫폼이라는 사실을 생각해보세요. CLR에서 동적 언어를 지원하는 일도 역시 쉽지 않은 작업임을 가늠할 수 있습니다.

다행스럽게도 COM과 .NET의 상호 운용성 문제에 사용했던 dynamic을 CLR과 DLR 사이의 상호 운용성 문제를 해결하는 데 사용할 수 있습니다. 미리 형식 검사를 할 수 없는 동적 형식 언어에서 만들어진 객체를 C#의 dynamic 형식이 받아낼 수 있거든요.

이번에는 DLR이 제공하는 클래스들 중 몇 가지를 살펴보겠습니다. C# 코드에서 동적 언어를 호스팅하기 위해서는 이 클래스들의 도움을 받아야 하거든요.

클래스	설명
ScriptRuntime	동적 언어를 호스팅하는 시작점입니다. ScriptRuntime 클래스는 참조된 어셈블리나 전역 객체 같은 전역 상태를 나타내며 하나의 .NET AppDomain 안에 여러 개의 ScriptRuntime 인스턴스를 만들 수 있습니다.
ScriptScope	기본적으로 네임스페이스를 나타냅니다. 호스트(즉, C# 코드)는 ScriptScope 객체 안 동적 언어 코드에서 사용하는 변수에 값을 대입하거나 읽을 수 있습니다.
ScriptEngine	스크립트 엔진은 언어의 구문을 나타내는 일꾼입니다. 스크립트 엔진은 코드를 실행하고 ScriptScope와 ScriptSource를 생성하는 다양한 방법을 제공합니다.
ScriptSource	이 클래스는 소스 코드를 읽어들이는 여러 메소드와 읽어들인 소스 코드를 다양한 방법으로 실행하는 메소드들을 제공합니다.
CompiledCode	이 클래스는 컴파일된 코드를 나타냅니다. 한 번 컴파일해놓고 여러 번 반복해서 실행하는 코드를 나타내는 데 사용합니다.

표의 클래스들은 C# 호스트 코드에서 게스트 코드를 실행할 때 다양한 방법으로 조합하여 사용할 수 있습니다. 우선 ScriptRuntime 객체는 소스 코드 '파일'의 경로를 넘겨받아 실행할 수 있습니다.

다음은 파이썬 소스 코드 파일을 ScriptRuntime 객체가 읽어 실행하는 예제입니다.

```
ScriptRuntime runtime = Python.CreateRuntime();            py는 파이썬 소스 코드의
dynamic result = runtime.ExecuteFile("namecard.py");       확장자입니다.
```

프로그램을 실행할 때 생성한 문자열에 담긴 동적 언어 코드도 실행할 수 있습니다. ScriptEngine, ScriptScope, ScriptSource 클래스를 이용하면 됩니다. 다음은 문자열에 담긴 파이썬 코드를 실행하는 예제입니다.

```
ScriptEngine engine = Python.CreateEngine();
ScriptScope scope = engine.CreateScope();
scope.SetVariable("n", "박상현");
scope.SetVariable("p", "010-123-4566");

ScriptSource source = engine.CreateScriptSourceFromString(
                @"
class NameCard :
    name = ''
    phone = ''

    def __init__(self, name, phone) :
        self.name = name
        self.phone = phone

    def printNameCard(self) :
        print self.name + ', ' + self.phone

NameCard(n, p)
");

dynamic result = source.Execute(scope);
result.printNameCard();

Console.WriteLine("{0}, {1}", result.name, result.phone);
```

> 파이썬 코드는 코드 블록을 C#처럼 { }가 아닌 들여쓰기로 나타냅니다. 특이하죠? 저도 처음에는 적응이 잘 안 됐는데, 계속 사용하다 보니 오히려 읽기가 편하더군요.

> 두 변수 n, p는 C# 코드에서 정의되었습니다.

자, 양쪽 예제 코드의 마지막 줄을 주목해주세요. dynamic 형식은 ScriptRuntime을 이용해서 소스 파일에 담긴 코드를 실행하든 ScriptEngine, ScriptScope, ScriptSource를 이용해서 문자열에 담긴 코드를 그 자리에서 실행하든 C# 코드가 호스팅하고 있는 파이썬 코드 안에서 만들어진 객체를 그대로 받아냅니다. 이렇게 받아낸 파이썬 출신의 객체는 C# 코드에서 직접 메소드를 호출할 수 있고 필드에 접근하는 것도 가능합니다(제가 지금껏 DLR을 설명한 것도 바로 이 dynamic 형식의 기능을 이야기하기 위해서였습니다).

이제 예제 프로그램을 만들어보겠습니다. 이 예제는 NuGet 패키지 관리자를 이용해서 IronPython 을 설치하는 과정을 포함합니다.

>>> 17장/WithPython/WithPython.sln

Step 1

비주얼 스튜디오를 실행하고 지금까지 해왔던 것처럼 '콘솔 앱' 템플릿으로 새 프로젝트를 생성합니다. 프로 젝트 이름은 'WithPython'으로 지정하세요.

Step 2

[도구] - [NuGet 패키지 관리자] - [패키지 관리자 콘솔] 메뉴를 선택하세요. IDE 하단에 [패키지 관리자 콘솔] 창이 나타나면 다음과 같이 명령어를 입력하세요. NuGet 패키지가 인터넷에 접속해서 자동으로 DLR 과 IronPython을 내려받고, 필요한 클래스 라이브러리 참조를 프로젝트에 추가해줍니다.

```
PM> Install-Package IronPython
```

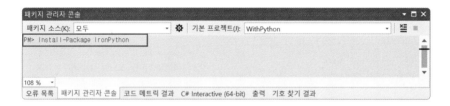

Step 3

이제 코딩만 남았습니다. WithPython 프로젝트의 Program.cs 파일 이름을 MainApp.cs로 변경하고 다 음 코드를 입력하세요. 코드 입력이 끝나면 프로젝트를 빌드해서 실행 결과를 확인하세요.

```
01  using System;
02  using System.Collections.Generic;
03  using System.Linq;
04  using System.Text;
05
06  using Microsoft.Scripting;
07  using Microsoft.Scripting.Hosting;
```

```
08  using IronPython.Hosting;
09
10  namespace WithPython
11  {
12      class MainApp
13      {
14          static void Main(string[] args)
15          {
16              ScriptEngine engine = Python.CreateEngine();
17              ScriptScope scope = engine.CreateScope();
18              scope.SetVariable("n", "박상현");
19              scope.SetVariable("p", "010-123-4566");
20
21              ScriptSource source = engine.CreateScriptSourceFromString(
22                  @"
23  class NameCard :    ●┄┄┄┄┄┄┄  파이썬 코드에서 클래스를 선언합니다.
24      name = ''
25      phone = ''
26
27      def __init__(self, name, phone) :
28          self.name = name
29          self.phone = phone
30
31      def printNameCard(self) :                    23~34행의 파이썬 코드를 실행하여
32          print self.name + ', ' + self.phone      그 결과를 반환합니다. 34행에서
33                                                    NameCard() 생성자를 호출했으니
34  NameCard(n, p)                                    NameCard 객체가 생성되어 반환됩니다.
35  ");
36              dynamic result = source.Execute(scope);
37              result.printNameCard();  ●┄┄┄┄┄┄┄  이 객체의 메소드를 호출할 수도 있고
38
39              Console.WriteLine("{0}, {1}", result.name, result.phone);
40          }
41      }                                    필드에도 접근할 수 있습니다.
42  }
```

⤷ 실행 결과

박상현, 010-123-4566
박상현, 010-123-4566

DLR과 파이썬에 대해서 하고 싶은 이야기가 정말 많지만 두 주제는 따로 설명해도 각각 책 한 권의 지면이 필요합니다. 게다가 우리는 파이썬을 공부하는 중이 아니라 C#을 공부하던 중이잖아요? 이 이야기를 꺼낸 것도 C#의 dynamic 형식을 설명하기 위해서였으니 이쯤에서 정리하고 다음 장으로 넘어가겠습니다. 다음 장에서 우리가 공부할 내용은 파일 처리입니다.

Chapter

18

파일 다루기

계산과 더불어 컴퓨터가 하는 일 중에 가장 중요한 것은 바로 영구적으로 기록을 남기는 일입니다. 여러분이 만들 프로그램도 십중팔구는 파일에서 데이터를 읽어들인 후 그 데이터를 가공한 결과를 다시 파일에 기록하는 기능을 포함할 것입니다. 여러분이 사용하는 프로그램을 생각해 보세요. '파일 저장' 같은 기능이 없는 지뢰 찾기 게임마저도 최고 득점자 정보를 남기기 위해 디스크 어딘가의 파일에 데이터를 기록합니다. 이렇듯 파일 다루기는 프로그래머라면 피해갈 수 없는 일입니다.

이번 장에서는 바로 이 파일 다루기에 대해 설명하려 합니다. 먼저 파일과 디렉터리 정보를 다루는 법에 대해 이야기하고, 그 후 파일의 '내용'을 읽고 쓰는 법을 설명하겠습니다.

학습목표

**이 장의
핵심 개념**

- C#에서 파일 정보와 디렉터리 정보를 다루는 방법을 익힙니다.

- 이진 파일과 텍스트 파일을 읽고 쓰는 방법을 익힙니다.

- 직렬화를 통해 C#의 객체를 손쉽게 파일에 읽고 쓰는 방법을 이해합니다.

**이 장의
학습 흐름**

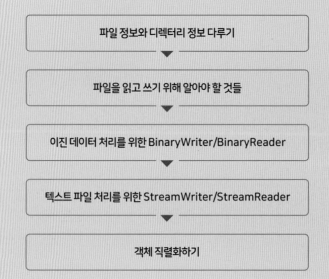

파일 정보와 디렉터리 정보 다루기
▼
파일을 읽고 쓰기 위해 알아야 할 것들
▼
이진 데이터 처리를 위한 BinaryWriter/BinaryReader
▼
텍스트 파일 처리를 위한 StreamWriter/StreamReader
▼
객체 직렬화하기

18.1 파일 정보와 디렉터리 정보 다루기

파일File은 컴퓨터 저장 매체에 기록되는 데이터의 묶음입니다. 디렉터리Directory는 파일이 위치하는 주소로, 파일(서류)을 담는다는 의미에서 폴더Folder(서류철)라고 부르기도 합니다. .NET은 파일과 디렉터리 정보를 손쉽게 다룰 수 있도록 System.IO 네임스페이스 아래에 다음과 같은 클래스들을 제공합니다.

클래스	설명
File	파일의 생성, 복사, 삭제, 이동, 조회를 처리하는 정적 메소드를 제공합니다.
FileInfo	File 클래스와 하는 일은 동일하지만 정적 메소드 대신 인스턴스 메소드를 제공합니다.
Directory	디렉터리의 생성, 삭제, 이동, 조회를 처리하는 정적 메소드를 제공합니다.
DirectoryInfo	Directory 클래스와 하는 일은 동일하지만 정적 메소드 대신 인스턴스 메소드를 제공합니다.

File 클래스와 FileInfo 클래스는 거의 같은 기능을 제공합니다. 차이라면 File 클래스는 같은 기능을 정적 메소드를 통해 제공하고 FileInfo 클래스는 인스턴스 메소드를 통해 제공한다는 점뿐입니다. 어떤 경우에 File 클래스와 FileInfo 클래스 중 어느 것을 사용해야 한다는 규칙 같은 것은 없지만, 하나의 파일에 대해 한두 가지 정도의 작업을 할 때는 File 클래스의 정적 메소드를 이용하고, 하나의 파일에 여러 작업을 수행할 때는 FileInfo 클래스의 인스턴스 메소드를 이용하는 편입니다. Directory 클래스와 DirectoryInfo 클래스에 대해서도 마찬가지입니다. 디렉터리에 대해 한두 가지 작업을 해야 할 때는 Directory 클래스를, 여러 작업을 해야 할 때는 DirectoryInfo 클래스를 이용하면 됩니다.

다음 표에는 File 클래스와 FileInfo 클래스, Directory 클래스와 DirectoryInfo 클래스가 제공하는 주요 메소드와 프로퍼티가 정리되어 있습니다. 이들은 파일/디렉터리 작업에서 핵심이라 할 수 있는 생성/복사/삭제/이동/정보 조회 등의 기능을 수행합니다(참고로 다음 표에서 ( )가 붙은 항목은 메소드, ( )가 없는 항목은 프로퍼티를 나타냅니다).

기능	File	FileInfo	Directory	DirectoryInfo
생성	Create( )	Create( )	CreateDirectory( )	Create( )
복사	Copy( )	CopyTo( )	–	–
삭제	Delete( )	Delete( )	Delete( )	Delete( )
이동	Move( )	MoveTo( )	Move( )	MoveTo( )

기능	File	FileInfo	Directory	DirectoryInfo
존재 여부 확인	Exists( )	Exists	Exists( )	Exists
속성 조회	GetAttributes( )	Attributes	GetAttributes( )	Attributes
하위 디렉터리 조회	–	–	GetDirectories( )	GetDirectories( )
하위 파일 조회	–	–	GetFiles( )	GetFiles( )

이제 표에 나타난 메소드와 프로퍼티를 사용하는 예제 코드를 확인해야겠죠? 먼저 파일 관련 클래스들의 예제를 살펴보겠습니다. File 클래스와 FileInfo 클래스는 하는 일이 같으므로 사용하는 스타일만 비교하면 됩니다. 다음 표에 이 두 클래스의 사용 예제가 나타나 있습니다.

기능	File	FileInfo
생성	FileStream fs = File.Create("a.dat");	FileInfo file = new FileInfo("a.dat"); FileStream fs = file.Create( );
복사	File.Copy("a.dat", "b.dat");	FileInfo src = new FileInfo("a.dat"); FileInfo dst = src.CopyTo("b.dat");
삭제	File.Delete("a.dat");	FileInfo file = new FileInfo("a.dat"); file.Delete( );
이동	File.Move("a.dat", "b.dat");	FileInfo file = new FileInfo("a.dat"); file.MoveTo("b.dat");
존재 여부 확인	if (File.Exists("a.dat")) // …	FileInfo file = new FileInfo("a.dat"); if (file.Exists) // …
속성 조회	Console.WriteLine(File.GetAttributes("a.dat"));	FileInfo file = new FileInfo("a.dat"); Console.WriteLine(file.Attributes);

어떻습니까? File 클래스와 FileInfo 클래스, 어느 쪽이든 사용 방법에는 별 어려움이 없죠? 이번에는 디렉터리를 다루는 Directory 클래스와 DirectoryInfo 클래스의 사용 방법을 보겠습니다.

기능	Directory	DirectoryInfo
생성	DirectoryInfo dir = Directory.CreateDirectory("a");	DirectoryInfo dir = new DirectoryInfo("a"); dir.Create( );
삭제	Directory.Delete("a");	DirectoryInfo dir = new DirectoryInfo("a"); dir.Delete( );

기능	Directory	DirectoryInfo
이동	Directory.Move("a", "b");	DirectoryInfo dir = new DirectoryInfo("a"); dir.MoveTo("b");
존재 여부 확인	if (Directory.Exists("a.dat")) // …	DirectoryInfo dir = new DirectoryInfo("a"); if (dir.Exists) // …
속성 조회	Console.WriteLine(Directory.GetAttributes("a"));	DirectoryInfo dir = new DirectoryInfo("a"); Console.WriteLine(dir.Attributes);
하위 디렉터리 조회	string[ ] dirs = Directory.GetDirectories("a");	DirectoryInfo dir = new DirectoryInfo("a"); DirectoryInfo[ ] dirs = dir.GetDirectories( );
하위 파일 조회	string[ ] files = Directory.GetFiles("a");	DirectoryInfo dir = new DirectoryInfo("a"); FileInfo[ ] files = dir.GetFiles( );

간단하게 파일과 디렉터리를 다루는 방법에 대해 정리해봤는데, 이렇게 끝내기는 아쉽죠? 그래서 예제 프로그램 두 가지를 준비했습니다. 하나는 도스의 dir 명령어처럼 인수로 입력받은 경로의 디렉터리 내에 있는 하위 디렉터리와 파일 목록을 출력해주는 프로그램이고, 또 다른 하나는 유닉스나 리눅스에서 파일을 만들 때(파일이 이미 존재한다면 파일의 최종 수정 시간을 변경합니다) 사용하는 touch와 비슷한 기능을 하는 프로그램입니다.

18.1.1 예제 프로그램: 디렉터리/파일 정보 조회하기

이 프로그램은 사용자가 인수를 입력하지 않으면 현재 디렉터리에 대해, 인수를 입력한 경우에는 입력한 디렉터리 경로에 대해 하위 디렉터리 목록과 파일 목록을 차례대로 출력합니다. 하위 디렉터리 목록을 출력할 때는 이름과 속성을, 파일 목록을 출력할 때는 파일의 이름과 크기, 속성을 출력합니다.

>>> **18장/Dir/MainApp.cs**

```
01  using System;
02  using System.Linq;
03  using System.IO;
04
05  namespace Dir
```

```
06  {
07      class MainApp
08      {
09          static void Main(string[] args)
10          {
11              string directory;
12              if (args.Length < 1)
13                  directory = ".";
14              else
15                  directory = args[0];
16
17              Console.WriteLine($"{directory} directory Info");
18              Console.WriteLine("- Directories :");
19              var directories = (from dir in Directory.GetDirectories(directory)
20                          let info = new DirectoryInfo(dir)
21                          select new
22                          {
23                              Name = info.Name,
24                              Attributes = info.Attributes
25                          }).ToList();
26
27              foreach (var d in directories)
28                  Console.WriteLine($"{d.Name} : {d.Attributes}");
29
30              Console.WriteLine("- Files :");
31              var files = (from file in Directory.GetFiles(directory)
32                          let info = new FileInfo(file)
33                          select new
34                          {
35                              Name = info.Name,
36                              FileSize = info.Length,
37                              Attributes = info.Attributes
38                          }).ToList();
39              foreach (var f in files)
40                  Console.WriteLine(
41                      $"{f.Name} : {f.FileSize}, {f.Attributes}");
42          }
43      }
44  }
```

> 하위 디렉터리 목록 조회

> let은 LINQ 안에서 변수를
> 만듭니다. LINQ의 var라고
> 생각하면 이해하기 좋습니다.

> 하위 파일 목록 조회

```
>Dir.exe "c:\Users"
c:\Users directory Info
- Directories :
All Users : Hidden, System, Directory, ReparsePoint, NotContentIndexed
Default : ReadOnly, Hidden, Directory
Default User : Hidden, System, Directory, ReparsePoint, NotContentIndexed
Public : ReadOnly, Directory
Sean : Directory
- Files :
desktop.ini : 174, Hidden, System, Archive
```

18.1.2 예제 프로그램: 디렉터리/파일 생성하기

이 예제 프로그램은 인수로 입력받은 경로에 새 디렉터리나 파일을 만듭니다. 만약 사용자가 입력한 경로에 이미 만들어져 있는 파일이나 디렉터리가 존재한다면 해당 파일이나 디렉터리의 최종 수정 시간만 갱신합니다.

>>> 18장/Touch/MainApp.cs

```
01  using System;
02  using System.IO;
03
04  namespace Touch
05  {
06      class MainApp
07      {
08          static void OnWrongPathType(string type)
09          {
10              Console.WriteLine($"{type} is wrong type");
11              return;
12          }
13
14          static void Main(string[] args)
15          {
16              if (args.Length == 0)
17              {
```

```
18              Console.WriteLine(
19                  "Usage : Touch.exe <Path> [Type:File/Directory]");
20              return;
21          }
22
23          string path = args[0];
24          string type = "File";
25          if (args.Length > 1)
26              type = args[1];
27
28          if (File.Exists(path) || Directory.Exists(path))
29          {
30              if (type == "File")
31                  File.SetLastWriteTime(path, DateTime.Now);
32              else if (type == "Directory")
33                  Directory.SetLastWriteTime(path, DateTime.Now);
34              else
35              {
36                  OnWrongPathType(path);
37                  return;
38              }
39              Console.WriteLine($"Updated {path} {type}");
40          }
41          else
42          {
43              if (type == "File")
44                  File.Create(path).Close();
45              else if (type == "Directory")
46                  Directory.CreateDirectory(path);
47              else
48              {
49                  OnWrongPathType(path);
50                  return;
51              }
52
53              Console.WriteLine($"Created {path} {type}");
54          }
55      }
56   }
57 }
```

```
>Touch
Usage : Touch.exe <Path> [Type:File/Directory]

>Touch a.dat
Created a.dat File

>Touch MyFolder Directory
Created MyFolder Directory

>dir
 C 드라이브의 볼륨: OS
 볼륨 일련 번호: 6EA8-A951


C:\Users\seanl\source\repos\ThisisCSharp11\18\Touch\bin\Debug\net7.0 디렉터리


2023-03-04  오후 04:45    <DIR>              .
2022-11-20  오후 07:48    <DIR>              ..
2023-03-04  오후 04:45                0 a.dat
2023-03-04  오후 04:45    <DIR>           MyFolder
2023-03-04  오후 04:44              407 Touch.deps.json
2023-03-04  오후 04:44            5,632 Touch.dll
2023-03-04  오후 04:44          153,600 Touch.exe
2023-03-04  오후 04:44           10,996 Touch.pdb
2023-03-04  오후 04:44              147 Touch.runtimeconfig.json
               6개 파일            170,782 바이트
               3개 디렉터리   133,935,104,000 바이트 남음

>Touch a.dat
Updated a.dat File

>dir
 C 드라이브의 볼륨: OS
 볼륨 일련 번호: 6EA8-A951


C:\Users\seanl\source\repos\ThisisCSharp11\18\Touch\bin\Debug\net7.0 디렉터리


2023-03-04  오후 04:45    <DIR>              .
2022-11-20  오후 07:48    <DIR>              ..
2023-03-04  오후 04:52                0 a.dat
2023-03-04  오후 04:45    <DIR>           MyFolder
```

파일의 내용은 바뀌지 않고
시간만 바뀌었습니다.

2023-03-04	오후 04:44	407	Touch.deps.json
2023-03-04	오후 04:44	5,632	Touch.dll
2023-03-04	오후 04:44	153,600	Touch.exe
2023-03-04	오후 04:44	10,996	Touch.pdb
2023-03-04	오후 04:44	147	Touch.runtimeconfig.json
	6개 파일	170,782 바이트	
	3개 디렉터리	133,935,104,000 바이트 남음	

18.2 파일을 읽고 쓰기 위해 알아야 할 것들

앞에서 설명한 내용이 파일과 디렉터리의 정보를 다루는 방법에 대한 것이었다면, 지금부터 설명할 내용은 파일의 '내용'을 읽고 쓰는 방법, 즉 파일의 입력과 출력에 대한 것입니다. 본격적으로 파일 입출력을 배우기에 앞서 몇 가지 개념을 정리하려 합니다. 이 개념들은 파일 입출력에서 영어의 알 파벳과 같은 존재거든요.

가장 먼저 알아둬야 할 개념은 스트림Stream입니다. 스트림은 영어로 시내, 강 또는 도로의 차선을 뜻 하는 단어인데, 파일을 다룰 때 말하는 스트림은 '데이터가 흐르는 통로'를 뜻합니다. 메모리에서 하 드디스크(예로 든 것일뿐 SD 카드나 플래시 메모리 등 어떤 저장 매체든 관계없습니다)로 데이터 를 옮길 때(즉 파일을 쓸 때)는 먼저 이 스트림을 만들어 둘 사이를 연결한 후 메모리에 있는 데이터 를 바이트 단위로 하드디스크로 옮겨 넣습니다. 하드디스크에서 메모리로 데이터를 옮길 때(즉 파 일을 읽을 때)도 마찬가지입니다. 하드디스크와 메모리 사이에 스트림을 놓은 후 파일에 담긴 데이 터를 바이트 단위로 메모리로 차례차례 옮겨옵니다.

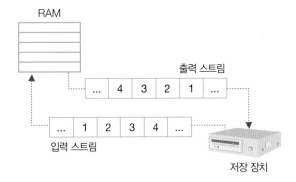

스트림은 데이터의 '흐름'이기 때문에 스트림을 이용하여 파일을 다룰 때는 처음부터 끝까지 순서대로 읽고 쓰는 것이 보통입니다(이것을 순차 접근Sequential Access 방식이라고 합니다). 이러한 스트림의 구조는 네트워크나 데이터 백업 장치의 데이터 입/출력 구조와도 통하기 때문에 스트림을 이용하면 파일이 아닌 네트워크를 향해 데이터를 흘려보낼 수 있고(당연히 네트워크로 흘러 들어오는 데이터를 읽을 수도 있습니다) 테이프 백업 장치를 통해 데이터를 기록하거나 읽을 수도 있습니다.

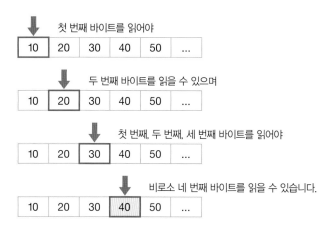

하지만 하드디스크는 데이터의 흐름이 단방향성을 가진 네트워크나 자기 테이프 장치와 달리 암과 헤드를 움직여 디스크의 어떤 위치에 기록된 데이터에라도 즉시 찾아갈 수 있습니다. 가령 1MB 크기의 파일에서 768byte번째에 위치한 데이터를 읽고 싶을 때, 하드디스크는 앞에 있는 767byte를 읽지 않아도 곧장 원하는 위치로 이동할 수 있습니다. 이렇게 임의의 주소에 있는 데이터에 접근하는 것을 가리켜 임의 접근Random Access 방식이라고 합니다.

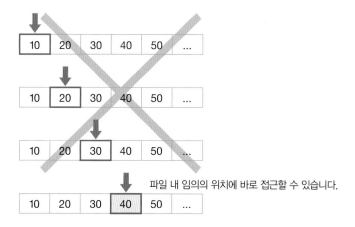

지금까지 소개한 입력 스트림과 출력 스트림, 순차 접근 방식과 임의 접근 방식을 모두 이해했다면, C# 코드를 통해 파일을 다룰 준비가 다 된 것입니다. 이제 여러분에게 System.IO.Stream 클래스를 소개하겠습니다.

18.2.1 System.IO.Stream 클래스

Stream 클래스는 그 자체로 입력 스트림, 출력 스트림의 역할을 모두 할 수 있으며 파일을 읽고 쓰는 방식 역시 순차 접근 방식과 임의 접근 방식 모두를 지원합니다. 단, Stream 클래스는 추상 클래스이기 때문에 이 클래스의 인스턴스를 직접 만들어 사용할 수는 없고 이 클래스로부터 파생된 클래스를 이용해야 합니다. Stream 클래스가 이렇게 만들어진 이유는 스트림이 다루는 다양한 매체나 장치들에 대한 파일 입출력을 스트림 모델 하나로 다룰 수 있도록 하기 위함입니다. 가령 Stream의 파생 클래스인 FileStream은 저장 장치와 데이터를 주고받도록 구현되어 있지만, 역시 Stream을 상속하는 NetworkStream은 네트워크를 통해 데이터를 주고받도록 구현되어 있습니다. 다음 그림은 Stream 클래스와 이를 상속하는 다양한 파생 클래스들의 계보를 나타냅니다.

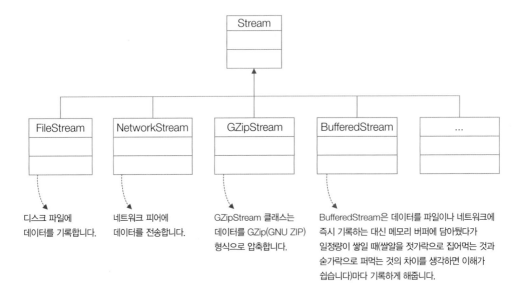

이 상속도에 나타난 파생 클래스들의 이름을 보세요. 데이터가 기록되는 위치뿐 아니라 기록하는 방식이나 형식에 따라서도 다양한 클래스들이 파생됐습니다. .NET은 이들 외에도 다양한 스트림 클래스들을 제공하지만, (늘 그랬듯이) 저는 여러분이 프로그래밍하면서 자주 사용할 몇 가지 클래스들만 다루겠습니다. 나머지도 모두 Stream 클래스를 상속하기 때문에 사용 방법이 대동소이하므로 여러분 스스로도 큰 어려움 없이 익힐 수 있을 것입니다.

아무튼, 현재 우리의 관심사는 네트워크 압축도 아니고 그저 파일을 읽고 쓰는 것입니다. FileStream 을 같이 보시죠. 우선 FileStream 클래스의 인스턴스는 다음과 같이 생성하면 됩니다.

```
Stream stream1 = new FileStream("a.dat", FileMode.Create);        // 새 파일 생성
Stream stream2 = new FileStream("b.dat", FileMode.Open);          // 파일 열기
Stream stream3 = new FileStream("c.dat", FileMode.OpenOrCreate);  // 파일을 열거나
                                                                  // 파일이 없으면 생성
Stream stream4 = new FileStream("d.dat", FileMode.Truncate);      // 파일을 비워서 열기
Stream stream5 = new FileStream("e.dat", FileMode.Append);        // 덧붙이기 모드로 열기
```

FileStream의 인스턴스를 만들었으면 파일을 읽고 써야겠죠? 먼저 파일을 쓰는 방법부터 보겠습니다. FileStream 클래스는 파일에 데이터를 기록하기 위해 Stream 클래스로부터 물려받은 다음 두가지 메소드를 오버라이딩하고 있습니다.

```
public override void Write(
    byte[] array,   // 쓸 데이터가 담겨 있는 byte 배열
    int offset,     // byte 배열 내 시작 오프셋
    int count       // 기록할 데이터의 총 길이(단위는 바이트)
);

public override void WriteByte(byte value);
```

세상에, Write()와 WriteByte() 메소드의 매개변수 좀 보세요. byte 아니면 byte 배열만 입력할수 있게 되어 있군요. C#에서 다루는 데이터 형식이 얼마나 다양한데 저 두 메소드로 해결하라는 것일까요? 다행히도 우리에게는 각종 데이터 형식을 byte 배열로 변환해주는 BitConverter 클래스가 있습니다. 이 클래스는 임의 형식의 데이터를 byte의 배열로 변환해주기도 하지만, byte의 배열에 담겨 있는 데이터를 다시 임의 형식으로 변환해줄 수도 있습니다. 다음 코드는 BitConverter의도움을 받아 long 형식의 데이터를 파일에 기록하는 예입니다.

```
long someValue = 0x123456789ABCDEF0;

// 1) 파일 스트림 생성
Stream outStream = new FileStream("a.dat", FileMode.Create);

// 2) someValue(long 형식)를 byte 배열로 변환
byte[] wBytes = BitConverter.GetBytes(someValue);

// 3) 변환한 byte 배열을 파일 스트림을 통해 파일에 기록
outStream.Write(wBytes, 0, wBytes.Length);

// 4) 파일 스트림 닫기
outStream.Close();
```

이번엔 FileStream을 통해 파일에서 데이터를 읽어오는 방법을 살펴보겠습니다. FileStream은 파일에서 데이터를 읽기 위해 Stream으로부터 물려받은 다음 두 개의 메소드를 구현하고 있습니다.

```
public override int Read(
    byte[] array,    // 읽은 데이터를 담을 byte 배열
    int offset,      // byte 배열 내 시작 오프셋
    int count        // 읽을 데이터의 최대 바이트 수
);

public override int ReadByte();
```

파일에서 데이터를 읽는 Read()와 ReadByte() 메소드는 이름만 다를 뿐이지 Write()와 WriteByte() 메소드하고 똑같군요. 물론 사용 요령도 비슷합니다.

```
byte[] rBytes = new byte[8];

// 1) 파일 스트림 생성
Stream inStream = new FileStream("a.dat", FileMode.Open);

// 2) rBytes의 길이만큼(8바이트) 데이터를 읽어 rBytes에 저장
inStream.Read(rBytes, 0, rBytes.Length);
```

FileStream 클래스를 이용해서 파일에 데이터를 읽고 쓰는 과정은 이해됩니까? 이번엔 예제 프로그램을 하나 만들어보겠습니다. 다음 코드를 따라 작성하고 결과를 확인해보세요.

>>> 18장/BasicIO/MainApp.cs

```
01  using System;
02  using System.IO;
03
04  namespace BasicIO
05  {
06      class MainApp
07      {
08          static void Main(string[] args)
09          {
10              long someValue = 0x123456789ABCDEF0;
11              Console.WriteLine("{0,-1} : 0x{1:X16}", "Original Data", someValue);
12
13              Stream outStream = new FileStream("a.dat", FileMode.Create);
14              byte[] wBytes = BitConverter.GetBytes(someValue);
15
16              Console.Write("{0,-13} : ", "Byte array");
17
18              foreach (byte b in wBytes)
19                  Console.Write("{0:X2} ", b);
20              Console.WriteLine();
21
22              outStream.Write(wBytes, 0, wBytes.Length);
23              outStream.Close();
24
25              Stream inStream = new FileStream("a.dat", FileMode.Open);
26              byte[] rbytes = new byte[8];
27
28              int i = 0;
29              while (inStream.Position < inStream.Length)
30                  rbytes[i++] = (byte)inStream.ReadByte();
31
32              long readValue = BitConverter.ToInt64(rbytes, 0);
33
34              Console.WriteLine("{0,-13} : 0x{1:X16} ", "Read Data", readValue);
35              inStream.Close();
```

X16에서 X는 수를 16진수로 표현하고 뒤의 숫자 16은 열여섯 자릿수로 표현합니다. X16을 X20으로 바꾸면 아래의 코드는 20자리의 16진수를 표현하게 됩니다.

someValue의 8바이트를 바이트 배열에 나눠 넣습니다.

Write() 메소드를 이용해서 단번에 파일에 기록합니다.

```
36        }
37      }
38  }
```

```
Original Data : 0x123456789ABCDEF0
Byte array : F0 DE BC 9A 78 56 34 12
Read Data : 0x123456789ABCDEF0
```

! 여기서 잠깐 **long 형식으로부터 변환된 바이트 배열의 저장 순서가 이상해요**

16진수 123456789ABCDEF0을 바이트 단위로 쪼개면 12, 34, 56, 78, 9A, BC, DE, F0의 순서로 배열에 들어가야 할 텐데 앞의 예제 프로그램 결과를 보면 이 순서가 뒤집혀서 출력되는 것을 볼 수 있습니다. 파일에 저장된 데이터도 딱 이 순서로 저장됩니다. 다음 그림은 a.dat를 바이너리 파일 뷰어로 열어본 결과입니다.

```
Offset(h)   00 01 02 03 04 05 06 07 08 09 0A 0B 0C 0D 0E 0F
00000000    F0 DE BC 9A 78 56 34 12
```

컴퓨터에 문제라도 생긴 것일까요? 아닙니다. 이것은 CLR이 지원하는 바이트 오더(Byte Order)가 데이터의 낮은 주소부터 기록하는 리틀 엔디안(Little Endian) 방식이기 때문에 나타난 현상입니다. 재미있게도, 자바의 가상머신은 빅 엔디안(Big Endian) 바이트 오더를 지원합니다.

ARM과 x86 계열의 CPU들은 리틀 엔디안 방식으로 동작하지만 Power CPU나 Sparc 계열의 CPU는 빅 엔디안 방식으로 동작합니다. 다시 말해 이 세상에는 서로 다른 바이트 오더 방식을 사용하는 시스템투성이라는 이야기입니다. C# 프로그램에서 만든 파일을 다른 시스템에서 읽도록 하려면 바이트 오더의 차이를 반드시 고려해야 합니다. 그 반대도 마찬가지이고요. 네트워크를 통해 전송되는 데이터에 대해서도 같은 고려가 필요합니다.

조금 전 BasicIO 예제 프로그램은 한 개의 데이터만 파일에 쓰고 읽었습니다. 그럼 여러 개의 데이터를 기록하려면 어떻게 해야 할까요? 이 질문에 대한 답을 얻기 위해서는 먼저 FileStream 클래스의 Write(), WriteByte(), Read(), ReadByte() 메소드를 호출한 뒤에 어떤 일이 벌어지는지 알 필요가 있습니다. 다음 그림을 같이 보시죠.

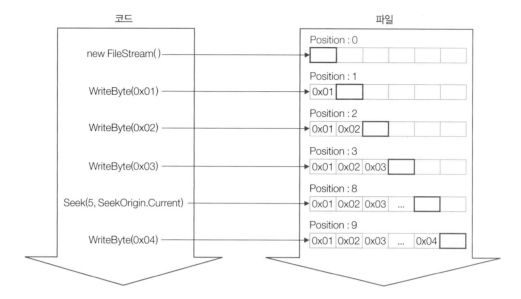

Stream 클래스에는 Position이라는 프로퍼티가 있습니다. Stream 클래스를 상속하는 FileStream 클래스도 이 프로퍼티를 갖고 있죠. Position 프로퍼티는 현재 스트림의 읽는 위치 또는 쓰는 위치를 나타냅니다. 가령 Position이 3이라면 파일의 3번째 바이트에서 쓰거나 읽을 준비가 되어 있는 상태입니다.

이 그림을 보면 FileStream 객체를 생성할 때 Position이 0이 되고, WirteByte() 메소드를 호출할 때마다 데이터를 기록한 후 자동으로 Position이 1씩 증가하는 것을 볼 수 있습니다. 이것은 Write() 메소드를 호출할 때도, Read() 메소드나 ReadByte() 메소드를 호출할 때도 마찬가지입니다. 단 Write()나 ReadByte()는 쓰거나 읽은 바이트 수만큼 Position이 증가하죠. 따라서 여러 개의 데이터 여러 개를 기록하는 일은 그냥 Write()나 WriteByte() 메소드를 차례차례 호출하는 것으로 충분합니다. 이렇게 파일을 순차적으로 쓰거나 읽는 방식을 '순차 접근'이라고 합니다.

한편, 파일 내의 임의의 위치에 Position이 위치하도록 할 수도 있습니다. 이른바 '임의 접근' 방식인데, 앞의 그림에서처럼 Seek() 메소드를 호출하거나 Position 프로퍼티에 직접 원하는 값을 대입하면 지정한 위치로 점프해 읽기/쓰기를 위한 준비를 할 수 있습니다. 다음 코드를 보시죠.

```
Stream outStream = new FileStream("a.dat", FileMode.Create);
// …
outStream.Seek(5, SeekOrigin.Current);  •-------------  현재 위치에서 5바이트 뒤로 이동
outStream.WriteByte(0x04);
```

그럼 이번에는 WriteByte()를 이용해서 순차적으로 파일 내 위치를 옮겨가며 데이터를 기록하는 순차 접근 방식과 Seek() 메소드를 활용해서 임의의 주소로 단번에 점프하는 임의 접근 방식을 보여주는 예제 프로그램을 만들어보겠습니다.

>>> **18장/SeqNRand/MainApp.cs**

```
01  using System;
02  using System.IO;
03
04  namespace SeqNRand
05  {
06      class MainApp
07      {
08          static void Main(string[] args)
09          {
10              Stream outStream = new FileStream("a.dat", FileMode.Create);
11              Console.WriteLine($"Position : {outStream.Position}");
12
13              outStream.WriteByte(0x01);
14              Console.WriteLine($"Position : {outStream.Position}");
15
16              outStream.WriteByte(0x02);
17              Console.WriteLine($"Position : {outStream.Position}");
18
19              outStream.WriteByte(0x03);
20              Console.WriteLine($"Position : {outStream.Position}");
21
22              outStream.Seek(5, SeekOrigin.Current);
23              Console.WriteLine($"Position : {outStream.Position}");
24
25              outStream.WriteByte(0x04);
26              Console.WriteLine($"Position : {outStream.Position}");
```

```
27
28              outStream.Close();
29          }
30      }
31  }
```

```
Position : 0
Position : 1
Position : 2
Position : 3
Position : 8
Position : 9
```

프로그램은 아주 간단하죠? 바이너리 파일 뷰어로 이 프로그램이 만든 파일을 열어보겠습니다.

```
Offset(d)   00 01 02 03 04 05 06 07 08 09 10 11 12 13 14 15
00000000    01 02 03 00 00 00 00 00 04
```

0번지에는 0x01, 1번지에는 0x02, 2번지에는 0x03이 기록되어 있고 3, 4, 5, 6, 7 다섯 개의 번지를 건너뛰어 8번지에 0x04가 기록됐네요.

❓ VITAMIN QUIZ 18-1

SeqNRand 예제 프로그램에서 생성한 파일을 읽는 프로그램을 만들어보세요.

방금 만든 SeqNRand 예제 프로그램은 파일의 0, 1, 2, 3번지에 데이터를 기록하고 다시 8번지에 데이터를 기록했습니다. FileStream 클래스의 ReadByte() 메소드와 Seek() 메소드를 이용해서 SeqNRand 프로그램에서 생성한 파일의 내용을 읽어 출력하는 프로그램을 작성해보세요.

18.3 실수를 줄여주는 using 선언

이미 앞에서 프로그래머의 실수에 대해 여러 차례 언급했는데요. 파일을 다룰 때도 프로그래머의 실수가 자주 나타납니다. 파일을 열어서 실컷 이용한 다음 자원을 해제하지 않는 것이 대표적인 실수입니다. C#은 이러한 실수를 줄일 수 있는 문법을 제공합니다. 곧 소개할 using 선언이 그것인데요. 여러분도 잘 아는 것처럼 using은 네임스페이스를 참조하기 위해서도 사용하지만 파일이나 소켓을 비롯한 자원을 다룰 때도 요긴합니다.

다음은 앞에서 봤던 스트림 열기, 스트림 기록하기, 스트림 닫기를 수행하는 코드입니다. 이 코드에서 우리(즉, 프로그래머)가 가장 잘 빼먹는 부분이 바로 '4) 파일 스트림 닫기'입니다.

```
long someValue = 0x123456789ABCDEF0;

// 1) 파일 스트림 열기
Stream outStream = new FileStream("a.dat", FileMode.Create);

// 2) someValue(long 형식)을 byte 배열로 변환
byte[] wBytes = BitConverter.GetBytes(someValue);

// 3) 변환한 byte 배열을 파일 스트림을 통해 파일에 기록
outStream.Write(wBytes, 0, wBytes.Length);

// 4) 파일 스트림 닫기
outStream.Close();
```

using 선언을 이용하면 앞의 코드를 다음과 같이 수정할 수 있습니다.

```
// ...
{
    // 1) 파일 스트림 열기
    using Stream outStream = new FileStream("a.dat", FileMode.Create);

    // 2) someValue(long 형식)을 byte 배열로 변환
    byte[] wBytes = BitConverter.GetBytes(someValue);

    // 3) 변환한 byte 배열을 파일 스트림을 통해 파일에 기록
    outStream.Write(wBytes, 0, wBytes.Length);
}
```
using 선언을 통해 생성된 객체는 코드 블록이 끝나면서 outStream.Dispose() 호출

코드 블록의 마지막에서 Dispose() 메소드가 호출되도록 하는 using 선언은 Close() 메소드 호출과 사실상 동일한 코드라고 할 수 있습니다. Stream.Close() 메소드가 IDisposable 인터페이스에서 상속받은 Dispose() 메소드를 호출하기 때문입니다. 당연히 using 선언은 Stream 객체뿐 아니라 IDispose를 상속해서 Dispose() 메소드를 구현하는 모든 객체에 대해 사용할 수 있습니다.

또 다른 using 선언 스타일도 존재합니다. 다음 예제처럼 using 선언문 아래에 코드 블록을 만드는 방법인데요. 자원의 수명을 세부적으로 조절하고 싶을 때 유용합니다.

```
// 1) 파일 스트림 열기
using (Stream outStream = new FileStream("a.dat", FileMode.Create))
{
    // 2) someValue(long 형식)을 byte 배열로 변환
    byte[] wBytes = BitConverter.GetBytes(someValue);

    // 3) 변환한 byte 배열을 파일 스트림을 통해 파일에 기록
    outStream.Write(wBytes, 0, wBytes.Length);
}
```
using 선언을 통해 생성된 객체는 코드 블록이 끝나면서 outStream.Dispose() 호출

```
01  using System;
02  using System.IO;
03  using FS = System.IO.FileStream;
04
05  namespace UsingDeclaration
06  {
07      class MainApp
08      {
09          static void Main(string[] args)
10          {
11              long someValue = 0x123456789ABCDEF0;
12              Console.WriteLine("{0,-1} : 0x{1:X16}", "Original Data", someValue);
13
14              using (Stream outStream = new FS("a.dat", FileMode.Create))
15              {
16                  byte[] wBytes = BitConverter.GetBytes(someValue);
17
18                  Console.Write("{0,-13} : ", "Byte array");
19
20                  foreach (byte b in wBytes)
21                      Console.Write("{0:X2} ", b);
22                  Console.WriteLine();
23
24                  outStream.Write(wBytes, 0, wBytes.Length);
25              }
26
27              using Stream inStream = new FS("a.dat", FileMode.Open);
28              byte[] rbytes = new byte[8];
29
30              int i = 0;
31              while (inStream.Position < inStream.Length)
32                  rbytes[i++] = (byte)inStream.ReadByte();
33
34              long readValue = BitConverter.ToInt64(rbytes, 0);
35
36              Console.WriteLine("{0,-13} : 0x{1:X16} ", "Read Data", readValue);
37          }
```

처음 보는 문법이죠? 이어지는 글에서 설명하겠습니다.

```
38        }
39   }
```

```
Original Data : 0x123456789ABCDEF0
Byte array    : F0 DE BC 9A 78 56 34 12
Read Data     : 0x123456789ABCDEF0
```

UsingDeclaration 예제의 3행에 있는 코드는 처음 보는 문법으로 되어 있죠? 이런 코드를 'using 별칭 지시문'이라고 합니다. 이 코드는 System.IO.FileStream과 같이 긴 이름의 클래스를 FS라는 간단한 별칭으로 사용할 수 있도록 합니다(더 길게도 별칭을 만들 수 있지만 굳이 필요 없겠죠?). using 별칭 지시문을 통해 등록해둔 별칭은 코드 내에서 사용할 수 있습니다. 14행과 27행에 있는 FS가 바로 3행에서 등록한 별칭을 사용한 코드입니다.

18.4 이진 데이터 처리를 위한 BinaryWriter/BinaryReader

앞에서 살펴본 FileStream 클래스는 파일 처리를 위한 모든 것을 갖고 있지만, 사용하기에 여간 불편한 것이 아닙니다. 특히 데이터를 저장할 때 반드시 byte 형식 또는 byte의 배열 형식으로 변환해야 한다는 문제가 있었습니다. 이것은 파일로부터 데이터를 읽을 때도 마찬가지였습니다.

.NET은 FileStream의 이런 불편함을 해소하기 위해 도우미 클래스들을 제공합니다. 바로 BinaryWriter와 BinaryReader 클래스가 그 예입니다. BinaryWriter는 스트림에 이진 데이터 Binary Data를 기록하기 위한 목적으로, 그리고 BinaryReader 클래스는 스트림으로부터 이진 데이터를 읽어들이기 위한 목적으로 만들어진 클래스입니다. 이 두 클래스는 어디까지나 파일 처리의 도우미 역할을 할 뿐이기 때문에 이들 클래스들을 이용하려면 Stream으로부터 파생된 클래스의 인스턴스가 있어야 합니다. 예를 들어 BinaryWriter와 FileStream을 함께 사용한다면 BinaryWriter의 이진 데이터 쓰기 기능을 파일 기록에 사용할 수 있고, NetworkStream과 함께 사용한다면 네트워크로 이진 데이터를 내보낼 수 있습니다. 다음은 BinaryWriter를 FileStream과 함께 이용하는 예입니다.

```
BinaryWriter bw = new BinaryWriter(new FileStream("a.dat", FileMode.Create));

bw.Write(32);
bw.Write("Good Morning!");          Write() 메소드는 C#이 제공하는 모든 기본
bw.Write(3.14);                      데이터 형식에 대해 오버로딩되어 있습니다.

bw.Close();
```

이 코드를 잠깐 살펴볼까요? 가장 먼저 BinaryWriter의 생성자를 호출하면서 FileStream의 인스턴스를 인수로 넘기고 있습니다. 이제 BinaryWriter의 객체는 FileStream의 인스턴스가 생성한 스트림에 대해 이진 데이터 기록을 수행할 것입니다. 그런데 그 다음에 이어지는 코드를 보니 그냥 Write() 메소드만 호출하고 있습니다. 데이터를 byte나 byte의 배열로 변환하지 않은 채로 말입니다. 이것은 BinaryWriter가 Write() 메소드를 C#이 제공하는 모든 기본 데이터 형식에 대해 오버로딩하고 있기 때문입니다. 우리는 BinaryWriter를 이용하면 FileStream만을 이용해서 파일에 데이터를 저장할 때와 같은 '생고생'은 하지 않아도 됩니다.

이번에는 BinaryReader를 볼까요? BinaryReader 역시 객체를 생성하고 사용하는 요령이 BinaryWriter와 거의 비슷합니다. 다음은 BinaryReader를 이용해서 파일로부터 이진 데이터를 읽어오는 예제 코드입니다.

```
BinaryReader br = new BinaryReader(new FileStream("a.dat", FileMode.Open));

int     a = br.ReadInt32();          BinaryReader는 읽을 데이터 형식별로
string  b = br.ReadString();         ReadInt32처럼 Read데이터_형식()
double  c = br.ReadDouble();          메소드를 제공합니다.

br.Close();
```

그냥 FileStream만 이용해서 데이터를 저장하고 읽을 때와는 비교도 안 될 정도로 편리하네요. 이제 BinaryWriter와 BinaryReader를 이용한 예제 프로그램을 만들어보겠습니다.

```
01  using System;
02  using System.IO;
03
04  namespace BinaryFile
05  {
06      class MainApp
07      {
08          static void Main(string[] args)
09          {
10              using (BinaryWriter bw =
11                  new BinaryWriter(
12                      new FileStream("a.dat", FileMode.Create)))
13              {
14                  bw.Write(int.MaxValue);
15                  bw.Write("Good morning!");
16                  bw.Write(uint.MaxValue);
17                  bw.Write("안녕하세요!");
18                  bw.Write(double.MaxValue);
19              }
20
21              using BinaryReader br =
22                  new BinaryReader(
23                      new FileStream("a.dat", FileMode.Open));
24
25              Console.WriteLine($"File size : {br.BaseStream.Length} bytes");
26              Console.WriteLine($"{br.ReadInt32()}");
27              Console.WriteLine($"{br.ReadString()}");
28              Console.WriteLine($"{br.ReadUInt32()}");
29              Console.WriteLine($"{br.ReadString()}");
30              Console.WriteLine($"{br.ReadDouble()}");
31          }
32      }
33  }
```

> bw 스트림은 19행에서 닫힙니다. 21행과 같은 스타일의 using 선언을 이용했다면, a.dat가 열려 있는 상태에서 같은 파일을 21행에서 다시 열려고 하는 상황이 발생했을 것입니다.

📥 실행 결과

```
File size : 47 bytes
2147483647
Good morning!
```

4294967295
안녕하세요!
1.7976931348623157E+308

실행 결과를 보니 BinaryWriter와 BinaryReader가 제대로 일하고 있다는 것을 알 수 있겠군요.
아, 그런데 BinaryWriter가 과연 어떻게 파일을 만들어놨는지 궁금해집니다. 이 예제 프로그램이
생성한 결과 파일을 바이너리 데이터 뷰어로 열어보겠습니다.

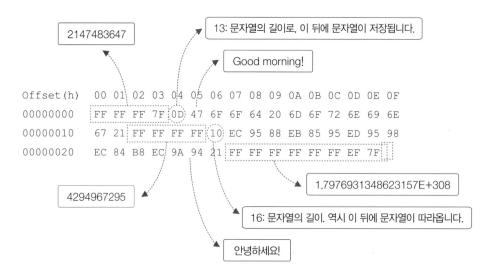

FileStream만으로 데이터를 기록할 때는 BitConverter를 이용해서 각 데이터를 바이트 단위로 나
눠 따로 저장했는데, 이 그림을 보면 BinaryWriter가 각 데이터 타입을 '알아서' 바이트 단위로 저
장해줬음을 알 수 있습니다. 문자열을 저장할 때는 문자열의 길이를 저장할 데이터의 가장 첫 번째
바이트에 저장해두고 그 뒤부터 문자열 데이터를 저장하고 있네요. 정말 멋집니다. 그렇죠?

? VITAMIN QUIZ 18-2

BinaryWriter는 문자열을 저장할 때 첫 번째 바이트를 문자열의 길이로 사용합니다. 그렇다면
BinaryWriter의 Write( ) 메소드는 255자를 넘어서는 문자를 기록할 수 없는 것일까요? 프로그램
을 작성해서 실험해보세요.

18.5 텍스트 파일 처리를 위한 StreamWriter/StreamReader

텍스트 파일은 구조는 간단하지만 활용도가 높은 파일 형식입니다. ASCII 인코딩에서는 각 바이트가 문자 하나를 나타내기 때문에 바이트 오더 문제에서도 벗어날 수 있고, 이로 인해 플랫폼에 관계없이 생성하고 읽을 수 있습니다. 그뿐만 아니라 프로그램이 생성한 파일의 내용을 편집기로 열면 사람이 바로 읽을 수도 있습니다.

.NET이 이렇게 활용도가 높은 파일 형식을 지원하지 않을 리가 없습니다. 바이너리 파일 쓰기/읽기를 위해 BinaryWriter/BinaryReader를 제공했던 것처럼 .NET은 텍스트 파일을 쓰고 읽을 수 있도록 StreamWriter/StreamReader를 제공합니다.

StreamWriter와 StreamReader도 BinaryWriter와 BinaryReader처럼 Stream의 도우미 클래스입니다. Stream이 주연이고 StreamWriter/StreamReader는 조연인 셈이죠. Stream이 NetworkStream이라면 네트워크를 통해 텍스트 데이터를 내보내거나 읽어들이고, FileStream이라면 파일로 텍스트 데이터를 내보내거나 이로부터 읽어들입니다(지금은 우리의 관심사가 '파일 다루기'니까 FileStream에 대해서만 이야기하고 있지만요).

이들 이름을 보고 대강 예상했겠지만, StreamWriter와 StreamReader의 사용법은 BinaryWriter와 BinaryReader의 사용법과 유사합니다. 먼저 StreamWriter의 사용 예제 코드를 보시죠.

```
StreamWriter sw = new StreamWriter(new FileStream("a.dat", FileMode.Create));

sw.Write (32);
sw.WriteLine("Good Morning!");          Write()와 WriteLine() 메소드는 C#이 제공하는
sw.WriteLine(3.14);                     모든 기본 데이터 형식에 대해 오버로딩되어 있습니다.

sw.Close();
```

제가 말한 대로죠? BinaryWriter와 사용법이 비슷하다니까요. FileStream의 인스턴스를 매개변수 삼아 생성자를 호출하고, Write()와 WriteLine() 메소드를 이용해서 데이터를 스트림에 기록합니다. 이번에는 StreamReader의 사용 예제를 보겠습니다.

```
StreamReader sr = new StreamReader(new FileStream("a.dat", FileMode.Open));

while (sr.EndOfStream == false)
{
    Console.WriteLine(sr.ReadLine());
}

sr.Close();
```

> EndOfStream 프로퍼티는 스트림의
> 끝에 도달했는지를 알려줍니다.

다음에는 StreamWriter와 StreamReader의 예제 프로그램이 기다리고 있습니다. 프로그램을 완성하여 실행해보고, 이 프로그램이 만들어낸 결과 파일을 메모장으로 열어봅시다.

>>> **18장/TextFile/MainApp.cs**

```
01  using System;
02  using System.IO;
03
04  namespace TextFile
05  {
06      class MainApp
07      {
08          static void Main(string[] args)
09          {
10              using (StreamWriter sw =
11                  new StreamWriter(
12                      new FileStream("a.txt", FileMode.Create)))
13              {
14                  sw.WriteLine(int.MaxValue);
15                  sw.WriteLine("Good morning!");
16                  sw.WriteLine(uint.MaxValue);
17                  sw.WriteLine("안녕하세요!");
18                  sw.WriteLine(double.MaxValue);
19              }
20
21              using (StreamReader sr =
22                  new StreamReader(
23                      new FileStream("a.txt", FileMode.Open)))
24              {
```

```
25                 Console.WriteLine($"File size : {sr.BaseStream.Length} bytes");
26
27                 while (sr.EndOfStream == false)
28                 {
29                     Console.WriteLine(sr.ReadLine());
30                 }
31             }
32         }
33     }
34 }
```

```
File size : 80 bytes
2147483647
Good morning!
4294967295
안녕하세요!
1.7976931348623157E+308
```

다음은 예제 프로그램이 만들어낸 a.txt 파일을 윈도우의 메모장 프로그램으로 열어본 결과입니다.

18.6 객체 직렬화하기

BinaryWriter/Reader와 StreamWriter/Reader는 기본 데이터 형식을 스트림에 쓰고 읽을 수 있도록 메소드들을 제공하지만, 프로그래머가 직접 정의한 클래스나 구조체 같은 복합 데이터 형식은 지원하지 않습니다. BinaryWriter/Reader나 StreamWriter/Reader로 복합 데이터 형식을 기록하고 읽으려면 그 형식이 가진 필드의 값을 저장할 순서를 정한 후, 이 순서대로 저장하고 읽는 코드를 작성해야 합니다. 이를 한 번에 저장할 방법은 없는 것일까요?

C#은 이러한 문제를 해결하기 위해 복합 데이터 형식을 스트림에 쉽게 읽고 쓸 수 있게 하는 직렬화 Serialization라는 메커니즘을 제공합니다. 직렬화란 객체의 상태(여기에서 말하는 객체의 상태는 객체의 필드에 저장된 값들을 의미합니다)를 메모리나 영구 저장 장치에 저장이 가능한 0과 1의 순서로 바꾸는 것을 말합니다.

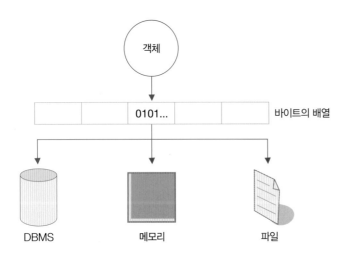

> **⚠ 여기서 잠깐** **.NET의 직렬화가 지원하는 형식**
>
> .NET은 이진(Binary) 형식에서 직렬화에 치명적인 보안 취약점을 발견하여 BinaryFormatter의 사용을 금지하고 있습니다(SYSLIB0011 컴파일러 경고를 해제하면 사용할 수 있긴 합니다). 하지만 이외에도 JSON(JavaScript Object Notation)이나 XML 형식으로의 직렬화를 사용할 수 있으니 염려할 필요는 없습니다. 어떤 형식이든 결과만 다르지 직렬화 또는 역직렬화하는 요령은 비슷하므로 이 책에서는 JSON 형식으로의 직렬화와 역직렬화만 다루겠습니다.

C#으로 프로그래밍을 하는 우리는 참 행복한 사람들입니다. C#에서는 객체를 직렬화할 수 있는 아주 간단한 방법을 제공하기 때문입니다. 다음과 같이 직렬화할 프로퍼티를 public으로 한정하면 이 클래스는 메모리나 영구 저장 장치에 저장할 수 있는 형식이 됩니다.

```
class NameCard
    {
        public string Name {get;set;}
        public string Phone {get;set;}
        public int Age {get;set;}
    }
```

이게 끝이냐고요? 예, 끝입니다. 이렇게 선언한 형식은 다음과 같이 Stream 클래스와 JsonSerializer
를 이용해서 간단히 저장할 수 있습니다.

```
Stream ws = new FileStream(fileName, FileMode.Create);
NameCard nc = new NameCard();
// nc의 프로퍼티에 값 저장

string jsonString = JsonSerializer.Serialize<NameCard>(nc); •············· 직렬화!
byte[] jsonBytes = System.Text.Encoding.UTF8.GetBytes(jsonString);
ws.Write(jsonBytes, 0, jsonBytes.Length);
```

이 코드의 JsonSerializer는 처음 보는 친구죠? 이 클래스는 System.Text.Json 네임스페이스에
소속되어 있고 객체를 JSON 형식으로 직렬화하거나 역직렬화합니다. 역직렬화하는 예제 코드도 같
이 보겠습니다.

```
Stream rs = new FileStream(fileName, FileMode.Open)
byte[] jsonBytes = new byte[rs.Length];
rs.Read(jsonBytes, 0, jsonBytes.Length);
string jsonString = System.Text.Encoding.UTF8.GetString(jsonBytes);

NameCard nc2 = JsonSerializer.Deserialize<NameCard>(jsonString);
```

어떻습니까, 정말 간편하죠? 클래스 안에 어떤 프로퍼티들이 어떻게 선언되어 있는지 고민할 필요
가 없습니다. 그냥 JsonSerializer에게 맡기면 객체의 직렬화든 역직렬화든 알아서 해줍니다.

아, 제가 설명을 깜빡한 것이 있습니다. 직렬화하고 싶지 않은 프로퍼티는 어떻게 처리해야 할지에
대해 이야기하지 않았네요. 상태를 저장하고 싶지 않은 프로퍼티가 있다면 다음과 같이 그 프로퍼티

만 System.Text.Json.Serialization 네임스페이스의 [JsonIgnore] 애트리뷰트로 수식해주면 됩니다. 이렇게 하면 이 프로퍼티는 직렬화할 때도 저장되지 않고, 역직렬화할 때도 역시 복원되지 않습니다.

```
class NameCard
{
    public string Name {get;set;}
    public string Phone {get;set;} ●┈┈┈┈┈┈┈┈  Age를 제외한 나머지
                                               프로퍼티만 직렬화됩니다.
    [JsonIgnore]
    public int Age {get;set;}
}
```

이제 프로그램을 만들어볼 차례가 된 것 같군요. 다음 예제 프로그램을 따라 작성해서 실행 결과를 확인해보세요.

>>> 18장/Serialization/MainApp.cs

```
01  using System;
02  using System.IO;
03  using System.Text.Json;
04
05  namespace Serialization
06  {
07      class NameCard
08      {
09          public string Name {get;set;}
10          public string Phone {get;set;}
11          public int Age {get;set;}
12      }
13
14      class MainApp
15      {
16          static void Main(string[] args)
17          {
18              var fileName = "a.json";
19
```

```
20                  using (Stream ws = new FileStream(fileName, FileMode.Create))
21                  {
22                      NameCard nc = new NameCard()
23                      {
24                          Name = "박상현",
25                          Phone = "010-123-4567",
26                          Age = 33
27                      };
28
29                      string jsonString = JsonSerializer.Serialize<NameCard>(nc);
30                      byte[] jsonBytes = System.Text.Encoding.UTF8.GetBytes(jsonString);
31                      ws.Write(jsonBytes, 0, jsonBytes.Length);
32                  }
33
34                  using (Stream rs = new FileStream(fileName, FileMode.Open))
35                  {
36                      byte[] jsonBytes = new byte[rs.Length];
37                      rs.Read(jsonBytes, 0, jsonBytes.Length);
38                      string jsonString = System.Text.Encoding.UTF8.GetString(jsonBytes);
39
40                      NameCard nc2 = JsonSerializer.Deserialize<NameCard>(jsonString);
41
42                      Console.WriteLine($"Name:  {nc2.Name}");
43                      Console.WriteLine($"Phone: {nc2.Phone}");
44                      Console.WriteLine($"Age:   {nc2.Age}");
45                  }
46              }
47          }
48  }
```

➡ 실행 결과

```
Name:   박상현
Phone:  010-123-4567
Age:    33
```

[JsonIgnore] 애트리뷰트를 사용해보세요.

NameCard 클래스의 Phone 프로퍼티를 직렬화/역직렬화하지 않도록 [JsonIgnore] 애트리뷰트를 이용해서 앞의 예제 프로그램을 바꿔보세요(System.Text.Json.Serialization 네임스페이스가 필요할 겁니다).

한편, List를 비롯한 컬렉션들도 직렬화를 지원합니다. 예를 들어 List〈NameCard〉 형식의 객체도 직렬화를 통해 파일에 저장해뒀다가 이를 역직렬화를 통해 메모리 내 컬렉션으로 불러들일 수 있습니다. 요령은 하나의 객체를 직렬화하고 역직렬화할 때와 동일합니다. 설명이 별로 필요 없을 것 같군요. 바로 예제 프로그램을 만들어보겠습니다.

>>> **18장/SerializingCollection/MainApp.cs**

```
01  using System;
02  using System.IO;
03  using System.Collections.Generic;
04  using System.Text.Json;
05
06  namespace Serialization
07  {
08      class NameCard
09      {
10          public string Name {get;set;}
11          public string Phone {get;set;}
12          public int Age {get;set;}
13      }
14
15      class MainApp
16      {
17          static void Main(string[] args)
18          {
19              var fileName = "a.json";
20
21              using (Stream ws = new FileStream(fileName, FileMode.Create))
22              {
```

```
23                    var list = new List<NameCard>();
24                    list.Add(new NameCard(){Name="박상현", Phone="010-123-4567", Age=33});
25                    list.Add(new NameCard(){Name="김연아", Phone="010-323-1111", Age=32});
26                    list.Add(new NameCard(){Name="장미란", Phone="010-555-5555", Age=39});
27
28                    string jsonString = JsonSerializer.Serialize<List<NameCard>>(list);
29                    byte[] jsonBytes = System.Text.Encoding.UTF8.GetBytes(jsonString);
30                    ws.Write(jsonBytes, 0, jsonBytes.Length);
31                }
32
33                using (Stream rs = new FileStream(fileName, FileMode.Open))
34                {
35                    byte[] jsonBytes = new byte[rs.Length];
36                    rs.Read(jsonBytes, 0, jsonBytes.Length);
37                    string jsonString = System.Text.Encoding.UTF8.GetString(jsonBytes);
38
39                    var list2 = JsonSerializer.Deserialize<List<NameCard>>(jsonString);
40
41                    foreach (NameCard nc in list2)
42                    {
43                        Console.WriteLine(
44                            $"Name: {nc.Name}, Phone: {nc.Phone}, Age: {nc.Age}");
45                    }
46                }
47            }
48        }
49 }
```

📥 실행 결과

```
Name: 박상현, Phone: 010-123-4567, Age: 33
Name: 김연아, Phone: 010-323-1111, Age: 32
Name: 장미란, Phone: 010-555-5555, Age: 39
```

19

스레드와 태스크

워드프로세서는 사용자가 열심히 글을 쓰는 동안 사용자를 방해하지 않고 조용히 문법 검사를 수행한 후 문서에서 문제가 있는 단어 밑에 빨간색 줄을 그어 표시합니다. 그게 뭐 대수냐고요? 항상 봐오던 기능이기 때문에 무심코 지나쳐왔겠지만 한번 생각해보세요. 프로그램은 입력받은 문자나 그림을 표시하는 일만으로도 충분히 바쁠 텐데, 어떻게 동시에 문법 검사까지 해서 결과를 표시하는 것일까요? 이번 장을 이해하면 그 비결을 알 수 있습니다.

학습목표

이 장의
핵심 개념

- 스레드의 개념을 이해합니다.

- 스레드를 다루는 방법을 익힙니다.

- 스레드 간 동기화 방법을 익힙니다.

- Task 클래스의 역할과 사용하는 방법을 익힙니다.

- Parallel 클래스의 역할과 사용하는 방법을 익힙니다.

- async 한정자와 await 연산자를 이용하여 비동기 코드를 작성하는 방법을 익힙니다.

이 장의
학습 흐름

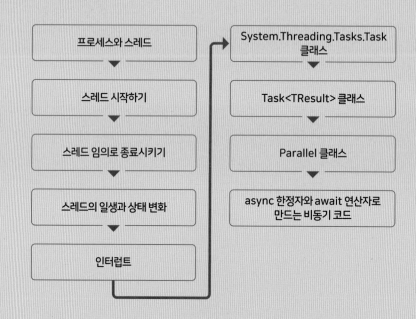

19.1 프로세스와 스레드

오늘날 운영체제는 여러 프로세스^{Process}를 동시에 실행할 수 있는 능력을 갖추고 있습니다. 덕분에 우리는 유튜브로 음악을 들으면서 비주얼 스튜디오로 코드를 작성할 수 있죠. 운영체제만 동시에 여러 작업을 할 수 있는 것은 아닙니다. 프로세스도 한 번에 여러 작업을 할 수 있습니다(세상에!). 서문에서 이야기한 워드프로세서가 그 예입니다. 우리가 열심히 글을 써 내려가면 워드프로세서는 글쓰는 것을 방해하지 않으면서 조용히 문법을 검사해서 틀린 부분을 빨간색으로 표시해줍니다.

그러면 프로세스란 정확하게 무엇을 말하는 것일까요? 프로세스는 실행 파일이 실행되어 메모리에 적재된 인스턴스입니다. 가령 word.exe가 실행 파일이라면, 이 실행 파일에 담겨 있는 데이터와 코드가 메모리에 적재되어 동작하는 것이 프로세스입니다. 프로세스는 반드시 하나 이상의 스레드^{Thread}로 구성되는데, 스레드는 운영체제가 CPU 시간을 할당하는 기본 단위입니다. 프로세스가 밧줄이라면 스레드는 밧줄을 이루는 실이라고 할 수 있습니다. 다음 그림은 프로세스와 프로세스를 구성하는 스레드의 관계를 나타냅니다.

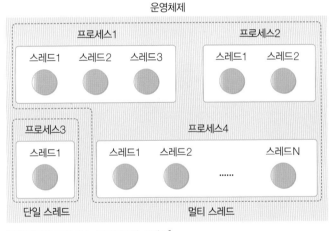

[운영체제와 프로세스, 프로세스와 스레드]

이 책에서 지금까지 소개한 예제 프로그램들은 모두 이 그림의 '프로세스3'처럼 한 번에 한 가지 일만 하는 단일 스레드 구조로 이루어졌습니다. 지금부터 우리는 '프로세스1', '프로세스2', '프로세스4'처럼 여러 개의 스레드를 가지는 멀티 스레드 구조의 프로그램을 작성하는 방법에 대해 알아보려 합니다.

본격적으로 C# 코드에서 스레드를 다루는 방법을 설명하기 전에, 멀티 스레드를 이용했을 때 얻을 수 있는 장점과 단점들을 잠시 짚어보겠습니다. 먼저 장점을 살펴볼까요?

① 응답성을 높일 수 있다.

사용자 대화형 프로그램에서(콘솔 프로그램과 GUI 프로그램 모두) 멀티 스레드를 이용하면 응답
성을 높일 수 있습니다. 예를 들어 단일 스레드를 사용하는 프로그램을 만들었고, 이 프로그램에서
파일 복사만 30분이 걸린다고 합시다. 사용자가 파일 복사를 취소하고 싶어도 프로그램은 사용자에
게 반응하지 않아서 복사를 취소할 수 없습니다. 작업 관리자를 이용해서 강제로 프로세스를 종료하
지 않는 한 말입니다. 이 프로그램에 사용자와의 대화를 위한 스레드를 하나 더 추가한다면 파일 복
사를 하면서도 사용자로부터 명령을 입력받을 수 있습니다.

② 자원 공유가 쉽다.

멀티 프로세스 방식에 비해 멀티 스레드 방식이 자원 공유가 쉽습니다. 멀티 프로세스는 GUI가 없
는 웹 서버처럼 서버용 애플리케이션에서 많이 취하는 구조인데, 프로세스끼리 데이터를 교환하려
면 소켓이나 공유 메모리 같은 IPC^{Inter Process Communication}를 이용해야 합니다. 꽤 번거롭죠. 반면에 멀
티 스레드 방식에서는 그저 스레드끼리 코드 내 변수를 같이 사용하는 것만으로도 데이터를 교환할
수 있습니다.

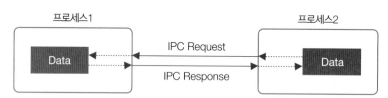

[IPC를 통한 프로세스 간 데이터 교환]

[변수를 이용한 스레드 간 데이터 교환]

③ 경제적이다.

프로세스를 띄우기 위해 메모리와 자원을 할당하는 작업은 (CPU 사용 시간 등의) 비용이 비싼데,
스레드를 띄울 때는 이미 프로세스에 할당된 메모리와 자원을 그대로 사용하므로 메모리와 자원을
할당하는 비용을 지불하지 않아도 됩니다.

하지만 멀티 스레드의 단점도 만만치 않습니다.

① 구현이 복잡하다.

무엇보다도 멀티 스레드 구조의 소프트웨어는 구현하기가 매우 까다롭습니다. 테스트 역시 쉽지 않은데다 멀티 스레드 기반의 소프트웨어 디버깅은 개발자의 분노를 끌어올리는 최고의 촉매로 유명합니다.

② 소프트웨어 안정성을 악화시킬 수 있다.

멀티 스레드의 단점은 개발자만 괴롭히는 데서 끝나지 않습니다. 멀티 프로세스 기반의 소프트웨어는 여러 자식 프로세스 중 하나에 문제가 생기면 그 자식 프로세스 하나가 죽는 것 이상으로는 영향이 확산되지 않지만, 멀티 스레드 기반의 소프트웨어에서는 자식 스레드 중 하나에 문제가 생기면 전체 프로세스에 영향을 줍니다.

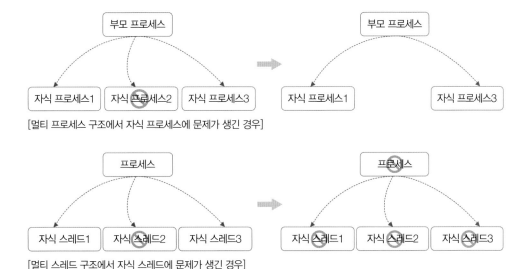

[멀티 프로세스 구조에서 자식 프로세스에 문제가 생긴 경우]

[멀티 스레드 구조에서 자식 스레드에 문제가 생긴 경우]

③ 과용하면 성능이 저하될 수 있다.

앞에서 멀티 스레드의 장점으로 성능을 꼽았는데, 아이러니하게도 스레드를 너무 많이 사용하면 오히려 성능이 더 저하됩니다. 스레드가 CPU를 사용하기 위해서는 작업 간 전환^{Context Switching}을 해야 하는데, 이 작업 간 전환이 적잖은 비용을 소모합니다. 많은 스레드가 너무 자주 작업 간 전환을 수행하다 보면 애플리케이션이 실제로 일하는 시간에 비해 작업 간 전환에 사용하는 시간이 커지기 때문에 성능이 저하됩니다.

지금까지 멀티 스레드의 장점과 단점을 설명했는데, 여러분은 지금 어떤 생각이 드세요? 혼란스럽지는 않나요? 경력이 꽤 되는 프로그래머 사이에서도 멀티 스레드 구조를 취하느냐 마느냐에 대해서는 의견이 분분합니다. 실제로 제가 근무한 회사 중 한 곳에서는 소프트웨어의 안정성을 위해 멀티 스레드의 사용을 '절대' 금하는 코딩 규칙이 있었습니다. 나중에 초고성능을 요구하는 시스템을 개발하는 상황이 닥쳐서야 이 규칙이 사라졌죠.

아마 여러분도 프로그래밍을 업으로 삼는 동안에는 계속 답을 고민할 것입니다. 그러니 적어도 이 책을 공부하는 동안 고민을 접어두고, 스레드를 다루는 법을 공부한 후에 다시 고민을 시작하시기 바랍니다. 저도 진도는 나가야 하니까요.

19.1.1 스레드 시작하기

이제 본격적으로 C#에서 스레드를 다루는 방법을 알아보겠습니다. .NET은 스레드를 제어하는 클래스로 System.Threading.Thread를 제공합니다. 이 클래스를 사용하는 방법은 다음 순서와 같습니다.

❶ Thread의 인스턴스를 생성한다. 이때 생성자의 인수로 스레드가 실행할 메소드를 넘긴다.

❷ Thread.Start() 메소드를 호출하여 스레드를 시작한다.

❸ Thread.Join() 메소드를 호출하여 스레드가 끝날 때까지 기다린다.

의외로 간단하죠? 이 순서를 코드로 나타내면 다음과 같습니다.

```csharp
static void DoSomething()  •······················ 스레드가 실행할 메소드
{
    for (int i = 0; i < 5; i++)
    {
        Console.WriteLine("DoSomething : {0}", i);
    }
}

static void Main(string[] args)                    ❶ Thread의 인스턴스 생성
{
    Thread t1 = new Thread(new ThreadStart(DoSomething));  •········
```

```
        t1.Start();  •—————————————————————  ❷ 스레드 시작

        t1.Join();  •—————————————————————  ❸ 스레드의 종료 대기
    }
```

이 코드에서 실제 스레드가 메모리에 적재되는 시점은 t1.Start() 메소드를 호출(❷)했을 때입니다. Thread 클래스의 인스턴스는 '준비'만 해둘 뿐입니다. t1.Start() 메소드가 호출되고 나면, CLR은 스레드를 실제로 생성하여 DoSomething() 메소드를 호출합니다. t1.Join() 메소드는 블록되어 있다가 DoSomething() 메소드의 실행이 끝나면, 다시 말해 t1 스레드의 실행이 끝나면 반환되어 다음 코드를 실행할 수 있게 합니다.

한편, Join이라는 메소드의 이름이 '스레드의 종료 대기'와 별로 상관없어 보이는데, 여러분은 괜찮습니까? (혹시 저만 그런가요?) Join은 영어로 '합류하다'라는 뜻이 있잖아요. 제가 서두에서 프로세스는 밧줄과 같고 스레드는 이 밧줄을 이루는 실과 같다고 이야기한 바 있습니다. 다음 그림에서처럼 스레드를 하나 실행하면 밧줄에서 실이 한 갈래 빠져나왔다가 Join() 메소드가 반환되는 시점에서 이 실(스레드)이 다시 밧줄(프로세스)로 '합류'한다고 생각하면 이해가 쉽습니다.

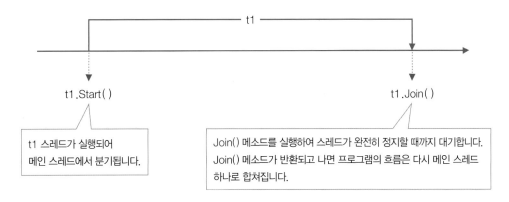

이제 스레드를 띄워볼 준비가 된 것 같군요. 예제 프로그램을 만들어보겠습니다. 다음 예제 프로그램은 앞에서 본 예제 코드를 거의 그대로 사용합니다.

```
01  using System;
02  using System.Threading;
03
04  namespace BasicThread
05  {
06      class MainApp
07      {
08          static void DoSomething()
09          {
10              for (int i = 0; i < 5; i++)
11              {
12                  Console.WriteLine($"DoSomething : {i}");
13                  Thread.Sleep(10);
14              }
15          }
16
17          static void Main(string[] args)
18          {
19              Thread t1 = new Thread(new ThreadStart(DoSomething));
20
21              Console.WriteLine("Starting thread...");
22              t1.Start();
23
24              for (int i = 0; i < 5; i++)
25              {
26                  Console.WriteLine($"Main : {i}");
27                  Thread.Sleep(10);
28              }
29
30              Console.WriteLine("Wating until thread stops...");
31              t1.Join();
32
33              Console.WriteLine("Finished");
34          }
35      }
36  }
```

Sleep() 메소드를 만나면 인수(10)만큼 CPU 사용을 멈춥니다. 이때 인수 단위는 밀리초입니다.

t1 스레드의 DoSomething() 메소드가 실행되는 동시에 메인 스레드의 이 반복문도 실행됩니다.

```
Starting thread...
Main : 0
DoSomething : 0
Main : 1
DoSomething : 1
Main : 2
DoSomething : 2
DoSomething : 3
Main : 3
DoSomething : 4
Main : 4
Wating until thread stops...
Finished
```

19.1.2 스레드 임의로 종료하기

여기서 설명할 Thread.Abort() 메소드는 .NET 프레임워크에서만 지원됩니다. .NET 프레임워크를 사용하지 않을 독자분들은 이 내용을 건너뛰어도 좋습니다.

사용자가 작업 관리자 등을 이용해서 프로세스를 임의로 죽일 수 있습니다. 아쉽게도 프로세스 안에서 동작하는 각 스레드는 그런 식으로 죽일 수 없습니다. 살아 있는 스레드를 죽이려면 다음 예제와 같이 그 스레드를 나타내는 Thread 객체의 Abort() 메소드를 호출해줘야 합니다.

```
static void DoSomething()
{
    try
    {
        for (int i = 0; i < 10000; i++)
        {
            Console.WriteLine("DoSomething : {0}", i);
            Thread.Sleep(10);
        }
    }
    catch(ThreadAbortedException)
    {
```

```
            // …
        }
        finally
        {
            // …
        }
    }

    static void Main(string[] args)
    {
        Thread t1 = new Thread(new ThreadStart(DoSomething));

        t1.Start();

        t1.Abort();  •········        스레드 취소(종료)

        t1.Join();
    }
```

Abort() 메소드를 사용할 때는 고려해야 할 사항이 있습니다. Abort() 메소드가 호출과 동시에 스레드를 즉시 종료하지 않는다는 점입니다. Thread 객체에 Abort() 메소드를 호출하면 CLR은 해당 스레드가 실행 중이던 코드에 ThreadAbortException을 던집니다. 이때 이 예외를 catch하는 코드가 있으면 이 예외를 처리한 다음, finally 블록까지 실행한 후에야 해당 스레드는 완전히 종료됩니다. 그래서 Abort() 메소드를 호출할 때는 이 처리 시간을 반드시 염두에 둬야 하는 것입니다.

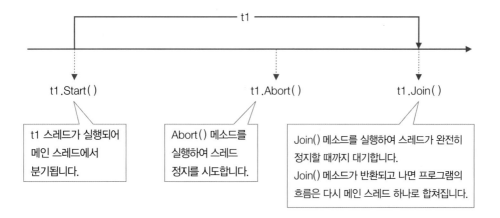

이제 예제 프로그램을 만들어보겠습니다. 이 예제에서 사용할 Abort()와 ResetAbort() 함수는 .NET 5.0부터 폐기됐지만 현재도 많이 사용하는 .NET Framework 4.8에서는 지원되고 있습니다. 따라서 이 예제 프로젝트는 다음 그림과 같이 '콘솔 앱' 형식이 아닌 '콘솔 앱(.NET Framework)' 형식으로 생성하되, [프레임워크]를 '.NET Framework 4.8'로 지정해주세요.

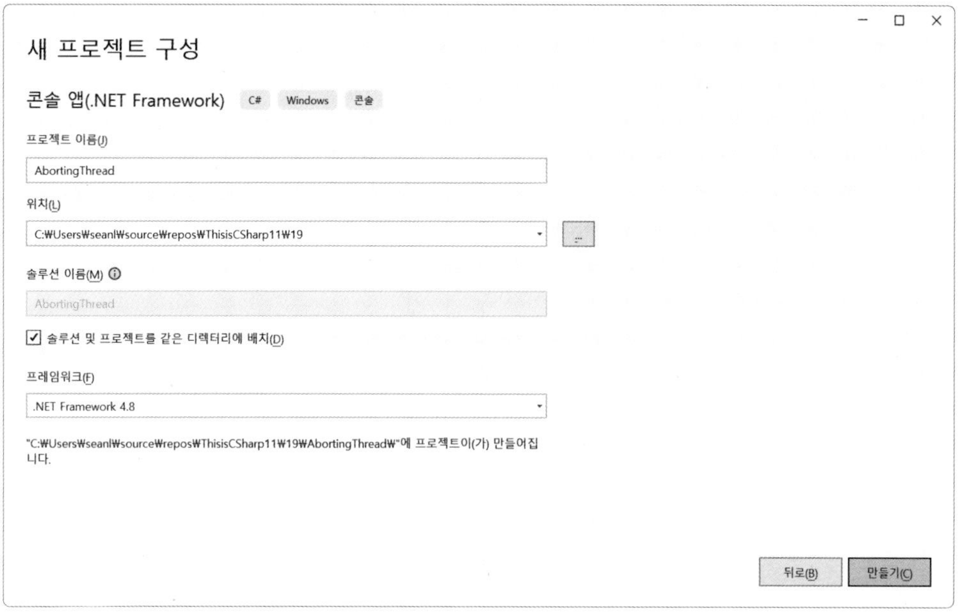

>>> **19장/AbortingThread/MainApp.cs**

```
01  using System;
02  using System.Threading;
03
04  namespace AbortingThread
05  {
06      class SideTask
07      {
08          int count;
09
10          public SideTask(int count)
```

```
11          {
12              this.count = count;
13          }
14
15      public void KeepAlive()
16      {
17          try
18          {
19              while (count > 0)
20              {
21                  Console.WriteLine($"{count--} left");
22                  Thread.Sleep(10);
23              }
24              Console.WriteLine("Count : 0");
25          }
26          catch (ThreadAbortException e)  •·············· 예외 처리
27          {
28              Console.WriteLine(e);
29              Thread.ResetAbort();
30          }
31          finally
32          {
33              Console.WriteLine("Clearing resource...");
34          }
35      }
36  }
37
38  class MainApp
39  {
40      static void Main(string[] args)
41      {
42          SideTask task = new SideTask(100);
43          Thread t1 = new Thread(new ThreadStart(task.KeepAlive));
44          t1.IsBackground = false;
45
46          Console.WriteLine("Starting thread...");
47          t1.Start();
48
49          Thread.Sleep(100);
```

```
50
51            Console.WriteLine("Aborting thread...");
52            t1.Abort();  •------------------------  스레드 취소(catch 절 실행)
53
54            Console.WriteLine("Wating until thread stops...");
55            t1.Join();
56
57            Console.WriteLine("Finished");
58        }
59    }
60 }
```

▶ 실행 결과

```
Starting thread...
100 left
99 left
98 left
97 left
96 left
Aborting thread...
System.Threading.ThreadAbortException: 스레드가 중단되었습니다.
    위치: System.Threading.Thread.SleepInternal(Int32 millisecondsTimeout)
    위치: AbortingThread.SideTask.KeepAlive() 파일 C:\Users\seanl\source\repos\
ThisisCSharp11\19\AbortingThread\MainApp.cs:줄 22
Wating until thread stops...
Clearing resource...
Finished
```

19.1.3 스레드의 일생과 상태 변화

스레드는 살아가면서 여러 상태 변화를 겪습니다. 태어나서 아무것도 못하다가 일을 하게 되고, 일을 한참 하다가 다른 스레드에 작업실을 내주기 위해 도중에 잠시 쉬기도 합니다. 그러고는 다시 열심히 일을 시작하죠. 스레드는 삶의 대부분을 일하는 데 보내지만, 마냥 기다려야 할 때도 있으며, 갑작스럽게 해고당해 일을 그만두기도 합니다. 스레드는 그렇게 살다가 죽습니다.

어느 슬픈 드라마에서 나오는 가장의 모습이 아니냐고요? 아닙니다. .NET은 스레드의 상태를 ThreadState 열거형에 정의해뒀는데, 다음 표와 같습니다. 이 표를 읽어보면 제가 조금 전에 이야기한 스레드의 인생을 느낄 수 있을 것입니다.

상태	설명
Unstarted	스레드 객체를 생성한 후 Thread.Start( ) 메소드가 호출되기 전의 상태입니다.
Running	스레드가 시작하여 동작 중인 상태를 나타냅니다. Unstarted 상태의 스레드를 Thread.Start( ) 메소드를 통해 이 상태로 만들 수 있습니다.
Suspended	스레드의 일시 중단 상태를 나타냅니다. 스레드를 Thread.Suspend( ) 메소드를 통해 이 상태로 만들 수 있으며, Suspended 상태인 스레드는 Thread.Resume( ) 메소드를 통해 다시 Running 상태로 만들 수 있습니다.
WaitSleepJoin	스레드가 블록(Block)된 상태를 나타냅니다. 그런데 상태 이름이 왜 Blocked가 아니고 WaitSleepJoin일까요? 그것은 스레드에 대해 Monitor.Enter( ), Thread.Sleep( ) 또는 Thread.Join( ) 메소드를 호출하면 이 상태가 되기 때문입니다.
Aborted	스레드가 취소된 상태를 나타냅니다. 여러분도 잘 아는 것처럼 Thread.Abort( ) 메소드를 호출하면 이 상태가 됩니다. Aborted 상태가 된 스레드는 다시 Stopped 상태로 전환되어 완전히 중지됩니다.
Stopped	중지된 스레드의 상태를 나타냅니다. Abort( ) 메소드를 호출하거나 스레드가 실행 중인 메소드가 종료되면 이 상태가 됩니다.
Background	스레드가 백그라운드로 동작하고 있음을 나타냅니다. 포어그라운드(Foreground) 스레드는 하나라도 살아 있는 한 프로세스가 죽지 않지만, 백그라운드는 하나가 아니라 열 개가 살아 있어도 프로세스가 죽고 사는 것에는 영향을 미치지 않습니다. 하지만 프로세스가 죽으면 백그라운드 스레드들도 모두 죽습니다. Thread.IsBackground 속성에 true 값을 입력함으로써 스레드를 이 상태로 바꿀 수 있습니다.

상태가 생각보다 많죠? 다행히도 스레드의 상태 변화에는 규칙이 있습니다. 예를 들어 Aborted 상태의 스레드는 절대 Running 상태로 천이되지 못하고, Running 상태의 스레드는 Unstarted 상태로 바뀔 수 없습니다. 다음 그림은 이러한 스레드 상태 간 관계를 설명합니다.

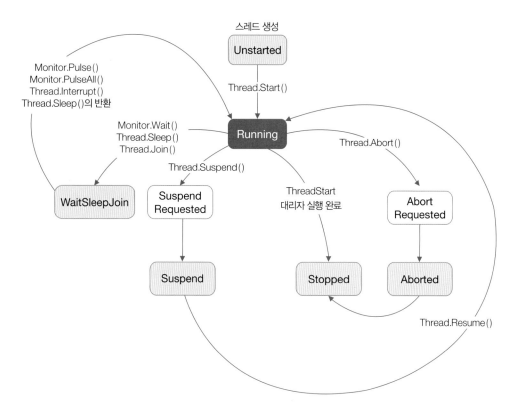

그림에 Background로 천이하는 과정이 표현되어 있지 않은데, 그 이유는 Background 상태는 그저 스레드가 어떻게 동작하고 있는지(다른 상태는 스레드가 어떤 상황에 처해 있는지를 나타내죠)에 관한 정보를 나타낼 뿐이기 때문입니다.

이들 ThreadState 열거형의 멤버에 대해 또 한 가지 알아야 할 사실이 있습니다. 바로 ThreadState가 Flags 애트리뷰트를 갖고 있다는 점입니다. Flags는 자신이 수식하는 열거형을 비트 필드^{Bit field}, 즉 플래그 집합으로 처리할 수 있음을 나타냅니다(이거, 스레드 하나만 해도 머리가 터질 지경인데 이상한 단어들이 나와서 더 괴롭죠?).

! 여기서 잠깐 **비트 필드가 뭔가요?**

비트 필드(Bit Field)는 원래 C 언어 등에서 구조체를 선언할 때 바이트 단위가 아닌 비트 단위로 선언한 필드를 말하는데, 주로 비트 단위의 플래그(Bit flag)를 표현하기 위해 사용했습니다. C 언어가 1970년대 초에 만들어졌고 그 당시 메모리 가격과 용량을 생각하면 비트 필드의 존재 이유가 충분해 보입니다. 한 바이트로 0~255까지 표현할 수 있는데 기껏해야 0, 1, 2, 3 … 7 정도의 값을 갖는 플래그를 표현하려고 한 바이트를 몽땅 사용하려니 아까웠겠죠.

하지만 2002년에 개발된 C#은 메모리나 프로세서의 용량이 매우 풍부해진 시대에 태어난 언어입니다. 굳이 비트 필드 같은 번거로운 문법을 지원할 이유가 없었죠. 다만 그간 C에서 사용된 우수한 비트 필드 사용 사례를 바로 C#에 적용할 수 있게 하고자 .NET에 Flags 애트리뷰트를 선언해둔 것입니다.

아, Flags 애트리뷰트 이야기하던 중이었죠? Flags 애트리뷰트를 사용하지 않는 다음과 같은 평범한 열거형은 열거 요소에 대응하는 값들만 표현합니다.

```
enum MyEnum {
    Apple  = 1 ≪ 0, // 1(0001)
    Orange = 1 ≪ 1, // 2(0010)
    Kiwi   = 1 ≪ 2, // 4(0100)
    Mango  = 1 ≪ 3  // 8(1000)
};

Console.WriteLine((MyEnum)1); // Apple
Console.WriteLine((MyEnum)2); // Orange
Console.WriteLine((MyEnum)4); // Kiwi
Console.WriteLine((MyEnum)8); // Mango
Console.WriteLine((MyEnum)(1 | 4)); // 5
Console.WriteLine((MyEnum)(1 | 8)); // 9
```

> 열거 요소에 대응하지 못하는 값은 형식 변환을 시도해도 원래 값으로 표현됩니다.

반면에 다음과 같이 Flags 애트리뷰트를 갖는 열거형은 요소들의 집합으로 구성되는 값들도 표현할 수 있습니다.

```
[Flags]
enum MyEnum {
    Apple  = 1 << 0, // 1(0001)
    Orange = 1 << 1, // 2(0010)
    Kiwi   = 1 << 2, // 4(0100)
    Mango  = 1 << 3  // 8(1000)
};


Console.WriteLine((MyEnum)1); // Apple
Console.WriteLine((MyEnum)2); // Orange
Console.WriteLine((MyEnum)4); // Kiwi
Console.WriteLine((MyEnum)8); // Mango
Console.WriteLine((MyEnum)(1 | 4)); // Apple, Kiwi
Console.WriteLine((MyEnum)(1 | 8)); // Apple, Mango
```

> Flag 애트리뷰트는 열거형의 요소들의 집합으로 구성되는 값들도 표현할 수 있습니다.

스레드는 동시에 둘 이상의 상태일 수 있습니다. 가령 Suspended 상태이면서 WaitSleepJoin 상태일 수도 있고, Background 상태이면서 Stopped 상태일 수도 있습니다. 그래서 둘 이상의 상태를 동시에 표현하고자 ThreadState에 Flags 애트리뷰트가 있는 것입니다.

이제 예제 프로그램을 만들어서 ThreadState의 각 요소들이 어떤 값을 갖는지 확인해보겠습니다.

>>> **19장/UsingThreadState/MainApp.cs**

```
01  using System;
02  using System.Threading;
03
04  namespace UsingThreadState
05  {
06      class MainApp
07      {
08          private static void PrintThreadState(ThreadState state)
09          {
10              Console.WriteLine("{0,-16} : {1}", state, (int)state);
11          }
12
13          static void Main(string[] args)
14          {
15              PrintThreadState(ThreadState.Running);
```

```
16
17              PrintThreadState(ThreadState.StopRequested);
18
19              PrintThreadState(ThreadState.SuspendRequested);
20
21              PrintThreadState(ThreadState.Background);
22
23              PrintThreadState(ThreadState.Unstarted);
24
25              PrintThreadState(ThreadState.Stopped);
26
27              PrintThreadState(ThreadState.WaitSleepJoin);
28
29              PrintThreadState(ThreadState.Suspended);
30
31              PrintThreadState(ThreadState.AbortRequested);
32
33              PrintThreadState(ThreadState.Aborted);
34
35              PrintThreadState(ThreadState.Aborted | ThreadState.Stopped);
36          }
37      }
38  }
```

```
Running          : 0
StopRequested    : 1
SuspendRequested : 2
Background       : 4
Unstarted        : 8
Stopped          : 16
WaitSleepJoin    : 32
Suspended        : 64
AbortRequested   : 128
Aborted          : 256
Stopped, Aborted : 272
```

프로그램 실행 결과에 출력된 ThreadState의 요솟값이 재미있게 생기지 않았나요? 보통의 열거형처럼 0, 1, 2, 3, 4, …, n과 같이 1씩 증가하는 값이 아닌 0, 1, 2, 4, 8, 16, …, 256의 식으로 2의 제곱으로 증가하는 값을 갖고 있습니다. .NET 팀이 ThreadState의 요솟값을 왜 이런 식으로 정의했을까요? 2의 제곱수를 2진수로 바꾸면 다음 표에 나타나 있는 것처럼 항상 딱 한 자리만 1이고 나머지는 0으로 채워집니다. 이렇게 해두면 비트 연산을 통해 ThreadState가 어떤 상태에 있는지 쉽게 알아낼 수 있습니다.

상태	10진수	2진수
Running	0	000000000
StopRequested	1	000000001
SuspendRequested	2	000000010
Background	4	000000100
Unstarted	8	000001000
Stopped	16	000010000
WaitSleepJoin	32	000100000
Suspended	64	001000000
AbortRequested	128	010000000
Aborted	256	100000000

한편, Thread 객체의 ThreadState 필드를 통해 상태를 확인할 때는 반드시 비트 연산을 이용해야 합니다. 지금까지 이야기해온 것처럼 ThreadState 열거형이 여러 상태를 동시에 나타낼 수 있도록 만들어져 있기 때문입니다. 다음 코드는 Thread 객체의 ThreadState 필드의 값을 확인하는 예제입니다.

```
if (t1.ThreadState & ThreadState.Aborted == ThreadState.Aborted)
    Console.WriteLine("스레드가 정지했습니다.");
else if (t1.ThreadState & ThreadState.Stopped == ThreadState.Stopped)
    Console.WriteLine("스레드가 취소됐습니다.");
```

스레드의 삶과 상태에 대한 이야기는 여기에서 마치고, 이어서는 스레드를 멈추는 법에 대해 살펴보겠습니다.

19.1.4 인터럽트: 스레드를 임의로 종료하는 다른 방법

수명이 다해 스레드가 스스로 종료하는 것이 가장 좋지만, 불가피하게 스레드를 강제로 종료해야 하는 경우가 있습니다. 강제로 종료하는 것은 어쩔 수 없다고 해도, Thread.Abort() 메소드는 너무 무자비합니다. 스레드의 처지 따위는 안중에도 없죠. 그래서 Abort() 메소드를 사용할 때는 도중에 강제로 중단된다 해도 프로세스 자신이나 시스템에 영향을 받지 않는 작업에 한해 사용하는 것이 좋습니다. 스레드가 수행 중인 작업이 강제로 중단되는 경우 시스템에 악영향을 미칠 수 있다면 조금 더 부드러운 방법을 택해야 합니다. Thread.Interrupt() 메소드는 스레드가 한참 동작 중인 상태 (Running 상태)를 피해서 WaitJoinSleep 상태에 들어갔을 때 ThreadInterruptedException 예외를 던져 스레드를 중지시킵니다. 둘 다 비슷하지만, Thread.Interrupt() 메소드가 조금 더 신사적이라 할 수 있습니다.

Thread.Interrupt() 메소드는 재미있게도 스레드가 이미 WaitSleepJoin 상태에 있을 때는 즉시 중단시키지만, 다른 상태일 때는 스레드를 지켜보고 있다가 WaitSleepJoin 상태가 되면 그제서야 스레드를 중단시킵니다. 이런 특징 때문에 프로그래머는 최소한 코드가 '절대로 중단되면 안 되는' 작업을 하고 있을 때는 중단되지 않는다는 보장을 받을 수 있습니다.

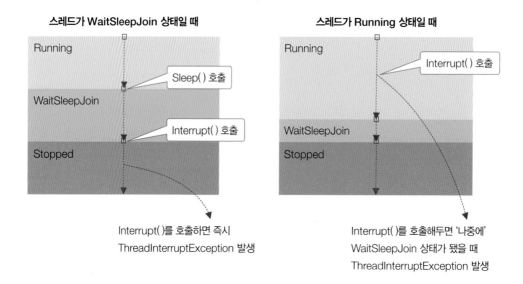

Interrupt() 메소드는 어떻게 사용하냐고요? Abort() 메소드를 사용하는 방법과 똑같습니다. 다음 코드를 보시죠.

```
static void DoSomething()
{
    try
    {
        for (int i = 0; i < 10000; i++)
        {
            Console.WriteLine("DoSomething : {0}", i);
            Thread.Sleep(10);
        }
    }
    catch(ThreadInterruptedException e)
    {
        // …
    }
    finally
    {
        // …
    }
}

static void Main(string[] args)
{
    Thread t1 = new Thread(new ThreadStart(DoSomething));

    t1.Start();

    t1.Interrupt(); •----------------- [ 스레드 취소(종료) ]

    t1.Join();
}
```

이제 예제 프로그램을 만들어보겠습니다. 이 프로그램은 AbortingThread와 대부분 비슷합니다. 차이점이라면 Abort( ) 메소드 대신에 Interrupt( ) 메소드를 호출한다는 것과 ThreadStart 대리자가 참조하는 SideTask.KeepAlive( ) 메소드의 시작 부분에서 SpinWait( ) 메소드를 호출함으로써 Interrupt( ) 메소드가 호출될 때 스레드의 상태가 한동안 Running 상태를 갖게 했다는 것 정도입니다.

```
01  using System;
02  using System.Security.Permissions;
03  using System.Threading;
04
05  namespace InterruptingThread
06  {
07      class SideTask
08      {
09          int count;
10
11          public SideTask(int count)
12          {
13              this.count = count;
14          }
15
16          public void KeepAlive()
17          {
18              try
19              {
20                  Console.WriteLine("Running thread isn't gonna be interrupted");
21                  Thread.Sleep(100);
22
23                  while (count > 0)
24                  {
25                      Console.WriteLine($"{count--} left");
26
27                      Console.WriteLine("Entering into WaitJoinSleep State...");
28                      Thread.Sleep(10);
29                  }
30                  Console.WriteLine("Count : 0");
31              }
32              catch (ThreadInterruptedException e)
33              {
34                  Console.WriteLine(e);
35              }
36              finally
37              {
38                  Console.WriteLine("Clearing resource...");
39              }
```

```
40              }
41          }
42
43      class MainApp
44      {
45          static void Main(string[] args)
46          {
47              SideTask task = new SideTask(100);
48              Thread t1 = new Thread(new ThreadStart(task.KeepAlive));
49              t1.IsBackground = false;
50
51              Console.WriteLine("Starting thread...");
52              t1.Start();
53
54              Thread.Sleep(100);
55
56              Console.WriteLine("Interrupting thread...");
57              t1.Interrupt();
58
59              Console.WriteLine("Wating until thread stops...");
60              t1.Join();
61
62              Console.WriteLine("Finished");
63          }
64      }
65  }
```

□→ 실행 결과

```
Starting thread...
Running thread isn't gonna be interrupted
Interrupting thread...
Wating until thread stops...
100 left
Entering into WaitJoinSleep State...
System.Threading.ThreadInterruptedException: 스레드가 대기 상태에서 인터럽트되었습니다.
    위치: System.Threading.Thread.SleepInternal(Int32 millisecondsTimeout)
    위치: InterruptingThread.SideTask.KeepAlive() 파일 C:\Users\seanl\source\repos\
ThisisCSharp11\19\InterruptingThread\MainApp.cs:줄 28
Clearing resource...
Finished
```

19.1.5 스레드 간 동기화

애플리케이션을 구성하는 각 스레드는 여러 자원을 공유하는 경우가 많습니다. 파일 핸들이나 네트워크 커넥션, 메모리에 선언한 변수 등이 그 예죠. 스레드는 모태 이기주의라 남의 상황 따위는 안중에 두지 않습니다. 다른 스레드가 어떤 자원을 잡고 사용하고 있는데 갑자기 끼어들어 자기가 제멋대로 사용해버리는 경우가 다반사입니다.

이 스레드들을 본래 기질대로 살도록 내버려두면 우리가 만든 소프트웨어는 모두 엉망이 되고 말 것입니다. 우리 프로그래머에게는 스레드들이 정연하게 자원을 사용할 수 있도록 질서를 잡아야 할 책임이 있습니다. 스레드들이 순서를 갖춰 자원을 사용하게 하는 것을 일컬어 '동기화Synchronization'라고 하는데, 이것을 제대로 하는 것이야말로 멀티 스레드 프로그래밍을 완벽하게 하는 길이라고 할 수 있습니다.

스레드 동기화에서 가장 중요한 사명은 '자원을 한 번에 하나의 스레드가 사용하도록 보장'하는 것입니다. 프로그래머가 이 사명을 달성할 수 있도록 .NET이 제공하는 대표적인 도구로 lock 키워드와 Monitor 클래스가 있습니다. 이 둘에 대해 약간만 미리 설명하면, 하는 일은 거의 유사하지만 lock 키워드가 사용하기 더 쉽습니다. 그럼 lock 키워드 하나만 설명하면 되지 뭐 하러 Monitor 클래스 이야기를 꺼냈냐고요? lock 키워드가 사용하기는 쉽지만, Monitor 클래스가 더 섬세한 동기화 제어 기능을 제공하기 때문입니다.

lock 키워드로 동기화하기

운영체제 수업 시간에 졸지 않았다면 여러분도 크리티컬 섹션Critical Section에 대해 들어봤을 것입니다. 크리티컬 섹션은 한 번에 한 스레드만 사용할 수 있는 코드 영역을 말하는데, C#에서는 lock 키워드로 감싸주기만 해도 평범한 코드를 크리티컬 섹션으로 바꿀 수 있습니다. 이해를 돕기 위해 예를 하나 들어보겠습니다. 다음 코드를 보시죠.

```
class Counter
{
    public int count = 0;
    public void Increase()
    {
        count = count + 1;
    }
}
```

```
    }

    //..
    CounterClass obj = new CounterClass();
    Thread t1 = new Thread(new ThreadStart(obj.Increase));
    Thread t2 = new Thread(new ThreadStart(obj.Increase));
    Thread t3 = new Thread(new ThreadStart(obj.Increase));

    t1.Start();
    t2.Start();
    t3.Start();

    t1.Join();
    t2.Join();
    t3.Join();

    Console.WriteLine(obj.count); •┄┄┄┄┄┄┄┄┄┄    obj.count는 얼마일까요?
```

여러분은 이 코드가 어떤 결과를 출력할 것이라고 생각합니까? 3이라고요? 정답은… (놀라지 마세요) 3일 수도 있고 아닐 수도 있습니다. 이 코드에서 obj.count는 최소 1부터 최대 3의 결과를 가질 수 있습니다. 원인은 count = count + 1 코드에 있습니다. 얼핏 보기에 이 코드는 마치 더 이상 쪼갤 수 없는 원자처럼 보이지만, count + 1만 해도 내부적으로 여러 단계의 하위 연산으로 나눠지는 코드입니다. CPU 입장에서는 count = count + 1은 꽤 긴 코드인 셈이죠. 어찌됐든 이 코드에서 t1, t2, t3 스레드가 항상 다음과 같이 사이 좋게 동작하리라 기대하고 싶습니다.

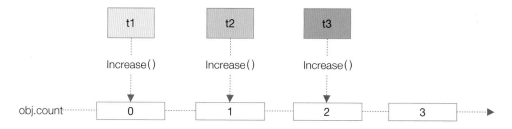

그러나 현실은 그렇지 않습니다. t1 스레드가 Increase() 메소드를 한참 실행하다 미처 연산을 마치기 전에 t2 스레드가 같은 코드를 실행하고, t2가 아직 연산을 마치지 않았는데 t3도 같은 코드를 실행하면 obj.count는 0인 채로 연산을 당하다가 세 개 스레드가 작업을 마쳤는데도 값은 1에 불

과한 결과를 맞게 됩니다. 더 심각한 문제는 이 코드를 실행할 때마다 결과가 1, 2, 3 중 어떤 것이 나올지 모른다는 점입니다.

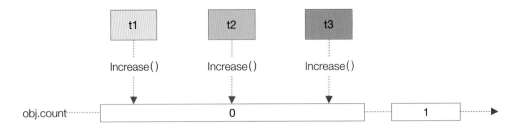

이 문제를 해결하기 위해서는 count = count + 1 코드를 한 스레드가 실행하고 있을 때 다른 스레드는 실행하지 못하도록 하는 장치가 필요합니다. 그 장치가 바로 크리티컬 섹션이죠. C#에서는 lock 키워드를 이용해서 간단하게 크리티컬 섹션을 만들 수 있습니다. 다음은 말썽을 일으키던 코드를 lock 키워드를 이용해서 동기화한 예제입니다.

```
class Counter
{
    public int count = 0;
    private readonly object thisLock = new object();

    public void Increase()
    {
        lock ( thisLock)
        {
            count = count + 1;
        }
    }
}

//..
MyClass obj = new MyClass();
Thread t1 = new Thread(new ThreadStart(obj.DoSomething));
Thread t2 = new Thread(new ThreadStart(obj.DoSomething));
Thread t3 = new Thread(new ThreadStart(obj.DoSomething));

t1.Start();
t2.Start();
```

> lock 키워드와 중괄호로 둘러싼 이 부분은 크리티컬 섹션이 됩니다. 한 스레드가 이 코드를 실행하다가 lock 블록이 끝나는 괄호를 만나기 전까지 다른 스레드는 절대 이 코드를 실행할 수 없습니다.

```
    t3.Start();

    t1.Join();
    t2.Join();
    t3.Join();
    Console.WriteLine(obj.count);
```

앞의 코드에서 볼 수 있듯이 lock 키워드를 사용하는 것 자체는 간단하기 그지없습니다. 하지만 lock 키워드를 사용할 때 따라오는 고민도 있습니다. 그 고민이 무엇인가를 설명하기 위해 각 스레드는 목수, 이 스레드들이 실행하는 코드는 목수들이 일하는 작업실, lock 키워드의 매개변수는 망치라고 가정해보겠습니다.

목수들은 작업실에 들어가기 전에 일하는 데 필수 자원인 '망치'를 챙겨야 합니다. 그런데 모든 작업실을 통틀어 망치가 하나밖에 없다면 어떤 일이 벌어질까요? 먼저 재빠른 목수가 망치를 가져가서 자기 할 일을 다 하고 다시 제자리에 갖다 놓습니다(목수들이 매너가 좋다는 가정도 추가하겠습니다). 그 다음에는 망치를 얻기 위해 줄을 서 있는 목수들 중에서 첫 줄에 있는 목수가 망치를 가져가서 작업을 할 것입니다. 이런 식으로 이 목수들은 자기만의 작업실이 있는데도 망치 하나 때문에 일을 제시간 안에 마치지 못하고 야근/특근해야 하는 처지가 되고 맙니다.

스레드의 동기화에서도 망치를 얻으려는 목수들과 같은 문제가 생깁니다. 스레드들이 lock 키워드를 만나 크리티컬 섹션을 생성하려고 할 때(목수들이 망치를 얻어 작업실에 들어가듯, 스레드는 락lock을 얻어야 크리티컬 섹션을 생성합니다) 다른 스레드들이 자기들도 크리티컬 섹션을 만들어야 하니 락을 달라고 아우성치며 대기하는 상황 말입니다. 이런 경우 소프트웨어의 성능이 크게 떨어집니다. 따라서 스레드의 동기화를 설계할 때는 크리티컬 섹션을 반드시 필요한 곳에만 사용하는 것이 중요합니다.

한편, lock 키워드의 매개변수로 사용하는 객체는 참조형이면 어느 것이든 쓸 수 있지만, public 키워드 등을 통해 외부 코드에서도 접근할 수 있는 다음 세 가지는 절대 사용하지 않기를 권합니다.

- **this:** 당연한 이야기지만 클래스의 인스턴스는 클래스 내부뿐만 아니라 외부에서도 자주 사용됩니다. 자주 정도가 아니고 거의 항상 그렇죠. lock(this)는 나쁜 버릇입니다.

- **Type 형식:** typeof 연산자나 object 클래스로부터 물려받은 GetType() 메소드는 Type 형식의 인스턴스를 반환합니다. 즉, 코드의 어느 곳에서나 특정 형식에 대한 Type 객체를 얻을 수 있습니다. lock(typeof(SomeClass))나 lock(obj.GetType())은 피하세요.

- **string 형식:** 절대 string 객체로 lock하지 마세요. "abc"는 어떤 코드에서든 얻어낼 수 있는 string 객체입니다. lock("abc") 같은 코드를 쓰는 짓은 이 책을 읽는 독자라면 하지 않으리라 믿습니다.

이들을 사용하는 것은 문법적으로 아무 문제가 없기 때문에 컴파일 검사를 통과하지만, 다른 자원에 대해 동기화해야 하는 스레드도 예기치 않게 '하나의 망치를 얻기 위해 대기하는 상황'을 만들기 때문입니다.

이 정도 주의 사항을 염두에 둔다면, lock을 이용해서 스레드가 공유하는 자원을 동기화하는 데 별 문제는 없을 것입니다. 이쯤에서 문제 하나를 내보겠습니다.

>>> **19장/Synchronize/MainApp.cs**

```
01   using System;
02   using System.Threading;
03
04   namespace Synchronize
05   {
06       class Counter
07       {
08           const int LOOP_COUNT = 1000;
09
10           readonly object thisLock;
11
12           private int count;
13           public int Count
14           {
15               get {return count;}
16           }
17
18           public Counter()
19           {
20               thisLock = new object();
21               count = 0;
22           }
23
24           public void Increase()
25           {
26               int loopCount = LOOP_COUNT;
```

```
27                  while (loopCount-- > 0)
28                  {
29                      lock (thisLock)
30                      {
31                          count++;
32                      }
33                      Thread.Sleep(1);
34                  }
35              }
36
37          public void Decrease()
38          {
39              int loopCount = LOOP_COUNT;
40              while (loopCount-- > 0)
41              {
42                  lock (thisLock)
43                  {
44                      count--;
45                  }
46                  Thread.Sleep(1);
47              }
48          }
49      }
50
51      class MainApp
52      {
53          static void Main(string[] args)
54          {
55              Counter counter = new Counter();
56
57              Thread incThread = new Thread(
58                  new ThreadStart(counter.Increase));
59              Thread decThread = new Thread(
60                  new ThreadStart(counter.Decrease));
61
62              incThread.Start();
63              decThread.Start();
64
65              incThread.Join();
```

```
66              decThread.Join();
67
68              Console.WriteLine(counter.Count);
69          }
70      }
71  }
```

📥 **실행 결과**

0

┤ **❓ VITAMIN QUIZ 19-1** ├

lock 문이 없다면 어떤 결과가 나올까요?

앞의 예제 프로그램은 객체의 상태를 한 번에 한 스레드만 접근할 수 있도록 lock 문을 이용했습니다. 만약 lock 문을 제거하고 앞의 프로그램을 실행한다면 어떤 결과가 나올까요? 0이 아닌 다른 값이 나올 수도 있을까요? 프로그램을 수정해서 실험해보세요.

Monitor 클래스로 동기화하기

Monitor 클래스는 스레드 동기화에 사용하는 몇 가지 정적 메소드를 제공합니다. 우리가 이 클래스에서 가장 먼저 만나볼 메소드는 Monitor.Enter()와 Monitor.Exit()입니다. 이 두 메소드는 앞 절에서 설명했던 lock 키워드와 완전히 똑같은 기능을 합니다. Monitor.Enter() 메소드는 크리티컬 섹션을 만들며 Monitor.Exit() 메소드는 크리티컬 섹션을 제거합니다. 전자는 lock 블록의 여는 중괄호 { 에 해당하고 후자는 닫는 중괄호 } 에 해당한다고 할 수 있죠.

다음 표는 똑같은 lock으로 동기화했을 때와 Monitor.Enter()와 Monitor.Exit() 메소드로 동기화했을 때의 코드의 모습을 나란히 보여줍니다.

lock	Monitor.Enter( )와 Monitor.Exit( )
| ```
public void Increase()
{
    int loopCount = 1000;
    while (loopCount-- > 0)
    {
        lock (thisLock)
        {
            count++;
        }
    }
}
``` | ```
public void Increase()
{
    int loopCount = 1000;
    while (loopCount-- > 0)
    {
        Monitor.Enter(thisLock);
        try
        {
            count++;
        }
        finally
        {
            Monitor.Exit(thisLock);
        }
    }
}
``` |

어떻습니까, 똑같죠? 이쯤에서 제가 재미있는 사실 한 가지를 알려드리겠습니다. 사실 lock 키워드는 Monitor 클래스의 Enter()와 Exit() 메소드를 바탕으로 구현되어 있습니다. 그러니 Monitor. Enter()와 Monitor.Exit()로 동기화할 것 같으면 차라리 간편하게 lock 키워드를 사용하는 편이 낫죠. 코드도 읽기가 좋고 잘못 사용한 Monitor.Exit() 메소드 때문에(예를 들어 Monitor.Exit() 를 finally 블록 안에서 호출하지 않아 예외가 발생해서 크리티컬 섹션이 해지되지 않는다거나, 아예 호출을 깜빡한다거나 하는 경우) 프로그램에 버그가 생길 가능성도 없으니까요.

그래도 예제 프로그램을 만들어봐야겠죠? 다음은 멀티 스레드 동기화 예제Synchronize에서 lock 키워드를 Monitor.Enter()와 Monitor.Exit()로 바꾼 코드입니다. 따라 만들어보세요.

>>> 19장/UsingMonitor/MainApp.cs

```
01  using System;
02  using System.Threading;
03
04  namespace UsingMonitor
05  {
06      class Counter
07      {
```

```
08          const int LOOP_COUNT = 1000;
09
10          readonly object thisLock;
11
12          private int count;
13          public int Count
14          {
15              get {return count;}
16          }
17
18          public Counter()
19          {
20              thisLock = new object();
21              count = 0;
22          }
23
24          public void Increase()
25          {
26              int loopCount = LOOP_COUNT;
27              while (loopCount-- > 0)
28              {
29                  Monitor.Enter(thisLock);
30                  try
31                  {
32                      count++;
33                  }
34                  finally
35                  {
36                      Monitor.Exit(thisLock);
37                  }
38                  Thread.Sleep(1);
39              }
40          }
41
42          public void Decrease()
43          {
44              int loopCount = LOOP_COUNT;
45              while (loopCount-- > 0)
46              {
47                  Monitor.Enter(thisLock);
```

```
48              try
49              {
50                  count--;
51              }
52              finally
53              {
54                  Monitor.Exit(thisLock);
55              }
56              Thread.Sleep(1);
57          }
58      }
59  }
60
61  class MainApp
62  {
63      static void Main(string[] args)
64      {
65          Counter counter = new Counter();
66
67          Thread incThread = new Thread(
68              new ThreadStart(counter.Increase));
69          Thread decThread = new Thread(
70              new ThreadStart(counter.Decrease));
71
72          incThread.Start();
73          decThread.Start();
74
75          incThread.Join();
76          decThread.Join();
77
78          Console.WriteLine(counter.Count);
79      }
80  }
81 }
```

📩 실행 결과

```
0
```

Monitor.Wait()와 Monitor.Pulse()로 하는 저수준 동기화

이제 와서 하는 이야기지만, 만약 여러분이 lock 키워드 대신 Monitor 클래스를 사용해야 한다면 그것은 Enter()와 Exit() 메소드 때문이 아니라 Wait()와 Pulse() 메소드 때문일 것입니다. Monitor.Wait()와 Monitor.Pulse() 메소드는 단순히 lock 키워드만 사용할 때보다 더 섬세하게 멀티 스레드 간 동기화를 가능하게 해줍니다. 더 섬세하게 동기화를 제어할 수 있는 만큼 더 골치가 아픈 게 단점이지만 말입니다.

우리가 이번 절에서 공부할 이 두 메소드는 반드시 lock 블록 안에서 호출해야 합니다. lock을 걸어놓지 않은 상태에서 이 두 메소드를 호출한다면 CLR이 SynchronizationLockException 예외를 던지는 광경을 봐야 하기 때문입니다.

최소 요구 사항을 갖췄으면(lock 블록), 이제 Wait()와 Pulse() 메소드를 사용할 수 있습니다. 스레드 상태 다이어그램을 유심히 본 독자분은 기억하고 있겠지만, Wait() 메소드는 스레드를 WaitSleepJoin 상태로 만듭니다. 이렇게 WaitSleepJoin 상태에 들어간 스레드는 동기화를 위해 갖고 있던 lock을 내려놓은 뒤 Waiting Queue라고 하는 큐(먼저 입력된 요소가 먼저 출력되는 자료구조)에 입력되고, 다른 스레드가 락을 얻어 작업을 수행합니다.

작업을 수행하던 스레드가 일을 마친 뒤 Pulse() 메소드를 호출하면 CLR은 Waiting Queue에서 첫 번째 위치에 있는 스레드를 꺼낸 뒤 Ready Queue에 입력합니다. Ready Queue에 입력된 스레드는 (당연하지만) 입력된 차례에 따라 락을 얻어 Running 상태에 들어갑니다. 이 말은 즉, 다시 작업을 수행한다는 것이죠. 다음 그림은 방금 전에 설명한 Wait()와 Pulse() 메소드를 호출할 때 일어나는 일들을 나타냅니다.

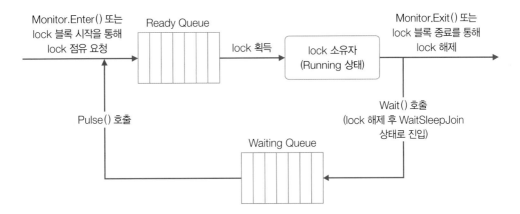

한편, Thread.Sleep() 메소드도 스레드를 WaitSleepJoin 상태로 만들기는 하지만 Monitor. Pulse() 메소드에 의해 깨어날 수는 없습니다(Waiting Queue에 들어가지도 않고요). 다시 Running 상태로 돌아오려면 매개변수에 입력된 시간이 경과되거나 인터럽트 예외(Interrupt() 메소드 호출에 의해)를 받아야 깨어납니다. 반면에 Monitor.Wait() 메소드는 Monitor.Pulse() 메소드가 호출되면 바로 깨어납니다. 이 때문에 멀티 스레드 애플리케이션의 성능 향상을 위해서 Monitor.Wait()와 Monitor.Pulse()를 사용하는 것입니다.

아차, 아직 Monitor.Wait()와 Monitor.Pulse() 메소드를 어떻게 사용하는지 설명하지 않았군요. 이 두 메소드는 다음과 같은 패턴으로 사용합니다.

Step 1

클래스 안에 다음과 같이 동기화 객체 필드를 선언합니다.

```
readonly object thisLock = new object();
```

Step 2

아울러 스레드를 WaitSleepJoin 상태로 바꿔 블록할 조건(즉, Wait()를 호출할 조건)을 결정할 필드를 선언합니다.

```
bool lockedCount = false;
```

Step 3

이제부터 본격적인 동기화 코드입니다. 스레드를 블록하고 싶은 곳에서는 다음과 같이 lock 블록 안에서 **Step 2** 에서 선언한 필드를 검사하여 Monitor.Wait()를 호출합니다.

```
lock (thisLock)
{
    while (count > 0 ¦¦ lockedCount == true)
        Monitor.Wait (thisLock);

    // …
}
```

Step 4

Step 3 에서 선언한 코드는 count가 0보다 크거나 lockedCount가 true면 해당 스레드는 블록됩니다. 이렇게 블록되어 있던 스레드가 깨어나면 작업을 해야겠죠? 가장 먼저 **Step 2** 에서 선언한 lockedCount의 값을 true로 변경합니다. 이렇게 해두면 다른 스레드가 이 코드에 접근할 때 **Step 3** 에서 선언해둔 블로킹 코드에 걸려 같은 코드를 실행할 수 없게 됩니다.

작업을 마치면 lockedCount의 값을 다시 false로 바꾼 뒤 Monitor.Pulse()를 호출합니다. 그럼 Waiting Queue에 대기하고 있던 다른 스레드가 깨어나서 false로 바뀐 lockedCount를 보고 작업을 수행할 것입니다.

```
lock (thisLock)
{
    while (count > 0 ¦¦ lockedCount == true)
        Monitor.Wait(thisLock);

    lockedCount = true;
    count++;
    lockedCount = false;

    Monitor.Pulse(thisLock);
}
```

Monitor.Wait( )와 Monitor.Pulse( ) 메소드의 사용법이 아직 가물가물한가요? 그럼 예제 프로그램을 만들면서 확실히 익혀보세요. 다음 예제 프로그램은 앞에서 만든 천 번 더하기/천 번 빼기 예제 프로그램 코드에서 스레드 동기화 부분을 Monitor.Wait( )와 Monitor.Pulse( ) 메소드를 사용하는 것으로 바꾼 것입니다.

>>> 19장/WaitPulse/MainApp.cs

```
01  using System;
02  using System.Threading;
03
04  namespace WaitPulse
05  {
06      class Counter
07      {
08          const int LOOP_COUNT = 1000;
09
10          readonly object thisLock;
11          bool lockedCount = false;
12
13          private int count;
14          public int Count
15          {
16              get {return count;}
17          }
18
19          public Counter()
20          {
21              thisLock = new object();
22              count = 0;
23          }
24
25          public void Increase()
26          {
27              int loopCount = LOOP_COUNT;
28
29              while (loopCount-- > 0)
30              {
31                  lock (thisLock)
32                  {
33                      while (count > 0 || lockedCount == true)
```

lockedCount와 count는 스레드가 블록될 조건을 검사하기 위해 사용합니다. lockedCount는 count 변수를 다른 스레드가 사용하고 있는지를 판별하기 위해, count는 각 스레드가 너무 오랫동안 count 변수를 혼자 사용하는 것을 막기 위해 사용했습니다.

count가 0보다 크거나 lockedCount가 다른 스레드에 의해 true로 바뀌어 있으면 현재 스레드를 블록합니다. 다른 스레드가 Pulse( ) 메소드를 호출해줄 때까지는 WaitSleepJoin 상태로 남습니다.

```
34                          Monitor.Wait(thisLock);
35
36                      lockedCount = true;
37                      count++;
38                      lockedCount = false;  •┄┄┄┄┄┄┄
39
40                      Monitor.Pulse(thisLock);
41                  }
42              }
43          }
44
45      public void Decrease()
46      {
47          int loopCount = LOOP_COUNT;
48
49          while (loopCount-- > 0)
50          {
51              lock (thisLock)
52              {
53                  while (count < 0 || lockedCount == true)
54                      Monitor.Wait(thisLock);
55
56                  lockedCount = true;
57                  count--;
58                  lockedCount = false;
59
60                  Monitor.Pulse(thisLock);
61              }
62          }
63      }
64  }
65
66  class MainApp
67  {
68      static void Main(string[] args)
69      {
70          Counter counter = new Counter();
71
72          Thread incThread = new Thread(
73              new ThreadStart(counter.Increase));
```

> lockedCount를 false로 만든 뒤에 다른 스레드를 깨웁니다. 깨어난 스레드들은 53행에 있는 while 문의 조건 검사를 통해 다시 Wait()를 호출할지, 그 다음 코드를 실행할지를 결정합니다.

```
74              Thread decThread = new Thread(
75                  new ThreadStart(counter.Decrease));
76
77              incThread.Start();
78              decThread.Start();
79
80              incThread.Join();
81              decThread.Join();
82
83              Console.WriteLine(counter.Count);
84          }
85      }
86  }
```

실행 결과

```
0
```

19.2 Task와 Task〈TResult〉 그리고 Parallel

C#이 처음 발표된 2000년대 초는 CPU의 구조에 중요한 변화가 시작된 시기입니다. CPU 클럭 스피드가 수 기가헤르츠에 이르면서, 인텔을 비롯한 칩 제조사들은 CPU의 성능 향상에 대한 물리적 한계(메모리 장벽, 명령어 수준 병렬화 장벽, 전력 장벽)에 부딪히기 시작했습니다. 무어의 법칙도 힘을 잃기 시작했습니다. 칩 제조사들은 이제 클럭 스피드를 개선시키는 대신, 코어를 증가시키는 쪽으로 CPU 개발 방향을 선회했습니다. 싱글코어 시절에는 클럭 스피드가 높은 버전으로 CPU를 업그레이드하면 그에 따라 소프트웨어의 성능도 자연스레 좋아졌지만, 멀티코어 CPU에서는 이 같은 소프트웨어의 '성능 무임 승차' 서비스를 기대할 수 없게 됐습니다. 고성능 소프트웨어를 만들기 위해서는 여러 코어가 동시에 작업을 수행할 수 있도록 하는 병렬 처리 기법과 비동기 처리 기법이 필수가 됐죠.

그러나 병렬 처리와 비동기 처리는 말이 좋지, 막상 소프트웨어로 구현하려 들면 간단하지 않습니다. 프로그래머 입장에서는 비즈니스 로직을 구현하기에도 바쁜데 병렬 처리 코드나 비동기 처리 코드를 일일이 구현하려면 숨이 턱까지 차오를 판이었습니다.

마이크로소프트는 이러한 상황이 소프트웨어 개발 패러다임에 중요한 전환점이 될 것임을 인지하고 자사의 소프트웨어를 이에 대응시키는 한편, 자사의 개발 도구를 이용하는 프로그래머가 이 변화에 편안하게 적응할 수 있도록, 더 쉽게 비동기 코드를 작성할 수 있도록 하는 도구와 장치를 준비했습니다. 이번 절에서 설명할 System.Threading.Tasks 네임스페이스의 클래스들과 다음 절에서 다룰 async 한정자와 await 연산자가 바로 그것입니다.

.NET 프레임워크 4.0부터 도입된 System.Threading.Tasks 네임스페이스에는 병행성 코드나 비동기 코드를 개발자들이 손쉽게 작성할 수 있도록 돕는 여러 클래스가 있습니다. 그중에서 우리는 지금부터 Task와 Task〈TResult〉, 그리고 Parallel 클래스를 살펴볼 것입니다.

19.2.1 System.Threading.Tasks.Task 클래스

이름에서 알 수 있듯이 Task 클래스는 System.Threading.Tasks 네임스페이스의 주인공입니다. 이 클래스는 우리가 비동기 코드를 손쉽게 작성할 수 있도록 도와줍니다. 그런데 비동기^{Asynchronous} 코드가 무엇이냐고요? 비동기 코드를 설명하기 전에 먼저 동기^{Synchronous} 코드를 설명하겠습니다.

동기 코드는 검술사Swordsman가 검으로 공격할 때처럼 동작합니다. 검사가 검으로 상대를 찌른 뒤에 다시 뽑아야 칼을 쓸 수 있는 것처럼, 동기 코드는 메소드를 호출한 뒤에 이 메소드의 실행이 완전히 종료되어야만(즉, 반환되어야만) 다음 메소드를 호출할 수 있습니다. 가령 다음 코드에서 Slash() 메소드가 동기로 동작하고 실행 시간이 1초라고 한다면 '다음 코드'로 넘어가는 데 모두 3초의 시간이 소요됩니다.

```
Swordsman obj = new Swordsman();
obj.Slash();
obj.Slash();
obj.Slash();

// 다음 코드
```

반면에 비동기 코드는 궁수Archer가 활을 쏠 때처럼 동작합니다. 궁수는 화살을 쏘고 나면 바로 다음 화살을 쏠 준비를 할 수 있습니다. 이미 쏜 화살에 대해서는 잊어버리는 것이죠. 이것을 영어로 하면 'Shoot(또는 Fire) And Forget'이라고 하는데, 비동기 코드의 동작을 묘사할 때 자주 쓰이는 표현이기도 합니다. 비동기 코드도 궁수가 화살을 쏘는 것처럼 메소드를 호출한 뒤에 메소드의 종료를 기다리지 않고 바로 다음 코드를 실행합니다. 다음의 코드에서 Shoot() 메소드가 비동기로 동작한다면 해당 메소드가 언제 종료되든 관계없이 CLR은 단숨에 '다음 코드'까지 실행합니다.

```
Archer obj = new Archer();
obj.Shoot();
obj.Shoot();
obj.Shoot();

// 다음 코드
```

이와 같이 비동기로 동작하는 메소드는 다음 절에서 async 한정자와 await 연산자를 이용해 구현할 수 있지만, 당장은 async와 await를 머리에서 지우고 Task와 Task〈TResult〉 클래스에 집중해서 설명을 계속하겠습니다.

Task 클래스는 인스턴스를 생성할 때 Action 대리자(혹시 잊으셨나요? 14장 람다식을 다시 훑어보면 금세 기억이 돌아올 것입니다)를 넘겨받습니다. 다시 말해 반환형을 갖지 않는 메소드와 익명 메소드, 무명 함수 등을 넘겨받는다는 것이죠. 다음 코드는 Task의 인스턴스를 생성할 때 인수로 넘겨받은 Action 대리자를 실행하는 예를 보여줍니다.

```
Action someAction = () =>
{
    Thread.Sleep(1000);
    Console.WriteLine("Printed asynchronously.");.
};

Task myTask = new Task(someAction);    ●┄┄┄┄┄┄┄┄    생성자에서 넘겨받은 무명 함수를
myTask.Start();                                      비동기로 호출합니다.

Console.WriteLine("Printed synchronously.");

myTask.Wait();    ●┄┄┄┄┄┄┄┄    myTask 비동기 호출이 완료될
                               때까지 기다립니다.

/* 결과는
Printed synchronously.
Printed asynchronously. */
```

이 코드를 살펴볼까요? 가장 먼저 보이는 코드는 Action 대리자 기반의 무명 함수 선언이네요. 이 부분은 우리가 14장에서 열심히 공부했으니 설명을 생략하고 그다음 코드를 보겠습니다. Task의 인스턴스를 생성하는 부분이군요. Task의 생성자는 여러 버전으로 오버로딩되어 있으나 앞의 코드에서 사용한 버전은 Action 대리자와 Action 대리자를 인수로 받습니다.

이렇게 생성한 Task의 인스턴스는 그다음 줄에서 보듯 Start() 메소드를 호출하여 생성자에서 넘겨받은 Action 대리자를 비동기로 실행시킵니다. 한편 우리가 선언한 Action 대리자는 Thread.Sleep(1000) 코드 때문에 실행을 완료할 때까지 최소한 1초는 소요합니다. 그 전에 프로그램은 'Printed synchronously'를 화면에 출력하고 myTask.Wait() 메소드 호출부에 가서 myTask가 실행 중인 비동기 코드가 완료될 때까지 대기합니다. 이렇게 대기하던 프로그램은 비동기로 실행하고 있던 매개변수에 전달된 someAction 대리자가 'Printed asynchronously'를 출력하고 나면 종료합니다.

Task 클래스의 사용 방법에는 특별히 어려운 것이 없죠? 여러분의 이해를 돕기 위해 이와 같이 Task 클래스의 생성자와 Task.Start() 메소드를 따로 호출하는 예제 코드를 보여드렸지만, Task

클래스를 사용하는 더 일반적인 방법은 다음과 같이 Task.Run() 메소드를 이용하는 것입니다.

```
var myTask = Task.Run( ()=> •····················    Task의 생성과 시작을 단번에 합니다. 덤으로 Task가
    {                                                실행할 Action 대리자도 무명 함수로 바꿔봤습니다.
        Thread.Sleep(1000);
        Console.WriteLine("Printed asynchronously.");
    }
);

Console.WriteLine("Printed synchronously.");

myTask.Wait();

/* 결과는
Printed synchronously.
Printed asynchronously. */
```

Task의 생성자와 Start() 메소드를 따로 호출하든 Task.Run() 메소드를 이용해서 단번에 처리하든 여러분의 입맛에 맞는 것을 사용하면 됩니다. 이제 예제 프로그램을 만들어볼 타이밍이 된 것 같군요.

다음에 준비된 예제 프로그램 코드는 세 개의 Task를 이용해서 세 개의 파일을 복사합니다. 앞의 두 Task는 비동기로 파일을 복사하고, 세 번째 Task는 동기로 파일을 복사합니다. 그 결과가 어떻게 나오는지 코드를 작성해서 테스트해보세요.

>>> 19장/UsingTask/MainApp.cs

```
01  using System;
02  using System.IO;
03  using System.Threading;
04  using System.Threading.Tasks;
05
06  namespace UsingTask
07  {
08      class MainApp
09      {
```

```
10        static void Main(string[] args)
11        {
12            string srcFile = args[0];
13
14            Action<object> FileCopyAction = (object state) =>
15            {
16                String[] paths = (String[])state;
17                File.Copy(paths[0], paths[1]);
18
19                Console.WriteLine("TaskID:{0}, ThreadID:{1}, {2} was copied to {3}",
20                    Task.CurrentId, Thread.CurrentThread.ManagedThreadId,
21                    paths[0], paths[1]);
22            };
23
24            Task t1 = new Task(
25                FileCopyAction,
26                new string[]{srcFile, srcFile+".copy1"});
27
28            Task t2 = Task.Run(() =>
29            {
30                FileCopyAction(new string[] {srcFile, srcFile + ".copy2"});
31            });
32
33            t1.Start();
34
35            Task t3 = new Task(
36                FileCopyAction,
37                new string[] {srcFile, srcFile + ".copy3"});
38
39            t3.RunSynchronously();
40
41            t1.Wait();
42            t2.Wait();
43            t3.Wait();
44        }
45    }
46 }
```

> 본문에서 봤던 예제 코드의 Action 대리자와 달리 인수를 받는다는 점에 주목해주세요.

> 두 번째 인수는 FileCopyAction의 인수로 사용됩니다.

> Task는 코드의 비동기 실행을 위한 Start() 메소드뿐 아니라 동기 실행을 위한 RunSynchronously() 메소드도 제공합니다. 이 메소드는 실행이 끝나야 반환되지만, 나쁜 습관을 방지하기 위해 Wait()는 꼬박꼬박 호출해주는 것이 좋습니다.

```
>UsingTask d:\a.txt
TaskID:1, ThreadID:3, d:\a.txt was copied to d:\a.txt.copy2
TaskID:2, ThreadID:4, d:\a.txt was copied to d:\a.txt.copy1
TaskID:3, ThreadID:1, d:\a.txt was copied to d:\a.txt.copy3
```

19.2.2 코드의 비동기 실행 결과를 주는 Task〈TResult〉 클래스

Task 클래스가 시큰둥했던 독자라도 Task〈TResult〉 클래스에 감동받지 않고는 못 배길 것입니다. 무려 코드의 비동기 실행 결과를 손쉽게 얻게 해주거든요. 예를 들어 여러분이 15개의 비동기 작업을 실행한 후 그 결과를 취합해야 한다고 생각해보세요. 결과를 취합하지 않아도 된다면야 Task가 아닌 Thread 클래스만으로도 얼마든지 그 일을 해내도록 코드를 작성할 수 있지만 결과를 취합해야 한다면 일이 굉장히 복잡해집니다. Task〈TResult〉는 코드의 비동기 실행 결과를 손쉽게 취합할 수 있도록 도와줍니다.

다음은 Task〈TResult〉 클래스를 사용하는 예제입니다. 인스턴스를 생성하고 실행하는 과정 자체는 Task 클래스의 사용법과 별로 다르지 않습니다. 다만 Task가 비동기로 수행할 코드를 Action 대리자로 받는 대신 Func 대리자로 받는다는 점과 결과를 반환받을 수 있다는 사실에 주목해야 합니다.

```
var myTask = Task<List<int>>.Run(
    () =>
    {
        Thread.Sleep(1000);

        List<int> list = new List<int>();
        list.Add(3);
        list.Add(4);
        list.Add(5);

        return list;
    }
);
```

```
var myList = new List<int>();
myList.Add(0);
myList.Add(1);
myList.Add(2);

myTask.Wait();
myList.AddRange(myTask.Result.ToArray());  •------  myList의 요소는 0, 1, 2, 3, 4, 5가 됩니다.
```

사실 이 코드에서 myTask.Result 프로퍼티가 비동기 작업이 끝나야 반환하므로 myTask.Wait() 는 호출하지 않아도 되지만, 행여 Task 클래스를 사용할 때 Wait()를 호출하지 않는 '나쁜 습관'을 만들 수도 있으므로 항상 Wait()를 호출하는 것이 좋습니다. Task.Runsynchronously()를 호출한 뒤에 Wait()를 호출하는 것처럼 말입니다.

다음은 Task〈TResult〉를 활용한 예제 프로그램입니다. 이 프로그램은 프로그램 인수로 입력받은 두 수 사이에 존재하는 모든 소수의 목록을 반환합니다. 소수 찾기는 문제 특성상 각 수를 일일이 검사해야 합니다. 만약 하나의 Task만으로 n개의 수에 대해 소수 찾기를 한다면 '소수 판정 시간×n' 만큼의 시간이 소요될 것입니다. 하지만 m개의 CPU가 있는 시스템에서 m개의 Task가 n개의 수를 m으로 나눈 범위만큼 각각 소수 찾기를 한다면 작업 시간이 훨씬 줄어들겠죠. 다음 프로그램을 따라 만들어보고 그 결과를 눈으로 직접 확인해보세요.

>>> 19장/TaskResult/MainApp.cs

```
01  using System;
02  using System.Collections.Generic;
03  using System.Threading.Tasks;
04
05  namespace TaskResult
06  {
07      class MainApp
08      {
09          static bool IsPrime(long number)
10          {
11              if (number < 2)
12                  return false;
13
```

```
14          if (number % 2 == 0 && number != 2)
15              return false;
16
17          for (long i = 2; i < number; i++)
18          {
19              if (number % i == 0)
20                  return false;
21          }
22
23          return true;
24      }
25
26      static void Main(string[] args)
27      {
28          long from = Convert.ToInt64(args[0]);
29          long to   = Convert.ToInt64(args[1]);
30          int  taskCount = Convert.ToInt32(args[2]);
31
32          Func<object, List<long>> FindPrimeFunc =
33              (objRange) =>
34              {
35                  long[] range = (long[])objRange;
36                  List<long> found = new List<long>();
37
38                  for (long i = range[0]; i <= range[1] ; i++)
39                  {
40                      if (IsPrime(i))
41                          found.Add(i);
42                  }
43
44                  return found;
45              };
46
47          Task<List<long>>[] tasks = new Task<List<long>>[taskCount];
48          long currentFrom = from;
49          long currentTo   = to / tasks.Length;
50          for(int i=0; i<tasks.Length; i++)
51          {
52              Console.WriteLine("Task[{0}] : {1} ~ {2}",
53                  i, currentFrom, currentTo);
```

```
54
55                    tasks[i] = new Task<List<long>>(FindPrimeFunc,
56                        new long[]{currentFrom, currentTo});
57                    currentFrom = currentTo + 1;
58
59                    if (i == tasks.Length - 2)
60                        currentTo = to;
61                    else
62                        currentTo = currentTo + (to / tasks.Length);
63                }
64
65                Console.WriteLine("Please press enter to start...");
66                Console.ReadLine();
67                Console.WriteLine("Started...");
68
69                DateTime startTime = DateTime.Now;
70
71                foreach (Task<List<long>> task in tasks)
72                    task.Start();
73
74                List<long> total = new List<long>();
75
76                foreach (Task<List<long>> task in tasks)
77                {
78                    task.Wait();
79                    total.AddRange(task.Result.ToArray());
80                }
81                DateTime endTime = DateTime.Now;
82
83                TimeSpan elapsed = endTime - startTime;
84
85                Console.WriteLine("Prime number count between {0} and {1} : {2}",
86                    from, to, total.Count);
87                Console.WriteLine("Elapsed time : {0}", elapsed);
88            }
89        }
90 }
```

```
>TaskResult.exe 0 100000 1
Task[0] : 0 ~ 100000
Please press enter to start...

Started...
Prime number count between 0 and 100000 : 9592
Elapsed time : 00:00:04.3442742

>TaskResult.exe 0 100000 5
Task[0] : 0 ~ 20000
Task[1] : 20001 ~ 40000
Task[2] : 40001 ~ 60000
Task[3] : 60001 ~ 80000
Task[4] : 80001 ~ 100000
Please press enter to start...

Started...
Prime number count between 0 and 100000 : 9592
Elapsed time : 00:00:01.5963865
```

19.2.3 손쉬운 병렬 처리를 가능케 하는 Parallel 클래스

이전 절의 예제 프로그램은 특정 범위 안에 있는 모든 소수를 찾기 위해 여러 개의 Task 인스턴스를 생성하여 각 인스턴스에게 작업할 범위를 할당한 후, foreach 반복문을 이용하여 시동했습니다. 이렇게 시동이 걸린 각 Task 객체는 동시에 작업을 수행한 뒤 작업 결과를 반환했죠. 아무튼 Task⟨TResult⟩ 덕분에 소수 찾기를 병렬로 수행하도록 프로그램을 구현하는 것은 크게 어렵지 않았습니다. 여러분도 그렇게 생각하세요?

마이크로소프트는 개발자를 위해 선물 하나를 더 준비했습니다. 그 선물은 바로 System.Threading. Tasks.Parallel 클래스입니다. 이 클래스는 For(), Foreach() 등의 메소드를 제공함으로써 우리가 이전 절에서 Task⟨TResult⟩를 이용해 직접 구현했던 병렬 처리를 더 쉽게 구현할 수 있게 해줍니다.

진짜 Parallel 클래스가 사용하기 쉬운지 보시겠습니까? 다음은 Parallel 클래스를 이용해서 병렬로 어떤 메소드를 호출하는 예제입니다.

```
void SomeMethod(int i)
{
    Console.WriteLine(i) ;
}

// …

Parallel.For(0, 100, SomeMethod);
```

이 코드에서 Parallel.For() 메소드는 SomeMethod() 메소드를 병렬로 호출하면서 0부터 100 사이의 정수를 메소드의 인수로 넘깁니다. SomeMethod() 메소드를 병렬로 호출할 때 몇 개의 스레드를 사용할지는 Parallel 클래스가 내부적으로 판단하여 최적화합니다. 우리는 그저 이 클래스가 제공하는 서비스를 마음 편히 사용하기만 하면 됩니다.

예제 프로그램을 만들어보겠습니다. 이전 절에서 만들었던 소수 찾기 프로그램으로 실습해보죠. 코드는 얼마나 단순해졌는지, 또 성능은 얼마나 나아졌는지 여러분의 눈으로 직접 확인해보세요.

>>> **19장/ParallelLoop/MainApp.cs**

```
01  using System;
02  using System.Collections.Generic;
03  using System.Threading;
04  using System.Threading.Tasks;
05
06  namespace ParallelLoop
07  {
08      class MainApp
09      {
10          static bool IsPrime(long number)
11          {
12              if (number < 2)
13                  return false;
14
15              if (number % 2 == 0 && number != 2)
16                  return false;
17
18              for (long i = 2; i < number; i++)
```

```
19              {
20                  if (number % i == 0)
21                      return false;
22              }
23
24              return true;
25          }
26
27          static void Main(string[] args)
28          {
29              long from = Convert.ToInt64(args[0]);
30              long to = Convert.ToInt64(args[1]);
31
32              Console.WriteLine("Please press enter to start...");
33              Console.ReadLine();
34              Console.WriteLine("Started...");
35
36              DateTime startTime = DateTime.Now;
37              List<long> total = new List<long>();
38
39              Parallel.For(from, to, (long i) =>
40              {
41                  if (IsPrime(i))
42                      lock(total)
43                          total.Add(i);
44
45              });
46
47              DateTime endTime = DateTime.Now;
48
49              TimeSpan elapsed = endTime - startTime;
50
51              Console.WriteLine("Prime number count between {0} and {1} : {2}",
                      from, to, total.Count);
52              Console.WriteLine("Elapsed time : {0}", elapsed);
53          }
54      }
55  }
```

```
>ParallelLoop.exe 0 100000
Please press enter to start...

Started...
Prime number count between 0 and 100000 : 9592
Elapsed time : 00:00:00.5907327
```

19.3 async 한정자와 await 연산자로 만드는 비동기 코드

async 한정자와 await 연산자는 C# 5.0에서 새롭게 도입된 장치지만 일부 얼리어답터 프로그래머들은 C# 5.0이 공개되기 전부터 이들의 존재와 사용법을 알고 있었습니다. Cω ('씨 오메가'라고 읽습니다)를 통해서 말입니다. C#의 사촌격인 Cω는 마이크로소프트의 연구용 언어입니다. 마이크로소프트가 홀로 C#의 진화를 책임지고 있을 당시 향후 C#에 탑재할 중요한 특징들을 미리 탑재하여 실험하는 임무를 맡고 있었습니다(상업용으로 사용되지는 않았지만 http://research.microsoft.com/Comega를 통해 외부에 공개됐습니다).C# 팀은 오랫동안 Cω를 시험하면서 프로그래머가 쉽게 이용할 수 있는 async 한정자와 await 연산자 기반의 비동기 코딩 패턴을 얻어냈으며, 이것을 C# 5.0에 이식했습니다. C# 5.0 이전에는 C#으로 비동기 코드를 작성할 수 없었냐고요? 아닙니다. 2002년에 공식 발표된 C#은 1.0 버전부터 BeginInoke()/EndInvoke() 메소드를 이용하는 비동기 코드 패턴을 지원했습니다. 하지만 이 패턴은 여간 까다로운 것이 아니어서 숙련된 프로그래머가 아니면 사용하는 경우가 드물었습니다.

async 한정자는 메소드, 이벤트 처리기, 태스크, 람다식 등을 수식함으로써 C# 컴파일러가 이들을 호출하는 코드를 만날 때 호출 결과를 기다리지 않고 바로 다음 코드로 이동하도록 실행 코드를 생성하게 합니다. async는 한정자이므로 메소드 또는 이벤트 처리기를 선언할 때 다음과 같이 다른 한정자들과 함께 사용하면 됩니다.

```
public static async Task MyMethodAsync()
{
    // …
}
```

이렇게 async 한정자로 메소드나 태스크를 수식하기만 하면 비동기 코드가 만들어집니다. 다만 async 로 한정하는 메소드는 반환 형식이 Task나 Task〈TResult〉 또는 void여야 한다는 제약이 있습니다. 실행하고 잊어버릴(Shoot and Forget) 작업을 담고 있는 메소드라면 반환 형식을 void로 선언하고, 작업이 완료될 때까지 기다리는 메소드라면 Task, Task〈TResult〉로 선언하면 됩니다.

C# 컴파일러는 Task 또는 Task〈TResult〉 형식의 메소드를 async 한정자가 수식하는 경우, await 연산자가 해당 메소드 내부의 어디에 위치하는지 찾습니다. 그리고 await 연산자를 찾으면 그곳에서 호출자에게 제어를 돌려주도록 실행 파일을 만듭니다(await 연산자를 못 찾으면 어떻게 되냐고요? 메소드 내부에서 끝내 await 연산자를 만나지 못하면 호출자에게 제어를 돌려주지 않으므로 그 메소드/태스크는 동기적으로 실행하게 됩니다).

방금 전에 했던 설명을 정리해볼까요?

"async로 한정한 Task 또는 Task〈TResult〉를 반환하는 메소드/태스크/람다식은 await 연산자를 만나는 곳에서 호출자에게 제어를 돌려주며, await 연산자가 없는 경우 동기로 실행됩니다."

async 한정자와 await 연산자가 어떻게 비동기 코드를 형성하는지에 대한 이해를 돕기 위해 다음을 살펴봅시다.

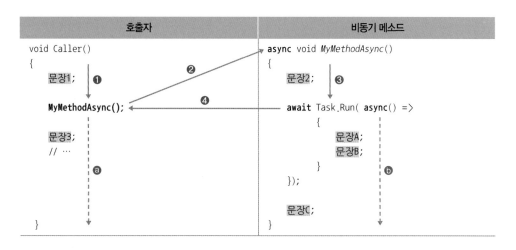

이 그림에서 Caller()의 실행이 시작되면, ❶의 흐름을 따라 문장1이 실행되고, 이어서 ❷를 따라 MyMethodAsync() 메소드의 실행으로 제어가 이동합니다. MyMethodAsync()에서는 ❸을 따라 문장2가 실행되면 async 람다문을 피연산자로 하는 await 연산자를 만납니다. 바로 여기서 CLR은 ❹를 따라 제어를 호출자인 Caller()에게로 이동시키고, 앞의 그림에서 점선으로 표시된 ⓐ와 ⓑ의 흐름을 동시에 실행합니다.

예제 코드를 통해 이해를 다져보겠습니다. 다음 코드를 입력하고 실행해보세요.

>>> 19장/Async/MainApp.cs

```
01  using System;
02  using System.Threading.Tasks;
03
04  namespace Async
05  {
06      class MainApp
07      {
08          async static private void MyMethodAsync(int count)
09          {
10              Console.WriteLine("C");
11              Console.WriteLine("D");
12
13              await Task.Run(async () =>
14              {
15                  for (int i = 1; i <= count; i++)
16                  {
17                      Console.WriteLine($"{i}/{count} ...");
18                      await Task.Delay(100);
19                  }
20              });
21
22              Console.WriteLine("G");
23              Console.WriteLine("H");
24          }
25
26          static void Caller()
27          {
28              Console.WriteLine("A");
29              Console.WriteLine("B");
30
31              MyMethodAsync(3);
32
33              Console.WriteLine("E");
34              Console.WriteLine("F");
35          }
36
```

Task.Delay()는 Thread.Sleep()의 비동기 버전이라 할 수 있습니다. 자세한 설명은 잠시 후에 하겠습니다.

```
37          static void Main(string[] args)
38          {
39              Caller();
40
41              Console.ReadLine(); // 프로그램 종료 방지
42          }
43      }
44  }
```

⏎ 실행 결과

```
>Async
A
B
C
D
E
F
1/3 ...
2/3 ...
3/3 ...
G
H
```

> **! 여기서 잠깐**　　**Task.Delay()에 대하여**
>
> Task.Delay() 함수가 하는 일은 인수로 입력받은 시간이 지나면 Task 객체를 반환하는 것입니다. 실질적인 역할은 Thread.Sleep()과 동일하다고 할 수 있죠. 하지만 Task.Delay()는 Thread.Sleep()과 중요한 차이를 가집니다. 후자가 스레드 전체를 블록시키는 데 반해, 전자는 스레드를 블록시키지 않습니다. 만약 사용자 인터페이스 스레드 안에서 Thread.Sleep()을 호출하면 UI가 Sleep()이 반환되기까지 사용자에게 응답하지 못하겠지만, Task.Delay()를 사용하면 해당 메소드의 반환 여부와 관계없이 UI가 사용자에게 잘 응답합니다.

19.3.1 .NET이 제공하는 비동기 API 맛보기

마이크로소프트는 C#이 비동기 프로그래밍 패러다임을 지원하도록 만드는 한편 .NET도 기존 API에 더불어 비동기 버전 API를 새롭게 제공하도록 업그레이드했습니다. .NET 클래스 라이브러리 곳곳에 추가된 ~Async()라는 이름의 메소드들이 바로 그것입니다. 이번 절에서는 그중에서 System.IO.Stream 클래스가 제공하는 비동기 메소드 두 가지를 살펴보고 예제 프로그램을 만들어보겠습니다.

> **! 여기서 잠깐** **다른 비동기 API들은 어쩌고요?**
>
> .NET은 파일/네트워크/데이터베이스 등 다양한 분야의 클래스 라이브러리에 비동기 API를 제공합니다. 이 업그레이드 내용은 일개 장에서 다루기에는 너무 방대합니다. 하지만 .NET이 비동기 API의 이름 끝에 '~Async'를 붙여서 프로그래머가 쉽게 찾을 수 있게 해놓은 데다. 비동기 API의 대부분이 I/O 바운드(컴퓨터가 어떤 작업을 할 때 CPU보다는 입출력(IO: Input/Output)에 더 많은 시간을 사용하는 상황을 말합니다. 반대로 I/O보다 CPU에서 대부분의 시간을 사용하는 경우는 CPU 바운드라고 합니다. I/O 바운드의 대표적인 예가 바로 CPU는 거의 놀고 입출력만 분주히 수행되는 파일 읽기/쓰기입니다)인 경우가 많아 사용하는 상황이 이 책에서 소개한 것과 비슷하므로 독자 여러분 스스로 다른 비동기 API를 이용하는 데 어려움은 없을 것입니다. 게다가 System.IO.Stream은 많은 스트림 클래스의 부모 클래스이기도 합니다. 이런 이유로 이 책에서는 다른 비동기 API는 다루지 않으려 합니다.

다음 표는 System.IO.Stream 클래스가 제공하는 읽기/쓰기 메소드의 동기 버전과 비동기 버전을 보여줍니다. 동기 버전 메소드인 Read() 메소드와 Write() 메소드는 이미 이전 장에서 다룬 적이 있기 때문에 낯이 익을 것입니다.

동기 버전 메소드	비동기 버전 메소드	설명
Read	ReadAsync	스트림에서 데이터를 읽습니다.
Write	WriteAsync	스트림에 데이터를 기록합니다.

이 표에는 그다지 영양가 있는 내용이 없습니다. 비동기 버전 메소드의 이름 뒤에 Async 메소드가 붙은 것 말고는 특이점이 없네요. 다음 표는 Read()/Write() 메소드를 사용하는 코드와 ReadAsync()/WriteAsync() 메소드가 어떻게 다른지 보여줍니다. 표의 첫 번째 행에는 동기 버전 메소드로 구성한 파일 복사 함수가 있고 두 번째 행에는 동일한 내용을 비동기 버전으로 구현한 코드가 있습니다.

동기 버전	

```
static long CopySync(string FromPath, string ToPath)
{
    using (
        var fromStream = new FileStream(FromPath, FileMode.Open))
    {
        long totalCopied = 0;
        using (
            var toStream = new FileStream(ToPath, FileMode.Create))
        {
            byte[] buffer = new byte[1024];
            int nRead = 0;
            while ((nRead =
                fromStream.Read(buffer, 0, buffer.Length)) != 0)
            {
                toStream.Write(buffer, 0, nRead);
                totalCopied += nRead;
            }
        }
        return totalCopied;
    }
}
```

> Read() 메소드와 Write() 메소드는 이미 구면이죠?

비동기 버전	

```
async Task<long> CopyAsync(string FromPath, string ToPath)
{
    using (
        var fromStream = new FileStream(FromPath, FileMode.Open))
    {
        long totalCopied = 0;

        using (
            var toStream = new FileStream(ToPath, FileMode.Create))
        {
            byte[] buffer = new byte[1024];
            int nRead = 0;
            while ((nRead =
            await fromStream.ReadAsync(buffer, 0, buffer.Length)) != 0)
            {
                await toStream.WriteAsync(buffer, 0, nRead);
                totalCopied += nRead;
            }
        }
        return totalCopied;
    }
}
```

> async로 한정한 코드를 호출하는 코드도 역시 async로 한정되어 있어야 합니다. 반환 형식은 Task 또는 void 형이어야 하고요.

> ReadAsync()와 WriteAsync() 메소드는 async로 한정되어 있습니다. 이들을 호출하려면 await 연산자가 필요합니다.

사실 표의 윗부분에 있는 CopySync() 메소드나 아랫부분에 있는 CopyAsync() 메소드는 기능적 차이가 없습니다. 둘 다 똑같이 파일을 복사하고, 복사를 마친 뒤에는 파일의 크기를 반환합니다. 하지만 이 둘을 사용자 인터페이스에서 호출해보면 프로그램의 응답성에 큰 차이가 있음을 바로 확인할 수 있습니다. CopySync() 메소드는 일단 호출하고 나면 실행이 종료될 때까지 사용자 인터페이스가 사용자에게 거의 응답하지 못하는 반면, CopyAsync()는 메소드가 실행되는 중간에도 여전히 사용자가 사용자 인터페이스에 접근하는 데 아무런 문제가 없게 합니다.

이 둘 사이의 차이를 제대로 확인하려면 윈도우 사용자 인터페이스 프로그램에서 호출해봐야 하는데 아직 우리가 윈도우 프로그래밍을 다루지 않았으니 당장은 어렵고, 마침 다음 장에서 윈도우 폼 프로그래밍을 다루므로 그때 다시 이 두 메소드를 만나보겠습니다. 지금은 비동기 API를 사용하는 요령을 익히는 것에 목적을 두고 예제 프로그램을 하나 만들어보겠습니다.

다음은 앞의 표의 아래 행에 있는 CopyAsync() 메소드를 이용해서 파일 복사를 수행하는 예제 프로그램입니다.

>>> 19장/AsyncFileIO/MainApp.cs

```
01   using System;
02   using System.IO;
03   using System.Threading.Tasks;
04
05   namespace AsyncFileIO
06   {
07       class MainApp
08       {
09           // 파일 복사 후 복사한 파일 용량 반환
10           static async Task<long> CopyAsync(string FromPath, string ToPath)
11           {
12               using (
13                   var fromStream = new FileStream(FromPath, FileMode.Open))
14               {
15                   long totalCopied = 0;
16
17                   using (
18                       var toStream = new FileStream(ToPath, FileMode.Create))
19                   {
20                       byte[] buffer = new byte[1024];
```

```
21                      int nRead = 0;
22                      while ((nRead   =
23                          await fromStream.ReadAsync(buffer, 0, buffer.Length)) != 0)
24                      {
25                          await toStream.WriteAsync(buffer, 0, nRead);
26                          totalCopied += nRead;
27                      }
28                  }
29
30              return totalCopied;
31          }
32      }
33
34      static async void DoCopy(string FromPath, string ToPath)
35      {
36          long totalCopied = await CopyAsync(FromPath, ToPath);
37          Console.WriteLine($"Copied Total {totalCopied} Bytes.");
38      }
39
40      static void Main(string[] args)
41      {
42          if (args.Length < 2)
43          {
44              Console.WriteLine("Usage : AsyncFileIO <Source> <Destination>");
45              return;
46          }
47
48          DoCopy(args[0], args[1]);
49
50          Console.ReadLine();
51      }
52  }
53 }
```

```
AsyncFileIO a.mp3 b.mp3
Copied Total 5266932 Bytes.
```

Chapter

20

▶ # WinForm으로 만드는 사용자 인터페이스

그동안 우리는 검은 바탕에 하얀 글씨를 출력하는 콘솔 환경에서 동작하는 예제 프로그램을 만들어 왔습니다. 조금 심심했죠? 그래서 이번 장에서는 윈도우 사용자 인터페이스를 가진 프로그램을 작성하는 방법에 대해 설명하겠습니다. .NET을 이용해서 사용자 인터페이스를 만드는 방법에는 크게 두 가지가 있습니다. 하나는 .NET 프레임워크 1.0 시절부터 함께해온 WinForm이고 또 다른 하나는 .NET 프레임워크 3.0부터 도입된 WPF^{Windows Presentation} ^{Foundation}입니다. 후자가 나중에 등장한 만큼 더 유려한 UI 와 다양한 효과를 제공하지만, 익히기가 쉽지 않고 내용이 상당히 방대하다는 단점이 있습니다. 그래서 이 책에서 WPF 대신 WinForm을 이용해서 UI를 만드는 방법을 설명하겠습니다.

학습목표

**이 장의
핵심 개념**

- 윈도우 폼 응용 프로그램이 동작하는 과정을 이해합니다.

- WinForm 클래스의 사용 방법을 익힙니다.

- Application 클래스의 사용 방법을 익힙니다.

- 폼 디자이너와 여러 컨트롤을 사용하는 방법을 익힙니다.

- WinForm에서 비동기 작업을 수행하는 방법을 익힙니다.

**이 장의
학습 흐름**

C# 코드로 WinForm 윈도우 만들기

▼

Application 클래스

▼

윈도우를 표현하는 Form 클래스

▼

폼 디자이너를 이용한 WinForm UI 구성

▼

사용자 인터페이스와 비동기 작업

20.1 도대체 무슨 일이 일어나고 있는 것일까?

WinForm에서 제공하는 폼 디자이너 툴은 프로그래머가 그림을 그리듯 사용자 인터페이스^{UI, User}Interface(이후로는 줄여서 UI라고 하겠습니다)를 만들 수 있게 합니다. 다음 그림처럼 도구 상자에서 버튼이나 콤보박스 등 컨트롤을 윈도우 위에 끌어다 놓으면 컴파일 후 프로그램과 똑같은 UI가 만들어지죠. 이른바 위즈윅^{WYSIWYG, What You See Is What You Get} 방식의 개발을 지원하는 것입니다.

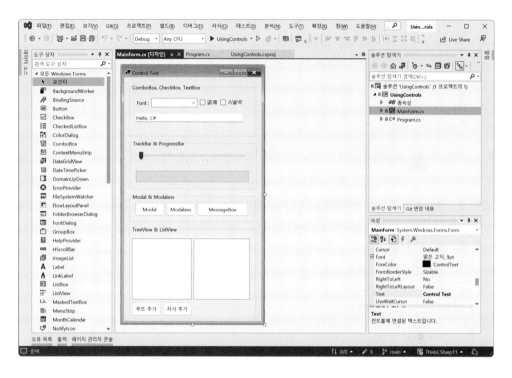

컨트롤을 윈도우 위에 배치할 때마다 폼 디자이너는 우리에게 프로그램의 UI를 표시하는 한편, 뒤로는 관련 C# 코드를 자동으로 만들어줍니다. 프로퍼티를 변경할 때, 이벤트 처리기를 추가할 때도 자동으로 코드를 수정해줍니다.

우리는 C# 프로그래머입니다. C# 코드만으로도 비주얼 스튜디오의 도움이 없이 GUI를 구성할 수 있어야 하지 않을까요? 직접 코드를 작성하는 것보다는 폼 디자이너를 이용해서 UI를 만드는 편이 시간을 수십 배 절약할 수 있지만, 미세한 조정이 필요하거나 폼 디자이너에 문제가 생기는 경우(마이크로소프트의 프로그래머도 우리와 똑같은 '사람'입니다. 그들도 버그를 만들기 마련이죠)에는 직접 팔을 걷어붙이고 해결할 수 있어야 합니다.

이런 이유로, 이번 절에서는 C# 코드를 이용하여 WinForm UI를 만드는 방법을 먼저 설명하겠습니다. 다음 절에서는 UI의 바탕이 되는 윈도우를 만드는 방법을 설명하고, 그 이후의 절에서는 버튼이나 텍스트박스 같은 컨트롤을 윈도우 위에 올리는 방법을 다루겠습니다.

20.2 C# 코드로 WinForm 윈도우 만들기

때로는 보이는 것이 전부가 아닙니다. 관객 입장에서 인형극을 보면 조그만 인형들이 춤추고 노래하는 장면만 보이지만, 무대 뒤에서는 많은 사람이 각본, 작곡, 인형 제작, 성우와 조종사의 연기 연습 등 수고를 들이고 있습니다. 관객이 어느 날 인형극 공연가가 되려고 한다면 감명 깊게 관람했던 작품의 내용을 줄줄 꿰는 것만으로는 충분치 않을 것입니다. 조금 전에 이야기한 무대 뒤 메커니즘을 배우고 연습해야겠죠.

이번 장에서는 UI 프로그래밍을 배우게 될 텐데, 여러분이 그동안 익숙하게 사용해온 윈도우(운영체제인 마이크로소프트 윈도우와 앱의 창을 구분하기 위해, 앞으로 운영체제는 '윈도우 OS', 앱의 창은 '윈도우'라고 하겠습니다)의 무대 뒤 이야기를 들려드리려 합니다. 다음은 윈도우 OS에서 앱이 윈도우를 생성하는 절차입니다.

❶ 윈도우 클래스(OOP의 클래스와는 다릅니다. '윈도우에 대한 정보를 갖고 있는 구조체' 정도로 알아두세요)를 정의합니다.

❷ 정의된 윈도우 클래스를 등록합니다.

❸ 윈도우를 생성합니다.

❹ 윈도우를 사용자에게 보여줍니다.

❺ 메시지 루프를 돌면서 프로그램을 시작합니다.

하지만 이것은 Win32 API를 이용하여 윈도우를 만들 때의 이야기입니다(더 자세히 알고 싶은 독자는 나중에 Win32 API를 공부해보세요). .NET은 이러한 과정들을 잘 포장해서 프로그래머가 간편하게 윈도우를 만들 수 있도록 WinForm 클래스 라이브러리를 제공합니다. WinForm 클래스를 이용한 윈도우 생성 절차는 다음과 같습니다.

❶ System.Windows.Forms.Form 클래스에서 파생된 윈도우 폼 클래스를 선언합니다.

❷ ❶번에서 만든 클래스의 인스턴스를 System.Windows.Forms.Application.Run() 메소드에 인수로 넘겨 호출합니다.

이게 전부입니다. 절차도 훨씬 간편하지만, 실제 코드의 양도 약 1/10 정도로 WinForm 클래스를 사용하는 코드가 더 적습니다. 이렇게 이야기만 할 게 아니라 프로그램을 한번 만들어보죠.

Step 1

비주얼 스튜디오를 실행하고 '콘솔 앱' 템플릿으로 새 프로젝트를 생성합니다. 프로젝트 이름은 'SimpleWindow'로 지정하고, [최상위 문 사용 안 함]도 체크하세요(주의: 'Windows Forms 앱' 템플릿이 아닙니다. 이번 장에서는 별도의 설명이 있기 전까지 모든 예제의 프로젝트를 지금과 같은 방법으로 생성해서 실습하기 바랍니다).

Step 2

이어서 프로젝트에서 WinForm을 사용할 수 있도록 프로젝트 파일(.csproj)을 손보겠습니다. [솔루션 탐색기] 창에서 'SimpleWindow' 프로젝트를 더블 클릭해 SimpleWindow.csproj를 코드 편집기로 불러들인 후, 다음과 같이 TargetFramework를 net7.0-windows로 수정하고, UseWindowsForms를 true로 추가하세요. ⟨ImplicitUsings⟩enable⟨/ImplicitUsings⟩ 또한 제거해서 전역 using의 암시적 전체 사용을 해제합니다. 여기까지 하면 코딩을 시작할 준비가 됐습니다.

```
MainApp.cs        SimpleWindow  ⊣ ×
     ⊟<Project Sdk="Microsoft.NET.Sdk">

     ⊟   <PropertyGroup>
           <OutputType>Exe</OutputType>
           <TargetFramework>net7.0-windows</TargetFramework>
           <Nullable>enable</Nullable>
           <UseWindowsForms>true</UseWindowsForms>
     ►   </PropertyGroup>

     ►  </Project>
```

Step 3

이제 프로젝트의 Program.cs 파일의 이름을 MainApp.cs로 변경하고 다음 코드를 따라 입력한 뒤 컴파일
해서 실행해보세요.

>>> 20장/SimpleWindow/MainApp.cs

```
01  using System;
02
03  namespace SimpleWindow
04  {
05      class MainApp : System.Windows.Forms.Form •·········
06      {
07          static void Main(string[] args)
08          {
09              System.Windows.Forms.Application.Run(new MainApp());
10          }
11      }
12  }
```

> MainApp이 System.Windows.Forms.
> Form 클래스로부터 상속받도록 선언합니다.

> Application.Run() 메소드에 MainApp의
> 인스턴스를 인수로 넘겨 호출합니다.

📑 실행 결과

제 이야기가 맞죠? WinForm을 이용하면 아주 간단하게 윈도우를 생성할 수 있다는 것 말입니다. 그나저나 예제 프로그램의 코드를 보니 우리가 처음 만나는 클래스가 딱 두 가지가 있네요. System.Windows.Forms.Form 클래스와 System.Windows.Forms.Application 클래스 말입니다. 당연히 이 두 클래스에 대해 자세히 알아봐야겠죠? 덮어놓고 이들을 이용해서 프로그램을 만들 수는 없는 노릇이니 말입니다. Form 클래스는 일단 놔뒀다가 나중에 다루기로 하고, 먼저 Application 클래스부터 살펴보겠습니다.

20.3 Application 클래스

이번 절의 내용을 미리 요약하자면 'Application 클래스는 크게 두 가지 역할을 수행하는데 하나는 윈도우 응용 프로그램을 시작하고 종료하는 메소드를 제공하는 것이고, 또 다른 하나는 윈도우 메시지를 처리하는 것'이라고 할 수 있습니다.

응용 프로그램을 시작하는 메소드는 우리가 조금 전에 만들었던 예제 프로그램에서 본 것처럼 Application.Run()입니다. 그리고 응용 프로그램을 종료하는 메소드는 Appliation.Exit()입니다. 어느 곳에서든 Application.Exit() 메소드를 호출하면 해당 응용 프로그램을 종료합니다. 다음은 이 두 가지 메소드를 사용하는 예제 코드입니다.

```
class MyForm : System.Windows.Forms.Form
{
}

class MainApp
{
    static void Main(string[] args)
    {
        MyForm form = new MyForm();
        form.Click += new EventHandler(
            (sender, eventArgs) =>
            {
                Application.Exit();
            });

        Application.Run(form);
    }
}
```

> Form 클래스는 여러 이벤트를 정의하고 있는데, 그중 Click 이벤트는 윈도우를 클릭했을 때 발생하는 이벤트입니다. 따라서 이 코드는 윈도우를 클릭하면 Application.Exit()를 호출합니다.

한편, Exit() 메소드에 대해 꼭 알아둬야 하는 사실이 한 가지 있습니다. Exit() 메소드가 호출된다고 해서 응용 프로그램이 바로 종료되는 것은 아니라는 점입니다. 이 메소드가 하는 일은 응용 프로그램이 갖고 있는 모든 윈도우를 닫은 뒤 Run() 메소드가 반환되도록 하는 것입니다. 따라서 Run() 메소드 뒤에 자원을 정리하는 코드를 넣어두면 우아하게 응용 프로그램을 종료시킬 수 있습니다(19장에서도 이야기했지만, 우리가 사는 세계든 프로그래밍 세계든 갑자기 끝나거나 죽는 것은 썩 반길 만한 일이 아닙니다).

예제 프로그램을 하나 만들어보겠습니다(SimpleWindow 예제와 같은 요령으로 프로젝트를 생성하세요).

>>> 20장/UsingApplication/MainApp.cs

```
01  using System;
02  using System.Windows.Forms;
03
04  namespace UsingApplication
05  {
06      class MainApp : Form
07      {
08          static void Main(string[] args)
09          {
10              MainApp form = new MainApp();
11
12              form.Click += new EventHandler(
13                  (sender, eventArgs) =>
14                  {
15                      Console.WriteLine("Closing Window...");
16                      Application.Exit();
17                  });
18
19              Console.WriteLine("Starting Window Application...");
20              Application.Run(form);
21
22              Console.WriteLine("Exiting Window Application...");
23          }
24      }
25  }
```

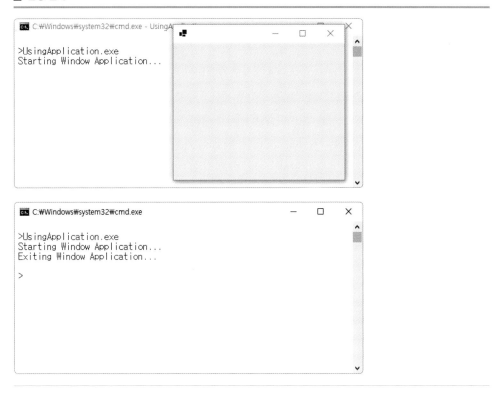

20.3.1 메시지 필터링

이번에는 Application 클래스의 진짜 재미있는 기능인 '메시지 필터링^{Message Filtering}'을 알아보겠습니다. 먼저 메시지가 무엇인지부터 이야기를 시작해야겠죠?

이 책의 1장부터 19장까지 만들었던 응용 프로그램들은 일정한 방향으로 코드가 실행되지만, 윈도우 기반의 응용 프로그램들은 갑자기 일어나는 사건(이벤트 : Event)에 반응해서 코드가 실행되는 이른바 이벤트 기반^{Event Driven} 방식으로 만들어집니다. 윈도우 응용 프로그램이 받아들이는 이벤트 중에는 바로 앞에서 만들었던 예제 프로그램에서처럼 마우스 클릭, 키보드 입력 등이 있습니다. 이 이벤트들은 일견 사용자가 직접 응용 프로그램에 대해 일으킨 것처럼 보이지만, 사실은 윈도우 OS가 일으킨 것입니다. 사용자가 마우스나 키보드 같은 하드웨어를 제어하면 인터럽트가 발생하고, 이 인터럽트를 윈도우 OS가 받아들입니다. 운영체제는 다시 이 인터럽트를 바탕으로 윈도우 메시지 ^{Windows Message}를 만든 뒤 이벤트를 받아야 하는 응용 프로그램에게 보내주죠.

한편, 윈도우 메시지는 그 종류가 매우 다양합니다. 윈도우 응용 프로그램은 마우스 이동이나 클릭, 키보드 입력처럼 미리 시스템에 정의된 메시지를 받지만, 다른 응용 프로그램이 자체적으로 정의한 메시지도 받을 수 있습니다. 메시지 개수 자체가 많은 것은 말할 것도 없습니다(지금은 별로 공감이 안 되죠? 잠시 후에 만들 예제 프로그램의 실행 결과를 확인해보면 실감이 날 것입니다).

Application 클래스는 응용 프로그램이 받는 수많은 메시지 중에 관심 있는 메시지만 걸러낼 수 있는 메시지 필터링Message Filtering 기능을 갖고 있습니다. 가령 여러분이 만든 응용 프로그램을 사용자가 Alt + F4 키를 눌러서 종료시키는 것을 막고 싶다면, 바로 이 기능을 이용해서 해당 키 입력 메시지를 걸러내면 응용 프로그램의 윈도우가 닫히는 것을 막을 수 있습니다. 물론 Alt + F4 키 입력만 걸러내므로 윈도우 종료 버튼이나 응용 프로그램 자체의 종료 기능은 정상적으로 동작합니다.

윈도우 OS에서 정의하고 있는 메시지는 식별 번호(ID)가 붙여져 있습니다. 예를 들어 WM_LBUTTONDOWN 메시지는 ID가 0x201로 정의되어 있죠. Application 클래스는 특정 ID를 가진 메시지를 걸러내는 필터를 함께 등록해뒀다가 응용 프로그램에 메시지가 전달되면 해당 필터를 동작시킵니다. 만약 메시지의 ID가 필터에서 관심을 갖고 있는 값이라면 필터는 메시지를 요리하고, 그렇지 않다면 메시지를 거르지 않고 메시지를 받아야 하는 폼이나 컨트롤로 보내서 이벤트를 발생시킵니다.

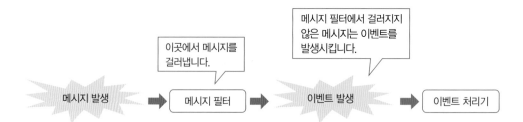

Application.AddMessageFilter() 메소드는 응용 프로그램에 메시지 필터를 설치합니다. 이 메소드는 IMessageFilter 인터페이스를 구현하는 파생 클래스의 인스턴스를 인수로 받으며, IMessageFilter는 다음과 같이 PreFilterMessage() 메소드를 구현할 것을 요구합니다.

```csharp
public interface IMessageFilter
{
    bool PreFilterMessage(ref Message m);
}
```

제가 맛보기로 IMessageFilter 인터페이스를 상속하는 클래스를 하나 보여드리겠습니다. 다음과 같이 우리는 PreFilterMessage() 메소드를 파생 클래스에서 구현해야 합니다. IMessageFilter 인터페이스의 구현 예는 다음과 같습니다.

```csharp
public class MessageFilter : IMessageFilter
{
    public bool PreFilterMessage(ref Message m)
    {
        if (m.Msg >= 0x200 && m.Msg <= 0x20E)  •┄┄┄┄┄  마우스 이동부터 마우스의 왼쪽,
        {                                              오른쪽, 가운데 버튼 동작, 마우스
            Console.WriteLine("발생한 메시지: " + m.Msg);   휠 굴림 메시지를 모두 걸러냅니다.
            return true;
        }
        return false;
    }
}
```

앞의 예제 코드에서 보는 것처럼 PreFilterMessage()를 구현할 때는 입력받은 메시지를 처리했으니 응용 프로그램은 관심을 가질 필요가 없다는 의미로 true를 반환하거나, 메시지를 건드리지 않았으니 응용 프로그램더러 처리해야 한다고 false를 반환하면 됩니다. 그리고 매개변수로 받아들이는 Message 구조체는 다음과 같은 프로퍼티를 갖고 있는데, 이 중 Msg 프로퍼티는 메시지의 ID를 담고 있습니다.

프로퍼티	설명
HWnd	메시지를 받는 윈도우의 핸들(Handle)입니다. 핸들은 처음 보는 용어죠? 윈도우의 인스턴스를 식별하고 관리하기 위해 운영체제가 붙여놓은 번호가 바로 핸들입니다.
Msg	메시지 ID입니다.
LParam	메시지를 처리하는 데 필요한 정보가 담겨 있습니다.
WParam	메시지를 처리하는 데 필요한 부가 정보가 담겨 있습니다.
Result	메시지 처리에 대한 응답으로 윈도우 OS에 반환되는 값을 지정합니다.

이렇게 메시지 필터를 구현했으면 다음과 같이 AddMessageFilter() 메소드를 호출하여 등록하면 됩니다.

```
Application.AddMessageFilter(new MessageFilter());
```

다음은 메시지 필터 예제 프로그램입니다. 이 예제 프로그램은 응용 프로그램이 윈도우로부터 전달받는 모든 메시지를 출력합니다. 단, WM_PAINT(0x0F), WM_MOUSEMOVE(0x200), WM_TIMER(0x113) 메시지만 제외하고 말입니다. 이들 메시지는 너무 자주, 많이 발생하기 때문에 이들 메시지까지 출력한다면 다른 메시지를 확인하기가 너무 어려워지기 때문입니다(궁금한 분은 예제 프로그램 코드에서 해당 코드를 주석 처리하고 다시 컴파일해서 실행해보세요). 이 프로그램은 WM_LBUTTONDOWN(0x201) 메시지가 도착하면 Application.Exit()를 호출하여 종료합니다.

>>> 20장/MessageFilter/MainApp.cs

```
01   using System;
02   using System.Windows.Forms;
03
04   namespace MessageFilter
05   {
06       class MessageFilter : IMessageFilter
07       {
08           public bool PreFilterMessage(ref Message m)
09           {
10               if (m.Msg == 0x0F || m.Msg == 0xA0 ||
11                   m.Msg == 0x200 || m.Msg == 0x113)
12                   return false;
13
14               Console.WriteLine($"{m.ToString()} : {m.Msg}");
15
16               if (m.Msg == 0x201)
17                   Application.Exit();
18
19               return true;
20           }
21       }
22
23       class MainApp : Form
24       {
```

```
25          static void Main(string[] args)
26          {
27              Application.AddMessageFilter(new MessageFilter());
28              Application.Run(new MainApp());
29          }
30      }
31  }
```

📌 **실행 결과**

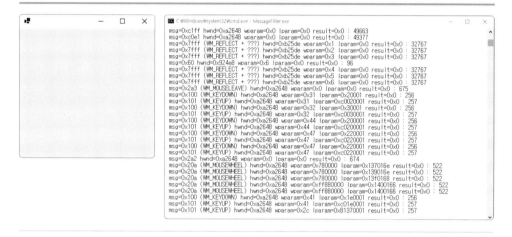

어때요, 재미있었습니까? 이 메시지들은 WinForm의 각 윈도우와 컨트롤에 전달되며, 윈도우와 컨트롤은 이 메시지를 받으면 미리 정의된 이벤트를 발생시키고, 각 이벤트는 프로그래머가 등록한 이벤트 처리기를 호출합니다. 다음 절에서는 윈도우를 표현하는 Form 클래스를 다룰 텐데, 조금 전에 언급한 이벤트와 이벤트 처리기에 대한 내용도 함께 설명합니다.

20.4 윈도우를 표현하는 Form 클래스

20장을 시작한 이후 몇 차례 윈도우를 만들어 띄우기는 했는데 이것을 가지고 뭘 제대로 해본 것이 없군요. 이번 장에서는 윈도우의 모양과 크기도 바꿔보고 버튼도 올려보겠습니다. 구체적으로는 다음의 내용을 다루려고 합니다.

- Form(과 컨트롤)에 정의된 이벤트와 이벤트 처리기 연결하기

- Form의 프로퍼티를 조절하여 윈도우 모양 바꾸기

- Form 위에 컨트롤 올리기

그럼 이벤트 이야기부터 시작해볼까요?

20.4.1 Form에 정의된 이벤트와 이벤트 처리기 연결하기

이벤트는 13장에서 공부한 바 있기 때문에 우리에게 그리 낯설지 않은 친구죠? Form 클래스는 운영체제가 보내는 메시지 중 일부에 대해 이벤트를 구현하고 있습니다. 가령 사용자가 Form의 인스턴스, 즉 윈도우 위에서 마우스의 왼쪽 버튼을 누르면 WM_LBUTTONDOWN 메시지가 Form 객체로 전달되고, Form 객체는 이에 대해 MouseDown 이벤트를 발생시킵니다. 이전 절에서 Application 클래스를 이용하여 윈도우 메시지를 직접 다루는 방법을 설명했지만 사실 WinForm 으로 응용 프로그램을 만드는 동안 우리가 직접 윈도우 메시지를 요리하게 될 경우는 거의 없다고 봐도 됩니다. Form을 비롯한 WinForm의 윈도우와 컨트롤 클래스들이 윈도우 메시지를 포장하여 이벤트로 구현해놨기 때문입니다. 우리는 그저 미리 정의된 이벤트에 이벤트 처리기 메소드를 선언하여 등록해주기만 하면 됩니다.

예제 코드를 볼까요? 이벤트 처리기 메소드를 선언하고 Form 클래스의 MouseDown 이벤트에 등록해보겠습니다.

```
class MyForm : Form
{

    // 이벤트 처리기 선언
    private void Form_MouseDown(object sender, System.Windows.Forms.MouseEventArgs e)
    {
        MessageBox.Show("안녕하세요!");
    }

    public MyForm()
    {
    // 이벤트 처리기를 이벤트에 연결
```

```
        this.MouseDown += new System.Windows.Forms.MouseEventHandler (this.Form_MouseDown);
    }


}
```

Form 클래스에는 MouseDown 외에도 무수히 많은 이벤트가 선언되어 있습니다. 이들의 목록을 여기에 늘어놓으려고만 해도 몇 페이지가 필요할 정도라면 그 수를 대강 가늠할 수 있겠습니까? 하지만 전혀 걱정하지 마세요. 이벤트 처리기를 등록하고 이를 호출하는 메커니즘은 모든 폼과 컨트롤이 똑같기 때문입니다. Form 클래스에 정의되어 있는 이벤트들을 일일이 설명하는 것보다는 MouseDown 이벤트를 조금 더 자세히 설명하겠습니다. MouseDown 이벤트를 잘 이해하면 나머지 이벤트들도 똑같이 활용할 수 있을 테니까요. 그런 의미에서 다음에 있는 MouseDown 이벤트의 선언을 보시죠.

```
public event MouseEventHandler MouseDown;
```

이 코드에서 MouseEventHandler는 대리자입니다(이벤트는 대리자를 기반으로 선언된다는 것, 기억하고 있죠?). 그리고 이 대리자는 다음과 같이 선언되어 있습니다.

```
public delegate void MouseEventHandler(object sender, MouseEventArgs e);
```

이 선언 코드를 보면 이벤트 처리기가 어떤 매개변수를 가져야 하는지, 어떤 형식을 반환해야 하는지 알 수 있습니다. 일단 반환 형식이 void이므로 이벤트 처리기는 아무 값도 반환할 필요가 없습니다. 그리고 두 개의 매개변수를 받아들입니다. 첫 번째 매개변수는 object 형식인데, 첫 번째 매개변수 이름이 sender입니다. sender는 이벤트가 발생한 객체를 가리키는데, 우리는 지금 Form 클래스의 이벤트 처리기에 대해 알아보고 있으니 sender는 Form 객체 자신입니다. 만약 Button 클래스의 이벤트 처리기였다면 Button 객체였겠죠. 두 번째 매개변수는 MouseEventArgs 형식인데, 다음과 같은 프로퍼티들을 제공함으로써 마우스 이벤트의 상세 정보를 제공합니다.

프로퍼티	설명
Button	마우스의 어떤 버튼(왼쪽, 오른쪽 또는 가운데)에서 이벤트가 발생했는지를 나타냅니다.
Clicks	마우스의 버튼을 클릭한 횟수를 나타냅니다. 사용자가 더블 클릭했을 때만 어떤 기능을 수행하고 싶다면 이 값이 2일 경우를 확인하면 됩니다.
Delta	마우스 휠의 회전 방향과 회전한 거리를 나타냅니다.
X	마우스 이벤트가 발생한 폼 또는 컨트롤상의 x(가로) 좌표를 나타냅니다.
Y	마우스 이벤트가 발생한 폼 또는 컨트롤상의 y(세로) 좌표를 나타냅니다.

이번에는 이벤트 처리기를 활용하는 예제 프로그램을 만들어보겠습니다. 이 프로그램은 Form 클래스의 MouseDown 이벤트에 대한 이벤트 처리를 하는 프로그램입니다. 폼 위에서 마우스를 누를 때마다 이벤트를 발생시킨 객체(여기서는 Form), 마우스 버튼, 마우스 커서의 좌표 등을 콘솔에 출력합니다.

>>> 20장/FormEvent/MainApp.cs

```
01  using System;
02  using System.Windows.Forms;
03
04  namespace FormEvent
05  {
06      class MainApp : Form
07      {
08          public void MyMouseHandler(object sender, MouseEventArgs e)
09          {
10              Console.WriteLine($"Sender : {((Form)sender).Text}");
11              Console.WriteLine($"X:{e.X}, Y:{e.Y}");
12              Console.WriteLine($"Button:{e.Button}, Clicks:{e.Clicks}");
13              Console.WriteLine();
14          }
15
16          public MainApp(string title)
17          {
18              this.Text = title;
19              this.MouseDown +=
20                  new MouseEventHandler(MyMouseHandler);
21          }
22
```

```
23          static void Main(string[] args)
24          {
25              Application.Run(new MainApp("Mouse Event Test"));
26          }
27      }
28  }
```

☞ 실행 결과

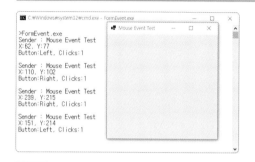

20.4.2 Form의 프로퍼티를 조절하여 윈도우 모양 바꾸기

Form 클래스는 윈도우 모양을 결정짓는 크기, 배경색, 전경색, 투명도, 제목, 폰트 등 여러 프로퍼티를 갖고 있습니다. 다음 표에는 Form 클래스의 프로퍼티 중 윈도우의 모습을 결정짓는 항목들이 나타나 있습니다(MSDN에서는 더 많은 프로퍼티를 설명하지만, 여기에서는 지면 문제 때문에 그 중에서 자주 사용하는 것들만 다룹니다).

종류	프로퍼티	설명
크기	Width	창의 너비를 나타냅니다.
	Height	창의 높이를 나타냅니다.
색깔	BackColor	창의 배경 색깔을 나타냅니다.
	BackgroundImage	창의 배경 이미지를 나타냅니다.
	Opacity	창의 투명도를 나타냅니다.
스타일	MaximizeBox	최대화 버튼을 설치할 것인지의 여부를 나타냅니다.
	MinimizeBox	최소화 버튼을 설치할 것인지의 여부를 나타냅니다.
	Text	창의 제목을 나타냅니다.

이 프로퍼티들 중에서 창의 크기를 결정하는 Width와 Height를 예제 프로그램을 통해 조정해보겠습니다. 다음 예제 프로그램은 창을 마우스 왼쪽 버튼으로 누르면 가로가 길게, 오른쪽 버튼으로 누르면 세로가 길게 크기를 바꿉니다.

>>> **20장/FormSize/MainApp.cs**

```
01  using System;
02  using System.Windows.Forms;
03
04  namespace FormSize
05  {
06      class MainApp : Form
07      {
08          static void Main(string[] args)
09          {
10              MainApp form = new MainApp();
11              form.Width = 300;
12              form.Height = 200;
13
14              form.MouseDown += new MouseEventHandler(form_MouseDown);
15
16              Application.Run(form);
17          }
18
19          static void form_MouseDown(object sender, MouseEventArgs e)
20          {
21              Form form = (Form)sender;
22              int oldWidth  = form.Width;
23              int oldHeight = form.Height;
24
25              if (e.Button == MouseButtons.Left)
26              {
27                  if (oldWidth < oldHeight)
28                  {
29                      form.Width  = oldHeight;
30                      form.Height = oldWidth;
31                  }
32              }
33              else if (e.Button == MouseButtons.Right)
34              {
```

```
35              if (oldHeight < oldWidth)
36              {
37                  form.Width = oldHeight;
38                  form.Height = oldWidth;
39              }
40          }
41          Console.WriteLine("윈도우의 크기가 변경되었습니다");
42          Console.WriteLine($"Width: {form.Width}, Height: {form.Height}");
43      }
44  }
45 }
```

실행 결과

별것 아니긴 하지만 UI가 변하는 것을 보면 소소한 재미가 느껴지지 않습니까? 이번에는 창의 배경 색과 투명도를 조절해보고, 더불어 창의 배경 이미지도 바꿔보겠습니다.

창의 배경색은 BackColor 프로퍼티를 통해 바꿀 수 있는데, System.Drawing.Color 형식이기 때문에 다음과 같이 Color 클래스의 정적 메소드나 미리 정의된 상숫값을 이용해서 값을 지정해야 합니다.

```
Form form = new Form();

form.BackColor = Color.Red;  •┄┄┄┄┄┄┄┄┄
                                         Color 구조체에는 Red, Green, Blue 같은 대표적인 색부터
                                         MistyRose, WhiteSmoke처럼 잘 알려지지 않은 색에 이
                                         르기까지 다양한 색상이 미리 정의되어 있습니다.

form.BackColor = Color.FromArgb(255, 255, 0, 0); // 불투명한 빨간색
                               •┄┄┄┄┄
                                         프로그래머의 입맛에 맞춰 정확한 값을 지정하고 싶으면
                                         FromArgb() 메소드를 이용합니다. 첫 번째 인수는 투명도를
                                         나타내는 Alpha, 두 번째는 Red, 세 번째는 Green, 네 번째
                                         는 Blue 값을 나타내며 각 인수는 0부터 255 사이의 값을 가
                                         질 수 있습니다.
```

창의 투명도는 Opacity 프로퍼티를 통해 조절합니다. 이 프로퍼티는 double 형식으로 0.00부터
1.00 사이의 값을 가집니다. 0에 가까울수록 투명해지고, 1에 가까울수록 불투명해집니다. 사용 예
는 다음과 같습니다.

```
Form form = new Form();

form.Opacity = 0.87; // 살짝 투명
form.Opacity = 1.00; // 완전 불투명
```

창에 배경 이미지를 지정할 수도 있습니다. BackgroundImage 프로퍼티에 Image 형식의 인스
턴스를 할당하면 됩니다. Image의 인스턴스는 여러 방법으로 만들 수 있는데, 다음 예제에서는 파
일의 경로를 인수로 넘겨 FromFile() 메소드를 호출하는 방법을 보여줍니다.

```
Form form = new Form();

form.BackgroundImage = Image.FromFile("MyImage.JPG");
```

창의 색상, 투명도, 배경 이미지 등을 바꾸기 위한 기본 초석은 모두 익혔습니다. 지금까지 설명한 내
용을 모아 프로그램으로 만들어보겠습니다. 마우스 왼쪽 버튼을 누르면 랜덤하게 창의 배경색을 변
경하고 오른쪽 버튼을 누르면 배경 이미지를 표시하며, 창 위에서 마우스 휠을 굴리면 투명도가 변

경되는 기능을 구현할 것입니다. 이번 장에서 쭉 해왔던 것처럼 '콘솔 앱(.NET Framework)' 템플릿을 이용하여 프로젝트를 생성하고, System.Windows.Forms와 System.Drawing 어셈블리를 프로젝트 참조에 추가하세요. 그리고 다음의 코드를 따라 입력한 뒤 컴파일해서 실행해보길 바랍니다.

아차, 잠깐만요. 이 예제 프로그램은 이미지 파일이 하나 필요합니다. 프로그램을 테스트해보기 전에 여러분이 좋아하는 이미지를 sample.jpg라는 이름으로 저장해서 프로그램의 실행 파일과 같은 디렉터리에 복사해주세요.

>>> 20장/FormBackground/MainApp.cs

```
01  using System;
02  using System.Drawing;
03  using System.Windows.Forms;
04
05  namespace FormBackground
06  {
07      class MainApp : Form
08      {
09          Random rand;
10          public MainApp()
11          {
12              rand = new Random();
13
14              this.MouseWheel += new MouseEventHandler(MainApp_MouseWheel);
15              this.MouseDown += new MouseEventHandler(MainApp_MouseDown);
16          }
17
18          void MainApp_MouseDown(object sender, MouseEventArgs e)
19          {
20              if (e.Button == MouseButtons.Left)
21              {
22                  Color oldColor = this.BackColor;
23                  this.BackColor = Color.FromArgb(rand.Next(0, 255),
24                                                  rand.Next(0, 255),
25                                                  rand.Next(0, 255));
26              }
27              else if (e.Button == MouseButtons.Right)
28              {
```

```
29              if (this.BackgroundImage != null)
30              {
31                  this.BackgroundImage = null;
32                  return;
33              }
34
35              string file = "sample.jpg";
36              if (System.IO.File.Exists(file) == false)
37                  MessageBox.Show("이미지 파일이 없습니다.");
38              else
39                  this.BackgroundImage = Image.FromFile(file);
40          }
41      }
42
43      void MainApp_MouseWheel(object sender, MouseEventArgs e)
44      {
45          this.Opacity = this.Opacity + (e.Delta>0?0.1:-0.1);
46          Console.WriteLine($"Opacity: {this.Opacity}");
47      }
48
49      static void Main(string[] args)
50      {
51          Application.Run(new MainApp());
52      }
53  }
54 }
```

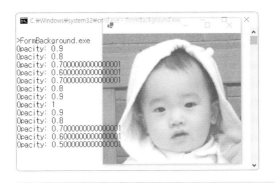

지금쯤이면 여러분도 Form 클래스의 프로퍼티를 통해 창의 모양을 바꾸는 요령을 터득했을 것입니다. Form 클래스에는 창의 모습을 결정짓는 다양한 프로퍼티들이 많지만, 아쉬운 대로 최소화/최대화 버튼을 사라지게 하거나 나타나게 하는 MinimizeBox/MaximizeBox 프로퍼티와 창의 제목을 나타내는 Text 프로퍼티까지만 더 살펴보고 컨트롤 이야기로 넘어가겠습니다.

MinimizeBox와 MaximizeBox 프로퍼티는 boolean 형식으로, 버튼을 창에 표시하고자 할 때는 true를 입력하고 감추고자 할 때는 false를 입력합니다. 다음 코드의 경우 창에서 최대화 버튼은 표시하고 최소화 버튼은 감추도록 합니다.

```
Form form = new Form();
form.MaximizeBox = true;
form.MinimizeBox = false;
```

창의 제목을 나타내는 Text 프로퍼티는 string 형식입니다. 그냥 다음과 같이 표시하려는 제목을 문자열로 입력해주면 창의 제목이 변경됩니다.

```
Form form = new Form();
form.Text = "Form 프로퍼티 테스트";
```

다음 예제 프로그램이 하나 더 준비되어 있습니다. 어떤 내용이 구현되어 있을지는 여러분도 예상할 수 있겠죠? 네, 애플리케이션 창의 최소화/최대화 버튼을 표시하고 감추는 기능과 창의 제목을 변경하는 기능이 구현되어 있습니다. 다음 코드를 입력한 뒤 컴파일해서 결과를 확인해보세요.

```
01  using System;
02  using System.Windows.Forms;
03
04  namespace FormStyle
05  {
06      class MainApp : Form
07      {
08          static void Main(string[] args)
09          {
10              MainApp form = new MainApp();
11
12              form.Width = 400;
13              form.MouseDown += new MouseEventHandler(form_MouseDown);
14
15              Application.Run(form);
16          }
17
18          static void form_MouseDown(object sender, MouseEventArgs e)
19          {
20              Form form = (Form)sender;
21
22              if (e.Button == MouseButtons.Left)
23              {
24                  form.MaximizeBox = true;
25                  form.MinimizeBox = true;
26                  form.Text = "최소화/최대화 버튼이 활성화되었습니다.";
27              }
28              else if (e.Button == MouseButtons.Right)
29              {
30                  form.MaximizeBox = false;
31                  form.MinimizeBox = false;
32                  form.Text = "최소화/최대화 버튼이 비활성화되었습니다.";
33              }
34          }
35      }
36  }
```

20.4.3 Form 위에 컨트롤 올리기

UI는 응용 프로그램과 사용자가 대화를 하는 창구입니다. 그런데 이번 장에서 지금까지 만들어온 예제 프로그램처럼 창 하나만 달랑 갖고 있어서는 사용자에게 어떤 정보도 제공할 수 없고 어떤 입력도 받을 수 없습니다.

윈도우 OS는 UI를 위해 메뉴, 콤보박스, 리스트뷰, 버튼, 텍스트박스 등과 같은 표준 컨트롤을 제공합니다. .NET의 WinForm은 이들 표준 컨트롤을 아주 간편하게 창 위에 올릴 수 있도록 잘 포장해놨습니다. 이 컨트롤들을 제어하는 데 필요한 각종 메소드와 프로퍼티, 이벤트들이 잘 정리되어 있는 것은 더 말할 것도 없죠.

> **❗ 여기서 잠깐   컨트롤이 뭔가요?**
>
> 새로운 용어가 등장했죠? 컨트롤(Control)이란, 윈도우 OS가 제공하는 UI 요소를 말합니다. 응용 프로그램을 제어하는 데 사용하는 도구라는 의미에서 붙은 이름이죠. 조금 전에 언급했던 버튼, 텍스트박스 등이 컨트롤의 예입니다. 유닉스의 모티프나 자바의 스윙 같은 GUI 플랫폼에서는 이것을 위젯(Window Gadget을 줄여 Widget이라고 부르게 됐습니다)이라고 부르고 델파이에서는 VCL(Visual Component Library)이라고 부릅니다.

어디 한번 컨트롤을 창 위에 올려볼까요? 우리의 밋밋한 애플리케이션 창을 바꿔보면 좋겠네요. 컨트롤을 폼 위에 올리려면 다음과 같은 과정을 따라 코드로 작성해주면 됩니다.

❶ 컨트롤의 인스턴스 생성

❷ 컨트롤의 프로퍼티에 값 지정

❸ 컨트롤의 이벤트에 이벤트 처리기 등록

❹ 폼에 컨트롤 추가

이렇게 글로 설명하는 것보단 아무래도 코드를 통해 설명하는 편이 더 이해하기 쉽겠죠? 우리는 프로그래머니까요. 이 절차를 거치면서 버튼을 창 위에 올리는 코드를 같이 보시죠.

`Step 1`

컨트롤의 인스턴스 생성

WinForm의 모든 컨트롤은 System.Windows.Forms.Control을 상속합니다. 이 형식이 모든 윈도우 컨트롤이 지원해야 하는 그래픽이나 동작, 이벤트 등을 제공하기 때문에 이 컨트롤로부터 상속받는 어떤 클래스라도 Form 위에 올려서 윈도우 UI 요소로 사용할 수가 있습니다. 우리는 버튼을 창 위에 올리기로 했죠? System.Windows.Forms.Button 클래스의 인스턴스를 만들겠습니다.

```
Button button = new Button();
```

`Step 2`

컨트롤의 프로퍼티에 값 지정

인스턴스를 만들었으면 각 프로퍼티에 값을 지정해서 컨트롤의 모양을 결정합니다.

```
button.Text = "Click Me!";
button.Left = 100;
button.Top = 50;
```

`Step 3`

컨트롤의 이벤트에 이벤트 처리기 등록

컨트롤은 애플리케이션의 정보를 표시하는 기능을 하기도 하지만 사용자로부터 입력을 받는 창구이기도 합니다. 사용자가 버튼을 클릭하면 메시지 박스를 띄우도록 이벤트 처리기를 선언하고 이벤트에 등록합니다. 다음 코드는 지금까지 작성해왔던 이벤트 처리기와는 모습이 조금 다르죠? 설명의 흐름을 끊지 않기 위해 따로 이벤트 처리기를 메소드로 선언하지 않고 람다식으로 구현해봤습니다.

```
button.Click +=
                (object sender, EventArgs e) =>
                {
                    MessageBox.Show("딸깍!");
                };
```

폼에 컨트롤 추가

이제 창에 버튼을 올릴 준비가 다 됐습니다. Form의 인스턴스를 생성하고, 이 인스턴스에서 Controls 프로퍼티의 Add() 메소드를 호출하여 우리가 선언한 button 객체를 Form에 올립니다.

```
MainApp form = new MainApp();
form.Controls.Add(button);
```

이것이 끝입니다. 이제 이 코드를 실행하면 버튼을 가진 창이 나타나고, 그 버튼을 사용자가 클릭할 때마다 '딸깍!'이라는 메시지를 출력하는 메시지 박스가 나타날 것입니다. 다음 예제를 통해 직접 확인해보겠습니다.

>>> **20장/FormAndControl/MainApp.cs**

```
01   using System;
02   using System.Windows.Forms;
03
04   namespace FormAndControl
05   {
06       class MainApp : Form
07       {
08           static void Main(string[] args)
09           {
10               Button button = new Button();
11
12               button.Text = "Click Me!";
13               button.Left = 100;
14               button.Top = 50;
```

```
15
16            button.Click +=
17                (object sender, EventArgs e) =>
18                {
19                    MessageBox.Show("딸깍!");
20                };
21
22            MainApp form = new MainApp();
23            form.Text = "Form & Control";
24            form.Height = 150;
25
26            form.Controls.Add(button);
27
28            Application.Run(form);
29        }
30    }
31 }
```

> **실행 결과**

20.5 폼 디자이너를 이용한 WinForm UI 구성

비주얼 스튜디오는 UI계의 포토샵이라고 할 만한, 사용하기는 쉬우면서도 강력한 기능을 가진 폼 디자이너Form Designer를 제공합니다. 폼 디자이너는 비주얼 스튜디오 IDE의 일부로, 코드를 통해 컨트롤을 폼 위에 배치하고 프로퍼티를 변경했던 작업을 마우스 클릭만으로 가능하게 해줍니다. 이러한 작업 편의성뿐 아니라, 우리가 수작업으로 만든 것보다 우수한 품질의 UI를 제공합니다.

폼 디자이너는 'Windows Form 응용 프로그램' 템플릿으로 새 프로젝트를 만들면 나타납니다. 다음 그림에서 비주얼 스튜디오 IDE의 중앙에 있는 것이 바로 폼 디자이너입니다. 마치 실제 프로그램의 UI처럼 보이지 않습니까? 하지만 이것은 실행 중인 프로그램이 아니라 폼 디자이너로 디자인 중인 UI입니다. 이처럼 폼 디자이너는 WYSIWYG 방식의 UI 디자인을 지원합니다.

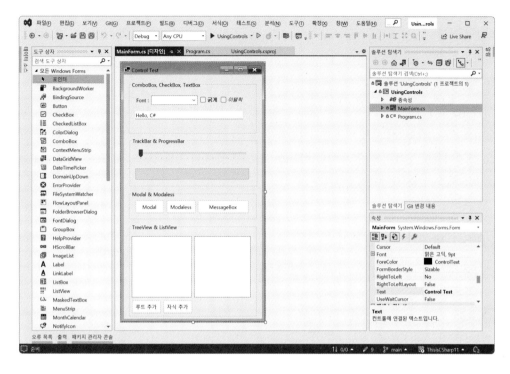

폼 디자이너는 도구 상자(이 그림에서 IDE의 왼쪽에 있는 것이 도구 상자입니다)와 함께 사용해야 합니다. 이 도구 상자에는 WinForm에서 제공하는 수많은 컨트롤들을 담고 있어서 '컨트롤 팔레트 Control Palette'라는 이름으로 불리기도 합니다. 도구 상자와 폼 디자이너를 이용해서 UI를 구성하는 방법은 다음과 같습니다.

❶ 도구 상자에서 사용할 컨트롤을 골라 마우스 커서를 위치시키고 왼쪽 버튼을 클릭합니다.

❷ 마우스 커서를 그대로 폼 디자이너 위로 옮긴 뒤 다시 왼쪽 마우스 버튼을 클릭합니다.

❸ 폼 위에 올려진 컨트롤의 위치 및 크기, 프로퍼티를 수정합니다.

이 순서가 글로 쓰여 있어서 폼 디자이너의 사용 방법이 어려워 보일 수도 있지만, 실제로 사용해보면 사용 방법이 굉장히 간단하다는 것을 느낄 수 있습니다. 실습은 잠시 후에 해보겠습니다.

앞의 그림에서 도구 상자 쪽을 유심히 본 독자들은 눈치챘을 텐데, WinForm은 앞에서 다뤘던 버튼 컨트롤 외에도 수많은 컨트롤들을 제공하고 있습니다. 이 컨트롤들을 이 책에서 모두 설명할 수 있으면 좋겠지만 안타깝게도 지면이 한정되어 있기 때문에(지면을 늘릴 수도 있지만, 그럼 다른 두 가지도 늘어납니다. 책의 가격과 여러분의 학습량이요) 저는 다소 아쉬운 선택을 하기로 했습니다. 몇 가지 컨트롤만 소개하기로 말입니다. 그나마 다행스러운 사실은 WinForm 컨트롤은 프로퍼티와 이벤트를 다루는 요령만 이해하면 낯선 컨트롤도 손쉽게 사용 방법을 익힐 수 있다는 것입니다. 따라서 이 책을 공부한 후 여러분이 새로운 컨트롤들을 접하게 되더라도 별 어려움 없이 사용 방법을 익힐 수 있을 것입니다.

이어지는 절에서는 폼 디자이너의 사용법과 새로운 컨트롤의 사용법을 실습 위주로 설명합니다. 다양하면서도 소소한 내용들에 대해 백과사전처럼 이론을 늘어놓아봐야 집중력만 떨어지고 재미도 없을 것 같아서요. 그래서 일단 예제 WinForm 프로젝트를 하나 만들어두고, 이 프로젝트에 컨트롤을 조금씩 올려가면서 설명하겠습니다.

20.5.1 새 프로젝트 만들기

조금 전에 이야기한 것처럼 WinForm 프로젝트를 하나 만들겠습니다.

Step 1

비주얼 스튜디오를 실행하고 'Windows Forms 앱' 템플릿으로 새 프로젝트를 생성합니다. 프로젝트 이름은 'UsingControls'로 지정하세요.

프로젝트를 생성했으면 다음 그림과 같이 [솔루션 탐색기] 창에서 'Form1.cs' 파일의 이름을 'MainForm.cs'
로 변경하세요.

준비가 다 됐군요. 다음 절부터는 폼 디자이너를 이용해서 UI를 꾸며보겠습니다.

20.5.2 Form

우리가 만들 예제 프로그램의 주 윈도우가 될 MainForm의 속성을 '폼 디자이너를 이용해서' 변경
해보겠습니다.

윈도우의 타이틀 바 텍스트만 바꿔보죠. 먼저 폼 디자이너에서 폼을 왼쪽 마우스로 한 번 클릭하여 선택하
세요.

다음과 같이 [속성] 창(IDE의 우측 하단에 있습니다. 만약 [속성] 창이 IDE 어디에도 안 보인다면 [보기] –
[속성 창] 메뉴를 선택합니다)에 'MainForm'의 프로퍼티와 값이 나타날 것입니다. 'Text' 프로퍼티를 찾아
값을 'Control Test'로 변경하세요.

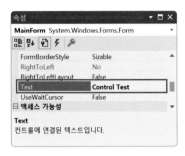

앞으로 이 폼 위에 올릴 컨트롤의 프로퍼티들도 지금 작업한 것과 같은 요령으로 변경하면 됩니다.

20.5.3 GroupBox, Label, ComboBox, CheckBox, TextBox

지금부터는 한 번에 여러 개의 컨트롤을 폼 위에 배치하겠습니다. 다음 그림과 같이 컨트롤을 배치하고 프
로퍼티를 변경하되, GroupBox 컨트롤부터 배치한 뒤 이 위에 나머지 컨트롤을 배치하기 바랍니다.

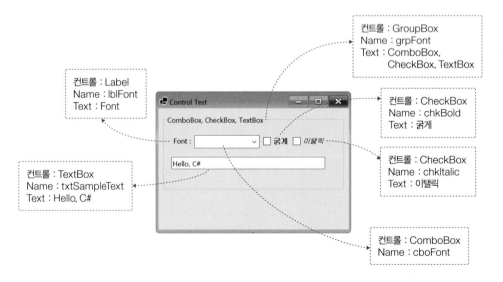

Step 2

컨트롤 배치를 마쳤으면 이제 각 컨트롤에 이벤트 처리기를 등록할 차례입니다. MainForm의 Load 이벤트에 대한 처리기를 먼저 등록하겠습니다. 이 이벤트가 가장 먼저 발생할 이벤트이기 때문입니다.

폼 디자이너에서 MainForm을 선택하고 다음 그림처럼 [속성] 창에서 번개 모양의 [이벤트] 아이콘을 클릭합니다. Form 컨트롤의 이벤트 목록이 나타나면 'Load'를 찾아 더블 클릭하세요.

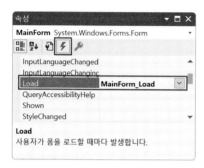

Step 3

여기까지 작업했다면 IDE가 MainForm_Load() 이벤트 처리기의 껍데기를 만들면서 코드 편집기를 자동으로 열었을 것입니다. 이 껍데기에 다음과 같이 코드를 추가해서 이벤트 처리기를 완성해주세요.

```
private void MainForm_Load(object sender, EventArgs e)
{
    var Fonts = FontFamily.Families;        // 운영체제에 설치되어 있는 폰트 목록 검색
    foreach (FontFamily font in Fonts)      // cboFont 컨트롤에 각 폰트 이름 추가
        cboFont.Items.Add(font.Name);
}
```

Step 4

코드 편집창을 연 김에 다음 메소드도 MainForm 클래스 안에 추가해주세요. 이 메소드는 cboFont와 chkBold, chkItalic 컨트롤의 이벤트 처리기에서 호출하기 위한 것으로, txtSampleText의 문자열 폰트를 변경하는 기능을 합니다.

```
void ChangeFont()
{
    if (cboFont.SelectedIndex < 0)    // cboFont에서 선택한 항목이 없으면 메소드 종료
        return;

    FontStyle style = FontStyle.Regular; // FontStyle 객체를 초기화

    if (chkBold.Checked) // "굵게" 체크 박스가 선택되어 있으면 Bold 논리합 수행
        style |= FontStyle.Bold;

    if (chkItalic.Checked) // "이탤릭" 체크 박스가 선택되어 있으면 Italic 논리합 수행
        style |= FontStyle.Italic;

    txtSampleText.Font =   // txtSampleText의 Font 프로퍼티를 앞에서 만든 style로 수정
        new Font((string)cboFont.SelectedItem, 10, style);
}
```

Step 5

다음 표에 있는 각 컨트롤에 대해 이벤트 처리기 껍데기를 만들어주세요. 방법은 MainForm_Load() 이벤트 처리기를 만들 때와 같습니다.

컨트롤	이벤트	이벤트 처리기
cboFont	SelectedIndexChanged	cboFont_SelectedIndexChanged
chkBold	CheckedChanged	chkBold_CheckedChanged
chkItalic	CheckedChanged	chkItalic_CheckedChanged

Step 6

이벤트 처리기 껍데기들을 만들었으면 다음과 같이 코드를 추가해서 완성하세요. 세 개의 이벤트 처리기 모두 동일하게 조금 전에 선언한 ChangeFont() 메소드를 호출합니다.

```
private void cboFont_SelectedIndexChanged(object sender, EventArgs e)
{
    ChangeFont();
}

private void chkBold_CheckedChanged(object sender, EventArgs e)
{
    ChangeFont();
}

private void chkItalic_CheckedChanged(object sender, EventArgs e)
{
    ChangeFont();
}
```

Step 7

지금까지 작업한 내용을 테스트해보겠습니다. F5 키를 눌러 프로그램을 디버깅 모드로 실행해서 테스트해 보세요. cboFont 콤보 박스에 폰트 목록이 잘 나오는지, 폰트를 선택하면 txtSampleText의 텍스트 폰트가 변경되는지를 보면 됩니다. '굵게', '이탤릭' 체크박스의 테스트도 잊으면 안 됩니다.

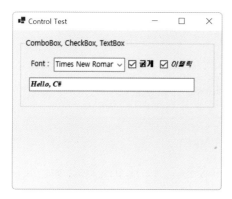

20.5.4 TrackBar, ProgressBar

이번에는 TrackBar와 ProgressBar 컨트롤을 테스트해보겠습니다.

Step 1

다음 그림과 같이 컨트롤을 배치하고 프로퍼티를 변경하되, 아까처럼 GroupBox 컨트롤부터 배치한 뒤 이
위에 나머지 컨트롤을 배치하기 바랍니다.

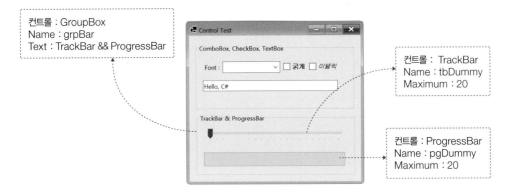

컨트롤 : GroupBox
Name : grpBar
Text : TrackBar && ProgressBar

컨트롤 : TrackBar
Name : tbDummy
Maximum : 20

컨트롤 : ProgressBar
Name : pgDummy
Maximum : 20

Step 2

다음 표에 있는 각 컨트롤에 대해 이벤트 처리기 껍데기를 만들어주세요. 방법은 MainForm_Load() 이벤
트 처리기를 만들 때와 같습니다.

컨트롤	이벤트	이벤트 처리기
tbDummy	Scroll	tbDummy_Scroll

Step 3

다음과 같이 코드를 입력하여 tbDummy_Scroll() 이벤트 처리기를 완성하세요.

```
private void tbDummy_Scroll(object sender, EventArgs e)
{
    pgDummy.Value = tbDummy.Value; // 슬라이더의 위치에 따라 프로그레스바의 내용도 변경
}
```

Step 4

작업한 내용을 확인해보겠습니다. F5 키를 눌러 프로그램을 디버깅 모드로 실행하고 TrackBar의 슬라이더
를 이리저리 옮기면서 프로그레스바의 내용도 따라서 변경되는지 확인해보세요.

20.5.5 Button, Form, Dialog

Button 컨트롤은 이미 구면이죠? 그래도 폼 디자이너로는 Button 컨트롤을 배치해본 적 없으니 처음 보는 것처럼 읽어주세요. 그래야 덜 지루하죠. 이번에는 Button 컨트롤을 클릭했을 때 Modal 창, Modaless 창, MessageBox를 띄우는 기능을 구현해보겠습니다.

> **! 여기서 잠깐   Modal? Modaless?**
>
> 윈도우 프로그램은 두 가지 모드의 자식 창을 띄울 수 있는데 그중 한 가지가 Modal, 또 다른 한 가지가 Modaless입니다. Modal 창은 일단 띄우고 나면 창을 닫을 때까지 프로그램의 다른 UI를 절대 사용할 수 없다는 것이 특징입니다. 프로그램이 심각한 정보를 표시해야 하거나 사용자로부터 중요한 결정 사항을 입력받아 다음 단계를 진행해야 할 때 주로 사용하곤 합니다.
>
> 이와 달리 Modaless 창은 띄우고 난 뒤에도 프로그램의 다른 UI에 사용자가 접근할 수 있습니다. 웹 브라우저의 파일 다운로드 창이 Modaless 창의 좋은 예죠. 파일을 다운로드하면 자식 창이 떠서 파일 다운로드를 수행하지만 사용자는 여전히 웹 브라우저로 다른 페이지를 탐색할 수 있거든요.

Step 1

다음 그림과 같이 컨트롤을 배치하고 프로퍼티를 변경하세요. 방법은 이전과 동일합니다.

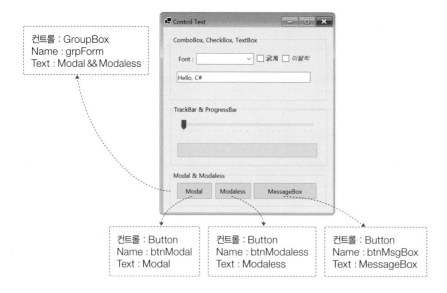

컨트롤 : GroupBox
Name : grpForm
Text : Modal && Modaless

컨트롤 : Button
Name : btnModal
Text : Modal

컨트롤 : Button
Name : btnModaless
Text : Modaless

컨트롤 : Button
Name : btnMsgBox
Text : MessageBox

Step 2

다음 표와 같이 각 버튼에 대해 이벤트 처리기 껍데기를 만들어주세요.

컨트롤	이벤트	이벤트 처리기
btnModal	Click	btnModal_Click
btnModaless	Click	btnModaless_Click
btnMsgBox	Click	btnMsgBox_Click

Step 3

이벤트 처리기 껍데기를 만들었으면 다음과 같이 코드를 입력하여 완성하세요.

```
private void btnModal_Click(object sender, EventArgs e)
{
    Form frm = new Form();
    frm.Text = "Modal Form";
    frm.Width = 300;
    frm.Height = 100;
    frm.BackColor = Color.Red;
    frm.ShowDialog(); // Modal 창을 띄웁니다.
}
```

```
private void btnModaless_Click(object sender, EventArgs e)
{
    Form frm = new Form();
    frm.Text = "Modaless Form";
    frm.Width = 300;
    frm.Height = 300;
    frm.BackColor = Color.Green;
    frm.Show(); // Modaless 창을 띄웁니다.
}

private void btnMsgBox_Click(object sender, EventArgs e)
{
    MessageBox.Show(txtSampleText.Text,
        "MessageBox Test", MessageBoxButtons.OK, MessageBoxIcon.Exclamation);
}
```

Step 4

작업한 내용을 확인해보겠습니다. F5 키를 눌러 프로그램을 디버깅 모드로 실행하세요. Modal 창을 띄웠을 때 제가 설명한 대로 프로그램의 다른 UI를 사용할 수 없는지, 또는 Modaless 창을 띄웠을 때 프로그램의 다른 UI를 사용할 수 있는지 확인해보길 바랍니다.

20.5.6 TreeView, ListView

마지막으로 윈도우 탐색기에서 항상 볼 수 있는 TreeView와 ListView 컨트롤을 사용해보겠습니다.

먼저 다음 그림과 같이 컨트롤을 배치하고 프로퍼티를 변경하세요.

컨트롤 : GroupBox
Name : grpTreeList
Text : TreeView && ListView

컨트롤 : TreeView
Name : tvDummy

컨트롤 : ListView
Name : lvDummy
View : Details

컨트롤 : Button
Name : btnAddRoot
Text : 루트 추가

컨트롤 : Button
Name : btnAddChild
Text : 자식 추가

MainForm.cs를 코드 편집기로 열어서 다음과 같이 필드 하나를 추가해주세요. TreeView의 노드 이름으로 사용할 난수 생성기입니다.

```
public partial class MainForm : Form
{
    Random random = new Random(37);

    // …
```

MainForm() 생성자에도 추가할 코드가 있습니다. 다음과 같이 lvDummy에 컬럼을 생성하는 코드를 입력해주세요.

```
public MainForm()
{
    InitializeComponent();

    lvDummy.Columns.Add("Name");
    lvDummy.Columns.Add("Depth");
}
```

코드 편집기를 연 김에 다음의 TreeToList() 메소드도 추가합시다. 이 메소드는 TreeView의 각 노드를 ListView로 옮겨 표시하는 기능을 합니다.

```
void TreeToList()
{
    lvDummy.Items.Clear();
    foreach (TreeNode node in tvDummy.Nodes)
        TreeToList(node);
}

void TreeToList(TreeNode Node)
{
    lvDummy.Items.Add(
            new ListViewItem(
                new string[] {Node.Text,
                    Node.FullPath.Count(f => f == '\\').ToString()}));

    foreach (TreeNode node in Node.Nodes)
    {
        TreeToList(node);
    }
}
```

> TreeNode 형식의 FullPath 프로퍼티는 루트 노드부터 현재 노드까지의 경로를 나타내며, 각 경로는 ₩로 구분합니다.

다시 폼 디자이너로 돌아와서, 다음 표와 같이 [루트 추가] 버튼과 [자식 추가] 버튼에 대해 이벤트 처리기 껍데기를 만들어주세요.

컨트롤	이벤트	이벤트 처리기
btnAddRoot	Click	btnAddRoot_Click
btnAddChild	Click	btnAddChild_Click

이벤트 처리기 껍데기를 만들었으면 다음과 같이 코드를 입력하여 완성하세요.

```
private void btnAddRoot_Click(object sender, EventArgs e)
{
    tvDummy.Nodes.Add(random.Next().ToString());
    TreeToList();
}

private void btnAddChild_Click(object sender, EventArgs e)
{
    if (tvDummy.SelectedNode == null)
    {
        MessageBox.Show("선택된 노드가 없습니다.",
            "TreeView Test", MessageBoxButtons.OK, MessageBoxIcon.Error);
        return;
    }
    tvDummy.SelectedNode.Nodes.Add(random.Next().ToString());
    tvDummy.SelectedNode.Expand();
    TreeToList();
}
```

작업한 내용을 확인해야겠죠? F5 키를 눌러 프로그램을 디버깅 모드로 실행하세요. [루트 추가] 버튼과 [자식 추가] 버튼을 클릭해 TreeView에 노드를 생성하고, TreeView에 생성된 노드들이 ListView에도 표시되는지 확인해보세요.

20.6 사용자 인터페이스와 비동기 작업

백그라운드 작업을 수행하면서도 사용자에게 여전히 잘 응답하는 프로그램을 만드는 것은 쉬운 일이 아니었습니다. async와 await가 C#에 도입되기 전까지는 말입니다. 19장에서 비동기 코드를 설명하면서 async와 await의 진가를 20장에서 확인하자고 했던 약속을 지킬 때가 왔습니다.

지금부터는 파일 복사를 하는 윈도우 프로그램을 만들어보겠습니다. 이 프로그램의 동기/비동기 파일 복사 코드는 19장에서 이미 다뤘고, UI 구성 또한 간단하므로 동작 원리에 대한 별도의 설명은 생략하겠습니다. 다음 순서를 따라 예제 프로젝트를 생성하고 코드를 작성해보세요.

20.6.1 새 프로젝트 만들기

Step 1

비주얼 스튜디오를 실행하고 'Windows Forms App (.NET)' 템플릿으로 새로운 프로젝트를 생성합니다. 프로젝트 이름은 'AsyncFileIOWinForm'으로 지정하세요.

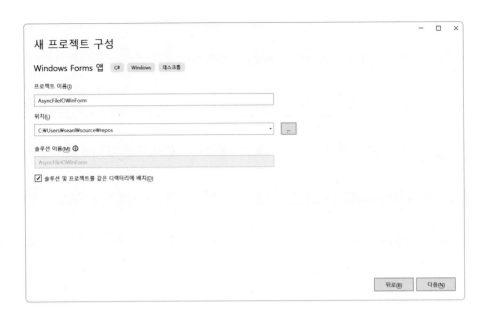

Step 2

프로젝트를 생성했으면 다음 그림과 같이 [솔루션 탐색기] 창에서 'Form1.cs' 파일의 이름을 'MainForm.cs' 로 변경하세요.

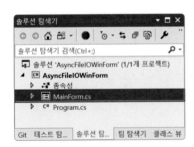

20.6.2 CopySync()/CopyAsync() 메소드 구현하기

동기 파일 복사를 하는 CopySync()와 비동기 파일 복사를 하는 CopyAsync()의 내용은 19장에서 만들었던 예제 프로그램과 내용이 거의 같습니다. 파일 복사 상태를 프로그레스바로 표시하는 부분만 다를 뿐입니다. 다음 CopySync()/CopyAsync() 코드를 MainForm.cs에 추가하세요.

```csharp
private async Task<long> CopyAsync(string FromPath, string ToPath)
{
    btnSyncCopy.Enabled = false;
    long totalCopied = 0;

    using (FileStream fromStream =
            new FileStream(FromPath, FileMode.Open))
    {
        using (FileStream toStream =
                new FileStream(ToPath, FileMode.Create))
        {
            byte[] buffer = new byte[1024 * 1024];
            int nRead = 0;
            while ((nRead =
                await fromStream.ReadAsync(buffer, 0, buffer.Length)) != 0)
            {
                await toStream.WriteAsync(buffer, 0, nRead);
                totalCopied += nRead;

                // 프로그레스바에 현재 파일 복사 상태 표시
                pbCopy.Value =
                    (int)(((double)totalCopied / (double)fromStream.Length)
                            * pbCopy.Maximum);
            }
        }
    }

    btnSyncCopy.Enabled = true;
    return totalCopied;
}

private long CopySync(string FromPath, string ToPath)
{
    btnAsyncCopy.Enabled = false;
    long totalCopied = 0;

    using (FileStream fromStream =
            new FileStream(FromPath, FileMode.Open))
    {
        using (FileStream toStream =
```

```
                  new FileStream(ToPath, FileMode.Create))
        {
            byte[] buffer = new byte[1024 * 1024];
            int nRead = 0;
            while ((nRead =
                fromStream.Read(buffer, 0, buffer.Length)) != 0)
            {
                toStream.Write(buffer, 0, nRead);
                totalCopied += nRead;

                // 프로그레스바에 현재 파일 복사 상태 표시
                pbCopy.Value =
                    (int)(((double)totalCopied / (double)fromStream.Length)
                            * pbCopy.Maximum);
            }
        }
    }

    btnAsyncCopy.Enabled = true;
    return totalCopied;
}
```

20.6.3 UI 구성하기

Step 1

이제 폼 디자이너를 이용해서 UI를 구성할 차례입니다. MainForm 위에 다음 그림과 같이 컨트롤을 배치하고 프로퍼티를 변경하세요.

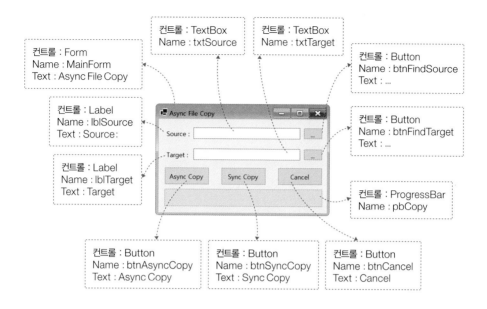

컨트롤 : TextBox
Name : txtSource

컨트롤 : TextBox
Name : txtTarget

컨트롤 : Form
Name : MainForm
Text : Async File Copy

컨트롤 : Button
Name : btnFindSource
Text : ...

컨트롤 : Label
Name : lblSource
Text : Source:

컨트롤 : Button
Name : btnFindTarget
Text : ...

컨트롤 : Label
Name : lblTarget
Text : Target

컨트롤 : ProgressBar
Name : pbCopy

컨트롤 : Button
Name : btnAsyncCopy
Text : Async Copy

컨트롤 : Button
Name : btnSyncCopy
Text : Sync Copy

컨트롤 : Button
Name : btnCancel
Text : Cancel

Step 2

다음 표에 있는 각 컨트롤에 대해 이벤트 처리기 껍데기를 만들어주세요.

컨트롤	이벤트	이벤트 처리기
btnFindSource	Click	btnFindSource_Click
btnFindTarget	Click	btnFindTarget_Click
btnAsyncCopy	Click	btnAsyncCopy_Click
btnSyncCopy	Click	btnSyncCopy_Click
btnCancel	Click	btnCancel_Click

이벤트 처리기 껍데기를 만들었으면 다음과 같이 코드를 입력하여 완성하세요.

```
private void btnFindSource_Click(object sender, EventArgs e)
{
    OpenFileDialog dlg = new OpenFileDialog();
    if (dlg.ShowDialog() == System.Windows.Forms.DialogResult.OK)
    {
        txtSource.Text = dlg.FileName;
    }
```

```csharp
private void btnFindSource_Click(object sender, EventArgs e)
{
    OpenFileDialog dlg = new OpenFileDialog();
    if (dlg.ShowDialog() == System.Windows.Forms.DialogResult.OK)
    {
        txtSource.Text = dlg.FileName;
    }
}

private void btnFindTarget_Click(object sender, EventArgs e)
{
    SaveFileDialog dlg = new SaveFileDialog();
    if (dlg.ShowDialog() == System.Windows.Forms.DialogResult.OK)
    {
        txtTarget.Text = dlg.FileName;
    }
}

private async void btnAsyncCopy_Click(object sender, EventArgs e)
{
    long totalCopied = await CopyAsync(txtSource.Text, txtTarget.Text);
}

private void btnSyncCopy_Click(object sender, EventArgs e)
{

    long totalCopied = CopySync(txtSource.Text, txtTarget.Text);

}

private void btnCancel_Click(object sender, EventArgs e)
{
    MessageBox.Show("UI 반응 테스트 성공.");
}
```

코딩은 끝났습니다. 이제 F5 키를 눌러서 프로그램을 테스트해봅시다. 먼저 [btnFindSource] 버튼을 클릭해서 복사 원본 파일을 찾고(동영상과 같이 큰 파일이 테스트에 유리합니다), [btnFindTarget] 버튼을 클릭해서 복사 대상 파일을 입력한 후 [Sync Copy] 버튼을 클릭하세요. 다음과 같이 파일을 복사하고 있을 때 [Cancel] 버튼을 눌러 UI가 반응하는지 확인해보세요. 거의 반응하지 못할 것입니다(아쉽게도 다음 그림은 인쇄물의 한계로 UI가 반응하지 못하는 상황을 잘 표현하지 못하고 있습니다).

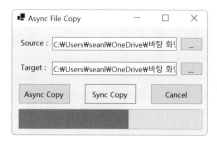

파일 복사가 끝났으면 이번에는 [Async Copy] 버튼을 클릭해서 파일 복사를 시작하고, 파일 복사가 진행 중일 때 [Cancel] 버튼을 클릭해서 UI가 반응하는지 보세요.

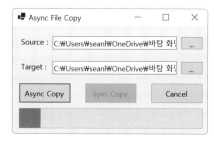

21

네트워크 프로그래밍

.NET은 WCF^{Windows Communication Foundation}, .NET Remoting, XML Web Services처럼 사용하기 쉬우면서도 강력한 네트워킹 API를 제공해왔습니다. 이 기술들은 다른 컴퓨터에서 실행되고 있는 상대 프로세스가 마치 한 컴퓨터, 아니 한 프로세스 안에 있는 객체인 것처럼 다루게 해줍니다. 따라서 .NET 플랫폼을 이용하는 프로그래머들은 애플리케이션에 네트워크 기능을 넣기 위해 골치를 썩힐 일이 거의 없다고 할 수 있습니다.

그런데 애플리케이션의 성능을 정교하게 조정하거나 디버깅하려면 API 없이도 일을 해낼 수 있는 기초가 반드시 필요합니다.

네트워크 프로그래밍도 깊이 다루려면 많은 지면이 필요하지만 이 책에서는 간단한 파일 전송 프로그램을 만들 수 있을 정도의 내용을 설명하는 것으로 이번 장의 수준을 정했습니다.

그럼 네트워크 프로그래밍 이야기를 시작하겠습니다.

학습목표

**이 장의
핵심 개념**

- 인터넷의 유래와 TCP/IP 프로토콜을 이해합니다.

- TcpListener와 TcpClient 클래스의 사용 방법을 익힙니다.

- 패킷의 전송 과정을 이해합니다.

- 네트워크 응용 프로그램을 만들어봅니다.

**이 장의
학습 흐름**

네트워크 프로그래밍에 앞서 알아둬야 할 기초
▼
TcpListener와 TcpClient
▼
흐르는 패킷

21.1 네트워크 프로그래밍에 앞서 알아둬야 할 기초

아마 여러분은 통신 기능을 수행하는 C# 코드가 너무너무 보고 싶을 것입니다. 어쩌면 몇 페이지를 넘겨보고 다시 돌아와서 이 줄을 읽고 있는지도 모르죠. 우리 속담에 천 리 길도 한 걸음부터라는 말이 있습니다. 이 속담처럼 네트워크 프로그래밍에도 반드시 알아둬야 할 기초가 있습니다. 이를 모르고서는 코드가 나타나도 어떤 내용인지 감조차 잡기 어렵거든요. 물론 우리 중에 코드에 관해 초감각을 갖고 있어서 척 보면 탁 이해하는 사람이 있을 수도 있지만 저처럼 이해가 느린 사람을 위해 글을 써야 하니 초감각 독자는 양해해주세요.

21.1.1 인터넷의 유래

네트워크^{Network}는 그물^{Net}에서 파생한 단어로, 어떤 물건이나 사람 등이 상호 연결된 체계를 말합니다. 보통 우리가 이야기하는 네트워크는 컴퓨터들이 상호 연결된 '컴퓨터 통신 네트워크'입니다. 그리고 우리는 지금 네트워크에 연결된 컴퓨터상의 애플리케이션들 간에 데이터를 주고받도록 하는 방법에 대해 이야기하려는 참이죠.

우리가 잘 아는 것처럼, 최초 세대의 컴퓨터로 할 수 있는 것이라고는 프로그램을 입력받아서 실행한 뒤 그 결과를 출력하는 정도가 전부였습니다. 그나마 입력과 출력도 키보드와 모니터(또는 프린터)가 아닌 천공카드(직사각형의 구멍을 뚫어서 비트를 나타내는 카드)를 이용해야 해서 보통 사람은 도저히 컴퓨터에 접근할 엄두도 낼 수 없었습니다. 다행히 전자 분야의 빠른 발전 덕에 컴퓨터의 성능이 향상되고 입력/출력장치의 편의도 크게 향상됐습니다. 사람들은 천공카드 대신 키보드와 모니터를 사용하게 됐고, 프로그램 하나만 실행할 수 있었던 컴퓨터는 동시에 여러 프로그램을 실행할 수 있게 됐습니다. 이 시기의 컴퓨터 사용 방식은 다음 그림처럼 중앙 컴퓨터에 더미 터미널 여러 개를 연결하는 것이었습니다. 더미 터미널은 연산 능력은 전혀 없는 대신에, 입력(키보드)과 출력(모니터)을 할 수 있는 기능만 있었습니다(그래서 '더미^{Dummy}'라고 불렀죠). 이 더미 터미널은 비록 아무 지능이 없었지만, 큰 의미가 있는 기능을 갖추고 있었는데 그것은 바로 중앙 컴퓨터와 '데이터를 주고받는' 기능이었습니다.

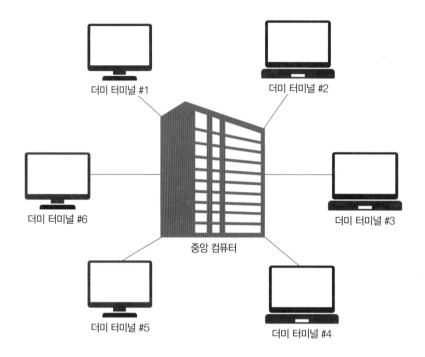

더미 터미널 #1

더미 터미널 #2

더미 터미널 #6

중앙 컴퓨터

더미 터미널 #3

더미 터미널 #5

더미 터미널 #4

냉전이 한창이던 1957년, 소련은 스푸트니크 위성을 우주에 쏘아 올렸습니다. 이 소식에 미국은 충격에 휩싸였습니다. 첫째로는 소련이 우주에서 직접 자신들을 공격할 수 있는 수단을 갖게 됐다는 것에 충격을 받았고, 둘째로는 소련이 자신들보다 앞선 우주 기술을 갖고 있다는 데 충격을 받았습니다. 이 충격으로 미국의 각 분야에서 수많은 변화가 일어났는데, 그중 하나가 1958년 DARPA[Defense Advanced Research Project Agency]의 설립이었습니다. DARPA는 이름이 나타내는 것처럼 군대를 위한 신기술을 개발하는 곳이었습니다(DARPA라는 이름은 나중에 D만 빼고 ARPA가 됐다가, 다시 DARPA가 되는 등 오락가락 하다가 나중에는 결국 DARPA로 돌아왔습니다). 냉전 시대에 설립된 DARPA는 막대한 예산을 지원받으며 미군을 위한 연구를 수행했습니다. DARPA의 본부는 알링턴에 있었지만, DARPA의 프로젝트 상당수가 대학과 외부의 연구소에서 수행됐습니다. 각 연구 기관에서는 컴퓨터를 이용하여 연구를 수행했고, 연구 자료들이 이 컴퓨터에 축적되기 시작했습니다. 그런데 당시에 DARPA가 이 연구 자료에 접근할 수 있는 유일한 방법은 '택배'뿐이었습니다. 믿을 만한 사람에게 연구 자료를 맡겨 DARPA로 보내는 수밖에 없었던 것입니다.

DARPA는 이 문제를 위해 새로운 구상을 했는데, 그것은 네트워크와 네트워크를 연결하는 방법을 마련하는 것이었습니다. 네트워크와 네트워크가 연결되면 한쪽 네트워크에 접속한 사용자는 다른 네트워크에 있는 컴퓨터에 접근할 수 있게 됩니다. 그리고 그 네트워크를 통해 또 다른 네트워크에도 접근할 수 있게 됩니다. 이 방식을 이용하면 DARPA는 연구 기관을 잇는 회선을 일일이 구축하지 않고도 최소한의 비용으로 연구소들의 컴퓨터를 연결할 수 있었습니다. 그뿐 아니라 각 연구 기관들은 서로의 시스템 자원과 자료를 사용할 수 있게 될 터였습니다. 연구에 대한 중복 투자를 줄일 수 있고, 필요한 자료를 '빛의 속도'로 획득할 수 있게 됩니다. 연구 자료를 며칠 걸려 주고받던 것에 비하면 엄청난 혁신이었습니다.

이른바 DARPANET이라고 불리던 이 네트워크는 더 많은 대학과 연구 기관으로, 또한 세계의 연구 기관과 민간으로 연결되기 시작하더니 1980년대 말에 이르러서는 인터넷이라는 국제 통신망을 형성하게 됐습니다. 오늘날 우리가 이용하는 인터넷은 바로 이렇게 시작됐습니다.

21.1.2 TCP/IP 스택

컴퓨터끼리 네트워크에서 데이터를 주고받기 위해서는 그 네트워크에서 통용되는 '프로토콜Protocol'을 따라야 합니다. 프로토콜은 규약, 규칙이라는 뜻의 낱말로, 여기에서는 컴퓨터들이 네트워크를 통해 데이터를 주고받기 위한 '통신 규약'을 말합니다.

인터넷은 분명히 전 세계에서 가장 거대한 네트워크이긴 하지만, 유일한 네트워크는 아닙니다. 이 말은, 즉 인터넷 외에도 다양한 통신 네트워크가 존재한다는 뜻입니다. 네트워크도 네트워크지만 프로토콜에도 굉장히 다양한 종류가 있습니다. 만약 아직도 이들이 자신의 규격이 뛰어나다며 경쟁을 벌이는 춘추전국시대였다면 프로그래머와 네트워크 엔지니어는 각 네트워크와 프로토콜을 공부하느라 정신을 차릴 수 없었을 것입니다.

다행히도 인터넷이 사실상 전 세계 컴퓨터 네트워크의 표준이라 할 수 있을 정도로 자리를 잡았고, 인터넷의 통신 프로토콜로 사용되는 TCP/IP도 실질적인 인터넷 표준 프로토콜로 자리잡았습니다 (우리는 살았습니다. 만세~).

사실 통신을 위해서는 굉장히 많은 합의/규칙이 통신 주체들 간에 지켜져야 하기 때문에 프로토콜이 다루는 규칙의 범위도 굉장히 넓습니다. 가장 간단한 몇 가지 예만 살펴볼까요? 물리적인 통신 선로는 어떤 재질로 만들어야 하는가에 대한 규칙, 1:1, 1:N 또는 N:N 네트워크에서는 대화하려는 상대를 어떻게 판단하는가에 대한 규칙, 데이터를 송수신할 때의 바이트 오더에 대한 규칙 등등이 그 예입니다.

지금 우리가 이야기하려는 TCP/IP는 사실상 표준 프로토콜로, 인터넷에서 데이터를 주고받는 데 필요한 일련의 프로토콜 모음Suite입니다. TCP/IP는 다음 그림과 같이 크게 네 개의 계층으로 구성되어 있으며, 한 계층 위에 다른 계층이 포개어져 있는 형태 때문에 이것을 TCP/IP 스택Stack이라고 부르기도 합니다.

단순해 보이는 이 네 단계의 프로토콜 모음이 오늘날 인터넷을 떠받치고 있다니, 신기하지 않습니까? 우리가 일상에서 항상 사용하는 웹 브라우저, 인스턴트 메신저, 팟캐스트 서비스의 데이터들이 모두 이 네 계층을 오르내리고 있습니다. 지금부터는 TCP/IP 프로토콜을 구성하는 각 계층에 대해 알아보겠습니다. 먼저, 밑바닥에 있는 링크 계층Link Layer부터 시작하죠.

> **! 여기서 잠깐   링크 계층을 가리키는 다른 용어들**
>
> 링크 계층은 물리 계층(Physical Layer), 네트워크 접속 계층(Network Interface Layer), 미디어 접근 계층 (Media Access Layer) 등으로 불리기도 합니다. 혹시 다른 자료로 TCP/IP를 더 깊이 공부할 때 혼동하지 말라고 알려드립니다. 이 책에서는 RFC-1122를 기준으로 이것을 '링크 계층'이라고 부르겠습니다.
>
> **RFC**
>
> RFC란 Request For Comment(의견 요청서)의 약자로 IETF(인터넷국제표준화기구)에 의해 발행되는 메모를 말합니다. 인터넷 협회를 통해 기술자나 컴퓨터 과학자들이 자신의 아이디어를 RFC 형태로 발행하여 다른 전문가들의 검토를 받을 수 있도록 하는 것입니다. 이렇게 발행되는 RFC 중 일부는 IETF에 의해 인터넷 표준으로 인정되기도 합니다.

링크 계층

TCP/IP는 네트워크의 물리적인 구성으로부터 독립적인 프로토콜입니다. 컴퓨터가 네트워크에 전화선의 모뎀으로 연결되어 있든, LANLocal Area Network에 이더넷 케이블로 연결되어 있든, WiFi에 연결되어 있든 간에 전혀 신경 쓰지 않습니다. 이것은 링크 계층에서 네트워크의 물리적인 연결 매체를 통해 패킷을 주고받는 작업을 담당해주기 때문에 가능한 일입니다.

> **! 여기서 잠깐   패킷**
>
> 패킷(Packet)은 영어로 '소포'를 뜻하는 낱말인데, 네트워크 분야에서는 네트워크를 통해 오가는 데이터를 일컬어 '패킷'이라고 부릅니다. 왜 그냥 '데이터'라고 부르지 않냐고요? 여기에는 다 그만한 이유가 있습니다.
>
> 소포의 포장지는 실제로 보낼 '내용물'을 안전하게 보호하고 주소를 기입하기 위해 사용합니다. 영어로 패킷이라는 것은 '내용물 + 포장지'를 일컫는 것이죠. 네트워크를 통해 전송되는 데이터도 소포처럼 포장지가 필요합니다. 이 포장지로 데이터를 싸서 보호하고, 데이터가 어디에서 어디로 가는지를 기입해야 합니다. 이렇게 포장지로 포장된 데이터를 일컬어 '패킷'이라고 부르는 것입니다. 이제 그냥 데이터와 패킷을 구분할 수 있겠죠?

한편, 네트워크 패킷은 우체국 소포와는 달리 여러 겹의 포장지로 포장됩니다. 애플리케이션 계층, 전송 계층, 인터넷 계층, 링크 계층이 모두 패킷의 포장지거든요. 데이터를 보낼 때는 애플리케이션 계층부터 시작해서 링크 계층까지 포장을 하고, 데이터를 받을 때는 링크 계층부터 시작해서 애플리케이션 계층까지 포장을 뜯어 내용물을 꺼냅니다. 그 이유에 대해서는 본문을 읽으면 알게 될 것입니다.

가령 어떤 패킷이 네트워크를 통해 컴퓨터에 들어오면 가장 먼저 이 링크 계층이 맞이합니다. 링크 계층은 이 패킷에서 물리적 데이터 전송에 사용되던 부분을 제거하고 인터넷 계층에 넘깁니다. 이렇게 함으로써 인터넷 계층에서는 패킷이 전파를 타고 넘어왔든 광케이블을 타고 넘어왔든 간에 전혀 신경 쓰지 않고 자신의 일을 처리할 수 있게 됩니다.

인터넷 계층

인터넷 계층은 패킷을 수신해야 할 상대의 주소를 지정하고, 나가는 패킷에 대해서는 적절한 크기로 분할하며, 들어오는 패킷에 대해서는 재조립을 수행합니다. 이 계층에서 사용되는 규약이 바로 인터넷 프로토콜Internet Protocol, 즉 IP입니다. TCP/IP에서의 IP가 바로 이것이죠.

IP는 악덕 택배업자와 비슷한 특징을 갖고 있습니다. 내보낸 패킷을 상대방이 잘 수령했는지에 대해 전혀 보장하지 않기 때문입니다. 배달 중에 문제가 생겨서 패킷이 손상되거나 분실된다 해도 전혀 책임을 지지 않죠. 아니, 그보다도 IP는 상대방이 패킷을 잘 수령했는지의 여부를 파악하는 기능 자체가 없습니다. 그저 전송 계층에서 내려온 패킷에 주소를 붙여 네트워크 계층으로 보내기만 할 뿐입니다. 이쯤 되면 여러 개의 패킷을 전송했을 때 순서대로 도착하지 않아도 이상할 것이 전혀 없습니다.

한편, 인터넷 계층이 주소 지정을 담당한다고 했죠? 여기에 사용하는 주소 체계가 바로 IP 주소입니다.

전송 계층

전송 계층Transport Layer에는 이름 그대로 패킷의 '운송'을 담당하는 프로토콜들이 정의되어 있습니다. 그중에서도 전송 제어 프로토콜TCP: Transmission Control Protocol은 송신 측과 수신 측 간의 연결성을 제공하며, 신뢰할 수 있는 패킷 전송 서비스를 제공합니다. 여러 개의 패킷을 송신하는 경우 패킷 사이의 순서를 보장하며, 패킷이 유실되기라도 하면 재전송해주기까지 합니다. TCP/IP 프로토콜에서 TCP가 바로 이 프로토콜을 가리키는 것이며, TCP는 IP가 제공하지 않는 연결성, 신뢰성을 제공합니다.

웹 문서를 전달하는 기능을 하는 HTTP를 비롯한 수많은 응용 프로토콜들이 바로 이 TCP와 IP 프로토콜 위에서 동작합니다.

한편, TCP는 IP가 제공하지 않는 연결성과 신뢰성을 제공하느라 성능에서 손실을 봅니다. 데이터가 큰 경우에는 여러 패킷에 나눠 담아 순서대로 보내야 하지만, 데이터가 충분히 작은 경우에는 하나의 패킷에 담아 보내도 됩니다. 이런 상황에서는 TCP가 제공하는 패킷의 순서 보장성이 필요 없죠. 또한 받아도 그만, 안 받아도 그만인 패킷의 경우에는 굳이 재전송할 필요가 없습니다. 다시 말해, 충분히 작고 전송 신뢰성을 요구하지 않는 데이터의 경우 TCP의 장점은 곧 단점밖에 되지 않는다는 뜻입니다.

이를 위한 대안으로 전송 계층에는 UDP^{User Datagram Protocol}라는 프로토콜이 정의되어 있습니다. 이 프로토콜은 연결성도, 신뢰성도 제공하지 않지만 성능이 TCP에 비해 상당히 우수하기 때문에 전송 제어를 직접 처리하는 애플리케이션 수준에서 채용되는 경우가 많습니다.

애플리케이션 계층

이 계층은 각 응용 프로그램 나름의 프로토콜들이 정의되는 곳입니다. 웹 문서를 주고받기 위한 HTTP^{Hyper Text Transfer Protocol}, 파일 교환을 위한 FTP^{File Transfer Protocol}, 네트워크 관리를 위한 SNMP^{Simple Network Management Protocol} 등이 애플리케이션 계층에서 정의된 프로토콜의 대표적인 예입니다. 애플리케이션 계층의 프로토콜들은 전송 계층의 프로토콜 중 TCP에 기반할 수도 있고, UDP에 기반할 수도 있습니다. 조금 전에 이야기했던 HTTP와 FTP는 상대적으로 큰 데이터를 처리해야 하기 때문에 연결성과 신뢰성을 제공하는 TCP에 기반하고 있고, SNMP는 단순한 정보만 다루는 데다 패킷을 일부 유실한다 해도 임무에 지장을 주지 않기 때문에 비용이 저렴한 UDP에 기반합니다.

한편, HTTP나 FTP처럼 표준화된 프로토콜이 아니라도, 이 계층에서는 우리도 나름대로의 프로토콜을 정의해서 사용할 수 있습니다. 이를 위한 애플리케이션 계층이니까요. 예를 들어 여러분만의 인스턴트 메신저를 개발하는 데 필요한 프로토콜을 정의하면 그 프로토콜은 이곳 애플리케이션 계층에 속합니다.

다음 그림은 지금까지 설명한 애플리케이션 계층, 전송 계층, 인터넷 계층, 링크 계층의 스택과 각 계층에서 사용되는 프로토콜을 함께 보여줍니다. 이 그림을 보면서 TCP/IP 스택에 대해 공부했던 내용들을 정리해보세요. 저는 다음 절로 넘어가서 TCP/IP의 주소 체계에 대한 설명을 준비하고 있겠습니다.

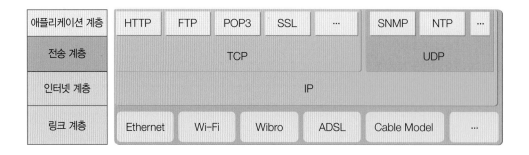

애플리케이션 계층	HTTP	FTP	POP3	SSL	...	SNMP	NTP	...
전송 계층	TCP					UDP		
인터넷 계층	IP							
링크 계층	Ethernet	Wi-Fi	Wibro	ADSL	Cable Model	...		

21.1.3 TCP/IP의 주소 체계: IP 주소

우편배달부가 우편물을 배달하기 위해서는 '주소'가 필요합니다. 인터넷에서도 패킷을 배달하려면 이것을 어디에서 보냈는지, 또 어디로 보낼지에 대한 정보, 즉 주소가 필요합니다. 그리고 인터넷에서 사용하는 이 주소를 일컬어 'IP 주소IP Address'라고 부릅니다.

여러분에게는 안 좋은 소식일 수도 있는데, 이 글을 쓰고 있는 현재 IP 주소 체계의 전환이 진행되고 있습니다. 기존의 IP 주소는 부호가 없는 8비트 정수 4개로 구성됩니다(즉, IP 주소는 32비트의 크기를 갖습니다). 각 8비트 정수는 0에서 255까지의 값을 가질 수 있으며 이 정수 네 개를 점(.)으로 연결하여 211.56.101.37과 같은 주소를 구성합니다. 이 주소 체계를 IPv4라고 하는데, 이 체계에서 만들어낼 수 있는 총 주소의 수는 256×256×256×256=4,294,967,296개뿐입니다. 40억 개가 조금 넘는 수준이죠.

얼핏 보면 상당히 큰 수 같지만 2010년 한 해에만 PC가 3억 5천만 대, 스마트 폰은 3억 대 정도가 전 세계적으로 출하된 것을 생각해보면 40억은 정말 턱없이 부족한 수임을 알 수 있습니다. 이 수준, 그러니까 1년에 약 6억 5천 대 정도의 기기들이 IP 주소를 하나씩 받아간다면 만 7년이 안 돼서 주소가 고갈되니 말입니다. 아닌 게 아니라 1983년부터 할당이 시작된 IPv4 주소는 2011년 고갈 상태에 이르렀습니다.

이 문제를 해결하기 위해 새로 등장한 주소 체계가 있는데, 바로 IPv6입니다. IPv6는 주소 길이가 128비트에 이르며, 이를 이용하여 만들어낼 수 있는 주소의 수는 2128개, 즉 340,282,366,920,938,463,463,374,607,431,768,211,456개에 이릅니다. 사실상 무한에 가까운 수라고 할 수 있습니다. IPv4는 8비트의 수 4개를 .으로 연결했지만 IPv6는 16비트의 수 8개를 콜론(:)으로 연결합니다. 다음은 IPv6 주소의 예입니다.

```
3FFE:FFFF:7654:FEDA:1245:BA98:3210:4562
```

현재는 주소 고갈이 임박한 IPv4 체계에서 IPv6 체계로의 전환이 전 세계적으로 진행되고 있습니다. 빠르면 이 책이 출간되고 몇 년 후에는 IPv4 대신 IPv6가 주류 인터넷 주소 체계로 자리잡을 것으로 전망됩니다.

21.1.4 포트

큰 빌딩은 대개 출입구가 여러 개 있습니다. O마트의 예를 보면 주차장 출입구만 해도 일반 고객 승용차와 수화물 차량 출입구가 나뉘어 있고, 사람들이 드나드는 출입구도 여러 곳이 있죠. 이 출입구를 통해 차도, 사람도, 물건도 드나듭니다.

컴퓨터도 네트워크 패킷이 드나들려면 '주소'뿐만 아니라 출입문이 필요한데요. 이 출입문을 일컬어 포트Port라고 부릅니다. Port는 항구 또는 출입구라는 뜻의 낱말인데, 컴퓨터 네트워크에서는 패킷이 드나드는 출입구를 의미합니다. 포트는 부호가 없는 16비트 정수로 0~65535 사이의 값을 이용합니다. 예를 들어 웹 브라우저에서 사용하는 HTTP는 80번 포트를 사용하고, FTP는 21번, Telnet은 23번을 사용합니다.

한편 HTTP나 FTP, Telnet과 같은 표준 프로토콜이 사용하고 있는 포트 번호는 전 세계적으로 합의된 값입니다. 이러한 포트 번호를 일컬어 '잘 알려진 포트 번호Well Known Port Number'라고 부르며, 다음은 그 예입니다.

- HTTP : 80
- HTTPS : 443
- FTP : 21
- Telnet : 23
- SMTP : 25
- IRC : 194
- IIOP : 535

'잘 알려진 포트 번호'는 1~1023 사이의 수를 사용하므로 우리가 새로운 애플리케이션 프로토콜을 정의할 때는 이 범위를 피해서 정하는 것이 좋습니다.

21.1.5 TCP/IP의 동작 과정

TCP/IP는 서버/클라이언트 방식으로 동작합니다. 통신을 수행하는 양쪽 끝 중 한쪽에서는 다른 한
쪽에 서비스를 제공해야 한다는 것이죠. 서버/클라이언트 방식으로 만들어진 TCP/IP 서비스의 예
를 들어볼까요? 웹 서버와 웹 브라우저, FTP 서버와 FTP 클라이언트, SMTP 메일 서버와 메일 클
라이언트 등 이들 모두가 TCP/IP 기반으로 만들어졌습니다.

TCP/IP 통신을 위해서는 먼저 서버가 서비스를 시작해야 합니다. 클라이언트가 접속해올 수 있도
록 준비하는 것이죠. 서버가 준비되고 나면 클라이언트는 서버에 접속을 시도합니다. 서버가 이 접
속 시도를 수락하면 서버와 클라이언트는 동등한 입장에서 데이터를 주고받을 수 있게 됩니다. 서버
에서 데이터를 보내 클라이언트가 받을 수도 있고, 클라이언트에서 데이터를 보내 서버가 받을 수도
있습니다. 둘 사이의 용무가 끝나면 접속을 종료합니다. 종료 요청은 클라이언트에서 할 수도 있고
서버에서 할 수도 있습니다. 다음 그림은 방금 이야기한 TCP/IP 서버/클라이언트의 동작 과정을 나
타냅니다.

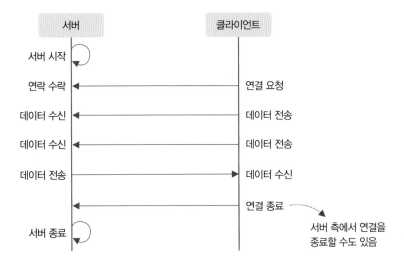

이제 슬슬 TCP/IP 통신을 수행하는 코드에 다가설 때가 된 것 같습니다. 다음 절에서는 이번 절에서 설명한 TCP/IP 서버/클라이언트 동작 과정을 추상화한 .NET의 클래스인 TcpListener와 TcpClient에 대해 알아보겠습니다.

21.2 TcpListener와 TcpClient

TcpListener와 TcpClient는 .NET이 TCP/IP 통신을 위해 제공하는 클래스입니다. 이들 클래스가 속해 있는 System.Net.Sockets 네임스페이스에는 더욱 다양한 옵션과 메소드를 제공하는 Socket 클래스도 있지만, 사용이 복잡하다는 단점이 있기 때문에 이 책에서는 Socket 클래스 대신 TcpListener와 TcpClient 클래스를 이용한 TCP/IP 프로그래밍을 설명하려 합니다.

TcpListener 클래스는 서버 애플리케이션에서 사용되며, 클라이언트의 연결 요청을 기다리는 역할을 합니다. TcpClient는 서버 애플리케이션과 클라이언트 애플리케이션 양쪽에서 사용됩니다. 클라이언트에서는 TcpClient가 서버에 연결을 요청하는 역할을 수행하며, 서버에서는 클라이언트의 요청을 수락하면 클라이언트와의 통신에 사용할 수 있는 TcpClient의 인스턴스가 반환됩니다.

서버와 클라이언트가 갖고 있는 TcpClient는 GetStream()이라는 메소드를 갖고 있어서, 양쪽 응용 프로그램은 이 메소드가 반환하는 NetworkStream 객체를 통해 데이터를 주고받습니다. 데이터를 보낼 때는 NetworkStream.Write()를, 데이터를 읽을 때는 NetworkStream.Read()를 호출합니다. 데이터를 주고받는 일을 마치고 나서 서버와 클라이언트의 연결을 종료할 때는 NetworkStream 객체와 TcpClient 객체 모두의 Close() 메소드를 호출합니다.

다음 그림은 서버와 클라이언트에서 TCP/IP 통신을 수행하기 위해 호출하는 TcpListener와 TcpClient, 그리고 NetworkStream 클래스의 메소드들의 흐름을 나타냅니다.

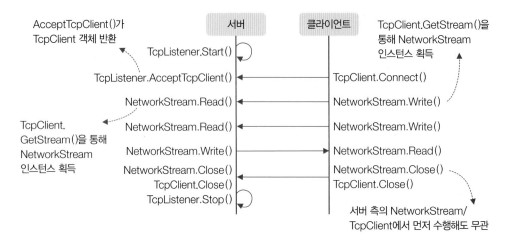

다음 표에 TcpListener와 TcpClient 클래스의 주요 메소드를 정리했습니다.

클래스	메소드	설명
TcpListener	Start( )	연결 요청 수신 대기를 시작합니다.
	AcceptTcpClient( )	클라이언트의 연결 요청을 수락합니다. 이 메소드는 TcpClient 객체를 반환합니다.
	Stop( )	연결 요청 수신 대기를 종료합니다.
TcpClient	Connect( )	서버에 연결을 요청합니다.
	GetStream( )	데이터를 주고받는 데 사용하는 매개체인 NetworkStream을 가져옵니다.
	Close( )	연결을 닫습니다.

간단한 예제 코드를 통해 TcpListener와 TcpClient 클래스의 사용법을 좀 더 알아보겠습니다. 먼저 서버의 TcpListener를 시작하는 코드를 보시죠.

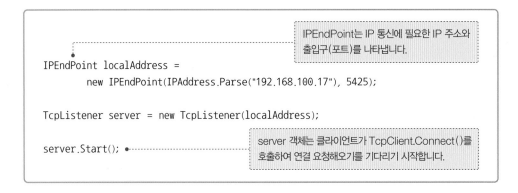

TcpListener의 인스턴스인 server가 연결 요청 수신을 받을 준비가 됐습니다. 이번엔 클라이언트에서 TcpClient 객체를 생성하고 서버에 연결을 요청하는 코드입니다.

```csharp
IPEndPoint clientAddress =
    new IPEndPoint(IPAddress.Parse("192.168.100.18"), 0);

TcpClient client = new TcpClient(clientAddress);

IPEndPoint serverAddress =
    new IPEndPoint(IPAddress.Parse("192.168.100.17"), 5425);

client.Connect(serverAddress);
```

포트를 0으로 지정하면 OS에서 임의의 번호로 포트를 할당해줍니다.

서버가 수신 대기하고 있는 IP 주소와 포트 번호를 향해 연결 요청을 수행합니다.

이번엔 다시 서버입니다. 서버에서 다음과 같이 AcceptTcpClient()를 호출하면 코드는 블록되어 그 자리에서 이 메소드가 반환할 때까지 진행하지 않습니다. AcceptTcpClient() 메소드는 클라이언트의 연결 요청이 있기 전까지는 반환되지 않습니다. 기다리고 기다리던 연결 요청이 오면 이 메소드는 클라이언트와 통신을 수행할 수 있도록 TcpClient 형식의 객체를 반환합니다.

```csharp
TcpClient client = server.AcceptTcpClient();
```

이제 우리는 서버와 클라이언트에 있는 TcpClient 형식의 객체로부터 NetworkStream 형식의 객체를 가져와서 데이터를 읽고 쓸 수 있습니다. 다음의 코드는 TcpClient 객체가 NetworkStream 객체를 반환하고, NetworkStream 객체를 이용하여 데이터를 읽고 쓰는 예제입니다.

```csharp
NetworkStream stream = client.GetStream();

int length;
string data = null;
byte[] bytes = new byte[256];

while ((length = stream.Read(bytes, 0, bytes.Length)) != 0)
{
    data = Encoding.Default.GetString(bytes, 0, length);
```

TcpClient를 통해 NetworkStream 객체를 얻습니다.

NetworkStream. Read() 메소드는 상대방이 보내온 데이터를 읽어 들입니다. 한편, 상대와의 연결이 끊어지면 이 메소드는 0을 반환합니다. 즉, 이 루프는 연결이 끊어지기 전까지는 계속됩니다.

```
        Console.WriteLine(String.Format("수신: {0}", data));

        byte[] msg = Encoding.Default.GetBytes(data);

        stream.Write(msg, 0, msg.Length); ●┄┄┄┄┄┄┄┄┄┄┄┄┄┄┄
        Console.WriteLine(String.Format("송신: {0}", data));
    }
```

> NetworkStream.Write()
> 메소드를 통해 상대방에게
> 메시지를 전송합니다.

어떤 순서로 서버/클라이언트가 TcpListener와 TcpClient를 사용하는지 감이 잡히죠? 이어지는
지면에는 TcpListener와 TcpClient를 활용한 메아리 서버/클라이언트 예제 프로그램이 준비되어
있습니다. 클라이언트가 보내오는 메시지를 서버가 그대로 '메아리'쳐 돌려보내는 간단한 프로그램
입니다. 이 예제 프로그램은 서버나 클라이언트 어느 한쪽만 실행해서는 테스트해볼 수가 없으니 양
쪽 프로그램의 코드를 완성한 후 같이 실행해야 합니다. 먼저 메아리 서버부터 만들어봅시다.

>>> 21장/EchoServer/MainApp.cs

```
01  using System;
02  using System.Diagnostics;
03  using System.Net;
04  using System.Net.Sockets;
05  using System.Text;
06
07  namespace EchoServer
08  {
09      class MainApp
10      {
11          static void Main(string[] args)
12          {
13              if (args.Length < 1)
14              {
15                  Console.WriteLine("사용법 : {0} <Bind IP>",
16                      Process.GetCurrentProcess().ProcessName);
17                  return;
18              }
19
20              string    bindIp   = args[0];
21              const int bindPort = 5425;
```

```
22          TcpListener server = null;
23          try
24          {
25              IPEndPoint localAddress =
26                  new IPEndPoint(IPAddress.Parse(bindIp), bindPort);
27
28              server = new TcpListener(localAddress);
29
30              server.Start();
31
32              Console.WriteLine("메아리 서버 시작... ");
33
34              while (true)
35              {
36                  TcpClient client = server.AcceptTcpClient();
37                  Console.WriteLine("클라이언트 접속 : {0} ",
38                      ((IPEndPoint)client.Client.RemoteEndPoint).ToString());
39
40                  NetworkStream stream = client.GetStream();
41
42                  int length;
43                  string data = null;
44                  byte[] bytes = new byte[256];
45
46                  while ((length = stream.Read(bytes, 0, bytes.Length)) != 0)
47                  {
48                      data = Encoding.Default.GetString(bytes, 0, length);
49                      Console.WriteLine(String.Format("수신: {0}", data));
50
51                      byte[] msg = Encoding.Default.GetBytes(data);
52
53                      stream.Write(msg, 0, msg.Length);
54                      Console.WriteLine(String.Format("송신: {0}", data));
55                  }
56
57                  stream.Close();
58                  client.Close();
59              }
60          }
61          catch (SocketException e)
```

```
62              {
63                  Console.WriteLine(e);
64              }
65              finally
66              {
67                  server.Stop();
68              }
69
70              Console.WriteLine("서버를 종료합니다.");
71          }
72      }
73  }
```

다음은 메아리 클라이언트의 코드입니다.

>>> 21장/EchoClient/MainApp.cs

```
01  using System;
02  using System.Diagnostics;
03  using System.Net;
04  using System.Net.Sockets;
05  using System.Text;
06
07  namespace EchoClient
08  {
09      class MainApp
10      {
11          static void Main(string[] args)
12          {
13              if (args.Length < 4)
14              {
15                  Console.WriteLine(
16                      "사용법 : {0} <Bind IP> <Bind Port> <Server IP> <Message>",
17                      Process.GetCurrentProcess().ProcessName);
18                  return;
19              }
20
21              string    bindIp    = args[0];
```

```
22          int       bindPort = Convert.ToInt32(args[1]);
23          string    serverIp  = args[2];
24          const int serverPort = 5425;
25          string    message  = args[3];
26
27          try
28          {
29              IPEndPoint clientAddress =
30                  new IPEndPoint(IPAddress.Parse(bindIp), bindPort);
31              IPEndPoint serverAddress =
32                  new IPEndPoint(IPAddress.Parse(serverIp), serverPort);
33
34              Console.WriteLine("클라이언트: {0}, 서버:{1}",
35                  clientAddress.ToString(), serverAddress.ToString());
36
37              TcpClient client = new TcpClient(clientAddress);
38
39              client.Connect(serverAddress);
40
41              byte[] data = System.Text.Encoding.Default.GetBytes(message);
42
43              NetworkStream stream = client.GetStream();
44
45              stream.Write(data, 0, data.Length);
46
47              Console.WriteLine("송신: {0}", message);
48
49              data = new byte[256];
50
51              string responseData = "";
52
53              int bytes = stream.Read(data, 0, data.Length);
54              responseData = Encoding.Default.GetString(data, 0, bytes);
55              Console.WriteLine("수신: {0}", responseData);
56
57              stream.Close();
58              client.Close();
59          }
60          catch (SocketException e)
61          {
```

```
62                    Console.WriteLine(e);
63              }
64
65              Console.WriteLine("클라이언트를 종료합니다.");
66          }
67      }
68 }
```

EchoServer와 EchoClient를 모두 완성했으면 빌드해서 실행 파일을 만드세요. 그런 후 다음과 같이 커맨드 창 두 개를 띄워 한쪽 창에서 먼저 EchoServer를 띄우고, 한쪽 창에서는 EchoClient를 실행해서 테스트해봅시다.

다음은 EchoServer/EchoClient의 실행 결과 예입니다.

서버 실행 결과

```
>EchoServer
사용법 : EchoServer <Bind IP>

>EchoServer 127.0.0.1  •
메아리 서버 시작...
클라이언트 접속 : 127.0.0.1:10000
수신: 안녕하세요
송신: 안녕하세요
클라이언트 접속 : 127.0.0.1:10001
수신: Hello
송신: Hello
클라이언트 접속 : 127.0.0.1:10002
수신: こんにちは
송신: こんにちは
```

> 명령 프롬프트 창에서 ipconfig 명령을 입력하면 자신의 IP를 알 수 있습니다. 여러분의 컴퓨터가 네트워크에 연결되어 있지 않다면 예제를 실행할 때 서버/클라이언트 양쪽에 127.0.0.1을 입력하세요.

클라이언트 실행 결과

```
>EchoClient
사용법 : EchoClient <Bind IP> <Bind Port> <Server IP> <Message>

>EchoClient 127.0.0.1 10000 127.0.0.1 안녕하세요
클라이언트: 127.0.0.1:10000, 서버:127.0.0.1:5425
송신: 안녕하세요
```

```
수신: 안녕하세요
클라이언트를 종료합니다.

>EchoClient 127.0.0.1 10001 127.0.0.1 Hello
클라이언트: 127.0.0.1:10001, 서버:127.0.0.1:5425
송신: Hello
수신: Hello
클라이언트를 종료합니다.

>EchoClient 127.0.0.1 10002 127.0.0.1 こんにちは
클라이언트: 127.0.0.1:10002, 서버:127.0.0.1:5425
송신: こんにちは
수신: こんにちは
클라이언트를 종료합니다.
```

> **! 여기서 잠깐**   **127.0.0.1**
>
> 127.0.0.1은 컴퓨터의 네트워크 입출력 기능을 시험하기 위해 가상으로 할당한 주소입니다. 네트워크 출력에 데이터를 기록하면 실제로 패킷이 링크 계층을 거쳐 네트워크 바깥으로 나가야겠죠? 하지만 127.0.0.1을 향해 데이터를 기록하면 링크 계층을 거치지 않고 다시 자기 자신에게로 패킷을 보내게 됩니다. 자신에게 다시 네트워크 입력이 들어온다는 것이죠. 이렇게 되돌아오는 입출력 기능 때문에 루프백(Loopback) 주소라고 부르기도 합니다.

21.3 흐르는 패킷

지금은 일반 병사도 스마트폰을 사용하지만, 예전에는 군대에서 인터넷이나 전화를 자유롭게 쓰기가 어려웠습니다. 그래서 편지를 많이 이용했죠. 부모님께 인사를 드리고 싶으면 집 주소가 적힌 편지봉투에 자신의 소식을 담은 편지를 넣어 부쳤습니다. 이 편지는 아들의 손을 떠나 우체부를 통해 부모님의 손에 전해집니다. 부모님은 편지 봉투를 뜯어 아들이 보내온 소식을 읽겠죠. 아마 대부분은 TCP 기반 애플리케이션들의 통신 과정이 이렇게 편지를 주고받는 과정과 같다고 생각할 것입니다. 분위기를 깨서 죄송합니다만,

"땡! 아닙니다!"

TCP 프로그래밍을 처음 접하면서 흔히 오해하는 것 중 하나는 '송신 측에서 Write()를 할 때마다 하나의 '메시지'가 만들어지며 이 메시지를 수신 측에서 Read()를 통해 하나씩 읽어온다는 것'입니다. TCP는 연결 지향, 흐름 지향 프로토콜입니다. TCP 프로토콜의 데이터 전달 과정은 편지보다는 오히려 전기가 전달되는 모습과 더 닮았다고 할 수 있습니다. 전기는 전선으로 '연결'된 상태에서 전기를 갖고 있는 쪽이 전기를 받아야 하는 쪽으로 전기를 '흘려'보냅니다. TCP 프로토콜도 전기처럼 양쪽이 연결되어 있어야 하고 보내는 쪽에서 받는 쪽으로 패킷을 흘려보냅니다. 둘이 다른 점도 있습니다. TCP 프로토콜은 전기와 달리 흐름 속에서 각 개별 패킷의 경계를 구분해야 하거든요. 시작이 어디고 끝이 어디인지를 파악해야 한다는 것이죠. 이 이야기는 조금 있다가 다시 하기로 하고, TCP 프로토콜의 '흐름'에 관해 계속 이야기하겠습니다.

여름철 갑작스러운 호우로 홍수가 자주 발생하는 지역의 상류에 댐을 만들어놓으면 어느 정도 홍수를 예방할 수 있습니다. 댐이 커다란 물탱크 역할을 해줘서 불어난 물을 받아내 하류로 갑작스럽게 흘러가는 것을 막을 수 있기 때문입니다. 댐은 홍수뿐만 아니라 예측하지 못한 가뭄에도 잘 기능합니다. 물을 보관하고 있다가 물이 필요할 때 수문을 열어 하류에 이를 공급하는 것도 댐의 중요한 기능 중 하나입니다.

TCP 통신 애플리케이션도 이 댐과 같은 역할을 하는 '버퍼Buffer'를 갖고 있습니다. 애플리케이션에서 네트워크를 향해 내보내는 데이터도, 들어오는 데이터도 이 버퍼를 거칩니다.

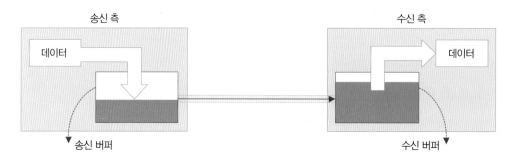

예를 들어 두 애플리케이션이 TCP 연결을 맺고 있고, 송신 애플리케이션이 메모리에 들어 있는 데이터 'a', 'b', 'c'를 수신 애플리케이션에 보내려 한다고 해봅시다(그리고 'a', 'b', 'c'는 wBuffer라는 이름의 바이트 배열에 담겨 있다고 가정하겠습니다).

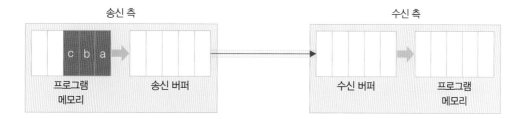

송신 측 애플리케이션에서 writer.Write(wBuffer, 0, 3)을 호출하면 데이터는 다음과 같이 애플리케이션의 메모리에서부터 송신 버퍼로 이동합니다.

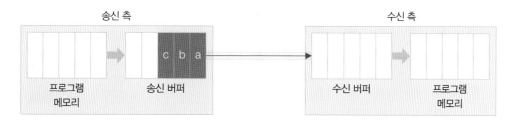

운영체제는 송신 버퍼에 있는 내용을 연결하고 있는 수신 측으로 보내기 시작합니다. 이때 네트워크 대역폭이 넓고 품질도 좋다면 많은 데이터가 빠른 속도로 수신 측으로 이동할 것이고, 그렇지 않다면 다음과 같이 아주 조금씩 데이터가 이동할 수도 있습니다.

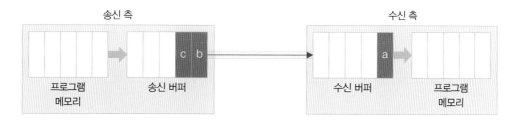

한편, 수신 측 애플리케이션에서는 데이터를 담기 위한 rBuffer를 선언하고, reader.Read (rBuffer, 0, 16)을 호출합니다. 이 코드는 16바이트를 읽어오려고 시도하지만 실제 수신 버퍼에는 'a' 하나밖에 없으므로 rBuffer에는 'a'가 담기고 Read() 메소드는 실제로 읽은 바이트 수 1을 반환합니다. 한편, 그러는 동안 수신 버퍼에는 송신 측에서 보낸 'b', 'c'가 도착했습니다.

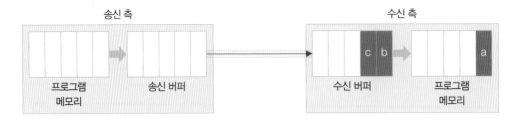

이번에도 수신 측은 reader.Read(rBuffer, 0, 16)을 호출했는데 이번엔 'b', 'c'가 rBuffer에 담기고 Read() 메소드는 읽은 바이트 수 2를 반환합니다. 이렇게 해서 송신 측의 프로그램 메모리에 있던 'a', 'b', 'c'가 모두 수신 측 프로그램 메모리로 전달됐습니다.

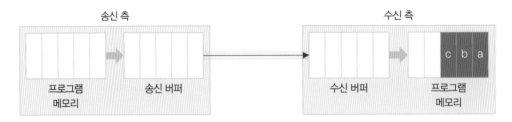

이어서 방금 설명한 내용을 바탕으로 조금 복잡한 네트워크 예제 프로그램을 만들어보려 합니다. 시간이 없거나 관심이 없다면 그냥 지나가도 상관없지만, 이제 이 책의 페이지도 얼마 안 남았으니 마저 다 읽어보는 것을 권하고 싶군요.

21.4 프로토콜 설계와 네트워크 애플리케이션 프로그래밍 예제

터놓고 이야기해서, TCP 네트워크 프로그래밍은 복잡하고 성가시기 짝이 없습니다. 내 컴퓨터에서 사용하던 객체를 바이트 스트림으로 바꿔 내보내야 하고, 한편으로는 바이트 스트림으로 들어온 데이터를 내 컴퓨터에서 다루기 위해 객체로 바꿔야 합니다. 수신한 데이터가 정상인지도 검사해야 하고, 안정성을 위해 연결 상태도 수시로 점검해야 합니다. 그리고 이 모든 고려 사항을 코드에 반영해야 합니다. 그뿐 아니라 기능 테스트를 할 때도 두 개의 프로그램을 띄워야 하고, 제대로 된 환경에서 시험하려면 컴퓨터도 두 대 이상 필요합니다. 테스트와는 바늘과 실 관계에 있는 디버깅도 테스트가 번거로운 만큼 역시 번거롭습니다.

제가 이런 이야기를 꺼내는 이유가 있습니다. 지금부터 만들어볼 예제 프로그램이 딱 복잡하고 성가시게 생겼거든요. 기능은 상당히 간단한데도 말입니다. 우리가 만들 예제 프로그램은 간단한 파일 전송 기능을 할 것입니다. 당연히 서버/클라이언트로 구성되고, 앞서 만들었던 메아리 서버/클라이언트 프로그램보다 훨씬 복잡한 프로토콜과 구현을 가질 것입니다.

이번 절에서 바로 예제 프로그램 코드로 다이빙했다가는 다시 살아 나오기가 쉽지 않을 것입니다. 약간의 준비 운동이 필요합니다. 다름 아닌 프로토콜 설계 말입니다. 사실 파일 전송을 위한 프로토콜로 FTP^{File Transfer Protocol}가 있긴 하지만 책의 예제로 사용하기에는 프로토콜이 너무 큰 데다 직접 프로토콜을 설계해보면 다른 프로토콜을 이해하는 데도 도움이 되므로 간단한 프로토콜을 여러분과 같이 직접 만들어보겠습니다.

21.4.1 파일 업로드 프로토콜

우리의 파일 업로드 프로토콜(이름이 길어서 앞으로는 FUP^{File Upload Protocol}라고 부르겠습니다)은 헤더와 바디의 두 부분으로 나뉩니다. 바디에는 실제로 전달하려는 데이터를 담고, 헤더에는 본문 길이를 비롯해 메시지의 속성 몇 가지를 담을 것입니다. 바디의 길이는 담는 데이터에 따라 달라지지만 헤더의 길이는 16바이트로 항상 일정합니다. 따라서 수신한 패킷을 분석할 때는 가장 먼저 16바이트를 먼저 확인해서 (바디의 길이를 포함한) 메시지의 속성을 확인하고, 그 다음에 바디의 길이만큼을 또 읽어 하나의 메시지 끝을 끊어내야 합니다. 다음 그림은 FUP의 구조를 나타냅니다.

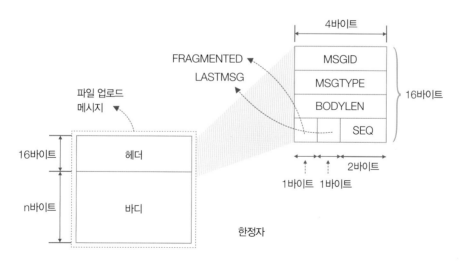

스트림에서 패킷의 경계를 구분해내는 일은 TCP 네트워크 프로그래밍에서 필수입니다. 패킷의 경계를 구분하는 방법은 메시지 포맷을 설계할 때 고려해야 하는데 대표적인 방법이 고정 길이 형식과 가변 길이 형식입니다. 고정 길이 형식에서는 모든 메시지가 같은 길이를 갖습니다. 16바이트면 16바이트씩만, 32바이트면 32바이트씩만 항상 잘라내는 것이죠. 구현하기는 간편하지만, 이 방식은 대역폭이 낭비될 가능성이 높다는 단점이 있습니다.

가변 길이 형식에는 흔히 두 가지 방식을 사용하는데, 메시지를 두 부분으로 나눠서 길이가 고정된 앞부분에 뒷부분의 길이를 기입하는 방식과 메시지를 구분하는 특정 값(' '라든가 캐리지 리턴 등)을 이용하는 방식이 있습니다. 후자는 텍스트 방식의 통신에 주로 이용하고 전자는 바이너리 통신에 이용하죠. 우리의 FUP는 가변 길이 형식에서도 전자에 해당합니다.

다음 표에는 FUP의 헤더가 갖고 있는 각 속성 필드에 대한 설명이 나타나 있습니다.

필드 이름	크기(바이트)	설명
MSGID	4	메시지 식별 번호
MSGTYPE	4	메시지의 종류 • 0x01 : 파일 전송 요청 • 0x02 : 파일 전송 요청에 대한 응답 • 0x03 : 파일 전송 데이터 • 0x04 : 파일 수신 결과
BODYLEN	4	메시지 본문의 길이(단위: 바이트)
FRAGMENTED	1	메시지의 분할 여부 • 미분할: 0x0 • 분할: 0x1
LASTMSG	1	분할된 메시지가 마지막인지 여부 • 마지막 아님: 0x0 • 마지막: 0x1
SEQ	2	메시지의 파편 번호

FUP의 헤더에 대해서는 여기까지 이야기하고, 지금부터는 바디에 대해 설명하겠습니다. FUP의 바디는 모두 네 가지입니다. 헤더의 MSGTYPE이 가질 수 있는 값이 모두 네 개(0x01, 0x02, 0x03, 0x04)이므로 바디의 종류도 네 가지로 나뉩니다.

먼저 MSGTYPE이 파일 전송 요청(0x01)인 경우의 바디 구조를 보겠습니다. 이 메시지는 클라이언트에서 사용합니다. MSGTYPE 0x01의 바디는 다음 표와 같이 파일의 크기와 파일의 이름으로 이루어져 있습니다.

필드 이름	크기(바이트)	설명
FILESIZE	8	전송할 파일 크기(단위: 바이트)
FILENAME	BODYLEN – FILESIZE(8 byte)	전송할 파일의 이름

다음 표는 파일 전송 요청에 대한 응답(0x02) 메시지의 바디 구조를 나타냅니다. 이 메시지는 서버에서 사용하며, 클라이언트에서 보낸 파일 전송 요청(0x01) 메시지의 메시지 식별 번호와 같이 결과를 클라이언트에 전송합니다.

필드 이름	크기(바이트)	설명
MSGID	4	파일 전송 요청 메시지(0x01)의 메시지 식별 번호
RESPONSE	1	파일 전송 승인 여부 • 거절 : 0x0 • 승인 : 0x1

파일 전송 요청에 대한 응답(0x02) 메시지의 RESPONSE 필드가 0x1을 담고 클라이언트에 돌아오면, 클라이언트는 파일 전송을 개시합니다. 클라이언트의 파일은 네트워크 전송에 알맞도록 잘게 쪼개져서 파일 전송 데이터(0x03) 메시지에 담겨 서버로 날아갑니다. 이 경우 FUP의 바디는 DATA만 담습니다.

필드 이름	크기(바이트)	설명
DATA	헤더의 BODYLEN	파일 내용

클라이언트가 마지막 파일 데이터를 전송할 때는 파일 전송 데이터 메시지 헤더의 LASTMSG 필드에 0x01을 담아 보냅니다. 마지막 파일 전송 데이터 메시지를 수신한 서버는 파일이 제대로 수신됐는지를 확인해서 파일 수신 결과(0x04) 메시지를 클라이언트에 보냅니다. 이때 메시지 바디에는 파일 전송 데이터(0x03) 메시지의 MSGID와 파일 수신 결과가 함께 담깁니다.

필드 이름	크기(바이트)	설명
MSGID	4	파일 전송 데이터(0x03)의 식별 번호
RESULT	1	파일 전송 성공 여부 • 실패 : 0x0 • 성공 : 0x1

아이고, 많기도 하네요. 메시지의 형식은 여기까지가 전부입니다. 이젠 이러한 형식의 메시지들을 서버와 클라이언트가 어떻게 주고받는지 이야기해야겠죠? 다음 그림은 서버와 클라이언트가 메시지를 주고받는 과정을 나타냅니다.

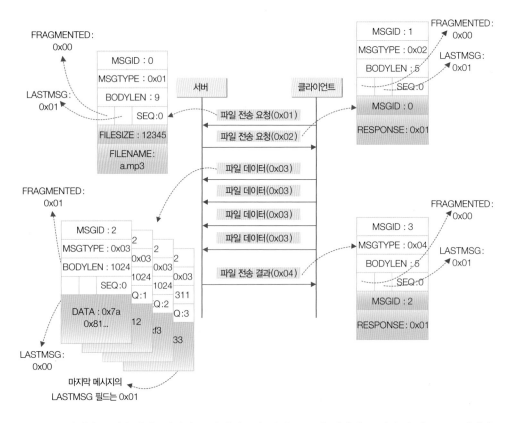

프로토콜 설계가 끝났습니다. 서버와 클라이언트가 어떤 구조의 메시지를 어떤 순서로 주고받아야 하는지 감이 잡히죠? 그렇다면 이 프로토콜을 코드로 옮길 차례가 된 것입니다. 다음 절로 넘어가겠습니다.

21.4.2 파일 업로드 서버와 클라이언트 구현하기

이번 예제 프로그램 구현은 다음과 같이 세 부분으로 나눠서 진행합니다.

- 서버/클라이언트 공용 클래스 라이브러리 구현

- 서버 구현

- 클라이언트 구현

클래스 라이브러리 제작은 우리가 한 번도 안 해봤던 부분이죠? 일반 응용 프로그램을 만드는 것과 특별히 다른 부분은 없습니다. 빌드한 결과물 파일의 확장자가 exe가 아닌 dll이라는 것과 혼자서는 실행되지 않는다는 점이 다를 뿐이죠. 그럼 바로 클래스 라이브러리 제작부터 설명하겠습니다.

21.4.3 서버/클라이언트가 같이 사용할 클래스 라이브러리 만들기

당연한 이야기지만, 파일 업로드 서버와 클라이언트는 모두 FUP 프로토콜을 사용합니다. 이 말은 즉, FUP 프로토콜을 처리하는 코드를 서버와 클라이언트 양쪽에서 공유할 수 있다는 뜻입니다. 그래서 우리는 FUP 프로토콜을 클래스 라이브러리로 만들어놓으려 합니다. 다음 절차를 따라 프로젝트를 만들고 코드를 작성해서 FUP 프로토콜 클래스 라이브러리를 만드세요.

비주얼 스튜디오를 실행하고 '클래스 라이브러리' 템플릿으로 새 프로젝트를 생성합니다. 프로젝트 이름은 'FUP'으로 지정하세요. 프로젝트를 생성한 후에는 프로젝트 속성에서 [전역 using] 항목의 [암시적 전체 사용]을 해제합니다.

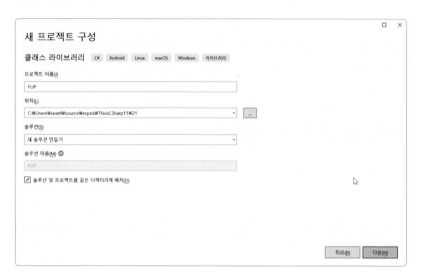

프로젝트를 생성하고 나면 [솔루션 탐색기] 창에서 'Class1.cs'라는 파일을 제거하세요. 이 프로젝트에서는 우리에게 필요한 파일들을 직접 하나씩 추가해서 코드를 작성하겠습니다.

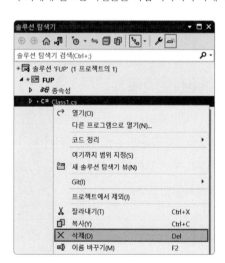

새 항목을 추가하기 위해 [솔루션 탐색기] 창에서 [FUP] 프로젝트를 선택한 다음 `Ctrl` + `Shift` + `A` 키를 누릅니다. [새 항목 추가] 대화상자가 나타나면 '클래스'가 선택되어 있는지 확인하고 [이름]에 'Message.cs'를 입력한 후 [추가] 버튼을 클릭하세요.

Message.cs 파일이 생성됐죠? 이제 다음 코드를 따라 입력하세요.

>>> 21장/FileUpload/FUP/Message.cs

```
01  namespace FUP
02  {
03      public class CONSTANTS
04      {
05          public const uint REQ_FILE_SEND   = 0x01;
06          public const uint REP_FILE_SEND   = 0x02;     메시지 타입(MSGTYPE)
07          public const uint FILE_SEND_DATA  = 0x03;     상수 정의
08          public const uint FILE_SEND_RES   = 0x04;
09
10          public const byte NOT_FRAGMENTED = 0x00;
11          public const byte FRAGMENTED = 0x01;
12
13          public const byte NOT_LASTMSG = 0x00;
14          public const byte LASTMSG = 0x01;
15
16          public const byte ACCEPTED = 0x01;
```

```
17          public const byte DENIED = 0x00;
18
19          public const byte FAIL = 0x00;
20          public const byte SUCCESS = 0x01;
21      }
22
23      public interface ISerializable ●········
24      {
25          byte[] GetBytes();
26          int GetSize();
27      }
28
29      public class Message : ISerializable ●········
30      {
31          public Header Header {get; set;}
32          public ISerializable Body {get; set;}
33
34          public byte[] GetBytes()
35          {
36              byte[] bytes = new byte[GetSize()];
37
38              Header.GetBytes().CopyTo(bytes, 0);
39              Body.GetBytes().CopyTo(bytes, Header.GetSize());
40
41              return bytes;
42          }
43
44          public int GetSize()
45          {
46              return Header.GetSize() + Body.GetSize();
47          }
48      }
49  }
```

> 메시지, 헤더, 바디는 모두 이 인터페이스를
> 상속합니다. 즉, 이들은 자신의 데이터를
> 바이트 배열로 변환하고 그 바이트 배열의
> 크기를 반환해야 합니다.

> FUP의 메시지를 나타내는 클래스.
> Header와 Body로 구성됩니다.

Step 5

조금 전에 했던 것처럼 FUP 프로젝트에 Header.cs를 추가하고 다음 코드를 따라 입력하세요.

```
01  using System;
02
03  namespace FUP
04  {
05      public class Header : ISerializable
06      {
07          public uint MSGID {get; set;}
08          public uint MSGTYPE {get; set;}
09          public uint BODYLEN {get; set;}
10          public byte FRAGMENTED {get; set;}
11          public byte LASTMSG {get; set;}
12          public ushort SEQ {get; set;}
13
14          public Header() { }
15          public Header(byte[] bytes)
16          {
17              MSGID = BitConverter.ToUInt32(bytes, 0);
18              MSGTYPE = BitConverter.ToUInt32(bytes, 4);
19              BODYLEN = BitConverter.ToUInt32(bytes, 8);
20              FRAGMENTED = bytes[12];
21              LASTMSG = bytes[13];
22              SEQ = BitConverter.ToUInt16(bytes, 14);
23          }
24
25          public byte[] GetBytes()
26          {
27              byte[] bytes = new byte[16];
28
29              byte[] temp = BitConverter.GetBytes(MSGID);
30              Array.Copy(temp, 0, bytes, 0, temp.Length);
31
32              temp = BitConverter.GetBytes(MSGTYPE);
33              Array.Copy(temp, 0, bytes, 4, temp.Length);
34
35              temp = BitConverter.GetBytes(BODYLEN);
36              Array.Copy(temp, 0, bytes, 8, temp.Length);
37
38              bytes[12] = FRAGMENTED;
```

```
39            bytes[13] = LASTMSG;
40
41            temp = BitConverter.GetBytes(SEQ);
42            Array.Copy(temp, 0, bytes, 14, temp.Length);
43
44            return bytes;
45        }
46
47        public int GetSize()
48        {
49            return 16;
50        }
51    }
52 }
```

Step 6

이번에는 FUP 프로젝트에 Body.cs를 추가하고 다음 코드를 따라 입력하세요. 이 소스 코드 파일은 네 가지 MSGTYPE에 따른 본문 형식을 각각의 클래스로 나타냅니다.

>>> 21장/FileUpload/FUP/Body.cs

```
001 using System;
002 using System.Collections.Generic;
003 using System.Linq;
004 using System.Text;
005
006 namespace FUP
007 {
008     public class BodyRequest : ISerializable •
009     {
010         public long FILESIZE;
011         public byte[] FILENAME;
012
013         public BodyRequest() { }
014         public BodyRequest(byte[] bytes)
015         {
016             FILESIZE = BitConverter.ToInt64(bytes, 0);
```

> 파일 전송 요청 메시지(0x01)에 사용할 본문 클래스입니다. FILESIZE와 FILENAME 필드를 가집니다.

```
017              FILENAME = new byte[bytes.Length - sizeof(long)];
018              Array.Copy(bytes, sizeof(long), FILENAME, 0, FILENAME.Length);
019          }
020
021          public byte[] GetBytes()
022          {
023              byte[] bytes = new byte[GetSize()];
024              byte[] temp = BitConverter.GetBytes(FILESIZE);
025              Array.Copy(temp, 0, bytes, 0, temp.Length);
026              Array.Copy(FILENAME, 0, bytes, temp.Length, FILENAME.Length);
027
028              return bytes;
029          }
030
031          public int GetSize()
032          {
033              return sizeof(long) + FILENAME.Length;
034          }
035      }
036
037  public class BodyResponse : ISerializable  •┄┄┄┄┄┄┄┄
038  {
039      public uint MSGID;
040      public byte RESPONSE;
041      public BodyResponse() { }
042      public BodyResponse(byte[] bytes)
043      {
044          MSGID = BitConverter.ToUInt32(bytes, 0);
045          RESPONSE = bytes[4];
046      }
047
048      public byte[] GetBytes()
049      {
050          byte[] bytes = new byte[GetSize()];
051          byte[] temp = BitConverter.GetBytes(MSGID);
052          Array.Copy(temp, 0, bytes, 0, temp.Length);
053          bytes[temp.Length] = RESPONSE;
054
055          return bytes;
056      }
```

> 파일 전송 요청에 대한 응답(0x02)에 사용할 본문 클래스
> 입니다. MSGID와 RESPONSE 필드를 가집니다.

```
057
058        public int GetSize()
059        {
060            return sizeof(uint) + sizeof(byte);
061        }
062    }
063
064    public class BodyData : ISerializable
065    {
066        public byte[] DATA;
067
068        public BodyData(byte[] bytes)
069        {
070            DATA = new byte[bytes.Length];
071            bytes.CopyTo(DATA, 0);
072        }
073
074        public byte[] GetBytes()
075        {
076            return DATA;
077        }
078
079        public int GetSize()
080        {
081            return DATA.Length;
082        }
083    }
084
085    public class BodyResult : ISerializable
086    {
087        public uint MSGID;
088        public byte RESULT;
089
090        public BodyResult() { }
091        public BodyResult(byte[] bytes)
092        {
093            MSGID = BitConverter.ToUInt32(bytes, 0);
094            RESULT = bytes[4];
095        }
096        public byte[] GetBytes()
```

> 실제 파일을 전송하는 메시지(0x03)에 사용할 본문 클래스입니다. 앞서 프로토콜 정의에서 이야기했던 것처럼 DATA 필드만 갖고 있습니다.

> 파일 전송 결과 메시지(0x04)에 사용할 본문 클래스입니다. 요청 메시지의 MSGID와 성공 여부를 나타내는 RESULT 프로퍼티를 가집니다.

```
097              {
098                  byte[] bytes = new byte[GetSize()];
099                  byte[] temp = BitConverter.GetBytes(MSGID);
100                  Array.Copy(temp, 0, bytes, 0, temp.Length);
101                  bytes[temp.Length] = RESULT;
102
103                  return bytes;
104              }
105
106          public int GetSize()
107          {
108                  return sizeof(uint) + sizeof(byte);
109          }
110      }
111  }
```

Step 7

FUP 프로젝트에 새로운 소스 코드를 추가하고 이름을 'MessageUtil.cs'라고 붙이세요. 그리고 다음 코드를 입력하세요. 이 소스 코드 파일은 스트림으로부터 메시지를 보내고 받기 위한 메소드를 가지는 MessageUtil 클래스를 구현합니다.

》》 21장/FileUpload/FUP/MessageUtil.cs

```
01  using System;
02  using System.IO;
03
04  namespace FUP
05  {
06      public class MessageUtil
07      {
08          public static void Send(Stream writer, Message msg)    ●┄┄┄┄┄
09          {
10                  writer.Write(msg.GetBytes(), 0, msg.GetSize());
11          }
12          public static Message Receive(Stream reader)
13          {
14                  int totalRecv = 0;
```

> Send() 메소드는 스트림을 통해 메시지를 내보냅니다.

```
15          int sizeToRead = 16;
16          byte[] hBuffer = new byte[sizeToRead];
17
18          while (sizeToRead > 0)
19          {
20              byte[] buffer = new byte[sizeToRead];
21              int recv = reader.Read(buffer, 0, sizeToRead);
22              if (recv == 0)
23                  return null;
24
25              buffer.CopyTo(hBuffer, totalRecv);
26              totalRecv += recv;
27              sizeToRead -= recv;
28          }
29
30          Header header = new Header(hBuffer);
31
32          totalRecv = 0;
33          byte[] bBuffer = new byte[header.BODYLEN];
34          sizeToRead = (int)header.BODYLEN;
35
36          while (sizeToRead > 0)
37          {
38              byte[] buffer = new byte[sizeToRead];
39              int recv = reader.Read(buffer, 0, sizeToRead);
40              if (recv == 0)
41                  return null;
42
43              buffer.CopyTo(bBuffer, totalRecv);
44              totalRecv += recv;
45              sizeToRead -= recv;
46          }
47
48          ISerializable body = null;
49          switch (header.MSGTYPE) •------
50          {
51              case CONSTANTS.REQ_FILE_SEND:
52                  body = new BodyRequest(bBuffer);
53                  break;
54              case CONSTANTS.REP_FILE_SEND:
```

헤더의 MSGTYPE 프로퍼티를
통해 어떤 Body 클래스의 생성자
를 호출할지 결정합니다.

```
55                        body = new BodyResponse(bBuffer);
56                        break;
57                    case CONSTANTS.FILE_SEND_DATA:
58                        body = new BodyData(bBuffer);
59                        break;
60                    case CONSTANTS.FILE_SEND_RES:
61                        body = new BodyResult(bBuffer);
62                        break;
63                    default:
64                        throw new Exception(
65                            String.Format(
66                            "Unknown MSGTYPE : {0}", header.MSGTYPE));
67                }
68
69                return new Message() {Header = header, Body = body};
70            }
71        }
72    }
```

Message.cs, Header.cs, Body.cs, MessageUtil.cs 모두 작성했습니까? 그럼 솔루션 탐색기에서 'FUP 프로젝트' 항목 위에 마우스 커서를 올려놓고 오른쪽 버튼을 클릭하세요. 아마 팝업 메뉴가 나타날 텐데 거기에서 '빌드' 항목을 클릭해서 클래스 라이브러리를 빌드하세요. 탐색기를 실행해서 프로젝트 폴더를 뒤져보면 bin/Debug나 bin/Release 폴더에 FUP.dll이 생성된 것을 확인할 수 있습니다. 이 파일을 잘 챙겨두세요. 이제 곧 사용해야 하니까요.

21.4.4 파일 업로드 서버 구현하기

후아, 프로토콜 구현이 겨우 끝났네요. 이번 소절에서는 파일을 받아 저장하는 서버를 구현해보겠습니다. 먼저 프로젝트를 하나 새로 만들어야겠죠?

Step 1

비주얼 스튜디오를 실행하고 '콘솔 앱' 템플릿으로 새 프로젝트를 생성합니다. 프로젝트 이름은 'FileReceiver'로 지정하고 [최상위 문 사용 안 함]도 체크하세요. 프로젝트를 생성한 후에는 프로젝트 속성에서 [전역 using] 항목의 [암시적 전체 사용]을 해제하는 것도 잊지마세요.

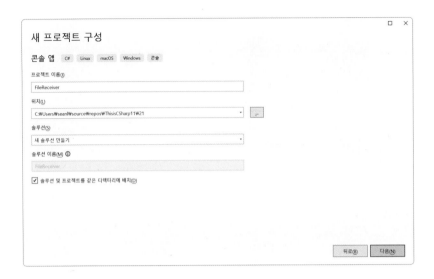

앞에서 구현한 파일 업로드 프로토콜 FUP.dll을 프로젝트 참조에 추가합시다. [솔루션 탐색기] 창에서
'FileReceiver' 프로젝트 아래에 있는 '종속성'을 마우스 오른쪽 버튼으로 클릭하고 팝업 메뉴에서 [COM 참
조 추가]를 선택하세요.

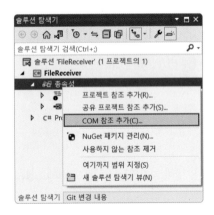

[참조 관리자] 대화상자가 나타나면 [찾아보기] 버튼을 클릭하고 앞에서 빌드한 FUP.dll 파일(잘 챙겨뒀
죠?)을 선택한 후 [확인] 버튼을 클릭하세요.

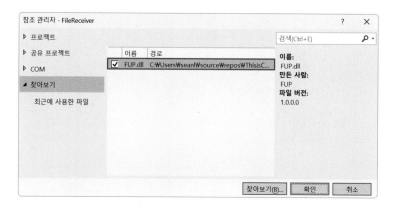

이젠 서버 프로그램 코드를 작성할 차례입니다. [솔루션 탐색기] 창에서 'Program.cs'의 이름을 'MainApp.cs'
로 바꾸고 다음 코드를 입력하세요. 아, 컴파일하는 것도 잊지 마세요.

>>> 21장/FileUpload/FileReceiver/MainApp.cs

```
001  using System;
002  using System.Diagnostics;
003  using System.IO;
004  using System.Net;
005  using System.Net.Sockets;
006  using System.Text;
007  using FUP;
008
009  namespace FileReceiver
010  {
011      class MainApp
012      {
013          static void Main(string[] args)
014          {
015              if (args.Length < 1)
016              {
```

```
017              Console.WriteLine("사용법 : {0} <Directory>",
018                  Process.GetCurrentProcess().ProcessName);
019              return;
020          }
021          uint msgId = 0;
022
023          string dir = args[0];
024          if (Directory.Exists(dir) == false)
025              Directory.CreateDirectory(dir);
026
027          const int bindPort = 5425;  •·············· 서버 포트는 5425입니다.
028          TcpListener server = null;
029          try
030          {
031              IPEndPoint localAddress =                 IP 주소를 0으로 입력하면 127.0.0.1
032                  new IPEndPoint(0, bindPort);          뿐 아니라 OS에 할당되어 있는 어떤
033                                                        주소로도 서버에 접속할 수 있습니다.
034              server = new TcpListener(localAddress);
035              server.Start();
036
037              Console.WriteLine("파일 업로드 서버 시작...");
038
039              while (true)
040              {
041                  TcpClient client = server.AcceptTcpClient();
042                  Console.WriteLine("클라이언트 접속 : {0} ",
043                      ((IPEndPoint)client.Client.RemoteEndPoint).ToString());
044
045                  NetworkStream stream = client.GetStream();
046
047                  Message reqMsg = MessageUtil.Receive(stream);  •·······
048
049                  if (reqMsg.Header.MSGTYPE != CONSTANTS.REQ_FILE_SEND)
050                  {
051                      stream.Close();
052                      client.Close();              클라이언트가 보내온 파일 전송
053                      continue;                    요청 메시지를 수신합니다.
054                  }
055
056                  BodyRequest reqBody = (BodyRequest)reqMsg.Body;
```

```
057
058                    Console.WriteLine(
059                        "파일 업로드 요청이 왔습니다. 수락하시겠습니까? yes/no");
060                    string answer = Console.ReadLine();
061
062                    Message rspMsg = new Message();
063                    rspMsg.Body = new BodyResponse()
064                    {
065                        MSGID = reqMsg.Header.MSGID,
066                        RESPONSE = CONSTANTS.ACCEPTED
067                    };
068                    rspMsg.Header = new Header()
069                    {
070                        MSGID = msgId++,
071                        MSGTYPE = CONSTANTS.REP_FILE_SEND,
072                        BODYLEN = (uint)rspMsg.Body.GetSize(),
073                        FRAGMENTED = CONSTANTS.NOT_FRAGMENTED,
074                        LASTMSG = CONSTANTS.LASTMSG,
075                        SEQ = 0
076                    };
077
078                    if (answer != "yes")
079                    {
080                        rspMsg.Body = new BodyResponse()
081                        {
082                            MSGID = reqMsg.Header.MSGID,
083                            RESPONSE = CONSTANTS.DENIED
084                        };
085                        MessageUtil.Send(stream, rspMsg);
086                        stream.Close();
087                        client.Close();
088
089                        continue;
090                    }
091                    else
092                        MessageUtil.Send(stream, rspMsg);
093
094                    Console.WriteLine("파일 전송을 시작합니다...");
095
096                    long fileSize = reqBody.FILESIZE;
```

사용자가 'yes'가 아닌 답을 입력하면 클라이언트에게 '거부' 응답을 보냅니다.

물론 'yes'를 입력하면 클라이언트에게 '승낙' 응답을 보냅니다.

```
097        string fileName = Encoding.Default.GetString(reqBody.FILENAME);
098        FileStream file =
099            new FileStream(dir + "\\" + fileName, FileMode.Create);
100
101        uint? dataMsgId = null;
102        ushort prevSeq = 0;
103        while ((reqMsg = MessageUtil.Receive(stream)) != null)
104        {
105            Console.Write("#");
106            if (reqMsg.Header.MSGTYPE != CONSTANTS.FILE_SEND_DATA)
107                break;
108
109            if (dataMsgId == null)
110                dataMsgId = reqMsg.Header.MSGID;
111            else
112            {
113                if (dataMsgId != reqMsg.Header.MSGID)
114                    break;
115            }
116
117            if (prevSeq++ != reqMsg.Header.SEQ)
118            {
119                Console.WriteLine("{0}, {1}", prevSeq, reqMsg.Header.SEQ);
120                break;
121            }
122
123            file.Write(reqMsg.Body.GetBytes(), 0, reqMsg.Body.GetSize());
124
125            if (reqMsg.Header.FRAGMENTED == CONSTANTS.NOT_FRAGMENTED)
126                break;
127            if (reqMsg.Header.LASTMSG == CONSTANTS.LASTMSG)
128                break;
129        }
130
131        long recvFileSize = file.Length;
132        file.Close();
133
134        Console.WriteLine();
135        Console.WriteLine("수신 파일 크기 : {0} bytes", recvFileSize);
136
```

업로드 파일 스트림을 생성합니다

메시지 순서가 어긋나면 전송을 중단합니다.

전송받은 스트림을 서버에서 생성한 파일에 기록합니다.

마지막 메시지면 반복문을 빠져나옵니다.

분할 메시지가 아니라면 반복을 한 번만 하고 빠져나옵니다.

```
137            Message rstMsg = new Message();
138            rstMsg.Body = new BodyResult()
139            {
140                MSGID = reqMsg.Header.MSGID,
141                RESULT = CONSTANTS.SUCCESS
142            };
143            rstMsg.Header = new Header()
144            {
145                MSGID = msgId++,
146                MSGTYPE = CONSTANTS.FILE_SEND_RES,
147                BODYLEN = (uint)rstMsg.Body.GetSize(),
148                FRAGMENTED = CONSTANTS.NOT_FRAGMENTED,
149                LASTMSG = CONSTANTS.LASTMSG,
150                SEQ = 0
151            };
152
153            if (fileSize == recvFileSize)
154                MessageUtil.Send(stream, rstMsg);  •┄┄┄┄┄
155            else
156            {
157                rstMsg.Body = new BodyResult()
158                {
159                    MSGID = reqMsg.Header.MSGID,
160                    RESULT = CONSTANTS.FAIL
161                };
162
163                MessageUtil.Send(stream, rstMsg);  •┄┄┄┄┄┄┄┄┄┄
164            }
165            Console.WriteLine("파일 전송을 마쳤습니다.");
166
167            stream.Close();
168            client.Close();
169        }
170    }
171    catch (SocketException e)
172    {
173        Console.WriteLine(e);
174    }
175    finally
176    {
```

> 파일 전송 요청에 담겨온 파일 크기와 실제로 받은 파일의 크기를 비교하여 같으면 성공 메시지를 보냅니다.

> 파일 크기에 이상이 있다면 실패 메시지를 보냅니다.

```
177              server.Stop();
178          }
179
180          Console.WriteLine("서버를 종료합니다.");
181      }
182  }
183 }
```

21.4.5 클라이언트 구현하기

서버를 만들었으니 서버에 파일을 보내주는 클라이언트를 구현할 차례입니다. 이번에도 프로젝트를
새로 생성하는 것으로 시작하겠습니다.

Step 1

비주얼 스튜디오를 실행하고 '콘솔 앱' 템플릿으로 새 프로젝트를 생성합니다. 프로젝트 이름은 'FileSender'
로 지정하고 [최상위 문 사용 안 함]도 체크하세요. 프로젝트를 생성한 후에는 프로젝트 속성에서 [전역 using]
항목의 [암시적 전체 사용]을 해제하는 것도 잊지마세요.

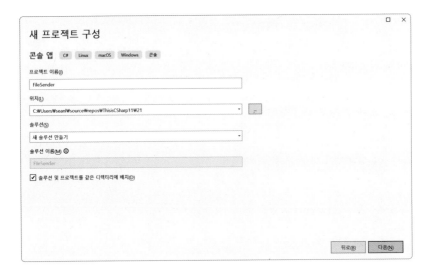

클라이언트도 파일 업로드 프로토콜을 구현하고 있는 FUP.dll이 필요합니다. 서버를 만들 때 했던 것처럼
FUP.dll을 프로젝트에 추가해주세요(기억이 나지 않는다면 806쪽을 참고하세요).

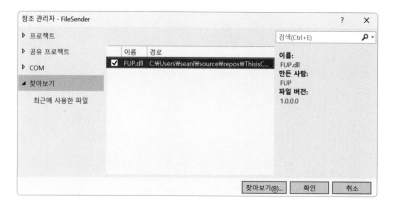

마지막으로 [솔루션 탐색기] 창에서 'Program.cs'의 이름을 'MainApp.cs'로 바꾸고 다음 코드를 입력한 뒤
컴파일하세요.

>>> **21장/FileUpload/FileSender/MainApp.cs**

```
001  using System;
002  using System.Diagnostics;
003  using System.IO;
004  using System.Net;
005  using System.Net.Sockets;
006  using FUP;
007
008  namespace FileSender
009  {
010      class MainApp
011      {
012          const int CHUNK_SIZE = 4096;
013
014          static void Main(string[] args)
015          {
016              if (args.Length < 2)
```

```
017                 {
018                     Console.WriteLine(
019                         "사용법 : {0} <Server IP> <File Path>",
020                         Process.GetCurrentProcess().ProcessName);
021                     return;
022                 }
023
024             string    serverIp   = args[0];
025             const int serverPort = 5425;
026             string    filepath   = args[1];
027
028             try
029             {
030                 IPEndPoint clientAddress = new IPEndPoint(0, 0);
031                 IPEndPoint serverAddress =
032                     new IPEndPoint(IPAddress.Parse(serverIp), serverPort);
033
034                 Console.WriteLine("클라이언트: {0}, 서버:{1}",
035                     clientAddress.ToString(), serverAddress.ToString());
036
037                 uint msgId = 0;
038
039                 Message reqMsg = new Message();
040                 reqMsg.Body = new BodyRequest()
041                 {
042                     FILESIZE = new FileInfo(filepath).Length,
043                     FILENAME=System.Text.Encoding.Default.GetBytes(filepath)
044                 };
045                 reqMsg.Header = new Header()
046                 {
047                     MSGID = msgId++,
048                     MSGTYPE = CONSTANTS.REQ_FILE_SEND,
049                     BODYLEN = (uint)reqMsg.Body.GetSize(),
050                     FRAGMENTED = CONSTANTS.NOT_FRAGMENTED,
051                     LASTMSG = CONSTANTS.LASTMSG,
052                     SEQ = 0
053                 };
054
055                 TcpClient client = new TcpClient(clientAddress);
056                 client.Connect(serverAddress);
```

클라이언트는 OS에서 할당한 IP
주소와 포트에 바인딩합니다.

```
057
058            NetworkStream stream = client.GetStream();
059
060            MessageUtil.Send(stream, reqMsg);  •----------
061
062            Message rspMsg = MessageUtil.Receive(stream);  •------
063
064            if (rspMsg.Header.MSGTYPE != CONSTANTS.REP_FILE_SEND)
065            {
066                Console.WriteLine("정상적인 서버 응답이 아닙니다.{0}",
067                    rspMsg.Header.MSGTYPE);
068                return;
069            }
070
071            if (((BodyResponse)rspMsg.Body).RESPONSE == CONSTANTS.DENIED)
072            {
073                Console.WriteLine("서버에서 파일 전송을 거부했습니다.");
074                return;
075            }
076
077            using (Stream fileStream = new FileStream(filepath, FileMode.Open))
078            {
079                byte[] rbytes = new byte[CHUNK_SIZE];
080
081                long readValue = BitConverter.ToInt64(rbytes, 0);
082
083                int totalRead = 0;
084                ushort msgSeq = 0;
085                byte fragmented =
086                    (fileStream.Length < CHUNK_SIZE) ?
087                    CONSTANTS.NOT_FRAGMENTED : CONSTANTS.FRAGMENTED;
088                while (totalRead < fileStream.Length)
089                {
090                    int read = fileStream.Read(rbytes, 0, CHUNK_SIZE);
091                    totalRead += read;
092                    Message fileMsg = new Message();
093
094                    byte[] sendBytes = new byte[read];
095                    Array.Copy(rbytes, 0, sendBytes, 0, read);
096
```

클라이언트는 서버에 접속
하자마자 파일 전송 요청
메시지를 보냅니다.

그리고 서버의 응답을 받습니다.

서버에서 전송 요청을 수락했다면, 파일
스트림을 열어 서버로 보낼 준비를 합니다.

```
097                         fileMsg.Body = new BodyData(sendBytes);
098                         fileMsg.Header = new Header()
099                         {
100                             MSGID = msgId,
101                             MSGTYPE = CONSTANTS.FILE_SEND_DATA,
102                             BODYLEN = (uint)fileMsg.Body.GetSize(),
103                             FRAGMENTED = fragmented,
104                             LASTMSG = (totalRead < fileStream.Length)?
105                                         CONSTANTS.NOT_LASTMSG:
106                                         CONSTANTS.LASTMSG,
107                             SEQ = msgSeq++
108                         };

110                         Console.Write("#");

112                         MessageUtil.Send(stream, fileMsg); •┄┄┄┄┄┄┄
113                     }

115                     Console.WriteLine();

117                     Message rstMsg = MessageUtil.Receive(stream); •┄┄┄
118
119                     BodyResult result = ((BodyResult)rstMsg.Body);
120                     Console.WriteLine("파일 전송 성공 : {0}",
121                         result.RESULT == CONSTANTS.SUCCESS);
122                 }

124             stream.Close();
125             client.Close();
126         }
127         catch (SocketException e)
128         {
129             Console.WriteLine(e);
130         }

132         Console.WriteLine("클라이언트를 종료합니다.");
133     }
134   }
135 }
```

> 모든 파일의 내용이 전송될 때까지
> 파일 스트림을 0x03 메시지에 담
> 아 서버로 보냅니다.

> 서버에서 파일을 제대로 받았는지
> 에 대한 응답을 받습니다.

21.4.6 파일 업로드 시험하기

여러분은 방금 이 책에서 가장 긴 코드를 가진 예제 프로그램을 만들었습니다. 이제 프로그램을 테스트해봐야겠죠(제 컴퓨터에는 192.168.0.23이라는 IP 주소가 할당되어 있습니다. 다음과 같이 프로그램을 실행할 때는 여러분 컴퓨터의 IP 주소 또는 127.0.01을 입력하기 바랍니다)?

⯈ 서버 실행 결과

```
>FileReceiver upload
파일 업로드 서버 시작...
클라이언트 접속 : 192.168.0.23:5156
파일 업로드 요청이 왔습니다. 수락하시겠습니까? yes/no
yes •┄┄┄┄┄┄┄┄┄┄┄┄┄┄┄
파일 전송을 시작합니다...
```
> yes를 입력하고 엔터 키를 누르면 파일 전송을 시작합니다.

```
###############################################################
###############################################################
###############################################################
###############################################################
###############################################################
###################################  ...(생략)...  ############
###############################################################
###############################################################
###############################################################
#######################################
수신 파일 크기 : 37228280 bytes
파일 전송을 마쳤습니다.
```

⯈ 클라이언트 실행 결과

```
>FileSender 192.168.0.23 test.zip
클라이언트: 0.0.0.0:0, 서버:192.168.0.23:5425
###############################################################
###############################################################
###############################################################
###############################################################
###############################################################
###################################  ...(생략)...  #############
###############################################################
###############################################################
###############################################################
######################################
파일 전송 성공 : True
클라이언트를 종료합니다.
```

22

가비지 컬렉션

얇지 않은 책을 읽느라 정말 고생 많았습니다. 이 책에 더 담고 싶은 내용들이 많았는데, 책이 너무 두꺼워질 것 같 아 이 장을 마지막으로 이 책을 마무리하려 합니다. 가방 에 넣을 수 없을 정도로 두껍고 무거운 책은 좀처럼 책장 에서 빠져나올 기회를 얻지 못한다는 게 제 경험이거든요. 책의 다이어트를 위해 못다한 이야기 중 고르고 고른 이 책 의 마지막 주제는 '가비지 컬렉션Garbage Collection'입니다.

학습목표

✅

**이 장의
핵심 개념**

- 가비지 컬렉터의 개념을 이해합니다.

- 가비지 컬렉터의 동작 과정을 이해합니다.

- 가비지 컬렉터의 효율을 위한 코딩 방법을 이해합니다.

✅

**이 장의
학습 흐름**

가비지 컬렉터

▼

세대별 가비지 컬렉션

22.1 가비지 컬렉터를 아시나요?

C#이 아닌 다른 프로그래밍 언어, 예컨대 C/C++ 언어로 프로그래밍해본 독자라면 메모리 관리가 얼마나 귀찮고, 가끔은 사람을 열 받게 만드는지 경험해봤을 것입니다. C++에서는 객체를 할당하기 위해 일일이 메모리 공간을 확보해야 하며, 객체를 할당한 후에는 힙을 가리키는 포인터를 잘 유지하고 있다가 객체를 다 사용하면 해당 포인터가 가리키고 있는 메모리를 해제해줘야 합니다. 하지만 풀어야 할 복잡한 문제들에 시달리다 보면 프로그래머는 자기가 사용하던 객체의 메모리를 해제하는 것을 깜빡 잊기 십상입니다. 이런 실수를 한 개 두 개 소스 코드 안에 흘리다 보면 프로그램이 배포된 후 몹시 화가 난 고객들에게서 연락이 오기 시작할 것입니다.

프로그래머가 메모리를 다루는 중에 쉽게 저지르는 실수가 또 있습니다. 메모리는 제대로 해제했는데, 해제한 줄도 모르고 그 포인터에 접근해서 코드를 실행하는 것입니다. 그 포인터가 가리키고 있던 메모리가 비어 있을 수도 있지만 엉뚱한 코드가 그 자리를 대신 차지하고 있을 수도 있기 때문에 어떤 일이 벌어질지 예측할 수 없습니다. 이렇듯 메모리를 직접 다루는 일은 귀찮고 위험합니다. 경험 많은 능숙한 프로그래머라도 (실수하기 마련인) 사람인 이상 이 문제로부터 100% 자유롭지 못합니다. 어쩌면 프로그래머의 성격이 까칠해진 것에는 포인터와 메모리가 어느 정도 기여했는지도 모르죠.

한편 프로그래머의 실수와는 별도로 C/C++ 언어는 힙에 객체를 할당하기 위해 비싼 비용을 치르는 문제도 갖고 있습니다. C/C++ 기반의 프로그램을 실행하는 C-런타임은 객체를 담기 위한 메모리를 여러 개의 블록으로 나눈 뒤, 이 블록을 링크드 리스트로 묶어 관리합니다. 가령 어떤 객체를 힙에 할당하는 코드가 실행되면, C-런타임은 메모리 링크드 리스트를 순차적으로 탐색하면서 해당 객체를 담을 수 있을 만한 여유가 있는 메모리 블록을 찾습니다. 적절한 크기의 메모리 블록을 만나면 프로그램은 이 메모리 블록을 쪼개서 객체를 할당하고 메모리 블록의 링크드 리스트를 재조정합니다. 정리하자면, 단순히 메모리 공간에 데이터를 집어넣는 것이 아니라 공간을 '탐색'하고 '분할'하고 '재조정'하는 오버헤드가 필요하다는 것입니다.

하지만 C# 프로그래머는 C/C++ 프로그래머의 골치를 앓게 했던 이런 문제들로부터 완전히 자유롭습니다. CLR이 자동 메모리 관리^{Automatic Memory Management} 기능을 제공하기 때문입니다. 이 자동 메모리 관리 기능의 중심에는 가비지 컬렉션^{Garbage Collection}이 있습니다. 가비지 컬렉션을 우리말로 바꾸면 '쓰레기 수거'라는 뜻으로, 여기서 쓰레기란 더 이상 사용하지 않는 객체를 말합니다. 가비지 컬렉션은 프로그래머로 하여금 컴퓨터가 무한한 메모리를 가진 것처럼 간주하고 코드를 작성할 수 있게 합니다. C# 프로그래머는 무한한 메모리를 이용해 걱정 없이 코드를 작성하면 되므로 C/C++ 프로그래머보다 훨씬 덜한 스트레스 속에서 일을 할 수 있는 것이죠.

CLR 안에는 이 막중한 임무, 가비지 컬렉션을 담당하는 친구가 있습니다. 바로 가비지 컬렉터^{Garbage Collector}입니다. 우리가 작성한 프로그램이 열심히 객체를 할당해서 일을 하고 있으면, 가비지 컬렉터는 객체 중에 쓰레기인 것과 쓰레기가 아닌 것을 완벽하게 분리해서 쓰레기들만 조용히 수거해 갑니다.

한편, 매우 똑똑하게 일을 하지만 가비지 컬렉터도 역시 소프트웨어이기 때문에 CPU와 메모리 같은 컴퓨팅 자원을 소모합니다. 우리가 작성한 코드도 사용해야 하는 그 자원을 가비지 컬렉터도 같이 사용해야 한다는 이야기입니다. 만약 가비지 컬렉터가 최소한으로 이 자원을 사용하게 만들 수 있다면 우리가 만든 프로그램의 성능을 아낀 자원의 양만큼 끌어올릴 수 있습니다.

그렇다면 가비지 컬렉터가 최소한으로 자원을 사용하게 만들기 위해선 무엇이 필요할까요? 우선 프로그래머는 가비지 컬렉터가 어떻게 동작하는지에 대한 메커니즘을 이해하고 있어야 합니다. 그리고 그 메커니즘에 대한 이해를 바탕으로 코딩 지침을 세우고, 이 지침을 바탕으로 코드를 작성해야 합니다. 이쯤 되면 이 장의 내용이 어떻게 이루어질지 감이 오죠? 먼저 가비지 컬렉터의 동작 방식을 설명하고 이와 더불어 우리가 작성할 프로그램의 성능을 끌어올리는 지침을 설명할 계획입니다.

> **! 여기서 잠깐** **가비지 컬렉터가 치우지 못하는 메모리도 있습니다**
>
> 기본적으로 C#으로 작성된 모든 코드는 관리형 코드(Managed Code)에 속합니다. 누구에게 관리되는 코드냐고요? 누구긴요, CLR이죠. CLR은 실행되는 코드에 대해 메모리 할당, 보안, 스레딩 등의 임무와 함께 쓰레기(더 이상 사용되지 않는 객체)를 치우는 일도 책임지고 있습니다(쓰레기를 치우는 일을 담당하는 것은 가비지 컬렉터고 CLR의 일부입니다).
>
> 한편, C#으로 비관리형 코드(Unmanaged Code)도 작성할 수 있습니다. 비관리형 코드를 작성하기 위해서는 unsafe 키워드를 이용하면 되는데, 물론 이 경우에는 CLR이 제공하는 서비스를 받을 수 없습니다. 쓰레기 청소 서비스를 포함해서 말입니다.

22.2 개처럼 할당하고 정승처럼 수거하라

가비지 컬렉터가 어떻게 쓰레기를 수집하는지 설명하려면 쓰레기가 어떻게 만들어지는지, 그러니까 CLR이 어떻게 객체를 메모리에 할당하는지부터 이야기해야겠네요.

C#으로 작성한 소스 코드를 컴파일해서 실행 파일을 만들고 이 실행 파일을 실행하면, CLR은 이 프로그램을 위한 일정 크기의 메모리를 확보합니다. C−런타임처럼 메모리를 쪼개는 일은 하지 않습니다. 그냥 넓디넓은 메모리 공간을 통째로 확보해서 하나의 관리되는 힙^{Managed Heap}을 마련합니다. 그리고 CLR은 이렇게 확보한 관리되는 힙 메모리의 첫 번째 주소에 '다음 객체를 할당할 메모리의 포인터'를 위치시킵니다.

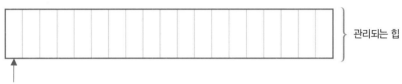

다음 객체를 할당할 메모리의 포인터

아직은 관리되는 힙에 아무 객체도 없죠? 여기에 첫 번째 객체를 할당해보겠습니다. CLR이 다음 코드를 실행하면 '다음 객체를 할당할 메모리의 포인터'가 가리키는 주소에 A 객체를 할당하고 포인터를 A 객체가 차지하고 있는 공간 바로 뒤로 이동시킵니다.

```
object A = new object();
```

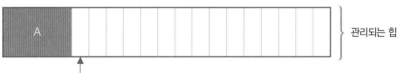

다음 객체를 할당할 메모리의 포인터

객체를 또 하나 만들어보겠습니다. 두 번째로 만드는 객체는 첫 번째 객체의 바로 뒤, 그러니까 '다음 객체를 할당할 메모리의 포인터'가 가리키는 곳에 할당됩니다.

```
object B = new object();
```

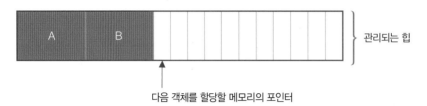

관리되는 힙

다음 객체를 할당할 메모리의 포인터

보다시피 CLR은 객체가 위치할 메모리를 할당하기 위해 메모리 공간을 쪼개 만든 링크드 리스트를 탐색하는 시간도 소요하지 않으며, 그 공간을 다시 나눈 뒤에 리스트를 재조정하는 작업도 필요하지 않습니다. 그저 메모리에 할당하는 것이 전부죠. C-런타임에 비하면 CLR의 객체 할당 메커니즘은 단순한데다 효율적이기 그지없습니다.

그런데 말입니다. 이렇게 할당한 객체들은 언제, 그리고 어떻게 메모리에서 해제되는 것일까요? 지금부터는 객체 중에 쓰레기인 것과 그렇지 않은 것을 판단하고, 쓰레기로 판단된 객체는 어떻게 수거하는지 알아보겠습니다.

우리가 이미 알고 있는 것처럼 값 형식 객체는 스택에 할당됐다가 자신이 태어난 코드 블록이 끝나면 메모리로부터 바로 사라지고, 참조 형식 객체들만 힙에 할당되어 코드 블록과 관계없이 계속 살아남습니다. 그렇다면 다음 코드의 if 블록 안에서 참조 A는 스택과 힙, 어디에 존재할까요?

```
if (true)
{
    object a = new object()
}
```

힙에 할당된다고요? 네, 맞습니다. 하지만 더 정확히 말하면 실제 객체의 내용물은 힙에 할당되어 있지만 a는 객체 A가 위치하고 있는 힙 메모리의 주소를 참조하고 있을 뿐입니다. 다음 그림은 힙에 object 형식 객체가 할당되어 있고 그 주소를 a가 가리키는 모습을 나타냅니다.

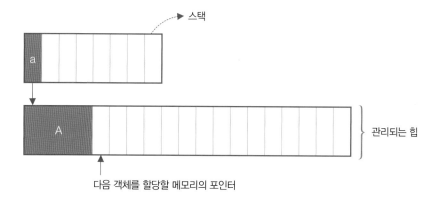

스택

A

관리되는 힙

다음 객체를 할당할 메모리의 포인터

또 다른 질문을 하나 하겠습니다. 앞의 코드에서 if 블록이 끝나면 a는 어떻게 될까요? 객체 A가 위
치하고 있는 메모리를 참조하는 저 가련한 a 말입니다. 이 불쌍한 변수는 if 블록이 끝나는 순간 스
택에서 사라지고 더 이상 이 세상에 존재하지 않게 됩니다. 다음 그림에서처럼요.

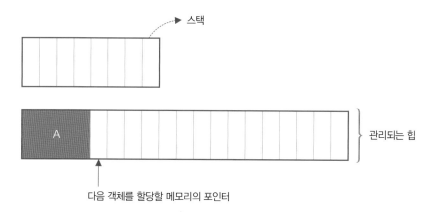

스택

A

관리되는 힙

다음 객체를 할당할 메모리의 포인터

a를 잃은 채 힙에 남아 있는 객체 A는 이제 코드의 어디에서도 접근할 수 없기 때문에 더 이상 사용
할 수 없습니다. 다시 말해 자리만 차지하는 쓰레기가 되어버린 거죠. 이 쓰레기는 곧 가비지 컬렉터
가 집어가게 됩니다.

한편, 사라져버린 a처럼 할당된 메모리의 위치를 참조하는 객체를 일컬어 루트Root라고 부릅니다. 루
트는 a의 경우처럼 스택에 생성될 수도 있고 정적 필드처럼 힙에 생성될 수도 있습니다. .NET 애플
리케이션이 실행되면 JIT 컴파일러가 이 루트들을 목록으로 만들고, CLR은 이 루트 목록을 관리하
며 상태를 갱신합니다. 이 루트가 중요한 이유는 가비지 컬렉터가 CLR이 관리하던 루트 목록을 참
조해서 쓰레기 수집을 하기 때문입니다.

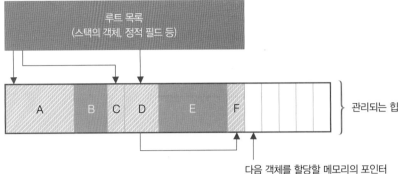

관리되는 힙

다음 객체를 할당할 메모리의 포인터

구체적으로 가비지 컬렉터가 루트 목록을 이용해서 쓰레기 객체를 정리하는 과정은 다음과 같습니다.

❶ 작업을 시작하기 전에, 가비지 컬렉터는 모든 객체(A, B, C, D, E, F)가 쓰레기라고 가정합니다. 즉, 루트 목록 내 어떤 루트도 메모리를 가리키지 않는다고 가정합니다.

❷ 루트 목록을 순회하면서 각 루트가 참조하고 있는 힙 객체와의 관계 여부를 조사합니다. 만약 루트가 참조하고 있는 힙의 객체가 또 다른 힙 객체를 참조하고 있다면 이 역시도 해당 루트와 관계가 있는 것으로 판단합니다 (A, C, D, F). 이때 어떤 루트와도 관계가 없는 힙의 객체들(B, E)은 쓰레기로 간주됩니다.

❸ 쓰레기 객체가 차지하고 있던 메모리는 이제 '비어 있는 공간'입니다.

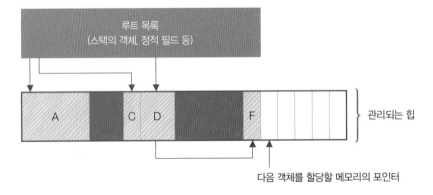

관리되는 힙

다음 객체를 할당할 메모리의 포인터

❹ 루트 목록에 대한 조사가 끝나면, 가비지 컬렉터는 이제 힙을 순회하면서 쓰레기가 차지했던 '비어 있는 공간'에 쓰레기의 인접 객체들(A, C, D, F)을 이동시켜 차곡차곡 채워 넣습니다. 모든 객체의 이동이 끝나면 다음과 같이 깨끗한 상태의 메모리를 얻게 됩니다.

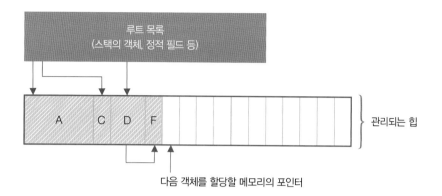

루트 목록
(스택의 객체, 정적 필드 등)

A   C   D   F

관리되는 힙

다음 객체를 할당할 메모리의 포인터

가비지 컬렉션의 동작 방식을 이해할 수 있겠습니까? 이어지는 절에서는 가비지 컬렉션의 성능을 높이기 위한 '세대별 가비지 컬렉션' 알고리즘에 대해 설명하겠습니다.

22.3 세대별 가비지 컬렉션

세대별 가비지 컬렉션을 설명하기 전에, 다음 이야기를 먼저 읽어보세요.

버스가 한 대 있는데, 이 버스에는 출입구가 하나만 있고 좌석은 아예 없습니다. 이 버스의 승객들은 모두 서서 여행을 해야 합니다. 이 버스에 승객이 거의 없을 때 탑승객은 별 생각 없이 출입구 근처에 서 있으려 할 것입니다. 멀리 들어가봤자 내릴 때는 도로 멀리 걸어나와야 하기 때문입니다. 하지만 버스가 사람들로 붐비기 시작하면, 탑승객들은 판단을 달리하기 시작합니다.

버스를 타고 멀리 가려는 승객은 문가의 부대끼는 상황을 피해 출입구로부터 멀리 떨어져 가장 안쪽에 있는 자리를 확보하려 할 테고, 목적지가 얼마 남지 않은 승객이라면 좀 피곤하더라도 어떻게든지 출입구 쪽의 위치를 지키려고 들 것입니다.

이 모습을 다시 정리하면 "출입구 쪽에 가까이 있는 승객일수록 버스에서 빨리 내릴 확률이 높고, 출입구로부터 멀리 있는 승객일수록 버스에서 최대한 오래 버틸 확률이 높다."라고 할 수 있습니다.

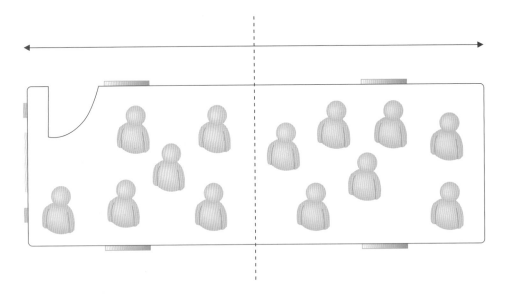

이 이야기에서 버스는 메모리, 승객은 객체를 가리킵니다. 버스에서 빨리 내리려는 승객은 출입구 쪽에 있고 늦게 내리려는 승객은 출입구 반대편에 있는 것처럼, CLR의 메모리도 구역을 나누어 메모리에서 빨리 해제될 객체와 오래도록 살아남을 것 같은 객체들을 따로 담아 관리합니다.

구체적으로 이야기하면 CLR은 메모리를 0, 1, 2의 3개 세대로 나누고 0세대에는 빨리 사라질 것으로 예상되는 객체들을, 2세대에는 오랫동안 살아남을 것으로 예상되는 객체들을 위치시킵니다. 그런데 CLR은 객체의 수명을 어떻게 예측하는 것일까요? 객체에 손금이 있는 것도 아닌데 말입니다.

CLR은 객체의 나이가 어릴수록 메모리에서 빨리 사라지고 나이가 많을수록 메모리에서 오랫동안 살아남는다고 간주합니다. 여기에서 나이라 함은 가비지 컬렉션을 겪은 횟수를 말합니다. 따라서 0세대에는 가비지 컬렉션을 한 번도 겪지 않은 '갓 생성된' 객체들이 위치하고 2세대에는 최소 2회에서 수차례 동안 가비지 컬렉션을 겪고도 살아남은, 산전수전 다 겪은 객체들이 위치합니다.

0세대는 갓 생성된 객체들이 차지하고 2세대는 생명력이 강한 객체들이 차지한다면 1세대에는 어떠한 객체들이 위치할까요? 답은 간단합니다. 0세대에서 2세대로 넘어가는 과도기의 객체들이 1세대에 위치합니다.

이해를 돕기 위해 예를 들어 설명하겠습니다. .NET 애플리케이션이 시작되면 CLR은 다음과 같이 (비어 있는) 관리되는 힙을 확보합니다. 이 힙에는 아직 어떤 객체도 할당되지 않았습니다.

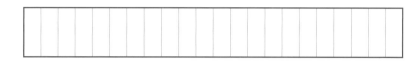

하지만 애플리케이션이 일을 시작함에 따라 다음 그림처럼 할당된 객체들로 힙이 차오릅니다.

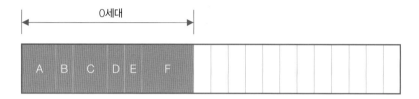

할당된 객체들의 총 크기가 0세대 가비지 컬렉션 임계치에 도달하면 가비지 컬렉터는 0세대에 대해 가비지 컬렉션을 수행하고, 여기에서 살아남은 객체들을 1세대로 옮깁니다. 이로써 0세대는 깨끗하게 비워지며, 2세대도 아직까지는 깨끗한 상태로 남아 있습니다.

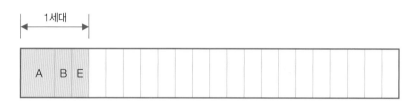

애플리케이션은 여전히 객체들을 새로 생성해서 일을 합니다. 새로 생성된 이 객체들은 당연히 0세대에 할당됩니다. 1세대에는 이전 가비지 컬렉션에서 살아남은 객체들이, 0세대에는 새로 생성된 객체들이 위치합니다.

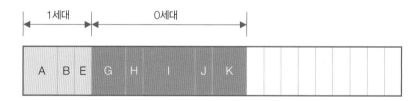

오, 이번에도 0세대 객체의 용량이 0세대 가비지 컬렉션 임계치를 넘어섰습니다. 가비지 컬렉터가 다시 움직여야 할 때가 왔습니다. 가비지 컬렉터는 또다시 0세대에 대해 가비지 컬렉션을 수행합니다.

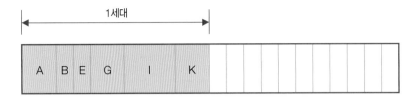

0세대는 깨끗하게 비워졌지만 또다시 애플리케이션에 의해 새로운 객체들이 할당됩니다. 이번에는 1세대의 임계치가 초과됐기 때문에 1세대에 대해 가비지 컬렉션을 수행합니다. 이때 가비지 컬렉터는 하위 세대에 대해서도 가비지 컬렉션을 수행하기 때문에 0세대와 1세대에 대한 가비지 컬렉션이 수행됩니다. 이때 0세대에서 살아남은 객체들은 1세대로, 1세대에서 살아남은 객체들은 2세대로 옮겨갑니다.

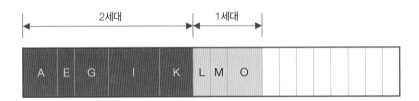

또 한 차례의 가비지 컬렉션이 끝났지만, 애플리케이션은 묵묵히 자기의 일을 합니다. 그리고 0세대가 객체들로 차오르기 시작합니다.

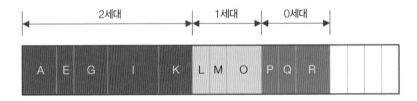

각 세대의 메모리 임계치에 따라 가비지 컬렉션이 수행되고, 가비지 컬렉션이 반복됨에 따라 0세대의 객체들은 1세대로, 1세대의 객체들은 2세대로 계속 이동합니다. 하지만 2세대로 옮겨간 객체들은 더 이상 다른 곳으로 옮겨가지 않습니다. 그곳에 정착합니다. 2세대도 포화되어 2세대에 대한 가비지 컬렉션이 수행되면, 가비지 컬렉터는 1세대와 0세대에 대해서도 가비지 컬렉션을 수행합니다. 그래서 2세대 가비지 컬렉션을 Full GC^{Full Garbage Collection}, 즉 전체 가비지 컬렉션이라고 부르기도 합니다.

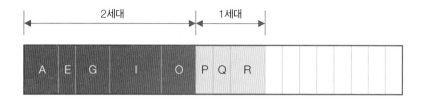

2세대   1세대

| A | E | G | I | O | P | Q | R | | | | | | |

0세대에서 가비지 컬렉션이 수행될 경우 1세대와 2세대의 가비지 컬렉션은 수행되지 않습니다. 1세대에서 가비지 컬렉션이 수행될 때는 0세대도 함께 가비지 컬렉션이 이루어지지만 2세대에서는 아무 일도 일어나지 않습니다. 2세대 가비지 컬렉션이 일어나면 0세대와 1세대 모두에 대해서도 가비지 컬렉션이 수행되죠.

이처럼, 힙의 각 세대는 2세대 〈 1세대 〈 0세대의 순으로 가비지 컬렉션 빈도가 높습니다. 이 때문에 2세대의 객체들은 오랫동안 살아남을 확률이 높고, 따라서 가비지 컬렉터도 상대적으로 관심을 덜 주는 편입니다. 반면에 0세대의 경우 새롭게 할당되는 객체들은 모두 이 곳에 할당되는 데다가, 빠르게 포화되기 때문에 가비지 컬렉터가 자주 방문하게 되죠. 1세대의 경우는 2세대와 0세대의 가운데 있으니 가비지 컬렉터의 활약 빈도도 딱 그 정도 수준입니다.

한편, 가비지 컬렉션 덕에 프로그래머가 컴퓨터의 메모리 용량이 무한대라고 간주할 수 있다지만, 생명력이 강한 객체를 애플리케이션 위에 마구 생성해놓으면 얼마 가지 않아 2세대 힙이 가득 찰 것입니다. 이때 무시무시한 일이 발생하는데, CLR은 애플리케이션의 실행을 "잠시 '멈추고(!!!!)'" Full GC를 수행함으로써 여유 메모리를 확보하려 듭니다. CLR이 Full GC를 할 때는 0세대부터 2세대까지의 메모리 전체에 걸쳐 쓰레기를 수집하는데, 애플리케이션이 차지하고 있던 메모리가 크면 클수록 Full GC 시간이 길어지므로 애플리케이션이 정지하는 시간도 그만큼 늘어나는 문제가 생깁니다. 이 문제는 우리가 가비지 컬렉션을 이해해야 하는 중요한 이유 중 하나이기도 합니다.

22.4 가비지 컬렉션을 이해했습니다. 우리는 뭘 해야 하죠?

"할 일이라뇨, 그런 건 없습니다. 여러분은 마음껏 객체를 할당해서 하고 싶은 일을 하면 됩니다."

이렇게 말해봐야 믿을 독자는 이제 아무도 없겠죠? 마이크로소프트가 CLR의 가비지 컬렉션 성능을 최적화하기 위해 많은 노력을 기울여왔고 지금도 다음 버전 CLR이 더 나은 성능을 발휘할 수 있도록 연구 개발에 많은 투자를 하고 있지만, 프로그래머가 아무리 비효율적으로 코드를 작성하더라도 끝내주는 성능을 발휘하는 가비지 컬렉터는 제 살아 생전에 만나기 어려우리라 생각합니다.

결국 가비지 컬렉션의 성능 문제를 푸는 임무는 우리 몫입니다. CLR의 가비지 컬렉션 메커니즘에 대한 이해를 바탕으로 적절한 작전을 수립하는 것이 최선이라 할 수 있죠. 다행히 우리는 이 작전을 바닥부터 짜지 않아도 됩니다. CLR의 가비지 컬렉션 메커니즘에 근거한, 효율적인 코드 작성을 위한 지침 몇 가지가 이미 알려져 있거든요. 그 지침들은 다음과 같습니다.

- 객체를 너무 많이 할당하지 마세요.
- 너무 큰 객체 할당을 피하세요.
- 너무 복잡한 참조 관계는 만들지 마세요.
- 루트를 너무 많이 만들지 마세요.

읽으면 무슨 말인지 알 것도 같은데, 왜 저렇게 하는 것이 성능에 도움이 되는지 이해되지 않는 것들도 있죠? 지금부터는 이 지침들을 하나씩 짚어보겠습니다.

22.4.1 객체를 너무 많이 할당하지 마세요

가장 기본적인 지침입니다. CLR의 객체 할당 속도가 빠르긴 하지만 너무 많은 수의 객체는 관리되는 힙의 각 세대에 대해 메모리 포화를 초래하고, 이는 빈번한 가비지 컬렉션을 부르는 결과를 낳습니다. 단점의 효과가 장점이 주는 효과를 상쇄하는 것이죠.

물론 객체를 아예 할당하지 않고서는 코드를 작성할 수 없습니다. 이 지침은 다만 객체할당 코드를 작성할 때 필요한 객체인지와 필요 이상으로 많은 객체를 생성하는 코드가 아닌지의 여부를 고려하라는 뜻입니다.

22.4.2 너무 큰 객체 할당을 피하세요

이제서야 하는 이야기지만, CLR은 보통 크기의 객체를 할당하는 힙과는 별도로 85KB 이상의 대형 객체를 할당하기 위한 '대형 객체 힙^{LOH, Large Object Heap}'을 따로 유지합니다. 우리가 평소에 사용하는 힙은 대형 객체 힙에 대비되는 개념으로 소형 객체 힙^{SOH, Small Object Heap}이라고 부르기도 합니다.

대형 객체를 소형 객체 힙에 할당하면 0세대가 빠르게 차오르게 되므로 가비지 컬렉션을 더 자주 촉발하게 되고, 이는 애플리케이션의 성능 저하를 초래하게 됩니다. 이러한 이유 때문에 CLR이 대형 객체 힙을 별도로 유지하는 것은 탁월한 결정으로 보이지만, 대형 객체 힙도 약점이 없는 것은 아닙니다.

우선 대형 객체 힙은 동작 방식이 소형 객체 힙과 다릅니다. 소형 객체 힙에서는 '다음 객체를 할당할 포인터'가 위치한 메모리에 바로 객체를 할당하지만, 대형 객체 힙은 객체의 크기를 계산한 뒤 그만한 여유 공간이 있는지 힙을 탐색하여 할당합니다.

가비지 컬렉션을 수행하고 난 뒤에 소형 객체 힙은 해제된 메모리 공간에 인접 객체들을 끌어당겨 차곡차곡 정리하지만, 대형 객체 힙은 해제된 공간을 그대로 둡니다. 수MB~수백MB에 이르는 메모리를 복사하는 비용이 너무 비싸기 때문입니다. 이 공간은 나중에 다른 객체들에 할당되겠지만, 메모리를 0바이트도 낭비 없이 사용하는 소형 객체 힙과는 달리 큰 공간을 군데군데 낭비하게 됩니다. 결국 대형 객체 힙은 할당 시의 성능뿐만 아니라 메모리 공간 효율도 소형 객체 힙에 비해 크게 떨어집니다. 대형 객체 힙은 동작 방식도 C-런타임과 비슷하고, 문제점도 역시 비슷합니다.

문제는 또 있습니다. CLR이 대형 객체 힙을 2세대 힙으로 간주하기 때문에 대형 객체 힙에 있는 쓰레기 객체가 수거되려면 2세대에 대한 가비지 컬렉션이 수행되어야 합니다. 2세대에 대한 가비지 컬렉션은 전 세대에 대한 가비지 컬렉션을 촉발하고 순간이나마 애플리케이션의 정지를 불러옵니다.

무시무시하죠? 너무 큰 객체를 할당하는 코드는 조심스럽게 고려해야 합니다.

22.4.3 너무 복잡한 참조 관계는 만들지 마세요

사실 이 지침은 가비지 컬렉션 성능이 아닌 코드 가독성을 위해서라도 따라야 합니다. 다음 코드의 클래스 선언을 보시기 바랍니다.

```
class A
{
    public C c;
}

class B
{
    public A a;
}

class C
{
    public A a;
```

```
    public B[] b;
}

class D
{
    public A a;
    public B b;
    public C c;
}
```

읽기 쉽나요? 어렵죠? 이런 클래스 선언은 그림으로 바꿔봐도 이해하기 어려운 것은 마찬가지입니다.

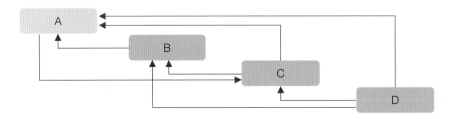

이렇게 참조 관계가 많은 객체는 가비지 컬렉션 후에 살아남았을 때가 문제입니다. 가비지 컬렉터는 가비지 컬렉션 후에 살아남은 객체의 세대를 옮기기 위해 메모리 복사를 수행합니다. 이때 참조 관계가 복잡한 객체의 경우에는 단순히 메모리 복사를 하는 데서 끝나지 않습니다. 객체를 구성하고 있는 각 필드 객체 간 참조 관계를 일일이 조사해서 참조하고 있는 메모리 주소를 전부 수정합니다. 클래스 구조를 간단하게 만들었다면 메모리 복사만으로 끝났을 일을 탐색과 수정까지 끌어들이게 되는 것이죠.

참조 관계가 복잡한 객체의 문제는 또 있습니다. 이 예제 코드의 D 클래스를 예로 들어보죠. D 클래스 자체는 생성된 지 오래되어 2세대에서 노후를 즐기고 있는데, A 형식의 필드 a를 새로 생성한 객체로 업데이트됐다고 해봅시다. 이 경우 D의 인스턴스는 2세대에 살고 있고 a 필드가 참조하고 있는 메모리는 0세대에 위치합니다. 이때 루트를 갖고 있지 않은 a는 0세대 가비지 컬렉션에 의해 수거될 위험에 노출됩니다. 어쩌죠? 그냥 가비지 컬렉터가 집어가라고 놔둬야 할까요? 우리의 CLR은 그렇게 무자비한 친구가 아닙니다. 쓰기 장벽Write Barrier이라는 장치를 통해 가비지 컬렉터로 하여금 a 필드가 루트를 갖고 있는 것으로 간주하게 해서 0세대 가비지 컬렉션을 모면하게 해줍니다.

그럼 문제없는 것 아니냐고요? 쓰기 장벽을 생성하는 데 드는 오버헤드가 꽤 크다는 게 문제입니다. 참조 관계를 최소한으로 만들면 이런 오버헤드도 줄일 수 있습니다.

22.4.4 루트를 너무 많이 만들지 마세요

가비지 컬렉터는 루트 목록을 돌면서 쓰레기를 찾아냅니다. 루트 목록이 작아진다면 그만큼 가비지 컬렉터가 검사를 수행하는 횟수가 줄어들므로 더 빨리 가비지 컬렉션을 끝낼 수 있습니다. 따라서 루트를 가급적 많이 만들지 않는 것이 성능에 유리합니다. 이것은 필요 이상으로 객체를 만들지 말라는 지침만큼이나 기본적인 지침이죠.

22.4.5 작은 구멍이 댐을 무너뜨립니다

이번 절에서는 가비지 컬렉션의 기초 메커니즘과 이 메커니즘에 대한 이해를 바탕으로 몇 가지 코딩 지침을 설명했습니다. 솔직히 말하면 대형 애플리케이션이나 고성능을 요구하는 애플리케이션을 만드는 경우가 아니라면, 이번에 공부한 내용을 무시하고 코드를 작성하더라도 문제를 만나지 않을 수 있습니다.

하지만 '작은 구멍이 댐을 무너뜨린다.'라는 말이 있죠. 이 격언은 가비지 컬렉션을 공부하는 우리도 한번 생각해볼 필요가 있습니다. 이번 절에서 이야기한 '가비지 컬렉션으로 인한 성능 저하를 막기 위한 코딩 지침'을 따르지 않는다고 해서 개발 중인 프로그램에서 갑자기 문제가 튀어나오거나 하지는 않습니다. 하지만 잘못된 코딩 습관 몇 가지가 누적되다 보면 언젠가는 골치 아픈 문제가 되어 여러분을 덮칠 수도 있습니다. 한편으로는 항상 여러분이 이런 문제가 생길 가능성이 없는 연습용 프로그램만 만들 수도 없는 일이고요.

처음부터 여기에서 소개된 지침들을 그대로 따르는 코드를 작성하기는 어렵겠지만, 공부한 내용들을 염두에 두고 프로그래밍 경험을 계속 쌓다 보면 이러한 지침들을 지식에서 습관으로 바꿀 수 있습니다.